中国文论读本丛书
主编 党圣元 张云鹏

ZHONGGUO GUDAI WENLUN DUBEN
中国古代文论读本
第四册 （明清卷）

陈志扬 李斌◎编著

河南大学出版社
·郑州·

图书在版编目(CIP)数据

中国古代文论读本. 第四册, 明清卷 / 陈志扬, 李斌编著. —郑州: 河南大学出版社, 2019.7
(中国文论读本丛书 / 党圣元, 张云鹏主编)
ISBN 978-7-5649-2606-9

Ⅰ. ①中… Ⅱ. ①陈…②李… Ⅲ. ①中国文学－古代文论－明清时代 Ⅳ. ①I206.2

中国版本图书馆 CIP 数据核字(2016)第 266942 号

责任编辑：贾怀廷
责任校对：田　园
封面设计：马　龙

出　版	河南大学出版社
	地址：郑州市郑东新区商务外环中华大厦 2401 号　　邮编：450046
	电话：0371－86059701(营销部)　　网址：www.hupress.com
排　版	郑州市今日文教印制有限公司
印　刷	开封智圣印务有限公司
版　次	2019 年 9 月第 1 版　　印次　2019 年 9 月第 1 次印刷
开　本	787mm×1092mm　1/16　　印张　34.5
字　数	599 千字　　定价　99.00 元

(本书如有印装质量问题，请与河南大学出版社营销部联系调换)

说　　明

一、本《读本》之定位

首先是关于中国古代文学理论批评文献中最具精义、最具节点性意义之经典名篇之辑要，及其精神义理之叙要性、疏解性阐释，目的是向读者提供了解、研习中国古代文学理论批评的入门性质的读物。其次，本《读本》也可为大学中文系本科、研究生的中国古代文论教学提供具有原典精读意义与作用的教材，基于这一点，在编撰理念和宗旨方面，我们根据自己的构想作了一些新的尝试。我们根据当下高校中文系本科、研究生中国古代文论教学出现的新特点，结合近年来古代文论研究在学术理念、方法方面出现的新特点，增强创新意识，重新思考、探索中国古代文论选的编撰理念，力求为古代文论教学、研究提供一个具有学术创新性的、超越以往的"文论选"范式的"读本范式"，努力尝试提供一种"读本范式"的别样的批评史言说、书写类型。

二、本《读本》之内容结构与板块设计以及体例

为了充分体现上言之编撰理念，在《读本》的框架结构上，我们设计涵括作者介绍、原文、题解、注释、讲疏、关键词诠解、相关知识链接、延伸阅读、思考题九个方面的内容。我们意欲通过经审慎筛选出的每篇选文，及其诠释、考辨、概说中包含的内容，来联结文论经典名篇、文论家、文论概念范畴系统、文论术语和命题、理论内涵和思想意义、传统文论批评言说方式、古代文论发展演进过程及其特点、文学史和思想文化史及学术史语境、批评史史料学（包括文献、版本、考辨和训诂等）等传统文论的构成因素，以便读者可以更加全面地理解把握每篇所选文论经典名篇的方方面面。

在全书的编排方面，我们以每篇选文为一个小单元，以每一个朝代为一个大单元，同时又根据中国古代文学理论批评发展演进的历史阶段性，将全书厘分为四编四卷，分别为：先秦两汉卷、魏晋南北朝卷、隋唐五代宋

金元卷、明清卷,每卷40余万字左右,总计约180万字。全书的开篇有说明、导论,导论内容包括中国古代文论的一个总概述,以及选本与中国古代文论教学方面的思考。在每编前面,我们加一个系统而又极其简要地介绍这一阶段文论发展演变的概述性文字。这样做的目的是为了有点有面,点面结合,力求在充分的"国学"和"大文论"视野中来了解、认识传统文论,从而实现为读者还原中国传统文论"大文论"特点之生成及其批评言说方式等的理论风貌,以使学生通过学习该《读本》,达到对中国古代文论的深度理解和系统的知识把握。

三、本《读本》的总体要求和撰写风格

通过选篇,以及注释、讲疏、关键词诠解、知识链接等,来极力体现一种在国学视野和文化通识眼光导引下的努力发掘、建构中国古代文论知识体系的"大文论"内涵品格。撰写风格方面的要求是该详则详,该略则略,行文务求省净、典雅、简洁、明快,要有文史味道和行家风范,要有理论穿透力。我们期盼通过对每篇原文的7个方面的介绍、讲述、诠释等,将选、笺注、疏证、评析(可以姑且言为理论批评方面的"正义")等等置于一炉而共炼之。

四、本《读本》其他方面的一些必要说明

关于选文来源:本《读本》主要选辑中国历代典籍中的经典文论作品并解读阐释之,以总集、别集中的可视为文论文献的篇什以及文论专著之节录为主,兼录经、史、子、笔记等相关典籍中的具有代表性的文论文献。

关于选文标题:总集、别集中的书信序跋等专文直列篇名,经、史、子及文论专著中的选文列书名加篇名。

关于作者介绍:主要介绍作者生卒年、字号、籍贯、家世、师承、仕履、成就、著作等。

关于选文排列顺序:本书按先秦两汉、魏晋南北朝、隋唐五代宋金元、明清四个版块厘分为四卷,入选作品依此朝代顺序并按作者生年编次,生卒年不详者、作者不详者以及朝代更替之际的作者,依作者主要仕宦事迹、文学活动及文学史、批评史、学术史的惯例排列顺序。

关于文献选录:以选取经典文论为主,遇有文章过长或文中与文论无关的文字部分则适当节录。选文末标出具体的文献出处和所据版本。

关于注释:尽量讲求简洁明了,直指要害,并且文字雅驯,不啰嗦,不阐述。必要的释义、书证、典章制度、地名以及其他的诸如典故、疑难字句

等,凡需要注出的,均注出。原文中生僻的、认读和理解起来难度大的古汉语字词,注释之外,个别的在括号内注出了汉语拼音读音,但是一般不出书证。

关于题解:对所选文论典籍之题旨进行解读阐释,包括作品所产生的社会时代背景、主要内容结构、作品真伪考辨、版本源流沿革等。

关于讲疏:主要分析、阐发每篇选文所体现的作者的文学理论批评方面的内涵,此部分与题解、关键词解读、相关知识链接部分的关系既相对独立、自成一个理论板块,又相互组合在一起构成一个不可分割、有机联系的整体。相关理论观点,凡遇到学界存在有不同见解的,一般的、无关痛痒的,忽略不管,而重要的、有学术价值的,作简要介绍。

关键词解读:历代文论中重要概念、范畴、术语、命题等文论关键词,是中国古代文学理论批评思想与知识形态及理论言说方式的核心和基础,对此我们在编写过程中格外予以重视。所选文论关键词前后选篇不重复出现,诠解时则力求文字简洁,理论阐释力度强。书中从每篇选文中选择提炼出来的文论关键词及其解读,分则反映了文论家及时代文论的主要特征,合则体现出以重要概念、范畴、术语、命题等文论关键词为纽带链接而成的中国古代文论理论概念、批评术语的发展状况。

关于相关知识链接:相关知识链接所述,大体上是该篇原文的理论批评所涉及的文论史、文学史、思想史、政治史、社会史、史学史、学术史(包括经学史)等方面的背景知识,以及其他的整体思想文化语境方面的必须予以叙说的相关内容。

关于延伸阅读:属于正选文论的附录文论资料,目的是起到进一步了解领会正选原文的理论观点及其作者文学思想体系的重要作用。在选录延伸阅读文献前,对这些文献加以简要说明,重点介绍这些文论文献的主要意涵,以及与该文论家前面所选的原文的关联性,我们认为,这些作为延伸阅读而辑录的文论文献,对于了解该文论家的文论思想,具有不可或缺的作用。所选延伸阅读文献,原则上是选录该文论作家自己的文论资料;但个别文论家只有一篇经典文论,此时便酌情选录同时代其他学者的相关文论加以对照解读,如李清照只有《论词》一篇,则延伸阅读选录了胡寅《题酒边词序》等,钟嗣成只有《录鬼簿》一篇,则延伸阅读选录了杨维桢《优戏录序》等。

关于思考题:针对该篇的核心要旨及范畴命题,每篇列出1~2个思考题,以引发或引导读者在阅读了该篇文论经典以及我们所作的解释和讲疏等之后,作进一步深入的深入思考,形成问题意识和自己的见解。

五、本《读本》编撰者及分工方面的说明

该《读本》由党圣元、张云鹏共同担任主编,在商定总体规划、主要内容及编辑出版要求的基础上,由党圣元具体主持、组织、实施编撰工作。首先,由党圣元具体设计出全书的编撰宗旨与定位、编写原则和要求、内容框架与结构、选编与撰写体例,以及在选目、辑录、版本、注释、解说、评析等等方面的具体要求。然后,由夏静根据以上所述的要求与体例,撰写了样稿,以供集体讨论之用。其后,党圣元(中国社会科学院大学人文学院)、夏静(首都师范大学文学院)、陈志扬(华南师范大学文学院)、肖锋(中国传媒大学文学院)、任竞泽(陕西师范大学文学院)、李斌(广东外语外贸大学文学院)、杨新平(西北大学文学院)七人多次集体讨论,充分切磋,正式确定了《读本》的编写体例和工作流程,正式开始了编撰工作。成稿之后,党圣元在夏静、任竞泽、陈志扬、肖锋的协助下,对全部书稿进行了审读、统合、修改,而为能发现更多编撰过程中的错讹,几位编写者还对书稿进行了交换阅读。在定稿并交付出版社之前,党圣元又对全部书稿进行了审定,对各卷编撰者提出了一些具体的修改定稿意见。本《读本》的作者,都长期在高校文学院从事古代文论研究与教学工作,均具有较为突出的研究实绩和丰厚的教学实践经验。《读本》具体分工如下:

内容框架和体例设计等:党圣元(中国社会科学院大学人文学院教授)

导论:党圣元(中国社会科学院大学人文学院教授)

先秦两汉卷:肖锋(中国传媒大学副教授)

魏晋南北朝卷:夏静(首都师范大学教授)

隋唐五代宋金元卷:任竞泽(陕西师范大学教授)、杨新平(西北大学副教授)

明清卷:陈志扬(华南师范大学教授)、李斌(广东外语外贸大学教授)

在《读本》的编写和修改定稿过程中,河南大学出版社社长、总编辑张云鹏教授也参与讨论,提供了一些很好的编撰意见与建议,如果说本《读本》的编撰和出版能够顺利进行,与张云鹏教授和河南大学出版社的大力支持是分不开的,这里一并致以诚挚的谢意!在编撰过程中,我们参考和吸收了不少同行专家、学者的研究成果,但是由于该《读本》系编著性质,与学术论文、专著有所不同,因体例所限,难以对其中参借同行专家们的观点、见解一一作出注释,在此特予说明,并致谢意。由于我们学识有限,缺点错误之处,在所难免,敬请专家和读者批评指正。

目 录

明 代 卷

明代文学理论批评概述 ……………………………………………（ 3 ）
宋濂 ………………………………………………………………（ 13 ）
　文原 ……………………………………………………………（ 13 ）
　　华川书舍记 ……………………………………………………（ 21 ）
　　答章秀才论诗书 ………………………………………………（ 22 ）
　　清啸后稿序 ……………………………………………………（ 25 ）
　　林伯恭诗集序 …………………………………………………（ 26 ）
　　叶夷仲文集序 …………………………………………………（ 27 ）
　　徐教授文集序 …………………………………………………（ 28 ）
高棅 ………………………………………………………………（ 30 ）
　唐诗品汇总序 …………………………………………………（ 30 ）
　　五言古诗叙目 …………………………………………………（ 38 ）
　　七言古诗叙目 …………………………………………………（ 42 ）
　　七言律诗叙目 …………………………………………………（ 44 ）
　　唐诗品汇·凡例 ………………………………………………（ 46 ）
朱权 ………………………………………………………………（ 48 ）
　太和正音谱（节选）……………………………………………（ 48 ）
　　太和正音谱·词林须知（节选）………………………………（ 55 ）
　　琼林雅韵·序 …………………………………………………（ 55 ）
　　臞仙神奇秘谱·序 ……………………………………………（ 56 ）
李梦阳 ……………………………………………………………（ 58 ）
　诗集自序 ………………………………………………………（ 58 ）
　　驳何氏论文书 …………………………………………………（ 63 ）
　　再与何氏书 ……………………………………………………（ 65 ）
　　答周子书 ………………………………………………………（ 66 ）

何景明 ……………………………………………………………（68）
  与李空同论诗书 ……………………………………………（68）
    汉魏诗集序 ……………………………………………………（74）
    海叟集序 ………………………………………………………（74）
    王右丞诗集序 …………………………………………………（75）
    明月篇序 ………………………………………………………（75）
    古乐府叙例 ……………………………………………………（76）
    学约古文序 ……………………………………………………（77）

李开先 ……………………………………………………………（78）
  市井艳词序 …………………………………………………（78）
    市井艳词后序 …………………………………………………（82）
    市井艳词又序 …………………………………………………（82）
    市井艳词 ………………………………………………………（84）
    西野春游词序 …………………………………………………（85）
    乔梦符小令序 …………………………………………………（86）
    时调 ……………………………………………………………（86）

茅坤 ………………………………………………………………（88）
  唐宋八大家文钞总序 ………………………………………（88）
    复唐荆川司谏书 ………………………………………………（94）
    与蔡白石太守论文书 …………………………………………（95）
    与王凤洲大参书 ………………………………………………（97）
    与徐天目宪使论文书 …………………………………………（98）
    唐宋八大家文钞论例 …………………………………………（99）
    文旨赠许海岳沈虹台二内翰先生 ……………………………（101）

谢榛 ………………………………………………………………（103）
  诗家直说（节选） …………………………………………（103）
    诗家直说（节选） ……………………………………………（111）

李攀龙 ……………………………………………………………（114）
  送宗子相序 …………………………………………………（114）
    比玉集序 ………………………………………………………（119）
    蒲圻黄生诗集序 ………………………………………………（119）
    送王元美序 ……………………………………………………（120）
    报刘子威 ………………………………………………………（121）
    戏为绝谢茂秦书 ………………………………………………（122）

与王元美……………………………………………………(123)
王世贞……………………………………………………………(125)
　　艺苑卮言(节选)……………………………………………(125)
　　　　赠李于鳞序………………………………………………(132)
　　　　谢茂秦集序………………………………………………(134)
　　　　王氏金虎集序……………………………………………(134)
　　　　宋诗选序…………………………………………………(136)
　　　　苏长公外纪序……………………………………………(136)
　　　　俞仲蔚先生集序…………………………………………(137)
　　　　归太仆赞…………………………………………………(138)
徐渭………………………………………………………………(140)
　　肖甫诗序……………………………………………………(140)
　　　　南词叙录(节选)…………………………………………(144)
李贽………………………………………………………………(149)
　　童心说………………………………………………………(149)
　　　　杂说………………………………………………………(154)
　　　　忠义水浒传序……………………………………………(155)
　　　　读律肤说…………………………………………………(156)
　　　　昆仑奴……………………………………………………(157)
　　　　玉合………………………………………………………(158)
　　　　拜月………………………………………………………(158)
　　　　红拂………………………………………………………(159)
汤显祖……………………………………………………………(160)
　　答吕姜山……………………………………………………(160)
　　　　如兰一集序………………………………………………(163)
　　　　张元长嘘云轩文字序……………………………………(164)
　　　　王季重小题文字序………………………………………(165)
　　　　玉合记题词………………………………………………(166)
　　　　牡丹亭记题词……………………………………………(167)
　　　　南柯梦记题词……………………………………………(167)
　　　　点校虞初志序……………………………………………(168)
王骥德……………………………………………………………(170)
　　论家数………………………………………………………(170)
　　　　曲律自序…………………………………………………(175)

论曲源第一·····················(176)
　　总论南北曲第二···················(177)
　　论韵第七······················(178)
　　论须读书第十三···················(180)
　　论用事第二十一···················(180)
袁宏道··························(182)
　雪涛阁集序······················(182)
　　诸大家时文序····················(187)
　　叙小修诗······················(188)
　　丘长孺·······················(189)
　　叙陈正甫会心集···················(190)
　　张幼于·······················(191)
　　叙梅子马王程稿···················(193)
钟惺···························(194)
　诗归序························(194)
　　简远堂近诗序····················(198)
　　周伯孔诗序·····················(199)
　　问山亭诗序·····················(200)
　　隐秀轩集自序····················(201)
　　董崇相诗序·····················(202)
冯梦龙··························(204)
　醒世恒言序······················(204)
　　古今小说序·····················(209)
　　警世通言叙·····················(210)
　　石点头叙······················(210)

清　代　卷

清代文学理论批评概述···················(215)
金人瑞··························(226)
　读第五才子书法(节选)··················(226)
　　水浒传序三(节选)··················(235)
　　水浒传评语(节选)··················(237)
　　读第六才子书西厢记法(节选)·············(239)
李渔···························(242)

闲情偶寄(节选) ……………………………………… (242)
　　　窥词管见(节选) …………………………………… (256)
顾炎武 ……………………………………………………… (264)
　　与人书(节选) ………………………………………… (264)
　　　文须有益于天下 …………………………………… (269)
　　　文人摹仿之病 ……………………………………… (270)
　　　文章推服古人 ……………………………………… (270)
　　　作诗之旨 …………………………………………… (271)
　　　诗体代降 …………………………………………… (271)
王夫之 ……………………………………………………… (273)
　　夕堂永日绪论内编(节选) …………………………… (273)
　　　诗译(节选) ………………………………………… (301)
　　　古诗评选(节选) …………………………………… (303)
　　　唐诗评选(节选) …………………………………… (308)
叶燮 ………………………………………………………… (312)
　　原诗内篇(上) ………………………………………… (312)
　　原诗内篇(下) ………………………………………… (317)
　　　原诗外篇(上)(节选) ……………………………… (335)
　　　原诗外篇(下)(节选) ……………………………… (338)
　　　与友人论文书 ……………………………………… (340)
朱彝尊 ……………………………………………………… (344)
　　词综发凡(节选) ……………………………………… (344)
　　　陈纬云红盐词序 …………………………………… (351)
　　　紫云词序 …………………………………………… (352)
　　　静惕堂词序 ………………………………………… (352)
王士禛 ……………………………………………………… (354)
　　鬲津草堂诗集序 ……………………………………… (354)
　　　带经堂诗话(节选) ………………………………… (358)
方苞 ………………………………………………………… (362)
　　古文约选序例 ………………………………………… (362)
　　　史记评语(节选) …………………………………… (370)
沈德潜 ……………………………………………………… (376)
　　说诗晬语(节选) ……………………………………… (376)
　　　古诗源序 …………………………………………… (385)

唐诗别裁自序……………………………………………………（386）
明诗别裁集序……………………………………………………（387）
刘大櫆……………………………………………………………（389）
　论文偶记（节选）………………………………………………（389）
　　左仲郛诗序…………………………………………………（399）
　　张秋浯诗序…………………………………………………（399）
袁枚………………………………………………………………（401）
　答沈大宗伯论诗书……………………………………………（401）
　　再与沈大宗伯书……………………………………………（407）
　　续诗品三十二首……………………………………………（409）
　　随园诗话（节选）……………………………………………（414）
姚鼐………………………………………………………………（416）
　述庵文钞序……………………………………………………（416）
　　敦拙堂诗集序………………………………………………（420）
　　复鲁絜非书（节选）…………………………………………（421）
　　古文辞类纂序目……………………………………………（422）
翁方纲……………………………………………………………（426）
　诗法论…………………………………………………………（426）
　　格调论上……………………………………………………（430）
　　格调论中……………………………………………………（431）
　　格调论下……………………………………………………（432）
　　神韵论上……………………………………………………（433）
　　神韵论中……………………………………………………（434）
　　神韵论下……………………………………………………（435）
章学诚……………………………………………………………（438）
　文德……………………………………………………………（438）
　　诗教上………………………………………………………（445）
　　诗教下………………………………………………………（448）
　　文理…………………………………………………………（451）
　　古文十弊……………………………………………………（454）
阮元………………………………………………………………（460）
　文言说…………………………………………………………（460）
　　文韵说………………………………………………………（467）
　　书梁昭明太子文选序后……………………………………（469）

张惠言 (471)
词选序 (471)
七十家赋钞目录序 (476)
张惠言论词(节选) (478)

龚自珍 (481)
书汤海秋诗集后 (481)
送徐铁孙序 (485)
最录李白集 (486)
长短言自序 (486)
戒诗五首(节选) (487)

黄遵宪 (488)
人境庐诗草自叙 (488)
杂感(节选) (492)
致丘菽园函(节选) (492)
致梁任公函(节选) (493)
学术志二·文学(节选) (493)

梁启超 (495)
论小说与群治之关系 (495)
译印政治小说序 (506)
新大陆游记(节选) (507)
告小说家 (509)
诗话(节选) (511)

王国维 (514)
人间词话(节选) (514)
《红楼梦》评论(节选) (522)
元剧之文章(节选) (533)
文学小言(节选) (535)

明 代 卷

明代文学理论批评概述

明代是中国古代文学批评走向繁荣的时期，这一时期的文学批评既对传统的文论有所继承和发展，也为清代文论的兴盛准备了条件。

明代文论的发展与程朱理学、阳明心学两种思想学说有着密切的关系。程朱理学是传统儒学发展至宋代的一种新形态，它将三纲五常、忠孝节义等一整套封建伦理规范看作宇宙的本体，并将其上升到永恒、至高无上的地位。朱明王朝建立伊始，便将程朱理学尊奉为官方哲学，以稳定封建政权，加强集权统治。朱元璋规定"四书""五经"为国子监的功课，并明令全国府州县学及闾里私塾中都要"以孔子所定经书诲诸生"。朱棣又命胡广、杨荣等人修"四书""五经"和《性理大全》。在积极倡导程朱理学的同时，又实行八股取士的制度。朱元璋和刘基规定科举考试的文章程式，专从"四书""五经"命题，并只能依朱注解释，所谓"其文略仿宋经义，然代古人语气为之，体用排偶"。这种钳制和笼络士人的八股取士制度，其影响是深远的，明代宗经明道和复古模拟的学风不绝如缕，即与此有关。"开国文臣之首"的宋濂，认为"文之至者，文外无道，道外无文"，"必期无背于经，始可以言文"，文务在明道，而道在"六经"，故"文至于六经，至矣！尽矣！其始无愧于文矣乎"。宋濂的学生方孝孺与乃师的文学思想一脉相承，他说："凡文之为用，明道、立政二端而已。"他认为学习古人，主要在学其"道"："师其道而求于文者，善学文者也；袭其辞而忘道者，不足与论也。"著名诗人高启强调学诗应"辩体"，"体不辩，则入于邪陋，而师古之义乖"。"师古"的具体做法则是"兼师众长，随事摹拟，待其时至心融，浑然自成，始可以名大方而免夫偏执之弊矣"。高棅的《唐诗品汇》是影响深远的唐诗选本，该书按"体"分为五古、七古、五绝、七绝、五律、五言排律、七律等七个部分，每"体"之下按时代次序及作品高下又分为"正始""正宗""大家""名家""羽翼""接武""正变""余响""旁流"等众多品目。高棅盛赞"有唐三百年诗，众体备矣"，学诗者欲学某体，均可得其门而入。高棅以盛唐诗作为不可逾越的审美标准，教诫后来"吟咏情性之士"从体制、音律、文辞等方面学习唐诗，"审其变而归于正"，从形式方面去拟古和复古。

《明史·文苑传》评曰："终明之世,馆阁以此书为宗。厥后李梦阳、何景明等,模拟盛唐,名为崛起,其胚胎实兆于此。"《唐诗品汇》可谓是明初诗歌创作上复古崇唐的风尚的集中体现,是明代文学发展史上声势浩大的复古模拟思潮的前奏。茶陵派李东阳在文学思想上崇唐抑宋,注重诗歌的音律声调,这对李梦阳、何景明的复古思想有明显的先导作用。明代从弘治、正德之交到隆庆、万历之际的近百年间,以前、后七子为代表的复古模拟思潮占据文坛的主要地位,这是明初以来文学思想发展的必然结果。李梦阳将盛唐以上诗当作自己学习的典范,他自述其少壮时,"振翮云路,尝周旋鹓鸾之末,谓学不的古,苦心无益。又谓文必有法式,然后中谐音度。如方圆之于规矩,古人用之,非自作之,实天生也。今人法式古人,非法式古人也,实物之自则也"。他强调复古须持之以恒,不是为了从古人入又从古人出而自成一家:"斯古之人所以始同而终异,异而未尝不同也,非故欲开一户牖,筑一堂室也。"后七子早期成员之一的谢榛提倡诗歌应"以汉魏盛唐为法"。他引严羽"学其上,仅得其中;学其中,斯为下矣"后接着说:"岂有不法前贤,而法同时者?"但他又与严羽一样,不是从形式上法古人,而是在精神上法古人。《四溟诗话》第一条即说:"《三百篇》直写性情,靡不高古,虽其逸诗,尚不可及。今之学者,务去声律,以为高古。殊不知文随世变,且有六朝唐宋影子,有意于古,而终非古也。"他主张法古是"悟"古,是"熟参"而"悟",学古人要"悟"得其神气、精华所在。他认为"悟"是"无形"的至高审美境界,"一朝变化悟是主,悟到无形偏有为",由"悟"而至"众妙"化人诗中。尽管在七子派内部,也存在一些分歧,如李梦阳与何景明的学古方法就存有诸多龃龉,王世贞也与李攀龙的主张不尽相同,但"复古"仍是他们文学思想的"主体"。唐宋派不同意前七子"文必秦汉"的口号,以唐宋古文为学习对象,是对前七子的反拨,但在性质上,唐宋派仍属于复古派,只不过其所"复"之"古",与前七子相异罢了。王慎中认为"学问文章如宋诸名公,皆已原本'六经',轶绝两汉","学'六经'《史》《汉》最得旨趣根源者,莫如韩欧曾苏诸名家"。唐顺之与王慎中一样,既推尊三代两汉文的传统地位,也承认唐宋文的继承发展。他的《文编》除《左传》《国语》《史记》等古文外,大量选进了韩柳欧阳三苏曾王等的古文。茅坤则通过《八大家文钞》的选评,更明确地表现出了唐宋派对唐宋古文的肯定和提倡。紧步公安派后尘的竟陵派也标举"性灵",但他们崇尚的是古人"孤怀""孤诣""幽情单绪"的"性灵",这种以"古人为归"的复古论调,使得他们与公安派的文论表面同调,实则异趣。明末陈子龙等创立"几社",他们的诗歌主张是欲继前后七子的复古主义诗学,

"文当规摩两汉,诗必宗趣开元,吾辈所怀,以兹为正"。身处明清易代之际的陈子龙,结合时代大环境以及自身的生存生活之境遇,提出了"忧时托志"的诗学主张。"忧时托志"是对《诗经》以来的"怨刺"传统的继承,他说:"诗以言志,喜怒之情郁结而不能已,则发而为诗,其托辞触类不能不及于当世之务,万物之情状,此其所以为本末也。"历史上的著名诗人,如屈原、苏武、李陵、班婕妤、曹植、曹丕、杜甫等,他们的诗篇无不以其鲜明的时代特征而传之后世。"忧时托志"要求诗歌在创作时,"刺讥当时",并因势而变。当国家、社会刚出现"风会将变"的迹象时,刺讥尚可切而不迫,有些"优游之度";当国运已迫临危机的紧急关头,其刺讥谏失就不可再"优游"了,要有振聋发聩之声,急激愤切之举。陈子龙身处明代国运危机、大厦将倾的紧急关头,深感诗歌必须发挥"救亡"的作用,因此他的"忧时托志"的诗论,是最具时代特色的诗论,在有明一代的复古诗论中,独具一种光彩。

另一方面,阳明心学的出现又为明代文艺新思潮的产生提供了思想的催化剂。到了明代中期,随着商品经济的发展,市民阶层的壮大,反封建的思想意识和民主主义思潮逐渐发展起来。王阳明以陆象山的"心即理"的学说为前提,创立了以良知说为主体的心学体系,他认为"心外无物,心外无事,心外无理,心外无义,心外无善",从而肯定"我心之良知,无有不自知者","夫良知者,即所谓是非之心,人皆有之,不待学而有,不待虑而得者也",因此只要取消欲望,自求内心,就可以获得这种良知,达到万物一体的境界。王阳明创建心学的初衷本在纠正当时盛行的功利主义,加强社会的道德自律建设,挽救社会政治危机。但令王阳明始料不及的是,由于他的心学强调心即理,心外无理,人不分贤愚,心中皆有良知,他的心学实际上对程朱理学造成了巨大的冲击,动摇了程朱理学长期以来的教条统治。因为理学强调理是世界的本源、圣贤之书是圣贤格物致知得出的万古不变的真理,对人的行为本来是具有极强的道德规范作用的。嘉靖、万历年间,随着经济的进一步发展,以王艮为代表的王学左派,发展了阳明心学中的反道学的因素,富有叛逆精神。王艮认为"良知"是平易的,非玄妙的,"圣人之道无异于百姓日用,凡有异者,皆谓之异端,百姓日用条理处,即是圣人之条理处"。这就是说,离开百姓日用,离开"家常事"则无道可言,符合百姓日用的就是道,凡不符合百姓日用的,专门研究天道性命等形而上领域、不贴近百姓日常生活的就是异端。王学左派的后期代表人物李贽,其叛逆精神则更为彻底。在《焚书》中,李贽猛烈地攻击了封建礼教,认为穿衣吃饭就是道,这是人生最基本的自然要求,因此"道"不在于禁欲,而在于满足人们的需要和追求物质的快乐。李贽大胆地反对儒学的权威,他说:"咸以孔子之是非为是非,故未尝有是非耳",因为"天生一人,自有一人之用,不待取给于孔子而后足也"。对于假道学,李贽的抨击不遗余力,在《续焚书》中他嘲笑那些假道学是"阳为道学,阴为富贵,被服儒雅,行若狗彘"。他还轻蔑地评说"六经"和《论语》《孟子》,要么是史官、臣子的过分褒美,要么是迂阔懵懂的弟子的胡乱记录。

阳明心学尤其是左派王学对传统理学的颠覆,表现在文学创作和文学理论方面,则出现了追求心灵自由、个性自由表达的趋向。李贽的"童心说",公安派的"性灵说",汤显祖的"至情说"等文论思想就是在这样的情况下产生的。这股文艺新思潮在晚明一度发展为时代思想的主潮。李贽的"童心说"对整个的晚明文学思潮具有重要的先导意义。所谓"童心",李贽解释为"绝假纯真,最初一念之本心",也就是由人的自然本性所产生的未经雕饰的真情实感。童心的丧失就在于有了过多的"道理闻见",因此重要的是要摈除"道理闻见",从虚伪义理的束缚下解脱出来,回归到真我的自然状态中。李贽提出,"天下之至文,未有不出于童心焉者也",而在他看来,《西厢记》《水浒传》就是这样的"至文"。受李贽"童心说"的影响,袁宏道又倡为"性灵说"。袁宏道钟爱弟弟袁中道的诗歌,称赞其诗"大都独抒性灵,不拘格套,非从自己胸臆流出,不肯下笔"。袁宏道所说的"性灵",就是情性的灵气,是诗人自己所独具的情质个性、才华灵感。袁宏道认为只要是从胸臆流出,情与境会的诗句,有点瑕疵反更可爱,那些疵处"多本色独造语"。袁宏道论诗强调"真",认为"情真而语直"的诗方为"真诗",所以他肯定《擘破玉》《打枣竿》之类的民歌,因为它们出自无闻无识的"真人"之口。袁宏道的"性灵说"实际上是对李贽"童心说"的发挥。不论是"性灵",还是"童心",都不可能是纯出于天然的东西,不可能不受到社会思想意识的熏染。但就其作为人的真实的自然情感的意义来说,总是与社会意识存在距离的。而标举"童心"和"性灵"的价值就在于,将表现真实的情感确立为文学的基本原则,这回归到了文学的本质。剧作家汤显祖崇尚真性情,反对假道学,他把"情"放在与"理"对立的位置上,伸张情的价值而反对以理格情。他说"情有者理必无,理有者情必无",这就是从一般人情出发反对理学对情的压制、束缚。汤显祖通过创作《牡丹亭》,提出了著名的"至情说":"情不知所起,一往而深,生者可以死,死可以生。生而不可与死,死而不可复生者,皆非情之至也。"汤显祖"借尸还魂"的情节设置,并不仅仅为了情节的离奇,而是要通过离奇的情节来表现人们追求自由和幸福的意志并不能被"理"完全扼杀,它终究会得到实现。

在明代文学领域,充满了各种思想潮流错综复杂的斗争,不同的文学观、审美观,在创作与理论领域形成了众多的流派。流派理论继宋元之后蓬勃地产生、发展,是明代文学理论的一个显著特征。在众多流派中,"茶陵派""前七子""唐宋派""后七子""公安派""竟陵派",是其中理论纲领之尤著者。各流派之间往往有着错综复杂的关系,它们各立门户,各有所崇尚和排斥,或号召复古,或提倡"独抒性灵",或重弹"教化"老调,或唯诗美是求……

流派理论批评的价值是多方面的,首先,诸多理论流派应时代需要,为反对文坛积弊而发生、发展,他们在一定的时期内,推动了时代文风向积极健康方向发展。明初以杨士奇、杨荣、杨溥为代表的"台阁体"长时期内广泛地影响着文坛,他们的诗歌以歌颂圣德、粉饰太平为能事,以雍容典雅为审美追求,文风冗沓萎弱,平庸无生气,是一种由压抑的道德和平庸的人格出发的文学,既缺乏对自我内在情感的切入,也缺乏对社会生活的关怀,还缺乏艺术创造的热情。至成化以后,台阁体渐为时代所不容,革除其流弊的呼声愈来愈高,以李东阳为代表的"茶陵派",以李梦阳、何景明为代表的"前七子"先后倡导复古,以纠台阁体"啴缓冗沓,千篇一律"的诗风。在他们的冲击之下,台阁体逐渐失去了往昔的地位,退出了历史的舞台,明代文坛又充满了新的活力。嘉靖、隆庆时期,以唐顺之、王慎中为首的"唐宋派"卓立文坛,以唐宋古文相号召,与"前七子"分庭抗礼。唐宋派主要强调唐宋古文中所体现出的尊道精神,反对"前七子""文必秦汉、诗必盛唐"的口号所造成的文学与道统的疏隔。唐宋派尽管也是一般意义上的复古派,但他们纠正了"前七子""唯秦汉古文是求"、不读唐以后书的偏狭。前后七子以复古相号召,遥相呼应,声势浩大,时至万历中期,其墨守成规、"尺寸古法"的弊端日益严重。公安派袁宏道针对七子派"文则必准于秦汉,诗则必准于盛唐"之积习,提出了"独抒性灵,不拘格套""代有升降而法不相沿"等口号,一时天下云集响应,诗坛剽袭模拟之风得到了有力的清扫。公安派强调"性灵",不忌"露",不避俚俗,其末流则"狂瞽交扇,鄙俚公行,雅故灭裂,风华扫地",以钟惺、谭元春为首的竟陵派则代之而起,以"幽深""奇峭""厚"等矫公安派之俚俗、浮滑,文学风气亦为之大变。

其次,论者们通过广泛的交流、辩论甚至争论,碰撞出了思想的火花,启迪了理论的智慧,推动了明代文学理论向纵深发展。何景明为"前七子"成员之一,但在如何"复古",怎样对待"古法"等根本问题上,他与盟主李梦阳多有分歧。李梦阳曾在信中指责何景明的诗歌有乖古法,何景明则回信加以辩说,认为李梦阳"刻意古范,铸形宿模,而独守尺寸",而他学古的态度是求其"似",而不求其"同"。他认为古人要学且不可不学,但不能一辈子离不开古人,"如小儿倚物能行,独趋颠仆",应如佛之"筏喻":"言舍筏则达岸矣,达岸则舍筏矣。"何景明复古、学古而不泥古,企图从古人人又从古人出,这是颇为通达的复古观。比如"格调",茶陵派李东阳、"前七子"李梦阳、徐祯卿,"后七子"王世贞等先后对这一审美范畴进行了阐发,清代沈德潜正是在他们的基础之上,提出了系统的"格调说"。李东阳说:"诗必有具眼,亦必有具耳。眼主格,耳主声。"他所谓的"格",指的是"格律",以"排偶"为特征,因此眼可见;"调",指的是"声",即"分疆划地,音殊调别"之"音韵",因此耳可闻。格律声韵合而为"格调",这为明、清的格调理论立下了基石。李梦阳把李东阳的格调说承接过来,强调"格古,调逸",称"高古者格,宛亮者调","诗至唐,古调亡,然自有唐调可歌咏,高者犹足被管弦。宋人主理而不主调,于是唐调亦亡"。"格调"是"前七子"崇唐抑宋的一个基本标准。李梦阳的"格调"说的核心是"情",即"情以发之"而后有格调,有音声等等。诗人之言未必真,但其情、调、思、气等不能作假,从这些方面去谛探,就能知其人了。他强调"知诗之观人"到"诗者,人之鉴",我们可以推知他所谓的"格",实含人的品格之意。"前七子"之一的徐祯卿也论及"格调",他提倡"因情立格",不同诗人因各自之情"既异其形,故辞当因其势。譬如写物绘色,倩盼各以其状;随规逐矩,圆方巧犹其则"。"格"不是僵死的模式,大凡杰出的诗人在自己的创作神思发动之时,各自随规逐矩,最终"诗家之错变,而规格之纵横也"。作为"后七子"的领袖之一,王世贞对于李东阳以来的"格调说"有新的发挥与升华。他说:"才生思,思生调,调生格。思即才之用,调则思之境,格则调之界。"格调生于才思,是诗人才思境界的体现。他将"格调说"从格律、声调上升到审美境界来观照,与李东阳等人相比是很大的进步。王世贞认为最好的诗是"神与境会,忽然而来,浑然而就,无岐级可寻,无声色可指"。学习古人之经、史及文学作品,是为丰富自己的才思,使自己的创作也能进入类似古人的佳境:"遇有操觚,一师心匠,气从意畅,神与境合,分途策驭,默受指挥。"王世贞将"格调"之最佳审美状态升华为"神与境合",完全复归了诗的美学本质。

再次,论者对各自崇尚的对象,多作了细致入微的研究,发掘出了前人艺术创作的精华之所在,总结了许多有价值的艺术规律。如"前七子"李梦阳倡言"诗必盛唐",对杜甫崇奉备至,在对杜甫七律诗的涵泳沉潜中，李梦阳领会了其题材、表现手法、艺术风格等方面的特征，手追心慕，多有创获，其"七言近体开合动荡，不拘故方，准之少陵，几于具体，故当雄视一代"（沈德潜《明诗别裁集》）。"唐宋派"茅坤倾慕唐宋八大家的文章，编选《唐宋八大家文钞》，于诸家文章各有褒贬取舍，其品评尤为精当，《四库全书总目》说茅坤"所选录尚得烦简之中，集中评语虽所见未深，而亦足为初学之门径。一二百年以来，家弦户诵，固亦有由矣"，不无道理。"竟陵派"钟惺、谭元春"以古人为归"，"覃思苦心，寻味古人之微言奥旨"，"出之，参之，伍之，审之，克之"，取人之所未取，删人之所未删，发掘古人在创作中的创造精神，以"幽深孤峭""厚"为审美旨归，编选了一部自"古逸"至晚唐的大型诗歌选集《诗归》，成为一时流行的诗歌选本。

不过，流派批评的弊端也是显而易见的。文人为了分门立派，在标举文学主张时，往往倡其一端，略及其余，难免矫枉过正，失之偏颇。如"前七子"倡言"文必秦汉，诗必盛唐"，以为"非是者弗道"，因此"文自西京、诗自中唐而下一切吐弃"。"后七子"沿续"前七子"的复古主张，其论点之偏激，有过之而无不及，李攀龙就认为"秦汉以后无文矣"。这种武断而不留余地的态度，自然招来诸多非议。公安派袁宏道着力抨击复古派文论，对"诗必盛唐"颇不以为然，但他又放出"唐无诗"之类的厥词。此外，文人设坛分埠，派别林立，各派之间往往攻讦不休，彼此发难，其中难免门户之见，意气用事，甚而流于口舌之争。"后七子"早期领袖人物之一的谢榛，因开罪于李攀龙，被削名于七子之列。谢榛一目失明，谢李决裂后，李攀龙便以"眇君子"讥之。

经过宋元的积累、发展，戏曲、小说等通俗文学，到了明代，成为文坛主流的文体，由此，戏曲、小说理论也空前发达，戏曲、小说的理论论著的出现，体现了新的文体理论的自觉，极大地丰富了中国古代文论的园地。

明代是中国古代小说尤其是白话小说创作的黄金时代，也是小说理论逐渐形成、发展并走向成熟的时代。这一时代，涌现了一大批进行小说评论、探讨小说的基本特征及创作规律的理论家，其中著名的有蒋大器、李贽、余象斗、袁宏道、冯梦龙、凌濛初等。明代小说理论具有以下鲜明的特色：

首先，明代小说理论较为零散，尚无系统的专门论著出现，但也因此使得小说批评的形式灵活而丰富。明代小说的批评形式主要有三类：一是依附在小说正文中的对作品的评点，这是最主要的形式；二是为小说写的序跋；三是散见于笔记杂著中的一些片段记载和评述。小说的评点当是从诗文评点发展而来，由于李贽等人的广泛运用而成为主要的小说批评方式。李贽是最早评点白话小说的，他的《水浒传》评点尤为著名。具体而言，评点又有眉评、行间夹评、回前总评、回后总评等多种方法，有利于评点家自由、充分地发表艺术见解。小说评点是沟通读者和作者的一种方式，能提高读者的阅读能力，帮助读者快速、充分领会作品的内容和作者的意图，这种"通人慧性""开人心胸"的方式，一直深受读者的青睐。

其次，许多理论家有意识打破小说为"小道末技"的传统认识，充分肯定了小说的文学价值和社会作用，提升了小说的地位。弘治年间蒋大器在《三国志演义序》中说《三国志通俗演义》"文不甚深，言不甚俗，事纪其实，亦庶几乎史。盖欲读诵者，人人得而知之，若《诗》所谓里巷歌谣之义也"。将《三国志通俗演义》与正史、《诗》相提并论。他还认为《三国志通俗演义》胜于"文胜质"的史著，也胜于"质胜文"的讲唱文学，是"文质彬彬"的佳作。正德年间林瀚则明确指出小说乃是"正史之补"。嘉靖年间的张尚德认为小说"裨益风教""羽翼信史"。嘉靖八子之一的李开先在《词谑》中说："《水浒传》委曲详尽，血脉贯通，《史记》而下，便是此书。"天都外臣的《水浒传叙》则直接把《水浒传》比作《史记》，指出它"往往似之"。明末冯梦龙在《醒世恒言序》中强调："以《明言》《通言》《恒言》为六经国史之辅，不亦可乎？"有明一代，对《水浒传》评价最高的是李贽，他称《水浒传》为"发愤之作"，为"天下之至文"，并将之与《史记》、杜诗等文学经典相提并论，比"六经"、《论语》《孟子》要高得多。其他如胡应麟、谢肇淛、袁宏道等，对小说也有不少精彩的论述。

冉次，深入探究了小说创作中真实性、情节结构、人物塑造、典型化等重要问题，初步建立起一个较为完备的包括审美特征论、创作论、功能论等内容的古代小说理论架构。随着历史演义小说的兴盛，小说与历史究竟有没有分别，小说应不应该虚构，小说的虚构与历史究竟应该保持怎样的"度"，就成了需要解决的重大理论问题。张尚德、余邵鱼、胡应麟等人认为，小说应该遵循"实录"的精神，不能有违史事。而熊大木、袁于令、谢肇淛、冯梦龙等则以为小说的佳妙之处，正在于善用虚构。容与堂本《水浒传》第十回评说："《水浒传》文字原是假的，只为它描写得真情出，所以便可与天地相始终。"这一说法充分肯定了小说的艺术真实价值，并辩证地看待了历史真实与艺术真实的关系，颇有见地。明代小说理论就小说的生动性、形象性等审美特征展开了充分的论述。如天都外臣比喻《水浒传》一书"如良工善绘，浓淡远近，点染尽工"。胡应麟也说《水浒传》是"不事文饰，而曲尽人情"。冯梦龙认为小说可以激发人的感情，能使"怯者勇，淫者贞，薄者敦，顽钝者汗下"，这种形象的教育，比《孝经》《论语》之类的著作要"捷且深"。创作论方面，李贽等就小说的人物塑造做了有益的探索。李贽认为《水浒传》文字逼真，传神写照，而臻于化工境界。容与堂本《水浒传》的评点者指出，《水浒传》描写人物，"咄咄逼真"，而且"全在同而不同处有辨"。这敏锐地抓住了《水浒传》人物塑造的"同中有异"的创作技巧。

随着戏曲创作与表演的繁荣，明代的戏曲理论和批评得到了空前的发展，取得了丰富的成果。总体而言，明代戏曲批评呈现出如下特色：

第一，明代涌现了多部专论戏曲的理论著作。明代前期皇室成员朱权即著《太和正音谱》，为伦理教化张本；朱权之后，贾仲明《录鬼簿续编》对钟嗣成《录鬼簿》做了增订，为关汉卿、白朴等元代戏曲作家写了挽词，总结了他们的艺术成就；李开先的《词谑》属于戏曲史方面的著作，保存了不少明代前中期戏曲史的宝贵资料；明代中期徐渭的《南词叙录》，是专论南戏的唯一著作；明代后期吕天成的《曲品》，系统地对戏曲作家和作品予以品评；同一时期的王骥德《曲律》，则初步建立了一套较完整的曲学理论体系。戏曲理论专著的出现，是戏曲批评逐渐自觉、成熟的体现，也是戏曲被封建社会上层和正统文人重视的反映。

第二，批评家对戏曲创作、声律、表演等进行了深入的探讨和总结，不同时代、同一时代不同地域的批评家围绕一些重要问题进行了集中的讨论，将相关问题引向深入。比如，关于"本色"，明代嘉靖年间李开先就提出"用本色者为词人之词，否则为文人之词矣"，词应该"明白而不难知"，以曲词的通俗平易为本色。而在具体取径上，李开先认为戏曲之本色应以金、元之作为准的。与李开先同时的何良俊并不欣赏流行一时的《西厢记》和《琵琶记》，因为二者"本色语少"。他最为推重的是郑德辉的剧作，因为郑作"托物寓意，最为妙绝"，"清丽流变，语入本色"，何良俊以"情"论本色，认为只有富有情韵、感人至深的"情词"方为"本色"之语。稍晚的徐渭则提出"世事莫不有本色，有相色。本色犹俗言正身也，相色，替身也"。本色美是合乎自然的化工之美，而相色美不过是雕琢做作的人工之美，优秀的剧作家应舍"相色"而求"本色"。明代后期吕天成则要求"本色不在摹剿家常语言，此中别有机神情趣，一毫妆点不来"。吕天成的所谓"本色"，并不是一味的通俗、家常，而是要求曲词之中"别有机神情趣"，他的本色是一种天然的情趣，不是自然的粗糙，这就要求戏曲语言在凝练中包含丰富的内容和天然的妙趣，不鄙不晦，雅俗共赏。稍后的王骥德从戏曲"可演可传"的审美特性出发，从创作与接受两方面阐释了本色论。在创作上，他反对雕饰藻绘，认为"一涉藻缋，便蔽本来"，在戏曲接受上，他说：

"作剧戏,亦须令老妪解得,方入众耳,此即本色之说也。"王骥德的本色论综合了诸家之说,理论上更具包容性。再比如,万历年间,以汤显祖为代表的临川派还与以沈璟为代表的吴江派就戏曲创作究竟是重音律还是重意趣的问题,展开了激烈的争论。汤显祖强调戏曲作品的神情意趣,不太注重音律,其《牡丹亭》以描写生死不渝之"至情"为主,音律上并不刻意追求协律合度。这种不重音律的做法给舞台实际演唱带来了一定的困难,于是吴江派沈璟、吕玉绳、臧懋循、冯梦龙等便对《牡丹亭》进行了一定的修订,使之便于演出。这种修订对于原作的神情意趣则难免有所损害,汤显祖及其支持者王思任、孟称舜、茅元仪等对此表示不满,两派之间就此展开了激辩,甚而至于水火不相容。吴江派侧重舞台的实际表演,临川派侧重作品的内在情感,客观而言,两派所持观点各有道理,亦各有所偏,后来王骥德对两派进行了折中调和。

尽管明代的戏曲批评颇为繁荣,从数量上比小说批评要多得多,且更成系统,但由于传统的观念及历史的原因,戏曲批评也存有诸多不足。首先,大多数曲论家都侧重于戏曲表演的论述,而对文学剧本的创作、人物形象的塑造等方面,则较少涉及。其次,对于戏曲语言,也主要侧重于唱词的论述,对于宾白的论述,则相对薄弱。第三,从表演的艺术角度而言,偏重于唱腔、音色等,而对动作、表情、舞台效果等方面的艺术技巧,则较少涉及。

宋　濂

【作者简介】

宋濂(1310—1381),字景濂,号潜溪,浦江(今浙江金华)人。洪武二年(1369),召修《元史》,命充总裁官。累官至翰林院学士承旨、知制诰。洪武十年(1377)致仕。洪武十四年(1381)因长孙宋慎坐胡惟庸案,徙置四川茂州,卒于夔州,年七十二。宋濂以继承儒家封建道统为己任,为文主张"宗经""师古",取法唐宋。他的散文或质朴简洁,或雍容典雅,各有特色,其道德文章在明清两朝影响甚大。朱元璋称他为"开国文臣之首",刘基赞许他"当今文章第一",四方学者称他为"太史公"。宋濂著述甚丰,主要有《潜溪前集》《后集》《续集》《新集》《萝山稿》《宋学士文粹》《续文粹》等。

文　原[1]

余讳人以文生相命。丈夫七尺之躯,其所学者,独文乎哉!虽然,余之所谓文者,乃尧、舜、文王、孔子之文,非流俗之文也,学之固宜。浦江郑楷、义乌刘刚、楷之弟柏[2],尝从予学,已知以道为文,因作《文原》二篇以贻之。

其上篇曰:人文之显[3],始于何时?实肇于庖牺之世[4]。庖牺仰观俯察,画奇偶以象阴阳,变而通之,生生不穷,遂成天地自然之文。非惟至道含括无遗,而其制器尚象,亦非文不能成。如垂衣裳而治,取诸《乾》《坤》[5];上栋下宇,而取诸《大壮》[6];书契之造,而取诸《夬》[7];舟楫车马之利,而取诸《涣》《随》[8];杵臼棺椁之制,而取诸《小过》《大过》[9];重门击柝,而取诸《豫》[10];弧矢之利,而取诸《睽》[11]。何莫非粲然之文?自是推而存之,天衷民彝之叙[12],礼乐刑政之施,师旅征伐之法,井牧州里之辨,华夷内外之别,复皆则而象之。故凡有关民用及一切弥纶范围之具[13],悉囿乎文,非文之外别有其他也。然而事为既著,无以纪载之,则不能以行远,始托诸辞翰,以昭其文。略举一二言之:

禹敷土,随山刊木,奠高山大川。既成功矣,然后笔之为《禹贡》之文[14]。周制聘觐燕享,馈食昏丧诸礼,其升降揖让之节[15],既行之矣,然后笔之为《仪礼》之文[16]。孔子居乡党,容色言动之间,从容中道,门人弟子,既习见之矣,然后笔之为《乡党》[17]之文。其他格言大训,亦莫不然,必有其实,而后文随之,初未尝以徒言为也。譬犹聆众乐于洞庭之野,而后知其声音之抑扬,缀兆之舒疾也[18];习大射于矍相之圃[19],而后见观者如堵墙,序点之扬觯也[20]。苟逾度而臆决之,终不近也。昔者游、夏以文学名,谓观其会通而酌其损益之宜而已[21],非专指乎辞翰之文也。

呜呼!吾之所谓文者,天生之,地载之,圣人宣之,本建则其末治,体著则其用章,斯所谓乘阴阳之大化[22],正三纲而齐六纪者也[23];亘宇宙之始终,类万物而周八极者也[24]。呜呼!非知经天纬地之文者[25],恶足以语此!

其下篇曰:为文必在养气,气与天地同,苟能充之,则可配序三灵[26],管摄万汇[27]。不然,则一介之小夫尔。君子所以攻内不攻外,图大不图小也。力可以举鼎,人之所难也,而乌获能之[28],君子不贵之者,以其局乎小也;智可以搏虎,人之所难也,而冯妇能之[29],君子不贵之者,以其骛乎外也!气得其养,无所不周,无所不极也;揽而为文,无所不参,无所不包也。九天之属[30],其高不可窥,八柱之列[31],其厚不可测,吾文之量得之;规毁魄渊[32],运行不息,基地万荥,躔次弗紊[33],吾文之焰得之;昆仑县圃之崇清,层城九重之严邃[34],吾文之峻得之;南桂北瀚[35],东瀛西溟[36],杳渺而无际,涵负而不竭,鱼龙生焉,波涛兴焉,吾文之深得之;雷霆鼓舞之,风云翕张之,雨露润泽之,鬼神恍惚,曾莫穷其端倪,吾文之变化得之;上下之间,自色自形,羽而飞,足而奔,潜而泳,植而茂,若洪若纤,若高若卑,不可以数计,吾文之随物赋形得之。

呜呼!斯文也,圣人得之,则传之万世为经;贤者得之,则放诸四海而准。辅相天地而不过,昭明日月而不忒,调燮四时而无愆,此岂非文之至者乎?

大道堙微,文气日削,骛乎外而不攻乎内,局乎小而不图其大。此无他,四瑕八冥九蠹有以累之也。何谓四瑕?雅、郑不分之谓荒,本末不比之谓断,筋骸不束之谓缓,旨趣不超之谓凡,是四者,贼文之形也。何谓八冥?訐者将以疾夫诚,楄者将以蚀夫圆,庸者将以混夫奇,瘠者将以胜夫腴,馂者将以乱夫精,碎者将以害夫完,陋者将以革夫博,眯者将以损夫明,是八者,伤文之膏髓也。何谓九蠹?滑其真,散其神,揉其氛,徇其私,灭其知,丽其蔽,违其天,昧其几,爽其贞,是九者,死文之心也。有一于此,则心受死而文丧矣。春葩秋卉之争丽也,猿号林而蛮吟砌也,水涌蹄涔而火炫萤尾也[37],衣被土偶而不能视听也,蠛蠓生死于瓮盎,不知四海之大、六合之广也,斯皆不知养气之故也。

呜呼!人能养气,则情深而文明,气盛而化神,当与天地同功也。与天地同功,而其智卒归之一介小夫,不亦可悲也哉?

余既作《文原》上下篇,言虽大而非夸,唯智者然后能择焉。

去古远矣,世之论文者有二:曰载道,曰纪事。纪事之文,当本之司马迁、班固;而载道之文,舍六籍吾将焉从?[38]虽然,六籍者本与根也;迁、固者枝与叶也。此固近代唐子西之论[39],而予之所见,则有异于是也。六籍之外,当以孟子为宗,韩子次之,欧阳子又次之,此则国之通衢,无榛荆之塞,无蛇虎之祸,可以直趋圣贤之大道。去此则曲狭僻径耳,荦确邪蹊耳[40],胡可行哉!

予窃怪世之为文者不为不多,骋新奇者,钩摘隐伏,变更庸常,甚至不可句读,且曰:"不诘屈聱牙,非古文也。"乐陈腐者,一假场屋委靡之文[41],纷糅庞杂,略不见端绪,且曰:"不浅易轻顺,非古文也。"予皆不知其何说。

大抵为文者,欲其辞达而道明耳,吾道既明,何问其余哉。

虽然，道未易明也，必能知言养气，始为得之。予复悲世之为文者，不知其故，颇能操觚遣辞[42]，毅然以文章家自居，所以益摧落而不自振也。今以二三子所学，日进于道，聊一言也。

——《芝园后集》卷五，宋濂著、罗月霞主编：《宋濂全集》，浙江古籍出版社1999年版

【题解】

元末明初，诗文应酬之风大盛，文风率多空疏、浮艳，乏经世致用之功。为补偏救弊，宋濂以尧、舜、文王、孔子之"经天纬地之文"为典范，贬斥元末明初盛行一时之"流俗之文"，进而提出"文者，天生之，地载之，圣人宣之，本建则其末治，体著则其用章"的论文主张。《文原》分上、下两篇，上篇为本体论，即文本于实；下篇为创作论，即"为文必在养气"。宋濂论文，目的在于探本穷源，他将义理、事功与文章三者合而为一，进行综合考察，并力图把握三者之间的变动规律。

【注释】

1. 文原：原，一种文体，意为探源究理。"文原"即推原文章之本。
2. "浦江"三句：浦江、义乌，皆县名，属浙江。刘刚、郑楷、郑柏，三人皆宋濂门人。
3. 人文：《易·贲》："观乎人文，以化成天下。"这里指礼教文化。
4. 庖牺：即伏羲。唐代司马贞《三皇本纪》："太皞庖牺氏，风姓，代燧人氏继天而王……养牺牲以庖厨，故曰庖牺。"
5. 如垂衣裳而治，取诸《乾》《坤》：《易·系辞下》："黄帝、尧、舜垂衣裳而天下治，盖取诸《乾》《坤》。"垂衣裳：谓定衣服之制，示天下以礼。后用以称颂帝王无为而治。
6. 上栋下宇，取诸《大壮》：《易·系辞下》："上古穴居而野处，后世圣人易之以宫室，上栋下宇，以待风雨，盖取诸《大壮》。"上栋下宇：用以指宫室的基本结构形式。
7. 书契之造，而取诸《夬》：《易·系辞下》："上古结绳而治，后世圣人易之以书契，百官以治，万民以察，盖取诸《夬》。"书契：指文字。
8. 舟楫车马之利，而取诸《涣》《随》：《易·系辞下》："刳木为舟，剡木为楫，舟楫之利，以济不通，致远以利天下，盖取诸《涣》。服牛乘马，引重致远，以利天下，盖取诸《随》。"
9. 杵臼棺椁之制，而取诸《小过》《大过》：杵臼：春捣粮食或药物等的工具。棺椁：棺材和套棺（古代套于棺外的大棺），泛指棺材。《易·系辞下》："断木为杵，掘地为臼，杵臼之利，万民以济，盖取诸《小过》。""古之葬者，厚衣之以薪，葬之中野，不封不树，丧期无数。后世圣人易之以棺椁，盖取诸《大过》。"

10. 重门击柝,而取诸《豫》:柝:巡夜所敲的木梆。《易·系辞下》:"重门击柝,以待暴客,盖取诸《豫》。"

11. 弧矢之利,而取诸《睽》:弧矢:指弓箭。《易·系辞下》:"弦木为弧,剡木为矢,弧矢之利,以威天下,盖取诸《睽》。"

12. 天衷:指天之善意。《左传·僖公二十八年》:"〔君臣〕不协之故,用昭乞盟于尔大神,以诱天衷。"民彝:指人与人之间相处的伦理道德准则。《书·康诰》:"天惟与我民彝大泯乱。"

13. 弥纶:统摄;笼盖。《易·系辞上》:"《易》与天地准,故能弥纶天地之道。"高亨注:"《释文》引京云:'准,等也。弥,遍也。'《集解》引虞翻曰:'纶,络也。'弥纶即普遍包络。此二句言《易经》所讲之道与天地齐等,普遍包络天地之道。"

14. 《禹贡》:《尚书》中的一篇,它将天下分为九州,并对每州的疆域、山脉、河流、植被、土壤、物产、贡赋、少数民族、交通等作了简要记载,是中国古代著名的地理学著作。

15. 升降揖让:北齐颜之推《颜氏家训·杂艺》:"别有博射,弱弓长箭,施于准的,揖让升降,以行礼焉。"升降,上升、下降。揖,拱手为礼。让,相让。四者本是"博射"的礼节,这里通指所有的礼节。

16. 《仪礼》:十三经之一,与《周礼》《礼记》合称"三礼"。内容记述周代有关冠、婚、丧、祭、乡、射、朝、聘等各种礼仪制度。

17. 《乡党》:是《论语》的一篇,共二十七章,集中记载了孔子的容色言动、衣食住行等。

18. 缀兆:指乐队行列。

19. 大射:为祭祀择士而举行的射礼。矍相:古地名,在山东省曲阜市城内阙里西。后借指学宫中习射的场所。《礼记·射义》:"孔子射于矍相之圃,盖观者如堵墙。"郑玄注:"矍相,地名。"

20. 序点:人名。扬觯:举起酒器。事见《礼记·射义》:"孔子射于矍相之圃,……又使公罔之裘、序点扬觯而语。"公罔裘亦人名,姓公罔,名裘。

21. 游、夏:皆为孔子弟子,以"文学"名,名列十哲。会通:会合变通。

22. 阴阳之大化:古代以阴阳解释万物生化,举凡天地、日月、昼夜、男女等皆有阴阳。

23. 正三纲而齐六纪:指维护既定的伦理秩序。三纲指君臣、父子、夫妇,六纪指诸父、兄弟、族人、诸舅、师长、朋友。

24. 八极:指八方极远之地。

25. 经天纬地:本意为取法于天地,后指经营天下。

26. 三灵:古称天、地、人或日、月、星为三灵。

27. 万汇:即众多品类。

28. 乌获:战国时秦之力士。后为力士的泛称。

29. 冯妇:春秋时晋人,善搏虎,见《孟子·尽心下》。

30. 九天之属：指天之所维系。
31. 八柱：指古代神话中撑天的八根支柱。
32. 规烓魄渊：指日出月末，两不相并。烓：日中火。魄：通"霸"。渊：深也，此处为动词，作沉于渊解。
33. 躔次弗紊：躔次指日月星辰运行的轨迹。弗：不。紊：乱。
34. 昆仑县圃之崇清，层城九重之严邃：《楚辞·天问》："昆仑县圃，其尻安在？增城九重，其高几里？"王逸《章句》："昆仑，山名也，在西北，元气所出。其岭曰县圃，县圃乃上通于天也。"
35. 南桂北瀚：指南海、北海。
36. 东瀛西溟：指东海、西海。
37. 水涌蹄涔而火炫萤尾：极言数量之少、体积之微。蹄涔：牛蹄所容之水。
38. 六籍：即六经。
39. 唐子西：唐庚(1071—1121)，字子西，北宋眉州丹陵人。善属文，举进士，为宗子博士，除提举京畿常平。著有《唐子西文集》二十四卷，《宋史》卷四百四十三《文苑五》有传。
40. 荦确：石多不平貌。
41. 场屋：旧时科举考试的地方。"场屋萎靡之文"指明代八股文，也称时文。
42. 操觚：执简，指作文。觚：木之方者，古人用来书写的木简。

【讲疏】

《文原》开篇介绍了本文写作的缘起。郑楷、刘刚、郑柏三位门人在创作上已能做到"以道为文"了。为了进一步让他们理解"文"与"道"之关系，宋濂作《文原》以贻之。

宋濂的所谓"文"，有广狭二义。他曾说："凡天地间青与赤谓之文，以其两色相交，彪炳蔚耀，秩然而可睹也。故事之有伦有脊，错综而成章者，皆名之以文。……斯文也，非指夫辞章而已。"(《讷斋集序》)他肯定了"文"是有条理之事物。综合宋濂的其他文章，宋濂所谓广义的"文"，包括人们社会生活中各种典章、制度，自然界中事物运行的规律，等等，"文"指导着人类的生活，导引着自然界万物的运动。所以《文原》说："故凡有关民用及一切弥纶范围之具，悉囿乎文，非文之外别有其他也。"广义的"文"之外，宋濂还使用实指的、具体的文，即"辞翰之文"。广义的"文"最终需要"托诸辞翰，以昭其文"。宋濂认为文之本原是自然之道，圣人取法乎自然之道而后有"天衷民彝之叙，礼乐刑政之施，师旅征伐之法，井牧州里之辨，华夷内外之别"，而各种社会人事若不"托诸辞翰"则"不能以行远"，于是圣人记载之，乃成经天纬地之文。这与刘勰"道沿圣以垂文，圣因文而明道"(《文心雕龙·原道》)的说法一脉相承。因此，"六籍者本与根也"，六经是文的渊海,文的极则。

宋濂论证了"文"与"实"的基本关系,即"文本于实"。"文本于实"首先是说,"天地自然之文"本于实。"天地自然之文",即上面所言广义之文,是世间有条不紊之社会人事。而"实"则指天地自然间的有规律的自然现象。宋濂认为,天地自然是按其本身的规律运行的,圣人经过长期的观察,摸清其运行规律,根据这些现象而制定了有条不紊的社会人事制度,也即天地自然之文。"文本于实"其次是说,"辞翰之文"本于"实"。这个"实"则指"天地自然之文",包括"天彝民彝之叙,礼乐刑政之施,师旅征伐之法,井牧州里之辨,华夷内外之别"。在此基础之上,宋濂进一步指出"必有其实,而后文随之",是谓文章必言之有物,言之有据。宋濂之作《文原》,是对郑楷等门人的勉励,更是为批驳"流俗之文"的有为而作。

在创作论方面,宋濂认为"为文必在养气"。养气即是要求作者加深才情、道德、学问、思想等方面的修养,具体途径就是"攻内不攻外,图大不图小"。概括起来说,养气包括两个方面的内容,即养气是为"明道","明道"而后才能"垂文"。所以创作论仍是在本原论的基础上的阐发。

事实上,无论是"文本于实",还是"为文须养气",都是宋濂所要论述的文之"源"。作者认为"文本于实",文章样式是社会生活的反映;"文"的具体形成要本于"气",文章是作者对事物的认识与体会的外在体现,以及内心感情的流露。文章的上篇就文章与社会生活的关系立论,下篇则侧重作者自身与文章写作的关系而言。尽管宋濂对于文章写作的本源的探讨,并无多少新的创建,但其理论系统却是清晰而严密的。

【关键词解读】

为文必在养气

"气"在古代文论中是一个复杂概念,它不仅常与宇宙的混沌元气、人体的气质之气、文章的气势之气和属于思想精神范畴的正邪之气与阳刚阴柔之气等相涵混而纠结不清,而且还常与"道""理"这些复杂的概念交叉,以至直到今天我们仍然难以对其作出确切的界说。综合宋濂的诸多论述,宋濂所谓的"气",主要指孟子所谓的"浩然之气"。《孟子·公孙丑上》说:"我知言,我善养吾浩然之气","其为气也,至大至刚,以直养而无害,则塞于天地之间"。宋濂则谓"气与天地同",在《浦阳人物记·文学篇》中又说:"天地之间,至大至刚,而吾借之以生者,非气也耶?"这与孟子的说法并无二致。

在"文"与"气"的关系上,宋濂主要强调"气"对"文"的决定作用,文的畅显与否,关键在于在于作者自身"气"的有无。只有"气得其养,无所不周,无所不极",才能"揽而为文,无所不参,无所不包也",最终达到"情深而文明,气盛而化神"、"与天地同功"。在《浦阳人物记·文学篇》中宋濂说得更具体:"必能养之而后道明,道明而后气充,气充而后文雄,文雄而后追配乎圣经。不若是,不足谓之文也。"只有养气,才能使"道明""文雄""追配乎圣经"。否则,不养气而为文,其所成之文是不能称作"文"的。

针对元末明初虚浮萎靡的文风,宋濂大加挞伐,屡屡感叹"大道堙微,文气日削"。对这一时代文风,宋濂总结出"四瑕""八冥""九蠹"的弊端。所谓"四瑕",是指文章的作者写作技能低下,在文章形式上犯了四种毛病;所谓"八冥",是指文章作者暗冥昏顽,写出来的文章内容得了八种重病;所谓"九蠹",是指作者蓄有私谋,作文的目的在于蒙蔽读者视听,蠹蚀读者灵魂,以售其奸。文章作者一旦被上述"四瑕八冥九蠹"所侵害,则"心受死而文丧矣"。要摆脱这些文病之害,在思想上免受其累,宋濂开出的药方即是"养气"。

【相关知识链接】

元末明初,诗文应酬之风颇滥,赠别谀死之作充斥于人们的文集中。宋濂深恶于"肩摩袂接"的求文者,往往一切谢绝。在宋濂看来,合于先王之道,能经世致用者才是理想中的文章。宋濂的文学观和明初的政令是相一致的。如朱元璋在元至正二十七年(1367)即曾诏谕中书省:"今后笺文只令文意平实,勿以虚辞为美也。"(《明通鉴》卷四)洪武六年(1373)又命凡上奏的笺表一律以韩柳文为法式,禁止骈俪对偶体。以明道为文,以致用为文,成了宋濂后期论文的宗旨,也体现了明初官方教化的主导思想。宋濂把文章与道理、事功结合起来,强调文章的思想内容与社会效果,希望能振偏救弊,以纠正元末以来空疏浮艳的文风。这代表了当时儒者试图恢复儒教文统的一般性意见,如陶安、王祎、苏伯衡等持论即与其有一致之处。另一方面,由于宋濂在明初文学史、文学批评史上的重要地位,他的文论思想也对永乐以后台阁体文论的形成及使"载道论"成为此后百年的主导倾向,起到了很大的推动作用。

【延伸阅读】

《文原》一篇纲举目张,是宋濂文论的核心,《华川书舍记》等文,则是宋濂文学思想的具体化。在宋濂看来,孟子之后,"世不复有文",贾谊、司马迁仅得其"皮肤",韩愈、欧阳修仅得其"骨骼",他们"不能皆纯揆之群圣人之文",不无遗憾。只有宋代周敦颐等几位大儒,才"得其心髓",才算得上"六经之文"。由此可见宋濂文论浓厚的理学色彩。宋濂论诗,以儒家"温柔敦厚"的诗教为准的,对"近来学者,类多自高,操觚未能成章,辄阔视前古为无物"的学诗态度,"猖狂无伦,以扬沙走石为豪"的诗歌风格颇为不满。他主张诗歌写作应"师其意",不应"师其辞"。诗人亦当"养气","其所养之充,是气浩然,弗挠弗屈",因此"其发于诗也,沉郁顿挫,浑厚超越"。

华川书舍记

华川书舍者,乌伤王君子充学文之所也。乌伤有大泽曰华川,唐武德间尝置华川县,不久而县废。今之所谓绣湖者即其地也。子充之居,直湖之阴,犹系之以旧名,志乎古也。子充之志乎古,岂止此而已哉!上自群圣人之文,下逮诸子百家之文,咸萃舍中,日冥搜而精玩之,视子充大肆其力于文,愈出而愈无穷。以濂同受经于侍讲黄先生之门也,请为记,书于舍壁。濂虽稍长于子充,视子充之辞锋横厉,百未能及一,纵强颜欲记之,将何以云耶?虽然子充弱冠时,濂见其文辄曰:"子充他日当以文知名。"今始十年而子充名动荐绅间,识者遂以濂为知言。濂虽不文,宁不为子充一言乎。

呜呼,文岂易言哉!日月照耀,风霆流行,云霞卷舒,变化不常者天之文也;山岳列峙,江河流布,草木发越,神妙莫测者地之文也。群圣人与天地参,以天地之文发为人文,施之卦爻而阴阳之理显,形之典谟而政事之道行,味之《雅》、《颂》而性情之用著,笔之《春秋》而赏罚之义彰,序之以礼、和之以乐而扶导防范之法具。虽其为教有不同,凡所以正民极、经国制、树彝伦、建大义,财成天地之化者,何莫非一文之所为也。自先王之道衰,诸子之文,人人自殊。管夷吾氏则以霸略为文;邓析氏则以两可辨说为文;列御寇氏则以黄、老清净无为为文;墨翟氏则以贵俭、兼爱、尚贤、明鬼、非命、尚同为文;公孙龙氏欲屈众说,则又以坚白、名实为文;庄周氏则又以通天地之统、序万物之性,达死生之变为文;慎到氏则又以刑名之学为文;申不害氏、韩非氏宗之,又流为深刻之文;鬼谷氏则又以捭阖为文;苏秦氏、张仪氏学之,又肆为纵横之文;孙武氏、吴起氏则又以军刑、兵势、图国料敌为文。独荀况氏粗知先王之学,有若非诸子之可及,惜乎学未闻道,又不足深知群圣人之文。凡若是者,殆不能悉数也。文日以多,道日以裂,世变日以下,其故何哉?盖各以私说臆见哗世惑众,而不知会通之归,所以不能参天地而为文。自是以来,若汉之贾谊、董仲舒、司马迁、扬雄、刘向、班固,隋之王通,唐之韩愈、柳宗元,宋之欧阳修、曾巩、苏轼之流,虽以不世出之才,善驰骋于诸子之间,然亦恨其不能皆纯揆之群圣人之文,不无所愧也。上下一千余年,惟孟子能辟邪说,正人心,而文始明。孟子之后,又惟舂陵之周子、河南之程子、新安之朱子完经翼传而文益明尔!

呜呼,文岂易言哉!自有生民以来,涉世非不远也,历年非不久也,能言之士非不夥且众也,以今观之,照耀如日月,流行如风霆,卷舒如云霞,惟群圣人之文则然,列峙如山岳,流布如江河,发越如草木,亦惟群圣人之文则然,而诸子百家之文固无与焉。故濂谓立言不能正民极、经国制、树彝伦、建大义者,皆不足谓之文也。士无志于古则已,有志于古,舍群圣人之文何以法焉!斯言也,侍讲先生尝言之,子充亦尝闻之。濂复取以为子充告者,诚以子充将以文知名于世,不可不以群圣人之文为勉也。濂家芙蓉山之阳,距子充之居不二舍而近,他日谒子充于湖之阴,仰观俯察天地之文,退坐书舍中,又参之以群圣人之文,则濂与子充各当有所进也。子充以濂言为然乎?虽然,濂言夸矣,子充幸为我删之。

——《潜溪前集》卷五,宋濂著、罗月霞主编:《宋濂全集》,浙江古籍出版社1999年版

答章秀才论诗书

濂白秀才足下,承书知学诗弗倦,且疑历代诗人皆不相师,旁引曲证,亹亹数百言,自以为确乎弗拔之论,濂窃以谓世之善

论诗者,其有出于足下乎!虽然,不敢从也。濂非能诗者,自汉魏以至于今,诸家之什,不可谓不攻习也。荐绅先生之前,亦不可谓不磨切也。揆于足下之论,容或有未尽者,请以所闻质之,可乎?

三百篇勿论已,姑以汉言之,苏子卿、李少卿非作者之首乎!观二子之所著,纡曲凄惋,实宗《国风》与楚人之辞。二子既没,继者绝少。下逮建安、黄初,曹子建父子起而振之,刘公干、王仲宣力从而辅翼之。正始之间,嵇、阮又叠作,诗道于是乎大盛。然皆师少卿而驰骋于《风》《雅》者也,自时厥后,正音衰微,至太康复中兴。陆士衡兄弟则仿子建;潘安仁、张茂先、张景阳则学仲宣;左太冲、张季鹰则法公干;独陶元亮天分之高,其先虽出于太冲、景阳,究其所自得,直超建安而上之,高情远韵,殆犹大羹充铏,不假盐醯而至味自存者也。元嘉以还,三谢、颜、鲍为之首。三谢亦本子建而杂参于郭景纯,延之则祖士衡,明远则效景阳,而气骨渊然,骎骎有西汉风。余或伤于刻镂而乏雄浑之气,较之太康则有间矣。永明而下,抑又甚焉。沈休文拘于声韵,王元长局于褊迫,江文通过于模拟,阴子坚涉于浅易,何仲言流于琐碎,至于徐孝穆、庾子山,一以婉丽为宗,诗之变极矣。然而诸人虽或远式子建、越石,近宗灵运、元晖,方之元嘉则,又有不逮者焉。

唐初承陈、隋之弊,多尊徐、庾,遂致颓靡不振。张子寿、苏廷硕、张道济相继而兴,各以《风》《雅》为师。而卢升之、王子安务欲凌跨三谢,刘希夷、王昌龄、沈云卿、宋少连亦欲蹴驾江、薛,固无不可者。奈何溺于久习,终不能改其旧。甚至以律法相高,益有四声八病之嫌矣。唯陈伯玉痛惩其弊,专师汉、魏,而友景纯、渊明,可谓挺然不群之士,复古之功于是为大。开元、天宝中,杜子美复继出,上薄风雅,下该沈、宋,才夺苏、李,气吞曹、刘,掩颜、谢之孤高,杂徐、庾之流丽,真所谓集大成者,而诸作皆废矣。并时而作有李太白,宗《风》《骚》及建安七子,其格极高,其变化若神龙之不可羁。有王摩诘依仿渊明,虽运词清雅,而萎弱少风骨。有韦应物祖袭灵运,能一寄秾鲜于简淡之中,渊明以来,盖一人而已。他如岑参、高达夫、刘长卿、孟浩然、元次山之属,咸以兴寄相高,取法建安。至于大历之际,钱、郎远师沈、宋,而苗、崔、卢、耿、吉、李诸家,亦皆本伯玉而宗黄初,诗道于是为最盛。韩柳起于元和之间,韩初效建安,晚自成家,势若掀雷抉电,撑决于天地之垠;柳斟酌陶、谢之中,而措辞窈眇清妍,应物而下,亦一人而已。元、白近于轻俗,王、张过于浮丽,要皆同师于古乐府。贾浪仙独变入僻,以矫艳于元、白。刘梦得步骤少陵而气韵不足,杜牧之沉涵灵运而句意尚奇,孟东野阴祖沈、谢而流于蹇涩,卢仝则又自出新意而涉于怪诡,至于李长吉、温飞卿、李商隐、段成式专夸靡曼。虽人人各有所师,而诗之变又极矣。比之大历,尚有所不逮,况厕之开元哉!过此以往,若朱庆余、项子迁、李文山、郑守愚、杜彦之、吴子华辈,则又驳乎不足议也。

  宋初袭晚唐五季之弊,天圣以来,晏同叔、钱希圣、刘子仪、杨大年数人,亦思有以革之,第皆师于义山,全乖古雅之风。迨王元之以迈世之豪,俯就绳尺,以乐天为法,欧阳永叔痛矫西昆,以退之为宗,苏子美、梅圣俞介乎其间。梅之覃思精微,学孟东野,苏之笔力横绝,宗杜子美,亦颇号为诗道中兴。至若王禹玉之踵徽之,盛公量之祖应物,石延年之效牧之,王介甫之原三谢,虽不绝似,皆尝得其仿佛者。元祐之间,苏、黄挺出,虽曰共师李、杜,而竞以己意相高,而诸作又废矣。自此以后,诗人迭起,或波澜富而句律疏,或锻炼精而情性远,大抵不出于二家。观于苏门四学士及江西宗派诸诗,盖可见矣。陈去非虽晚出,乃能因崔德符而归宿于少陵,有不为流俗之所移易。驯至隆兴、乾道之时,尤延之之清婉,杨廷秀之深刻,范至能之宏丽,陆务观之敷腴,亦皆有可观者,然终不离天圣、元祐之故步,去盛唐为益远。下至萧、赵二氏,气局荒颓,而音节促迫,则其变又极矣。

  由此观之,诗之格力崇卑,固若随世而变迁,然谓其皆不相师,可乎?第所谓相师者,或有异焉。其上焉者,师其意,辞固不似,而气象无同;其下焉者,师其辞,辞则似矣,求其精神之所寓,固未尝近也。然唯深于比兴者,乃能察知之尔。虽然,为诗当自名家,然后可传于不朽。若体规画圆,准方作矩,终为人之臣仆，尚乌得谓之诗哉！是何者？诗乃吟咏性情之具，而所谓风、雅、颂者，皆出于吾之一心，特因事感触而成，非智力之所能增损也。古之人其初虽有所沿袭，末复自成一家言，又岂规规然必于相师者哉？呜呼！此未易为初学道也。近来学者，类多自高，操觚未能成章，辄阔视前古为无物。且扬言曰：曹、刘、李、杜、苏、黄、诸作虽佳，不必师，吾即师，师吾心耳。故其所作，往往猖狂无伦，以扬沙走石为豪，而不复知有纯和冲粹之音，可胜叹哉！可胜叹哉！濂非能诗者，因足下之言，姑略诵所闻如此，唯足下裁择焉，不宣。濂白。

——《潜溪后集》卷四，宋濂著、罗月霞主编：《宋濂全集》，浙江古籍出版社1999年版

清啸后稿序

诗之为学，自古难言。必有忠信近道之质，蕴优柔不迫之思，形主文谲谏之言，将以洗濯其襟灵，发挥其文藻，扬厉其体裁，低昂其音节，使读者鼓舞而有得，闻者感发而知劝，此岂细故也哉？奈何习之者多如牛毛而专之者少如麟角也？

庐陵胡君山立生文献之邦，抱英锐之志，扬厉仕途，绰著声誉。粤自戎幄至跻法从，虽著勤劳之绩，不忘赋咏之事。风云月露，有以感夫中；花草虫鱼，有以寓乎目；与夫人事酬酢，时物迁移，皆见之篇翰焉。日积月盈，分为《清啸》前后二稿，前稿则国史危公既序之矣。予来京师，复得窥其后稿，而胡君遂征为之序。予披绎再四，因作而曰："正音寂寥久矣，诞者流于荒忽而无据，弱者过于纤靡而不振，俗者溺于陈腐而不新，粗者流于觕莽而不润。其音节体裁之乖方，文藻襟灵之弗畅，具有之矣。诗之为道，其果如是乎哉！有如胡君之作，命意深而措辞雅，陈义高而比物广，其殆庶几有忠信近道之质者欤？蕴优柔不迫之思者欤？形主文谲谏之言者欤？此予不能不抚卷而叹赏之也。予也不敏，以荒唐之资，操褊迫之行，虽自汉魏至于近代凡数百家之诗，无不研穷其旨趣，揣摩其声律，秋发被肩，卒不能闚其闻奥，

而补于政治。其视胡君之作,得不甚愧矣乎!然而穹亭邃馆,必压以呀然之兽,巨人元夫,必冠以峨然之弁;雄章俊句,必首以杰然之文。嗟予何人,尚敢为胡君之诗之序乎?牢让再三,竟不获命。斐然有作,情见乎辞。

——《銮坡前集》卷七,宋濂著、罗月霞主编:《宋濂全集》,浙江古籍出版社1999年版

林伯恭诗集序

诗,心之声也。声因于气,皆随其人而著形焉。是故凝重之人,其诗典以则;俊逸之人,其诗藻而丽;躁易之人,其诗浮以靡;苛刻之人,其诗峭厉而不平;严庄温雅之人,其诗自然从容而超乎事物之表。如斯者,盖不能尽数之也。呜呼!风霆流形,而神化运行于上;河岳融峙,而物变滋殖于下。千态万状,沉冥发舒,皆一气贯通使然。必有颖悟绝特之资,而济以该博宏伟之学,察乎古今天人之变,而通其洪纤动植之情,然后足以凭借是气之灵。彼局乎一才,滞乎一艺,虽欲捷骋横骛以追于古人,前之而愈却,培之而愈低,几何不堕于鄙陋之归?此濂于伯恭之诗,不能无感焉。

伯恭博极群经,而尤长于《春秋》。尝应书乡闱,实冠多士。伯恭年始二十余,一旦名动海内。自时阙后,学益加修。遂擢至正甲午进士第,历任省宪二府。正色直言,百壬畏慑。时出奇计,翦三逆竖,如烹狐兔。则其所养之充,是气浩然,弗挠弗屈。故其发于诗也,沉郁顿挫,浑厚超越。大雅奏而黄钟独鸣也,武库开而五兵森列也,洪涛怒张而鱼龙出没也。一展卷间,呈珍献异,可欣可愕,精神为之震眩。濂前所谓"声因于气,皆随其人而著形"者,岂非然邪?岂非然邪?

世之学诗者众矣,不知气充言雄之旨,往往局于虫鱼草木之微,求工于一联只字间,真若苍蝇之声,出于蚯蚓之窍而已。诗云乎哉?永嘉旧传四灵诗,识趣凡近,而音调卑促。近代或以为清新者,竞摹仿之。濂每谓人曰:"误江南学子者,此诗也。"闻者

且疑而且信焉。今吾伯恭之诗出，一洗习俗之陋，信知豪杰之士自有其人也。故敢执笔直题于首简。世有知言者，必深有取焉。伯恭名温，姓林氏，温之永嘉人。

——《翰苑别集》卷三，宋濂著、罗月霞主编：《宋濂全集》，浙江古籍出版社1999年版

叶夷仲文集序

临海叶君夷仲，宋丞相西涧先生族诸孙也。夷仲生有异资，其文辞之进，如荣木升而春涛长，日新月盛，盖未已也。顷由茂才举于乡，奉使安南，不辱君命。以功擢高唐州判官，转知睢宁县，为学犹孳孳不懈。其弟广武卫知事惠仲，类集成编，厘为若干卷，来征予序。其请至六七而不倦。予齿加长，志气摧摄，操觚所云云，皆无精魄。颇类寱语者。读夷仲文，方畏敬之弗暇，尚奚敢序之哉？虽然，不敢无一言也。

昔者先师黄文献公尝有言曰："作文之法，以群经为本根，迁、固二史为波澜。本根不蕃，则无以造道之原；波澜不广，则无以尽事之变。舍此二者而为文，则槁木死灰而已。"予窃识之不敢忘。于是取一经而次第穷之。有不得者，终夜以思。思之不通，或至达旦。如此者有年，始粗晓大旨。然犹不敢以为是也。复聚群经于左右，循环而温绎之，如此者亦有年，始知圣人之不死，其所以代天出治，范世扶俗者，数千载犹一日也。然犹不敢以为足也。朝夕讽咏之，沉潜之，益见片言之间，可以包罗数百言者，文愈简而其义愈无穷也。由是去读迁、固之书，则势若破竹，无留碍矣。权衡既悬，而百物重轻无遁情矣。然犹不敢以为易也。稽本末以核其凡，严褒贬以求其断，探幽隐以究其微，析章句以辨其体。事固粲然明白，而其制作之意，亦皦然不诬也。由是以定诸子百家之异同，若别白黑而绝无难矣。及夫物有所触，心有所向，则沛然发之于文，翩翩乎其萃也，衮衮乎其不馁也，渢渢乎大无不包，小无所遗也。呜呼！予以五十年之功，仅仅若此。今年日逾迈，慨兹旧业，反成荒落。将何以为夷仲言

哉？

　　夷仲诸作,温醇而有典则,飘逸而有思致。其辞简古而不庞,其神丰腴而不瘠,可谓能言之士矣。求诸辈行之中,未见其敌也。进进不已,何古人之不可至哉？予因忘其固陋,以平日所自得者,序诸篇首,夷仲宜有取焉。虽然,文辞,道之末也。夷仲方与有民社之寄,当务为政以德,而昌其道哉！洪武九年正月望日,具官金华宋濂序。

　　——《翰苑别集》卷四,宋濂著、罗月霞主编:《宋濂全集》,浙江古籍出版社1999年版

徐教授文集序

　　曹丕有言:文章者,不朽之盛事。其故何哉？夫山之巍然,有时而崩也。川之泓然,有时而竭也。金与石至固且坚,亦有时而销泐也。文辞所寄,不越乎竹素之间,而谓其能不朽者,盖天地之间有形则弊。文者道之所寓也。道无形也,其能致不朽也宜哉！

　　是故天地未判,道在天地；天地既分,道在圣贤；圣贤之殁,道在六经。凡存心养性之理,穷神知化之方,天人感应之机,治忽存亡之候,莫不毕书之。皇极赖之以建,彝伦赖之以叙,人心赖之以正,此岂细故也哉？后之立言者,必期无背于经,始可以言文,不然,不足以与此也。是故扬沙走石、飘忽奔放者,非文也。牛鬼蛇神,佹诞不经,而弗能宣通者,非文也。桑间濮上,危弦促管,徒使五音繁会而淫靡过度者,非文也。情缘愤怒,辞专讥讪,怨尤勃兴,和顺不足者,非文也。纵横捭阖,饬非助邪,而务以欺人者,非文也。枯瘠苦涩,棘喉滞吻,读之不复可句者,非文也。庾辞隐语,杂以诙谐者,非文也。事类失伦,序例弗谨,黄钟与瓦釜并陈,春秋与秋枯并出,杂乱无章刺眯人目者,非文也。臭腐塌茸,厌厌不振,如下俚衣装,不中程度者,非文也。如斯之类,不能遍举也。必也旋转如乾坤,辉映如日月,阖辟如阴阳,变化如风霆,妙用同乎鬼神,大之用天下国家,小而天下国家用,始

可以言文,不然,不足以与此也。故所贵乎文者,前乎千万世而不见其始,后乎千万世而不知其终,有不可一刻而离去者,其能致不朽也,宜哉! 丕也乌足以知之? 徒以鲁国孔融等七子学无所遗,辞无所假,足以令声名传后而已,安知其文哉!

传有之:"言以足志,文以足言,言之无文,行之不远。"此则文之至者也。文之至者,文外无道,道外无文。粲然载于道德仁义之言者,即道也。秩然见诸礼乐刑政之具者,即文也。道积于厥躬,文不期工而自工。不务明道,纵若蠹鱼出入于方册间,虽至老死,无片言可以近道也。

夫自孟氏既没,世不复有文。贾长沙、董江都、太史迁得其皮肤,韩吏部、欧阳少师得其骨骼,舂陵、河南、横渠、考亭五夫子得其心髓。观五夫子之所著,妙斡造化而弗违,百世以俟圣人而不惑。斯文也,非宋之文也,唐、虞三代之文也。非唐、虞三代之文也,六经之文也。文至于六经,至矣! 尽矣! 其始无愧于文矣乎。世之立言者,奈何背而去之?

吾友天台徐君大章,赋资绝伦,自少学文,即期以载道,非六经所存,不复轻置念虑于其间,含积既久,烨然以文名江南。洪武中,尝召入史馆与修《大明日历》,遂出教授武林,日以横经讲道为事,远近生徒莫不趋之,犹水之赴壑。当修日历时,予适为之总裁,每与大章论文,窃叹今之作者,何其与古异也,大章深以予之言为然。去岁过武林,获观其文集若干卷。今山居多暇,因徇大章门人之请,漫为序其篇端。

呜呼! 世有豪杰之士知文与道非二致者,必以余说为不谬,苟非其人,则以好高尚夸尤之矣,予一听焉,无事乎辨也。

——《芝园后集》卷一,宋濂著、罗月霞主编:《宋濂全集》,浙江古籍出版社1999年版

【思考题】

1. 宋濂是如何阐述"文"与"道"之关系的?
2. 结合元末明初的文学风气,谈谈宋濂文学思想的现实意义。

高　棅

【作者简介】

高棅(1350—1423),字彦恢,后改名廷礼,别号漫士,福建长乐人。与闽人林鸿、郑定、王褒、唐泰、王恭、陈亮、王偁、黄玄、周玄等十人号"闽中十子"。永乐初,高棅以布衣召入翰林为待诏,后迁典籍。永乐二十一年(1423),高棅卒于南京官舍。《明史·文苑》有传。著有《啸台集》二十卷、《木天清气集》十四卷,编有《唐诗品汇》《唐诗正声》。论诗主唐音,所著《唐诗品汇》为明初诗歌复古的里程碑,也是中国文学的重要评论著作。他的复古理论直接影响了前后七子。

唐诗品汇总叙

有唐三百年诗,众体备矣。故有往体、近体、长短篇、五七言律句、绝句等制,莫不兴于始,成于中,流于变,而陊之于终[1]。至于声律、兴象、文词、理致,各有品格高下之不同。略而言之,则有初唐、盛唐、中唐、晚唐之不同。详而分之,贞观、永徽之时[2],虞、魏诸公[3],稍离旧习,王、杨、卢、骆[4],因加美丽,刘希夷有闺帷之作[5],上官仪有婉媚之体,此初唐之始制也;神龙以还[6],洎开元初,陈子昂古风雅正,李巨山文章宿老[7],沈、宋之新声[8],苏、张之大手笔[9],此初唐之渐盛也。开元、天宝间,则有李翰林之飘逸[10],杜工部之沉郁[11],孟襄阳之清雅[12],王右丞之精致[13],储光羲之真率,王昌龄之声俊,高适、岑参之悲壮,李颀、常建之超凡,此盛唐之盛者也。大历、贞元中,则有韦苏州之雅澹[14],刘随州之闲旷[15],钱、郎之清赡[16],皇浦之冲秀[17],秦公绪之山林[18],李从一之台阁[19],此中唐之再盛也。下暨元和之际,则有柳愚溪之超然复古[20],韩昌黎之博大其词[21],张、王乐府[22],得其故实,元、白序事[23],务在分明,与夫李贺、卢仝之鬼怪,孟郊、贾岛之饥寒,此晚唐之变也。降而开成以后,则有杜牧之之豪纵[24],温飞卿之绮靡[25],李义山之隐僻[26],许用晦之偶对[27],他若刘沧、马戴、李频、李群玉辈[28],尚能黾勉气格[29],将迈时流,此晚唐变态之极,而遗风余韵,犹有存者焉。

　　是皆名家擅场,驰骋当世。或称才子[30],或推诗豪[31],或谓五言长城[32],或为律诗龟鉴[33],或号诗人冠冕[34],或尊海内文宗[35],靡不有精粗、邪正、长短、高下之不同。观者苟非穷精阐微,超神入化,玲珑透彻之悟,则莫能得其门,而臻其壸奥矣。今试以数十百篇之诗,隐其姓名,以示学者,须要识得何者为初唐,何者为盛唐,何者为中唐、为晚唐,又何者为王、杨、卢、骆,又何者为沈、宋,又何者为陈拾遗[36],又何为李、杜,又何者为孟为储,为二王,为高、岑,为常、刘、韦、柳,为韩、李、张、王、元、白、郊、岛之制。辩尽诸家,剖析毫芒,方是作者。

　　余夙耽于诗,恒欲窥唐人之藩篱,首踵其域,如堕终南万叠间,茫然弗知其所往。然后左攀右涉,晨跻夕览,下上陟顿,进退周旋,历十数年。厥中僻蹊通庄,高门邃室,历历可指数。故不自揆,窃愿偶心前哲,采摭群英[37],芟夷繁蔚[38],裒成一集,以为学唐诗者之门径。载观诸家选本,详略不侔,《英华》以类见拘[39],《乐府》为题所界[40],是皆略于盛唐而详于晚唐。他如《朝英》《国秀》《箧中》《丹阳》《英灵》《间气》《极玄》《又玄》《诗府》《诗统》《三体》《众妙》等集[41],立意造论,各该一端。唯近代襄城杨伯谦氏《唐音》集[42],颇能别体制之始终,审音律之正变,可谓得唐人之三尺矣[43],然而李、杜大家不录,岑、刘古调微存,张籍、王建、许浑、李商隐律诗,载诸正音,渤海高适、江宁王昌龄五言,稍见遗响。每一披读,未尝不叹息于斯。由是远览穷搜,审详取舍,以一二大家,十数名家,与夫善鸣者,殆将数百,校其体裁,分体从类,随类定其品目,因目别其上下、始终、正变,各立序论,以弁其端。爰自贞观至天祐[44]，通得六百二十人，共诗五千七百六十九首，分为九十卷，总题曰《唐诗品汇》。

呜呼！唐诗之偈，弗传久矣；唐诗之道，或时以明。诚使吟咏性情之士，观诗以求其人，因人以知其时，因时以辩其文章之高下，词气之盛衰，本乎始以达其终，审其变而归于正，则优游敦厚之教，未必无小补云。

洪武癸酉春新宁高棅谨序。

——《唐诗品汇》卷首，上海古籍出版社1982年影印本

【题解】

高棅论诗主唐音，所编选《唐诗品汇》是一代唐诗选本之经典，是中国文学批评史上的重要著作。《唐诗品汇》凡九十卷，自明洪武十七年(1384)开始编纂，至洪武二十六年(1393)历时十年得以成书。该书共选作者六百二十人，诗五千七百六十九首，所选作品广泛，体系完整，理论阐述精微，时无出其右者。书中高棅自作之序外，还有马德华、王偁、林慈等人之序，皆对此书评价甚高。

【注释】

1. 陊：古同"堕"，坠落。
2. 永徽：唐高宗李治的第一个年号，时间起于650年正月，讫于655年十二月。
3. 虞、魏诸公：虞世南(558—638)，字伯施，越州余姚人。隋时官秘书郎。入唐，太宗引为弘文馆学士。文章婉缛，得徐陵之意，书法妙得王羲之体，为唐初四大书家之一。有《北堂书钞》及文集。魏徵(580—643)，字玄成，魏州曲成人。官至检校侍中，知门下省事。今存《魏郑公谏录》及《续录》。
4. 王、杨、卢、骆：指"初唐四杰"王勃、杨炯、卢照邻、骆宾王。四人擅长诗文，对初唐文学革新有贡献。杜甫《戏为六绝句》诗给予了他们极高的评价："王杨卢骆当时体，轻薄为文哂未休。尔曹身与名俱灭，不废江河万古流。""四杰"的诗歌以书生意气来激扬文字，充溢着疏朗奋发的骨鲠之气，真正与当时流行的宫体诗区别开来了，昭示着唐诗时代的来临。
5. 闺帷：借指妇女或与妇女有关的事物。
6. 神龙：是周朝武则天和唐中宗李显的年号，705年正月—707年九月神龙元年二月太平公主等人发动政变，迎唐中宗复位，史称"神龙政变"。复国号唐，沿用武则天"神龙"年号不改。
7. 李巨山：李峤(645或646—714或715)，字巨山，赵州赞皇人。弱冠举进士，中宗神龙初拜相，睿宗即位被贬，玄宗时贬至庐州别驾卒。他前与王勃、杨炯相接，又

和杜审言、崔融、苏味道并称"文章四友"。诸人死后,他成了文坛老宿,为时人所宗仰。其诗绝大部分为五言近体,风格近似苏味道而词采过之。明代胡震亨认为:"巨山五言,概多典丽,将味道难为苏。"(《唐音癸签》)

8. 沈、宋:沈佺期(？－713),字云卿,相州内黄人。善属文,尤长七言之作。宋之问(656？－713?),一名少连,字延清,汉族,汾州人。宋之问在世时与沈佺期齐名,其诗以属对精密、音韵协调见长,大多词采绮丽,对仗工整。五律的定型,是由宋之问和沈佺期最后完成的,故"沈宋"之称也就成为律诗定型的标志。

9. 苏、张之大手笔:苏颋(670－727),京兆武功人,字廷硕。武则天时擢进士第。袭封许国公,号"小许公"。其诗骨力高峻,韵味深醇,情景声华俱佳。后人辑有《苏廷硕集》。张说(667－731),河南洛阳人,字道济,一字说之。玄宗时封燕国公。张说能诗,具盛唐风貌。官岳州后,诗益凄婉,人谓得江山之助。二人皆长于文辞,朝中大述作多出二人之手,时号为"燕许大手笔"。

10. 李翰林:玄宗时,李白被召为待诏翰林,故有此称。

11. 杜工部:安史之乱后,杜甫曾依节度使严武,武表为检校工部员外郎,故世称"杜工部"。

12. 孟襄阳:孟浩然(689或691－约740),襄州襄阳人,字浩然。早年隐居襄阳龙门山,世称"孟襄阳"。玄宗时出为荆州长史,未几,返乡。工山水诗,与王维齐名,并称"王孟"。有《孟浩然集》四卷。

13. 王右丞:王维(701－761),字摩诘,盛唐时期的著名诗人。安史之乱时曾被迫出任伪职,后两京收复,降职为太子中允,复累迁至给事中,终尚书右丞。著有《王右丞集》,存诗400首。

14. 韦苏州:韦应物(737－791),京兆万年人,是中唐艺术成就较高的诗人。诗多写山水田园,清丽闲淡,和平之中时露幽愤之情。诗风恬淡高远,以善于写景和描写隐逸生活著称。反映民间疾苦的诗,颇富同情心。因出任过苏州刺史,世称"韦苏州"。

15. 刘随州:刘长卿(？－789或791),字文房,河间人,一说宣城人。玄宗天宝进士,德宗建中年间,官终随州刺史,世称"刘随州"。长于五言,自称"五言长城",有《刘随州诗集》十卷,《外集》一卷。

16. 钱、郎:钱起(约710－约780),字仲文,吴兴人。大历十才子之一。其诗具有较高的艺术水平,风格清空闲雅、流丽纤秀,尤长于写景,为大历诗风的杰出代表。以《省试湘灵鼓瑟》诗最为有名。官终考功郎,世称"钱考功"。有《钱考功集》。郎士元,字君胄,中山人,生卒年不详。天宝十五年(756)登进士第。安史之乱中,避难江南。宝应元年(762)补渭南尉,历任拾遗、补阙、校书等职,官至郢州刺史。郎士元与钱起齐名,世称"钱郎"。他们诗名甚盛,当时有"前有沈宋,后有钱郎"(高仲武《中兴间气集》)之说。

17. 皇浦:皇浦冉(715－768),安定人,避地寓居丹阳。玄宗天宝十五年进士。诗歌多写离乱漂泊、宦游隐逸、山水风光。诗风清逸俊秀,深得高仲武赞赏。

18. 秦公绪：秦系(？－800)，字公绪，越州会稽人。天宝末，避乱居剡溪，自号东海钓客。大历五年(770)，北都留守薛兼训爱其文，奏为右卫率府仓曹军，不就。后客居泉州南安，结庐九日山中，自号南安居士。穴石为砚，注老子，终年不出。

19. 李从一：李嘉祐，字从一，赵州人，生卒年均不详。工诗，婉丽有齐梁之风，人拟为吴均、何逊之敌。与严维、刘长卿、冷朝阳诸人友善。

20. 柳愚溪：柳宗元曾被贬永州司马，更其地冉溪之名为"愚溪"，故称"柳愚溪"。宪宗元和十年(815)徙柳州刺史，故又称"柳柳州"。

21. 韩昌黎：韩愈自谓郡望昌黎，世称"韩昌黎"。晚年任吏部侍郎，又称"韩吏部"。谥号"文"，又称"韩文公"。

22. 张、王乐府：张籍、王建以擅长乐府著称。

23. 元、白：中唐诗人元稹、白居易的并称。二人诗通俗明白，流畅上口。白诗于平浅中有铺张放纵之势，元诗在细致中却比较节制约束；元诗思想内容虽不如白诗丰富深刻，却善吸取民歌精华，而具有优美圆熟的艺术技巧。

24. 杜牧之：杜牧(803－852)，京兆万年人，字牧之。他的古体诗受杜甫、韩愈的影响，题材广阔，笔力峭健。他的近体诗则以文词清丽、情韵跌宕见长。有《樊川文集》传世。

25. 温飞卿：温庭筠(约801－约866或约812－约870)，本名岐，字飞卿，太原祁人。其诗辞藻华丽，秾艳精致，内容多写闺情。其词艺术成就在晚唐诸词人之上，为"花间派"首要词人，对词的发展影响较大。

26. 李义山：李商隐(813－858)，怀州河内人，字义山，号玉溪生。其诗构思新奇，风格秾丽，尤其是一些爱情诗和无题诗写得缠绵悱恻，优美动人，广为传诵。有《樊南文集》、《樊南文集补编》行世。

27. 许用晦：许浑，字用晦，润州丹阳人。其诗皆近体，五七律尤多，句法圆熟工稳，声调平仄自成一格，即所谓"丁卯体"。诗多写"水"，故有"许浑千首湿"之讽。

28. 刘沧、马戴、李频、李群玉：刘沧，字蕴灵，汶阳人，生卒年均不详，比杜牧、许浑年辈略晚。工诗，尤长七律，有《刘沧诗》一卷。马戴，字虞臣，曲阳人，一作华州人。会昌四年(844)进士，官终太学博士，与贾岛、姚合为诗友。所作诗多为五言律和五七言绝句。李频，字德新，寿昌人。大中八年(854)进士，官终建州刺史。少秀悟，尤长于诗，所诗为多是近体。有《梨岳集》一卷，附录一卷。李群玉，字文山，丰洲人。极有诗才，"居住沅湘，崇师屈宋"，《湖南通志·李群玉传》称其"诗笔妍丽，才力遒健"。有《李群玉集》三卷，《后集》五卷。

29. 黾勉：勉励，尽力。

30. 称才子：如钱起、郎士元等人时称"大历十才子"，元稹被目为"元才子"等。

31. 推诗豪：白居易在《刘白唱和集解》中推刘禹锡为"诗豪"。

32. 五言长城：参本文注释(15)刘随州。

33. 律诗龟鉴：皎然《诗式》卷五云："洎有唐以来，宋员外之问、沈给事佺期，盖有律诗之龟鉴也。"

34. 诗人冠冕：陈俊卿《巩溪诗话序》中云："杜子美诗人冠冕，后世莫及。"
35. 海内文宗：见《新唐书·列传第三十二》："唐兴，文章承徐、庾余风，天下祖尚，子昂始变雅正。初，为《感遇诗》三十八章，王适曰：'是必为海内文宗。'乃请交。"
36. 陈拾遗：陈子昂，字伯玉，梓州射洪人。因曾任右拾遗，后世称为"陈拾遗"。
37. 采摭：采集摘录。
38. 芟夷：意为裁减、删削。
39. 《英华》：《文苑英华》，宋太宗太平兴国七年（982），李昉、徐铉、宋白等编，苏易简、王佑等续修。雍熙三年（986）成书，共一千卷。上承《文选》，辑录南朝梁末至唐末作家二千二百余人，作品近两万篇。分赋、诗、歌行等三十八类，其中南朝诗文占十分之一，唐人诗人居十分之九。唐代散佚诸集，多赖此书保存。
40. 《乐府》：《乐府诗集》，乐府歌辞总集名。宋郭茂倩编，一百卷。辑录汉魏至唐五代乐府歌辞，兼及先秦歌谣，分为郊庙歌辞、燕射歌辞、鼓吹曲辞、横吹曲辞、相和歌辞、清商曲辞、舞曲歌辞、琴曲歌辞、杂曲歌辞、近代曲辞、杂谣歌辞、新乐府辞，共十二类。各类有总序，每曲有解题。其解题征引浩博，援据精审，宋以来考乐府者，很难跃出此范围。
41. 《朝英》《国秀》《箧中》《丹阳》《英灵》《间气》《极玄》《又玄》《诗府》《诗统》《三体》《众妙》等集：以上数种，均为著名的唐诗选本。
42. 《唐音》：十四卷，元杨士弘选。《四库全书总目》记为十四卷，士弘自称十五卷，因"遗响"有一子卷。以"王、杨、卢、骆"为"始音"，"正音"分为初、盛、中、晚唐诗，后有"遗响"。凡例中称因李、杜、韩愈三家世多全集，故不选。此书重盛唐而略晚唐，与其他唐诗选本有殊，故为后人特别为明人所重。高棅编选《唐诗品汇》分初、盛、中、晚，又有正始、正宗、大家、名家之分，亦受其很大影响。
43. 三尺：古时把法律条文写在三尺长的竹简上，故称"三尺法"，简称"三尺"。
44. 天祐：（904—919）是唐昭宗李晔开始使用的年号，天祐元年八月唐哀帝李柷即位沿用。四年三月李柷禅位于朱温（904年闰四月—907年三月），共计4年。

【讲疏】

叙文开篇便对《唐诗品汇》的编选缘起做了交待：一是因为唐诗浩繁，汇此编为"学唐诗者之门径"；二是已有的唐诗诸家选本"详略不侔"，只有杨士弘所选《唐音》"颇能别体制之始终，审音律之正变，可谓得唐人之三尺矣"。但《唐音》也有缺点，于是"远览穷搜，审详取舍"，编选此书。文中高棅从史的角度把唐诗分为初、盛、中、晚四个时期，又列举每个时期有代表性的诗人以示风格的不同。

经过明初宋濂等人大力提倡复古，超元越宋，趋归唐音，已经成为诗坛普遍的风气。然而，唐诗本身又是一个驳杂、体调各异的混沌概念，若不对各体诗歌的发展脉络作出辨析，并从史的意义上大体确定主要诗人的地位,揭示其创作特点以示人归向的目标,学唐的提倡仍不免模糊难从。自从严羽以后,闽人形成推崇盛唐气象的传统,至明初出现了以林鸿等"十才子"为代表的学唐诗群。这些为《唐诗品汇》的问世营造了氛围,也创造了诗学条件。高棅在这篇总叙里称,编选此书的目的是帮助学诗者"观诗以求其人,因人以知其时,因时以辩其文章之高下,词气之盛衰,本乎始以达其终,审其变而归于正",正反映出通过提高对唐诗的辨识力,促使诗歌创作归正的意图。

《唐诗品汇总叙》以"声律、兴象、文词、理致"为评诗之要,更抽象地说,又可归为神理、格调,而神理又在格调之中。高棅之意即在通过审音辨格,以别诗歌正变,示人标准、规范。他在《五言古诗叙目》中说,梁、陈"大雅不振",初唐至神龙(武则天年号)以后,"品格渐高,颇通远调"。这大致也代表了他对初唐其他各体诗歌的评价。盛唐诗歌的格调更是备受高棅推崇,李白诗歌的"神秀声律"尤受赞美,其他如孟浩然"兴致清远",王维"词意雅秀",岑参"造语奇峻",高适"骨格浑厚",以及杜诗的体格完备,都得到大力褒扬。

高棅确立了以盛唐为正宗的思想,并强调了辨体的重要性。辨体的目的是为了正确认识不同时代不同诗人的"精粗邪正,长短高下",辨体标准是提倡"盛世之音",在艺术上崇尚"雅正冲澹",并以李白、杜甫为代表之盛唐诗为典范。此外,《唐诗品汇》中已初步体现了格调说的思想。高棅此书有扬初盛唐、抑中晚唐的倾向,以上对初盛唐诗歌格调的赞赏实际上正代表了他对唐诗艺术价值的认识,以及指给后人学唐诗的方向,从而揭开了明代七子派"诗必盛唐"的先声。《明史·文苑传》说高棅的《唐诗品汇》"终明之世,馆阁宗之"(《明史·文苑传》)。谢肇淛《小草斋诗话》写道:"明诗所以知宗乎唐者,高廷礼之功也。"也许有过誉之处,但它对明代文学思想的发展无疑还是产生过较大影响的。

【关键词解读】

四唐说

南宋严羽《沧浪诗话·诗体》说:"以时而论,则有建安体、黄初体、正始体、太康体、元嘉体、永明体、齐梁体、南北朝体、唐初体、盛唐体、大历体、元和体、晚唐体、本朝体、元祐体、江西宗派体。"严格说来,严羽所列唐诗五体,还不是正式的文学史分期。元代杨士弘《唐音》对唐诗的发展作了粗略的分期:"唐初盛唐""中唐""晚唐",这种三分法在明初颇有影响。

高棅在严羽、杨士弘等人的基础之上提出的"初、盛、中、晚"的四唐分期法，因为更加切合诗风的变迁，一经提出便为后世所广泛接受，并影响至今。高棅从"正"与"变"的辩证关系出发，阐明了唐诗发展的进程，在理论上把各个阶段贯穿起来，同时，各个阶段的时间断限，也往往就大体而言，并不拘泥。《总叙》对唐诗分期明确作了初、盛、中、晚四段划分，使南宋严羽《沧浪诗话》中有关分期说更为完整，在唐诗研究史上产生了广泛而深远的影响。清初冯班等人曾举刘长卿亦盛唐亦中唐为例，讥议这种划分的机械性。从微观来说，类似的问题难以避免，有所不足，但从宏观来看，这样的四段划分有利于揭示唐诗发展不同阶段的各自特点，有利于把握唐诗整体的走向，利大于弊。《四库全书总目》指出："然限断之例，亦论大概耳。寒温相代，必有半冬半春之一日，遂可谓四时无别哉？"不失为持平之论。

【相关知识链接】

"四唐"之分期，从社会历史发展的进程来认识唐诗发展的规律，视野宏阔，极有见地。有唐一代，诗家众多，仅以"四唐"别之，尚不能尽述一代诗歌之体貌。高棅又以"九格"来区分诗歌创作成就的大小和诗人地位的高低。九格为：正始（诗风转入正道的开始）、正宗、大家、名家、羽翼（以上四格赞美值最高，其中又由前而后呈由高而低递减）、接武（承前启后，过渡）、正变、余响（以上二格皆是趋变，而余响是变的尾声）、旁流（指方外异人如僧、道、妇女及生平失考的作者）。真正具有文学批评意义的是前面八格，而八格中其批评的理论意义强弱也有所不同。就时代而言，"大略以初唐为正始，盛唐为正宗、大家、名家、羽翼，中唐为接武，晚唐为正变、余响"（《唐诗品汇•凡例》）。这样通过正变之辨，进一步阐明了唐诗的发展过程和规律，确立了以盛唐为宗的思想。就诗人的具体创作而言，高棅并非一概而论，而是以诗歌体制为主，给予诗人的作品以定位。综而论之，李白是"正宗"的代表，杜甫独揽"大家"之美誉。"正宗"含纯正的盛唐风调之意，"大家"指集大成而又含较多变调因素，它们是《唐诗品汇》对"神秀声律"艺术上最臻成熟的完美的诗歌作品的评论术语。这反映了高棅基本上同尊李、杜，并学二家的主张。以宗盛唐为经，学李、杜为纬，正是《唐诗品汇》宗趣所在。

【延伸阅读】

《唐诗品汇》的编排是以五七古体、近体等诗体为类，每体又分为"正始"等九格。通过"五言古诗""七言古诗"等的"叙目",我们可以看到,在具体分类中,高棅既注意到每一时期总的趋向和共同的风貌,又充分强调了同一时期不同作家的不同艺术风格和成就。比如该书以盛唐为宗,在盛唐作家中又有正宗、大家、名家、羽翼等分别,大家和名家有高下之分,正宗、大家和名家、羽翼有主次之别。这种区分又因诗体而异,如杜甫在五古、七古、五律、五排、七律为大家,而在五绝、七绝则为羽翼;崔国辅在五古、七古、七绝、五排为羽翼,而在五绝则为正宗。高棅在"九格"的论述中,把初、盛、中、晚四个阶段和"九格"结合起来,通过正和变的辩证关系,进一步将唐诗的发展过程和规律揭示出来,并形成了贯穿始终的理论体系。

五言古诗叙目

正　　始

　　五言之兴,源于汉,注于魏,汪洋乎两晋,混浊乎梁陈,大雅之音几于不振。唐氏勃兴,文运丕溢,太宗皇帝,龙凤之姿,天文秀发,延览英贤,首倡斯道,其《幸庆》《善宫》等作,时已被之管弦。明良满庭,赓歌赞治,若夫世南属和,匡君以正,魏徵终篇,约君以礼,辞之忠厚,岂曰文为?及乎永徽以还,四杰并秀于前,四友齐名于后,刘氏庭芝古调、上官仪新体,虽未遏其微波,亦稍变乎流靡。爰自贞观至垂拱间,通得二十六人,择其诗之颇精粹者,共六十七首,列为唐世五言古风之始。

　　神龙以还,品格渐高,颇通远调,前论沈、宋比肩,后称燕、许手笔,又如薛少保之《郊陕》篇、张曲江公《感遇》等作,雅正冲淡,体合风骚,骎骎乎盛唐矣。今自沈云卿而下,以尽乎开元初之诸贤,通得二十五人,共诗七十五首,离为下卷,亦曰正始,使学者本始知来,溯真源而游汗漫矣。

正　　宗

　　唐兴,文章承陈隋之弊,子昂始变雅正,夐然独立,超迈时髦。初为《感遇诗》,王适见之,曰:"是必为海内文宗。"噫!公之高才倜傥，乐交好施，学不为儒，务求真适，文不按古，伫兴而成，观其音响冲和，词旨幽邃，浑浑然有平大之意，若公输氏当巧而不用者也。故能掩王、卢之靡韵，抑沈、宋之新声，继往开来，中流砥柱，上遏贞观之微波，下决开元之正派，呜呼，盛哉！

　　诗至开元、天宝间，神秀声律，粲然大备。李翰林天才纵逸，轶荡人群，上薄曹、刘，下凌沈、鲍。其乐府古调，若使储光羲、王昌龄失步，高适、岑参绝倒，况其下乎？朱子尝谓太白诗如无法度，乃从容于法度之中，盖圣于诗者。其古风两卷，皆自陈子昂《感遇》中来。且太白去子昂未远，其高怀慕尚也如此。今揭二公为正宗，共二百五十一首，分为四卷，使学者入门立志取正于斯，庶无他歧之惑矣。

大　　家

　　元微之曰：予读诗至杜子美，而知古人之才有所总萃焉。唐兴，学官大振历世之文，能者互出，而又沈、宋之流，研炼精切，稳顺声势，谓为律诗。由是而后，文变之体极焉。然而好古者遗近，务华者去实，效齐梁则不逮于魏晋，工乐府则力屈于五言，律切则骨格不存，闲暇则纤秾莫备。至于子美，盖所谓上薄风雅，下该沈、宋，言夺苏、李，气吞曹、刘，掩颜、谢之孤高，杂徐、庾之流丽，尽得古人之体势，而兼昔人之所独专矣。如使仲尼考锻其旨要，尚不知贵其多哉，苟以为能所不能，无可无不可，则诗人以来，未有如子美者矣！严沧浪曰：少陵诗宪章汉魏，而取材于六朝，至其自得之妙，则先辈所谓集大成者也。世称子美为大家，故略二贤之论，以冠其端云。

名　　家

　　夫诗莫盛于唐，莫备于盛唐，论者惟杜、李二家为尤，其间又可名家者十数公，至如子美所赞咏者王维、孟浩然，所友善者高适、岑参。乾元以后，刘、钱接迹，韦、柳光前，人各鸣其所长。今观襄阳之清雅，右丞之精致，储光羲之真率，王江宁之声俊，高达夫之气骨，岑嘉州之奇逸，李颀之冲秀，常建之超凡，刘随州之闲旷，钱考功之清赡，韦之静而深，柳之温而密，此皆宇宙山川英灵间气萃于时，以钟乎人矣。呜呼，盛哉！今俱列之名家，第为上下。以储、孟、二王、高、岑、常、李为上卷，刘、钱、韦、柳为下卷，共十二人，合诗四百七十五首，离为七卷，学者溯正宗而下，观此足矣。

羽　翼

昔朱晦庵先生尝取汉魏五言，以尽乎郭景纯、陶渊明之作，以为古诗之根本准则；又取自晋宋颜、谢以下诸人，择其诗之近于古者，以为羽翼舆卫。余于是编，正宗既定，名家载列，根本立矣。奈何羽翼未成，爰自采摭。及观诸家选本，载盛唐诗者，唯殷璠《河岳英灵集》独多古调。璠尝论曰：夫文有神来、气来、情来，有雅体、野体、鄙体、俗体，编纪者能审鉴诸体，委详所来，方可定其优劣，论其取舍。又曰：璠今所集，颇异诸家，既闲新声，复晓古体，文质半取，风骚两挟。斯言得之矣！若夫太白、浩然、储、王、常、李、高、岑数公，已褐于前，他如崔颢、薛据、张谓、王季友诸人，皆李、杜当时所称许，相与发明斯道，赓歌鼓舞，以鸣乎盛世之音者矣。今以崔司勋等十五人，共诗八十一首，为上卷。又以殷氏所收之外，若崔宗之、魏万之愿交于翰林，元结、孟云卿之见称于工部，张、裴、贾、岑唱和联翩，萧、李、独孤驰名先后。又如《箧中》《丹阳》采葺不少，虽众君子之全集罕得详览，然其言皆足以没世而不忘也。爰自崔颢而下，以尽乎天宝诸贤，凡三十六人，得诗七十四首，为下卷，合而题曰羽翼，窃效晦庵之意欤。学者观之，能审诸体，而辨所来，庶乎不作开元、天宝以下人物。与夫野狐外道，蒙蔽其真识者，又奚足以知此哉。

接　武

呜呼！天宝丧乱，光岳气分，风概不完，文体始变。其间刘长卿、钱起、韦应物、柳宗元，后先继出，各鸣一善，比肩前人，已列之于名家，无复异议。时若郎士元、皇甫冉、李端、卢纶、顾况、戎昱、窦参、武元衡之属，以及乎权德舆、刘禹锡诸人，相与接迹而兴起,翱翔乎大历、贞元之间,其篇什讽咏不减盛时。然而近体颇繁,古声渐远,不过略见一二,与时唱和而已。虽然,继述前列,提挈风骚,尚有望于斯人之徒欤!今自郎士元而下,以尽乎大历诸贤,得一十九人,择其声之颇近者,凡六十五首,为上卷。又自于鹄,以及元和之初,得一十四人,共诗五十八首,为下卷,题曰接武,以绍天宝诸贤之后,俾学者知有源委矣。

正　　变

唐诗之变渐矣。隋氏以还,一变而为初唐,贞观、垂拱之诗是也。再变而为盛唐,开元、天宝之诗是也。三变而为中唐,大历贞元之诗是也。四变而为晚唐,元和以后之诗是也。夫元和之际,柳公尚矣。若韩退之、孟东野,生平友善,动辄唱酬。然而二子殊途,文体差别。今观昌黎之博大而文,鼓吹六经,搜罗百氏,其诗骋驾气势,崭绝崛强,若掀雷决电,千夫万骑,横骛别驱,汪洋大肆而莫能止者。又《秋怀》数首及《暮行河堤上》等篇,风骨颇逮建安,但新声不类此,正中之变也。东野之少怀耿介,龌龊困穷,晚擢巍科,竟沦一尉。其诗穷而有理,苦调凄凉,一发于胸中,而无吝色。如古乐府等篇,讽咏久之,足有余悲,此变中之正也。余合二公之诗为一卷,所以幸其遗风之变犹有存者,故曰正变。

余　　响

元和再盛之后,体制始散,正派不传,人趋下学,古声愈微。韩愈、孟郊已述于前,他如张籍、王建、白居易、欧阳詹、李贺、贾岛诸人,各鸣于时,犹有贞元之遗韵。开成后,马戴、陈陶、刘驾、李群玉辈,黾勉气格,尚欲贾前人之余勇,又如司马礼、于渍、邵谒之属,研精覃思,不过历郊岛之藩翰耳。虽然,时有废兴,道有隆替,文章与时高下,与代终始,向之君子,岂可泯然其不称乎?予于是编,所以不辞采录,爰自王仲初而下,以尽乎元和诸贤,通得一十六人,择其声之颇纯者,凡五十八首,为上卷。又自马与陈而下,以尽乎唐末诸人,通得一十七人,共诗六十九首,为下卷,合而题曰余响,以见唐音之盛,汎汎不绝,虽非阳春白雪,引商泛征,而属和者不多,殆与下里巴人淫哇之声则有间矣。

——高棅:《唐诗品汇》,上海古籍出版社1982年影印本

七言古诗叙目

正　　始

七言虽云始自汉武《栢梁》,然歌谣等作出自古也,如宁戚之《商歌》,七言略备,迨汉则纯乎成篇。下及魏晋,相继有述,其间杂以乐府、长短句、词、吟、曲、引、篇、行、咏、调之属,皆名为诗。唐初作者亦少,独宋之问数首,为时所称。又如郭代公《宝剑篇》、张燕公《邺都引》,调颇凌俗,然而文体声律抑扬顿挫,犹未尽善。今自王宏而下至开元初,通得二十九人,共诗四十六首,为正始。

正　　宗

太白天仙之词,语多率然而成者,故乐府歌辞咸善。或谓其始以《蜀道难》一篇见赏于知音,为明主所爱重,此岂浅才者侥幸际其时而驰骋哉? 不然也。白之所蕴,非止是。今观其《远别离》《长相思》《乌栖曲》《鸣皋歌》《梁园吟》《天姥吟》《庐山谣》等作,长篇短韵,驱驾气势,殆与南山秋色争高可也,虽少陵,犹有让焉,余子琐琐矣。揭为正宗,不亦宜乎!

大　　家

王荆公尝谓:"杜子美之悲欢穷泰,发敛抑扬,疾徐纵横,无施不可,故其所作有平淡简易者,有绮丽精确者,有严重威武若三军之帅者,有奋迅驰骤若泛驾之马者,有淡泊闲静若山谷隐士者,有风流酝藉若贵介公子者。盖其绪密而思深观者,苟不能臻其阃奥,未易识其妙处,夫岂浅近者所能窥哉! 此子美所以光掩前人,后来无继也。"余观其集之所载,《哀江头》《哀王孙》《古栢行》《剑器行》《渼陂行》《兵车行》《洗兵马行》《短歌行》《同谷歌》

等篇，益以斯言可征，故表而出之，为大家。

名　　家

盛唐工七言古调者多，李、杜而下，论者推高、岑、王、李、崔颢数家为胜。窃尝评之，若夫张皇气势，陟顿始终，综核乎古今，博大其文辞，则李、杜尚矣。至于沉郁顿挫，抑扬悲壮，法度森严，神情俱诣。一味妙悟，而佳句辄来，远出常情之外，之数子者，诚与李、杜并驱而争先矣。今俱列之于名家，以高适、岑参合诗五十首，为上卷，李颀王维崔颢合诗四十三首，为下卷。

羽　　翼

盛唐名家之外作者不多见，若储光羲、张谓、王季友诸人，不过所录者是，通得二十一人，共诗四十七首，为一卷。

接　　武

中唐来作者亦少，可以继述前诸家者，独刘长卿、钱起较多，声调亦近似。韩翃又次之，他若李嘉佑、韦应物、皇甫冉、卢纶、戎昱、李益之俦，略见一二，虽体制参差，而气格犹有存者，亦不可阙。今皆取之分为二卷，以刘、钱、韩三家，合诗四十二首，为上卷，又自李嘉佑而下至贞元末共一十八人，合诗四十九首，为下卷。

正　　变

汉武帝立乐府官，采诗以四方之音，被之声乐，其来远矣。后世沿袭，古意略存。或因意命题，或学古叙事，尚能原闺门衽席之遗，而达之于宗庙朝廷之上，去古虽远，犹近唐世，述作者多，繁音日滋。寓意古题，刺美见事者有之，即事名篇无复倚傍者有之。大历以还，古声愈下，独张籍、王建二家体制相似，稍复古意。或旧曲新声，或新题古义，词旨通畅，悲欢穷泰，慨然有古歌谣之遗风，皆名为乐府。虽未必尽被于弦歌，是亦诗人引古以讽之义欤？抑亦唐世流风之变而得其正也欤？今合二家诗五十七首，为正变。后之审音者，倘采声以造乐，二子其庶乎。

元和歌诗之盛,张、王乐府尚矣。韩愈、李贺文体不同,皆有气骨。退之之叙,已备五言,又如《琴操》等作,前贤称之详矣,此不容赘。若长吉者,天纵奇才,惊迈时辈,所得离绝凡近,远去笔墨畦径,时人亦颇道其诗如时花美女不足为其色也,风樯阵马不足为其勇也,荒国陊殿梗莽丘陇不足为其恨怨悲愁也,鲸呿鳌掷牛鬼蛇神不足为其虚荒诞幻也。呜呼!使长吉假之以年,少加于理,其格律岂止是哉!严沧浪云:"卢仝之怪,长吉之诡,天地间自欠此体不得。"余故并韩公合为一卷,共诗五十二首,为正变。

余　响

元和以后,述贞元之余韵者,权德舆、刘禹锡而已。其次能者,各开户牖,若卢之险怪,孟之寒苦,白之庸俗,温之美丽,虽卓然成家,无足多矣。故略其精者,自武元衡而下至唐末,通得十七人,共诗四十六首,为余响。

——高棅:《唐诗品汇》,上海古籍出版社1982年影印本

七言律诗叙目

正　始

七言律诗,又五言八句之变也。在唐以前,沈君攸七言俪句已近律体,唐初始专此体。沈、宋等精巧相尚。开元初,苏、张之流盛矣。然而亦多君臣游幸倡和之什。通得二十三人,共诗五十七首,为七言近体之始。

正　宗

盛唐作者虽不多,而声调最远,品格最高。若崔颢律非雅纯,太白首推其《黄鹤》之作,后至《凤凰》而仿佛焉。又如贾至、王维、岑参早朝倡和之什,当时各极其妙。王之众作尤胜诸人。至于李颀、高适,当与并驱,未论先后,是皆足为万世程法。通得十四人,共诗五十二首,为正宗。

大　家

少陵七言律法独异诸家,而篇什亦盛,如《秋兴》等作,前辈谓其大体浑雄富丽,小家数不可仿佛耳。今择其三十七首,为大家。

羽　翼

天宝以还,钱起、刘长卿并鸣于时,与前诸家实相羽翼,品格亦近似,至其赋咏之多、自得之妙,或有过焉。今合二家诗三十九首,为羽翼。

接　武

中唐来,作者渐多,如韦应物、皇甫伯仲,以及乎大历才子诸人,相与接迹而起者,篇什虽盛而气或不逮。贞元后,李益、权德舆、杨巨源、戴叔伦、刘禹锡之流,宪章祖述,再盛于元和间,尚可以继盛时诸家。贾岛、姚合后出,格力犹有一、二可取。今分为二卷,以韦应物、皇甫伯仲与乎大历诸贤,凡十九人,共诗七十三首,为上卷。又自李益而下,以尽乎元和诸人,得二十一人,共诗五十九首,为下卷。

正　变

元和后,律体屡变,其间有卓然成家者,皆自鸣所长。若李商隐之长于咏史,许浑、刘沧之长于怀古,此其著也。今观义山之《隋宫》《马嵬》《筹笔驿》《锦瑟》等篇,其造意幽深,律切精密,有出常情之外者。用晦之《凌歊台》《洛阳城》《骊山》《金陵》诸篇,与乎蕴灵之《长洲》《咸阳》《邺都》等作,其今古废兴、山河陈迹、凄凉感慨之意,读之可为一唱而三叹矣!三子者,虽不足以鸣乎大雅之音,亦变风之得其正者矣。今合其诗,凡四十九首,为正变。

——高棅:《唐诗品汇》,上海古籍出版社1982年影印本

唐诗品汇·凡例

先辈博陵林鸿尝与余论诗,上自苏李,下迄六代。汉魏骨气虽雄而菁华不足,晋祖玄虚,宋尚条畅,齐梁以下但务春华,殊欠秋实,唯李唐作者可谓大成。然贞观尚习故陋,神龙渐变常调,开元天宝间,神秀声律粲然大备。故学者当以是楷式,予以为确论。后又采集古今诸贤之说,及观沧浪严先生之辩,益以林之言可征,故是集专以唐为编也,其为凡例见诸左方云:

一,是编不言选者,以其唐风之盛,采取之广,故不立格,不分门,但以五七言古今体分别类从,各为卷。卷内始立姓氏,因时先后而次第之,或多而百十篇,或少而一二首,凡不可阙者悉录之,此品汇之本意也。

一,诸体集内定立正始、正宗、大家、名家、羽翼、接武、正变、余响、傍流诸品目者,不过因有唐世,次文章高下而分别诸卷,使学者知所趋向,庶不惑乱也。

一,大略以初唐为正始,盛唐为正宗、大家、名家、羽翼,中唐为接武,晚唐为正变、余响,方外、异人等诗为傍流,间有一二成家特立与时异者,则不以世次拘之,如陈子昂与太白列在正,刘长卿、钱起、韦柳与高岑诸人同在名家者是也。

一,乐府不另分为类者,以唐人述作者多,达乐者少,不过因古人题目,而命意实不同,亦有新立题目者,虽皆名为乐府,其声律未必尽被于弦歌也。今只随五七言古今体分类于姓氏下。先以乐府古题篇章长短次第之,后以杂诗篇章长短次第之,不复如郭茂倩专以古题为类也,学者详之。

一,五言长篇、七言长篇、排律长篇、六言绝句,不分诸品目者,以其诗人著述之少故,附见于诸体卷末,以备一制作。

一,品目叙论备见于五言古诗类,他类不过纪其姓名篇什之数耳。

一,诸家评论繁甚,其有评论本人诗者,则附于姓氏之后,有评论本诗者,则附于本诗之前后,有评论本句者则附于本句之下。夫文章者公器也，然而历代辞人志趣不叶，议论纵横，使人惑于趋向，今取其正论悟语悉录之，其或文儒奇解过中之说，一无取焉。

一，诸体姓氏下略具字里世次，其于出处大节、历仕始终并详于前，无考者阙。

一，是编之选详于盛唐，次则初唐、中唐，其晚唐则略矣。

——高棅：《唐诗品汇》，上海古籍出版社1982年影印本

【思考题】

1. 高棅"四唐说"的内容是什么？它在唐诗接受史上产生了怎样的影响？
2. 为什么说高棅揭开了明代七子派"诗必盛唐"的先声？

朱 权

【作者简介】

朱权(1378—1448),自号臞仙,别署涵虚子、丹丘先生、南极遐龄老人、大明奇士等。朱元璋第十七子,洪武二十四年(1391)封于大宁(今属内蒙古),永乐元年(1403)改封南昌。卒谥献,世称宁献王。博古好学,对诸子百家、诗词曲赋,以至卜筮修炼皆有涉猎。中年以后,历经皇室内部权力争斗,又受诽谤诬陷,不再过问政事,信仰道教,热衷修真养性。朱权一生著述颇丰,有《通鉴博论》《汉唐秘史》《文谱》《诗谱》《神奇秘谱》等几十种。朱权尤好戏曲,其作杂剧今知有十二种,现存《冲漠子独步大罗天》《卓文君私奔相如》两种,戏曲论著《太和正音谱》《务头集韵》《琼林雅韵》等,今存《太和正音谱》《琼林雅韵》。

太和正音谱(节选)

序

猗欤盛哉,天下之治也久矣。礼乐之盛,声教之美,薄海内外,莫不咸被仁风于帝泽也,于今三十有余载矣。近而侯甸郡邑,远而山林荒服,老幼聋盲,讴歌鼓舞,皆乐我皇明之治。夫礼乐虽出于人心,非人心之和,无以显礼乐之和;礼乐之和,自非太平之盛,无以致人心之和也。故曰:治世之音安,以乐其政和。[1]是以诸贤形诸乐府,流行于世,脍炙人口,铿金戛玉,锵然播乎四裔[2],使鴂舌雕题之氓[3],垂发左衽之俗[4],闻者靡不忻悦。虽言有所异,其心则同,声音之感于人心大矣。余因清宴之余,采撷当代群英词章,及元之老儒所作,依声定调,按名分谱,集为二卷,目之曰《太和正音谱》;审音定律,辑为一卷,目之曰《琼林雅韵》;搜猎群语,辑为四卷,目之曰《务头集韵》;以寿诸梓,为乐府楷式,庶几便于好事,以助学者万一耳。吁!譬之良匠,虽能运于斤斧,而未尝不由于绳墨也欤[5]。时岁龙集戊寅序。

古今群英乐府格势

马东篱之词[6],如朝阳鸣凤。

其词典雅清丽,可与灵光、景福而相颉颃[7]。有振鬣长鸣,万马皆喑之意。又若神凤飞鸣于九霄,岂可与凡鸟共语哉?宜列群英之上。

张小山之词[8],如瑶天笙鹤。

其词清而且丽,华而不艳,有不吃烟火食气,真可谓不羁之材;若被太华之仙风,招蓬莱之海月,诚词林之宗匠也。当以九方皋之眼相之[9]。

王实甫之词,如花间美人。

铺叙委婉,深得骚人之趣。极有佳句,若玉环之出浴华清,绿珠之采莲洛浦[10]。

关汉卿之词,如琼筵醉客。

观其词语,乃可上可下之才,盖所以取者,初为杂剧之始,故卓以前列。

杂剧十二科

一曰"神仙道化"
二曰"隐居乐道"(又曰"林泉丘壑")
三曰"披袍秉笏"(即"君臣"杂剧)
四曰"忠臣烈士"

五曰"孝义廉节"

六曰"叱奸骂谗"

七曰"逐臣孤子"

八曰"铍刀赶棒"（即"脱膊"杂剧）

九曰"风花雪月"

十曰："悲欢离合"

十一曰"烟花粉黛"（即"花旦"杂剧）

十二曰"神头鬼面"（即"神佛"杂剧）

杂剧，俳优所扮者，谓之"娼戏"，故曰"勾栏"。子昂赵先生[11]曰："良家子弟所扮杂剧，谓之'行家生活'，娼优所扮者，谓之'戾家把戏'[12]。良人贵其耻，故扮者寡，今少矣，反以娼优扮者谓之'行家'，失之远也。"或问其何故哉？则应之曰："杂剧出于鸿儒硕士、骚人墨客所作，皆良人也。若非我辈所作，娼优岂能扮乎？推其本而明其理，故以为'戾家'也。"关汉卿曰："非是他当行本事，我家生活，他不过为奴隶之役，供笑献勤，以奉我辈耳。子弟所扮，是我一家风月。"虽是戏言，亦合于理，故取之。

良家之子，有通于音律者，又生当太平之盛，乐雍熙之治，欲返古感今，以饰太平。所扮者，隋谓之"康衢戏"，唐谓之"梨园乐"，宋谓之"华林戏"，元谓之"升平乐"。

——《中国古典戏曲论著集成》第三册，中国戏剧出版社1959年版

【题解】

朱权《太和正音谱》作于洪武三十一年（1398），全书上下两卷，共八章，计：乐府体式、古今英贤乐府格势、杂剧十二科、群英所编杂剧、善歌之士、音律宫调、词林须知、乐府。其中前三章是戏曲文学理论，第四、五两章是戏曲、音乐史料，最后三章是戏曲音乐、音韵格律方面的论述。它与以前偏于记述或音韵的论著相比，具有重要的地位，所以清代梁廷枬说"曲话以涵虚曲论为最先"。

【注释】

1. 治世之音安，以乐其政和：见《礼记·乐记》："治世之音安，以乐其政和。乱世

之音怨,以怒其政乖。"

2. 四裔:指四方边远地带的人。

3. 鴂舌雕题:比喻语言难懂。《孟子·滕文公上》:"今也南蛮鴂舌之人,非先王之道。"雕题,即在额上刺花纹。古代南方少数民族的一种习俗,《礼记·王制》:"南方曰蛮,雕题、交趾,有不火食者矣。"

4. 垂发左衽:头发披散不束,衣襟向左掩。古代指中原地区以外少数民族的装束。亦借指中原地区的人受少数民族统治。《论语·宪问》:"微管仲,吾其被发左衽矣。"

5. 虽能运于斤斧,而未尝不由于绳墨:"运于斤斧"即"运斤成风"之意,谓挥斧成风声,形容技术的高妙。《庄子·徐无鬼》:"郢人垩慢其鼻端,若蝇翼,使匠石斫之。匠石运斤成风,听而斫之,尽垩而鼻不伤。"绳墨,木工打直线的墨线,喻方法、规律。《庄子·逍遥游》:"吾有大树,人谓之樗,其大本拥肿而不中绳墨。"

6. 马东篱:马致远,字千里,号东篱,以示效陶渊明之志。元代著名大戏剧家、散曲家,有"曲状元"之誉,与关汉卿、郑光祖、白朴并称"元曲四大家"。

7. 灵光、景福:灵光,宫殿名,汉景帝子鲁恭王建,东汉王延寿有《鲁灵光殿赋》;景福,宫殿名,三国魏明帝建,魏何晏有《景福殿赋》。

8. 张小山:张久可,生卒年不详,字小山,庆元人。他曾在桐庐任典吏,官小职卑,仕途上很不得志,于是放怀诗酒,浪迹江湖,他专写散曲,留存作品八百余首,为元代散曲作家中传世作品最多的一位,对后来明清曲坛影响很大。

9. 九方皋:春秋时相马家,一作九方堙。

10. 绿珠:晋石崇歌妓。《晋书·石崇传》载:"崇有妓曰绿珠,美而艳,善吹笛。孙秀使人求之。……崇竟不许。秀怒,乃劝伦诛崇、(欧阳)建。……崇谓绿珠曰:'我今为尔得罪。'绿珠泣曰:'当效死于官前。'因自投于楼下而死。"

11. 赵子昂:即赵孟頫(1254—1322),字子昂,号松雪,松雪道人,又号水精宫道人、鸥波,吴兴人。赵孟頫博学多才,能诗善文,工书法,精绘艺,擅金石,通律吕,解鉴赏,特别是书法和绘画成就最高,开创元代新画风,被称为"元人冠冕"。他也善篆、隶、真、行、草书,尤以楷、行书著称于世。

12. 戾家:外行,亦指外行的人。宋张端义《贵耳集》卷上:"文人才士无以自见,碌碌无闻者杂进。三十年间,词科又罢,两制皆不是当行,京谚云'戾家'是也。"

【讲疏】

《太和正音谱》的序言及对元曲作家的评价、对杂剧各科的排列,体现出了朱权鲜明的戏曲观念。朱权强调戏曲的教化功用,主张戏剧为封建王朝粉饰太平服务。如序言中说:"夫礼乐虽出于人心,非人心之和,无以显礼乐之和;礼乐之和,自非太平之盛,无以致人心之和也。故曰:治世之音安,以乐其政和。"在"杂剧十二科"中云:"良家之子,有通于音律者,又生当太平之盛,乐雍熙之治,欲返古感今,以饰太平。"朱权这种观念是与明初朱明政权确立的"为君用""达时务"的道统文学观相吻合的。不过，朱权把明朝建立以来的所有文艺活动，统统视为对"皇明之治"的歌颂，认为戏曲应是"太平之世"的产物，这显然是片面的。社会的安定、繁荣，固然有利于戏曲的发展。可是戏曲史表明，不是所有戏曲作品都是"太平之盛""礼乐之和"的产物。不少传颂千古的作品却是在人心失和、礼乐不调、天下纷乱之际诞生，与粉饰太平是格格不入的。作为皇族成员的朱权只强调戏曲歌颂太平这一面，这说明了当时统治阶级急于巩固其政权的政治意图。所不同的，只是朱元璋采取国家政令、刑律法纪的强制方式，而朱权则采取文艺教化的温和方式。他们在本质上殊途同归，相辅相成。客观地说，朱权把戏曲看作是"太平之世"颇为有益有用的一种艺术，视戏曲之盛为"皆乐我皇明之治"的体现，称关汉卿、马致远、王实甫等不入正史的剧作家为"古今英贤"，这比之那些视戏曲为小道、末技的观念，显然是有积极意义的，在相当程度上推动了戏曲事业的发展。

在戏曲语言方面，朱权提倡典雅华丽的风格。朱权对元代作家马致远、王实甫评价比较高，而对关汉卿则只是因其"初为杂剧之始"，才"卓以前列"，可见朱权并不赞赏关汉卿。这样的评价除了与他们杂剧的内容有关外，还与他们的语言风格有关：马致远、王实甫追求文词"典雅清丽"，而关汉卿则本色当行。

朱权尊崇道家、儒家思想，排斥佛家思想。在评定元曲作家时，即以写作神仙道化剧为主的马致远为首。在元杂剧十二科的排列中，亦首列"神仙道化"，接着是有关儒家教化的科目，"风花雪月"等之后才是神佛科目，列以最后，且题为"神头鬼面"，以示讽刺。在《词林须知》中亦是推崇"道""儒"两家，贬低佛教，甚至斥其为"乞食抄化之语，以天堂地狱之说，愚化世俗故"。

"古今群英乐府格势"一章，朱权对曲家的创作风格进行了品评，其中包括数百年来人们公认的最优秀的作家马致远、白朴、关汉卿、王实甫、郑光祖等。朱权对马致远等元代十二位曲家最重视，分别予以四字品题，并缀以文字说明。这种品题方式比较简约，但大致还是能够看出它们的倾向的。如"王实甫之词如花间美人，铺叙委婉，深得骚人之趣，极有佳句，若玉环之出浴华清，绿珠之采莲洛浦"，可谓将王实甫代表作《西厢记》的特色及成就概括得鲜明生动，堪称"千古的评"。所以，王骥德在《新校注古本西厢记》中云："涵虚子品前元词手凡八十余人，未必皆当，独于实甫谓如'花间美人'，故是确评。"

【关键词解读】

神仙道化剧

神仙道化剧是以反映道教神仙信仰、宣扬道教教理教义、修炼方术为主要内容的杂剧。元明时期的神仙道化剧以反映形成于宋金时代、发展兴盛于元明的全真教为主要内容。朱权在《太和正音谱》中将元杂剧分为十二类，其中神仙道化剧被列居首位。在《词林须知》中，朱权评定道家、儒家、僧家之善歌者，亦将道家置于首位，认为"道家所唱者，飞驭天表，游览太虚，俯视八纮，志在冲漠之上，寄傲宇宙之间，慨古感今，有乐道徜徉之情。"在评定元代曲家时，朱权将马致远列为首位，也与马致远的剧作内容有关。马致远虽然写出过《汉宫秋》那样提倡抵抗外敌、反对妥协投降、内容很现实的作品，但在他的剧作中，更多的则是像《任风子》《岳阳楼》《陈抟高卧》等宣扬及时行乐、超脱世俗、成仙遁世的"神仙道化戏"。

值得注意的是，马致远的神仙道化剧并不单纯地描写仙道境界的美妙，他总是在深刻地揭露现实的丑恶、人生的苦难之后，才点明人生不足期盼，才归向神仙道化的。对神仙道化的称颂中，包含着诉不尽的辛酸，浸透着对现实的抗争和愤懑。但朱权神仙道化思想与马致远有很大的不同。朱权的杂剧《冲漠子独步大罗天》也是典型的神仙道化剧，该剧叙演吕洞宾、张紫阳二仙奉东华帝君之命前去度脱冲漠子。学道多年的冲漠子在天宝洞与吕、张二仙相遇，吕教之长生之道，锁住心猿意马，并帮助他除去酒色财气及三尸之虫。最后，冲漠子修炼得道，与其同入大罗天仙界。剧中既没有理想与现实的冲突，甚至也没有一般的戏剧冲突，冲漠子出世，并不是要摆脱丑恶的现实，而只是单纯地向往神仙道化的幻境。故此，朱权的神仙道化剧难免有虚伪矫情的色彩，难以像马致远的作品那样引起广泛的共鸣。

【相关知识链接】

元杂剧的创作蔚为壮观，到明代由宋元戏文演变而来的传奇又蓬勃发展，可是关于戏曲理论的研究一直到明后期才形成规模。元及明初一些著作有的偏重音韵方面，如《唱论》《中原音韵》，有的侧重于记述，文献价值很大，如《录鬼簿》《青楼集》《录鬼簿续编》。只有《太和正音谱》既有音韵的部分，实用性强；又有历史记述，文献价值很高；还有很多评论分析，理论色彩浓厚。将《太和正音谱》放在中国古代曲论发展的历史中来

看,其戏曲理论的价值主要在于:

首先,朱权已树立起了明确的文体意识。中国的诗、词、曲话一般都是笔记体,是随笔式的,且以"本事"和品藻为多,理论研究则不成系统。《太和正音谱》虽然逻辑体系也不十分严密,理论也未充分展开,并与史料混淆在一起。但该书已不同于普通的、内容散漫的诗、词、曲话著作,它系统地分为八个章节来展开,每个章节的主题是相对集中的。这说明在朱权心目中,"曲"是一个完整的体系。在第一章"乐府体式"里,朱权提出了所谓"新定府体一十五家":丹丘体、宗匠体、黄冠体、承安体、盛元体、江东体、西江体、东吴体、淮南体、玉堂体、草堂体、楚江体、香奁体、骚人体、俳优体。这十五家是指曲所特有的"体",这是朱权从艺术上有意识地将曲从诗词中区别开来,体现了朱权明确的文体意识。曲不同于诗词,这是基本常识,但朱权之前,却没有人从理论上加以总结。故此,朱权的论述是具有开创性的。

其次,朱权首次借用传统的象喻式批评对曲家的风格进行了品评。"古今群英乐府格势"一章是对戏曲作家个人风格的专门研究。他对元以来曲家二百余人予以四字品题,以指出其风格特色。"如花间美人""如琼筵醉客",这种品评,可以引起联想,借以喻明不易用文字具体说明的文学家、艺术家风格上的特色。这种品评是传统的象喻式批评,最早见于六朝时钟嵘《诗品》和刘义庆《世说新语》,司空图《诗品》、严羽《沧浪诗话》便是这种批评方式之延续。这种批评方式往往流于含混,缺点也是较为明显的。清人梁廷枏在《曲话》中就说"其题目虽佳,然未必人人切当不移也"。但无论如何,朱权首先将这种象喻式批评引入戏曲品评之中,这对于推动戏曲理论的发展,无疑是具有重大意义的。

【延伸阅读】

《太和正音谱》"词林须知"一章是关于古代声乐理论的论述,虽然其关于歌唱技巧的部分很多是割袭了元代燕南芝庵《唱论》中的内容,但也有不少新的材料,其中对当时演唱的忌讳、各声腔的风格等等的记述,便有重要的文献价值。《琼林雅韵》为曲韵著作,其序言称"治世隆平,人心和乐,心声之发,自然成文",这仍是戏曲应歌颂太平的教化观。《臞仙神奇秘谱》为古琴曲专集,朱权的自序交待了《臞仙神奇秘谱》的编撰缘起,记述了当时琴谱的流传情况,从中我们亦窥见了一代藩王的艺术旨趣。

太和正音谱·词林须知（节选）

道家所唱者，飞驭天表，游览太虚，俯视八纮，志在冲漠之上，寄傲宇宙之间，慨古感今，有乐道徜徉之情，故曰"道情"。

儒家所唱者性理，衡门乐道，隐居以旷其志，泉石之兴。

僧家所唱者，自梁方有"丧门"之歌，初谓之"颂偈"；"急急修来急急修"之语是也；不过乞食抄化之语，以天堂地狱之说，愚化世俗故也。至宋末，亦唱乐府之曲，笛内皆用之。元初，赞佛亦用之。

凡歌之所忌：子弟不唱作家歌；浪子不唱及时曲。男不唱艳词；女不唱雄曲。南人不曲；北人不歌。

凡人声音不等，各有所长：有川嗓，有堂声，背合箫管。有唱得雄壮的，失之村沙。唱得蕴拭的，失之乜斜。唱得轻巧的，失之闲贱。唱得本分的，失之老实。唱得用意的，失之穿凿。唱得打掯的，失之本调。

——《中国古典戏曲论著集成》第三册，中国戏剧出版社1959年版

琼林雅韵·序

夫治世隆平，人心和乐，心声之发，自然成文，率多寓于咏歌，而有词曲乐章之作。不能无音韵，故曰声成文谓之音。然而远夷殊俗，鸠舌异音，不能循律蹈吕者殊多。于是有卓氏著为中州韵，世之词人歌客，莫不以为准绳久矣。予徐览之，卓氏虽工，然颇多舛误脱落。一日因琴书清暇，操翰濡墨，审音定韵，凡不切于用者去之，舛者正之，脱者增之，自成一家，题曰《琼林雅韵》，庶使作者有所持循，而不夫之行远也。盖词章犹车也，善御车者，必范其驰驱。善为词章者，故必正其音韵，犹以诡遇御车，其不能行远也，审矣。此韵之设，如使王良造父之御，而射者自然不中。诗不云乎，"不失其驰，舍矢如破"，此之谓也。于是乎

书。

——朱权:《琼林雅韵》卷首,《四库全书存目丛书》,集部等426册

臞仙神奇秘谱·序

粤自苍精之君,按五行之德,以定五音,乃制琴瑟,始有琴焉;赤精之君削桐为琴,绳筋为弦,而又继其制也;轩皇以"递钟"之琴会神灵于西山,以歆神明之德。此三圣之所兼备也。然琴之为物,圣人制之以正心术,导政事,和六气,调玉烛,实天地之灵器,太古之神物,乃中国圣人治世之音,君子养修之物,独缝掖黄冠之所宜。奈何俗浇道漓,淳风斯竭,致使白丁之徒、负贩之辈、娼优之鄙、夷狄之俗、恶疾之类,一概用之,曾无忌惮,乃致妖气侵淫,厌毁神物。斯琴之不祥,物之不幸,贵物贱用,道有不古者矣。刘向曰:"贵物不加于臣下,礼乐不陈于四夷。"况其琴乎?予乃恻然兴慨,每为痛惜。于是拯颓风于既往,追太朴于将来,故作是序以正之,使师之所授者,必择其人而传焉。故无诋毁于玄造,而皇大音之妙也。然琴谱数家所载者,千有余曲,而传于世者,不过数十曲耳。不经指授者,恐有讹谬,故不敢行于世以误后人。

予昔亲受者三十四曲,俱有句点。其吟猱取声之法,徽轸之正,无有吝讳,刊之以传,后学观是谱皆自得矣,非待师授而传也。诚为万金不传之秘。止上卷"太古神品"一十六曲,乃太古之操,昔人不传之秘,故无点句,达者自得之。是以琴道之来,传曲不传谱,传谱不传句。故嵇康终其身而不传,伯牙绝其弦而不鼓。是琴不妄传以示非人故也。

予谓琴操泯于世者多矣,遂命琴生柱岩李吉之、兰谷蒋怡之、竹汉蒋康之、玄圃何勉之、静庵徐穆之五人,屡更其师而受之,而琴道乃正。大概其操间有不同者。盖达人之志也,各出乎天性,不同于彼类,不伍于流俗,不混于污浊,洁身于天壤,旷志于物外,扩乎与太虚同体,泠然洒于六合。其涵养自得之志,见

乎徽轸，发乎遐趣，诉于神明，合于道妙，以快己之志也。岂肯蹈袭前人之败兴而写己之志乎？各有道焉，所以不同者，多使其同则鄙也，夫细之甚也。

今是谱乃予昔所受之曲，皆予之心声也。其一字一句，一点一画，无有隐讳。其名鄙俗者，悉更之以光琴道，故不凡于俗。刊之以传于世，使天下后世共得之，故不致泯于后学。屡加校正，用心非一日矣。如此者十有二年，是谱方定。庶几有补于万一，以回太古之风，再见羲皇之法，葛天、无怀之世，又将有待于今日也。得之者可不珍袭而秘焉？时洪熙乙巳三月一日，臞仙书。

——朱权：《臞仙神奇秘谱》卷首，《续修四库全书》第1092册

【思考题】

1. 朱权的戏曲观念与他皇室成员的身份之间，有什么关联？

李 梦 阳

【作者简介】

李梦阳(1473—1530),初名萃,字天赐,改字献吉,号空同子、空同山人,庆阳(今属甘肃)人,后徙居大梁(今河南开封)。弘治六年(1493)进士,任户部主事,迁户部郎中。弘治十八年(1505),应诏上疏,得罪权贵,下锦衣卫狱。正德元年(1506),弹劾刘瑾,谪山西布政司,并勒令致仕。正德五年(1510),起为江西提学副使。后因事削籍,罢职家居二十年而卒。李梦阳反对陈献章、庄昶"性气诗",讥李东阳创作"萎弱",以复兴古学相倡,古诗宗汉魏,近体宗盛唐,文宗秦汉,同时也肯定写"真情"。他与何景明等人被称为"前七子",倾动弘、正文坛,对明代中晚期文学产生广泛影响。著有《李空同全集》。

诗 集 自 序

李子曰:曹县盖有王叔武云[1],其言曰:夫诗者,天地自然之音也。今途咢而巷讴,劳呻而康吟[2],一唱而群和者,其真也,斯之谓风也。孔子曰:"礼失而求之野。"[3]今真诗乃在民间。而文人学子,顾往往为韵言,谓之诗。夫孟子谓《诗》亡然后《春秋》作者[4],雅也。而风者亦遂弃而不采[5],不列之乐官。悲夫!李子曰:嗟!异哉,有是乎?予尝聆民间音矣,其曲胡,其思淫,其声哀,其调靡靡,是金、元之乐也,奚其真?王子曰:真者,音之发而情之原也。古者国异风[6],即其俗成声。今之俗既历胡,乃其曲乌得而不胡也?故真者,音之发而情之原也,非雅俗之辨也。且子之聆之也,亦其谱,而声音也,不有卒然而谣,勃然而讹者乎!莫之所从来,而长短疾徐无弗谐焉,斯谁使之也?李子闻之,瞿然而兴曰[7]:汉以来不复闻此矣!

王子曰:诗有六义[8],比兴要焉。夫文人学子,比兴寡而直率多,何也?出于情寡而工于词多也。夫途巷蠢蠢之夫,固无文也。乃其讴也,咢也,呻也,吟也,行呫而坐歌[9],食咄而寤嗟[10],此唱而彼和,无不有比焉兴焉,无非其情焉,斯足以观义矣。故曰:诗者,天地自然之音也。李子曰:虽然,子之论者,风耳。夫雅、颂不出文人学子手乎?王子曰:是音也,不见于世久矣,虽有作者,微矣!

李子于是怃然失[11],已洒然醒也。于是废唐近体诸篇,而为李、杜歌行。王子曰:斯驰骋之技也。李子于是为六朝诗。王子曰:斯绮丽之余也。于是诗为晋、魏。曰:比辞而属义,斯谓有意。于是为赋、骚。曰:异其意而袭其言,斯谓有蹊。于是为琴操[12]、古诗歌。曰:似矣,然糟粕也。于是为四言,入风出雅。曰:近之矣,然无所用之矣,子其休矣。李子闻之,黯然无以难也。自录其诗,藏箧笥中,今二十年矣,乃有刻而布者。李子闻之惧且惭。曰:予以诗,非真也。王子所谓文人学子韵言耳,出之情寡而工之词多者也。然又弘治、正德间诗耳,故自题曰《弘德集》。每自欲改之以求其真,然今老矣!曾子曰:"时有所弗及",学之谓哉。

是集也,凡三十三卷:赋三卷,三十五篇;四五言古体一十二卷,四百七十篇;七言歌行五卷,二百一十篇;五言律五卷,四百六十二篇;七言律四卷,二百八十三篇;七言绝句二卷,二百三十七篇;五言绝句并六言杂言一卷,一百二十篇,凡一千八百七篇。

——《空同集》卷五十,上海古籍出版社1991年影印本

【题解】

此文是李梦阳晚年为自己诗集所作之序,集中诗作于七子复古运动最兴盛时的弘治、正德间,与作此序时已时隔二十年之久。在这篇自序中,他借王叔武之说,提出了"今真诗乃在民间"的主张,并对自己的创作

历程作了回顾与检讨,坦率承认自己的诗"情寡""词工",并非真诗,只是文人学子的"韵言","每自欲改之以求其真",但已年老,徒有"时有所弗及"之叹。现代研究者多认为此文是李梦阳晚年对复古运动的自我否定。

【注释】

1. 王叔武:王崇文(1468—1520),字叔武,号兼山,山东曹县人。弘治六年(1493)进士,选庶吉士,官至都察院右副都御史。

2. 途咢而巷讴,劳呻而康吟:咢,徒手击鼓谓之咢;讴,歌唱;劳呻,劳苦疾痛时发出的声音;康吟,因生活安乐丰盛而发的歌咏。此应指产生于下层民众间的歌谣等。

3. 礼失而求之野:见《汉书·艺文志·诸子略序》:"仲尼有言:'礼失而求诸野。'"颜师古注:"言都邑失礼,则于外野求之,亦将有获。"

4. 《诗》亡然后《春秋》作:见《孟子·离娄下》:"孟子曰:'王者之迹熄而《诗》亡,《诗》亡然后《春秋》作。'"

5. 弃而不采:见《汉书·艺文志》:"古有采诗之官,王者所以观风俗,知得失,自考正也。"

6. 国异风:指《诗经》有十五国风。

7. 矍然而兴:矍然,惊惧貌。

8. 六义:亦称"六诗"。《〈诗〉大序》:"故诗有六义焉:一曰风,二曰赋,三曰比,四曰兴,五曰雅,六曰颂。"唐孔颖达疏:"风、雅、颂者,诗篇之异体;赋、比、兴者,诗文之异辞耳。大小不同而得并为六义者,赋、比、兴是诗之所用,风、雅、颂是诗之成形,用彼三事,成此三事,是故同称为义,非别有篇卷也。"

9. 呫:附耳小语声。

10. 咄:表示呵叱。

11. 怃然:怅然失意貌。

12. 琴操:琴曲著录,传为汉代蔡邕所著。分上下两卷,记述四十七个古琴曲的故事,是解说琴曲标题的第一部著作。

【讲疏】

序文开篇李梦阳便借王叔武之言,提出了判定一首诗是否为真诗的标准:"真者,音之发而情之原也",意即判断真诗的标准并不是"雅俗之辩",而在于是否真实地反映民情国俗。所以,"途咢而巷讴,劳呻而康吟",是"天地自然之音",是"真诗"。当今的歌谣虽是"其曲胡,其思淫,其声哀,其调靡靡",是属于"下里巴人"的品格,但民歌中的"胡气"却是社会生活的真实反映。在此基础之上,李梦阳继而提出了"真诗乃在民间"的著名论断。由此李梦阳实际上提出复古以外的另一种学诗路径,即向民间学习。对此,李开先在《词虐·论时调》中有更直接的记载:"有学诗文于李崆峒者,自旁郡而之汴省。崆峒教以'若似得传唱《锁南枝》,则诗文无以加矣。'请问其详,崆峒告以:'不能悉记也。只在街市上闲行,必有唱之者。'越数日,果闻之,喜跃如获重宝,即至崆峒处谢曰:'诚如尊教!'"沈德符《万历野获编》卷二十五《时尚小令》也记载李梦阳认为中原流行的《锁南枝》《傍妆台》《山坡羊》等民间俗曲"可继《国风》之后"。复古派作家对民间文艺的赞美态度不仅为日后戏曲、小说、歌谣通俗文学在明代中晚期的兴盛开了先河,也对他们的诗文理论和创作有所影响。李梦阳本人就曾经作有《拟乌生八九子》《空城雀》《欸乃歌》等模拟民歌或者带有民歌影响的诗作,虽然其中有些沿用乐府古题,但和他创作的其他一些带有明显文人诗特点的古题乐府不同,往往有意效法民歌的情调和语言,李梦阳在《郭公谣》(《空同集》卷六)后还特地附上了一段识语:"世尝谓'删后无诗','无'者谓雅耳。风自谣口出,孰得而无之哉?今录其民谣一篇,使人知真诗果在民间。于乎,非子期孰知洋洋峨峨哉!"

在序文的最后,李梦阳在"真诗乃在民间"的基础上,认为"文人学子"之诗"出于情寡而工于词多",并非"真诗"。接着李梦阳又追述自己早年的学诗经历,最后断言自己费尽心血的诗为"文人学子韵言","非真也"。"真诗乃在民间"与"文人学子韵言非真诗"二者,均可沟通于"音之发""情之真",从此可看出李梦阳论诗主情的重要特征。

【关键词解读】

真诗乃在民间

李梦阳"真诗乃在民间"的提法看似简单,实际包含了诸多深层的意蕴。首先,"真诗乃在民间"的理论前提是诗、乐一体说。李梦阳所谓"真者,音之发而情之原也",意即人的言辞是可以作伪的,不能成为我们了解一个人的基本依据,只有声音才真正是心灵的表征。李梦阳对此深有体会,他的《杜公诗序》就是讨论这一命题的精彩篇章。元好问《论诗三十首》有云:"心画心声总失真,文章宁复见为人。高情千古《闲居赋》,争信安仁拜路尘。"李梦阳同意元好问的见解,所以才毫不含糊地说:"端言者未必端思,健言者未必健气,隐言者未必隐情。"他进而指出"诗者非独言者也",诗还有其他重要的部分,如声调、气脉、情思,即"声""律""调""气",而这些都是无法作伪的。正是从这样一个角度立论,李梦阳依然认同"诗者人之鉴"的说法。

其次,这一命题含有扬《风》诗而抑《雅》《颂》的意味。扬《国风》而抑

《雅》《颂》,同时也是为了尊唐抑宋,因为唐诗与《国风》一脉相承,而宋诗与《雅》《颂》遥相呼应。《风》是民间的歌谣,其宗旨在抒情,故多用比兴手法,只要感情表达到位即可,不必讲多余的道理,或铺叙多余的场景。《雅》《颂》则是用于典礼的应制之作,多铺陈和议论,目的是把某种意思说明白,或者是把某种仪式事件交代清楚。从这种区别我们可以明白,李梦阳注重《风》诗而撇开《雅》《颂》,旨在突出抒情的重要性,他不希望一个诗人对叙事说理倾注太多的兴趣。

【相关知识链接】

李梦阳一生刻意学习杜甫,曾明言"诗至子美,如至圆不能加规,至方不能加矩矣"。对于如何学杜,他曾在《缶音序》中批评不正确的学习方法:"黄、陈师法杜甫,号大家,今其词艰涩,不香色流动,如入神庙坐土木骸,即冠服与人等,谓之人可乎?"他认为作诗应该像杜甫一样,"感触突发,流动情思,故其气柔厚,其声悠扬,其言切而不迫。故歌之心畅,而闻之者动也。"从李梦阳的各体诗歌创作而言,其七律学杜最肖,成就亦最高。清代沈德潜《明诗别裁》卷四说李梦阳"七言近体开合动荡,不拘故方,准之少陵,几于具体,故当雄视一代。"俞汝言更称李梦阳"七言近体,少陵以后一人"。

在选题方面,李梦阳的七律就有刻意模拟杜诗之处,如杜甫在夔州写下晚年追忆之作《秋兴》八首,李梦阳便仿其体制,写成《秋怀》八首。在句法上,李梦阳也效法杜甫,《明史·李梦阳传云》:"华州王维桢以为,七律自杜甫以后善用顿挫、倒插之法,惟李梦阳一人。"

李梦阳学杜在形式技巧方面取得了很高的成就,但对杜诗过于袭其形貌,求其形肖,难免有生吞活剥之感,如"丹橘黄柑世所珍"(《柑至》),直接来自杜甫"丹橘黄柑北地无(《寒雨朝行视园树》);"二仪高下皇舆建,三极西南玉玺来"(《灵武台》),本之杜诗"二仪清浊还高下,三伏炎蒸定有无"(《又作此奉卫王》);"安危异日须公等,文雅于今是吾师"(《答太仆诸公见赠》),脱胎于杜诗"摇落深知宋玉悲,风流儒雅是吾师"(《咏怀古迹五首》其三)。这种生硬的模拟便招来了钱谦益、黄子云等人的讥讽。对于李梦阳之学杜,沈德潜的评价最为公允:"李献吉雄浑悲壮,鼓荡飞扬;何仲默秀朗俊逸,回翔驰骤。同是宪章少陵,而所造各异,骎骎乎一代之盛矣。钱牧斋信口掎撼,谓其模拟剽贼,同于婴儿学语。至谓读书种子,从此断绝。此为门户起见,后人勿矮人看场可也。两人学少陵,实有过于求肖处。录其所长,指其所短,庶足服北地、信阳之心。"(《说诗晬语》卷下)

【延伸阅读】

　　李梦阳与何景明有过一段时间的争论,大致情况是李梦阳先致书何景明(书信今已不存),何景明以《与李空同论诗书》答之,李梦阳遂作《驳何氏论文书》《再与何氏书》与何景明反复论辩,最后以何景明不答一言而终止。李梦阳《答周子书》也主要以何景明的诗学观念为批驳的靶子。

驳何氏论文书

　　某再拜大复先生足下:前屡览君作,颇疑有乖于先法,于是为书,敬再拜献足下,冀足下改玉趋也。乃足下不改玉趋也,而即摘仆文之乖者以复我。其言辩以肆,其气傲以豪,其旨轩翕而礴嶪。仆始而读之,谓君我诙也;已而思之,我规也,犹我君规也。夫规人者非谓其人卑也,人之见有同不同。仆之才不高于君,天下所共闻也,乃一旦不量,而虑子乖于先法,兹其情无他也。

　　子摘我文曰:子高处是古人影子耳,其下者已落近代之口。又曰:未见子自筑一堂奥,突开一户牖,而以何急于不朽?此非仲默之言,短仆而诙仲默者之言也。短仆者必曰:李某岂善文者,但能守古而尺尺寸寸之耳。必如仲默,出入由己,乃为舍筏以登岸。斯言也,祸子者也。古之工,如倕如班,堂非不殊,户非同也,至其为方也、圆也,弗能舍规矩。何也?规矩者,法也。仆之尺尺而寸寸之者,固法也。假令仆窃古之意,盗古形,剪截古辞以为文,谓之影子诚可。若以我之情,述今之事,尺寸古法,罔袭其辞,犹班圆倕之圆,倕方班之方,而倕之木,非班之木也。此奚不可也?夫筏我二也,犹兔之蹄,鱼之筌,舍之可也。规矩者,方圆之自也,即欲舍之,乌乎舍?子试筑一堂,开一户,措规矩而能之乎?措规矩而能之,必并方圆而遗之可矣,何有于法?何有于规矩?故为斯言者,祸子者也。祸子者,祸文之道也。不知其言祸己与祸文之道,而反规之于法者是攻,子亦谓操戈入室者矣。子又曰:孔、曾、思、孟不同言而同至,诚如尺寸古人,则诗主曹、刘、阮、陆足矣,李、杜即不得更登于诗坛。诗云:"人知其一,莫知其它。"予之同，法也。尧、舜之道，不以仁政，不能平治天下者也。子以我之尺寸者，言也。览子之作，于法焉筏矣，宜其惑之靡解也。阿房之巨，灵光之肖，临春、结绮之侈丽，杨亭、葛庐之幽之寂，未必皆倕与班为之也，乃其为之也，大小鲜不中方圆也。何也？有必同者也。获所必同，寂可也，幽可也，侈以丽可也，肖可也，巨可也。守之不易，久而推移，因质顺势，融镕而不自知。于是为曹、为刘、为阮、为陆、为李、为杜，即今为何大复，何不可哉？此变化之要也。故不泥法而法尝由，不求异而其言人人殊。易曰："同归而殊途，一致而百虑。"谓此也，非自筑一堂奥，自开一户牖，而后为道也。

  故予尝曰：作文如作字，欧、虞、颜、柳，字不同而同笔。笔不同，非字矣。不同者何也？肥也，瘦也，长也，短也，疏也，密也，故六者势也，字之体也，非笔之精也。精者何也？应诸心而本诸法者也。不窥其精，不足以为字，而矧文之能为？文犹不能为，而矧能道之为？仲默曰：夫为文有不可易之法，辞断而意属，联物而比类。以兹为法，宜其惑之难解，而诙之者易摇也。假令仆即今为文一通，能使辞不属，意不断，物联而类比矣，然于中情思涩促，语崄而硬，音生节拗，质直而粗，浅谫陋骨，爱痴爱枯，则子取之乎？故辞断而意属者，其体也，文之势也。联而比之者，事也。柔淡者思，含蓄者意也，典厚者义也。高古者格，宛亮者调，沉着雄丽、清峻闲雅者，才之类也，而发于辞。辞之畅者，其气也。中和者，气之最也。夫然，又华之以色，永之以味，溢之以香。是以古之文者，一挥而众善具也。然其翕辟顿挫，尺尺而寸寸之，未始无法也，所谓圆规而方矩者也。且士之文也，犹医之脉，脉之濡弱、紧数迟缓，相似而实不同。前予以柔澹、沉着、含蓄、典厚诸义，进规于子，而救俊亮之偏。而子则曰：必闲寂以为柔澹，浊切以为沉着，艰窒以为含蓄，俚辏以为典厚邪？吁！吾子于是乎失言矣！

  以是而论文，子于文乎病矣。盖子徒以仆规子者过言靡量，而遂肆为磅嶸之谈，摘仆之乖以攻我，而不知仆之心无他也。仆之文千疮百孔者，何敢以加于子也。诚使仆妄自以闲寂、浊切、艰室、俚棱为柔淡、沉着、含蓄、典厚，而为言黯惨有如摇鞞击铎，子何不求柔淡、沉着、含蓄、典厚之真为之，而遽以俊语亮节自安邪？此尤惑之甚者也。

仆聪明衰矣，怕念子负振世之才，而仆叨通家肉骨之列，于是规之以进其极，而复极论以冀其自反，实非自高以加于子。传曰："改玉改行。"子诚持坚白不相下，愿再书以复我。

——李梦阳：《空同集》卷六十二，上海古籍出版1991年影印本

再与何氏书

前书与子论文备矣，然仆犹谓不证诸事，则空言不切，不切不信。夫子近作，乖于先法者，何也？盖其诗读之若抟沙弄泥，散而不莹，又粗者弗雅也。如《月蚀诗》"妖遮赤道行"是耳，然阔大者鲜把持，又无针线。古人之作，其法虽多端，大抵前疏者后必密，半阔者半必细，一实者必一虚，叠景者意必二。此予之所谓法，圆规而方矩者也。沈约亦云："若前有浮声，则后须切响，一简之内，音韵尽殊。两句之中，轻重悉异。"即如人身，以魄载魂，生有此体，即有此法也。诗云"有物有则"，故曹、刘、阮、陆、李、杜能用之而不能异，能异之而不能不同。今人止见其异，而不见其同，宜其谓守法者为影子，而支离失真者以舍筏登岸自宽也。夫文与字一也，今人模临古帖，即太似不嫌，反曰能书。何独至于文，而欲自立一门户耶？自立一门户，必如陶之不冶，冶之不匠，如孔之不墨，墨之不杨耶？此亦足以类推矣！

且仲默《神女赋》，《帝妃篇》"南游日，北上年"四句接用，古有此法乎？"水亭菡萏"，"风殿薜萝"意不一乎？盖君诗徒知神情会处下笔成章为高，而不知高而不法，其势如搏巨蛇，驾风螭，步骤即奇，不足训也。君诗结语太呲易，七言律与绝句等更不成篇，亦寡音节。"百年""万里"，何其层见而迭出也。七言若剪得上二字，言何必七。也仆非知诗者，剧谭偏见，幸君自裁之耳。君必苦读子昂、必简诗，庶获不远之复，亦知予言之不佞。不然，

终身野狐外道耳。狂悖弗自觉,缕缕至此,悚惧,悚惧。

——李梦阳:《空同集》卷六十二,上海古籍出版社1991年影印本

答周子书

往闻稽山之阴,大渳之渍,多嗜古笃行、独立勇往人者。然仆北人也,莫之能知也。日者乃奉遐讯,拜腆仪,激发之音,玄要之旨,高邈之识,慷慨之义,有旷世之大感,闵俗之重悲。仆捧而读之,钦羡忾惋,内愧弥日。曰:"古哉周子!笃行哉!独哉!勇哉!"《易》曰:"同声相应,同气相求。"仆鄙人也,嗜古无成,行之寡效,立之罔独,往之鲜勇,足下乃奚取于仆,而有斯求也?又奚所应而同仆之声也?

仆少壮时,振翩云路,尝周旋鹓鸾之末,谓学不的古,苦心无益。又谓文必有法式,然后中谐音度,如方圆之于规矩,古人用之,非自作之,实天生之也。今人法式古人,非法式古人也,实物之自则也。当是时,笃行之士,翕然臻向,弘治之间,古学遂兴。而一二轻俊,恃其才辩,假舍筏登岸之说,扇破前美。稍稍闻见,便横肆讥评,高下今古,谓文章家必自开一户牖,自筑一堂室,谓法古者为蹈袭,式往者为影子,信口落笔者为泯其比拟之迹。而后进之士,悦其易从,惮其难趋,乃即附唱答响,风成俗变,莫可止遏,而古之学废矣。今其流传之辞,如抟沙弄泥,涣无纪律,古之所云开阖照应、倒插顿挫者,一切废之矣。仆窃忧之,然莫之敢告也。又每窃叹独立之鲜,勇往之寡,又每伤世之人何易之悦,而难之惮也。而易之悦者,乃又不自谓其易之悦也,曰文主理已矣,何必法也。吁!"言之弗文,行而弗远",兹非孔子言邪?且六经何者非理,乃其文何者非法也?斯言也,仆怀之稔矣,然莫之敢告也。今足下既有同应之声,又相求也,仆安敢终默也?且人情未有不忽近而务远者,何也?知其实者少,而狥乎名者多也。世远则论定,持定采名,则旷世相慕,故汉文帝拊髀思颇、牧,而不知李广、魏尚者,以其近也。近则疑,疑则实昧,实昧则

忽之矣。斯时俗之重悲也！

今足下于仆同时最近，涉疑而不疑，又无倾盖之谈，接袵之雅，乃一旦走千里之使，声应而气求之，仆以是知足下立之独而往之勇也。以是而的古，何古之不的矣？谚有之曰："一年二年，与佛齐肩，三年四年，佛在一边。"言志之难久也。幸足下无悦其易，无惮其难，积久而用成，变化叵测矣。斯古之人所以始同而终异，异而未尝不同也。非故欲开一户牖，筑一堂室也。足下诚不弃刍荛，幸采焉察焉。《墨本赋》一通，《战国策》一部，附献左右者。

——李梦阳：《空同集》卷六十二，上海古籍出版社1991年影印本

【思考题】

1. 李梦阳提出的"真诗乃在民间"的具体理论内涵是什么？
2. 李梦阳论诗主情的特征体现在哪些方面？

何　景　明

【作者简介】

何景明(1483—1521),字仲默,号白坡,又号大复山人,信阳(今属河南)人。弘治十五年(1502)进士,授中书舍人。正德二年(1507),因愤刘瑾擅权,辞官回乡,被免职。正德六年(1511)刘瑾败,复原职,十二年(1517)升为吏部员外郎,十三年(1518)迁陕西提学副使,十六年(1521)病故。何景明知识渊博,天文、地理、律法、历数、阴阳、医卜诸家"备造其妙",人称其"咳吐珠玑,人伦之隽"。何景明受李梦阳等人影响,亦力倡古学,为"前七子"之一,文学思想与李梦阳同中有异,时人并称"李何"。《明史·文苑传》称:"两人为诗文,初相得甚欢,名称之后,互相诋諆,……各竖坚垒不相下,两人交游亦分左右袒。"著有《大复集》。

与李空同论诗书[1]

敬奉华牍,省诵连日,初怃然若遗,既涣涣然若有释也[2]。发迷彻蔽,爰助激成,空同子功德我者厚矣!仆自念离析以来,单处寡类,格人逖德[3],程缺元龟[4],去道符爽[5],是故述作靡式[6],而进退失步也。空同子曰:子必有谔谔之评[7]。夫空同子何有于仆谔谔也,然仆所自志者,何可弗一质之。

追昔为诗,空同子刻意古范,铸形宿模,而独守尺寸。仆则欲富于材积,领会神情,临景构结,不仿形迹。诗曰:"惟其有之,是以似之。"[8]以有求似,仆之愚也。近诗以盛唐为尚,宋人似苍老而实疏卤,元人似秀峻而实浅俗。今仆诗不免元习,而空同近作，间入于宋。仆固謇拙薄劣，何敢自列于古人？空同方雄视数代，立振古之作，乃亦至此，何也？凡物有则，弗及者，及而退者，与过焉者，均谓之不至[9]。譬之为诗，仆则可谓弗及者，若空同求之则过矣。

夫意象应曰合，意象乖曰离，是故乾坤之卦，体天地之撰[10]，意象尽矣。空同丙寅间诗为合，江西以后诗为离[11]。譬之乐，众响赴会，条理乃贯；一音独奏，成章则难。故丝竹之音要眇，木革之音杀直。若独取杀直，而并弃要眇之声，何以穷极至妙，感情饰听也？试取丙寅间作，叩其音，尚中金石；而江西以后之作，辞艰者意反近，意苦者辞反常，色淡黯而中理披慢，读之若摇鞞铎耳[12]。空同贬清俊响亮，而明柔淡、沉著、含蓄、典厚之义，此诗家要旨大体也。然究之作者，命意敷辞，兼于诸义，不设自具。若闲缓寂寞以为柔淡，重浊剡切以为沉著，艰诘晦塞以为含蓄，野俚辁积以为典厚，岂惟缪于诸义，亦并其俊语亮节，悉失之矣！

鸿荒邈矣，书契以来，人文渐朗，孔子斯为折中之圣，自余诸子，悉成一家之言。体物杂撰，言辞各殊，君子不例而同之也，取其善焉已尔。故曹、刘、阮、陆，下及李、杜，异曲同工，各擅其时，并称能言。何也？词有高下，皆能拟议以成其变化也[13]。若必例其同曲，夫然后取，则既主曹、刘、阮、陆矣，李、杜即不得更登诗坛，何以谓千载独步也？

仆尝谓诗文有不可易之法者，辞断而意属，联类而比物也[14]。上考古圣立言，中征秦汉绪论，下采魏晋声诗，莫之有易也。夫文靡于隋，韩力振之，然古文之法亡于韩；诗弱于陶、谢力振之，然古诗之法亦亡于谢。比空同尝称陆、谢，仆参详其作，陆诗语俳，体不俳也；谢则体语俱俳矣。未可以其语似，遂得并例也。故法同则语不必同矣。仆观尧、舜、周、孔、子思、孟氏之书，皆不相沿袭，而相发明，是故德日新而道广，此实圣圣传授之心也。后世俗儒，专守训诂，执其一说，终身弗解，相传之意背矣。今为诗不推类极变，开其未发，泯其拟议之迹，以成神圣之功，徒叙其已陈，修饰成文，稍离旧本，便自杌陧[15]，如小儿倚物能行，独趋颠仆。虽由此即曹、刘，即阮、陆，即李、杜，且何以益于道化也?佛有筏喻,言舍筏则达岸矣,达岸则舍筏矣[16]。

今空同之才,足以命世[17],其志金石可断,又有超代轶俗之见。自仆游从,获睹作述,今且十余年来矣。其高者不能外前人也,下焉者已践近代矣。自创一堂室,开一户牖,成一家之言,以传不朽者,非空同撰焉,谁也?易大传曰:"神而明之","存乎德行","成性存存,道义之门"。是故可能通古今,可以摄众妙,可以出万有,是故殊途百虑,而一致同归。夫声以窍生,色以质丽,虚其窍,不假声矣;实其质,不假色矣。苟实其窍,虚其质,而求之声色之末,则终于无有矣。北风便,冀反复鄙说,幸甚!

——《大复集》卷三十二,文渊阁《四库全书》本

【题解】

何景明《与李空同论诗书》是对李梦阳批评的答复,信中就复古的方法、诗歌的风格等与李梦阳展开了争论。何景明认为在学习古人时,应该"领会神情,临景结构",而不能像李梦阳那样"铸形宿模,独守尺寸"。何景明以舍筏为喻,认为学古只是手段,其目的是自成一家之言。有人据此认为何景明的文学思想较李梦阳灵活、进步,也有人认为李梦阳、何景明同为复古领袖,二人之争只能是复古派同道的内部纷争,在复古上并无根本分歧,故对此不必刻意夸大,或强分轩轾。

【注释】

1. 李空同:即李梦阳,详见第58页"作者简介"。
2. 涣涣然若有释:《老子》:"涣兮若冰之将释。"冰冻遇热即刻消融。涣涣,消释貌。
3. 格人逖德:格,被阻遏;逖,远离。意为与友人的交往被阻,远离有德之人。
4. 程缺元龟:程,法式。元龟,大龟,古代用于占卜,比喻可资借鉴的往事,晋刘琨《劝进表》:"前事之不忘,后事之元龟也。"
5. 去道符爽:符,符合。爽,差错。意为离去正道。
6. 述作靡式:述,传承;作,创新。后常指撰写著作或写成的作品。靡式,指无所取法。
7. 谔谔:直言争辩貌。《韩诗外传》卷十:"有谔谔争臣者,其国昌;有默默谀臣者,其国亡。"
8. 惟其有之,是以似之:见《诗经·小雅·裳裳者华》。
9. 凡物有则句:《论语·先进篇》有"过犹不及"语。

10. 体天地之撰：撰，意为规律。

11. 空同丙寅间诗为合，江西以后诗为离：丙寅间指正德元年(1506)；江西以后指正德六年(1511)李梦阳被起为江西按察司提学副使之后。

12. 鞞铎：指军中乐器鞞鼓、金铎。

13. 拟议以成其变化也：见《易·系辞下》："拟之而后言，议之而后动，拟议以成其变化。"

14. 辞断而意属，联类而比物："辞断而意属"本于《周易》"辞物证言，断辞必备"，意即辞约而意丰。"联类而比物"本于《韩非子·难言》"多言繁称，连类比物，则见以为虚而无用"，意为以类相同者而连之，以物相似者而比之。

15. 杌陧：不安，困厄。《书·秦誓》："邦之杌陧，曰由一人。"孔传："杌陧，不安；言危也。"

16. 达岸则舍筏：佛家以筏喻正法，到达涅槃彼岸后，就是正法也应舍弃。此处喻学古及至，即可舍弃古人之法。

17. 命世：著名于当世，多用以称誉有治国之才者。《汉书·楚元王传赞》："圣人不出，其间必有命世者焉。"

【讲疏】

李梦阳、何景明同属七子派，"李何之争"将同派成员异论之争公开化，这既反映出二人耿直的禀性，也表明他们寻求和坚持文学原理的执著不苟态度。崇汉魏古诗、盛唐近体，排斥宋诗，何景明在这些基本问题上，与李梦阳的认识几近一致。二人的不同之处，主要有下列数端：

首先，何景明明确表示，在学古的方法上，他与李梦阳有根本的分歧：李梦阳强调的是"刻意古范，铸形宿模，而独守尺寸"；他则主张"富于材积，领会神情，临景构结，不仿形迹"。这实际上道出了拟古与学古的区别，同时表明他在理论上主张学古，不主张拟古。所谓学古的态度，就是"以有求似"的态度，本于自我，而又肖似古人，实现人我相合，今古相融。

其次，复古派很强调诗文古法的重要，对此他们有许多细致的研究和总结，构成其复古的具体规范。何景明也肯定古法的重要，但是他将"法"简化为"辞断而意属，联类而比物"，本着这样的古法观，何景明主张学古"不假声"、"不假色"，不必与古人的语言求同求似。强调"不相沿袭，而相发明"。在他看来，"倚物能行"只是儿童学步，只有"独趋"才是走向成熟的标志。所以创作诗歌应该在学古的基础上，"推类极变，开其未发，泯其拟议之迹，以成神圣之功"，而不应"徒叙其已陈，修饰成文"，稍微离开前人"旧本"，就惶惶不安。借用佛家的比喻，何景明认为这就是"舍筏达岸"。既然到达了彼岸，一切法与非法也就变成了多余。在何景明看来，学古只是手段,其目的是"自创一堂室,开一户牖,成一家之言"。这也代表了何景明对复古运动的一种憧憬。

再次,在诗歌风格取向上,何景明提倡"清俊响亮"的诗歌风格,以为这样的作品可以"穷极至妙,感情饰听"。他对李梦阳所向往的"柔澹、沉著、含蓄、典厚"诸义,也加以肯定,不过认为诗人在实际创作时,难以兼备。更重要的是,若走入"闲缓寂寞""重浊剀切""艰诘晦塞""野俚猥积"一路,而美其名曰"柔淡、沉著、含蓄、典厚",这是为他所不取的。因此,他直接批评李梦阳到江西以后写的诗意象乖离,具体表现为辞艰意近,意苦辞常,语言色彩暗淡而内在意理散漫,多杀直促小之音,"读之若摇鞞铎"。李梦阳、何景明诗歌风格的不同,一方面固然是诗学取向上有所不同,另一方面,也与他们的个性气质、生活环境有关。李的性格雄鸷粗犷,其诗歌则要求雄奇豪放,而何景明俊逸沉敏,其诗歌则偏于清俊响亮。

【关键词解读】

舍筏达岸

何景明认为自己的创作是"不仿形迹","以有求似"。所谓"以有求似",是说自己也有类似于古人的神情,因此能写出类似于古人的作品,换言之,如果没有古人那样的神情,就没有必要写古人那样的作品。在此基础之上,何景明作了舍筏登岸的比喻:"佛有筏喻,言舍筏则达岸矣,达岸则舍筏矣。""筏喻"出自《阿梨陀经》,内有"我为汝等长夜说筏喻法,欲使弃舍,不欲使受"等语,意谓舍弃正法而到达涅槃彼岸。何景明借用"筏喻"论诗法,含有两层意思,一即无筏不能登岸,二即登岸必须舍筏。何景明论诗的"筏喻"容易引起误解,以为他主张废弃法度,但他其实是讲诗法的,他认为"无筏不能登岸"。后来李维桢《阎汝用诗序》说:"大复先生是以有舍筏之喻,岂是信心纵腕,屑越前规?要在神明默成,不即不离。"李维桢对何景明"神明默成,不即不离"的概括,是非常准确的。何景明虽然言法,却不拘泥于法,此即"登岸必须舍筏"。他认为如果一味模拟古人成法,就如同小儿倚物行路,即使把诗歌写得和曹、刘、李、杜一样,也是无益于道化。

何景明"舍筏登岸"之说,是对复古运动中拟古太甚所作出的一种理论调整,有其合理性,与后来反拟古的公安派理论也有相通之处。不过,李梦阳对这一说法的反驳,亦不无道理。在《答周子书》中,李梦阳说:"弘治之间,古学遂兴,而一二轻俊恃其才辩,假舍筏登岸之说扇破前美,稍稍闻见,便横肆讥评高下今古,谓文章家必自开一户牖,自筑一堂室;谓法古者为蹈袭,式往者为影子,信口落笔者为泯其比拟之迹。而后进之士,悦其易从,惮其难趋,乃即附唱答响,风成俗变,莫可止遏,而古之学废矣。"胡应麟《诗薮》续编卷一也说:"自信阳有筏喻,后生秀敏,喜慕名高,信心纵笔,动欲自开堂奥,自立门户。"这样一来,复古运动最终将走向瓦解。李梦阳反复写信,逐条驳斥,根本目的也是为了阻止这种不利于复古运动的局面出现。在李梦阳看来,若按照何景明的说法去做,学古只能浅尝辄止,根本掌握不了古人创作的"规矩",也就做不到"应诸心而本诸法"了。

【相关知识链接】

何景明的诗歌创作,题材多样,艺术特征丰富,堪称正德年间诗坛之大家。这多半归因于何景明的善学古人。胡应麟说何景明"古诗全法汉魏;歌行短篇法杜,长篇王、杨四子;五七言律法杜之宏丽,而兼取王、岑、高、李之神秀,卒于自成一家,冠冕当代"(《诗薮》续编卷一)。王士禛则认为何景明的"《听琴》《猎图》《送徐少参》《津市打鱼》诸篇,深得少陵之髓,特以秀色掩之耳"(《分甘馀话》卷二《胡应麟论歌行》)。沈山子则说:"大复楚谣汉风,魏制晋造,靡所不有。"(朱彝尊《明诗综》卷三十引)何景明集中咏月诗甚多,后人至戏曰:"殆必欲为李太白乎?"(陈衍《石遗室诗话》卷二十三)可见,何景明在学古的过程中,博采众家之长,终自成一家。

何景明《海叟集序》主张近体、歌行学初盛唐和李、杜,而《明月篇序》却对杜诗提出了两点质疑:一是认为其长篇歌行"辞固沉着,而调失流转,虽成一家语,实则诗歌之变体也";二是批评其"博涉世故,出于夫妇者常少,致兼雅颂,而风人之义或缺"。该序还认为初唐四杰"虽工富丽,去古远甚。至其音节,往往可歌",其"调"优于杜诗。两篇序的观点相互矛盾,似难理解,但究其实,不过是何景明在不同阶段对学古、对所学之古的不同理解而已,由此正可见出何景明"学古而不囿于古"的诗学思想。

【延伸阅读】

《汉魏诗集序》盛赞《汉魏诗集》的编选者刘成德为好古之人,其编辑汉魏诗意义深远。何景明在此序中以"古风"的盛衰为标准对自己所理解的诗歌统序作了比较详细的论述。《海叟集序》把诗歌与世风、世运关联在一起,这揭示出了前七子主张复古的最重要的目的,即通过恢复诗教,以复兴"古道"。《王右丞诗集序》等篇对古代诗文作家及作品的评述,是何景明复古思想的具体体现,亦可窥见何景明学古的主要门径。

汉魏诗集序

　　夫周末文盛，王迹息而诗亡，孔子、孟轲氏盖尝慨叹之。汉兴，不尚文，而诗有古风，岂非风气规模犹有朴略宏远者哉？继汉作者，于魏为盛，然其风斯衰矣。晋逮六朝，作者益盛，而风益衰，其志流，其政倾，其俗放，靡靡乎不可止也。唐诗工词，宋诗谈理，虽代有作者，而汉、魏之风蔑如也。国初诗人尚承元习，累朝之所开，渐格而上，至弘治、正德之间盛矣。学者一二或谈汉、魏，然非心知其意，不能无疑异其间，故信而好者，少有及之。侍御刘君，博学于诗，而好古不厌，乃辑汉、魏之作，访罗遗失，汇为此编。

　　夫文之兴于盛世也，上倡之；其兴于衰世也，下倡之。倡于上，则尚一而道行；倡于下，合者宗，疑者沮，而卒莫之齐也。故志之所向，势之所至，时之所趋，变化响应，其机神哉！于戏！侍御此编，不独诵说者德其功，而其意远矣。

——何景明：《大复集》卷三十四，文渊阁《四库全书》本

海叟集序

　　景明仕宦时，尝与学士大夫论诗，谓三代前不可一日无诗，故其治美而不可尚。三代以后，言治者弗及诗，无异其靡有治也。然诗不传，其原有二：称学为理者，比之曲艺小道而不屑为，遂亡其辞；其为之者，率牵于时好，而莫知上达，遂亡其意。辞意并亡，而斯道废矣。故学之者苟非好古而笃信，弗有成也。譬之琴者，古操人所不乐闻，又难学，新声繁艳易学，人又喜之，非果有自信，孰不就所易学以媚人所喜者也。若是，将使古道复至于无闻焉而已矣。

　　景明学诗，自为举子，历宦于今十年，日觉前所学者非是。盖诗虽盛称于唐，其好古者，自陈子昂后，莫若李、杜二家，然二家歌行、近体，诚有可法，而古作尚有离去者，犹未尽可法之也。

故景明学歌行、近体,有取于二家,旁及唐初、盛唐诸人,而古作必从汉、魏求之。虽迄今一未有得,而执以自信,弗敢有夺。

今年罢宦归,自以有余力,得肆观古人之言,又欲取我朝诸名家集读之,然弗多得。其得而读之者,又皆不称鄙意。独海叟诗为长,叟歌行、近体法杜甫,古作不尽是,要其取法,亦必自汉、魏以来者,其所造就,盖具体而未大耳。噫,其所识亦希矣。

吾郡守孙公懋仁,笃于好古,其子继芳者从予论学,大有向往,尝索古书无刻本者以传。予谓古书自"六经"下,先秦、两汉之文,其刻而传者,亦足读之矣。海叟为国初诗人之冠,人悉无有知之,可见好古者之难,而不可以弗传也。乃以授之,而并系以鄙言,观者亦将以是求叟之意矣。叟姓袁氏,名凯,其集陆吉士深所编定者,李户部梦阳有序,其履历可考而知也,兹不复述。

——何景明:《大复集》卷三十四,文渊阁《四库全书》本

王右丞诗集序

予奉疾还,值长夏索处,人劝以精力未充,且省读书,日又无所事,野居又无人与言,偶取《王右丞集》读之。读且倦则卧,卧起则又读,凡数日,竟其编。顾集中长短混列,欲考体制,以求作者之意,实烦简阅,乃略加编定,稍用己意去取之,厘五、七言古诗各为一卷,五言律最盛,为一卷,七言律为一卷,五、七言并六言绝句共为一卷,皆首标体制,俾篇诗各有统叙,总五卷,录为一本,自备考览,不敢以示诸人。

窃谓右丞他诗甚长,独古作不逮。盖自汉、魏后,而风雅浑厚之气罕有存者。右丞以清婉峭拔之才,一起而绰然名世,宜乎就速而未之深造也。今于古作,取其稍去冗泛者,不敢加多焉。旧本有赋一首,今亦删去,其裴迪诸人之作附见者,亦惟论其诗而取之,不尽去。

——何景明:《大复集》卷三十四,文渊阁《四库全书》本

明月篇序

仆读杜子七言诗歌,爱其陈事切实,布辞沉着,鄙心窃效之,

以为长篇圣于子美矣。既而读汉、魏以来歌诗,及唐初四子者之所为,而反复之,则知汉、魏固承三百篇之后,流风犹可征焉,而四子者虽工富丽,去古远甚。至其音节,往往可歌,乃知子美辞固沉着,而调失流转,虽成一家语,实则诗歌之变体也。夫诗本性情之发者也。其切而易见者,莫如夫妇之间,是以三百篇首乎雎鸠,六义首乎风,而汉、魏作者,义关君臣朋友,辞必托诸夫妇,以宣郁而达情焉,其旨远矣。

由是观之,子美之诗,博涉世故,出于夫妇者常少,致兼雅颂,而风人之义或缺,此其调反在四子之下欤?暇日为此篇,意调若仿佛四子,而才质猥弱,思致庸陋,故摛词芜紊,无复统饬,姑录之以俟审声者裁割焉。

——何景明:《大复集》卷三十四,文渊阁《四库全书》本

古乐府叙例

何景明曰:予读左氏古乐府,自唐、虞三代以来逸诗,至六朝之言备矣。然其录不能无杂,要之不可尽举,予乃择其辞古训雅者,凡九十三首尔。夫三百篇之外,可以诵说者,尽在是已。不其难乎!不其难乎!

左氏以音调类词,夫声音之道,予莫之有考也已,恐悖缪失实。《书》曰:"歌永言,声依永。"今姑伦其辞,其辞伦而音声亦各自见矣。诗厘上、中、下三卷,三卷各厘上、下,取其伦类,以相参附,言辞高下,时代变易,作述源流,咸自著矣。

诗有不以时代序者,明作者在人,不系时代。

诗三百皆弦歌,后世乐府,或立篇题,词多托讽,义兼比兴,其随事直陈,悉曰古诗,格变异矣。予故取其有篇题者,入《古乐府》,若古诗十九首,及他选诗,别为编列。

或曰:明良五子之歌,何以不入乐府?曰:夫既已著之经世之训矣。

——何景明:《大复集》卷三十四,文渊阁《四库全书》本

学约古文序

何景明曰：余初入关中，作《学约》示诸生，已成材者，经书子史，自宜周贯，不为程限；其未成材者，令学官量资作成，以相授习。兹越二岁矣，子日企望夫诸生之有得也。然而进退罕知其序，造诣或违其方，若尔优游，终归汗漫，非予之咎哉？今复列为程，始自十六年春，按季考省经书，每岁一周，性理、史鉴而下，则接年续去期，三岁而卒其业。正诵之余，复读名家文字数篇，要其取虽非全编，而实览大义，于是究心，则古人作述之意，源流可窥，而斯文经纬之情，变化俱见矣。理无形而藏密，言有文而行远，由圣贤之训，以至诸家之撰，皆言也，殊途异门，积案充栋，有不可穷揽者。然言宣乎理，理存诸心，体用显微，同源无间。故反求而为己，则一而有获；外驰而为人，则多而益蔽。此公私之辨，义利之分，君子小人之向也。夫予既程其书矣，诸生其自兹口诵其言，心会其理，身体其事，择善而用，中知至以求止，庶弗畔于孔门博文约礼之教，而亦征于孟氏详说反约之传矣。苟以资乎口耳，而弃乎身心，繁其枝叶而剥其根本，夫岂莫达，终亦必亡已尔。此岂诸生之咎哉，正德辛巳正月既望识。

——何景明：《大复集》卷三十四，文渊阁《四库全书》本

【思考题】

1. 在如何学习古人方面，李梦阳、何景明二人的主张有什么不同？
2. 何景明"舍筏登岸"说的利弊何在？

李 开 先

【作者简介】

李开先(1502—1568),字伯华,号中麓,山东章丘人。嘉靖八年(1529)进士,授户部主事,调吏部,历文选郎中,官至太常寺少卿,提督四夷馆。嘉靖二十年(1541)上疏抨击时政,为权臣夏言所忌,被削官罢职,放归故里。回乡后,在章丘绿原山与同乡好友结成"词社",又组织成立"富文堂词会"。曾与王慎中、唐顺之、陈束、赵时春、熊过、任瀚、吕高等人诗文唱和,人称"嘉靖八才子"。李开先的文学主张和唐宋派接近。他推崇与正统诗文异趣的戏曲小说,主张戏曲语言"俗雅俱备","明白而不难知"。著有诗文集《闲居集》,词曲理论著作《词谑》,传奇《宝剑记》《断发记》等。

市井艳词序

忧而词哀,乐而词亵,此今古同情也。正德初尚《山坡羊》,嘉靖初尚《锁南枝》,一则商调,一则越调。商,伤也;越,悦也,时可考见矣。二词哗于市井,虽儿女子初学言者,亦知歌之。但淫艳亵狎,不堪入耳,其声则然矣。语意则直出肺肝,不加雕刻,俱男女相与之情,虽君臣友朋,亦多有托此者,以其情尤足感人也。故风出谣口,真诗只在民间。三百篇太平采风者归奏,予谓今古同情者,此也。

尝有一狂客,浼[1]予仿其体,以极一时谑笑,随命笔并改窜传歌未当者,积成一百以三,不应弦,令小仆合唱。市井闻之响应,真一未断俗缘也。久而仆有去者,有忘者,予亦厌而忘之矣。客有老更狂者,坚请目其曲,聆其音,不得已,群仆人于一堂,各述所记忆者,才十之二三耳。晋川栗子,又曾索去数十,未知与此同否?复命笔补完前数。孔子尝欲放郑声[2],今之二词可放,奚但郑声而已。虽然,放郑声,非放郑诗也。是词可资一时谑笑,而京韵、东韵、西路等韵则放之,不可不亟以雅易淫,是所望于今之典乐[3]者。

——《闲居集》卷六,卜键笺校《李开先全集》,文化艺术出版社2004年版

【题解】

《市井艳词序》作于嘉靖二十九年(1550)前后。李开先重视民间歌谣"情真"的价值,仿照正德年间流行的《山坡羊》、嘉靖年间流行的《锁南枝》,创制了103首俗曲,以《市井艳词》之名刊行。该书今不见流行,似已佚。这篇序言对民间歌谣的内容、特征、价值等进行了论述,是中国文学批评史上具有重要理论意义的民歌专论。

【注释】

1. 浼:恳托。
2. 孔子尝欲放郑声:《论语·卫灵公》载:"颜渊问为邦,子曰:'行夏之时,乘殷之辂,服周之冕,乐则《韶》舞;放郑声,远佞人。郑声淫,佞人殆。"放,禁绝。孔子认为郑地的乐曲淫荡,应禁绝之。
3. 典乐:官名,掌管朝廷的音乐事务。《书·舜典》:"帝曰:夔,命汝典乐,教胄子。"《孔子家语·五帝德》:"(帝尧)富而不骄,贵而能降,伯夷典礼,夔龙典乐。"

【讲疏】

正德、嘉靖年间,俗曲《山坡羊》《锁南枝》深受民众青睐,《市井艳词序》说"二词哗于市井,虽儿女子初学言者,亦知歌之",其流行之广,可见一斑。这些俗曲的主要内容,多写男女之情,其声"淫艳亵狎,不堪入耳",但其情则"直出肺肝,不加雕刻","其情尤足感人",是所谓"真诗"。李开先说"真诗只在民间",表达了自己对民间歌谣的喜爱。较李梦阳"真诗乃在民间"一说,李开先的说法仅一字之差,其态度则更鲜明、更坚决。

文章第二段交待了《市井艳词》一书的编纂缘起,并阐述了民间歌谣的社会功用。在作者看来,民间歌谣首先"可资一时谑笑",这是对俗曲娱

乐功能的肯定。戏谑,一直是文人生活的一部分,《诗经·淇奥》就有"善戏谑兮,不为虐兮"之句。六朝以后,雅谑更是受文人推崇的一种文化品格,《世说新语》的"言语""捷悟""排调""轻诋"等篇中,常有文人雅谑生活的呈现。时至明代中后期,雅好戏谑也是士人们追求的一种时尚。张岱《陶庵梦忆》卷六记载,一些善诙谐的文人在京师结成了"噱社",他们"喽喋数言,必绝缨喷饭"。而据王利器辑录的《历代笑话集》《历代笑话续集》,明代编纂笑话的著名文人即有李贽、徐渭、谢肇淛、江盈科、钟惺、冯梦龙等。由此可见,李开先之编纂"可资一时谑笑"的俗曲,实为当时普遍的社会风气。除了娱乐功能之外,李开先还希冀民间歌谣经过朝中"典乐者""以雅易淫"的一番改造,可以与"国风"一样,起到积极的社会教化作用。这是基于"风出谣口"而提出的设想。

【关键词解读】

风出谣口

"诗三百"是淳雅高古的文化经典,其中"国风"的多数篇章采择于民间的民歌小曲,此即所谓"风出谣口"是也。明清时代的民歌理论,往往以"风出谣口"为其理论依据。

李开先将当代民歌和《诗经》联系,从文学发展的角度肯定当时的里巷歌谣。既然《诗经》的风诗来自民间,反映了人们的现实生活和思想,明代的歌谣也来自民间,应该和《诗经》一样受到尊重。这就大大提高了民歌的地位。

当代歌谣,"语意则直出肺肝,不加雕刻,俱男女相与之情",这与《诗经》中的风诗相类,是所谓"今古同情"者也。这一点,比李开先略晚的李维桢在《读苏侍御诗》一文中有更为精到的论说:"诗以道性情,性情不择人而有,不待学问文词而足。故《诗》三百篇,《风》与《雅》《颂》等。《风》多出闾阎田野细民妇孺之口。……余尝谓以学问文词为诗,譬之雇佣,受直受事,非不尽力于主人,苦乐无所关系;譬之俳优,苦乐情状极可粲齿流涕,而揆之昔人本事,不啻苍素霄壤,何者?非己之性情也。独六朝人闺阁艳曲,与俗所传南北词及市井歌谣,往往十五国风遗意,男女人之大欲存焉,不虑而知,不学而能,此之谓性情古今所同,是以暗合,盖无意为诗而自得之。"可以说,"风出谣口"是明代文人为确立明代歌谣的地位而找到的最稳固的理论支点,而其内在的逻辑基础,是"情真"。在《西野春游词序》中,李开先更进一步,以为当代歌谣是真正能继承《诗经》之精神的:

"诗余简于院本,唐诗简于诗余,汉乐府视诗余则又简而质矣。三百篇皆中声,而无文可被管弦者也。由南词而北,由北而诗余,由诗余而唐诗,而汉乐府,而三百篇,古乐庶几乎可兴,故曰:今之乐,犹古之乐也。"

孔子认为"郑声淫",应"放郑声",但并未在《诗经》中删掉郑风。这意味着,"声"与"诗"是可以区别对待的。故此,李开先一方面不讳言《山坡羊》《锁南枝》的乐曲"淫艳亵狎",另一方面又赞赏其语意则"直出肺肝,不加雕刻"。李开先肯定民歌,不在于其曲调,而在于"语意","语意"即歌词,是其"情"的真正载体。因此,"风出谣口"也是李开先为当代民歌辩护的依据。

【相关知识链接】

中国古代民间文学在宋、元、明、清时期逐渐繁荣,而民歌到了明代,尤为兴盛。明末沈德符《万历野获编·词曲·时尚小令》对此有较详细记载:"元人小令,行于燕赵,后浸淫日盛,自宣、正至成、弘后,中原又行《锁南枝》《傍妆台》《山坡羊》之属。李崆峒先生初自庆阳徙居汴梁,闻之以为可继《国风》之后,何大复继至,亦酷爱之。今所传《泥捏人》及《鞋打卦》《熬髻》三阕,为三牌名之冠,故不虚也。自兹以后,又有《耍孩儿》《驻云飞》《醉太平》诸曲,然不如三曲之盛。嘉隆间,乃兴《闹五更》《寄生草》《罗江怨》《哭皇天》《干荷叶》《粉红莲》《桐城歌》《银纽丝》之属。自两淮以至江南,渐与词曲相远,不过写淫媟情态,略具抑扬而已。比年以来,又有《打枣竿》《挂枝儿》二曲,其腔调约略相似。则不问南北,不问男女,不问老幼良贱,人人习之,亦人人喜听之。以至刊布成帙,举世传诵,沁人心腑。其谱不如从何来,真可骇叹!又《山坡羊》者,李、何二公所喜,今南北词俱有此名,但北方惟盛《爱数落山坡羊》,其曲自宣、大、辽东三镇传来,今京师妓女,惯以此充弦索北调。其语秽亵鄙浅,并桑濮之音,亦离去已远。而羁人游婿,嗜之独深,丙夜开樽,争先招致。而教坊所隶筝纂等色,及九宫十二,则皆不知为何物矣。俗乐中之雅乐,尚不谐里耳如此,况真雅乐乎?"结合李开先等人的论述,我们可知,大致到了明代中期,不少著名文人如李梦阳、何景明等已开始认识到民间俗曲的价值,并有意识地向民歌学习。

明代后期,徐渭、李维桢、袁宏道、袁中道、冯梦龙等又对民歌多有阐扬,如袁宏道《叙小修诗》说:"吾谓今之诗文不传矣。其万一传者,或今闾阎妇人孺子所唱《擘破玉》《打枣竿》之类,犹是无闻无识真人所作,故多真声,不效颦于汉、魏,不学步于盛唐,任性而发,尚能通于人之喜怒哀乐嗜好情欲,是可喜也。"袁宏道为公安派巨子,其对民歌的推重,无疑具有深远的理论意义。在晚明文坛上,对民歌搜集、整理作出巨大贡献的是冯梦龙,《山歌》即是他所编纂的一部民歌专集。其《序山歌》云:"桑间、濮上,国风刺之,尼父录焉,以是为情真而不可废也。山歌虽俚甚矣,独非郑、卫之遗欤?且今虽季世,而但有假诗文,无假山歌,则以山歌不与诗文争名,故不屑假。苟其不屑假,而吾借以存真,不亦可乎?"冯梦龙认为山歌不屑于与诗文争名,故亦不屑于矫揉造作,反因此具有了不朽的生命力。歌谣的特点在于"情真",是"真人"发出的"真声","真"即是其价值所在。

【延伸阅读】

《市井艳词后序》《市井艳词又序》进一步阐发了民间歌谣的社会功用,记述了《市井艳词》的流行情况,并流露出了颇为自信、自得的心态。《市井艳词》今已难觅踪迹,《词谑》著录其中民歌数首,可与李开先诸序言参照对读。李开先通过《西野春游词序》《乔梦符小令序》两篇散曲序,梳理了散曲文体的源流,总结了散曲的艺术特征,为散曲的传播及散曲理论的发展作出了一定的贡献。

市井艳词后序

《山坡羊》有二,一北一南;《锁南枝》亦有二,有南无北;一北一南者,北简而南繁,歌声繁简亦随之然而相类;有南无北者,一则句短而碎,一则长短夹杂,而歌声夐然不同。二词之大致如此。世之作者及歌者,果能吻合乎?不也。所以词不易作,亦不易歌。在童习饫闻者,且如然矣,而况长章险韵,高不结低不喧者乎?但二词颇坏人心,无之则无以考见俗尚,所谓惩创人之逸志,正有须乎此耳。词出,识者必讶其愈趋愈下,或者又以为愈出愈奇,予从而断之曰:不过愈老愈放云!

——《闲居集》卷六,卜键笺校《李开先全集》,文化艺术出版社2004年版

市井艳词又序

学诗者,初则恐其不古,久则恐其不淡;学文者,初则恐其不

奇，久则恐其不平；学书、学词者，初则恐其不劲、不文，久则恐其不软、不俗。唐荆川之于诗，王南江之于文，方两江之于书，予之于词，其事异而理同，致百而虑一者乎？荆川始登仕籍，究心汉魏，继则四子二张，后酷爱刘随州，而晚唐亦多取焉。南江文非汉不目，其在留都寄声云："韩文乃尔佳，子犹笑其拘乎尔，直至喜苏，学乃进。昨得闽中书，仆之于文，出入乎曾、王之间，苏氏兄弟，犹以为过于豪而失之放，盖已喜而又过之矣。"两江近寄字数纸，浑融无亢硬之病，闻因朱射陂"字软为难"之说，有以激成之耳。

予词散见者勿论，已行世者，辛卯春有《赠对山》，秋有《卧病江臬》，甲辰有《南吕小令》，《登坛》及《宝剑记》脱稿于丁未夏，皆俗以渐加，而文随俗远。至于《市井艳词》，鄙俚甚矣，而予安之，远近传之。米南宫尝谓东坡："世皆以某为狂，请质之。"东坡笑曰："吾从众。"予之狂于词，其亦从众者欤？然孟渭泉诗，首陈后冈，而荆川贰焉，要之薛西原、高苏门、徐昌谷均不可少者。常楼居、吴皖山虽云小才，亦可附五子后。若论精当雄浑，无如皇甫少玄、百泉两兄弟。近多称孔文谷、乔三石不亚栗紫团，惜予林居，不多见其作。崔后渠自谓："文无闲语，同己者惟苏门。"李愚谷亦谓："同者惟熊南沙。"短崛精细其长也。宏博则推赵浚谷，南江平正通达，尤为善鸣之士。

书以苏雪簑为冠，能大小，能刚柔，而方书则人人易识。陆俨山、文衡山、杨升庵、王子新、许龙石、翟青石、张云谷、罗念菴、吕江峰、曹晴峰、张蒙溪、罗海岳、马竹湖叔侄，俱可称名笔。丰南禺集帖序似过刻，然实自况也。马溪田之隶，林翔之之篆，此外予未之及见矣。但荆川不独长于诗，南江不独工于文，余数子亦非偏长可目者。

予独无他长，长于词，岁久愈长于俗。远交王渼陂，近交袁西野，足以资而忘世，乐而忘老。"三日不编词，则心烦；不闻乐，则耳聋；不观舞，则目瞽。"此康对山之托言，而予之实事也。况乐以词合，舞与词偕，词非予之独长，乃予之独幸耳。《艳词》已有两跋，意犹不足，复侈言之，以见一时人文之盛。而予无他长，亦得厕名曾与之游，更为独幸中之大幸云。
　　——《闲居集》卷六，卜键笺校《李开先全集》，文化艺术出版社2004年版

市 井 艳 词

　　市井艳词百余，予所编集，中有改窜且多仝作者。只录三《山坡羊》，三《锁南枝》——一即李、何所爱者。余悉此类，不相上下，似出一人之手云。"你性情儿随风倒舵，你见识儿指山卖磨。这几日无一个踪影，你在谁价家里把牙儿嗑？进门来床儿前快与我双膝儿跪着，免的我下去采你的耳朵。动一动就教你死，那一那惹下个天来大祸！你好似负桂英王魁也，更在王魁头上垒一个儿窝。哥哥，一心里爱他？一心里爱我？婆婆，一头儿放水，一头儿放火！""熬这顶鬏如同熬纱帽，想这纸婚书如同想官诰，听的人家来通媒行礼，患病的得了一贴灵丹妙药。福分薄，才有几分成，又早把卦来变了，好似做官的得了升转，原来是虚传了一个通报。花朵身子一年大似一年噤！只恐怕弄的我有上稍无下稍。我的娘，你试听着：这件事靠不的哥哥，告诉不的嫂嫂。我的娘，你再听着：生不的娃娃，谁叫你老老？""熨斗儿熨不展眉尖折皱，竹绷儿绷不开面皮黄瘦，顺水船儿撑不过相思黑海，千里马儿也撞不出四下里牢笼扣。俺如今吞了倒须钩，吐不的，咽不的，何时罢休？奴为你梦魂里挓破了被角，醒来不见空拖逗。泪道也有千行噤！恰便似长江不断流。休，休，阎罗王派俺是风月场行头；羞，羞，夜叉婆道你是花柳营对手。""题起你的势，笑瀽我的牙。你就是刘瑾、江彬，也要柳叶儿刮，柳叶儿刮。你又不曾金子开花，你又不曾银子发芽，我的哥噤！你休当顽当耍。如今的时年，是个人也有三句话。你便会行船，我就会走马。就是孔夫子也用不着你文章，弥勒佛也当下领袈裟。""鞋打卦，无处所求，粉脸上含羞，可在神面前出丑，神前出丑。告上圣听诉缘由：他如何把人不睬不瞅，丢了我又去别人家闲走？绣鞋儿亵渎神明，告上圣权将就。或是他不来，或是他另有；不来呵

根儿对着根儿,来时节头儿抱着头,丁字儿满怀,八字儿开手。"

——《词谑》第二八则,《中国古典戏曲论著集成》第三册,中国戏剧出版社1959年版

西野春游词序

词与诗,意同而体异。诗宜悠远而有余味,词宜明白而不难知。以词为诗,诗斯劣矣;以诗为词,词斯乖矣。其法备于《中原韵》,其人详于《录鬼簿》,其略载于《正音谱》。至于《务头》《琼林》《燕山》等集,与夫《天机余锦》《阳春白雪》《太平乐府》《乐府群玉》《群珠》等词,是皆韵之通用,而词之上选者也。传奇戏文虽分南北,套词小令虽有短长,其微妙则一而已。悟入之功,存乎作者之天资学力耳。然俱以金、元为准,犹之诗以唐为极也。何也?词肇于金,而盛于元。元不戍边,赋税轻而衣食足,衣食足而歌咏作,乐于心而声于口,长之为套,短之为令,传奇戏文于是乎侈而可准矣。穆玄菴谓:"不可以胡政而少之。"亦天下之公言也。国初如刘东生、王子一、李直夫诸名家,尚有金、元风格。乃后分而两之,用本色者为词人之词,否则为文人之词矣。自陈大声正德丁卯年没后,惟有王渼陂为最。陈乃元词之下者,而王乃文词之高者也,可为等侪,有未易以轩轾者。若兼而有之,其元哉?其犹诗之唐而不可上者哉!

予与西野先生为词友,将四十年矣。知而守之,未敢轻以示人,恐闻者以为谈之奇而负之妄也,明珠夜投,将按剑而视我矣。西野年愈长,词益工,而论尤合。近作《春游》一阕,语俊意长,俗雅俱备,声中金石,色兼玄黄,真如游上林而踏青郊,淑景春葩,历历在目。予爱而刻之,因并序词之源流如此。或以为:"词,小技也,君何宅心焉?"嗟哉!是何薄视之而轻言之也?音多字少为南词,音字相半为北词,字多音少为院本;诗余简于院本,唐诗简于诗余,汉乐府视诗余则又简而质矣。三百篇皆中声,而无文可被管弦者也。由南词而北,由北而诗余,由诗余而唐诗,而汉乐府,而三百篇,古乐庶几乎可兴,故曰:今之乐,犹古之乐也。

呜呼！扩今词之真传，而复古乐之绝响，其在文明之世乎！

——《闲居集》卷六，卜键笺校《李开先全集》，文化艺术出版社2004年版

乔梦符小令序

元以词名代，而乔梦符其翘楚也。梦符名吉，号笙鹤翁，又号惺惺道人。以词擅扬于至正间，然以字行，无问远近，识不识，皆知有太原乔梦符云。梦符不但长于小令，而八杂剧，数十散套，可高出一世。予特取其小令刻之，与小山为偶。元之张、乔，其犹唐之李、杜乎？套词又不忍轻去，间亦选而取之，附于其后，不改小令原名，以小令多而套词少耳。评其词者，以为："若天吴跨神鳖，噀沫于大洋，波涛汹涌，有截断众流之势。"此特言其雄健而已，要之未尽也。以予论之：蕴藉包含，风流调笑，种种出奇，而不失之怪；多多益善，而不失之繁；句句用俗，而不失其为文。自谓可与之传神。如梦符复生，当必首肯。未知览者心服之欤？或目笑之欤？是未可定也。

——《闲居集》卷五，卜键笺校《李开先全集》，文化艺术出版社2004年版

时　　调

有学诗文于李崆峒者，自旁郡而之汴省。崆峒教以："若似得传唱《锁南枝》，则诗文无以加矣。"请问其详，崆峒告以："不能悉记也。只在街市上闲行，必有唱之者。"越数日，果闻之，喜跃如获重宝，即至崆峒处谢曰："诚如尊教！"何大复继至汴省，亦酷爱之，曰："时词中状元也。如十五《国风》，出诸里巷妇女之口者，情词婉曲，有非后世诗人墨客操觚染翰，刻骨流血所能及者，以其真也。"每唱一遍，则进一杯酒。终席唱数十遍，酒数亦如之。更不及他词而散。崔后渠、熊南沙、唐荆川、王遵严、陈后冈谓：《水浒传》委曲详尽，血脉贯通，《史记》而下，便是此书。且古

来更无有一事而二十册者。倘以奸盗诈伪病之,不知序事之法、史学之妙者也;若以李、何所取时词为鄙俚淫亵,不知作词之法、诗文之妙者也。词录于后,以竢识者鉴裁:"傻酸角,我的哥,和块黄泥儿捏咱两个。捏一个儿你,捏一个儿我。捏的来一似活托,捏的来同床上歇卧。将泥人儿摔碎,着水儿重和过,再捏一个你,再捏一个我——哥哥身上也有妹妹,妹妹身上也有哥哥。"

——《词谑》第二七则,《中国古典戏曲论著集成》第三册,中国戏剧出版社1959年版

【思考题】

1. "风出谣口"对于确立民间歌谣的地位,有何理论意义?
2. 李开先所说的"真诗只在民间",与李梦阳"真诗乃在民间"一说,有何异同?

茅　坤

【作者简介】

茅坤(1512—1601),字顺甫,号鹿门,浙江归安(今吴兴)人,嘉靖十七年(1538)进士,曾任青阳、丹徒知县。茅坤性喜谈兵,熟悉军事,因功升大名兵备副使,后被忌者中伤,免职归家。嘉靖末,倭寇屡犯东南,胡宗宪总督两浙,茅坤入其幕,多有所用。后因家人横行乡里,为巡抚庞尚鹏所劾,削籍归家,专事著述。茅坤擅古文,提倡学习唐宋古文,反对"文必秦汉"的观点。编选《唐宋八大家文钞》,对韩愈、欧阳修和苏轼尤为推崇。茅坤与王慎中、唐顺之、归有光等,同被称为"唐宋派"。著有《白华楼藏稿》《玉芝山房稿》等。

唐宋八大家文钞总序

孔子之系《易》,曰:"其旨远,其辞文。"[1]斯固所以教天下后世为文者之至也。然而及门之士,颜渊、子贡以下,并齐、鲁间之秀杰也,或云,身通六艺者七十余人,文学之科,并不得与,而所属者仅子游、子夏两人焉[2]。何哉?盖天生贤哲,各有独禀,譬则泉之温,火之寒,石之结绿[3],金之指南,人于其间,以独禀之气,而又必为之专一,以致其至,伶伦之于音,禆灶之于占,养由基之于射,造父之于御,扁鹊之于医,僚之于丸,秋之于奕,彼皆以天纵之智,加之以专一之学,而独得其解[4],斯固以之擅当时而名后世,而非他所得而相雄者。

孔子没而游、夏辈各以其学授之诸侯之国,已而散逸不传。

而秦人燔经坑学士,而六艺之旨几辍矣。汉兴,招亡经,求学士,而晁错、贾谊、董仲舒、司马迁、刘向、扬雄、班固辈,始乃稍稍出,而西京之文,号为尔雅。崔、蔡以下[5],非不矫然龙骧也,然六艺之旨渐流失。魏、晋、宋、齐、梁、陈、隋、唐之间,文日以靡,气日以弱,强弩之末,且不及鲁缟矣,而况于穿札乎[6]?

昌黎韩愈,首出而振之,柳柳州又从而和之,于是始知非六经不以读,非先秦两汉之书不以观。其所著书、论、叙、记、碑、铭、颂、辩诸什,故多所独开门户,然大较并寻六艺之遗略,相上下而羽翼之者。贞元以后,唐且中坠,沿及五代,兵戈之际,天下寥寥矣。宋兴百年,文运天启,于是欧阳公修,从隋州故家覆瓿中,偶得韩愈书,手读而好之,而天下之士,始知通经博古为高,而一时文人学士,彬彬然附离而起,苏氏父子兄弟,及曾巩、王安石之徒,其间材旨小大,音响缓亟,虽属不同,而要之于孔子所删六艺之遗,则共为家习而户眇之者也[7]。

由今观之,譬则世之走骎袅骐骥于千里之间[8],而中及二百里三百里而辍者有之矣,谓涂之蓟而辕之粤则非也。世之操觚者,往往谓文章与时相高下,而唐以后且薄不足为。噫!抑不知文特以道相盛衰,时非所论也。其间工不工,则又系乎斯人者之禀,与其专一之致否何如耳!如所云,则必太羹玄酒之尚[9],茅茨土簋之陈[10],而三代而下,明堂玉带、云罍牺樽之设[11],皆骈枝也已[12]!孔子之所谓"其旨远",即不诡于道也;"其辞文",即道之燦然,若象纬者之曲而布也。斯固庖牺以来人文不易之统也,而岂世之云乎哉!

我明弘治、正德间,李梦阳崛起北地,豪隽辐辏,已振诗声,复揭文轨,而曰:"吾《左》吾《史》与《汉》矣。"已而又曰:"吾黄初、建安矣。"[13]以予观之,特所谓词林之雄耳,其于古六艺之遗,岂不湛淫涤滥[14],而互相剽裂已乎[15]!

予于是手掇韩公愈、柳公宗元、欧阳公修、苏公洵、轼、辙、曾公巩、王公安石之文,而稍为批评之,以为操觚者之券,题之曰《八大家文钞》。家各有引,条疏如左。嗟乎!之八君子者,不敢遽谓尽得古六艺之旨,而予所批评,亦不敢自以得八君子者之深,要之大义所揭,指次点缀,或于道不相盭已[16]。谨书之,以质世之知我者。

——《茅坤集·茅鹿门先生文集》卷十四,浙江古籍出版社1993年版

【题解】

茅坤反对前后七子"文必秦汉"的主张,提倡学习唐宋古文。他评选的《唐宋八大家文钞》在当时和后世有很大影响。此书选辑唐代韩愈、柳宗元,宋代欧阳修、苏洵、苏轼、苏辙、曾巩、王安石八家文章共一百六十四卷,每家各为之引。茅坤选文目的在于宣扬八人文章中得"六经"之精髓者,对韩愈尤为推崇。他的评点注释虽多有疏漏、错误之处,但此选本繁简适中,可作为初学者之门径,因此几百年来盛行不衰。"唐宋八大家"的名目并非茅坤首倡,却因此选的流行而最终固定并传播开来。

【注释】

1. 其旨远,其辞文:见《易·系辞下》:"其旨远,其辞文,其言曲而中,其事肆而隐。"
2. "文学之科"三句:《论语·先进》:"文学:子游、子夏。"孔门四科指德行、言语、政事、文学。
3. 石之结绿:《史记·范雎列传》载范雎上秦昭王书有曰:"臣闻周有砥砈,宋有结绿,梁有县藜,楚有和朴,此四宝者,土之所生,良工之所失也,而为天下名器。"
4. "伶伦之于音"十句:伶伦,传说为黄帝时作律之人。稗灶,春秋时郑国人,主占。养由基,春秋时楚国大夫,以善射名。造父,周穆王时人,善御。扁鹊,传说为黄帝时良医名。战国时秦越人与古之扁鹊相类,世以扁鹊号之。僚,弄丸人名,见《庄子》。秋,善弈人名,见《孟子》。
5. 崔、蔡:崔,指崔瑗;蔡,指蔡邕。
6. 穿札:射穿铠甲。札,铠甲的叶片。形容射箭功力之强。《韩诗外传》卷八:"此弓者,太山之南,乌号之柘,燕牛之角,荆麋之筋,河鱼之胶也。四物者,天下之练材也,不宜穿札之少如此。"
7. 眇:细视。
8. 騕褭骐骥:騕褭、骐骥皆指骏马。
9. 太羹玄酒:太羹,肉汁汤。玄酒,古代祭礼中当酒用的清水。
10. 茅茨土簋:茅茨,茅草盖的屋顶,亦指茅屋。土簋,盛饭的瓦器。
11. 云罍牺樽:云罍,饰有云状花纹的酒壶。牺樽,古代酒器。作牺牛形,背上开孔以盛酒。一说于尊腹刻画牛形。

12. 骈枝：足大拇指与第二指相合为一称骈拇，手大拇指旁枝生一指为枝指。比喻多余无用的东西。《庄子·骈拇》："是故骈于足者，连无用之肉也。枝于手者，树无用之指也。多方骈枝于五藏之情者，淫僻于仁义之行，而多方于聪明之用也。"

13. 黄初：魏文帝年号，时间起于公元 220 年，讫于公元 226 年。

14. 湛淫：即沉淫，指水鸟浮游貌。《文选·司马相如〈上林赋〉》："沉淫泛滥，随风澹淡。"郭璞注："皆鸟任风波自纵漂貌也。"

15. 剽裂：摘抄；窃取。苏轼《太息》："方是时，士以剽裂为文，聚而见诎。"

16. 蹇：乖违。

【讲疏】

嘉靖中，王慎中、唐顺之因不满前七子"文必秦汉"的观点而倡导唐宋作家之文。茅坤对待文章的看法有与唐顺之相近之处，遂接续前人之意，编有《唐宋八大家文钞》，径以"八大家"命名。

序文第一段以"天生贤哲，各有独禀"为一般的自然规律，解释孔门弟子"文学之科"，"所属者仅子游、子夏两人"的原因。此段文字表面似无关宏旨，所述史事也与文章的中心议题隔得较远。但茅坤将文章之学追溯至孔门四科，其用意在于追溯源流，以昭文统。序文第二段即顺此而下，梳理文章兴衰流变的历史，并得出"文日以靡，气日以弱"的基本结论。序文第三段则简述韩愈、柳宗元等振弊起衰、恢复文统的功绩。

茅坤认为文章本于六经，古文之所以为古文，主要在于它能够发明儒家的道。通过《唐宋八大家文钞》，茅坤正式建立起以八家为宗，以唐宋为派，由八家而上窥西汉作者，由西汉而上窥六艺的文统观，这是一个完整的系列。因唐宋文在当时受歧视，他才特意将之编选成书加以表彰。这一系统共同的特征就是以经学为根本宗旨，符合"道统"的思想，茅坤在总序中简述为"六艺之遗""通经博古"。

他对鄙视唐宋的七子派予以批评，认为他们"文章与时相高下"的文学发展观是根本错误的，而他们的创作不过是"互相剽裂"，以模拟、剽窃为务。茅坤的文学发展观和文学创作观，虽不免从道学家立场出发，但对于当时泛滥的拟古主义文风，仍然是一种尖锐的批评。

明初朱右选韩柳等八家古文为《八先生文集》，遂起用八家之名。明中叶唐顺之所纂《文编》中，唐宋文也取八家。明末茅坤承二人之说，选辑了《唐宋八大家文钞》，此书流传甚广，唐宋八大家之名也随之流行。自明人标举唐宋八家后，治古文者皆以八家为宗。

【关键词解读】

文以道相盛衰

茅坤针对复古派的"文章与时相高下,而唐以后且薄不足为"的文学观,提出了"文特以道相盛衰,时非所论也"的著名论点,他认为评论文章不应该拘泥于时代的先后,犹如后代的建筑器用饮食都比前代的丰富精致,怎能为古是尚呢?"文以道相盛衰"是茅坤的文学发展观,其实质,即是"文道合一"。

"文道合一"是唐宋派论文的基本观点,也是茅坤选文的首要标准。茅坤的这个标准,在《唐宋八大家文钞总序》中,在对被选者的介绍中,在选文的引文中都有明确的阐述。在《总序》的开篇,茅坤提出了"天下至文"的标准,即孔子所谓"其旨远,其辞文"。对此茅坤还作了进一步的阐释:"孔子之所谓'其旨远',即不诡于道也;'其辞文',即道之灿然,若象纬者之曲而布也。斯故庖牺以来人文不易之统也,而岂世之云乎哉!"茅坤所谓的"道",即传统意义的儒家之道。他论及韩愈、柳宗元说:"非六经不以读,非先秦两汉之书不以观。"因此他们的著作"大较并寻六艺之遗略,相上下而羽翼之者。"而欧阳修等六家又是"通经博古为高","要之于孔子所删六艺之遗,则共为家习而户眇之者也。"

茅坤论文重道,把文看作明道、载道的工具,同时又强调"其辞文",讲究"义道合一",也就是说,文统之入选者要兼顾经学史地位与文学成就。故纯粹理学大家如朱熹者并不在文统之列,而那些文采卓越而在经学、道学上却未为建树者也不在其文统之列,文才与道学的统一才是茅坤的文统标准。唐宋文学史上的优秀散文家很多,茅坤仅选择此八家,首先就多了一个"道"的衡量标准,舍弃了道,这些文章便无所归属,失去存在根基。从"文"的层面而言,八家各创一格、各自成体,例如,韩愈得孟子、扬雄之气概,欧阳修得史迁之风神,曾巩得刘向之尔雅,老苏得战国之奇气,皆互相不可替换。茅坤意识到三苏之文"不敢遽谓得古六艺者之遗",但称得上六艺别调,大旨不离经,且三苏文在文采上是无可挑剔的,因此茅坤将之纳入文统系列中。这又说明茅坤在道学上并非一味拘泥保守,在一定限度内他更倾向于以"文"为衡量标准。

就创作而言,唐宋派作家写出了不少优秀的散文,其成就是超过前后七子的,但也并非俱是佳品,他们的集子中有不少表彰孝子烈妇的道学文章和应酬捧场的文字。他们主张的"胸臆""心源",指的是道学家的内心世界。茅坤说:"世之文章家,当于六籍中求其重心者之至,而深于其道,然后从而发之为文。"(《复陈五岳方伯书》)可见他们把道看成是文的源泉,道盛则文盛。这种观点束缚了创作,同时也削弱了他们文学主张的影响力,站在道学立场上终究是不能动摇七子派的根基的。前后七子跨越弘治、正德、嘉靖三朝,取代台阁体主持文坛风气凡百年之久,唐宋派虽也指出了七子派的毛病,却始终未能根本改变文坛局面。唯其散文创作对后世较有影响,如清代"桐城派"即继承了它的传统。

【相关知识链接】

茅坤选《唐宋八大家文钞》,影响甚大,但反对者亦不复少。明末吴应箕对友人陈贞慧(字定生)编的《八大家文选》甚为赞赏,在《答陈定生书》(《楼山堂集》卷十五)的尺牍中,吴应箕说:"大抵古人精神不见于世者,皆评选者之过也。弟尝谓张侗初之评时义,钟伯敬之评诗,茅鹿门之评古文,最能埋没古人精神。而世反效慕恐后,可叹也。彼其一字一句皆有释评,逐段逐节皆为圈点,自谓得古人之精髓,开后人之法程,不知所以冤古人、误后生者正在此。而时无深心大雅之士为之救正,故其书行而流祸深,诗文所以日亡也。"吴应箕认为茅坤的《唐宋八大家文钞》未得古文要领,"最能埋没古人精神"。

清代袁枚的《书茅氏八家文选》(《小仓山房续文集》卷三十)则专门针对茅坤《唐宋八大家文钞》展开批评:"凡类其人而名之者,一时之称也。如周有'八士',舜有'五人',汉有'三杰',唐有'四子'是也。未有取千百世之人而强合之为一队者也。有之者,自鹿门'八家'之目始。明代门户之习,始于国事,而终于诗文。故于诗则分唐、宋,分盛、中、晚,于古文又分为八,皆好事者之为也,不可以为定称也。夫文莫盛于唐,仅占其二;文亦莫盛于宋,苏占其三。鹿门当日,其果取两朝文而博观之乎?抑亦就所见所知者而撮合之乎?且所谓一家者,谓其蹊径之各异也。三苏之文,如出一手,固不得判而为三;曾文平钝,如大轩骈骨,连缀不得断,实开南宋理学一门,又安得与半山、六一较伯仲也?若鹿门所讲起伏之法,吾尤不以为然。六经、三传,文之祖也,果谁为之法哉?能为文,则无法如有法;不能为文,则有法如无法。霍去病不学孙、吴,但能取胜,是即去病之有法也;房琯学古车战,乃致大败,是即琯之无法也。文之为道,亦何异焉!或问:有八家,则六朝可废欤?曰:一奇一偶,天之道也;有散有骈,文之道也。文章体制,如各朝衣冠,不妨互异,其状貌之妍媸,固别有在也。天尊于地,偶统于奇,此亦自然之理。然而学六朝不善,不过如纨袴子弟,熏香剃面,绝无风骨,止矣。学八家不善,必至于村媪呶呶,顷刻万语,而斯文滥焉。读八家者,当知之。"在袁枚看来,只有同时代的人才能并称,唐宋八位作家跨越不同时代,茅坤把他们拼凑在一起,目为"八家",非常牵强。唐代的文章大家可选的远不止韩柳,仅选这两家实在太少了;宋代的文章可选的也很多,不应苏家一门选了三人。在袁枚看来,三苏之文如出一手,选一人即可。而曾巩的文章平庸呆滞,是不能与王安石、欧阳修的文章相埒的。袁枚对茅坤所谓的"起伏之法","尤不以为然",袁枚认为文章写作并没有既定的成法。最后,袁枚告诫入门者要善学八家,否则就会"顷刻万语,而斯文滥焉"。

【延伸阅读】

茅坤平生最心折唐顺之,两人的文论亦多有相互发明之处。茅坤也谈道,也主张"文道合一",但与唐顺之不同的是,茅坤对道的领悟,没有唐顺之那么深,其诗文创作的明道、载道意识并不强,而在文、道关系的论述上也没有唐顺之那么偏激。茅坤认为创作的过程应该是"学者苟各得其至,合之于大道而迎之于中,出而肆焉,则物无逆于其心,心无不解于其物",从而至于"其旨远,其辞文,其言曲而中"的境界。

复唐荆川司谏书

先生之文,一切缔情结胎,信河流中之逆航矣。然恐不免反之又力,而矫之或过者。尝闻先生谓唐之韩愈,即汉之马迁;宋之欧、曾,即唐之韩愈。某初闻而疑之,又从而思之。其大较虽近,而其中之深入处,窃或以为稍有未尽然者。古来文章家,气轴所结,各自不同。譬如堪舆家所指"龙法",均之萦折起伏,左回右顾,前拱后绕,不致冲射尖斜,斯合"龙法"。然其来龙之祖,及其小大力量,当自有别。窃谓马迁譬之秦中也,韩愈譬之剑阁也,而欧、曾譬之金陵、吴会也。中间神授,迥自不同,有如古人所称百二十二之异。而至于六经,则昆仑也,所谓祖龙是已。故愚窃谓今之有志于为文者,当本之六经,以求其祖龙。而至于马迁,则龙之出游,所谓太行、华阴而之秦中者也。故其气尚雄厚,其规制尚自宏远。若遽因欧、曾以为眼界,是犹入金陵而览吴会,得其江山逶迤之丽、浅风乐土之便,不复思履崤、函以窥秦中者已。

　　大抵先生诸作,其旨不悖于六经;而其风调,则或不免限于江南之形胜者。故某不肖,妄自引断:为文不必马迁,不必韩愈,亦不必欧、曾;得其神理而随吾所之,譬提兵以捣中原,惟在乎形声相应,缓急相接,得古人操符致用之略耳。而至于伏险出奇,各自有用,何必其尽同哉!不审高明以为何如?

　　承过爱,敢据案对牍,草草请教,不悉所言。

　　——《茅鹿门先生文集》卷一,茅坤著、张大芝、张梦新校点:《茅坤集》,浙江古籍出版社1993年版

与蔡白石太守论文书

　　伏念仆与兄同起湖中,先后中明天子甲乙之科。当是时,仆忘其驽劣,而推附于兄;兄亦怜其同声,而好为游扬于缙绅大夫之间。星附泽于月,丘附阜于垄,遂得并声而驰。然尝诵兄之诗,读兄之文章,窃疑官不称其才,位不当其识;兄亦顾仆,时相笑咤,累郗不已也。仆今且操县印绶于江海之间者,十年于此矣。渔石入为吏部尚书,大鹤为文选郎,偶皆故知,始得解去县印绶,厕名郎署。兄或喜其稍进,而亦未必不怜其晚也。然竟不能一日安于朝廷之上,随被指疴而去。其间事机,固遭时难;然其所阴构力挤,则实起忌于同辈,绛怨于显游。彼其创谋,不过欲搤人之吭而去其食也。而其所相与合为菶菲,遂至有耳目心思所不逮者。悲乎!悲乎!仆尝读古《蜀道难》词,以为风人之旨,喑呜涕演,故亡实至是,今何意驱毂结轸游其间哉?虽然,仆何尤也!仆自罪谴以来,以为进不得附当世名公巨人,显扬功名;退亦当如园丘岩壑之吟,自勒一家,以遗于世。即欲亡去,匿身五湖烟雾之间,以从所好也。然或谓今且罪谴,不得遽强而之者,故姑浮湛混浊洺、博、中山之间。然其当昼而思,当寝而梦,已逃人世久矣。

　　仆尝念春秋以来,其贤人君子,间遭废斥,未尝不即其穷愁,自著文采以表见于后。何者?耻心有所知与腐草同没也。然技

不能两有所精，而学不能两有所建，何者？传不云乎：倕工于为弓，而言天下之善射者，必曰羿也；奚仲工于为车，而言天下之善御者，必曰造父也。盖万物之情，各有其至，而人以聪明、智慧操且习于其间，亦各有所近，必专一以致其至，而后得以偏有所擅而成其名。故世皆随孔氏以非达巷，而仆独谓孔氏之言者，圣学也。今人未能学圣人之道，而轻议达巷者，皆惑也。屈、宋之于赋，李陵、苏武之于五言，马迁、刘向之于文章、传记，皆各擅其长以绝艺后代。然竟不能相兼者，非不欲也，力不足也。故李、杜诗圣，而韩、欧文匠。其间不自量力，扬跅躞躞而进者，独魏晋曹、刘、二陆，及唐元、白、柳宗元之徒，稍稍侈心焉，然亦疲矣。使宗元独以其文与韩昌黎争雄，当未辨孰刘孰项；而曹、刘独纵其诗声于武、陵之间，又未必降为黄初之音也。故曰：人各有能，有不能。

仆才乏思涩，于两者俱无能者也，然间尝从兄学为诗，每见兄言笑出金石，喷吐倾珠玑，数年以来，大者王、孟，小者刘、韦矣。而独不能睥睨一二；其中者，不出兄之唾遗；其背而驰者，尾琐猥陋矣。独私扣文章之旨，稍得其堂户扃钥而入。而自罪黜以来，恐一旦露零于茂草之中，谁为吊其衷而悯其知？以是益发愤为文辞，而上采汉马迁、相如、刘向、班固，及唐韩愈、柳宗元，宋欧阳修、曾巩、苏氏兄弟，与同时附离而起所为诸家之旨，而揣摩之。大略琴、瑟、柷、敔，调各不同，而其中律，一也。律者，即仆曩所谓万物之情，各有其至者也。近代以来，学士大夫之操觚为文章，无虑数十百家，其以云吻雾喻、虎啮鸷攫之材扬声艺林者，亦星见踵出，然于其所谓万物之情各有其至者，或在置而未及也。

近独从荆川唐司谏上下其论，稍稍与仆意相合。仆少喜为文，每谓当跌宕激射似司马子长，字而比之，句而亿之；苟一字一句不中其絫忝之度，即惨恻悲凄也；唐以后，若薄不足为者。独怪荆州疾呼曰："唐之韩，犹汉之马迁；宋之欧、曾、二苏，犹唐之韩子。不得致其至而何轻议为也？"仆闻而疑之，疑而不得，又蓄之于心而徐求之，今且三年矣。近乃取百家之文之深者按覆之，卧且吟而餐且喧焉，然后徐得其所谓万物之情自各有其至，而因悟曩之所谓司马子长者，眉也，发也，而唐司谏及仆所自持，始两相印而无复同异。今仆不暇博喻，姑取司马子长之大者论之。今人读游侠传即欲轻生，读屈原、贾谊传即欲流涕，读庄周、鲁仲连传即欲遗世，读李广传即欲力斗，读石建传即欲俯躬，读信陵、平原君传即欲好士。若此者何哉？盖各得其物之情而肆于心故也，而固非区区句字之激射者。昔人尝谓：善诗者画，善画者诗。仆谓其于文也亦然。今夫天地之间，山川之所以寥廓，日月之所以升沉，神鬼之所以幽眇，草木之所以蕃蘙，鼪鼯之所以悲啸，九州岛之所以声名，文物四裔之所以椎髻被发，以及圣帝、明王、忠贤、孝子、羁臣、寡妇、逸夫、佞幸、幽人、处士、释友、仙子之异其行，礼乐、律历、兵革、封禅、天官、卜筮、农书、稗史之异其术，宴歌、游览、行旅、蒐狩、问释、讥嘲、咏物、赋情、吊古、伤今、成败、得失之异其感，彼皆各有其至，而非借耳佣俑所可紊乱增葺于其间者。学者苟各得其至，合之于大道而迎之于中，出而肆焉，则物无逆于其心，心无不解于其物，而譬释氏之说佛法，种种色色，逾玄逾化矣。呜呼，盛矣！此庖羲氏画卦以来相传之秘，所谓"其旨远，其辞文，其言曲而中"，固非专一以致其至者，不可与言也。

近与浔阳书，亦论文，大较与告兄者互畅其旨；而仆亦未敢遽取然诺于兄，但操金而求酒，不敢不问价于市也。并附与浔阳书及所著文数篇，幸兄悯而裁教之。荷甚荷甚！

——《茅鹿门先生文集》卷一，茅坤著，张大芝、张梦新校点：《茅坤集》，浙江古籍出版社1993年版

与王凤洲大参书

仆坐罪废，几二十年于兹，与中朝士大夫绝甘分独。间尝获诵世所传《南北二鸣编》，并及他抄者，窃感明兴以来，诗歌之道，弘治、正德间，何、李为盛；嘉靖以后，唐武进、高苏门诸君，则又稍稍淘洗铅华，独露本色，似窥唐人者之至矣。然皆近体，独二

公远溯骚人以后之旨而揣摩之，高者入《雅》《颂》，次者宗汉、魏，下之三谢、颜、陆、江、鲍，无不得其形似。非当刻镂文章之世，而力返之以土簋杯饮之旧？朱冕藻梲之后，而复挽之以毛衣穴寝之古者乎？譬之逆河而航，亦雄也已！即如五七言近体及长歌、绝句诸什，往往斧藻李、杜，鞭挞高、岑，其匠心所至，甚且唐人所不能，而二公时时抽逸响、出别调焉。呜呼盛矣！

仆童子时，少摹章句；释褐以后，绾绶作吏，辄疲不能矣。手二公之什而被发行吟，纵欲效之，何异于东邻之媪衰且白矣，闻西家之娃佩明珰，披雾縠，燕歌赵舞于其堂，而顾令傅粉膏脂，空自咤笑为也？虽然，予湖中，于古亦称故多文献者。公今且按节拥传而过焉，天岂无意其间耶！唐自钱起、孟郊后，而文章中绝矣。二百年而苏公舜钦、滕公甫、苏公轼、孙公莘老辈，并世之名公巨人，代吏兹土，出风入雅，振袂山谷。故其遗标流韵，迄于胡元之季，而赵学士、张羽人诸辈，相继不绝也。今且三百年，然则弁之山、苕之水，能无闻公之过而为之吐奇效灵于其间者乎？公，苏人也，于予湖，古所称东西州者。绵驹处于高唐，而齐右善歌；屈原行吟泽畔，而楚人赋些。倘许侍教，当为匍匐而伏迹于庭矣。

——《茅鹿门先生文集》卷四，茅坤著，张大芝、张梦新校点：《茅坤集》，浙江古籍出版社1993年版

与徐天目宪使论文书

向读李历城公与王苏州倡和诗什，盖已巀然如坐身于日观之上，而东望扶桑、北眺碣石者已。独于文章之旨，犹未及扣历城公之深。适过兄，得解囊中之录本读之，内有论次本朝名家，大较首何、李而退唐、王。仆之私，窃以秦汉来文章名世者无虑数十百家，而其传而独振者，惟史迁、刘向、班掾、韩、柳、欧、苏、曾、王数君子为最。何者？以彼独得其解故也。解者，即佛氏传灯之派，彼所谓独见性宗是也。故仆之愚，谓本朝之文崛起门户，何、李诸子亦一时之俊也。若按欧、曾以上之旨，而稍稍揣摩

古经术之遗以为折衷者,今之唐、王是也,恐未可尽左袒而弃之。不知然乎?否乎?即如圣学亦然。伊尹相汤伐桀,以创顺天应人之功;伯夷饿死首阳山,《采薇》之歌于今使乱臣贼子闻之而破胆摧气者,何雄也!然颜、闵,一眇然儒者。孟子于此则曰"姑舍是",于彼则曰"不同道"。曰"姑舍是"者,谓其属正脉而未至也;曰"不同道"者,外之也。故仆之愚,于王未敢论;若唐武进,于文章家之旨,即未得谓之正宗,当亦庶几羽翼也已。历城公其肯以孟氏所以推伯夷、伊尹者与何、李推颜、闵者与武进可乎?兄发舟促,倚席草草。

——《茅鹿门先生文集》卷四,茅坤著,张大芝、张梦新校点:《茅坤集》,浙江古籍出版社1993年版

唐宋八大家文钞论例

  世之论韩文者,共首称碑志,予独以韩公碑志多奇崛险谲,不得《史》《汉》序事法,故于风神处或少遒逸,予间亦镌记其旁。至于欧阳公碑志之文,可谓独得史迁之髓矣。王荆公则又别出一调,当细绎之。序、记、书,则韩公崛起门户矣。而论策以下,当属之苏氏父子兄弟。四六文字,予初不欲录,然欧阳公之婉丽,苏子瞻之悲慨,王荆公之深刺于君臣上下之间,似有感动处,故录而存之。予览子厚之文,其议论处多镌画,其纪山水处多幽邃夷旷,至于墓志碑碣,其为御史及礼部员外时所作,多沿六朝之遗,予不录,录其贬永州司马以后稍属隽永者凡若干首,以见其风概云,然不如昌黎多矣。宋诸贤叙事,当以欧阳公为最。何者?以其调自史迁出,一切结构裁剪有法,而中多感慨俊逸处,予故往往心醉。曾之大旨近刘向,然逸调少矣。王之结构裁剪极多镌洗苦心处,往往矜而严、洁而则,然较之曾,特属伯仲,须让欧一格。至于苏氏兄弟,大略两公者文才疏爽豪荡处多,而结构裁剪四字,非其所长。诸神道碑多者八九千言,少者亦不下四五千言,所当详略敛散处,殊不得史体。何者?鹤颈不得不长,凫颈不得不短。两公于策论,千年以来绝调矣。故于此或杀一

格,亦天限之也。予览欧、苏二家论不同。欧次情事甚曲,故其论多确而不嫌于复;苏氏兄弟则本《战国策》纵横以来之旨而为文,故其论直而畅,而多疏逸遒宕之势。欧则譬引江河之水而穿林麓,灌畎浍;若苏氏兄弟,则譬之引江河之水而一泻千里,湍者萦,逝者注,杳不知其所止者已。语曰:"同工而异曲。"学者须自得之。苏明允《易》《诗》《书》《礼》《乐》论未免杂之以曲见,特其文遒劲。子瞻《大悲阁》等记及赞罗汉等文,似狃于佛氏之言,然亦以其见解超朗;其间又有文旨不远、稍近举子业者,故并录之。曾南丰之文,大较本经术,祖刘向。其湛深之思,严密之法,自足以与古作者相雄长;而其光焰,或不外烁也,故于当时稍为苏氏兄弟所掩。独朱晦庵亟称之,历数百年,而近年王道思始知读而酷好之,如渴者之饮金茎露也。

予尝有文评曰:屈、宋以来浑浑噩噩,如长川大谷,探之不穷,揽之不竭,蕴藉百家,包括万代者,司马子长之文也;闳深典雅,西京之中独冠儒宗者,刘向之文也;斟酌经纬,上摹子长,下采刘向父子,勒成一家之言者,班固也;吞吐骋顿,若千里之驹而走赤电、鞭疾风,常者山立,怪者霆击,韩愈之文也;巉岩崱屴,若游峻鏊削壁,而谷风凄雨四至者,柳宗元之文也;遒丽逸宕,若携美人宴游东山,而风流文物照耀江左者,欧阳子之文也;行乎其所当行,止乎其所不得不止,浩浩洋洋,赴千里之河而注之海者,苏长公也。呜呼!七君子者,可谓圣于文矣!其余若贾、董、相如、扬雄诸君子,可谓才问炳然西京矣,而非其至者。曾巩、王安石、苏洵、辙,至矣。巩尤为折衷于大道而不失其正,然其才或疲薾而不能副焉。吾聊次之如左,俟知音者赏之。

八大家而下,予于本朝独爱王文成公论学诸书,及记学记尊经阁等文,程、朱所欲为而不能者。江西辞爵及抚田州等疏,唐陆宣公、宋李忠定公所不逮也。即如浰头、桶冈军功等疏,条次兵情如指诸掌,况其设伏出奇、后先本末,多合兵法,人特以其稍属矜功而往往口訾之耳。嗟乎!公固百世殊绝人物,区区文章之工与否所不暇论,予特附揭于此,以见我本朝一代之人豪,而后世之品文者,当自有定议云。

——《茅鹿门先生文集》卷三十一，茅坤著，张大芝、张梦新校点：《茅坤集》，浙江古籍出版社1993年版

文旨赠许海岳沈虹台二内翰先生

孔、孟没而诗、书六艺之学不得其传，秦皇帝又从而燔之，于是文章之旨散逸残缺。汉兴，始诏求亡经，而海内学士始得以沿六经之遗，而转相授受。西京之文号为尔雅，其最著者，贾谊、晁错、董仲舒、司马迁、刘向、扬雄、班固是也。魏、晋、宋、齐、梁、陈、隋之间，斯道几绝。唐韩愈氏出，始得上接孟轲，下按扬雄而折衷之。五代之间，寖微寖灭。欧阳修、曾巩及苏氏父子兄弟出，而天下之文复趋于古。数君子者，虽其才之所授小大不同，而于六艺之学，可谓共涉其津而溯其波者也。由此观之，文章之或盛或衰，特于其道何如耳。秦以来，操觚为文章者，无虑数十百家，其间虎步而鸷攫，不可胜数，然皆譬之草莽之雄，项籍、陈胜之乱秦，王郎、隗嚣之奸汉，唐之藩镇，宋之金、辽，特擅兵裂土以相雄于其间而已。而帝王之统卒不外属，区区孱弱之裔，顾得以延其不绝者之如带，躬历数而正名号，高拱而议焉，何哉？得其道而折衷于六艺者，汉、唐、宋是也，虽其衰且弱也，不得而废也。不得其道而外六艺，以兴甲兵割山河，项籍、王郎以下是也，虽其强且悍，不得而与也。本朝刘、宋，尝拓门户，弘治、正德间，北地李梦阳攘袂而呼曰："文在是矣！"倡者叱咤，听者辟易。于今学者，犹剿而附焉。嗟乎！间以之按六艺之遗，及西京以来作者之旨，然乎？否耶？得非向所谓草莽而窃者邪？传不云乎："圣人没而微言绝。"此予所以尝私为之累欷而不能已也。友人新安许君海岳、姑苏沈君虹台，并镌志于六艺之道而得其深者也，抱古之文，后先崛起江以南，今且联佩于承明著作之庭，于是作《文旨》以贻之。呜呼！世皆以予骇且非笑之矣，独二君子，以古之作者自信而不惑于流俗者也，倘闻予言，得无异同而颔之者乎？

——《茅鹿门先生文集》卷十四，茅坤著，张大芝、张梦新校

点:《茅坤集》,浙江古籍出版社 1993 年版

【思考题】

1. 茅坤的"文道合一"的思想内涵是什么?
2. 唐宋派在革除文坛积弊方面,起到了哪些积极的作用?

谢　榛

【作者简介】

谢榛(1495—1575),字茂秦,号四溟山人、脱屣山人,山东临清人。嘉靖间,挟诗卷游京师,与李攀龙、王世贞等结诗社,为"后七子"早期成员之一,倡导为诗模拟盛唐。后为李攀龙排斥,削名"七子"之外。客游诸藩王间,以布衣终其身。其诗以律句绝句见长,功力深厚,句响字稳。钱谦益对"后七子"多所贬抑,独于谢榛诗多有偏爱,以为"七子之咏",当"以茂秦为首"。谢榛在"后七子"中,是唯一提出较完备的论诗主张的人,《诗家直说》即其诗论的结集。著有《四溟集》等。

诗家直说(节选)

《三百篇》直写性情,靡不高古,虽其逸诗,汉人尚不可及。今学之者,务去声律,以为高古。殊不知文随世变,且有六朝、唐、宋影子,有意于古,而终非古也。

诗以汉、魏并言,魏不逮汉也。建安之作,率多平仄稳帖,此声律之渐。而后流于六朝,千变万化,至盛唐极矣。

诗有可解、不可解、不必解,若水月镜花,勿泥其迹可也。

诗文以气格为主,繁简勿论。或以用字简约为古,未达权变。善用助语字,若孔鸾之尾[1],不可少也。太白深得此法。予读《文则》《冀越记》《鹤林玉露》[2],皆谓作古文不可去助语字,俱引《檀弓》"沐浴佩玉"为证[3]。予见略同。

作诗繁简各有其宜,譬诸众星丽天,孤霞捧日,无不可观。

若《孔雀东南飞》《南山有鸟》是也[4]。

六朝以来,留连光景之弊,盖自《三百篇》比兴中来。然抽黄对白[5],自为一体。

凡作近体,诵要好,听要好,观要好,讲要好。诵之行云流水,听之金声玉振,观之明霞散绮,讲之独茧抽丝。此诗家四关。使一关未过,则非佳句矣。

诗有造物,一句不工,则一篇不纯,是造物不完也。造物之妙,悟者得之。譬诸产一婴儿,形体虽具,不可无啼声也。赵王枕易[6]曰:"全篇工致而不流动,则神气索然。"亦造物不完也。

唐人歌诗,如唱曲子,可以协丝簧,谐音节。晚唐格卑,声调犹在。及宋柳耆卿、周美成辈出[7],能为一代新声,诗与词为二物,是以宋诗不入弦歌也。

大篇决流,短章敛芒,李杜得之。大篇约为短章,涵蓄有味;短章化为大篇,敷演露骨。

长篇古风,最忌铺叙,意不可尽,力不可竭,贵有变化之妙。

诗不厌改,贵乎精也。唐人改之,自是唐语;宋人改之,自是宋语:格调不同故尔。省悟可以超脱,岂徒斫削而已!

作诗勿自满。若识者诋诃,则易之。虽盛唐名家,亦有罅隙可议[8],所谓瑜不掩瑕是也。已成家数,有疵易露;家数未成,有疵难评。

凡诗债丛委,固有缓急,亦当权变。若先作难者,则殚其心思,不得成章;复作易者,兴沮而语涩矣。难者虽紧要,且置之度外。易者虽不紧要,亦当冥心搜句,或成三二篇,则妙思种种出焉,势如破竹,此所谓"先江南而后河东"之法也。

作诗不必执于一个意思,或此或彼,无适不可,待语意两工乃定。《文心雕龙》曰:"诗有恒裁,思无定位。"[9]此可见作诗不专于一意也。

凡以诗求正者,在乎知己,否则无益,徒有自炫之消。或终篇称许,而不雌黄一字,恐有误则贻笑尔。或灼见其疵,虽有奇字隐而不言,恐人完其美,振其名,是出于意,非忌而何?

予客京时,李于鳞、王元美、徐子与、梁公实、宗子相诸君招余结社赋诗曰[10],因谈初唐盛唐十二家诗集[11],并李、杜二家,孰可专为楷范。或云沈、宋,或云李、杜,或云王、孟。予默然久之,曰:"历观十四家所作,咸可为法。当选其诸集中之最佳者,录成一帙,熟读之以夺神气,歌咏之以求声调,玩味之以裒精华。得此三要,则造乎浑沦,不必塑谪仙而画少陵也。夫万物一我也,千古一心也,易驳而为纯,去浊而归清,使李、杜诸公复起,孰以予为可教也。"诸君笑而然之。是夕,梦李、杜二公登堂谓余曰:"子老狂而遽言如此。若能出入十四家之间,俾人莫知所宗,则十四家又添一家矣。子其勉之!"

夫才有迟速,作有难易,非谓能与不能尔。含毫改削而工,走笔天成而妙。其速也多暗合古人,其迟也每创出新意。迟则苦其心,速则纵其笔。若能处于迟速之间,有时妙而纯,工而浑,则无适不可也。

诗赋各有体制,两汉赋多使难字,堆垛联绵,意思重叠,不害於大义也。诗自苏、李五言暨《十九首》[12],格古调高,句平意远,不尚难字,而自然过人矣。诗用难韵,起自六朝,若庾开府"长代手中浲"[13],范云"愿言反鱼䈀"[14],从此流于艰涩。唐陆龟蒙"织作中流百尺溗"[15],韦庄"汧水悠悠去似绋"[16],"溗""绋"二字,近体尤不宜用。譬若王羲之偕诸贤于兰亭修禊[17],适高丽使者至,遂延之席末,流觞赋诗,文雅虽同,加此眼生者,便非诸贤气象。韩昌黎、柳子厚长篇联句,字难韵险,然夸多斗靡,或不可解。拘于险韵,无乃庾、范启之邪?

作诗有三等语:堂上语,堂下语,阶下语。知此三者,可以言诗矣。凡上官临下官,动有昂然气象,开口自别。若李太白"黄鹤楼中吹玉笛,江城五月落梅花"[18],此堂上语也。凡下官见上官,所言殊有条理,不免局促之状。若刘禹锡"旧时王谢堂前燕,飞入寻常百姓家"[19],此堂下语也。凡讼者,说得颠末详尽,犹恐不能胜人。若王介甫"茅檐长扫净无苔,花木成蹊手自栽"[20],此阶下语也。有学晚唐者,再变可跻上乘。学宋者,则堕下乘而变之难矣。

自然妙者为上,精工者次之,此着力不着力之分,学之者不必专一而逼真也。专于陶者失之浅易,专於谢者失之饾饤。孰能处于陶、谢之间,易其貌,换其骨,而神存千古?子美云:"安得思如陶谢手?"[21]此老犹以为难,况其他者乎?

——谢榛著、李庆立校笺:《谢榛全集校笺》卷二十四、二十五,江苏古籍出版社2003年版

【题解】

《诗家直说》又名《四溟诗话》,共四百余则,以谈诗法理论为主,兼涉评诗与记事。《诗家直说》对诗歌的本质特征,有相当深入的见解。其论点涉及诗歌构思、创作方式与鉴赏方法等,其中不少见解发前人所未发,对后世文坛影响甚大。钱谦益《列朝诗集小传》说:"当七子结社之始","诸人心师其言,厥后虽争摈茂秦,其称诗之指要,实自茂秦发之。"胡曾《四溟诗话序》推崇谢榛云:"其论诗,真天人具眼,弇州《艺苑卮言》所不及也。"

【注释】

1. 孔鸾:即孔雀和鸾鸟,常喻指美好而高贵者。
2. 《文则》《冀越记》《鹤林玉露》:《文则》,南宋陈骙著,该书评论文章体式,着重研究六经及诸子文章的句法。《冀越记》,笔记著作,元熊太古著。
3. 《檀弓》"沐浴佩玉":《檀弓》,《礼记》中篇名,分上下两篇,杂记各种礼制,以丧礼居多。"沐浴佩玉":见《檀弓》下篇:"石骀仲卒,无嫡子,有庶子六人,卜所以为后者,曰:'沐浴佩玉,则兆。'五人者皆沐浴佩玉。石祁子曰:'孰有执亲之丧而沐浴佩玉者乎?'不沐浴佩玉。"
4. 《孔雀东南飞》《南山有鸟》:《孔雀东南飞》是古诗中少见的长篇叙事诗,与南北朝的《木兰辞》并称"乐府双璧"、"叙事诗双璧"。《南山有鸟》,即《吴王女玉歌》。《古谣谚》卷六十六《越绝书》曰:"夫差小女字幼玉,见父无道,轻士重色,其国必危,遂愿与书生韩重为偶。不果,结怨而死。夫差思痛之,金棺铜椁,葬阊门外。其女化形而歌:'南山有鸟,北山张罗。鸟既高飞,罗当奈何?意欲从君,谗言孔多。悲结生疾,没命黄垆。命之不造,冤如之何?羽族之长,名为凤凰。一日失雄,三年感伤。虽有众鸟,不为匹双。故见鄙姿,逢君辉光。身远心近,何当暂忘。"
5. 抽黄对白:指对仗。吴讷《文章辨体序说·古赋》:"后之辞人,刊陈落腐,惟恐一语未新;搜奇摘艳,而惟恐一字未巧;抽黄对白,而惟恐一联未偶;回声揣病,惟恐一韵未协。"
6. 赵王枕易:即朱厚煜(1498—1560),自号枕易道人,谥康,封地在彰德府。
7. 柳耆卿、周美成:柳耆卿,即柳永(约987—约1053),北宋著名词人。原名三

变,字耆卿,排行第七,世称柳七。崇安(今属福建)人。景祐进士,官屯田员外郎,又称柳屯田。著有《乐章集》。周美成,即周邦彦(1056—1121),北宋著名词人,字美成,号清真居士,钱塘(今浙江杭州)人。宋徽宗时为徽猷阁待制,提举大晟府,著有《清真集》。

8. 罅隙:瑕疵,缺憾。

9. 《文心雕龙》:古代文学理论专著,南朝刘勰撰,分上下两编,各二十五篇,共十卷。"诗有"二句:见《明诗》篇:"诗有恒裁,思无定位;随性适分,鲜能通圆。"

10. 徐子与、梁公实、宗子相:均为"后七子"成员。徐子与,即徐中行(1517—1578),字子与,号龙湾,浙江长兴县人。嘉靖二十九年(1550)进士,授刑部主事,出知汀州府,补汝宁,累迁江西左布政使。著有《天目山堂集》。梁公实,即梁有誉(1519—1554),字公实,广东顺德人,嘉靖二十九年(1550)进士,授刑部主事,著有《兰汀存稿》。宗子相,即宗臣(1525—1560),字子相,江苏兴化县人,嘉靖二十九年(1550)进士,除刑部主事,累官至福建提学副使,著有《宗子相集》。

11. 初唐、盛唐十二家诗集:指明代张逊业辑《唐十二家诗》,收王勃、杨炯、卢照邻、骆宾王、陈子昂、沈佺期、杜审言、宋之问、孟浩然、王维、高适、岑参等十二家诗。

12. 苏、李五言暨《十九首》:苏李,指西汉苏武、李陵。《十九首》即《古诗十九首》,最早见于《文选》,为南朝梁萧统从无名氏古诗中选录编入。

13. 庾开府:即庾信,曾官开府仪同三司。"长代"句:见庾信《赠别》:"藏啼留送别,拭泪强相参。谁言畜衫袖,长代手中沾。"

14. 范云(451—503):梁文学家,字彦龙。"愿言"句:见范云《赠沈左卫诗》:"伊昔沾嘉惠,出入承明宫。游息万年下,经过九龙中。越鸟憎北树,胡马畏南风。愿言反渔蓧,津梁肯见通。"

15. "织作"句:见陆龟蒙《寄吴融》:"一夜秋声入井桐,数枝危绿怕西风。霏霏晚砌烟华上,浙浙疏帘雨气通。君整轮蹄名未了,我依琴鹤病相攻。到头江畔从渔事,织作中流万尺蕻。"

16. "汧水"句:见韦庄《汧阳间》:"汧水悠悠去似绋,远山如画翠眉横。僧寻野渡归吴岳,雁带斜阳入渭城。边静不收蕃帐马,地贫惟卖陇山鹦。牧童何处吹羌笛,一曲梅华出寒声。"

17. 修禊:古代民俗于农历三月上旬的巳日(三国魏以后始固定为三月初三)到水边嬉戏,以祓除不祥,称为修禊。

18. "黄鹤"句:见李白《与史郎中钦听黄鹤楼上吹笛》:"一为迁客去长沙,西望长安不见家。黄鹤楼中吹玉笛,江城五月落梅花。"

19. "旧时"句:见刘禹锡《乌衣巷》:"朱雀桥边野草花,乌衣巷口夕阳斜。旧时王谢堂前燕,飞入寻常百姓家。"

20. "茅檐"句:见王安石《书湖阴先生壁》:"茅檐长扫净无苔,花木成畦手自栽。一水护田将绿绕,两山排闼送青来。"

21. "安得"句:见杜甫《江上值水如海势聊短述》:"为人性僻耽佳句,语不惊人死不休。老去诗篇浑漫与,春来花鸟莫深愁。新添水槛供垂钓,故著浮槎替入舟。焉得思如陶谢手,令渠述作与同游。"

【讲疏】

七子派论诗,崇尚格调,谢榛也说"诗文以气格为主"。但他认为格高调古、风格独特的重要原因在于"直写性情"。同时,谢榛又把"直写性情"与"文随世变"联系起来:由于人的性情随时代的变化而变化,诗歌也必然随时而变。所以,文学作品的格调随着时代的变化而愈来愈卑下,有些人虽"有意于古,而终非古也"。

谢榛主张宗法盛唐,但与后七子中其他人专以一家为模范不同,谢榛取径较宽,他说:"历观(初唐盛唐)十四家所作,咸可为法。"谢榛在个别场合,甚至超越"宗法盛唐"之说,认为"虽盛唐名家亦有罅隙可议",因而"泥乎盛唐卒不能超越魏而追两汉也"。谢榛论诗以"气格"为主。谢榛的"气格说"与七子派的"格调说"近似,但其内涵更为丰富:"诗有四格:曰兴、曰趣、曰意、曰理。"其中的"兴"是指诗歌创作的欲望或冲动,"趣"是指化实为虚;"意"是指诗歌所表达的思想内容;"理"是指诗歌的表情达意合理。这就将内在的情志同外在的音调、体制统一起来了,避免了片面追求形式的偏颇。由此可见,谢榛的诗学观念颇为通达、开明。

对于学诗方法,谢榛提出学唐诗要得古人之"三要":"熟读之以夺神气,歌咏之以求声调,玩味之以裒精华。得此三要,则造乎浑沦,不必塑谪仙而画少陵也。""三要"中,"夺神气"是首要的。他认为,"神气"就是诗的灵魂,"诗无神气,犹绘日月而无光彩"。它是由诗的整体意境中透射出来的生气。学初盛唐诗歌,不能仿其形迹,而应夺其"神气","提魂摄魄"。能夺初、盛唐十四家的"神气",聚敛其"精神",就能形成自己独特的艺术风格,最终达到"十四家"之外"又添一家"的目的。这种思想显然超过了李梦阳、李攀龙,而与何景明的"领会精神""自立一门户"的思想一脉相承并有所发展。

谢榛还强调写景对抒情的作用,但他并不认为景物越实越好。他说:"写景述事,宜实而不泥乎实","凡作诗不宜逼真,如朝行远望,青山佳色,隐然可爱,其烟霞变幻,难于名状;及登临非复奇观,惟片石数树而已。远近所见不同,妙在含糊,方见作手。"这种艺术的朦胧美,可以引发读者的审美再创造:"诗有可解、不可解、不必解,若水月镜花,勿泥其迹可也。"

【关键词解读】

诗家四关

谢榛主张"诗文以气格为主",所以有"诗家四关"之说:"凡作近体,诵要好,听要好,观要好,讲要好。诵之行云流水,听之金声玉振,观之明霞散绮,讲之独茧抽丝。此诗家之四关。使一关未过,则非佳句矣。"所谓"四关",即要求诗句文字流畅,音调铿锵,色彩炫丽,意味隽永。

谢榛较重视诗歌的音乐美,即"诵要好,听要好"。"诵要好",是指朗诵时朗朗上口,诗歌如行云流水般自然流畅,不佶屈聱牙。"听要好",是指诗歌听起来声调抑扬顿挫,韵律有和谐之美。二者都是指声律的,强调诗歌的音乐美。谢榛之所以推崇唐诗,是因为唐诗音节和谐,可以配乐演唱。"唐人歌诗,如唱曲子,可以协丝簧,谐音节。晚唐格卑,声调犹在。及宋柳耆卿周美成辈出,能为一代新声,诗与词为二物,是以宋诗不入弦歌也。"宋代诗歌不入弦,宋词从宋诗中分离出来成为"入弦歌"。就谢榛的创作而言,他很重视诗歌的节奏音韵,他的乐府诗和竹枝词,皆可入乐演唱。据《明史·谢榛传》载:"万历元年冬,复游彰德,王曾孙穆王亦宾礼之。酒阑乐止,命所爱贾姬独奏琵琶,则榛所制竹枝词也。榛方倾德,王命姬出拜,光华射人,借地而坐,竟十章。榛曰:'此山人里言耳,请更制,以备房中之奏。'诘朝上新词十四阕,姬悉按而谱之。"谢榛之所以请求更制新词,大概是认为所作旧词,在"诵要好,听要好"方面,还不能尽善尽美。由此可见,诗歌的音乐美,不仅仅是谢榛拿来评论他人的标准,也是他自己在创作上的不懈追求。

"观要好"是指诗歌形式严整,辞藻华丽,如对仗的使用是否恰当,遣词造句是否准确。"讲要好"则要求诗作条理清晰,新颖独特。对于杜牧的《开元寺水阁》:"六朝文物草连空,天澹云间今古同。鸟去鸟来山色里,人歌人哭水声中。深秋帘幕千家雨,落日楼台一笛风。惆怅无因见范蠡,参差烟树五湖东。"谢榛认为"以上三句落脚字,皆自天其声,韵短调促,而无抑扬之妙"。他将"深秋帘幕千家雨,落日楼台一笛风"改为"深秋帘幕千家月,静夜楼台一笛风"。原诗的落脚字虽然符合平仄规律,却无抑扬相间之美。此诗经谢榛的修改,音韵一抑一扬,有声调美。不过,谢榛改诗只顾声调,忽视原诗所表达的惆怅之情,这样一改,意境变得宁静安详,改变了原诗的基调。这一修改是否得当,暂且不论,但有一点可以肯定的是,谢榛重视诗歌的声律音韵之美,无疑是使诗歌回归其音乐属性,以保持诗歌独特的面貌。但正如谢榛所批评的那样，大概自宋代开始，诗歌与音乐，便渐行渐远。谢榛所作诗歌，能入乐的，也只有拟乐府诗和竹枝词等特殊体裁。后来王士禛、沈德潜等诗论家都不同程度、不同侧面地强调诗歌的音乐性，但最终都无法挽救诗歌与音乐分道扬镳的命运。

【相关知识链接】

谢榛在《诗家直说》中多次引用严羽的诗论或者诗评，并借此阐述自己的诗学理论。"妙悟"是严羽诗学的核心范畴，严羽认为"大抵禅道惟在妙悟，诗道亦在妙悟。且孟襄阳学力下韩退之远甚，而其诗独出于退之之上者，一味妙悟而已。惟悟乃为当行，乃为本色。"严羽认为孟浩然的学力不如韩愈强，但诗歌比韩愈的好，是因为孟浩然善于使用"妙悟"的思维方法。只有"妙悟"才能领略诗歌的艺术风格和本质。

谢榛以造物喻诗，以具体生命形式的本体与诗歌艺术相比较，用生命内在的"神气"发展了严羽的诗学理论，并为清代诗论家王士禛的"神韵"说奠定了理论基础。"诗有造物，一句不工，则一篇不纯，是造物不完也。造物之妙，悟者得之。譬诸产一婴儿，形体虽具，不可无啼声也。"诗歌被比作一个完整灵动的生命，不能没有"啼声"。啼声象征的是生命的灵魂，而没有灵魂的诗歌是"不纯"的，也就不是真正的好诗。一首诗歌如果仅有形式，而缺乏生命感，那么就没有"神气"。谢榛又说："《余师录》曰：'文不可无者有四：曰体，曰志，曰气，曰韵。'作诗亦然。体贵正大，志贵高远，气贵雄浑，韵贵隽永。四者之本，非养无以发其真，非悟无以入其妙。"这里把"悟"确立为使诗歌达到"入妙"境界的必备条件。谢榛又说："其悟如池中见月，清影可掬。若益之以勤，如大海息波，则天光无际。悟不可恃，勤不可间。悟以见心，勤以见力。此学诗之梯航，当循其所由而极其所至也。"谢榛并不一味依赖"悟"，他认为"悟不可恃"，"悟"应与"勤"相辅相成，才是学诗之正途。

【延伸阅读】

谢榛概括自己学古的方法是"易驳而为纯，去浊而归清"，"不必塑谪仙而画少陵"。他又将这种方法比喻为蜜蜂酿蜜、易牙调味。蜂蜜由百花酿成，而味道不同于任何一花；美味由五味调成，而味道不同于任何一味。谢榛借两个比喻，旨在说明作诗不应死守一家，生吞活剥，而应兼采诸家之长以为原料，经过自己的加工制作，写出不同于任何一家的新作品，最终实现"十四家又添一家"的理想。相对于蹈袭古人、"摹临古帖"的复古流弊，谢榛的"酿蜜法"在理论上是超迈时俗、自成一格的。

诗家直说（节选）

诗忌粗俗字，然用之在人，饰以颜色，不失为佳句。譬诸富家厨中，或得野蔬，以五味调和，而味自别，大异贫家矣。绍易君曰："凡诗有'鼠'字而无'猫'字，用则俗矣，子可成一句否？"予应声曰："猫蹲花砌午。"绍易君曰："此便脱俗。"
——谢榛著、李庆立校笺：《谢榛全集校笺》卷二十四，江苏古籍出版社2003年版

"忠孝"二字，五七言古体用之则可。若能用于近体，不落常调，乃见笔力。于濆《送戍客南归》诗云："莫渡汨罗水，回君忠孝肠。"此即野蔬借味之法，而濆亦知此邪？
——谢榛著、李庆立校笺：《谢榛全集校笺》卷二十四，江苏古籍出版社2003年版

自古诗人养气，各有主焉。蕴乎内，著乎外，其隐见异同，人莫之辨也。熟读初唐、盛唐诸家所作，有雄浑如大海奔涛，秀拔如孤峰峭壁，壮丽如层楼叠阁，古雅如瑶瑟朱弦，老健如朔漠横雕，清逸如九皋鸣鹤，明净如乱山积雪，高远如长空片云，芳润如露蕙春兰，奇绝如鲸波蜃气，此见诸家所养之不同也。学者能集众长，合而为一，若易牙以五味调和，则为全味矣。
——谢榛著、李庆立校笺：《谢榛全集校笺》卷二十四，江苏古籍出版社2003年版

古人作诗，譬诸行长安大道，不由狭斜小径。以正为主，则通于四海，略无阻滞。若太白、子美，行皆大步，其飘逸沉重之不同，子美可法，而太白未易法也。本朝有学子美者，则未免蹈袭；亦有不喜子美者，则专避其故迹。虽由大道，跬步之间，或中或傍，或缓或急，此所以异乎李、杜而转折多矣。夫大道乃盛唐诸

公之所共由者，予则曳裾蹑屦，由乎中正，纵横于古人众迹之中。及乎成家，如蜂采百花为蜜，其味自别，使人莫之辨也。

——谢榛著、李庆立校笺：《谢榛全集校笺》卷二十四，江苏古籍出版社2003年版

予夜观李长吉、孟东野诗集，皆能造语奇古，正偏相半，豁然有得，并夺搜奇想头，去其二偏：险怪如夜壑风生、暝岩月堕，时时山精鬼火出焉；苦涩如枯林朔吹，阴崖冻雪，见者靡不惨然。予以奇古为骨，平和为体，兼以初唐、盛唐诸家，合而为一，高其格调，充其气魄，则不失正宗矣。若蜜蜂历采百花，自成一种佳味，与芳馨殊不相同，使人莫知所蕴。作诗有学酿蜜法者，要在想头别尔。是夜枕上勉成数诗，以示同好，始知予言不谬也。《暮秋寄怀徐子与，时宦长芦》云：（一）"理郡双旌转，皇畿亦壮游。海醝天下味，案牍汝南忧。风笛凄寒署，霜林照夜楼。还思濯缨处，御水正涵秋。"（二）"官舍披书坐，萧然且独醒。沙烟秋漠漠，海雨昼冥冥。妒久金增色，才孤剑养灵。梦归何所见，天目乱峰青。"（三）"未满耽诗意，南来几日闲。一愁萦马上，万役走人间。署敞怜风物，城高见海山。不知谪宦久（先守汝宁被谪），犹是旧容颜。"（四）"铁网拔珊瑚，惊人不可无。才今兼二陆，格古变三吴。登眺秋光迥，浮沉老气孤。因思采菱曲，客至话西湖。"（五）"数卷从幽事，官闲祗自怜。阮公悲感日，蘧伯是非年。海赋知华国，乡书问税田。更忧吴饷晚，长望浙西船。"（六）"宦辙有难易，忧中名独完。山高偏气色，河广自波澜。文字豹斑老，冰霜孤白寒。凤兮不言馁，天许碧琅玕。"（七）"候虫吟暗壁，秋兴起徐陵。宦味澹于水，羁怀清夺冰。夜喧风里树，寒翳雨中灯。竞谒金张第，疏慵独未曾。"（八）"何处转游宦，河亭坐夕晖。乱帆鳞次泊，众鸟尾衔归。地胜闲堪赋，杯清闷可挥。风烟是京甸，宁复羡鱼矶。"（九）"宦邸长芦静，中怀自出尘。鉴光一秋水，瑟调几阳春。终古盈虚月，流年感慨人。竹林余裂素，可复写谁真？"（十）"词人非傲物，名著自堪嗟。官冷棋应进，怀高酒更赊。鹤为闲处伴，菊是澹中花。同赋上林者，秋风天一

涯。"(十一)"正变关骚雅,深宵谁与论?吴歌惟片月,燕俗且孤樽。旧侣青云冷,秋怀黄叶繁。寄书故乡使,风雨亦过门。"(十二)"旧社名相累,艰虞偏在君。世憎骚雅盛,天任死生分。并失龙珠影,长垂凤藻文。(社友梁公实、宗子相相继而殁)相知论往事,南北共愁云。"

——谢榛著、李庆立校笺:《谢榛全集校笺》卷二十五,江苏古籍出版社2003年版

【思考题】

1. 谢榛的"气格说"与七子派的"格调说"有哪些异同?
2. 怎样理解谢榛提出的学唐诗要得古人之"三要"?

李攀龙

【作者简介】

李攀龙(1514—1570),字于鳞,自号沧溟,历城(今山东济南)人。嘉靖二十三年(1544)进士,授刑部主事,晋员外郎、郎中。嘉靖三十二年(1553)出守顺德(今河北邢台市),有善政,擢陕西提学副使,谢病归。还乡后,赋闲白雪楼将十年。隆庆元年(1567),荐起浙江副使,改参政,又擢为河南按察使,以病卒。与王世贞等结诗社,号为"后七子"。其论"谓文自西京,诗自天宝而下,俱无足观,于本朝独推李梦阳"(《明史·李攀龙传》)。李攀龙以诗名世,但模拟痕迹明显;其文古奥艰涩,佶屈聱牙,向称难读,即在当时,已为人所诟病。著有《沧溟集》。

送宗子相序[1]

王元美[2]尝与余论天下士,谓子相于梁生[3]、徐生[4],可谓骐骥少壮,一日千里,何不可为也?久之,梁生往南海,徐子与诸金陵不调,元美之吴郡,海内交游且尽矣。乃子相又以疾去,岂诗于人,能使所有不为也?

子相盖尝谓:"朝廷可使无文章之士,则灵鸟不必鸣岐山,而麒麟为梼杌。"[5]知言哉!所论万古一事者矣。方吾之属类比事结撰,至思时也,倏来忽失,经营于将迎之间,既竭吾才而不得一辞,穷日之力而不得一语,犹且不能自已也,而遑及其他?无论明良喜起[6]赓歌[7],君臣之盛于唐虞之廷[8];即其次,朝不坐,燕不与,悯时政得失,主文而谲谏,言者无罪,闻之者足以戒[9],达于事变,而怀其旧俗,亦何所不得于我?而况合契古人,明请一朝,实获其心[10]!得意尺牍,千金享之;嗟叹永歌,手舞足蹈[11],过此以往,莫之或知。不言而信,是委喻于同心,其有不反三隅[12],则屏息辟之耳。既以强人人愈厌,既以信人人愈疑,其心以为与其以不吾知者尝吾技,则岂不得已其无以尝吾技者乎?则病者乎?是谓我竭才穷日之力而得之,而彼岂辄得闻焉!是则不恭之大。有不恤者何也?立乎百世之上,使百世之下闻风而兴起,是旦莫遇也,四海而一人焉;是比肩而至也,何有于我也?正不免于好名之嫌,则虽陆沉下僚,亦余此不朽之心,独奈何非义而冀幸不可俟之富贵,以心术之微,精神之所至,而沾沾焉游大人以成名也!

诗可以怨[13],一有嗟叹,即有咏歌,言危则性情峻洁,语深则意气激烈,能使人有孤臣孽子摈弃而不容之感,遁世绝俗之悲,泥而不滓,蝉蜕滋垢之外者[14],诗也。子相之视天下,又何可为乎?

向吴舍人[15]亦为余言子相于是也。不然,以子相之材,在吏部何忧不即至卿相?而委蛇若是?即世俗之见,以竭才穷日之力作无益,安知从吾所好也?独其人实不穷一日之力,谬为诗以窃取誉,不知者受期而与称列,至为稍黠者所窥,遂太过矫失,不复区别真伪,概天下贤者于是,而子相不免于疑,则有之尔。然岂诗之罪哉!直其去也,人皆知子相有所不为矣,可以无去也,其尚疑子相也,则人有不可信。诗难言也!

——李攀龙著、包敬第标校:《沧溟先生集》卷十六,上海古籍出版社1992年版

【题解】

"后七子"复古主义运动起于在京师的文学结社,但并不限于文学上的唱和,"后七子"承"前七子"复古主义之绪,崇仰古典式的豪侠悲壮、激越奋发的人格,因此在嘉靖朝一直扮演着独特的政治角色。此序作于嘉靖三十一年(1552),其时"后七子"的主要成员宗臣、梁有誉、徐中行、王世贞等均流离各地。宗臣等的流离与朝廷借诗歌的名义打击"后七子"有

关。李攀龙此序对诗歌的主于情感之激发、诗人的独立性、诗作的怨刺功能等做了较为充分的阐发,表明了"后七子"诗歌创作的基本态度。

【注释】

1. 宗子相:宗臣(1525—1560),字子相,号方城,扬州人。嘉靖二十九年(1550)进士,由刑部主事调吏部,以病归,筑室百花洲上,读书其中,后历吏部稽勋员外郎。诗文主张复古,与李攀龙等齐名,为"后七子"之一。著有《宗子相集》。

2. 王元美:即王世贞,详见第125页"作者简介"。

3. 梁生:梁有誉(1521—1556),字公实,别号兰汀,广东顺德人。嘉靖二十九年(1550)进士第。因其为诸生时与欧大任、黎民表、吴旦、李时行同师事香山黄佐,结社南园,故被列为"南园后五先生";学者称为兰汀先生。后得寒病而卒,年仅36岁。有《兰汀存稿》八卷存世。

4. 徐生:徐中行(1517—1578),字子舆,浙江长兴人。嘉靖二十九年(1550)进士,授刑部广东司主事。与李攀龙、王世贞等结诗社,为明"后七子"之一。著有《天目山堂集》二十卷、《青萝馆诗》六卷。

5. 梼杌:传说中的凶兽名,《神异经·西荒经》:"西方荒中有兽焉,其状如虎而犬毛,长二尺,人面虎足,猪口牙,尾长一丈八尺,搅乱荒中,名梼杌。"后泛指恶人。

6. 明良喜起:明良,指贤明的君主和忠良的臣子。语本《书·益稷》:"元首明哉,股肱良哉,庶事康哉!"喜起,指君臣协和,政治美盛。语出《书·益稷》:"〔帝〕乃歌曰:'股肱喜哉,元首起哉,百工熙哉。'"

7. 赓歌:酬唱和诗。

8. 唐虞:唐尧与虞舜并称,亦指尧与舜的时代,这里指太平盛世。

9. "主文"句:见《毛诗序》:"上以风化下,下以风刺上,主文而谲谏,言之者无罪,闻之者足以戒,故曰风。"

10. 实获其心:见《诗经·邶风·绿衣》:"我思古人,实获我心。"意为古人的恶想法与自己的一样。

11. 嗟叹永歌,手舞足蹈:见《毛诗序》:"言之不足故嗟叹之,嗟叹之不足故咏歌之。咏歌之不足,不知手之舞之,足之蹈之也。"

12. 其有不反三隅:见《论语·述而》:"举一隅不以三隅反,则不复也。"

13. 诗可以怨:见《论语·阳货》:"子曰:'小子!何莫学夫诗?诗可以兴,可以观,可以群,可以怨;迩之事父,远之事君;多识于鸟兽草木之名。'"

14. 泥而不滓,蝉蜕滋垢之外者:见《史记·屈原贾生列传》:"濯淖污泥之中,蝉蜕于浊秽,以浮游尘埃之外,不获世之滋垢,然泥而不滓者也。"意指染而不黑。比喻洁身自好。泥,通"涅",染黑。滓,通"缁",黑色。

15. 吴舍人:吴国伦(1524—1593),字明卿,号川楼、南岳山人,湖广兴国人。嘉靖二十九年(1550)进士,"后七子"之一。国伦才气横放,好客轻财,工于诗。著有《藏甲岩稿》《甔甀洞稿》等。

【讲疏】

李攀龙无论是自勉还是勉人,都以文章诗歌为毕生大业相期,希望能追复西京、子长等的风格,此序便是这种人生价值追求的集中表达。围绕"诗"和"人"的关系,该文对文章之士的命运和诗歌的社会作用做了深入思考。宗臣把文章之士比喻为"灵鸟"和"麒麟",李攀龙自己则径称文章为"万古一事",他就此阐发了诗文的强烈自发性,即所谓"吾之属类比事结撰,至思时也,倏来忽失,经营于将迎之间,既竭吾才而不得一辞,穷日之力而不得一语,犹且不能自已也,而遑及其他"。与此相关,则是文章之士的自主性、独立性。在李攀龙眼里,真正的文章之士"立乎百世之上,使百世之下闻风而兴起,是旦莫遇之也。四海而一人焉;是比肩而至也,何有于我也"。所以,诗文不是一种政治阿谀的工具,"沾沾焉游大人以成名",或俟于富贵荣华的活动,都是李攀龙所不齿的。李攀龙包括其他后七子派成员,多是文人习气浓厚的士人。而这自然会遭到提倡经学、理道、心性的儒学家的猛烈批判。

李攀龙此序专门论述了诗文的批判与讽喻等功能,如"朝不坐,燕不与,悯时政得失,主文而谲谏,言之者无罪,闻之者足以戒",又如"诗可以怨,一有嗟叹,即有咏歌,言危则性情峻洁,语深则意气激烈,能使人有孤臣孽子摈弃而不容之感,遁世绝俗之悲,泥而不滓,蝉蜕滋垢之外者"。不难看出,李攀龙一方面是积极肯定诗文社会批评与政治抗争的价值,另一方面也在勉励好友坚持独立的诗人人格。

【关键词解读】

诗可以怨

李攀龙作为"后七子"领袖,并没有系统而专门的诗论。在这篇送序中,李攀龙对"诗可以怨"的儒家诗论的阐发,也无甚新意。这从一个侧面反映出李攀龙的诗学思想不以理论的创建见长。李攀龙曾提出"拟议以成其变化","拟议"的功夫做得很足,"变化"则基本落空了。

不过,李攀龙在嘉靖后期重提"诗可以怨"的美刺功用,是具有极强的现实意义的。当时严嵩专权,正直之士多遭迫害,"后七子"多人离开长安,流离各地,可谓是孤高耿介的文章之士的共同命运。而当时朝堂之中,依然盛行阿谀媚世、粉饰太平的风气。李攀龙提倡文学经世致用的功能,强调诗歌应"悯时政得失,主文而谲谏","诗可以怨,一有嗟叹,即有咏歌",正是针对这一风气而发的。"诗可以怨"在李攀龙等"后七子"的创作中也多有体现,他们的一些作品或描写个人生活遭遇,或直言政治弊端与民生疾苦,有较为强烈的危机感与批判意识。其中最著者,当属宗臣的《报刘一丈书》。在某种程度上而言,李攀龙不只是主张"诗可以怨",更是强调诗"必须"怨。

王世懋《贺天目徐大夫子与转左方伯序》评李攀龙说:"于鳞辈当嘉靖时,海内稍驰骛于晋江(王慎中)、毗陵(唐顺之)之文,而诗或为台阁也者,学或为理窟也者,于鳞始以其学力振之。"嘉靖年间,李攀龙廓清了台阁体的余霾,扭转了时代风气,功不可没。

【相关知识链接】

谢榛于嘉靖二十七年(1548)第一次赴京期间,与李攀龙、王世贞等相识。当时李、王初出茅庐,而谢已是声闻遐迩的老诗人。他们经常在一起谈诗、写诗,探索诗歌创作的道路。至嘉靖三十一年(1552年)再度返京时,李、王与徐中行、梁有誉、宗臣、吴国伦等遂邀谢榛,结为诗社,史称"后七子"。在结社之初,谢榛以布衣执牛耳,为"七子"领袖。"后七子"基本上都曾在中央朝廷任职,只有谢榛一人是布衣。在后来的交往中,谢榛与"后七子"渐渐产生分歧,矛盾加深。谢榛才高气盛,自恃年长,直言他人诗歌不是之处,并与盟主李攀龙相互指责,后被削名于"七子"之列。谢李交恶之后,王世贞完全站在李攀龙一边,将谢榛视为"二三其德"之人(李攀龙《戏为绝谢茂秦书》),而在《艺苑卮言》中,王世贞说谢榛的诗"丑俗稚钝,一字不通",却偏要"高自称许",没有自知之明。王世贞甚而至于骂谢榛"何不以溺自照",粗鄙之极。万历四年(1576),时李攀龙已谢世六年,徐渭犹作七言古《廿八日雪》为谢榛鸣不平:"昨见帙中大可诧,古人绝交宁不罢,谢榛既与为友朋,何事诗中显相骂?乃知朱毂华裾子,鱼肉布衣无顾忌,即令此辈忤谢榛,谢榛敢骂此辈未?"

但是,诸子与谢榛之间的交往也并未完全中断。宗臣、徐中行与谢榛多有书信诗歌往来。此外,随着年龄的增长,李攀龙、王世贞、吴国伦等人狂躁不再,盛气渐弭,更多地感念旧日交谊,对谢榛的仇视也逐渐化解。李攀龙晚年编选《古今诗删》时,其中五律一体收谢榛二十七首,比李梦阳(二十六首)还多。谢榛诗歌的成就依然是有目共睹的,不容否定。谢榛去世时,徐中行恰以福建按察使赴京述职而路过安阳,赋诗哀悼,辞甚悲切,王世贞也作《闻谢茂秦客死魏郡寄诗挽之》,中有"总为济南抔土在,也堪挥泪布衣游"之句。

【延伸阅读】

　　李攀龙没有系统的文论著作，其诗文思想散见于序跋、尺牍之中。李攀龙以继承李梦阳的文学思想为己任，其复古主张与李梦阳大致相似。在复古的问题上，李攀龙追求的目标是不摹古人之作而遵循古人之法，不是古人之作而酷似古人之作，而不是一般批评者所指斥的"剽窃""模拟"。《戏为绝谢茂秦书》《与王元美》两篇尺牍，是关于"谢李交恶"的重要材料，从中亦可见出李攀龙的诗学观念。

比玉集序

　　夫诗，言志也。士有不得其志而言之者，俟知己于后也。卞和氏奚泣哉？悲夫楚如是其大，三献如是其数，而举天下之器，题之以石也，又何难焉！魏之田父，始疑之而卒怪之，弃之惟恐其不远乎！是犹已置之庑下，怖其明照一室耳。宋人何见而袭砾于篚，五都自绘；及笑于周客，藏之益固，譬奚别焉？即有明照一室，畜之弗利其家矣。乃曰：姑舍汝所学而从我，则宁抵于楶中。诗之为教，言之者无罪，而匹夫以贾害，则焉用此？君子服之，乌在其御不祥也？何子威怀瑾握瑜，自令放为，乃有季朗于席上乎！诎然抱不遇之感，三复喜起之章，响中鸣球，有卷者阿，矢音特达；扼腕《小雅》、孟子之论，《离骚》累臣之谊，交含互暎，异采同符；无倡不酬，有投必报，以相为知己，以快于当年，是集之所由作也。岂其无因而至前，治德结好，而冒不属之患以俟夫怪而弃之者？必不然矣。

　　是集也，其瑟若者，其理胜也；其焕若者，其孚胜也。二君子固在焉。谈者为价，侧而视之，有厚倍者则精气之致壮云尔。是相诗之道乎！

　　——李攀龙著、包敬第标校：《沧溟先生集》卷十五，上海古籍出版社1992年版

蒲圻黄生诗集序

　　余观黄生所为诗，其困于贤良文学自伤不遇而不得其说，而

将以逸民遗老自解于斯世而非其所安,而遂取裁于宗工巨匠以有事其间而欲之者乎?何辞之屡迁而气变也?拙或合之,工或离之,微不容发,其失岂俟其著哉?故里巷之谣,非缘经术;招隐之篇,无涉玄旨;义各于其所至,是诗之为教也。

魏顺甫曰:"生尝以所为诗者属余,归而求之,则既已削所为诸生时稿矣。乃十余年又以属余,归而求之,又削其稿以就今所为诗也。"然则,顺甫使之有所不得,有所不安也。有所不得,有所不安,而后有以欲之,是为诗之教也。故经术所以立雅,而动不能不趋于风;玄旨所以养恬,而发不能不趋于俊。斯生之辞屡迁而气变者邪?

君子曰:惟其有之,是以仰之,即令生百不得,百不安,而非其所欲于顺甫,而有今所为诗乎哉?盖自屈、宋之相师友,而楚人为诗,由来远矣。独异夫栖栖不遇,而徘徊以自解,以求所欲焉。是为可以怨,而犹之楚人之声而已。

——李攀龙著、包敬第标校:《沧溟先生集》卷十五,上海古籍出版社1992年版

送王元美序

以余观于文章,国朝作者,无虑数十家称于世。即北地李献吉辈,其人也,视古修辞,宁失诸理。今之文章,如晋江、毘陵二三君子,岂不亦家传户诵?而持论太过,动伤气格,惮于修辞,理胜相掩,彼岂以左丘明所载为皆侏离之语,而司马迁叙事不近人情乎?故同一意一事而结撰迥殊者,才有所至不至也。后生学士,乃唯众耳是寄,至不能自发一识,浮沉艺苑,真为相舍,遂令古之作者谓千载无知己。此何异涂之群瞽,取道一夫,则相与拍肩随之,累累载路,称培塿则皆抃足不下,称污邪则皆曳踵不进,而虽有步趋终不自施者乎?语曰:"何知仁义?已向其利者为有德。"世之儒者,苟治胾成一说,不惮侪俗,比之俚言,而布在方策者耳。复以易晓忘其鄙倍,取合流俗,相沿窃誉,不自知其非,及见能为左氏、司马文者,则又猥以不便于时制,徒敝精神,何乃有

此不可读之语,且安所用之?又二三君子,家传户诵,则一人又何难焉?诚使元美与二三君子者比名量誉,诚不能以一人一旦遽夺其终身之见,而辄胜天下风靡之士。文章之道,童习白纷,乃欲一朝使舍所学而从我,日暮途远,且彼奚肯苦其心志于不可必致者乎?夜虫传火,不疑于日,非虚语也。

先是濮阳李先芳亟为元美道余,及元美见余时,则稠人广坐之中而已心知其为余。稍益近之,即曰:"文章经国大业,不朽盛事,今之作者,论不与李献吉辈者,知其无能为已。且余结发而属辞比事,今乃得一当生。仆愿居前先揭旗鼓,必得所欲,与左氏、司马千载而比肩。生岂有意哉?"盖五年于此。少年多时时言余,元美不问也,曰:"世贞奈何乃从诸贤大夫知李生乎?"自是之后,少年乃顾愈益知余。齐、鲁之间,其于文学虽天性,然秦、汉以来,素业散失,即关、洛诸世家,亦皆渐由培植俟诸王者,故五百年一名世出,犹为多也。吴越勦兵火,诗书藏于闾阎,即后生学士无不操染;然竽滥不可区别,超乘而上是为难尔!故能为献吉辈者,乃能不为献吉辈者乎?

——李攀龙著、包敬第标校:《沧溟先生集》卷十六,上海古籍出版社1992年版

报刘子威

曩于张仲子帖中,睹所摹足下者之跋数语也。文翰虽吴人固有乎,而此独不常矣。重玩佳集,则足下以才自雄,洁而弥丰,计且欲立埃壒之表,坐览千里不遏之势,有裕如焉。其于不朽,乃称盛事。

然体裁各率所自至,而风尚不可不一谕。盖曰:"汉魏以逮六朝皆不可废,惟唐中叶,不堪复入耳。"见诚是也,于不佞奚疑哉?佳集取材班、马,气骨卓然。《古乐府》等书,兴寄不浅,固宜一洒凡近。动盈尺牍,乃旁及章篆灵异,自赏不能辄止。岂由质之华易,而由华之质难耶?未闻馨控九折之坂,而失驰康庄者也。要之,才患不自雄耳。以余观于佳集,官知神欲,亦在乎熟

之而已。季朗壮丽相敌,唯帝作对,必能悬解。字为句将,句为篇宗。古诗乐府,小而辨物。唐之律绝,瑜瑕较然。务工所明,无渝其似,斯艺苑之致矣。惟是大方,以先固陋,敢借意焉。庶因驳示,得所适从,不胜大愿于足下也。

以弟妇不淑,匍匐竣役,浃旬病悉。殊稽报使,不次所言。序文殊秽佳集,幸笑而置之矣。

——李攀龙著、包敬第标校:《沧溟先生集》卷二十六,上海古籍出版社 1992 年版

戏为绝谢茂秦书

昔逮尔在赵王邸中,王帷妇人而笑之,尔犹能涉漳河也。则之长安,在大长公主家,又不负一蒯缑剑。令主家王先亟断席,与尔别坐。家监乃置恶啮马尔邸中,辄怒马使蹂于庭,践溺沃尔冠。亡何,又迁尔于传舍,使与骑奴同食;传舍长三投尔屦于户外,岂其爱士而执袜颇以游?居期年,传舍长迁尔于儌舍,舍人责尔偿儌也。

若使尔在我之他境,我何知焉?告者曰:"有君子眇而躁,视事左右必得志。然吾悼其为人也。"则尔既已谒我门下三日矣。我躬授尔简,坐尔上客,宠灵尔以荐绅先生,出尔否心,荡尔秽疾。元美偃蹇,我实属尔。时尔实有豕心,不询于我,非其族类,未同而言,延颈贵人,倾盖为故,自言多显者交,平生足矣。二三兄弟,将疏间之,我用恐惧,贻尔卢生,游尔义门,不以所恶废乡,绥静二三兄弟。尔乃克还无害,是我有大造于尔也。

不佞守臣,以敝邑在尔之宇下,不治执讯。尔为不吊,跋履敝邑,不入见长者。我先匹夫,尔实要我,寻我台人,殄置我不脾之币于涂,张脉偾兴,眦矎俱裂,曰:"昔在长安邸中,殊厌贵人,曾尔一守臣也!"尔何乃去赵王邸中?既已释憾于我,我以二三兄弟之故,犹愿不忘旧勋于尔。尔且以敝邑之顽民,行而即长安贵人谋我,天诱其衷。元美弗二,尔是以不克逞志于我。敝邑褊小,我用疲于奔命,属且夜逸。尔利吾失国,徼福于二三兄弟,

曰:"若不得请,犹有令名。与其及也,我其敢必有功!愿以间执谗慝之口。"我从事独贤,则是尔之诒我肆也。

我与元美狎主二三兄弟之盟久矣。尔犹是纛辍鞭弭在左右,与吴生、徐生周旋中原,不能一矢相加遗,我是以大不列尔于二三兄弟。尔亦悔过之,延使以命我,曰:"同好弃恶,复修旧德。"我尚犹未怿,是以不报。尔又不祥,恶声滋至。我祇役大行,称诗二三兄弟。其在二三兄弟,则同心之赋,而亦尔所不能为姑口者。尔有二心于吴生,曰:"称诗如此,他何用粪土为?"吴生固甚憎尔,是用告我。元美恶尔之二三其德,亦来告我,曰:"眇君子不得志于称诗,女则使然。今日之事我为政。昊天上帝,虞《九歌》、周《二雅》,余虽与于鳞出入,余惟利是视。不佞恶其无成德,是用宣之,以惩不一。"二三兄弟备闻此言。是用痛心疾首,二憾往矣。不腆敝赋,一听客之所为,唯好是求。尔若惠顾二三兄弟,无敢徼乱,则我之愿也。尔若不施大惠,于鳞不佞,二三兄弟爱才久矣,岂其使一眇君子肆于二三兄弟之上,以从其淫,而散离眠好,弃天地之性?必不然矣。敢尽布之执事,俾执事实图利之。

——李攀龙著、包敬第标校:《沧溟先生集》卷二十五,上海古籍出版社1992年版

与 王 元 美

先是,明卿书云,见足下与某文,大自气象,当令海内文章家不复敢置喙二君也。李生业为此技,不自谓有知已如足下者?生平所负,数语殊尽。明卿知言哉!谕谓日与明卿、子相三人者狂语,大相乐也。燕市酒人,岂亦效田光计图李生,令秦舞阳来邪?明卿志复不小,第未见考功近诗,元美无虑哉!亡论某,即二三子视足下,其至尔力也,其中非尔力也。

茂秦穷来归我,我犹尚哀怜之。即论《太行》诸篇,吾见其胆破,无复向时倔强气为可喜。蜡后过郡斋,见某无少厌薄意,即自咄咄向家人语云:"大恩久不报,何能重为诋焉?"某稍举足下

与明卿微辞,则吞声行之,日复解颜。我不腆之赠,属某全交,谀某纳污,然不敢谓某易与矣。元美以为盗侠邪?今岂惜伤吾二三兄弟之明?

——李攀龙著、包敬第标校:《沧溟先生集》卷三十,上海古籍出版社1992年版

【思考题】

1. 李攀龙的文学思想对嘉靖年间文风的转变,产生了怎样的作用?
2. 结合嘉靖后期的历史文化背景,谈谈李攀龙重提"诗可以怨"的现实意义。

王 世 贞

【作者简介】

王世贞(1526—1590),字元美,号凤洲,又号弇州山人,江苏太仓人。嘉靖二十六年(1547)进士。授刑部主事。忤严嵩,仕途受抑。以父难解官。隆庆初,被荐起大名兵备副使。万历二年(1574)以右副都御史抚治郧阳,不附事张居正,被劾罢官。张居正死,复起用,仕至南京刑部尚书。王世贞为"后七子"核心人物之一,与李攀龙并称"王李"。李攀龙死后,独主坛坫二十年,一时海内文士"望走如玉帛职贡之会,惟恐后时"(钱谦益《题归太仆文集》)。著有《弇州史料前集》《后集》《弇山堂别集》《嘉靖以来首辅传》《弇州山人四部稿》《续稿》《艺苑卮言》等。

艺苑卮言(节选)

世人《选》体,[1]往往谈西京[2]、建安,便薄陶、谢,此似晓不晓者。毋论彼时诸公,即齐、梁纤调,李、杜变风,亦自可采。贞元而后,方足覆瓿。大抵诗以专诣为境,以饶美为材。师匠宜高,捃拾宜博。(卷一)

西京、建安,似非琢磨可到。要在专习,凝领之久,神与境会,忽然而来,浑然而就,无岐级可寻,无色声可指。三谢[3]固自琢磨而得,然琢磨之极,妙亦自然。(卷一)

七言律,不难中二联,难在发端及结句耳。发端,盛唐人无不佳者,结颇有之。然亦无转入他调及收顿不住之病。篇法有起有束,有放有敛,有唤有应。大抵一开则一阖,一扬则一抑,一象则一意，无偏用者。句法有直下者，有倒插者。倒插最难，非老杜不能也。字法有虚有实，有沉有响，虚响易工，沉实难至。五十六字如魏明帝凌云台材木，铢两悉配乃可耳[4]。篇法之妙，有不见句法者；句法之妙，有不见字法者，此是法极无迹，人能之至，境与天会，未易求也。有俱属象而妙者，有俱属意而妙者，有俱作高调而妙者，有直下不偶对而妙者，皆兴与境诣，神合气完使之。然五言可耳，七言恐未易能也。勿和韵，勿拈险韵，勿傍用韵，起句亦然。勿偏枯，勿求理，勿搜僻，勿用六朝强造语，勿用大历以后事，此诗家魔障，慎之慎之。（卷一）

首尾开阖，繁简奇正，各极其度，篇法也。抑扬顿挫，长短节奏，各极其致，句法也。点缀关键，金石绮彩，各极其造，字法也。篇有百尺之锦，句有千钧之弩，字有百炼之金。文之与诗，固异象同则，孔门一唯，曹溪[5]汗下后，信手拈来，无非妙境。（卷一）

才生思，思生调，调生格；思即才之用，调即思之境，格即调之界。（卷一）

诗有常体，工自体中；文无定规，巧运规外。乐、选、律、绝，句字迥殊，声韵各协。下迨填词小技，尤为谨严。《过秦论》也，叙事若传；《夷平传》也，指辨若论。至于序、记、志、述、章、令、书、移，眉目小别，大致固同。然《四诗》[6]拟之则佳，《书》《易》[7]效之则丑。故法合者，必穷力而自运；法离者，必凝神而并归。合而离，离而合，有悟存焉。（卷一）

《诗》旨有极含蓄者、隐恻者、紧切者；法有极婉曲者、清畅者、峻洁者、奇诡者、玄妙者。《骚》、赋、古选、乐府、歌行，千变万化，不能出其境界。吾故摘其章语，以见法之所自。其《鹿鸣》《甫田》《七月》《文王》《大明》《绵》《棫朴》《旱麓》《思齐》《皇矣》《灵台》《下武》《文王》《生民》《既醉》《凫鹥》《假乐》《公刘》《卷阿》《烝民》《韩奕》《江汉》《常武》《清庙》《维天》《烈文》《昊天》《我将》《时迈》《执竞》《思文》[8]，无一字不可法，当全读之，不复载。（卷二）

《子虚》《上林》[9]材极富，辞极丽，而运笔极古雅，精神极流动，意极高，所以不可及也。长沙[10]有其意而无其材，班、张、

潘[11]有其材而无其笔,子云[12]有其笔而不得其精神流动处。(卷二)

阮公《咏怀》,远近之间,遇境即际,兴穷即止,坐不着论宗佳耳。人乃谓陈子昂胜之,何必子昂,宁无感兴乎哉!(卷三)

古诗四言之有冒头,盖不始延年也,二陆诸君为之俑也。如《皇太子宴宣猷堂应令》,而士衡起句曰:"三正叠绍,洪圣启运。自昔哲王,先天而顺。"凡十六韵而始及太子。《大将军宴会》,而士衡起句曰:"皇皇帝祐,诞隆骏命。四祖正家,天禄安定。"凡八韵而始入晋乱,齐王囧始平之。又士衡《赠斥丘令》而曰:"于皇圣世,时文惟晋。受命自天,奄有黎献。"《答贾常侍》而曰:"伊昔有皇,肇济黎蒸。先天创物,景命是膺。"潘安仁《为贾答》而曰:"肇自初创,二仪烟煴。爰有生民,伏羲始君。"《晋武华林园宴集》而应吉甫起句云:"悠悠太上,民之厥初。皇极肇建,彝伦攸敷。"若尔则不必多费此等语,但成一冒头,百凡宴会酬赠,可举以贯之矣。若韦孟之《讽谏》,思王之《责躬》《应诏》,靖节之《赠族》,叔夜之《幽愤》,仲宣之《赠蔡睦》《文颖》,越石之《赠卢谌》,宁有是耶?其他仲宣之《思亲》云:"穆穆显妣,德音徽止。"闾丘冲之《三月宴》云:"暮春之月,春服既成。"裴季彦之《大蜡》曰:"日缠星纪,大吕司辰。"开口见咽,岂不快哉!而《选》都未之及,何也?(卷三)

李、杜光焰千古,人人知之。沧浪并极推尊,而不能致辨。元微之独重子美,宋人以为谈柄。近时杨用修为李左袒,轻俊之士,往往傅耳。要其所得,俱影响之间。五言古、选体及七言歌行,太白以气为主,以自然为宗,以俊逸高畅为贵;子美以意为主,以独造为宗,以奇拔沉雄为贵。其歌行之妙,咏之使人飘扬欲仙者,太白也;使人慷慨激烈,歔欷欲绝者,子美也。选体太白多露语、率语,子美多稚语、累语,置之陶、谢间,便觉伧父面目,乃欲使之夺曹氏父子位耶?五言律、七言歌行,子美神矣,七言律圣矣。五、七言绝,太白神矣,七言歌行圣矣,五言次之。太白之七言律,子美之七言绝,皆变体,间为之可耳,不足多法也。(卷四)

青莲拟古乐府,以己意己才发之,尚沿六朝旧习,不知少陵以时事创新题也。少陵自是卓识,惜不尽得本来面目耳。(卷四)

七言绝句,盛唐主气,气完而意不尽工;中、晚唐主意,意工而气不甚完。然各有至者,未可以时代优劣也。(卷四)

李于鳞言唐人绝句,当以"秦时明月汉时关"压卷。余始不信,以少伯[13]集中有极工妙者。既而思之,若落意解,当别有所取;若以有意无意、可解不可解间求之,不免此诗第一耳。(卷四)

乐府之所贵者,事与情而已。张籍善言情,王建善征事,而境皆不佳。(卷四)

剽窃模拟,诗之大病。亦有神与境触,师心独造,偶合古语者。如"客从远方来"[14],"白杨多悲风"[15],"春水船如天上坐"[16],不妨俱美,定非窃也。其次哀览既富,机锋亦圆,古语口吻间,若不自觉。如鲍明远"客行有苦乐,但问客何行"[17]之于王仲宣"从军有苦乐,但问所从谁"[18];陶渊明"鸡鸣桑树颠,狗吠深巷中"[19]之于古乐府"鸡鸣高树颠,狗吠深宫中"[20];王摩诘"白鹭""黄鹂"[21],近世献吉[22]、用修亦时失之,然尚可言。又有全取古文,小加裁剪,如黄鲁直[23]《宜州》用白乐天[24]诸绝句,王半山"山中十日雨,雨晴门始开。坐看苍苔色,欲上人衣来"[25],后二语全用辋川[26],已是下乘。然犹彼我趣合,未致足厌。乃至割缀古语,用文已陋,痕迹宛然,如"河分冈势""春入烧痕"之类,斯丑方极。模拟之妙者,分歧逞力,穷势尽态,不唯敌手,兼之无迹,方为得耳。若陆机《辨亡》、傅玄《秋胡》,近日献吉"打鼓鸣锣何处船"语,令人一见匿笑,再见呕哕,皆不免为盗跖、优孟[27]所訾。(卷四)

——王世贞著、罗仲鼎校注:《艺苑卮言校注》,齐鲁书社1992年版

【题解】

嘉靖四十四年(1565)《艺苑卮言》正式刊行,止六卷。八年后的隆庆

六年(1572),该书增删为八卷重刊。王世贞《艺苑卮言》的自序说:"余读徐昌谷《谈艺录》,尝高其持论矣,独怪不及近体,伏习者之无门也。杨用修搜遗响,钩匿迹,以备览核,如二酉之藏耳,其于雌黄曩哲,橐籥后进,均之乎未暇也。手宋人之陈编,辄自引寐。独严氏一书,差不悖旨,然往往近似而未核,余固少所可。……余所以欲为一家言者,以补三氏之未备者而已。"王世贞认为前人的诗歌理论著作中,徐祯卿《谈艺录》持论虽高,但列论汉、魏而不及近体;杨慎《升庵诗话》搜罗富博,但以典故史实为主,理论高度不够;严羽《沧浪诗话》既有理论批评,又有诗法探讨,"差不悖旨",但却不够周密完备。于是王世贞欲以"一家言"而"补三氏之未备者"。此即《艺苑卮言》之所由出也。

【注释】

1.《选》体:指南朝梁萧统《文选》所选诗歌的风格体制。元刘埙《隐居通议·文章一》:"又如《文选》诸诗,乃昭明太子一时偶取入集,初非立体,而后世作诗者,乃创立一名,曰:'此为选体。'尤非确论。"

2. 西京:指西汉。

3. 三谢:指南朝谢灵运、谢朓、谢惠连。

4."五十"句:见《世说新语·巧艺》:"陵云台楼观精巧,先称平众木轻重,然后造构,乃无锱铢相负揭。台虽高峻,常随风摇动,而终无倾倒之理。魏明帝登台,惧其势危,别以大材扶持之,楼即颓坏。论者谓轻重力偏故也。"

5. 曹溪:禅宗南宗别号,以六祖慧能在曹溪宝林寺演法而得名。

6."四诗":指《诗经》的四体:《风》《大雅》《小雅》《颂》。唐许尧佐《五经阁赋》:"虞、夏、商、周之五典,《国风》《雅》《颂》之四诗,既精微之与广博,莫不森罗而在兹。"

7.《书》《易》:指《尚书》和《周易》。

8."《鹿鸣》《甫田》"句:《诗经》篇名,《鹿鸣》选自《小雅·鹿鸣之什》,《甫田》选自《小雅·北山之什》,《七月》选自《国风·豳风》,《文王》《大明》《绵》《棫朴》《旱麓》《思齐》《皇矣》《灵台》《下武》选自《大雅·文王之什》,《生民》《既醉》《凫鹥》《假乐》《公刘》《卷阿》选自《大雅·生民之什》,《烝民》《韩奕》《江汉》《常武》选自《大雅·荡之什》,《清庙》《维天》《烈文》《昊天》《我将》《时迈》《执竞》《思文》选自《颂·周颂清庙之什》。

9.《子虚》《上林》:司马相如赋,汉司马相如假托子虚、乌有先生、亡是公三人为辞。《子虚》作于相如为梁孝王宾客时,《上林》作于武帝召见之际,前后相去十年。

10. 长沙:贾谊(前200—前168),西汉文学家。文帝时贾谊被谪为长沙王太傅,故称。

11. 班、张、潘:班固(32—92),字孟坚,东汉史学家、文学家,扶风安陵人。张衡(78—139),字平子,南阳西鄂人,东汉时期著名的天文学家、文学家、学者。潘岳(247—300),字安仁,西晋文学家,蜀郡成都人。

12. 子云:扬雄(前53—18),字子云,西汉文学家、哲学家,蜀郡成都人。

13. 少伯:王昌龄(698—756),字少伯,山西太原人。盛唐著名边塞诗人,后人誉为"七绝圣手"。

14. 客从远方来:出自汉代《古诗十九首·客从远方来》。

15. 白杨多悲风:出自汉代《古诗十九首·去者日以疏》。

16. 春水船如天上坐:出自唐杜甫《小寒食舟中作》。

17. 客行有苦乐,但问客何行:出自南朝鲍照《从临海王上荆初发新渚诗》。

18. 从军有苦乐,但问所从谁:出自东汉王粲《从军有苦乐,但问所从谁》。

19. 鸡鸣桑树颠,狗吠深巷中:出自东晋陶渊明《归园田居·其一》。

20. 鸡鸣高树颠,狗吠深宫中:出自汉乐府《鸡鸣》。

21. "白鹭""黄鹂":出自唐王维《积雨辋川庄作》:"漠漠水田飞白鹭,阴阴夏木啭黄鹂。"

22. 献吉:李梦阳(1472—1530),字献吉,"前七子"的领袖人物。

23. 黄鲁直:黄庭坚(1045—1105),字鲁直,号山谷道人,洪州分宁人。诗风奇崛瘦硬,力挽轻俗之习,开一代风气,为江西诗派的开山鼻祖。

24. 白乐天:白居易(772—846),字乐天,晚年又号香山居士,郑州新郑人。有《白氏长庆集》传世,代表诗作有《长恨歌》《卖炭翁》《琵琶行》等。

25. "王半山"句:该诗为王安石仿王维《书事》一诗,王维诗是:"轻阴阁小雨,深院昼慵开。坐看苍苔色,欲上人衣来。"

26. 辋川:水名,即辋谷水。诸水会合如车辋环凑,故名。在陕西省蓝田县南,源出秦岭北麓,北流至县南入灞水。唐代诗人王维曾置别业于此,后用借指王维。

27. 盗跖、优孟:盗跖,相传为古时民众起义的领袖,名跖,"盗"是当时统治者对他的贬称。后为盗贼或盗魁的代称。优孟,春秋楚国著名优人。常谈笑讽喻,曾谏止楚庄王以大夫礼葬马;又善模仿,着楚相孙叔敖衣冠见楚王,楚王不能辨。事见《史记·滑稽列传》。

【讲疏】

王世贞说:"世人《选》体,往往谈西京、建安,便薄陶、谢,此似晓不晓者。毋论彼时诸公,即齐梁、纤调,李、杜变风,亦自可采,贞元而后,方足覆瓿。"这与李攀龙的说法是一致的。但是王世贞没有停留在这一步,他只是认为秦汉之文和盛唐之诗是最高境界,然而从具体的诗歌创作来说,则不应该是简单的模仿,而应该学习古人艺术经验中适合自己创作的方面,灵活地学习运用,而不能跟在古人后面亦步亦趋,生搬硬套,受其束缚。所以他说:"大抵诗以专诣为境,以饶美为材。师匠宜高,捃拾宜博。"诗歌必须注重意境的创造,运用生动丰富的艺术表现方法。而在表现方法上完全可以按照实际情况有多种多样的变化,"有俱属象而妙者,有俱属意而妙者,有俱作高调而妙者,有直下不偶对而妙者,皆兴与境诣,神合气完使之"。

跟七子派其他成员一样,王世贞对于诗文法度,也予以特别阐发。他论诗法云:"篇法有起有束,有放有敛,有唤有应。大抵一开则一阖,一扬则一抑,一象则一意,无偏用者。句法有直下者,有倒插者。倒插最难,非老杜不能也。字法有虚有实,有沉有响,虚响易工,沉实难至。"又论文法云:"首尾开阖,繁简奇正,各极其度,篇法也。抑扬顿挫,长短节奏,各极其致,句法也。点缀关键,金石绮彩,各极其造,字法也。篇有百尺之锦,句有千钧之弩,字有百炼之金。文之与诗,固异象同则,孔门一唯,曹溪汗下后,信手拈来,无非妙境。"由此而对各体诗文法度包括字法、句法、声律、结构、风格等作了详细的总结,相比较于李、何在宏观上的论述路径,王世贞之论法更为具体,已经深入到了文本的细微之处,这也是对后七子法度说的一种推进。并且,王世贞与李梦阳"尺寸古法"的见解不同,他主张既要重法又不泥法,"合而离,离而合"。在《五岳山房文稿序》中他说"尚法则为法用","达意则为意用",这里的"达意",即达作者一己之意。王世贞将"达意"与"尚法"相对而言,主张意与法的兼顾,立论颇为通达。

【关键词解读】

才思格调

王世贞论诗也以格调为中心,他说"余所以抑宋者,为惜格也"(《宋诗选序》),鄙薄宋诗主要是因为它的格调不如唐诗。但针对复古派后学一味从词句上追摹古人格调,王世贞提出了"才思格调"之说。他说:"才生思,思生调,调生格;思即才之用,调即思之境,格即调之界。"就是说作者的才情,通过构思,形成音节,构成意境,而诗格就体现其中了。这表明了:其一,离开了才与思,就无所谓格与调。这样,格调就因人而异,而不是什么固定不变的、任何人都可以套用的程式。其二,格调生于才思,格调之高超取决于才思之深远广博,故学习古人的格调,不可在形貌上模拟因袭,而要在扩大自己的才思上下功夫。由此可见,王世贞的学古,实高出李攀龙等人一头。其三,从才思来谈格调,就接触到了艺术境界的探讨。他指出:"乐府之所贵者,事与情而已。张籍善言情,王建善征事,而境不佳。"那么,何谓佳境?王世贞评论阮籍《咏怀》诗说:"阮公《咏怀》,远近之间,遇境即际,兴穷即止,坐不着论宗佳耳。"(《艺苑卮言》卷三)可见,佳境是指一种成熟的艺术构思在适当的情况下的完美体现,这是"兴与境诣,神合气完使之"。像张、王乐府那样"专以道得人心中事为工"(张戒《岁寒堂诗话》),意尽而诗境反而不佳。

【相关知识链接】

王世贞好为古文、诗歌,活跃文坛四十余年,著述宏富。其思想、著作分前后两期,变化较为明显。《艺苑卮言》初稿成于王世贞三十三岁时,后又有所增益,至他四十岁时脱稿刊印,以后又对内容作了补充,是前期的一部重要的文学批评论著。后来,王世贞自我检讨说:"余作《艺苑卮言》时,年未四十,方与于鳞辈是古非今,此长彼短,未为定论。行世已久,不能复秘,唯有随时改正,勿误后人。"(《四库总目提要》卷一百七十二《读书后》提要)

而王世贞晚年为《归有光集》《陈献章集》《李于鳞集》所作的跋语中,多有与早期迥然不同的评价,这是文学发展新形势的要求,也是王世贞文学观点自身逐步完善的结果。他对前后七子派、唐宋派有扬抑褒贬,注重崇古尚变,重法而不泥法,能将相互对立的概念协调补充,得到持衡周全的结论,其兼"剂"的态度所反映出来的思想对于调和后七子内部及与唐宋派之间的分歧起到了积极的作用。通过融合当时文学新潮流中的"师心""真我"等概念,形成了其后期文学批评及创作的重大变化,也奠定了他在文坛上的崇高地位。

【延伸阅读】

除了《艺苑卮言》之外,王世贞所作的大量的赠序、诗文序跋等,亦是王世贞文学思想的重要组成部分。《弇州山人四部稿》收录王世贞四十岁以前的作品,其文论观念与《艺苑卮言》近似。《续稿》收录的则是四十岁以后的作品,其文学思想与《弇州山人四部稿》多有不同。将二者对读,可见王世贞文学思想的变化。

赠李于鳞序

海内称文章家不相下,更齮龁胜己者,此其常云。日吾之使而南也,于鳞辱之言,计于鳞所许,亡过北地李生矣,其次为仲默,又次昌榖,而其微词多讥切某郡某郡二君子。二君子固蠖伏林野,其声方握柄,所褒诛足浮沉天下士。而其徒某某诸贵人日相与尊明其道，引绳批根生平慕之后弃之者，而一旦睹于鳞所非是，宁不侧目怪且指詈哉？吾归，不能持于鳞言示人，即示人而读者不能句，若爱居之骇钟鼓，未有卒其乱者。即有能读一二语，而二君子之声固已中人膏肓，而易其视听，将无难于鳞哉！嗟乎！吾以为千古所独喻者此耳。子不能得之于父，仇者无以夺，而恩者无以致其效，且使所为争者，必欲求胜而驱相易则可，不然蓬累而行乎宇宙之间，洸洋自恣，适已并足，其又何难焉？夫于鳞之不胜二君子固当。仲默沾沾，气弗克充志，所长诗耳；昌榖修靡丽弱，不习古文辞；北地生习古文辞，而自张大，语错出不雅驯。二君子卑卑成章也，度北地生诸公才未易当于鳞，而于鳞名位肖貌，少足以动人。鄙语云"天下熙熙，皆为利来"，又云"利令智昏"、"世阔希心好"。间一趋于鳞，不如于鳞固无论，遂如于鳞，而睹其所鼓动，而传响寥寥如也，又焉易其利二子者乎？吾闻之，君子不得志于今，则欲信之后。既不得志于今，庸冀后哉？则又欲征之古。所谓古者，独其言在耳，其人与骨皆已朽矣，奈之何其恃而胜之？

吾复游京师，属于鳞已出守顺德，吴兴蔡某从西来，过于鳞而论文。某者，故二君子友也，其所持议与识，亡以长于鳞，则谓吾李守文大小出司马氏，司马氏不六经隶人乎哉？士于文当根极道理亡所蹈，奈何屈曲逐事变模写相役也？吾笑不答。於乎！古之为辞者，理苞塞不喻假之辞；今之为辞者，辞不胜跳而匿诸理。六经固理区薮也已尽，不复措语矣。繇秦、汉而下二千年，事之变何可穷也？代不乏司马氏，当令人举遗编而跃如，胡至今竟泯泯哉！蔡子无称六经乃已，蔡子而称六经具在，又宁作录中语喋喋而占占，繁固冥当也？世之文行者，曰碑志、序记、论辩，固皆史变体也。冒其名，不曙所繇，苦而要之，理亦冤矣！或更谓：如君言，于鳞诚文人。文人者易事自喜，宜不称为守。今诸生相聚而訾易太史氏者，非《货殖》《游侠》耶？乃其辨方俗、要塞、纤侈，其民人羯羠与物土膏瘠所宜否，介若指掌然。令他书生周行人间，白首奚晢也。而班氏稍能密于文，叙循吏所以状委致，如其自叙亡憾，此岂龌龊工纸上言者？汉时君臣小用之，为郡国守相，彼其所因利巧中，肯出吴公、赵、张下哉？天地之精英，发之于文章，而粗迹及政事，亡二也。子何以一时而骄吾千万年？吾故举之遗于鳞，即二君子之徒移目吾，吾且甘之矣。

——王世贞：《弇州山人四部稿》卷五十七，《明代传记丛刊》，台北伟文图书出版社1976年影印本

谢茂秦集序

茂秦既已白卢柟事出狱，则士大夫争愿识之，河朔少年家传说矣。而茂秦亦时时好举其事。又《游燕》诸篇，多从历下生更定，有名，坐色忤辄背去，以故前少年心怪之。毋论鲁朱家、郭解不如，则厨莹之贾人非夫也。夫然茂秦既老，贫不能别治生，稍讳言侠，而其自喜为诗愈甚。余他无所论次，论其诗云：古之诗称布衣间者，即无过襄阳孟浩然、郊也。浩然才不足以半摩诘，特善用短耳。其景色恒传情而发，故小胜也；其气先志而索，故大不胜也。然偏师而出者，犹轻当于众志而脍炙艺林，至于今诵之不衰。夫郊乃其琐琐者。明兴而后，可指数也。世所言孙山人之流，其文辞概一二见焉，此岂诚当于作者哉！荐绅先生雅好饰岩穴自贵重，响附景逐，而其辞又以近俗，得卒然解袭，誉耳目之所及足矣。谚曰："人貌荣名，岂有既乎！"夫谢生眇而伧父状也，又习见其本末，骤而语之古之人，众且大骇，以为欺我。假令袭古衣冠或浩然辈，非古而与之篇角字批于丛台之下，知必毋以下驷走也。茂秦故有集行于邺，七言古多散缓可商者，又称人间贵人甚著，吾厌之，为去其十七，乃所存则咸渢渢然鸿爽比密、宫商协度、意象衡当者。盖吾尝为之评曰：茂秦诗，长乐卫尉之兵乎，击刁斗，明斥堠，幕府上事，车旌秩然也而已矣，亦可以无败矣。

——王世贞：《弇州山人四部稿》卷六十四，《明代传记丛刊》，台北伟文图书出版社1976年影印本

王氏金虎集序

自叙曰：王氏世以政术显，余龀时业好闻人名卿大夫之业

云。弱冠举进士,京师且十载所目睹,乃大谬不然者。夫武吏以力进,而文吏繇经治。此非其人独身于世,致赫赫也,殆亦数会尔。退而自唯踈节骨体,不能为骪骳脂软,舍其故以媚一切之功名。家故江南人,筋力柔脆不耐刀桀,佐马上之治,而又不欲掇伊洛之遗,详缓其步,速化苟就而已。而是时有濮阳李先芳者,雅善余,然又善济南李攀龙也,因见攀龙于余,余二人者相得甚欢,间来约曰:夫文章者,天地之精而不朽之盛举也。今世所慕说贵人沾沾自喜,夸诩其粗而訾吾精,以为无益世治乱,即季札所陈兴衰大端,又曷故焉?夫君子得志,则精涣而为功,不得志则精敛而为言,此屈信之大变通于微权者也。诗书吾窃有志焉,而未之逮也;诗变而屈氏之骚出,靡丽乎长卿圣矣;乐府三诗之余也,五言古苏李其风乎,而法极黄初矣;七言畅于燕歌乎,而法极杜李矣;律畅于唐乎,而法极大历矣;书变而左氏《战国》乎,而法极司马史矣。生亦有意乎哉!于是吾二人者,益日切劘为古文辞,众大谨欱詈之。虽濮阳亦稍稍自疑,引辟去。而徐中行、梁有誉来,已,宗臣来,已,吴国伦来,其人咸慷慨自信于海内,亡所许可,独称吾二人者千古耳。故语于文章之际,能使亲疏而疏亲,语于其效,复能使远迩而迩远,俱非已也。然余往者,则已有一时名,既名日以削,而宦日以薄,守尚书郎满九岁,仅得迁为按察,治青齐兵。此其意将困余以所不习故。于乎!即令余未见嫉,司命削其官,与田父、猎徒角寸阴于南山之下,又不可;而使之御魑魅、咏山鬼,亦有以自乐也,乌在其为困哉!

独念天下事未可知,岳中揭河陆浑,寇盗猬发,感子卿、任安之答,陈王、敬礼之对,因取旧所著撰次而书之,以俟他日删定。凡赋哀一卷,四言古诗一卷,古乐府三卷,五言古三卷,七言古二卷,五言律四卷,七言律三卷,五六七言排律二卷,五六言绝一卷,七言绝一卷,传一卷,序记五卷,志铭行状一卷,书赞诔祭杂著一卷,尺牍三卷,题曰《金虎集》。金虎,西方之精也。于时为秋,余郎秋官时署治西,其著述咸在焉。取而冠之,亦以拂欎挚敛之业,居多乎哉!则春华而灼然油然者左矣。

——王世贞:《弇州山人四部稿》卷七十一,《明代传记丛

刊》，台北伟文图书出版社1976年影印本

宋诗选序

　　自杨、刘作而有西昆体，永叔、圣俞思以淡易裁之。鲁直出而又有江西派，眉山氏睥睨其间，最号为雄豪，而不能无利钝。南渡而后，务观、万里辈亦遂彬彬矣。去宋而为元，稍以轻俊易之。明兴，而诸先大夫之作，不能无兼采二季之业，而自北地、信阳显，弘、正间古体乐府非东京而下至三谢，近体非显庆而下至大历，俱亡论也。二季飂是屈矣。

　　吴兴慎侍御子正，顾独取《宋诗选》而梓之，以序属余。余故尝从二三君子后抑宋者也，子正何以梓之，余何以从子正之请而序之？余所以抑宋者为惜格也。然而代不能废人，人不能废篇，篇不能废句，盖不止前数公而已。此语于格之外者也。今夫取食色之重者与礼之轻者比之，奚啻食色重？夫医师不以参苓而捐溲勃，大官不以八珍而捐胡禄障泥，为能善用之也。虽然，以彼为我则可，以我为彼则不可。子正非求为伸宋者也，将善用宋者也。然则何以不梓元，子正将有待耶？抑以其轻俊饶声泽，不能当宋实故耶？乃信阳之评的然矣。曰"宋人似苍老而实疏卤，元人似秀峻而实浅俗"之二语也，其二季之定裁乎？后之览者，将以子正用宋抑元，以信阳不为宋、元入，斯可耳。

　　——王世贞：《弇州续稿》卷四十一，文渊阁《四库全书》本

苏长公外纪序

　　今天下以四姓目文章大家，独苏公之作最为便爽，而其所撰论策之类，于时为最近。故操觚之士，鲜不习苏公文者，而雌黄之颊于公不能无少挫，然使天下而有能尽四氏集者，万不得一也。苏公才甚高，蓄甚博，而出之甚达，而又甚易，凡三氏之奇尽于集，而苏公之奇不尽于集，故夫天下而有能尽苏公奇者，亿且不得一也。公之所不尽韵，而词则温韦让壮，舌而谐谑，则侯白

逊雅,笔而简牍题署,则黄豫章逊隽;游戏而为法书,则颜平原、李北海之难弟。为古木竹石,则文洋州之畏友;逃而之佛,则裴相国杨学士之禅那。以是律三君子,有一乎否也?当苏公之生存,虽荒州下邑儿童妇女,莫不欲一识其面,而其言之传,盖北幽朔而东三韩,西达羌戎,南过鸡林马人之界,而其禁绝之者,乃在于广厦细旃之上角,而与之左者,谈说经术道理之士,亟窜而亟欲杀之者,亦一时材谞贵臣。噫,可怪也!及公殁且久,而广厦细旃之上,其恶渐移而为好,学士大夫至于今慕说之不衰,虽然,问其所以能尽公者,则自论策之外无几也,吾所以云:亿不得一也。当吾之少壮时,与于鳞习为古文辞,其于四家殊不能相入,晚而稍安之,毋论苏公文,即其诗最号为雅变杂糅者,虽不能为吾式,而亦足为吾用。其感赴节义,聪明之所溢,散而为风调才技,于余心时有当焉。以故取公《年谱》及传志略存之,而复蕞公之小言,与诸家之评陟纪述琐屑,亦一一附录,约为十卷,名之曰《苏长公外纪》,而置之山房之几,暇日抽一卷,佐一觞,其不贤于山腴海错者,几希。

——王世贞:《弇州续稿》卷四十二,文渊阁《四库全书》本

俞仲蔚先生集序

余以嘉靖癸丑有维扬讞,而投俞先生诗,与定交,后三岁丙辰而有三辅讞为稍梓俞先生诗以行而叙之。其又二十有四岁而为今上之庚辰,俞先生老病死而余以赍哀之,已又志其葬,又明年而郡丞刘君某谋尽梓其诗文而授锓焉,歙人程汝义者悉橐继之,而属余叙,夫余所扬隲俞先生,虽后先,殊其大致谓诗五言古能步趋建安以下,迨齐梁错而不悖格;七言歌辞翩翩自肆,或深或浅,不名一家;独近体为小赢;而绝句时自会心;文主东京语,间入晋宋,旨不必隽而骨在,纬不必丽而质胜,其于泉石最谐本色,毋亦布衣之赤帜乎哉。自余之语出而俞先生论稍定,独其于隐,虽天下之人慕悦之而未有能名其格者。夫上隐生而挫声,茹勤攻苦,自放于鹿麋之外。樵父牧竖,能狎而不能敬;贤达之

士,可意想而不可踪迹。乃俞先生故搢绅子,少亦尝事博士经,数奇而后弃之,筋力柔懒,善头风病。耕不能为鹿门德公,佣不能为皋桥伯鸾,游不能为禽息、向子平,而累累焉寄一廛于十室之邑。居恒自谓"吾不徇人,亦不避人;吾不厌世,亦不侮世;吾不以名就名,亦不以匿名钓名,如是而已。"夫俞先生以善病故,其足不能出百里外,虽然,纵不能游五岳不贤于游五侯乎哉?且夫隐至俞先生,亦足矣,何至必欲并迹而灭之,然后称上隐?或谓俞先生集所酬赠多宦路显者,此事独余识之。盖余以诗定俞先生交,而所善吴兴徐子与来,子与余游道广天下,自是慕说俞先生,争欲得俞先生言,俞先生无所拒,然亦无援纳。既久而干旄之大夫有造俞先生者,俞先生无所拒,然亦无所报谢。俞先生少贫,所食恒半菽,至或并日炊,然一介无所取,晚节声转重,人或以谊饷者,亦不为饰词,然大不能至束帛,小或算嚣食而已。昔许玄度卧永兴南幽穴,而致四方诸侯之遗人,或以箕山人诮之,顾谓筐筐苞苴,轻于天下之宝为解传奇者,亦毋用是,而废其栖逸,此何足轩轾俞先生哉?盖俞先生去诸生,即为赞赞高士,如干人以寓其微指,而所操论独不喜郭林宗以舍己而就天下之好,布衣而侵大司徒之秉亡当要之。俞先生虽不竟自晦于隐遁,庶几能持衡者,故因程氏请及之,以俟传文苑隐逸者折衷焉。

——王世贞:《弇州续稿》卷四十四,文渊阁《四库全书》本

归 太 仆 赞

　　故太仆寺丞直文渊制敕归震川先生,讳有光,字熙甫,昆山人也。生而美风仪,性渊沉,于书鲜所不读,而尤邃经术,长于制科之业。自其为诸生,则已有名,及门之屦恒满。而先生方以久次膺贡,寻举应天省试第二人,故相张文毅公治时主试,得先生文而奇之,大以国士相许。然至公交车,辄报罢。

　　行年六十而始登第。又不得馆选,出令湖之长兴,逾三载仅迁判顺德府。高新郑,其座主也。以大相秉铨,怜先生屈,拔为太仆丞。寻以太仆入司制敕,气稍发舒。而浙之台使复苛擿之,

先生方属疾,郁郁不乐,遂卒。

先生于古文辞,虽出之自史、汉,而大较折衷于昌黎、庐陵。当其所得,意沛如也。不事雕饰,而自有风味,超然当名家矣。其晚达而终不得意,尤为识者所惜云。

赞曰:风行水上,涣为文章。当其风止,与水相忘。剪缀帖括,藻粉铺张。江左以还,极于陈、梁。千载有公,继韩、欧阳。余岂异趋,久而始伤。

——王世贞:《弇州续稿》卷一百五十,文渊阁《四库全书》本

【思考题】

1. 王世贞"才思格调"说的理论内涵是什么?

2. 从哪些方面可以看出,相比较于李梦阳、何景明,王世贞之论诗文法度更为具体?

徐　渭

徐渭(1521—1593)，初字文清，后改字文长，号天池山人，绍兴府山阴人。年二十为诸生，屡试不第。浙江总督胡宗宪慕其名，聘为幕府书记。徐渭知兵好计，于抗倭军事多所策划。后胡因罪下狱，他也一度得狂疾，并因杀妻罪入狱当死。里人张元忭力救始得免，乃游金陵，并北上遨游。晚年以卖书画为生，潦倒终生。诗文戏曲书画皆工，艺术上绝不依傍他人，喜好独创一格，具有强烈的个性，风格豪迈而放逸，而且常常表现出对民间文学的爱好。著有《文长集》《阙编》《樱桃馆集》《四声猿》《南词叙录》等。

肖甫[1]诗序

古人之诗本乎情，非设以为之者也，是以有诗而无诗人。迨于后世，则有诗人矣，乞诗之目多至不可胜应，而诗之格亦多至不可胜品，然其于诗，类皆本无是情，而设情以为之。夫设情以为之者，其趋在于干诗之名[2]，干诗之名，其势必至于袭诗之格而剿其华词，审如是，则诗之实亡矣，是之谓有诗人而无诗。有穷理者起而救之，以为词有限而理无穷，格之华词有限而理之生议无穷也，于是其所为诗悉出乎理而主乎议。而性畅者其词亮，性郁者其词沉[3]，理深而义高者人难知，理通而议平者人易知。夫是两诗家者均之为俳[4]，然谓彼之有限而此之无穷，则无穷者信乎在此而不在彼也。

肖甫与吾结发而同师，至十六七而始分，又六七年而复合，合而复同师也[5]。始同师时，同学为干禄文字[6]，既而分则同有事于词家，又既而合，则同有事于道。于是肖甫者为诗始入理而主议，然其性也郁，而其所造之理，与所主之议，深而高，故其为诗也沉，而为人所难知。夫两诗家者，各是其是，如聚讼然，即使亮而易知，犹不相入也，况沉而难知乎？而余独私好之，某氏善肖甫，亦将稍出其藏匿者梓以布，而试其果投于人否也，而谋于余，余故略道其所以然。谚有云，鼠不容穴，衔蒌薮也[7]。乃予之评其亦果容于人否耶？

——《徐文长三集》卷十九，《徐渭集》，中华书局1983年版

【题解】

明代中后期，由于资本主义经济关系的萌芽和市民阶层的壮大，新的社会思潮开始出现，这对当时的文学、文学批评产生了根本的影响。作为明代中后期新思潮的代表，出来冲击传统礼教的桎梏，倡导思想解放的，徐渭是较早的一个。他声言"不为儒缚"（《自为墓志铭》），要彻底摆脱理学的束缚。而在文学创作领域，他则要求文学当以人心、人情为本。这篇《肖甫诗序》便是他主情论的重要宣言。

【注释】

1. 肖甫：即丁肖甫，徐渭同窗好友。二人友情甚笃，徐渭曾作《元旦与肖甫较射》《肖甫病目三年始愈》等诗。徐渭入狱期间，一家老少都得到肖甫的照顾。
2. 干诗之名：干，追求、求取之意。
3. 性郁者其词沉："沉"，表示深切长久，程度深。
4. 俳：滑稽，诙谐。
5. 合而复同师也：指二人同师季本。季本（1485－1563），字明德，号彭山，会稽（今浙江绍兴）人，从王守仁学，正德十二年（1517）进士。授建宁府推官，征为御史，以言事谪揭阳主簿，官至长沙知府。嘉靖二十二年（1543）由长沙知府解职还乡，寓禹迹寺讲学。著有《易学四同》《诗说解颐》等。
6. 干禄文字：干禄，意为求禄位、求仕进。《论语·为政》："子张学干禄。"
7. 蒌薮：即篓数，指戴在头上供顶物用的草垫圈。《汉书·杨恽传》："我不能自保，真人所谓鼠不容穴，衔篓数者也。"颜师古注："篓数，戴器也。"

【讲疏】

嘉靖中后期，"后七子"执掌文柄，复古声势盛大。徐渭《肖甫诗序》提

笔即谓"古人之诗本乎情",这实际是对"后七子"拟古思想的有力反驳。在一片复古声中,徐渭也不讳言"古",但落脚点却放在"情",而非"后七子"所论的"格""调""法"。

自明代中期始,在阳明心学的刺激和发达的商品经济的熏染之下,干谒之风在社会上悄然兴起,游大人以成名者,难以胜计。这其中尤以专靠打秋风为生的山人最为著名。《明史·文苑传》说王世贞主文盟二十年,"一时士大夫及山人、词客、衲子、羽流,莫不奔走门下"。就徐渭人生经历而言,他也是一位山人,曾游于胡宗宪等人之幕府。故此,徐渭对干谒之风的批评,并不在于干谒行为本身,而在于创作中的"干诗之名",在于"袭诗之格而剿其华词"。

徐渭肯定好友诗歌创作"穷理"的路径,这实际上是对唐宋派的推崇。明中叶,前后七子执掌文坛,复古之风流行一时。嘉靖年间,王慎中、唐顺之受到当时理学尤其是心学兴起的影响,主张"文特以道相盛衰",从"道"与"心性"的角度倡导文贵"自得"。徐渭身处当时王学繁盛的浙中,拜王学中坚人物王畿、季本为师,与心学家及佛学人物等有较广泛接触,并以唐顺之、王慎中等为自己的精神导师,因此论文也主理、主心性。唐宋派以"穷理"作为文学革新的一种路径,徐渭明确将自己归于"穷理"一派,可见他对唐宋派的服膺。

【关键词解读】

诗本乎情

在这篇《肖甫诗序》里,徐渭一开篇就说"古人之诗本乎情","主情"是徐渭论诗的基本立场。徐渭说古之诗,如《诗经》和一些民间歌谣,都是"本乎情"的,诗歌作者并非"干诗之名",所以是"有诗而无诗人"。从"主情论"出发,徐渭对复古派作了尖锐的批判。他认为复古派的致命弱点是"设情以为之"。刘勰在《文心雕龙·情采》篇中认为好的作品是"为情而造文",如果"为文而造情",则等而下之了,这类作品只是作者在辞采上下功夫,为创作而虚构情感。徐渭所说的"设情而为之",就属于第二种。"设情而为之"的诗歌"势必至于袭诗之格而剿其华词",最终"名存而实亡",其结果就形成了"有诗人而无诗"的风气。尽管复古派论诗也注重情感,但他们的创作多陷入模拟的泥沼,因此徐渭以为他们的情感是虚设的,是不真实的。徐渭这一观点切中了七子派成员尤其是七子末流、后学的弊端,是有积极的现实意义的。

【相关知识链接】

《明史·文苑传》云:"归有光稍后出,以司马、欧阳自命,力排李、何、王、李,而徐渭、汤显祖、袁宏道、钟惺之属,亦各争鸣一时,于是宗李、何、王、李者稍衰。"综览徐渭一生,《明史》这段话并不准确,作为一乡村野老,徐渭的艺术创作在当时并未受到关注。万历二十五年(1597),徐渭谢世四年后,袁宏道游会稽,在陈编中发现其所著文集,"称为奇绝,谓有明一人"(陶望龄《徐文长传》)。万历二十七年(1599),袁宏道撰成《徐文长传》(《袁宏道集笺校》卷十九)一文,徐渭才引起了文坛的广泛注意。袁宏道《徐文长传》既是为徐渭立传,更是为徐渭扬名。传曰:"文长自负才略,好奇计,谈兵多中,视一世士无可当意者,然竟不偶。文长既已不得志于有司,遂乃放浪曲蘖,恣情山水,走齐、鲁、燕、赵之地,穷览朔漠,其所见山奔海立,沙起云行,风鸣树偃,幽谷大都,人物鱼鸟,一切可惊可愕之状,一一皆达之于诗。其胸中又有勃然不可磨灭之气,英雄失路托足无门之悲,故其为诗,如嗔如笑,如水鸣峡,如种出土,如寡妇之夜哭,羁人之寒起,虽其体格时有卑者,然匠心独出,有王者气,非彼巾帼而事人者所敢望也。文有卓识,气沉而法严,不以模拟损才,不以议论伤格,韩、曾之流亚也。文长既雅不与时调合,当时所谓骚坛主盟者,文长皆叱而奴之,故其名不出于越,悲夫!喜作书,笔意奔放如其诗,苍劲中姿媚跃出,欧阳公所谓'妖韶女老,自有余态'者也。间以其余,旁溢为花鸟,皆超逸有致。"袁宏道的传文语带悲愤,为徐文长的"不偶"嘘唏不已。袁宏道《徐文长传》还说徐渭"诗文崛起,一扫近代芜秽之习",充分肯定徐渭在革除文坛积弊方面的巨大作用。袁宏道在写给陶望龄的尺牍中说"《徐文长传》虽不甚核,然大足为文长吐气",正是因袁宏道《徐文长传》一文,徐渭渐为世人所知。徐渭生前不得志于时,但身后"知遇"于袁宏道,岂非幸哉!

【延伸阅读】

《南词叙录》是我国第一部,也是唯一的一部专论南戏的著作,内容涉及南戏的源流及发展、声律、作家作品风格、术语方言等。其自序云:"北杂剧有《点鬼簿》,院本有《乐府杂录》,曲选有《太平乐府》,记载详矣。惟南戏无人选集,亦无表其名目者,予尝惜之。客闽多病,咄咄无可与语,遂录诸戏文名,附以鄙见。"徐渭之所以要为南戏张目,是因为南戏是"即村坊小曲而为之"的被人轻视的剧种。他的南戏理论的基本宗旨,即是维护"即村坊小曲而为之"的自然本色的特征。

南词叙录(节选)

　　南戏始于宋光宗朝,永嘉人所作《赵贞女》《王魁》二种实首之,故刘后村有"死后是非谁管得,满村听唱蔡中郎"之句。或云:"宣和间已滥觞,其盛行则自南渡,号曰'永嘉杂剧',又曰'鹘伶声嗽。'"其曲,则宋人词而益以里巷歌谣,不叶宫调,故士夫罕有留意者。元初,北方杂剧流入南徼,一时靡然向风,宋词遂绝,而南戏亦衰。顺帝朝,忽又亲南而疏北,作者猬兴,语多鄙下,不若北之有名人题咏也。永嘉高经历明,避乱四明之栎社,惜伯喈之被谤,乃作《琵琶记》雪之,用清丽之词,一洗作者之陋,于是村坊小伎,进与古法部相参,卓乎不可及已。相传:则成坐卧一小楼,三年而后成。其足按拍处,板皆为穿。尝夜坐自歌,二烛忽合而为一,交辉久之乃解。好事者以其妙感鬼神,为捌瑞光楼旌之。我高皇帝即位,闻其名,使使征之。则诚佯狂不出,高皇不复强。亡何,卒。时有以《琵琶记》进呈者,高皇笑曰:"五经、四书,布、帛、菽、粟也,家家皆有;高明《琵琶记》,如山珍、海错,贵富家不可无。"既而曰:"惜哉,以宫锦而制鞵也。"由是日令优人进演。寻患其不可入弦索,命教坊奉銮史忠计之。色长刘杲者,遂撰腔以献,南曲北调,可于筝琶被之;然终柔缓散戾,不若北之铿锵入耳也。

　　今南九宫不知出于何人,意亦国初教坊人所为,最为无稽可笑。夫古之乐府,皆叶宫调;唐之律诗、绝句,悉可弦咏,如"渭城朝雨"演为三叠是也。至唐末,患其间有虚声难寻,遂实之以字,号长短句,如李太白《忆秦娥》《清平乐》,白乐天《长相思》,已开其端矣;五代转繁,考之《尊前》《花间》诸集可见;逮宋,则又引而伸之,至一腔数十百字,而古意颇微。徽宗朝,周、柳诸子,以此贯彼,号曰"侧犯""二犯""三犯""四犯",转辗波荡,非复唐人之旧。晚宋,而时文、叫吼,尽入宫调,益为可厌。"永嘉杂剧"兴,则又即村坊小曲而为之,本无宫调,亦罕节奏,徒取其畸农、市女顺口可歌而已。谚所谓"随心令"者,即其技欤?间有一二叶音律,终不可以例其余,乌有所谓九宫?必欲穷其宫调,则当自唐、宋词中别出十二律、二十一调,方合古意。是九宫者,亦乌足以尽之?多见其无知妄作也。

今之北曲,盖辽、金北鄙杀伐之音,壮伟很戾,武夫马上之歌,流入中原,遂为民间之日用。宋词既不可被弦管,南人亦遂尚此,上下风靡,浅俗可嗤。然其间九宫、二十一调,犹唐、宋之遗也,特其止于三声,而四声亡灭耳。至南曲,又出北曲下一等,彼以宫调限之,吾不知其何取也。或以则诚"也不寻宫数调"之句为不知律,非也,此正见高公之识。夫南曲本市里之谈,即如今吴下《山歌》、北方《山坡羊》,何处求取宫调?必欲宫调,则当取宋之《绝妙词选》,逐一按出宫商,乃是高见。彼既不能,盍亦姑安于浅近,大家胡说可也,奚必南九宫为?

南曲固无宫调,然曲之次第,须用声相邻以为一套,其间亦自有类辈,不可乱也,如《黄莺儿》则继之以《簇御林》,《画眉序》则继之以《滴溜子》之类,自有一定之序,作者观于旧曲而遵之可也。

南之不如北有宫调,固也;然南有高处,四声是也。北虽合律,而止于三声,非复中原先代之正,周德清区区详订,不过为胡人传谱,乃曰《中原音韵》,夏虫、井蛙之见耳!

胡部自来高于汉音。在唐,龟兹乐谱已出开元梨园之上。今日北曲,宜其高于南曲。

有人酷信北曲,至以伎女南歌为犯禁,愚哉是子!北曲岂诚唐、宋名家之遗?不过出于边鄙裔夷之伪造耳。夷、狄之音可唱,中国村坊之音独不可唱?原其意,欲强与知音之列,而不探其本,故大言以欺人也。

中原自金、元二虏猾乱之后,胡曲盛行,今惟琴谱仅存古曲,余若琵琶、筝、笛、阮咸、响盏之属,其曲但有《迎仙客》《朝天子》之类,无一器能存其旧者。至于喇叭、唢呐之流,并其器皆金、元遗物矣。乐之不讲至是哉!

今昆山以笛、管、笙、琵按节而唱南曲者,字虽不应,颇相谐和,殊为可听,亦吴俗敏妙之事。或者非之,以为妄作,请问《点绛唇》《新水令》，是何圣人著作？

今唱家称"弋阳腔"，则出于江西，两京、湖南、闽、广用之；称"余姚腔"者，出于会稽，常、润、池、太、扬、徐用之；称"海盐腔"者，嘉、湖、温、台用之。惟"昆山腔"止行于吴中，流丽悠远，出乎三腔之上，听之最足荡人，妓女尤妙此。如宋之嘌唱，即旧声而加以泛艳者也。隋、唐正雅乐，诏取吴人充弟子习之，则知吴之善讴，其来久矣。

词调两半篇乃合一阕，今南曲健便，多用前半篇，故曰一只，犹物之双者，止其一半，不全举也。如《梁州序》，四字起乃上篇也，第三只七字起是后半篇，虽曰四只，实为两阕。如《八声甘州》亦然，故头只四字，次只七字起也。南九宫全不解此意，两只不同处，便下"过篇"二字，或妄加一"么"字，可鄙。"么"字，非"么"字也。大抵古人作事不苟，唱前篇了，恐人不知，联牵唱去，故加一"空"字别之。"么"乃"空"字之省文。

南易制，罕妙曲；北难制，乃有佳者。何也？宋时，名家未肯留心；入元又尚北，如马、贯、王、白、虞、宋诸公，皆北词手；国朝虽尚南，而学者方陋——是以南不逮北。然南戏要是国初得体。南曲固是末技，然作者未易臻其妙。《琵琶》尚矣，其次则《觑江楼》《江流儿》《莺燕争春》《荆钗》《拜月》数种，稍有可观，其余皆俚俗语也；然有一高处：句句是本色语，无今人时文气。

以时文为南曲，元末、国初未有也，其弊起于《香囊记》。《香囊》乃宜兴老生员邵文明作，习《诗经》，专学杜诗，遂以二书语句勾入曲中，宾白亦是文语，又好用故事作对子，最为害事。夫曲本取于感发人心，歌之使奴、童、妇、女皆喻，乃为得体；经、子之谈，以之为诗且不可，况此等耶？直以才情欠少，未免辏补成篇。吾意：与其文而晦，曷若俗而鄙之易晓也？

《香囊》如教坊雷大使舞，终非本色，然有一二套可取者，以其人博记，又得钱西清、杭道卿诸子帮贴，未至澜倒。至于效颦《香囊》而作者，一味孜孜汲汲，无一句非前场语，无一处无故事，无复毛发宋、元之旧。三吴俗子，以为文雅，翕然以教其奴婢，遂至盛行。南戏之厄，莫甚于今。

填词如作唐诗，文既不可俗，又不可自有一种妙处，要在人领解妙悟，未可言传。名士中有作者，为予诵之，予曰："齐、梁长短句诗，非曲子何也？"其词丽而晦。

或言："《琵琶记》高处在《庆寿》《成婚》《弹琴》《赏月》诸大套。"此犹有规模可寻。惟《食糠》《尝药》《筑坟》《写真》诸作，从人心流出，严沧浪言"水中之月，空中之影"，最不可到。如《十八答》，句句是常言俗言，扭作曲子，点铁成金，信是妙手。

本朝北曲，推周宪王、谷子敬、刘东生，近有王检讨、康状元，余如史痴翁、陈大声辈，皆可观。惟南曲绝少名家。枝山先生颇留意于此，其《新机锦》亦冠绝一时，流丽处不如则诚，而森整过之，殆劲敌也。

最喜用事当家，最忌用事重沓及不著题。枝山《燕曲》云："苏小道：'伊不管流年，把春色衔将去了，却飞入昭阳姓赵'。"两事相联，殊不觉其重复，此岂寻常所及？末"赵"字，非灵丹在握，未易镕液。予窃爱而效之，《宫词》云："罗浮少个人儿赵"，恨不及也。

晚唐、五代，填词最高，宋人不及。何也？词须浅近，晚唐诗文最浅，邻于词调，故臻上品；宋人开口便学杜诗，格高气粗，出语便自生硬，终是不合格。其间若淮海、耆卿、叔原辈，一二语入唐者有之，通篇则无有。元人学唐诗，亦浅近婉媚，去词不甚远，故曲子绝妙。《四朝元》《祝英台》之在《琵琶》者，唐人语也，使杜子撰一句曲，不可用，况用其语乎？

散套中佳者尤少，如"燕翅南飞""为人莫作""弓弓凤鞋"之类，俗而可厌。惟"窥青眼""箫声唤起""群芳绽锦"四五套可观，然大歇占尾，用事重沓，亦太滞。

凡唱，最忌乡音。吴人不辨清、亲、侵三韵，松江支、朱、知，金陵街、该，生、僧，扬州百、卜，常州卓、作，中、宗，皆先正之而后唱可也。

曲有本平韵者亦可作入韵，《高阳台》《黄莺儿》《画眉序》《虾蟆序》之类是也；有本入韵不可作平者，《四边静》是也；其它平韵不可作入者甚多。

今曲用宋词者,《尾犯序》《满庭芳》《满江红》《鹧鸪天》《谒金门》《风入松》《卜算子》《一剪梅》《贺新郎》《高阳台》《忆秦娥》,余皆与古人异矣。

凡曲引子,皆自有腔,今世失其传授,往往作一腔直唱,非也。若《昼锦堂》与《好事近》,引子同,何以为清、浊,高、下?然不复可考,惜哉!

听北曲使人神气鹰扬,毛发洒淅,足以作人勇往之志,信胡人之善于鼓怒也,所谓"其声噍杀以立怨"是已;南曲则纡徐绵眇,流丽婉转,使人飘飘然丧其所守而不自觉,信南方之柔媚也,所谓"亡国之音哀以思"是已。夫二音鄙俚之极,尚足感人如此,不知正音之感何如也。

——徐渭:《南词叙录》,《中国古典戏曲论著集成》,第三册,中国戏剧出版社1959年版

【思考题】

1. 为什么说徐渭肯定诗歌创作"穷理"的路径,实际上是对唐宋派的推崇?

2. 徐渭"诗本乎情"的理论内涵是什么?

李　贽

【作者简介】

李贽(1527—1602),原名载贽,号卓吾、宏甫,别号温陵居士、龙湖叟,泉州晋江人。嘉靖三十一年(1552)中举,五十岁官云南姚安知府。五十四岁辞官,不久出家,于湖北黄安、麻城等地讲学著书。被以"敢倡乱道,惑世诬民"之罪系狱,卒于狱。他崇尚儒家学说,但反对当时把程朱理学作为评价是非的唯一标准;强调为社稷民生着想、关心百姓生活才是"真道学";提倡个性自由、官民平等和男女平等,在中国思想史上占有重要地位。著有《焚书》《续焚书》《藏书》《续藏书》等。

童　心　说

　　龙洞山农叙《西厢》[1],末语云:"知者勿谓我尚有童心可也。"夫童心者,真心也;若以童心为不可,是以真心为不可也。夫童心者,绝假纯真,最初一念之本心也。若失却童心,便失却真心;失却真心,便失却真人。人而非真,全不复有初矣。

　　童子者,人之初也;童心者,心之初也。夫心之初,曷可失也,然童心胡然而遽失也[2]?盖方其始也,有闻见从耳目而入,而以为主于其内而童心失。其长也,有道理从闻见而入,而以为主于其内而童心失。其久也,道理闻见日以益多,则所知所觉日以益广,于是焉又知美名之可好也,而务欲以扬之而童心失;知不美之名之可丑也,而务欲以掩之而童心失。夫道理闻见,皆自多读书识义理而来也。古之圣人,曷尝不读书哉!然纵不读书,童心固自在也,纵多读书,亦以护此童心而使之勿失焉耳,非若学者反以多读书识义理而反障之也。夫学者既以多读书识义理障其童心矣,圣人又何用多著书立言,以障学人为耶?童心既障,于是发而为言语,则言语不由衷;见而为政事,则政事无根柢;著而为文辞,则文辞不能达。非内含于章美也[3],非笃实生辉光也,欲求一句有德之言,卒不可得。所以者何?以童心既障,而以从外入者闻见道理为之心也。

夫既以闻见道理为心矣,则所言者,皆闻见道理之言,非童心自出之言也。言虽工,于我何与!岂非以假人言假言,而事假事,文假文乎!盖其人既假,则无所不假矣。由是而以假言与假人言,则假人喜。以假事与假人道,则假人喜。以假文与假人谈,则假人喜。无所不假,则无所不喜。满场是假,矮人何辩也[4]?然则虽有天下之至文,其湮灭于假人而不尽见于后世者,又岂少哉!何也?天下之至文,未有不出于童心焉者也。苟童心常存,则道理不行,闻见不立,无时不文,无人不文,无一样创制体格文字而非文者。诗何必古《选》[5],文何必先秦。降而为六朝,变而为近体[6],又变而为传奇,变而为院本[7],为杂剧,为《西厢曲》,为《水浒传》,为今之举子业,大贤言圣人之道皆古今至文,不可得而时势先后论也,故吾因是而有感于童心者之自文也,更说什么六经,更说什么《语》《孟》乎!

夫六经、《语》《孟》,非其史官过为褒崇之词,则其臣子极为赞美之语,又不然则其迂阔门徒、懵懂弟子,记忆师说,有头无尾,得后遗前,随其所见,笔之于书、后学不察,便谓出自圣人之口也,决定目之为经矣,孰知其大半非圣人之言乎!纵出自圣人,要亦有为而发,不过因病发药,随时处方,以救此一等懵懂弟子、迂阔门徒云耳。药医假病,方难定执,是岂可遽以为万世之至论乎!然则六经、《语》《孟》,乃道学之口实,假人之渊薮也[8],断断乎其不可以语于童心之言明矣。呜呼!吾又安得真正大圣人之童心未曾失者,而与之一言文哉!

——李贽:《焚书》卷三,中华书局1975年版

【题解】

本篇选自《焚书》。《焚书》是李贽主要著作之一,收录了他万历十八年(1590)以前所写的书信、杂著、史论、诗歌等,其中不少篇幅是谈佛理的,多数内容表现出离经叛道的异端色彩和与正统理学抗争的精神,这种精神也延伸到对哲学、史学、文学等的看法中。《童心说》就是李贽对明代官方推行的理学思想的批评在文学领域的体现。

【注释】

1. 龙洞山农:焦竑的别号。焦竑(1540—1620),字弱侯,号漪园、澹园,江宁(今江苏南京)人。明万历十七年(1589)进士第一,官翰林院修撰。著作甚丰,有《澹园集》(正、续编)、《焦氏笔乘》《国朝献征录》《国史经籍志》等。焦竑于万历十年(1582)序《西厢记》,序文最后说:"知者当毋谓我尚有童心也。"

2. 夫心之初,曷可失也,然童心胡然而遽失也:曷,怎样,为什么。胡然,怎么样。遽,匆忙,急促。

3. 非内含于章美也:含章,包含美质。《易·坤》:"六三,含章可贞。"孔颖达疏:"章,美也。"

4. 满场是假,矮人何辩也:用"矮人看戏"的典故作比,喻己无所见而随声附和。《朱子语类》卷二七:"正如矮子看戏一般,见前面人笑,他也笑,他虽眼不曾见,想必是好笑,便随他笑。"

5. 诗何必古《选》:《选》,指南朝梁萧统所编的《文选》。

6. 变而为近体:近体,指隋唐之际出现并定型的格律诗。

7. 变而为院本:院本,金元时行院演出所依据的戏曲脚本。这里泛指元杂剧成熟前的早期戏剧作品。

8. 乃道学之口实,假人之渊薮也:口实,谓经常议论、诵读的内容。渊薮,渊,鱼聚之处;薮,兽聚之处。泛指人和事物集聚的地方。

【讲疏】

《童心说》首先是从哲学上对人的心性作了新的探讨。依据程朱理学的解释,人通过格物致知而识得义理,李贽则反其道而行之,以为人的心性天然就在,也就是最初的童心。童心的丧失恰恰就在于有了过多的"道理闻见",因此重要的是要摈除"道理闻见",使童心重新显现。李贽认为,童心蔽障,世风趋伪,其主要原因是人们从小就受到"道理闻见"的浸熏,结果,以人之心为己心,以人之耳目为己耳目,对善恶美丑是非的判断,均无个人主见,人云亦云,真声消失殆尽。因此,若欲恢复童心,最根本的就是要从"道理闻见"、虚伪义理的束缚下解脱出来,回归到真我的自然状态中。

以此立论,李贽直接将批评的锋芒对准了传统的儒家经典,提出了中国思想史上极具异端色彩的论断:"然则六经、《语》《孟》,乃道学之口实,假人之渊薮也。"这就从根本上否定了儒家经典和圣人偶像的绝对权威,抨击了封建的道统与文统。

推之于其他方面,李贽以为"童心既障,于是发而为言语,则言语不由衷;见而为政事,则政事无根柢;著而为文辞,则文辞不能达。"所以李贽进一步说"诗何必古《选》,文何必先秦",这无疑是对七子派"文必秦汉,诗必盛唐"说的诘难。李贽以"童心说"批判了历来轻视通俗文学的偏见,肯定了传奇、院本、杂剧的价值,而《西厢记》《水浒传》则是李贽眼里的"出于童心"的"古今之至文"。

【关键词解读】

童心说

李贽将"童心"界说为"真心","绝假纯真,最初一念之本心","心之初"。"童心""真心""本心""初心",都是指人在自然状态下的本性、本能、精神和心理,通俗地讲,就是指人在孩提时代所固有的那些未经世故、未受社会意识濡染的至纯至真的赤子之心。事实上,李贽还在别的文章中提到与"童心"相近似的异名,比如"本真""真""元"(《焚书·答周柳塘》)、"未彫未琢之天"(《续焚书·与潘雪松》)、"自然之性"(《续焚书·孔融有自然之性》)、"本色"(《续焚书·追述潘见泉先生往会因由付其儿参将》)、"诚意""自在""真心",等等。但最终在焦竑的启发下而提出的"童心"一词,被更广泛地接受了。这是因为"童心"一词既融会了道家崇自然、佛家尊本心的思想,又能与根深蒂固的"道理闻见"针锋相对。

与前此种种文学真实论相比,"童心说"更具备深邃丰富的哲理涵蕴。李贽论"真",特别强调个人所独具的"童心"与普遍的社会意识形态之间的对立,深刻地指出伪道学吞噬、淹没个人独立思维的严重危害,因此,谈到文学的真实性首先必须重视作者从"道理闻见"往"童心"的返归。如果失去这一重要前提,所谓文学的真实性仍难免是空泛的。

晚明思想和文学的一个重要特点,是怀疑人伦秩序的现状,归心自然,向慕本真,表现出对人性回归本然的追求。李贽《童心说》是这一思潮的代表。对于儒家经典的价值,他也提出了怀疑。以为六经、《论语》《孟子》大半非圣人之言;即使为圣人所道,也不过"因病发药,随时处方",决非"万世之至论"。从而否定了儒家经典长期以来被深信不疑的永恒真理的性质。这在当时无疑具有冲决樊篱、解放思想的重大意义。

概言之,"童心说"强烈地反对道学的束缚,反对权威和僵化,追求个性自由和解放的特征,具有近代启蒙思想的色彩。

【相关知识链接】

李贽的小说理论集中在他的《忠义水浒传序》和对《水浒传》的评点上。李贽将《水浒传》视为"天下之至文",将之与《史记》、杜诗等相提并论,在《忠义水浒传序》中,李贽认为《水浒传》乃"发愤"之作,作者所愤的,是宋室暗弱腐败。以《水浒传》为"发愤"之作,与李贽一贯主张的文当"有为而作"是一致的。李贽在《杂说》中指出:"且夫世之真能文者,比其初皆非有意于为文也。其胸中有如许无状可怪之事,其喉间有如许欲吐而不敢吐之物,其口头又时时有许多欲语而莫可所以告语之处,蓄极积久,势不能遏。一旦见景生情,触目兴叹;夺他人之酒杯,浇自己之垒块;诉心中之不平,感数奇于千载。"李贽认为,作家不能为写作而写作,而是为了抒发或寄托自己的情感而写作,是由于情感积累到了不吐不快的程度,而自然喷发的结果。

目前所存署名李贽批评的《水浒传》主要有两种本子,一为容与堂刻本《李卓吾先生批评忠义水浒传》一百回本,一为袁无涯刻、题李卓吾评的《出像评点忠义水浒全传》一百二十回本。容与堂本与袁本究竟何为李贽所评,或者皆非李贽所评,目前学界尚无定论,但可以肯定的是,李贽的确评点过《水浒传》。在《与焦弱侯》的尺牍中,李贽说:"《水浒传》批点得甚快活人"(《续焚书》卷一),此为明证。此外,袁中道《游居柿录》卷九也记载李贽评点《水浒传》一事:"万历壬辰(1592)夏中,李龙湖方居武昌朱邸。予往访之,正命僧常志抄写此书,逐字评点。常志者,乃赵瀼阳门下一书史,后出家,礼无念为师。龙湖悦其善书,以为侍者,常称其有志,数加赞叹鼓舞之,使抄《水浒传》。每见龙湖称说《水浒》诸人为豪杰,且以鲁智深为真修行,而笑不吃狗肉诸长老为迂腐,一一作实法会。"尽管目前我们不能确切考定李贽具体评点《水浒传》的文字,但李贽在小说评点史上的开创地位是不容置疑的。

【延伸阅读】

"童心说"是李贽文学思想的理论基石,他的戏曲、小说理论也都是围绕"童心说"来展开的。李贽极力推崇自然之美,以《拜月记》《西厢记》为"化工"的典范,以《水浒传》为"发愤"之作,具有重大的社会意义。李开先、袁宏道等人也推崇戏曲、小说,但他们多是站在正统诗文的立场上来谈论戏曲、小说的,而李贽则是站在戏曲、小说的立场上来谈论文学的。这是一个意义重大的变化,因为只有站在戏曲、小说的立场上谈论文学,才能真正破除正统文学观念,建立新的、符合文学发展实际的文学理论。

杂　　说

《拜月》《西厢》,化工也;《琵琶》,画工也。夫所谓画工者,以其能夺天地之化工,而其孰知天地之无工乎?今夫天之所生,地之所长,百卉具在,人见而爱之矣,至觅其工,了不可得,岂其智固不能得之欤!要知造化无工,虽有神圣,亦不能识知化工之所在,而其谁能得之?由此观之,画工虽巧,已落二义矣。文章之事,寸心千古,可悲也夫!

且吾闻之:追风逐电之足,决不在于牝牡骊黄之间;声应气求之夫,决不在于寻行数墨之士;风行水上之文,决不在于一字一句之奇。若夫结构之密,偶对之切;依于理道,合乎法度;首尾相应,虚实相生:种种禅病皆所以语文,而皆不可以语于天下之至文也。杂剧院本,游戏之上乘也,《西厢》《拜月》,何工之有!盖工莫工于《琵琶》矣。此高生者,固已殚其力之所能工,而极吾才于既竭。惟作者穷巧极工,不遗余力,是故语尽而意亦尽,词竭而味索然亦随以竭。吾尝揽《琵琶》而弹之矣:一弹而叹,再弹而怨,三弹而向之怨叹无复存者。此其故何耶?岂其似真非真,所以入人之心者不深耶!盖虽工巧之极,其气力限量只可达于皮肤骨血之间,则其感人仅仅如是,何足怪哉!《西厢》《拜月》,乃不如是。意者宇宙之内,本自有如此可喜之人,如化工之于物,其工巧自不可思议尔。

且夫世之真能文者,比其初皆非有意于为文也。其胸中有如许无状可怪之事,其喉间有如许欲吐而不敢吐之物,其口头又时时有许多欲语而莫可所以告语之处,蓄极积久,势不能遏。一旦见景生情,触目兴叹;夺他人之酒杯,浇自己之垒块;诉心中之不平,感数奇于千载。既已喷玉唾珠,昭回云汉,为章于天矣,遂亦自负,发狂大叫,流涕恸哭,不能自止。宁使见者闻者切齿咬牙,欲杀欲割,而终不忍藏于名山,投之水火。余览斯记,想见其为人,当其时必有大不得意于君臣朋友之间者,故惜夫妇离合因缘以发其端。于是焉喜佳人之难得,羡张生之奇遇,比云雨之翻覆,叹今人之如土。其尤可笑者:小小风流一事耳,至比之张旭、张颠、羲之、献之而又过之。尧夫云:"唐、虞揖让三杯酒,汤、武征诛一局棋。"夫征诛揖让何等也;而以一杯一局觑之,至眇小矣。

呜呼!今古豪杰,大抵皆然。小中见大,大中见小,举一毛端建宝王刹,坐微尘里转大法轮。此自至理,非干戏论。倘尔不信,中庭月下,木落秋空,寂寞书斋,独自无赖,试取《琴心》一弹再鼓,其无尽藏不可思议,工巧固可思也。呜呼!若彼作者,吾安能见之欤!

——李贽:《焚书》卷三,中华书局1975年版

忠义水浒传序

太史公曰:"《说难》《孤愤》,贤圣发愤之所作也。"由此观之,古之贤圣,不愤则不作矣。不愤而作,譬如不寒而颤,不病而呻吟也,虽作何观乎?《水浒传》者,发愤之所作也。盖自宋室不竞,冠屦倒施,大贤处下,不肖处上。驯致夷狄处上,中原处下,一时君相犹然处堂燕鹊,纳币称臣,甘心屈膝于犬羊已矣。施、罗二公身在元,心在宋;虽生元日,实愤宋事。是故愤二帝之北狩,则称大破辽以泄其愤;愤南渡之苟安,则称灭方腊以泄其愤。敢问泄愤者谁乎?则前日啸聚水浒之强人也,欲不谓之忠义不可。是故施、罗二公传《水浒》而复以忠义名其传焉。

夫忠义何以归于《水浒》也?其故可知也。夫水浒之众何以一一皆忠义也?所以致之者可知也。今夫小德役大德,小贤役大贤,理也。若以小贤役人,而以大贤役于人,其肯甘心服役而不耻乎?是犹以小力缚人,而使大力者缚于人,其肯束手就缚而

不辞乎？其势必至驱天下大力大贤而尽纳之水浒矣。则谓水浒之众，皆大力大贤有忠有义之人可也。然未有忠义如宋公明者也。今观一百单八人者，同功同过，同死同生，其忠义之心，犹之乎宋公明也。独宋公明者身居水浒之中，心在朝廷之上，一意招安，专图报国，卒至于犯大难，成大功，服毒自缢，同死而不辞，则忠义之烈也！真足以服一百单八人者之心，故能结义梁山，为一百单八人之主。最后南征方腊，一百单八人者阵亡已过半矣；又智深坐化于六和，燕青涕泣而辞主，二童就计于"混江"。宋公明非不知也，以为见几明哲，不过小丈夫自完之计，决非忠于君义于友者所忍屑矣。是之谓宋公明也，是以谓之忠义也，传其可无作欤！传其可不读欤！

　　故有国者不可以不读，一读此传，则忠义不在水浒而皆在于君侧矣。贤宰相不可以不读，一读此传，则忠义不在水浒，而皆在于朝廷矣。兵部掌军国之枢，督府专阃外之寄，是又不可以不读也，苟一日而读此传，则忠义不在水浒，而皆为干城心腹之选矣。否则不在朝廷，不在君侧，不在干城腹心，乌乎在？在水浒。此传之所为发愤矣。若夫好事者资其谈柄，用兵者借其谋画，要以各见所长，乌睹所谓忠义者哉！

　　　　　　——李贽：《焚书》卷三，中华书局1975年版

读 律 肤 说

　　淡则无味，直则无情。宛转有态，则容冶而不雅；沉着可思，则神伤而易弱。欲浅不得，欲深不得。拘于律则为律所制，是诗奴也，其失也卑，而五音不克谐；不受律则不成律，是诗魔也，其失也亢，而五音相夺伦。不克谐则无色，相夺伦则无声。盖声色之来，发于情性，由乎自然，是可以牵合矫强而致乎？故自然发于情性，则自然止乎礼义，非情性之外复有礼义可止也。惟矫强乃失之，故以自然之为美耳，又非于情性之外复有所谓自然而然也。故性格清彻者音调自然宣畅，性格舒徐者音调自然疏缓，旷达者自然浩荡，雄迈者自然壮烈，沉郁者自然悲酸，古怪者自然

奇绝。有是格,便有是调,皆情性自然之谓也。莫不有情,莫不有性,而可以一律求之哉!然则所谓自然者,非有意为自然而遂以为自然也。若有意为自然,则与矫强何异。故自然之道,未易言也。

——李贽:《焚书》卷三,中华书局1975年版

昆 仑 奴

许中丞片时计取柳姬,使玉合重圆;昆仑奴当时力取红绡,使重关不阻:是皆天地间缓急有用人也,是以谓之侠耳。忠臣侠忠,则扶颠持危,九死不悔;志士侠义,则临难自奋,之死靡他。古今天下,苟不遇侠而妄委之,终不可用也。或不知其为侠而轻置之,则亦不肯为我死,为我用也。

侠士之所以贵者,才智兼资,不难于死事,而在于成事也。使死而可以成事,则死真无难矣;使死而不足以成事,则亦岂肯以轻死哉!贯高之必出张王,审出张王而后绝吭以死者是也。若昆仑奴既能成主之事,又能完主之身,则奴愿毕矣,纵死亦有何难,但郭家自无奈昆仑奴何耳。剑术纵精,初何足恃。设使无剑术,郭家四五十人亦能奈之何乎?观其酬对之语可见矣。况彼五十人者,自谓囊中之物,不料其能出此网矣。一夫敢死,千夫莫当,况仅仅五十人而肯以活命换死命乎?直溃围出,本自无阻,而奈何以剑术目之!谓之剑术且不可,而乃谓之剑侠,不益伤乎!剑安得有侠也?人能侠剑,剑又安能侠人?人而侠剑,直匹夫之雄耳,西楚霸王所谓"学剑不成,去,学万人敌"者是也。夫万人之敌,岂一剑之任耶!彼以剑侠称烈士者,真可谓不识侠者矣。呜呼!侠之一字,岂易言哉!自古忠臣孝子,义夫节妇,同一侠耳。夫剑之有术,亦非真英雄者之所愿也。何也?天下无不破之术也。我以术自圣,彼亦必以术自神,术而逢术,则术穷矣。曾谓荆卿而未尝闻此乎?张良之击秦皇也,时无术士,故子房得以身免,使遇术者,立为齑粉矣。故黄石老大嗔怪于圯桥之下也。嗣后不用一术,只以无穷神妙不可测识之术应之。灭

秦兴汉,灭项兴刘,韩、彭之俎醢不及,萧何之械系不及,吕后之妒悍不及,功成名遂而身退,堂堂大道,何神之有,何术之有,况剑术耶?吾是以深悲鲁勾践之陋也,彼其区区,又何足以知荆卿哉!荆卿者,盖真侠者也,非以剑术侠也。

——李贽:《焚书》卷四,中华书局1975年版

玉 合

此记亦有许多曲折,但当要紧处却缓慢,却泛散,是以未尽其美,然亦不可不谓之不知趣矣。韩君平之遇柳姬,其事甚奇,设使不遇两奇人,虽曰奇,亦徒然耳。此昔人所以叹恨于无缘也。方君平之未得柳姬也,乃不费一毫力气而遂得之,则李王孙之奇,千载无其匹也。迨君平之既失柳姬也,乃不费一时力气而遂复得之,则许中丞之奇,唯有《昆仑奴》千载可相伯仲也。呜呼!世之遭遇奇事如君平者,亦岂少哉!唯不遇奇人,卒致两地含冤,抱恨以死,悲矣!然君平者唯得之太易,故失之亦易,非许俊奇杰,安得复哉?此许中丞所以更奇也。

——李贽:《焚书》卷四,中华书局1975年版

拜 月

此记关目极好,说得好,曲亦好,真元人手笔也。首似散漫,终致奇绝,以配《西厢》,不妨相追逐也。自当与天地相终始,有此世界,即离不得此传奇。肯以为然否?纵不以为然,吾当自然其然。详试读之,当使人有兄兄妹妹,义夫节妇之思焉。兰比崔重名,尤为闲雅,事出无奈,犹必对天盟誓,愿终始不相背负,可谓贞正之极矣。兴福投窜林莽,知恩报恩,自是常理。而卒结以良缘,许之归妹,兴福为妹丈,世隆为妻兄,无德不酬,无恩不答。天之报施善人,又何其巧欤!

——李贽:《焚书》卷四,中华书局1975年版

红　拂

　　此记关目好,曲好,白好,事好。乐昌破镜重合,红拂智眼无双,虬髯弃家入海,越公并遣双妓,皆可师可法,可敬可羡。孰谓传奇不可以兴,不可以观,不可以群,不可以怨乎?饮食宴乐之间,起义动概多矣。今之乐犹古之乐,幸无差别视之其可!

　　——李贽:《焚书》卷四,中华书局 1975 年版

【思考题】

1."童心说"的理论内涵是什么?

汤 显 祖

【作者简介】

汤显祖(1550—1616),字义仍,号海若、若士,江西临川人。万历十一年(1583)进士,任南京太常寺博士、礼部主事,因弹劾申时行,降为徐闻典史,后调任浙江遂昌知县,又因不附权贵而免官,未再出仕。曾从罗汝芳读书,又受李贽思想的影响。在戏曲创作方面,反对拟古和拘泥于格律。著有诗文集《玉茗堂集》,传奇则有《牡丹亭》《邯郸记》《南柯记》《紫钗记》,合称"临川四梦""玉茗堂四梦"。在戏曲史上,和关汉卿、王实甫齐名,在中国乃至世界文学史上都有着重要的地位,被誉为"东方的莎士比亚"。

答吕姜山[1]

寄吴中曲论良是[2]。"唱曲当知,作曲不尽当知也",此语大可轩渠[3]。凡文以意趣神色为主,四者到时,或有丽词俊音可用。尔时能一一顾九宫四声[4]否?如必按字摸声,即有窒滞迸拽之苦,恐不能成句矣。弟虽郡住,一岁不再谒有司。异地同心,惟与儿辈时做磻溪[5]之想。

——《玉茗堂尺牍》之一,汤显祖著、徐朔方笺校:《汤显祖全集》,北京古籍出版社1995年版

【题解】

吕姜山是汤显祖的同年进士,曾改编汤显祖的《牡丹亭》,为此汤显祖在《答凌初成》一信中曰:"不佞《牡丹亭》记,吕玉绳改窜,云便吴歌。不佞

哑然笑曰:大受昔有人嫌摩诘之冬景芭蕉,割蕉加梅,冬则冬矣,然非王摩诘冬景也。其中骀荡淫夷,转在笔墨之外耳。"这封给吕姜山的信也是谈改编问题的,并借此而阐述了他关于戏曲理论的主要观点。

【注释】

1. 吕姜山:名胤昌,号玉绳,浙江余姚人。汤显祖同年进士,《曲品》作者吕天成之父。
2. 吴中曲论:指沈璟《唱曲当知》等。
3. 轩渠:欢悦貌;笑貌。《后汉书·方术传下·蓟子训》:"儿识父母,轩渠笑悦,欲往就之。"一说,谓儿童举手耸身欲就父母。见宋代黄朝英《靖康缃素杂记·轩渠》。后多用作笑悦之意。
4. 九宫四声:九宫,曲调名。黄钟宫、仙吕宫、正宫、中吕宫、南吕宫、五宫双调、大石调、越调、商调,合称九宫调。通称九宫或南北九宫。四声,汉语字音的声调。古汉语字音的声调有平声、上声、去声、入声四种,总称"四声"。
5. 磻溪:水名,一名璜河。在今陕西宝鸡市东南,源出南山兹谷,北流入渭水。相传姜太公吕尚未遇文王时垂钓于此。

【讲疏】

《答吕姜山》反映了汤显祖与吕姜山在文学思想上的隔阂与差异。汤显祖认为戏曲创作不能单纯强调作曲的格律,所以他反对以按字模声来损害作家感情的表达,也否定拘泥于寻宫数调以损害丽词俊音的运用。《答吕姜山》鲜明地指出,戏剧创作是"为情作使",在处理戏剧的内容和形式的关系时,必然以情为主,词曲音律都服从于情的表达。而不是反过来,以后者束缚、妨碍前者。

"情"可谓是汤显祖论曲的出发点,他对许多戏曲作品的品评都贯穿一个"情"字。如他评自己的"二梦记"(即《南柯记》和《邯郸记》)是"因情成梦,因梦成戏"(《玉茗堂尺牍》卷四《复甘义麓》)。而在《焚香记总评》中,汤显祖说"作者精神命脉,全在桂英冥诉几折,摹写得九死一生光景,宛转激烈。其填词皆尚真色,所以入人人最深,遂令后世之听者泪,读者颦,无情者心动,有情者肠裂。何物情种,具此传神手!"(《汤显祖全集》卷五十一)

至于声律,既然是以传奇的题材进行创作,就不可不讲究。事实上,汤显祖并不如沈璟所说的是曲律的反对者,汤显祖本身是精通声律的,他的诸多作品不乏音律之美可以说明这一点。在《答孙俟居》中,汤显祖说:"弟在此自谓知曲意者,笔懒韵落,时时有之,正不妨拗折天下人嗓子。"

(《玉茗堂尺牍》卷三)对于自己作品的不合律,汤显祖也是心知肚明的,只不过,他宁愿"拗折天下人嗓子",也不屈就"天下人",放弃对"情"的追求。汤显祖同意对于音律,"唱曲当知,作曲不尽当知也",但绝不能把着眼点首先放在声律上,不能以律害词。所以汤显祖对吕姜山为了——合律而窜改《牡丹亭》表示不满。这反映了汤显祖的一个基本观点:对于一个作者来说,作品的内在意趣比形式更为重要。

【关键词解读】

意趣神色

汤显祖认为一个剧本应该包括意、趣、神、色四个方面。"神色",指作品的神韵、文采。汤显祖在《与宜伶罗章二》中说:"《牡丹亭》记,要依我原本。其吕家改的,切不可从。虽是增减一二字以便俗唱,却与我原做的意趣大不同了。"由此可见,他所谓"意趣",指的是作者的意旨和风趣。意、趣、神、色,是超越格律、宫调等之上的。沈际飞在《玉茗堂文集题词》中说:"言一事,极一事之意趣神色而止;言一人,极一人之意趣神色为止。何必汉宋,亦何必不汉宋。"这指出了汤显祖提倡意趣神色以反对复古主义的特点,因此与他在诗文上的见解也是一致的。汤显祖也通过大量书札和对董解元的《西厢记》、王玉峰的《焚香记》等剧作的眉批和总评,发表了对戏剧创作的新见解。在《宜黄县戏神清源师庙记》一文中,汤显祖指出,戏曲是人之"情"的自然流露,也通过"情"来感染人,通过形象地再现现实生活的真实来激起人们的感情上的共鸣,不同人可以从中感受到不同的内容,产生不同的作用。该文还对表演艺术发表了精辟见解,强调演员要体验生活,体验角色,领会曲意,在生活上和艺术上严于律己,以人物的感情去感染观众。

汤显祖论戏曲重在意趣神色,因此他对戏曲作品的整体美相当重视,强调戏剧结构的"串插","关目宛转",善于"意外设奇",对曲词和宾白也都很重视。这是汤显祖的曲论有别于同时代的其他曲论家的独特之处。

【相关知识链接】

汤显祖不仅是晚明时期诗文理论与创作的代表人物,也是这一时期戏曲创作的大家,其"临川四梦"创造了戏曲史上的一个奇迹,并引起了所谓临川派与吴江派之争。所谓的吴江派如果从广义上来看,并不限于沈璟等吴江曲家,而指称当时主张以音律、本色等"场上之曲"为主的一个戏曲观念的潮流。汤显祖的思想与李贽、徐渭、三袁同属反对传统礼教、批判程朱理学的进步思潮,他的戏曲理论强调创作不应受形式、格律的拘束,强调作家的才情,重视"意趣"。他突出强调戏曲中"情"的作用,提倡"神情合至",要求在作品中把作者的真情实感和理想境界结合起来。他把"情"与"理"的矛盾对立看成是戏曲矛盾冲突的基础,对现实采取批评的态度。此外,汤显祖对戏曲的艺术特点和社会作用也有精湛的见解。王思任、孟称舜、茅元仪等肯定汤显祖的戏曲创作,竭力维护汤显祖的戏曲观念,亦属于临川派阵营的主将。

但是汤显祖对形式、格律的突破,忽略了戏曲的舞台性特征,给实际演出带来了困难。从万历年间开始,以沈璟为代表的吴江派作家更注重戏曲的舞台性,强调符合音律,对汤显祖的不协音律提出了批评,并为了演出的需要,改编了汤显祖的剧本,这又引起了汤显祖的不满,汤沈之争由此展开。他们的观点都有一定的合理性,但也都有其片面性。吴江派除了沈璟、吕姜山之外,还有臧懋循、冯梦龙等人。

后来,王骥德对两派的戏曲理论作了折衷,《曲律》说:"大抵纯用本色,易觉寂寥;纯用文调,复伤雕镂。"他认为沈璟主法,汤显祖重词,各有优长,又各有所偏,要求"法与词两擅其极"。王骥德主张戏曲作家应多读书,"博搜精采,畜之胸中",但他同时又反对"卖弄学问,堆垛陈腐",而将这二者统一起来的办法,就是把古人之书融会贯通,取其"神情标韵"。

【延伸阅读】

汤显祖文学批评活动涵盖诗文、戏曲、八股文、传奇小说等多个方面,反映出深厚的学养、广阔的视野。汤显祖文学批评主要围绕"情"与"灵性"而展开。相对而言,早期的汤显祖偏向于对"情"的追求,在对"情"与"理"、"情"与"法"的矛盾认识中,汤显祖坚定不移地站在"情"的一边,并提出了著名的"至情论"。到了中晚年,汤显祖又偏向于对"灵性"的阐发,主张"情"与"神"的结合,提出"有灵性者自为龙"。汤显祖推崇的"灵性"明显具有提倡自信本心、不倚闻见的心学的痕迹,具有明代中后期的强烈的时代色彩。

如兰一集序

诗乎,机与禅言通,趣与游道合。禅在根尘之外,游在伶党之中。要皆以若有若无为美。通乎此者,风雅之事可得而言。

余宦游倦,而禅寂意多。渐致枯槁。于四方人士所作,时一过留,弗好也。而东莞钟君宗望游越中,来临,偶以所自为诗质焉。殆雅与游道合者。

凡游,游于声实之际而止。宗望秀于才,常为广州诸文学冠。以其先人乐华君起名进士,出馆阁,能读父书。足可优游待举。眷此长游者,何也。将江、岭间人士多其家门生义故,公子微以是游耶?其友帅生从升从龙知之。曰:"今宗望之游若尔,则世之游闲公子耳。似殆有不然者。其为人貌沉而气疏,幽然頩然,好欲与天下山川人物相骀荡。当其所惬,布衣虾菜,可以夷犹岁时。其所不欲,非可饵而止也。盖宗望之见趣有殊绝世之声实者。"予闻而笑曰,深于游道也乎,诗道也。悟言一室之内,旬日不出;映心千里之外,累月忘归。通之若有若无,都无迟疾欣厌之累。于以眷节怀交,必有不推排而齐,一雕饰而秀者。南中之美,何必翡翠明珠。兹且以巴丘、小华山存王子晋笙鹤遗迹,欣然慕之。此其为诗与游也,殆益仙仙矣。

——汤显祖著、徐朔方笺校:《汤显祖全集》诗文卷三十一,北京古籍出版社1999年版

张元长嘘云轩文字序

天下大致,十人中三四有灵性。能为伎巧文章,竟伯什人乃至千人无名能为者。则乃其性少灵者与?老师云,性近而习远。今之为士者,习为试墨之文,久之,无往而非墨也。犹为词臣者习为试程,久之,无往而非程也。宁惟制举之文,令勉强为古文词诗歌,亦无往而非墨程也者。则岂习是者必无性灵,何离其习而不能言也。夫不能其性而第言习,则必有所有余。余而不鲜,故不足陈也。犹将有所不足,所不足者又必不能取引而致也。盖十余年间,而天下始好为才士之文。然恒为世所疑异。曰,乌用是决裂为,文故有体。嗟,谁谓文无体耶。观物之动者,自龙至极微,莫不有体。文之大小类是。独有灵性者自为龙耳。

近吴之文得为龙者二。龙有醇灏丰烨,云气从潏郁而兴,幽

毓横薄，不可穷施者，钱受之之文也。有英秀蜷媚，云气从之，夭娇而舒，凌深倾洗，不可测执者，张元长之文也。受之之文已贵。独元长废然家居，尚未有贵而独行之者。山东王公又新为常郡理，得其文，爱重之。驰以示予。读之既，叹曰，所为文目天下之至杂而不可厌也。出入元长指吻间，而天地古今人理物情之变几尽。大小隐显，开塞断续，径廷而行，离致独绝，咸以成乎自然。读之者若疑若忘，恍然与之同情矣。亦不知其所以然。然则元长不尝试为墨程习乎。曰，彼以灵性习之者也。度其十余年中，习气殆尽。故伎巧至于斯。善乎王公题其文曰"嘘云"。言嘘气成云也，龙也。龙何习哉。

——汤显祖著、徐朔方笺校：《汤显祖全集》诗文卷三十二，北京古籍出版社 1999 年版

王季重小题文字序

时文字能于笔墨之外言所欲言者，三人而已。归太仆之长句，诸君燮之绪音，胡天一之奇想。各有其病，天下莫敢望焉。以今观王季重文字，殆其四之。而季重以能为古文词诗歌，故多风人之致。光色犹若可异焉。

大致天之生才，虽不能众，亦不独绝。至为文词，有成有不成者三。儿时多慧，裁识书名，父师迷之以传注括帖，不得见古人纵横浩渺之书。一食其尘，不复可鲜。一也。乃幸为诸生，困未敏达，蹭蹬出没于校试之场。久之，气色渐落，何暇议尺幅之外哉。二也。人虽有才，亦视其所生。生于隐屏，山川人物居室游御鸿显高壮幽奇怪侠之事，未有睹焉。神明无所练濯，匈腹无所厌余。耳目既吝，手足必蹇。三也。凡此三者，皆能使人才力不已焉。才力顿尽，而可为悲伤者，往往如是也。若季重者，五岁遍受五经，十岁恣为文章，二十而成进士，盖一代之才也。而天亦若有以异之者。大越之墟，古今冠带之国也。固已受灵气于斯。而世籍都下，往来燕越间。起禹穴吴山江海淮沂，东上岱

宗,西迤太行,归乎神都。所游目,天下之股脊喉腮处也。英雄之所臔,美好之所铺,咸在矣。于以豁心神纡眺听者,必将郁结乎文章。而又少无专门,承学之间,灵心洞脱,孤游皓杳。蚕为贵公巨人所赏,闻所未闻。出见少年裘马弓剑,旗亭陌道之间,顾而乐之。此亦文心之所贻伫也。身复蚕达,曾无诸生一日之忧。名字所至,赞叹盈瞩。故其为文字也,高广其心神,亮浏其音节。精华甚充,颜色甚悦。缈焉者如岭云之媚天霄,绚焉者如江霞之荡林樾。乍翕乍辟,如崩如兴。不可迫视,莫或殚形。大有传疏之所曾遗,著录之所未经者矣。嗟夫,以一代之才,而绝三者之累,若此不亦宜乎。其为古文词诗歌又何如也。

虽然,才士而宦业流通,亦无以周世物之容。而既以当途令高第为郎矣,复抑而命青浦,青浦故屠长卿所治县也。长卿既以此出大越,名天下,而季重书来,乃更以归休读书为怀。夫季重固已读书矣,凡为若谈者,当亦有未尽其才之叹耶。然则天之于季重,诚若有以异之无已也夫。

——汤显祖著、徐朔方笺校:《汤显祖全集》诗文卷三十二,北京古籍出版社1999年版

玉合记题词

余往春客宛陵,殊阙如邛之遇。犹忆水西官柳,苏苏可人。时送我者姜令、沈君典、梅生禹金宾从十数人。去今十年矣。八月太常斋出,宛然梅生造焉。为问故所游,长者俱销亡,在者亦多流泊。余泫然久之。为问水西官柳,生曰:所谓"纵使君来不堪折"也。因出其所为《章台柳记》若干章示余。曰:"人生若朝暮,聚散喧悲,常杂其半。奈何忘鼓缶之欢,阙遇旬之宴乎。"余观其词,视余所为《霍小玉传》,并其沉丽之思,减其秾长之累。且予曲中乃有讥托,为部长吏抑止不行。多半《韩蕲王传》中矣,梅生传事而止,足传于时。

第余昔时一曲才就,辄为玉云生夜舞朝歌而去。生故修窈,其音若丝,辽彻青云,莫不言好。观者万人。乃至九紫君之酬对

悍捷,灵昌子之供顿清饶,各极一时之致也。梅生工曲,独不获此二三君相为赏度,增其华畅耳。九紫、玉云先尝题书问梅生,梅生因问三君者一来游江东乎。余曰:"自我来斯,风流顿尽,玉云生容华亦长矣。"嗟夫,事如章台柳者,可胜道哉。为之倚风增叹。

——汤显祖著、徐朔方笺校:《汤显祖全集》诗文卷三十三,北京古籍出版社1999年版

牡丹亭记题词

天下女子有情宁有如杜丽娘者乎。梦其人即病,病即弥连,至手画形容传于世而后死。死三年矣,复能溟莫中求得其所梦者而生。如丽娘者,乃可谓之有情人耳。情不知所起,一往而深,生者可以死,死可以生。生而不可与死,死而不可复生者,皆非情之至也。梦中之情,何必非真。天下岂少梦中之人耶。必因荐枕而成亲,待挂冠而为密者,皆形骸之论也。

传杜太守事者,仿佛晋武都守李仲文、广州守冯孝将儿女事。予稍为更而演之。至于杜守收考柳生,亦如汉睢阳王收考谈生也。

嗟夫,人世之事,非人世所可尽。自非通人,恒以理相格耳。第云理之所必无,安知情之所必有邪。

——汤显祖著、徐朔方笺校:《汤显祖全集》诗文卷三十三,北京古籍出版社1999年版

南柯梦记题词

天下忽然而有唐,有淮南郡。槐之中忽然而有国,有南柯。此何异天下之中有魏,魏之中有王也。李肇赞云:"贵极禄位,权倾国都。达人视此,蚁聚何殊!"嗟夫,人之视蚁,细碎营营,去不知所为,行不知所往,意之皆为居食事耳。见其怒而酣斗,岂不哄然而笑曰:"何为者耶!"天上有人焉,其视下而笑也,亦若是而

已矣。白舍人之诗曰："蚁王乞食为臣妾,螺母偷虫作子孙。彼此假名非本物,其间何怨复何恩。"世人妄以眷属富贵影像执为吾想,不知虚空中一大穴也。倏来而去,有何家之可到哉。

吾所微恨者,田子华处士能文,周弁能武,一旦无病而死,其骨肉必下为蝼蚁食无疑矣。又从而役属其魂气以为臣,蝼蚁之威,乃甚于虎狼。此犹死者耳。淳于固俨然人也,靡然而就其征,假以肺腑之亲,借其枝干之任。昔人云:"梦未有乘车入鼠穴者",此岂不然耶。一往之情,则为所摄。人处六道中,嚬笑不可失也。

客曰:"人则情耳,玄象何得为彼示儆。"此殆不然。凡所书祲象不应人国者,世儒即疑之。不知其亦为诸虫等国也。盖知因天立地,非偶然者。客曰:"所云情摄,微见本传语中。不得有生天成佛之事。"予曰:"谓蚁不当上天耶,经云:天中有两足多足等虫。世传活万蚁可得及第,何得度多蚁生天而不作佛。梦了为觉,情了为佛。境有广狭,力有强劣而已。"

——汤显祖著、徐朔方笺校:《汤显祖全集》诗文卷三十三,北京古籍出版社1999年版

点校虞初志序

昔李太白不读非圣之书,国朝李献吉亦劝人弗读唐以后书。语非不高,然未足以绳旷览之士也。何者?盖神丘火穴,无害山川岳渎之大观;飞蔂秀萼,无害豫章竹箭之美殖;飞鹰立鹊,无害祥麟威凤之游栖。然则稗官小说,奚害于经传子史?游戏墨花,又奚害于涵养性情耶?东方曼倩以岁星入汉,当其极谏,时杂滑稽;马季长不拘儒者之节,鼓琴吹笛,设绛纱帐,前授生徒,后列女乐;石曼卿野饮狂呼,巫医皂隶徒之游。之三子,易尝以调笑损气节,奢乐堕儒行,任诞妨贤达哉!读书可譬已。太白故颓然自放,有而不取,此天授,无假人力;若献吉者,诚陋矣!《虞初》一书,罗唐人传记百十家,中略引梁沈约十数则,以奇僻荒诞,若灭若没,可喜可愕之事,读之使人心开神释,骨飞眉舞。虽

雄高不如《史》、《汉》，简澹不如《世说》，而婉缛流丽，洵小说家之珍珠船也。其述飞仙盗贼，则曼倩之滑稽；志佳冶窈窕，则季长之绛纱；一切花妖木魅，牛鬼蛇神，则曼卿之野饮。意有所荡激，语有所托归，律之风流之罪人，彼固歉然不辞矣。使呫呫读古，而不知此味，即日垂衣执笏，陈宝列俎，终是三馆画手，一堂木偶耳，何所讨真趣哉！余暇日特为点校之，以借世之奇隽沉丽者。

——汤显祖著、徐朔方笺校：《汤显祖全集》诗文卷五十一，北京古籍出版社1999年版

【思考题】

1. 汤显祖与吕姜山在文学思想上的隔阂与差异，体现在哪些方面？
2. 如何理解汤显祖"凡文以意趣神色为主"？

王骥德

【作者简介】

王骥德(？—1623),字伯良,一字伯骏,号方诸生,又号秦楼外史,浙江会稽人。出身戏曲世家,早年受学徐渭,矢志词曲,并为此浪迹四方。在声韵方面,得之于孙如法的传授。在曲律方面,继承了沈璟的旧规,但能力矫沈氏的拘滞。王骥德具有较开阔的眼界,对吴江派沈璟、临川派汤显祖等都能作客观而公允的评价。著述有诗文集《方诸馆集》,散曲《方诸馆乐府》二卷,传奇《题红记》,杂剧《男王后》《两旦双鬟》《弃官救友》《金屋招魂》《倩女离魂》,曲论《曲律》四卷。此外还曾著《南词正韵》,校注《西厢记》《琵琶记》。

论 家 数

曲之始,止本色一家,观元剧及《琵琶》《拜月》[1]二记可见。自《香囊记》[2]以儒门手脚为之,遂滥觞而有文词家一体。近郑若庸《玉玦记》[3]作,而益工修词,质几尽掩。

夫曲以模写物情,体贴人理,所取委曲宛转,以代说词,一涉藻绩,便蔽本来。然文人学士,积习未忘,不胜其靡,此体遂不能废,犹古文六朝之于秦、汉也。大抵纯用本色,易觉寂寥;纯用文调,复伤雕镂。《拜月》质之尤者,《琵琶》兼而用之,如小曲语语本色,大曲引子如"翠减祥鸾罗幌"、"梦绕春闱",过曲如"新篁池阁"、"长空万里"等调,未尝不绮绣满眼,故是正体。《玉玦》大曲,非无佳处;至小曲亦复填垛学问,则第令听者愦愦矣!故作曲者须先认其路头,然后可徐议工拙。至本色之弊,易流俚腐;文词之病,每苦太文。雅俗浅深之辨,介在微茫,又在善用才者酌之而已。

——王骥德著:《曲律》卷二,《中国古典戏曲论著集成》第四册,中国戏剧出版社1959年版

【题解】

本篇选自《曲律》。《曲律》全书四卷,共四十篇,本篇为第十四篇。《曲律》一书论作曲各法,是最早一部关于南北曲作曲的著作。内容包括曲源、调名、平仄、宫调、音韵,乃至科诨、部色等,门类详备。书中还涉及了对古今的戏曲作家、作品的评价和论断,其议论见解,亦颇精湛。天启五年(1625)冯梦龙为《曲律》作序,盛赞该书"法尤密,论尤苛"。古代学术文章注重师法传授,凡一脉相沿,信守家法的,称为"家数"。王骥德借以称戏曲创作中的体制流派,他认为戏曲有"本色""文词"两派,两派均各有所偏。

【注释】

1.《拜月》:即《拜月记》,在关汉卿杂剧《拜月亭》基础上改编的南戏作品,与《荆钗记》《刘智远》《杀狗记》合称"荆刘拜杀",为元代南戏四大代表作。其作者一说为元代元贞年间施惠。

2.《香囊记》:邵璨作。邵璨,明英宗时人,字文明,又字宏治,号半江,江苏宜兴人。以生员终老,曾师法丘濬。《香囊记》全名《香囊五伦传》,《古本戏曲丛刊》五集收入继志斋刊本。全本四十二出,取宋代张九成故事而成。

3.《玉玦记》:郑若庸作。郑若庸(1490？—？),字仲伯,一作中伯,号虚舟,别号虚舟山人、蛣蜣生,江苏昆山(一说吴县)人。十六岁补县学生,然屡试不第。生平著书甚多,有《蛣蜣集》八卷、《北游漫稿》二卷、《唐类函》一百卷等。善度曲,作传奇《大节记》《玉玦记》《珠球记》三种,仅《玉玦记》传世。

【讲疏】

在王骥德看来,戏曲作品不仅仅是供读者阅读的"案头之书",还应当是供观众可听可看的"场上之本";不应是作者的消遣文章,而必须是"有关世教文字";不应是"逐句凑泊""颠倒零碎"之作,而应当具有"全体力量"的"格局"。这就是他所认为的剧作家必须首先认清的戏曲的"路头","作曲者须先认清路头,然后可徐议工拙。"王骥德所谓"认清路头",也就

是要在"本色"与"文词"之间,把握好"度"。王骥德把戏曲的体制流派分为"本色""文词"两派,《琵琶记》《拜月记》属于本色派,《香囊记》《玉玦记》属于文词派。王骥德所举本色派作品,均为元代作品;文词派作品,则属明代作品。两派作品各有优长,亦各有偏废。过分追求本色,易于坠入俚俗之弊;过分追求文词,则难免字雕句琢之嫌。所以善用才者,当在雅俗、浅深、浓淡之间。王骥德采用折衷之论,试图弥合两派的偏颇,以达到文而不文、俗而不俗的境界。

明代传奇作者,大都是正统文人,出于文人的兴趣和素养,作剧追求雅丽,甚至借剧本以炫耀学问,曲词绮靡,多使事用典,念白也很少俗语,多文言,往往使用四六对句的骈语。此风邵璨《香囊记》已开其端。嘉靖、万历年间郑若庸《玉玦记》、梅鼎祚《玉合记》相继问世,其风愈炽。《香囊记》《玉玦记》在当时就受到徐渭等人的批评。徐渭《南词叙录》说"以时文为南曲","其弊始于《香囊记》"。徐复祚《三家村老委谈》也说"《香囊》以诗语作曲","丽语藻句,刺眼夺魄,然愈藻丽,愈远本色"。王骥德《曲律》载,"(徐渭)先生好谈词曲,每右本色,于《西厢》《琵琶》皆有口授心解;独不喜《玉玦》,目为'板汉'"。王骥德并未像徐渭等那样,对《玉玦记》等作品持基本否定态度,而是能充分注意文词派作品的优长所在,如说"《玉玦》大曲,非无佳处"。但结合王骥德的其他论述,我们可以看出,他还是倾向于本色一派的。他曾将本色派与文词派的作品进行过比较:"《西厢》《琵琶》用事甚富,然无不恰好,所以动人。《玉玦》句句用事,如盛书柜子,翻使人厌恶,故不如《拜月》一味清空,自成一家之为愈也。"

【关键词解读】

本色

王骥德的本色论,是对戏曲的艺术特征及其创作规律、写作方法的研究。王骥德探本求源,将"本色"说的源头追溯至严羽:"当行本色之说,非始于元,亦非始于曲,盖本宋严沧浪之说诗。沧浪以禅喻诗,其言:'禅道在妙悟,诗道亦然。惟悟乃为当行,乃为本色。有透彻之悟,有一知半解之悟。'又云:'行有未至,可加工力;路头一差,愈骛愈远。'又云:'须以大乘正法眼为宗,不可令堕入声闻辟支之果。'知此说者,可与语词道矣。"(《杂论第三十九上》)

具体到戏曲创作,王骥德认为,"本色"要求戏曲语言必须浅显易懂。他举白居易作诗的例子来作说明:"白乐天作诗,必令老妪听之,问曰:'解否?'曰'解',则录之;'不解',则易。作剧戏,亦须令老妪解得,方入众耳,此即本色之说也。"(《杂论上第四十四》)在《论过曲第三十二》中,他还说:"须奏之场上,不论士人闺妇,以及村童野老,无不通晓,始称通方。"当然,追求"本色"也有一定的限度,因为"本色之弊,易流俚腐"。所谓"俚腐",据《论曲禁第二十三》,俚即俚俗,不文雅;腐,即陈腐,不新采。《论剧戏第三十》说:"词藻工,句意妙,如不谐里耳,为案头之书,已落第二义;既非雅调,又非本色,掇拾陈言,凑插俚语,为学究,为张打油,勿作可也!"过分追求词藻,失去戏曲"可演可传"的特质,然尚可供案头阅读;若过分追求本色,"掇拾陈言,凑插俚语",则俚腐不堪,不如不作的好。

语言之外,"本色"还要求戏曲在内容上表现人情物理,"以调合情",最终"感动得人"。(《论剧戏第三十》)王骥德说:"夫曲以模写物情,体贴人理,所取委曲宛转,以代说词,一涉藻缋,便蔽本来。""模写物情",意为模拟描绘事物的情状、变化等;"体贴人理",意为细致入微地传达人物的思想、性格等。王骥德认为,戏曲的长处就是能将人情物理的隐微之处婉曲地表现出来。为了不遮蔽人情物理的"本来",必须反对虚伪、做作的"藻缋"之词,防止因语言的雕琢而影响了对人情物理的真实表现。综上所述,王骥德的本色论实际包括形式(语言)和内容(人情物理)两方面的统一。总体来看,王骥德更重视后者,只要有能"模写物情,体贴人理",即便"绮绣满眼",亦是"正体",只是"须下得恰好,全不见痕迹碍眼"(《杂论第三十九上》)。

【相关知识链接】

王骥德除了论及"本色"之外,还多处论及"当行"。"当行"一词源自诗论,含有本行、行家的意思。戏曲理论的"当行",多指写戏的行家。戏曲创作追求"当行",即要求戏曲作家把握戏曲体制的本质特征。"当行"与"本色"的概念,本有重合之处,王骥德也常将二者合而论之。如"曲与诗原是两肠,故近时才士辈出,而一搦管作曲,便非当家。汪司马曲,是下胶漆词耳。弇州曲不多见,特《四部稿》中有一《塞红秋》、两《画眉序》,用韵既杂,亦词家语,非当行曲"(《杂论第三十九下》)。不过他的"当行论"又非他的"本色论"所能涵盖。

当与王骥德同时的曲论家们多半醉心于词藻的品评、津津于格律的宣讲时,王骥德却注意到"剧戏"作为"可传可演"的"场上之曲",有别于一般的散曲,他的"当行"论正是根基于这种认识,所以也便格外引人注意。他的"当行"论涉及诸多的创作方法,包括戏曲结构、戏曲宾白、戏曲角色等。如他论及戏曲的结构组织时谓:"传中要紧处,须重着精神,极力发挥使透。如《浣纱》遗了越王尝胆及夫人采葛事,红拂私奔,如姬窃符,皆本传大头脑,如何草草放过!若无紧要处,只管敷演,又多惹人厌憎,皆不审轻重之故也。"(《论剧戏第三十》)王骥德论结构要人细心辨别主次轻重,"大头脑"处要求极力发挥,浓墨重彩;非"紧要处"则要求轻描淡写,一笔带过。

再如论戏曲宾白:"定场白稍露才华,然不可深晦。《紫箫》诸白,皆绝好四六,惜人不能识;《琵琶》黄门白,只是寻常话头,略加贯串,人人晓得,所以至今不废。对口白须明白简质,用不得太文字;凡用'之''乎''者''也',俱非当家。《浣纱》纯是四六,宁不厌人!又凡'者'字,惟北剧有之,今人用在南曲白中,大非体也。句字长短平仄,须调停得好,令情意宛转,音调铿锵,虽不是曲,却要美听。诸戏曲之工者,白未必佳,其难不下于曲。《玉玦》诸白,洁净文雅,又不深晦,与曲不同,只稍欠波澜。大要多则取厌,少则不达,苏长公有言:'行乎其所当行,止乎其所不得不止。'则作白之法也。"(《论宾白第三十四》)

又如论插科打诨:"插科打诨,须作得极巧,又下得恰好。如善说笑话者,不动声色,而令人绝倒,方妙。大略曲冷不闹场处,得净、丑间插一科,可博人哄堂,亦是剧戏眼目。若略涉安排勉强,使人肌上生粟,不如安静过去。"(《论插科第三十五》)

由此我们可以看到,王骥德对于"当行"的认识,远比同时代人深刻、透彻、全面。值得注意的是,他的一些精辟的见解对后来的李渔产生了重要的影响。如《论剧戏第三十》说:"剧之与戏,南北故自异体。北剧仅一人唱,南戏则各唱。一人唱则意可舒展,而有才者得尽其春容之致;各人唱则格有所拘,律有所限,即有才者,不能恣肆于三尺之外也。于是贵剪裁、贵锻炼,以全帙为大间架,以每折为折落,以曲白为粉垩、为丹艧;勿落套,勿不经,勿太蔓,蔓则局懈,而优人多删削;勿太促,促则气迫,而节奏不畅达,毋令一人无着落,毋令一折不照应。"其中"毋令一人无着落,毋令一折不照应""勿落套,勿不经,勿太蔓",以及前所引勿草草放过"本传大头脑"等等,约略相当于李渔提出的"密针线""脱窠臼""戒荒唐""减头绪""立主脑"等等(参赵景深《曲论初探》)。

【延伸阅读】

天启五年(1625)冯梦龙为《曲律》作序,盛赞该书:"法尤密,论尤苛——厘韵则德清蒙讥,评辞则东嘉领罚。字栉句比,则盈床无合作;敲今击古,则积世少全才。虽有奇颖宿学之士,三复斯编,亦将咋舌而不敢轻谈,韬笔而不敢漫试,洵矣攻词之针砭,几于按曲之申、韩。"《曲律》全书四十篇,自成体系。《论曲源》阐述"曲"的源泉及其流变;《总论南北曲》分析南北曲的风格及其形成历史,《论韵》阐发音韵与声乐的理论;《论须读书》《论用事》则讨论有关修辞的技巧。

曲律自序

曲何以言律也?以律谱音,六乐之成文不乱;以律绳曲,七均之从调不奸。方伶伦吹竹之初,迨后夔拊石之始,为声仅五,为律仅十有二,何约也?至房中肇于唐山,水尺奏于宝常,于是布法益密,演数愈繁,调至八十有四,律至百四十有四,声至一千有八,其变不胜穷焉。变极必反之元,数穷必趋于约,于是唐之孝孙、宋之刘几以暨完颜之金、蒙古之元渐省之,以止于六宫十一调。是六宫十一调者,第语被弦应索之词,非概宫悬庙假之奏也。

然《康衢》之歌,兴自野老,《关雎》之咏,采之《国风》,不曰"今之曲即古之乐"哉。粤自北词变为南曲,易慷慨为风流,更雄劲为柔曼,所谓"地气自北而南",亦云"人声由健而顺"。吹万之衡,握之造化;狃主之执,成之贤豪。惟是元周高安氏有《中原音韵》之创,明涵虚子有《太和词谱》之编,北士恃为指南,北词禀为令甲,厥功伟矣。至于南曲,鹈鹕之陈久废,刁斗之设不闲。彩笔如林,尽是呜呜之调;红牙迭响,秪为靡靡之音。俾太古之典刑,斩于一旦;旧法之澌灭,怅在千秋。猥当齠龀之年,辄有丝肉之嗜。萧斋读罢,或辨吹缇;芸馆文闲,时供击节。浸淫岁月,稍窃涓埃,讵敢谓荀勖之多谐,庶几徼周郎之一顾。

友人孙比部夙传家学,同舍郁蓝生蚤擅慧肠,并工《风》、《雅》之修,兼妙声律之度。埙篪谬合,臭味略同。日于坐间,举白谭词,明星错于尊俎;抽黄指疵,清吹发于榍橞。曰:"与其秘为帐中,毋宁公之海内。曷其制律,用作悬书。"余且抱疴,遂疏握椠。既屡折简,亟趋报成,余乃左持药椀,右驱管城,日疏数行,积盈卷帙。布之小史,辄自为嘲:"今之为词曲者,上无犴狴之悬,下鲜棘木之听,解绂而往,脱衔以快,游于葛天之涂,适于华胥之圃久矣,奈何一旦闲之科条,束之钳鈇,俾高者驾言为小乘之缚,卑者赀辞为拘士之谭,夫有不披卷而姗,绝影而走者哉?"

嗟呼!创法贵严,沿流多窳。画象之后,不啻三千;罣网于今,乃至七八。以是知画一非苛,深文犹晚。宇壤寥廓,宁乏蜀锺相应之大贤?兰苴薰蒸,傥值《高山》为赏之同调。人持三尺,家作五申,还其古初,起兹流靡。不将引商刻羽,独雄寡和之场;《渌水》《玄云》,乃作《大雅》之觐哉。客曰:"子言诚辩,抑为道殊卑,如壮夫羞称,小技可唾何?"余谢:"否,否,驹隙易驰,河清难俟。世路莽荡,英雄逗遛,吾借以消吾壮心;酒后击缶,镫下缺壶,若不自知其为过也。"

万历庚戌冬长至后四日,琅邪方诸生书于朱鹭斋。

——王骥德著:《曲律》卷首,《中国古典戏曲论著集成》第四册,中国戏剧出版社1959年版

论曲源第一

曲,乐之支也。自《康衢》《击壤》《黄泽》《白云》以降,于是《越人》《易水》《大风》《瓠子》之歌继作,声渐靡矣。"乐府"之名,昉于西汉,其属有"鼓吹""横吹""相和""清商""杂调"诸曲。六代沿其声调,稍加藻艳,于今曲略近。入唐而以绝句为曲,如《清平》《郁轮》《凉州》《水调》之类;然不尽其变,而于是始创为《忆秦娥》《菩萨蛮》等曲,盖太白、飞卿辈,实其作俑。入宋而词始大振,署曰"诗余",于今曲益近,周待制柳屯田其最也;然单词只韵,歌止一阕,又不尽其变。而金章宗时,渐更为北词,如世所传董解元《西厢记》者,其声犹未纯也。入元而益漫衍其制,栉调比声,北曲遂擅盛一代;顾未免滞于弦索,且多染胡语,其声近噍以杀,南人不习也。迨季世入我明,又变而为南曲,婉丽妩媚,一唱三叹,于是美善兼至,极声调之致。始犹南北画地相角,迩年以来,燕、赵之歌童、舞女,咸弃其捍拨,尽效南声,而北词几废。何

元朗谓:"更数世后,北曲必且失传。"宇宙气数,于此可觇。至北之滥流而为《粉红莲》《银纽丝》《打枣竿》,南之滥流而为吴之"山歌",越之"采茶"诸小曲,不啻郑声,然各有其致。由兹而往,吾不知其所终矣。

——王骥德著:《曲律》卷一,《中国古典戏曲论著集成》第四册,中国戏剧出版社1959年版

总论南北曲第二

曲之有南、北,非始今日也。关西胡鸿胪侍《珍珠船》(其所著书名)引刘勰《文心雕龙》,谓:涂山歌于"候人",始为南音;《有娀》谣于"飞燕",始为北声。及夏甲为东,殷整为西。古四方皆有音,而今歌曲但统为南、北。如《击壤》《康衢》《卿云》《南风》,《诗》之二《南》,汉之乐府,下逮关、郑、白、马之撰,词有雅、郑,皆北音也;《孺子》《接舆》《越人》《紫玉》、吴歈、楚艳,以及今之戏文,皆南音也。豫章左克明《古乐府》载:晋马南渡,音乐散亡,仅存江南吴歌,荆、楚西声。自陈及隋,皆以《子夜》《欢闻》《前溪》《阿子》等曲属吴,以《石城》《乌栖》《估客》《莫愁》等曲属西。盖吴音故统东南;而西曲则后之,人概目为北音矣。以辞而论,则宋胡翰所谓:晋之东,其辞变为南、北;南音多艳曲,北俗杂胡戎。以地而论,则吴莱氏所谓:晋、宋、六代以降,南朝之乐,多用吴音;北国之乐,仅袭夷虏。以声而论,则关中康德涵所谓:南词主激越,其变也为流丽;北曲主慷慨,其变也为朴实。惟朴实故声有矩度而难借,惟流丽故唱得宛转而易调。吴郡王元美谓:南、北二曲,譬之同一师承,而顿、渐分教;俱为国臣,而文、武异科。北主劲切雄丽,南主清峭柔远。北字多而调促,促处见筋;南字少而调缓,缓处见眼。北辞情少而声情多,南声情少而辞情多。北力在弦,南力在板。北宜和歌,南宜独奏。北气易粗,南气易弱。此其大较。康,北人,故差易南调,似不如王论为确;然阴阳、平仄之用,南、北故绝不同,详见后说。

——王骥德著:《曲律》卷一,《中国古典戏曲论著集成》第四

册，中国戏剧出版社1959年版

论 韵 第 七

韵书之夥也，作辞赋骚选则用古韵，有通韵，有叶韵，有转注；作近体则用今韵，始沈约《类谱》，今裁于唐而为《礼部韵略》；作曲，则用元周德清《中原音韵》。古乐府悉系古韵；宋词尚沿用诗韵，入金未能尽变；至元人谱曲，用韵始严。德清生最晚，始辑为此韵，作北曲者守之，兢兢无敢出入。独南曲类多旁入他韵，如支思之于齐微、鱼模，鱼模之于家麻、歌戈、车遮，真文之于庚青、侵寻，或又之于寒山、桓欢、先天，寒山之于桓欢、先天、监咸、廉纤，或又甚而东锺之于庚青，混无分别，不啻乱麻，令曲之道尽亡，而识者每为掩口。北剧每折只用一韵。南戏更韵，已非古法，至每韵复出入数韵，而恬不知怪，抑何舋也！古词惟王实甫《西厢记》，终帙不出入一字——今之偶有一二字失韵，皆后人传讹；至"眼横秋水无尘"数语，原不用韵，元人故有此体，以其偶与侵寻本韵相近，何元朗遂訾为失韵，世遂群然和之，实甫抱抑良久。余新刻《考正西厢记注》中，辩之甚详，不特为实甫洗冤，亦以为世之庸瞽而妄肆讥评者下一针砭耳。南曲自《玉玦记》出，而宫调之饬，与押韵之严，始为反正之祖。迩词隐大扬其澜，世之赴的以趋者比比矣。然《中原》之韵，亦大有说。古之为韵，如周颙、沈约、毛晃、刘渊、夏竦、吴棫辈，皆博综典籍，富有才情，一书之成，不知更几许岁月，费几许考索，犹不能尽惬后世之口。德清浅士，韵中略疏数语，辄已文理不通，其所谓韵，不过杂采元前贤词曲，掇拾成编，非真有晰于五声七音之旨，辨于诸子百氏之奥也。又周江右人，率多土音，去中原甚远，未必字字订过，是欲凭影响之见，以著为不刊之典，安保其无离而不叶于正者哉！盖周之为韵，其功不在于合而在于分；而分之中犹有未尽然者。如江阳之于邦王，齐微之于归回，鱼居之于模吴，真亲之于文门，先天之于鹃元，试细呼之，殊自径庭，皆所宜更析。而其合之不经者，平声如肱、轰、兄、崩、烹、盲、弘、鹏，旧属庚、青、蒸三韵，而今两收东锺韵中；浮与蜉蝣之蜉同音，在《说文》亦作缚牟切，今却收入鱼模韵中，音之为扶，而于尤侯本韵，竟并其字削去。夫浮之读作扶，此方言也。呼字须本之六经，即《诗》《菁莪》曰："载沉载浮"，下文以"我心则休"叶，《角弓》曰"雨雪浮浮"，下文以"我是用忧"叶，《生民》曰"蒸之浮浮"，上文以"或簸或蹂"叶。夫三百篇吾宣尼氏所删而存者，不此之从，而欲区区以方言变乱雅音，何也？且周之韵，故为北词设也；今为南曲，则益有不可从者。盖南曲自有南方之音，从其地也，如遵其所为音且叶者，而歌龙为驴东切，歌玉为御，歌绿为虑，歌宅为柴，歌落为潦，歌握为杳，听者不啻群起而唾矣！至每一声之字，亦漫并太多，如《菽园杂记》所讥者，各韵而是。吴兴王文璧，尝字为厘别，近槜李卜氏，复增校以行于世，于是南音渐正，惜不能更定其类，而入声之鴂舌，尚仍其旧耳。涵虚子有《琼林雅韵》一编，又与周韵略似，则亦五十步之走也。或谓周韵行之已久，今不宜易更；则渔模一韵，《正韵》业已离之为二矣。德清可更沈约以下诸贤之诗韵，而今不可更一山人之词韵哉。且今之歌者，为德清所误，抑复不浅，如横之为红，鹏之为蓬，止可于韵脚偶押在东锺韵中者，作如是歌可耳，若在句中，却当仍作庚青韵之本音；今歌者概作红蓬之音，而遇有作庚青本音歌者，辄笑以为不识中州之音矣，敝至此哉！即就其所谓东锺二字，立作韵目，亦又自不通。夫诗韵之一东、二冬、止取一字；今取二字作目，非以声有阴、阳二字之故耶？则惟是取一于阴，取一于阳可也，乃东锺、支思、先天、歌戈、车遮、庚青则两阴字，齐微、渔模、尤侯则两阳字，寒山、桓欢、廉纤则阴、阳两倒；仅江阳、皆来、真文、萧豪、家麻、侵寻、监咸七韵不误，要亦其偶合，而非真有泾渭于其间也。既两取而曰江阳，则阴字当即首江字，而今首姜字；又真文而首分邻，侵寻而首针林，监咸而首庵南，则其所谓偶合者，而目与韵，又自相矛盾也，亦何取而以二字目之也！至谓平声之有上、下，皆以字有阴、阳之故，遂以阴字属下平，阳字属上平，尤为可笑。词隐先生欲创一韵书，未就而卒。余之反周，盖为南词设也。而中多取声《洪武正韵》，遂尽更其旧，命曰《南词正韵》，别有蠡见，载凡例中。

——王骥德著:《曲律》卷二,《中国古典戏曲论著集成》第四册,中国戏剧出版社1959年版

论须读书第十三

　　词曲虽小道哉,然非多读书,以博其见闻,发其旨趣,终非大雅。须自《国风》《离骚》、古乐府及汉、魏、六朝三唐诸诗,下迨《花间》《草堂》诸词,金、元杂剧诸曲,又至古今诸部类书,俱博搜精采,蓄之胸中,于抽毫时,掇取其神情标韵,写之律吕,令声乐自肥肠满脑中流出,自然纵横该洽,与剿袭口耳者不同。胜国诸贤,及实甫、则诚辈,皆读书人,其下笔有许多典故,许多好语衬副,所以其制作千古不磨;至卖弄学问,堆垛陈腐,以吓三家村人,又是种种恶道!古云:"作诗原是读书人,不用书中一个字"。吾于词曲亦云。

——王骥德著:《曲律》卷二,《中国古典戏曲论著集成》第四册,中国戏剧出版社1959年版

论用事第二十一

　　曲之佳处,不在用事,亦不在不用事。好用事,失之堆积;无事可用,失之枯寂。要在多读书,多识故实,引得的确,用得恰好,明事暗使,隐事显使,务使唱去人人都晓,不须解说。又有一等事,用在句中,令人不觉,如禅家所谓撮盐水中,饮水乃知咸味,方是妙手。《西厢》《琵琶》用事甚富,然无不恰好,所以动人。《玉玦》句句用事,如盛书柜子,翻使人厌恶,故不如《拜月》一味清空,自成一家之为愈也。又用得古人成语恰好,亦是快事;然只许单用一句,要双句,须别处另寻一句对之。如《琵琶》《月云高》曲末二句,第一调"正是西出阳关无故人,须信家贫不是贫",第二调"他须记一夜夫妻百夜恩,怎做得区区陌路人",第三调"他不到得非亲却是亲,我自须防人不仁",如此方不堆积,方不蹈袭,故知此老胸中,别具一副炉锤也。

——王骥德著:《曲律》卷三,《中国古典戏曲论著集成》第四册,中国戏剧出版社 1959 年版

【思考题】

1. 王骥德"本色论"的理论内涵是什么?
2. 怎么理解王骥德所说的"作曲者须先认清路头"?

袁 宏 道

【作者简介】

袁宏道(1568—1610),字中郎,又字无学,号石公,又号六休,湖广公安人。万历二十年(1592)进士。三年后选为吴县令,不久辞去。后授顺天教授,历国子助教、礼部主事。谢病归,复起官至吏部稽勋郎中。袁宏道才名早成,十六岁为诸生,即结社城南,自为社长。袁宏道在文学上反对"文必秦汉,诗必盛唐"的风气,提出"独抒性灵,不拘格套"的性灵说。与其兄袁宗道、弟袁中道并有才名,由于三袁是荆州公安县人,其文学流派世称"公安派"或"公安体"。著有诗文集和杂著多种,今人整理为《袁宏道集笺校》。

雪涛阁集序

文之不能不古而今也,时使之也。妍媸之质[1],不逐目而逐时。是故草木之无情也,而鞓红鹤翎,不能不改观于左紫溪绯[2]。唯识时之士,为能隄其溃而通其所必变[3]。夫古有古之时,今有今之时,袭古人语言之迹,而冒以为古,是处严冬而袭夏之葛者[4]。《骚》之不袭《雅》也[5],《雅》之体穷于怨,不《骚》不足以寄也。后之人有拟而为之者,终不肖也,何也?彼直求《骚》于《骚》之中也。至苏、李述别及《十九》等篇[6],《骚》之音节体致皆变矣,然不谓之真《骚》不可也。古之为诗者,有泛寄之情,无直书之事;而其为文也,有直书之事,无泛寄之情,故诗虚而文实。晋、唐以后,为诗者有赠别,有叙事;为文者有辨说,有论叙。架空而言,不必有其事与其人,是诗之体已不虚,而文之体已不能实矣。古人之法,顾安可概哉!

夫法因于敝而成于过者也。矫六朝骈丽饤饾之习者[7],以流丽胜,饤饾者固流丽之因也,然其过在轻纤。盛唐诸人,以阔大矫之。已阔矣,又因阔而生莽。是故续盛唐者,以情实矫之。已实矣,又因实而生俚。是故续中唐者,以奇僻矫之。然奇则其境必狭,而僻则务为不根以相胜,故诗之道,至晚唐而益小。有宋欧、苏辈出,大变晚习,于物无所不收,于法无所不有,于情无所不畅,于境无所不取,滔滔莽莽,有若江河。今之人徒见宋之不唐法,而不知宋因唐而有法者也。如淡非浓,而浓实因于淡。然其敝至以文为诗[8],流而为理学,流而为歌诀,流而为偈诵[9],诗之弊又有不可胜言者矣。

近代文人,始为复古之说以胜之。夫复古是已,然至以剿袭为复古,句比字拟,务为牵合,弃目前之景,摭腐滥之辞,有才者诎于法,而不敢自伸其才,无之者,拾一二浮泛之语,帮凑成诗。智者牵于习,而愚者乐其易,一唱亿和,优人驺子[10],皆谈雅道。吁,诗至此,抑可羞哉!夫即诗而文之为弊,盖可知矣。

余与进之游吴以来,每会必以诗文相励,务矫今代蹈袭之风。进之才高识远,信腕信口,皆成律度,其言今人之所不能言,与其所不敢言者。或曰:"进之文超逸爽朗,言切而旨远,其为一代才人无疑。诗穷新极变,物无遁情,然中或有一二语近平近俚近俳,何也?"余曰:"此进之矫枉之作,以为不如是,不足矫浮泛之弊,而阔时人之目也。"然在古亦有之,有以平而传者,如"睫在眼前人不见"之类是也;有以俚而传者,如"一百饶一下,打汝九十九"之类是也;有以俳而传者,如"迫窘诘曲几穷哉"之类是也。古今文人,为诗所困,故逸士辈出,为脱其粘而释其缚。不然,古之才人,何所不足,何至取一二浅易之语,不能自舍,以取世嗤哉?执是以观,进之诗其为大家无疑矣。诗凡若干卷,文凡若干卷,编成,进之自题曰《雪涛阁集》,而石公袁子为之叙。

——袁宏道著、钱伯城笺校:《袁宏道集笺校》卷十八,上海古籍出版社1981年版

【题解】

《雪涛阁集》为袁宏道同年进士江盈科的作品集。二人交谊甚密,观念接近,并携同作诗,发为新声,力图以清新流利的文风改造文坛旧况。袁宏道借为撰序之际,品评了江盈科的诗歌成就,并重申了自己的文学主张。本篇立论有鲜明的针对性,以复古主义文学为批评对象,由于基于一种通达开明的文学发展观,而不是就事论事地反对格调法度,所以其文学主张比其兄袁宗道的显得更为丰富深刻,亦更有说服力。复古派诗论的影响直至袁宏道才明显削弱。

【注释】

1. 妍媸:同"妍蚩",美好和丑恶。
2. 鞓红鹤翎,不能不改观于左紫溪绯:鞓红、鹤翎、左紫、溪绯,均为牡丹花的品种。欧阳修《居士外集》卷二十二《洛阳牡丹记》载:"鞓红者,单叶深红花,出青州,亦曰青州红。故张仆射(齐贤)有第京贤相坊,自青州以橐驼驮其种,遂传洛中,其色类腰带鞓,故谓之鞓红。""鹤翎红者,多叶花,其末白而本肉红,如鸿鹄羽色。""左花者,千叶紫花,叶密而齐如截,亦谓之平头紫。""潜溪绯者,千叶绯花,出于潜溪寺,寺在龙门山后,本唐相李藩别墅。……本是紫花,忽于丛中特出绯者,不过一二朵,明年移在他枝,洛人谓之转枝花,故其接头尤难得。"
3. 隄其溃而通其所必变:隄,同"堤",本义为用土石等材料修筑的挡水的高岸,这里活用作动词。溃,倒下、崩溃之意。
4. 是处严冬而袭夏之葛者:葛,葛布,也指葛布衣服。
5. 《骚》之不袭《雅》:《骚》,指《离骚》。《雅》,指《诗经》中的《大雅》和《小雅》。
6. 至苏、李述别及《十九》等篇:苏、李述别,托名西汉苏武、李陵赠答的五言古诗,今称"苏李诗",产生年代和《古诗十九首》大体相当,艺术水平、风格亦相近。《十九》,指《古诗十九首》,收录在《文选》中,代表汉代文人五言诗的最高成就。
7. 饤饾:将食品堆叠在盘中,摆设出来。比喻堆砌、杂凑。亦指词句的安排罗列。
8. 以文为诗:指唐代文学家韩愈用写散文的方法作诗。宋代陈师道《后山诗话》:"退之(韩愈)以文为诗,子瞻(苏轼)以诗为词,如教坊雷大使之舞,虽极天下之工,要非本色。"
9. 流而为偈诵:偈诵,即偈颂,梵语"偈佗"的又称,即佛经中的唱颂词。
10. 优人驺子:优人,古代以乐舞、戏谑为业的艺人。驺子,掌管车马的仆役。优人驺子,泛指地位低下、没有机会接受文化教育的劳动者。

【讲疏】

本文首先陈述时代变迁、社会发展、文学流变的必然趋势,指出文学呈现新的面貌是时代向前推进,社会人情物态(文学内容)、乡语方言(文学体裁)变更带来的必然结果。然后以诗文为例,说明时代发展给不同文体带来的变化,即"古之为诗者,有泛寄之情,无直书之事;而其为文也,有直书之事,无泛寄之情,故诗虚而文实","晋、唐以后……诗之体已不虚,而文之体已不能实矣"。文学的变化也吻合事物发展的一般规律,"夫物始繁者终必简,始晦者终必明,始乱者终必整,始艰者终必流丽痛快。其繁也,晦也,乱也,艰也,文之始也。……人事物态,有时而更,乡语方言,有时而易,事今日之事,则亦文今日之文而已矣"(《与江进之》)。古不能为今,今亦不必摹古,如果强求一样,就如同"处严冬而袭夏之葛者"。

对于盛极一时的复古派,袁宏道给予了尖锐的抨击:"以剿袭为复古,句比字拟","智者牵于习,而愚者乐其易",格调法度成了有才者的束缚,给无才者提供模拟的标本。袁宏道并非反对向古人学习,而是批判当时七子学习古人的方法,他认为"善画者,师物不师人;善学者,师心不师道;善为诗者,师森罗万象,不师先辈。法李唐者,岂谓其机格与字句哉?法其不为汉,不为魏,不为六朝之心而已,是真法者也"(《叙竹林集》)。

对时弊的纠偏,袁宏道、江盈科等不遗余力,有时难免矫枉过正,为人诟病,对此袁宏道作了辩护,他认为虽然《雪涛阁集》存在"近平近俚近俳"的现象,但其目的是"脱其粘而释其缚";"有一二语近俚近俳",亦为"矫枉之作,以为不如是,不足矫浮泛之弊,而阔时人之目也"。这既是为江进之开脱,也是为公安派辩解。

【关键词解读】

古有古之时,今有今之时

在《雪涛阁集序》中,袁宏道对文学发展中的"因"与"革"的关系作了非常深刻而辩证的分析。袁宏道认为,真正的继承,不是模仿,而应当是新的创造与发展。"时"的变化,必然要引起"物"的变化,这是自然规律,为此就要有"通变"的观念,不能剿袭传统。"《骚》之不袭《雅》也,《雅》之体穷于怨,不《骚》不足以寄也。……至苏、李述别及《十九》等篇,《骚》之音节体致皆变矣,然不谓之真《骚》不可也。"《骚》之继《雅》,不是袭其面目,而是继承其"怨"的精神。苏、李诗及《古诗十九首》表面上看来与《骚》之音节体制殊异,但却是《骚》之精神的真正继承者。只有革新才能真正继承,没有革新就不可能有真正的继承,这是袁宏道论"变"的一个非常有价值的地方。

袁宏道通变观的另一重要思想是"法因于敝而成于过",意即一成既定成法,就会逐渐走向其反面。事物往往有两面性,它的优点往往同时掩盖着它的弱点。"矫六朝骈丽饤饾之习者,以流丽胜,饤饾者固流丽之因也,然其过在轻纤。盛唐诸人,以阔大矫之。已阔矣,又因阔而生莽。是故续盛唐者,以情实矫之。已实矣,又因实而生俚。是故续中唐者,以奇僻矫之。然奇则其境必狭,而僻则务为不根以相胜,故诗之道,至晚唐而益小。"优点发展到极致,就会产生弊病,所以必须不断地变,才能使诗文显示出不同的时代特征。"变"乃是事物发展的必然结果,一成不变是不符合事物发展的规律的,自然也是不符合文学发展的规律的。

【相关知识链接】

公安派的"性灵说",倡导信口信腕,直抒胸臆,不忌"露",不避俚俗,其仿效者则"为俚语,为纤巧,为莽荡",至其末流,则"狂瞽交扇,鄙俚公行,雅故灭裂,风华扫地"(钱谦益《列朝诗集小传》丁集中《袁稽勋宏道》)。这是明末清初的钱谦益对公安派走向衰落的原因的分析。其实早在公安派后期,"公安三袁"之一的袁中道对此已有所认识,他在《阮集之诗序》中说:"及其后学也,学之者稍入俚易,境无不收,情无不写,未免冲口而发,不复检括,而诗道又将病矣。"(《珂雪斋集》卷十)因此袁中道在乃兄袁宏道谢世之后,一方面竭力维护袁宏道,另一方面又对公安派的理论有所修正。

袁中道《淡成集叙》说:"天下之文,莫妙于言有尽而意无穷,其次则能言其意之所欲言。……苏长公之才,实胜韩柳,而不及韩柳者,发泄太尽故也。……杜工部、李青莲之才,实胜王维、李颀,而不及王维、李颀者,亦以发泄太尽故也。……不为中行,则为狂狷。效颦学步,是为乡愿耳。"(《珂雪斋集》卷十)袁中道把天下文章分为三类:中行、狂狷、乡愿。"言有尽而意无穷"为中行,是诗文中的上乘之作;"能言其意之所欲言"为狂狷,次之;而效颦学步者,不能言其意之所欲言,最下,是为乡愿。由此可见,公安派那些"但恐不达,何露之有"的诗文只能归于"发泄太尽"的"狂狷"一类,低"中行"一等了。袁中道在《餐霞集小序》中说:"至平常,至绚烂;至绚烂,至平常,天下之至文无以加焉。"(《珂雪斋集》卷十)袁中道推崇的乃是自然平淡的诗风。

袁中道《蔡不瑕诗序》说:"诗以三唐为的,舍唐人而别学诗,皆外道也。……近年始细读盛唐人诗,间有一二语合者。……近侄子祈年、彭年亦知学诗,予尝谓之曰:'若辈当熟读汉魏及三唐人诗,然后下笔,切莫率自矜臆,便谓不阡不陌,可以名世也。夫情无所不写,而亦有不必写之情;景无所不收,而亦有不必收之景。知此乃可以言诗矣。'"(《珂雪斋集》卷十)袁中道树"三唐"为典范,这与袁宏道"欧、苏、陈、黄各有诗,不必唐也"(钱谦益《列朝诗集小传》丁集中《袁稽勋宏道》)的提法已是大相径庭了。可以说,袁宏道的"独抒性灵,不拘格套"到了袁中道手里,已渐渐转变成"但抒性灵,不废格套"了。

【延伸阅读】

袁宏道的文学理论包括文学发展论、文学创作论两大方面。关于文学发展论,除了《雪涛阁集序》提出的"古有古之时,今有今之时""法因于敝而成于过"之外,还有"以后视今,今犹古也"(《诸大家时文序》)、"代有升降,而法不相沿,各极其变,各穷其趣"(《叙小修诗》)等提法。具体到文学的批评,袁宏道推重八股文(《诸大家时文序》),肯定《擘破玉》《打枣竿》之类的民歌(《叙小修诗》),否定贵古贱今的文学价值观,甚至提出"唐无诗""秦、汉无文"(《张幼于》)的偏激之论。袁宏道的文学创作论,以"独抒性灵,不拘格套"(《叙小修诗》)为纲,主张"信心而出,信口而谈"(《张幼于》),"独抒己见,信心而言"(《叙梅子马王程稿》),提倡"真",以"物真则贵"(《丘长孺》),追求"世人所难得"之"趣"(《叙陈正甫会心集》)。

诸大家时文序

今代以文取士,谓之举业,士虽借以取世资,弗贵也,厌其时也。夫以后视今,今犹古也,以文取士,文犹诗也。后千百年,安知不瞿、唐而卢、骆之,顾奚必古文词而后不朽哉?且所谓古文者,至今日而弊极矣。何也?优于汉谓之文,不文矣;奴于唐谓之诗,不诗矣。取宋、元诸公之余沫而润色之,谓之词曲诸家,不词曲诸家矣。大约愈古愈近,愈似愈赝,天地间真文渐灭殆尽。独博士家言,犹有可取。其体无沿袭,其词必极才之所至,其调年变而月不同,手眼各出,机轴亦异,二百年来,上之所以取士,与士子之伸其独往者,仅有此文。而卑今之士,反以为文不类古,至摈斥之,不见齿于词林。嗟夫,彼不知有时也,安知有文!

夫沈之画,祝之字,今也;然有伪为吴兴之笔,永和之书者,不敢与之论高下矣。宣之陶,方之金,今也;然有伪为古钟鼎及哥、柴等窑者，不得与之论轻重矣。何则？贵其真也。今之所谓可传者，大抵皆假骨董赝法帖类也。彼圣人贤者，理虽近腐，而意则常新；词虽近卑，而调则无前。以彼较此，孰传而孰不可传也哉？

——袁宏道著、钱伯城笺校：《袁宏道集笺校》卷四，上海古籍出版社2008年版

叙小修诗

弟小修诗，散逸者多矣，存者仅此耳。余惧其复逸也，故刻之。弟少也慧，十岁余即著《黄山》《雪》二赋，几五千余言，虽不大佳，然刻画饤饾，傅以相如、太冲之法，视今之文士矜重以垂不朽者，无以异也。然弟自厌薄之，弃去。顾独喜读老子、庄周、列御寇诸家言，皆自作注疏，多言外趣，旁及西方之书，教外之语，备极研究。既长，胆量愈廓，识见愈朗，的然以豪杰自命，而欲与一世之豪杰为友。其视妻子之相聚，如鹿豕之与群而不相属也；其视乡里小儿，如牛马之尾行而不可与一日居也。泛舟西陵，走马塞上，穷览燕、赵、齐、鲁、吴、越之地，足迹所至，几半天下，而诗文亦因之以日进。大都独抒性灵，不拘格套，非从自己胸臆流出，不肯下笔。有时情与境会，顷刻千言，如水东注，令人夺魄。其间有佳处，亦有疵处，佳处自不必言，即疵处亦多本色独造语。然予则极喜其疵处；而所谓佳者，尚不能不以粉饰蹈袭为恨，以为未能尽脱近代文人气习故也。

盖诗文至近代而卑极矣，文则必欲准于秦、汉，诗则必欲准于盛唐，剿袭模拟，影响步趋，见人有一语不相肖者，则共指以为野狐外道。曾不知文准秦、汉矣，秦、汉人曷尝字字学《六经》欤？诗准盛唐矣，盛唐人曷尝字字学汉、魏欤？秦、汉而学《六经》，岂复有秦、汉之文？盛唐而学汉、魏，岂复有盛唐之诗？唯夫代有升降，而法不相沿，各极其变，各穷其趣，所以可贵，原不可以优劣论也。且夫天下之物，孤行则必不可无，必不可无，虽欲废焉而不能；雷同则可以不有，可以不有，则虽欲存焉而不能。故吾

谓今之诗文不传矣。其万一传者，或今闾阎妇人孺子所唱《擘破玉》《打枣竿》之类，犹是无闻无识真人所作，故多真声，不效颦于汉、魏，不学步于盛唐，任性而发，尚能通于人之喜怒哀乐嗜好情欲，是可喜也。

盖弟既不得志于时，多感慨；又性喜豪华，不安贫窭；爱念光景，不受寂寞。百金到手，顷刻都尽，故尝贫；而沉湎嬉戏，不知樽节，故尝病；贫复不任贫，病复不任病，故多愁。愁极则吟，故尝以贫病无聊之苦，发之于诗，每每若哭若骂，不胜其哀生失路之感。予读而悲之。大概情至之语，自能感人，是谓真诗，可传也。而或者犹以太露病之，曾不知情随境变，字逐情生，但恐不达，何露之有？且《离骚》一经，忿怼之极，党人偷乐，众女谣啄，不揆中情，信谗齌怒，皆明示唾骂，安在所谓怨而不伤者乎？穷愁之时，痛哭流涕，颠倒反复，不暇择音，怨矣，宁有不伤者？且燥湿异地，刚柔异性，若夫劲质而多怼，峭急而多露，是之谓楚风，又何疑焉！

——袁宏道著、钱伯城笺校：《袁宏道集笺校》卷四，上海古籍出版社2008年版

丘长孺

去岁一秦贾至，曾寄丘郎书，书中言小修被盗事甚悉，长几丈余。来札至，突云无书，丘郎偶忘之耶？抑贾不甘作附书邮邪？可怪！世人无敢不答书者，必如丘郎乃敢不书，然亦真不须书也。何也？他人无书必嗔，嗔必怪，怪必毒，丘郎即不免嗔，然决无毒我理，不须书一。丘郎所喜者，豪侠之客，妖冶之容，山水之胜，病子虽吏吴两载，耳实未闻，眼实未见，口实未谭，顾安得如上事与丘郎描写之，不须书二。所见伊何？案牍比簿也，所闻所谈伊何？扎火囤也，明见万里也，着实打三十竹皮也，丘郎闻之，亦当为我解颐否耶？不须书三。夫以三不须书之丘郎，而遇懒一忙二病三之袁仲子，然则鳞鸿之未便，踪迹之靡定，贾人之浮沉，又可勿论矣。

读来诗,无一字不佳,五七言古及诸绝句,古质苍莽,气韵沉雄,真是作者。当为诗中第一,见在未来第一。五言律不浮次之,七言律又次之。大抵物真则贵,真则我面不能同君面,而况古人之面貌乎?唐自有诗也,不必《选》体也;初、盛、中、晚自有诗也,不必初、盛也。李、杜、王、岑、钱、刘,下迨元、白、卢、郑,各自有诗也,不必李、杜也。赵宋亦然。陈、欧、苏、黄诸人,有一字袭唐者乎?又有一字相袭者乎?至其不能为唐,殆是气运使然,犹唐之不能为《选》,《选》之不能为汉、魏耳。今之君子,乃欲概天下而唐之,又且以不唐病宋。夫既以不唐病宋矣,何不以不《选》病唐,不汉、魏病《选》,不《三百篇》病汉,不结绳鸟迹病《三百篇》耶?果尔,反不如一张白纸,诗灯一派,扫土而尽矣。夫诗之气,一代减一代,故古也厚今也薄。诗之奇之妙之工之无所不极,一代盛一代,故古有不尽之情,今无不写之景。然则古何必高,今何必卑哉?不知此者,决不可观丘郎诗,丘郎亦不须与观之。

弟一病数月,上官已许放归矣。过团风幸出一会,弟先遣人报知。近作颇有得意处,刻成当呈。

——袁宏道著、钱伯城笺校:《袁宏道集笺校》卷六,上海古籍出版社2008年版

叙陈正甫会心集

世人所难得者唯趣。趣如山上之色,水中之味,花中之光,女中之态,虽善说者不能下一语,唯会心者知之。今之人慕趣之名,求趣之似,于是有辨说书画,涉猎古董以为清;寄意玄虚,脱迹尘纷以为远;又其下则有如苏州之烧香煮茶者。此等皆趣之皮毛,何关神情。夫趣得之自然者深,得之学问者浅。当其为童子也,不知有趣,然无往而非趣也。面无端容,目无定睛,口喃喃而欲语,足跳跃而不定,人生之至乐,真无踰于此时者。孟子所谓不失赤子,老子所谓能婴儿,盖指此也。趣之正等正觉最上乘也。山林之人,无拘无缚,得自在度日,故虽不求趣而趣近之。

愚不肖之近趣也，以无品也，品愈卑故所求愈下，或为酒肉，或为声伎，率心而行，无所忌惮，自以为绝望于世，故举世非笑之不顾也，此又一趣也。迨夫年渐长，官渐高，品渐大，有身如梏，有心如棘，毛孔骨节俱为闻见知识所缚，入理愈深，然其去趣愈远矣。余友陈正甫，深于趣者也，故所述《会心集》若干卷，趣居其多，不然虽介若伯夷，高若严光，不录也。噫，孰谓有品如君，官如君，年之壮如君，而能知趣如此者哉！

——袁宏道著、钱伯城笺校：《袁宏道集笺校》卷十，上海古籍出版社2008年版

张　幼　于

读来教，一字一语，具见真切，然非不肖本怀。不肖岂习为令者？一处剧邑，如猢狲入笼中，欲出则被主者反扃，欲不出又非其性，东跳西宽，毛爪俱落。主者不得已，怜而放之，仅得不死。习于令者，为若是邪？

至于诗，则不肖聊戏笔耳。信心而出，信口而谈。世人喜唐，仆则曰唐无诗；世人喜秦、汉，仆则曰秦、汉无文；世人卑宋黜元，仆则曰诗文在宋、元诸大家。昔老子欲死圣人，庄生讥毁孔子，然至今其书不废；荀卿言性恶，亦得与孟子同传。何者？见从己出，不曾依傍半个古人，所以他顶天立地。今人虽讥讪得，却是废他不得。不然，粪里嚼查，顺口接屁，倚势欺良，如今苏州投靠家人一般。记得几个烂熟故事，便曰博识；用得几个见成字眼，亦曰骚人。计骗杜工部，囤扎李空同，一个八寸三分帽子，人人戴得。以是言诗，安在而不诗哉？不肖恶之深，所以立言亦自有矫枉之过。

公谓仆诗亦似唐人，此言极是。然要之幼于所取者，皆仆似唐之诗，非仆得意诗也。夫其似唐者见取，则其不取者断断乎非唐诗可知。既非唐诗，安得不谓中郎自有之诗，又安得以幼于之不取，保中郎之不自得意耶？仆求自得而已，他则何敢知。近日湖上诸作，尤觉秽杂，去唐愈远，然愈自得意。昨已为长洲公觅

去发刊。然仆逆知幼于之一抹到底，决无一句入眼也。何也？真不似唐也。不似唐，是干唐律，是大罪人也，安可复谓之诗哉？

仆往赠幼于诗，有"誉起为颠狂"句。颠狂二字甚好，不知幼于亦以为病。夫仆非真知幼于之颠狂，不过因古人有"不颠不狂，其名不彰"之语，故以此相赞。如今人送富贾则曰"侠"，送知县则曰"河阳""彭泽"，此套语也。夫颠狂二字，岂可轻易奉承人者？狂为仲尼所思，狂无论矣。若颠在古人中，亦不易得，而求之释，有普化焉。张无尽诗曰："槃山会里翻筋斗，到此方知普化颠"是也。化虽颠去，实古佛也。求之玄，有周颠焉，高帝所礼敬者也。玄门尤多，他如蓝采和、张三丰、王害风之类皆是。求之儒，有米颠焉，米颠拜石，呼为丈人，与蔡京书，书中画一船，其颠尤可笑。然临终合掌曰："众香国里来，众香国里去。"此其去来，岂草草者？不肖恨幼于不颠狂耳，若实颠狂，将北面而事之，岂直与幼于为友哉？

至于所说"吴侬不解语"，则尤与幼于无交涉。夫家伯修与王以明皆真切学佛人。伯修书本问学问，何故系之以园亭歌儿？若曰吴中解禅语者，惟此辈尔，夫园亭非有知之物，安得谓之解语？此所谓言语道断，心行处灭者也。此禅机也。以明书意同。夫吴中诗诚佳，字画诚高，然求一个性命的影子，百中无一，千中无一，至于文人尤难。何也？一生精力尽用之诗文草圣中也。幼于自负能谈名理，所名者果何理耶？他书无论，即如《敝箧》诸诵，幼于能一一解得不？如何是"下三点"，如何是"扇子跳宽上三十三天"，如何是"一口汲尽西江水"？幼于虽通身是口，到此只恐亡锋结舌去。然则幼于尚不得谓之解语矣，况其不逮幼于者耶？仆自知诗文一字不通，唯禅宗一事，不敢多让。当今勍敌，唯李宏甫先生一人。其他精炼衲子，久参禅伯，败于中郎之手者，往往而是。幼于不学禅，安得挽入其中，与虚幻荒唐之人交锋比势哉？夫不肖自知幼于，不必幼于之解语；齐语、楚语、闽语、倭语，处处乡谈土音不同，不必幼于之皆解。夫幼于之不解中郎语，犹中郎之不解幼于语也。天下事何必同而后快哉？王二先生往好事者，造不根之言，故不肖于集中特一辩白，然如王，如曹,如公家兄弟,皆不肖所敬者,决不在不解语之列。信笔铺叙,不觉满纸,不肖近于颠矣。幼于既不爱颠,请以自赠如何?一笑。

——袁宏道著、钱伯城笺校:《袁宏道集笺校》卷十一,上海古籍出版社2008年版

叙梅子马王程稿

余论诗多异时轨,世未有好之者,独宣城梅子与余论合。凡余所摈斥诋毁,俱一时名公巨匠,或梅子旧师友也,梅子的然以为是。而其所赞叹不容口者,皆近时墨客所不曾齿及之人,梅子读其诗,又切切然痛恨知名之晚也。梅子尝语余曰:"诗道之秽,未有如今日者。其高者为格套所缚,如杀翮之鸟,欲飞不得;而其卑者,剽窃影响,若老妪之傅粉;其能独抒己见,信心而言,寄口于腕者,余所见盖无几也。往余为诗,一时骚士争推毂余,今则皆戟手詈余矣。余思非公莫能评者,今所著稿具在,其有以箴。"余曰:"是公诗进。昔余至吴,乡人有偕来者,饮以天池、虎丘,怒发投诸地曰:'此何异水!'适家人有携安化茶者,出而饮之,其人大喜,立啜四五盏。何也?人情安于所习,故虽至美,亦以至恶掩也。今公出诗以示人,其怒不必诘,其喜大为可戒。惩其所誉而劝其所嗔,公之于诗也几矣。"

——袁宏道著、钱伯城笺校:《袁宏道集笺校》卷十八,上海古籍出版社2008年版

【思考题】

1. 结合《雪涛阁集序》,谈谈袁宏道是如何抨击前后七子的文学复古思想的。

2. 袁宏道的文学发展观是怎样的?

钟　惺

【作者简介】

钟惺(1574—1625),字伯敬,号退谷,别号退庵,湖广竟陵(今湖北天门市)人,万历三十八年(1610)进士,授行人八年,改授工部主事,历任南京礼部仪制司主事、祠祭司郎中。钟惺好学多才,性格严冷,不喜交结。他与同里谭元春评选唐人诗,作《唐诗归》;又评选隋以前的诗,作《古诗归》,名扬一时,形成"竟陵派",世称"钟谭"。《明史·文苑传》载:"自宏道矫王、李诗之弊,倡以清真,惺复矫其弊,变而为幽深孤峭。"钟惺学养深厚,留心经史,曾评点《诗经》《左传》等,诗文集有《隐秀轩集》等。

诗　归　序

选古人诗而命曰《诗归》,非谓古人之诗以吾所选为归,庶几见吾所选者,以古人为归也。引古人之精神以接后人之心目,使其心目有所止焉,如是而已矣。《昭明》选古诗,人遂以其所选者为古诗,因而名古诗曰"选体"[1]。唐人之古诗曰"唐选"。呜呼!非惟古诗亡,几并古诗之名而亡之矣。何者?人归之也。选者之权力,能使人归,又能使古诗之名与实俱殉之,吾岂敢易言选哉?

尝试论之,诗文气运,不能不代趋而下;而作诗者之意兴,虑无不代求其高。高者,取异于途径耳。夫途径者,不能不异者也,然其变有穷也。精神者,不能不同者也,然其变无穷也。操其有穷者以求变,而欲以其异与气运争,吾以为能为异而终不能为高。其究途径穷,而异者与之俱穷,不亦愈劳而愈远乎?此不求古人真诗之过也。

今非无学古者,大要取古人之极肤、极狭、极熟,便于口手者,以为古人在是。使捷者矫之[2],必于古人外自为一人之诗以为异;要其异,又皆同乎古人之险且僻者,不则其俚者也;则何以服学古者之心?无以服其心,而又坚其说以告人曰:"千变万化,不出古人。"问其所为古人,则又向之极肤、极狭、极熟者也。世真不知有古人矣!

惺与同邑谭子元春忧之,内省诸心,不敢先有所谓学古不学古者,而第求古人真诗所在。真诗者,精神所为也。察其幽情单绪,孤行静寄于喧杂之中;而乃以其虚怀定力,独往冥游于寥廓之外。如访者之几于一逢,求者之幸于一获,入室之欣于一至。不敢谓吾之说非即向者之"千变万化、不出古人"之说,而特不敢以肤者、狭者、熟者塞之也。

书成,自古逸至隋[3],凡十五卷,曰《古诗归》。初唐五卷,盛唐十九卷,中唐八卷,晚唐四卷,凡三十六卷,曰《唐诗归》。取而覆之,见古人诗久传者,反若今人新作诗。见己所评古人语,如看他人语。仓卒中,古今人我,心目为之一易,而茫无所止者,其故何也?正吾与古人之精神,远近前后于此中,而若使人不得不有所止者也。

——钟惺著,李先耕、崔重庆标校:《隐秀轩集》卷十六,上海古籍出版社1992年版

【题解】

本篇是钟惺、谭元春二人合编的《古诗归》与《唐诗归》(合称《诗归》)的序言。明代有影响的诗歌选本主要是高棅《唐诗品汇》及李攀龙《古今诗删》,他们都标举格调,钟、谭则"彼取我删,彼删我取"(谭元春《奏记蔡清宪公》),所以《诗归》编成后在当时大受欢迎,"承学之士,家置一编,奉之如尼父之删定"(钱谦益《列朝诗集小传·钟提学惺》)。《诗归》为钟、谭合选,此序所论的诸多观点,是钟惺与谭元春在编选实践中达成的共识,因此该序是整个竟陵派的文学理论宣言。

【注释】

1. 《昭明》选古诗，人遂以其所选者为古诗，因而名古诗曰"选体"：昭明，南朝梁武帝萧衍之子萧统谥号，曾被立为太子，也称昭明太子。他编撰《文选》凡三十六卷，收录从先秦到梁初一百三十位作家的作品，是我国现存最早的一部诗文总集。选体，文选体的简称。《文选》第十九到三十一卷为古诗，所选这些诗歌的风格体式被称为"选体"，因为这些诗歌多为五言古体，也有人称五言古诗为"选体"。后也有人将仿《文选》所录古诗风格的诗称为"选体"。

2. 使捷者矫之：使走捷径的人来矫正这个弊端。此句指的是公安派"不拘格套，独抒性灵"的创作主张。

3. 古逸：指未加纂辑的古诗文等。

【讲疏】

《诗归序》开宗明义说："选古人诗而命曰《诗归》，非谓古人之诗以吾所选为归，庶几见吾所选者，以古人为归也。引古人之精神以接后人之心目，使其心目有所止焉。"这就是说，钟惺、谭元春编选《诗归》的目的在于引导当时学诗者"归"于、"止"于古人诗歌的"精神"。

钟惺主张向古人学习，"以古人为归也"，但钟惺认为以往的学古者仅学古人"途径"，而不"求古人真诗"。这种思想，针对的是七子派的复古论调，以及公安派一味趋新的偏失。"今非无学古者，大要取古人之极肤、极狭、极熟，便于口手者，以为古人在是。"在钟惺看来，前后七子的"学古"，并未学到古人的真"精神"，仅仅拾得古人诗文中"极肤、极狭、极熟"的东西而已，即所得到的只不过是"格""调"等形式上的一些皮毛。他又说："使捷者矫之，必于古人外自为一人之诗以为异；要其异，又皆同乎古人之险且僻者，不则其俚者也；则何以服学古者之心？"这里的"捷者"，指公安派三袁；"矫之"，指公安派对前后七子的矫正。但是，公安派又矫枉过正了，"必于古人外自为一人之诗以为异"，刻意标新立异，比如，袁宏道就说"宁今宁俗，不肯拾人一字"（《冯琢庵师》，《袁宏道集笺校》卷二十二），"见从己出，不曾依傍半个古人"（《张幼于》，《袁宏道集笺校》卷十一）。因此，他们的诗歌就有了"险且僻者""俚者"等不尽如人意的作品。而最终，他们也只学到古人"极肤、极狭、极熟"的东西。

钟惺认为，要学古就要"求古人真诗"，从古人真诗中"求古人精神所在"（《隐秀轩自序》）。而"幽情单绪"则是竟陵派极力追求的"古人真诗"的"真精神"的集中体现。钟惺认为，要求古人的"真精神"必先求诸己，应当因己以求古，不能舍却自己而去依傍古人，因为"精神者，不能不同也"，古今的精神是相通的,师心即是师古。这种"以古人为归",就与七子派之机械模拟,有了根本的区别。竟陵派实际上是以己为古,以古同己,在古人的作品中寻出与自己相合者,以论证自己与古人是一致的。

【关键词解读】

幽情单绪

为了矫正公安派末流的弊端,钟惺提出:"真诗者,精神所为也。察其幽情单绪,孤行静寄于喧杂之中;而乃以其虚怀定力,独往冥游于寥廓之外。"这里所谓"孤行静寄""独往冥游"指的是鉴赏方法与创作方法,只有具备了这样的创作心境,才可以创作出浑厚之诗,有了这样的鉴赏心境,才可以求得古人之真诗。而所谓"幽情单绪",则是竟陵派所追求的诗歌品格。钟惺在公安派之外,"别出手眼,另立深幽孤峭之宗,以驱驾于古人之上"(钱谦益《列朝诗集小传·钟提学惺》)。这对于救公安派末流之弊,不失为一种有效的办法。但竟陵派于"古人真诗",只察其"幽情单绪",显然违背了古诗的优良传统,并未真正得"古人真诗"。钟惺、谭元春所求索的这种古人精神显然只是中国文学史上很有限的一部分内容,把它作为主要的追求目标,那么他们选入《诗归》的诗也难免是狭窄的。

钟惺、谭元春在当时所以产生向往古人的"幽情单绪"的心境,一个原因是他们想在前后七子的宏壮格调和公安派的轻灵俊脱创作风貌之外,另辟蹊径,追求一种幽深孤峭的文学风格,因而很容易同古人的这种情思相合拍。另一个原因则与晚明的社会现实有关。晚明党争纷起,吏治腐败,国运日衰,钟惺、谭元春并不认同东林党人激烈抗争的做法,以清者自居,对国势亦缺乏振衰起弊的信心。因此,"幽情单绪"实是钟惺、谭元春等脱离现实的孤僻清高的心理而已,也是末世郁暗情怀的曲折表达。

【相关知识链接】

针对公安派浅率刻露的弊端,钟、谭提出诗歌应该求其"厚"的观点。谭元春在《诗归序》中叙述他与钟惺编选《诗归》的初衷:"乃与钟子约为古学,冥心放怀,期在必厚,亦既人之出之、参之伍之、审之克之矣。"(《谭元春集》卷二十二)"厚"是竟陵派提出的一个诗学观念,包括两层意思,一是诗人本身的性情之厚和学力功底深厚,一是诗的气象浑厚。钟惺《与高孩之观察》说:"夫所谓反复于厚之一字者,心知诗中实有此境也。其下笔未能如此者,则所谓知而未蹈,期而未至,望而未之见也。何以言之?诗至于厚而无余事矣。然从古未有无灵心而能为诗者,厚出于灵,而灵者不即能厚。弟尝谓古人诗有两派难入手处:有如元气大化,声臭已绝,此以平而厚者也,《古诗十九首》、苏、李是也。有如高岩峻壑,岸壁无阶,此以险而厚者也,汉《郊祀》、《铙歌》、魏武帝乐府是也。非不灵也,厚之极,灵不足以言之也。然必保此灵心,方可读书养气,以求其厚。若夫以顽冥不灵为厚,又岂吾孩之所谓厚哉?"(《隐秀轩集》卷二十八)钟惺认为,"厚"出于人的"灵心",因为有"灵心"方可读书养气,以求其厚;但并不是先天有"灵心"者写诗都可以达到"厚"的境界,这就需要看后天的功夫了。

【延伸阅读】

　　竟陵派与公安派一样,也谈"性灵""孤",但公安派之"性灵",为一己之"性灵","孤"是那种"顶天立地""不曾依傍半个古人"的反叛精神。而竟陵派之"性灵",则为古人之"性灵","孤"则是古人那种超尘出世的孤寂情怀。在钟惺看来,诗歌为远隔尘世之"清物"(《简远堂近诗序》),如果诗人"有慧性俊才,奇情孤习","则于世必将有所可"(《周伯孔诗序》),友人王季木"奇情孤诣",其诗歌"蹈险经奇"(《问山亭诗序》),钟惺推崇备至。友人董崇相只是"古貌而深情",也得到了钟惺"为诗似其为人"的褒奖。

简远堂近诗序

　　《简远堂近诗》者,谭友夏近诗也。"简远"二字,则予近日所规友夏语,而友夏取以自命其堂者也。友夏居心托意,本自孤迥。予为刻诗南都,而戒予勿乞名人一字为序,此其意何如哉!近乃颇从事泛爱容众之旨,欲以居厚而免于忌。浮沉周旋,即其心未尝不遥,予乃欲其心迹并耳。

　　诗,清物也。其体好逸,劳则否;其地喜净,秽则否;其境取幽,杂则否;其味宜淡,浓则否;其游止贵旷,拘则否。之数者,独其心乎哉?市,至嚣也,而或云如水。朱门,至礼俗也,而或云如蓬户。乃简栖、遥集之夫,必不于市于朱门;而古称名士风流,必曰门庭萧寂,坐鲜杂宾,至以青蝇为吊客,岂非贵心迹之并哉?夫日取不欲闻之语,不欲见之事,不欲与之人,而以孤衷峭性,勉强应酬,使吾耳目形骸为之用,而欲其性情渊夷,神明恬寂,作比兴风雅之言,其趣不已远乎!且夫性子而习昵,则违心;意僻而貌就,则谩世;初谐而中疏,则变素;恒亲而时乖,则示隙。

夫诗,清物也。才士为之,或近薄而取忌。违心谩世,薄道也。变素示隙,忌媒也。欲以明厚而反薄,欲免于忌而媒之,非计之得者也。索居自全,挫名用晦,虚心直躬,可以适己,可以行世,可以垂文,何必浮沉周旋,而后无失哉!

古今诗人,最矜局者无如杜审言。同时沈、宋,本其勍敌,而故相轻侮不肯下。想其平日论诗,必有与其痛痒不相中者。友夏少年,才高意广,勇于自信。人所指摘,苟不能相中,虽其言出畏友名师,不能强友夏以必听。而片语去留,待予裁决。友夏亦何私于予!夫锦绣千尺,善作者不必善裁,善裁者不必善作,世固有不能诗而知诗者。予所裁决,或亦有以相中乎!

——钟惺著,李先耕、崔重庆标校:《隐秀轩集》卷十七,上海古籍出版社1992年版

周伯孔诗序

伯孔今年才十九耳,有慧性俊才,奇情孤习。其于诗,不甚刿心唐以上,而于明诗则绝不挂于目与口。其为诗,亦颇肖其性与才、与情、与习。独时时称说袁石公,即不甚刿心,然亦骎骎乎人之矣。其游金陵,欲袖夷门博浪之椎,椎今名下士。予掩其口曰:"勿妄言。"然心实私异之。

夫人之少年壮往,意不可一世者,苟其人真有慧性俊才,奇情孤习,则于世必将有所可,而其中必有所以自见其可者也。世之轻其少者,既不明其所长;而避其壮往之锋者,又不敢直指其所短。以故倔强跳荡之气,一无所出;而时或发于夷门博浪之椎,其无足怪。世遂目为狂躁僻错而弃之、远之,可叹也。

伯孔为《秦淮绝句》百首,不必论其所失处,而其情事合前人者已十之一二。已出其诸体,不必论其善处,而其口语堕近人者亦十或三四。盖不自知其所至,要以自为伯孔。而予间戏指一二语,曰:"此为石公语。"则沚颡汗颜,曰:"噫,固宜有。小子不为明诗,何以遂有是?"予曰:"然。此固所谓骎骎乎入之者,实子

不判心唐以上之所至也。子从此苦读唐以上诗，精思妙悟，自无此失。"伯孔心开气折，明日与予札，曰："向闻子言甚善。子细检吾诗，某处为唐，某处为近人。为近人者抹杀之，某处乃为伯孔。子序吾诗，序其为伯孔者而已。"予益奇其言，壮其志。

夫伯孔之欲自为伯孔者，必有所以自见其可。而世其能明，以故其气欲一有所出之。其心折汗下于予者，所谓意不可一世，于世将必有所可者也。夫夷门博浪之椎，能奋于嚄唶之将，与鞭笞六王之主；而一贫抱关，与圯上老翁，命之以子弟臣隶之役而不辞者，其人必有以能明其所长与其所短也。伯孔年十九耳，盛气壮往，轻诋高视，固应有之。多读书，厚养气，暇日以修其孝弟忠信，入以事其父兄，出以事其长上，文行君子，其未可量。

吾友谭友夏雅负才性，意不可一世，而差心折于予。今其气纯格定，情深文明，将不愧古名士，所谓肥肠满脑，长当不尔。伯孔许还楚访我竟陵于我归处，予将以折柬招谭郎，视予言何若？抑予又将有问也：伯孔意每欲自为伯孔，观此识力，已不肯为明人；而口犹有袁石公，心犹有钟子，世将无难子曰："子诚楚人也。夫不为明人，而为楚人乎？子喜石公诗，用钟子言，则可。为石公、钟子者，则不可。闻石公亦劝人勿学己作诗，有识者不异人意，愿子广之。"伯孔笑不答。

——钟惺著，李先耕、崔重庆标校：《隐秀轩集》卷十七，上海古籍出版社1992年版

问山亭诗序

今称诗不排击李于鳞，则我争异之；犹之嘉、隆间不步趋李于鳞者，人争异之也。或以为著论驳之者，自袁石公始。与李氏首难者，楚人也。夫于鳞前无为于鳞者，则人宜步趋之。后于鳞者，人人于鳞也，世岂复有于鳞哉？势有穷而必变，物有孤而为奇。石公恶世之群为于鳞者，使于鳞之精神光焰，不复见于世。李氏之功臣，孰有如石公者？今称诗者，遍满世界，化而为石公矣，是岂石公意哉？

吾友王季木，奇情孤诣，所为诗有蹈险经奇，似温、李一派者。乃读其全集，飞纛蕴藉，顿挫沉着，出没幻化，非复一致，要以自成其为季木而已。初不肯如近世效石公一语。使季木舍其为季木者，而以为石公，斯皎然所以初不见许于韦苏州者也，亦乌在其为季木哉？

季木居石公时，不肯为石公；则居于鳞时，亦必不肯为于鳞。季木后于鳞起济南。予与石公皆楚人，石公驳于鳞，而予推重季木，其义一也。假令后于鳞为诗者，人人如季木，石公可以无驳于鳞，以解夫楚人之为济南首难者。

——钟惺著，李先耕、崔重庆标校：《隐秀轩集》卷十七，上海古籍出版社1992年版

隐秀轩集自序

古诗文多无序。非终无序也，未尝身乞人序；非徒不乞人序，而已亦不自作序。凡以诗文者，内自信于心，而上求信于古人在我而已，初非序之所能传也。迨其必可传，而后序兴焉。故有诗文作于数百年之前，而序在数百年后者。传而后有序，非待序而后传也。如其传，则亦不必序矣。

予少于诗文，本无所窥。成一轶，辄刻之，不禁人序，亦时自作序。大要取古人近似者，时一肖之，为人所称许，辄自以为诗文而已矣。侧闻近时君子有教人反古者，又有笑人泥古者，皆不求诸己，而皆舍所学以从之。庚戌以后，乃始平气精心，虚怀独往，外不敢用先入之言，而内自废其中拒之私，务求古人精神所在。虽不能得古人一二，然举其所得之一二以示人，其为人耳目所不经见，及经见而略不厝意者，十固已八九矣。间取己作以覆古人，向所信以为古人确然在是者，觉去古反滋远。有所创获晚出，使人愕然以为悖于古者，古人尝先有之。始悟近时所反之古，及笑人所泥之古，皆与古人原不相蒙，而古人精神，别自有在也。乃尽删庚戌以前诗，百不能存一；而庚戌以后，以为与其轻而弃之也，宁勿轻而作之。

甲寅，友人林茂之为予刻之南都。无日不责予序，诺诺至今丙辰矣。视其刻中所存今欲自去者，抑又甚多。盖岌岌乎有不能自存之势矣。于斯时而始为序，不已晚乎？予向者非无刻，刻非无序。今所刻之诗已尽去，而序乃无所附。此亦不必乞序于人及自为序之验也。茂之能保刻中所存，使予信于心，信于古，能不至尽去，而此序终有所附乎？虽其不必传，亦请为茂之一自序可也。

——钟惺著，李先耕、崔重庆标校：《隐秀轩集》卷十七，上海古籍出版社1992年版

董崇相诗序

古诗人曰风人。风之为言，无意也。性情所至，作者或不自知其工。诗已传于后，而姓氏或不著焉。今诗人皆文人也。文人为诗，则欲有诗之名。欲有诗之名，则其诗不得不求工者，势也。诗而工矣，世亦何难以名予之。然世所号一代名家，始皆就其习之所近，意之所趋，与其所矫以为诗。其气魄声援，皆足以怵一代之人，予之名而后已。今读其诗何如哉？虚怀自审，岂其作者之笔力，皆出读者目力之下？然其间亦有一二先达，黯然不使世知其为诗者，今其诗反能留一代之真声元气，而足以服读者之心，何也？愚以为名无损益于诗，而盛名之下，能使不善处名者，心为之不虚，而力为之不实。见诗出而名随之，是则诗而已矣。其意常以名之所止，为诗之所止。彼黯然不使世知其为诗者，常欲使吾之诗有余于其名。而吾所以作诗之意与力，又若有余于其诗。如是而求诗之不工，不可得也。吾尝持此意以求夫今之为诗者所以至不至之故，皆不出此。

闽有董崇相先生者，其人朴心而慧识，古貌而深情。所为诗似其为人，非惟不使人知，而若不敢以作诗自处者。庚戌，予始读而选之，见其力之至，巧之中。盖独胜者过于同能，而兼长者逊其专诣。公亦知予不妄，而诗始有集。丙辰，始征予序，而犹不欲使有闻于世。盖其深心纯气，如偏师探穴、衔枚宵征，业已

过之,犹自以为不及,独往不已。宁使诗至而名不能我追,勿使名至而诗追之者也。

吾友蔡敬夫亦名人,其诗、其人皆似公。吾辈为诗,不能有名于世则已,幸而有名于世,念今之世犹有二君子其人者,为之深省内愧焉。于以虚其心而实其力,其亦可也。

——钟惺著,李先耕、崔重庆标校:《隐秀轩集》卷十七,上海古籍出版社1992年版

【思考题】

1. 竟陵派对公安派,有何承续与发展?
2.《诗归》体现了竟陵派怎样的文学思想?

冯 梦 龙

【作者简介】

冯梦龙(1574—1646),字犹龙,一字耳犹,别署龙子犹、顾曲散人、墨憨斋主人、姑苏词奴等,可一居士(《醒世恒言序》所署之名)、绿天馆主人(《古今小说序》所署之名)、无碍居士(《警世通言叙》所署之名)等,疑即冯梦龙之别号。江苏长洲县(今江苏省苏州市)人。崇祯三年(1630)贡生,曾为丹徒县训导、福建寿宁知县。冯梦龙以其对小说、戏曲、民歌、笑话等通俗文学的创作、搜集、整理、编辑,为我国文学作出了独异的贡献。著有《甲申纪事》《中兴伟略》等,编有"三言"、《古今谭概》《挂枝儿》《山歌》《笑史》等。

醒世恒言序

六经国史而外,凡著述皆小说也。而尚理或病于艰深,修词或伤于藻绘,则不足以触里耳[1]而振恒心。此《醒世恒言》四十种所以继《明言》《通言》而刻也。明者,取其可以导愚也;通者,取其可以适俗也;恒则习之而不厌,传之而可久。三刻殊名,其义一耳。夫人居恒动作言语不甚相悬,一旦弄酒,则叫号踯躅,视堑如沟,度城如槛。何则?酒浊其神也。然而斟酌有时,虽毕吏部、刘太常[2],未有时时如滥泥者。岂非醒者恒而醉者暂乎?由此推之,惕孺为醒,下石为醉[3];却呼为醒,食嗟为醉[4];剖玉为醒,题石为醉[5]。又推之,忠孝为醒,而悖逆为醉;节俭为醒,而淫荡为醉;耳和目章、口顺心贞为醒,而即聋从昧与顽用嚚为醉。人之恒心,亦可思已。从恒者吉,背恒者凶。心恒心,言恒言,行恒行,人夫妇而不惊,质天地而无怍。下之巫医可作,而上之善人君子圣人亦可见。恒之时义大矣哉! 自昔浊乱之世,谓之天醉。天不自醉人醉之,则天不自醒人醒之。以醒天之权与人,而以醒人之权与言。言恒而人恒,人恒而天亦得其恒。万世太平之福,其可量乎! 则兹刻者,虽与《康衢》《击壤》[6]之歌并传不朽可矣。崇儒之代,不废二教[7],亦谓导愚适俗,或有借焉。以二教为儒之辅可也,以《明言》《通言》《恒言》为六经国史之辅,不亦可乎? 若夫淫谈亵语,取快一时,贻秽百世。夫先自醉也,而又以狂药饮人[8],吾不知视此"三言"者得失何如也。

天启丁卯中秋[9],陇西可一居士题于白下之栖霞山房。

——高洪钧编著:《冯梦龙集笺注》卷三,天津古籍出版社2006年版

【题解】

《醒世恒言》是冯梦龙编纂的一部话本集,共收话本四十篇,绝大部分是明人作品,部分疑是冯氏拟作,也有少量是宋元旧作。这篇《醒世恒言序》充分肯定小说的价值,与徐渭把通俗文学与《康衢》同列、李贽把《水浒传》比于"古今圣贤之作",是一脉相承的。

【注释】

1. 里耳:俚俗人之耳。比喻平民低下的欣赏能力和趣味。《庄子·天地》:"大声不入于里耳。"
2. 毕吏部、刘太常:指西晋名士毕卓和刘伶。毕卓,字茂世,新蔡鲖阳人。历仕吏部郎、温峤平南长史。晋元帝太兴末年为吏部郎,因饮酒而废职。刘伶,字伯伦,沛国人,"竹林七贤"之一。平生嗜酒,曾作《酒德颂》,宣扬老庄思想和纵酒放诞之情趣,对传统"礼法"表示蔑视。
3. 惕孺为醒,下石为醉:惕孺,即恻隐之心。下石,即落井下石。
4. 却呼为醒,食嗟为醉:却呼,指不受折辱。食嗟,即食用嗟来之食。
5. 剖玉为醒,题石为醉:将玉璞剖开是醒,将它称为石头是醉。
6. 《康衢》《击壤》:指称颂盛世之歌。《列子·仲尼》:"尧乃微服游于康衢,闻儿童谣曰:'立我蒸民,莫非尔极。不识不知,顺帝之则。'"汉代王充《论衡·艺增》:"击壤者曰:'吾日出而作,日入而息,凿井而饮,耕田而食,尧何等力。'"
7. 二教:道家和佛教。

8. 狂药饮人：狂药，酒的别称。《晋书·裴楷传》："足下饮人狂药，责人正礼，不亦乖乎。"

9. 天启丁卯：即天启七年，公元1627年。

【讲疏】

《醒世恒言序》开篇即谓"六经国史而外，凡著述皆小说也"，有意将"小说"与"六经国史"对举，以充分突出小说的地位，并为后文将小说视为"六经国史之辅"，埋下了伏笔。小说为"六经国史之辅"，就如同"崇儒之代，不废二教"，"二教为儒之辅"。作者还说小说可与《康衢》《击壤》之歌并传不朽"。在作者看来，小说同样也具有圣学的教化功用，可见作者依然是从政治伦理的角度来肯定小说的价值，并由之而与那些"淫谈亵语，取快一时，贻秽百世"之作区别开来。

对于小说的具体功能，作者说"明者，取其可以导愚也；通者，取其可以适俗也；恒则习之而不厌，传之而可久"。这虽然是就《喻世明言》《警世通言》《醒世恒言》三部作品而言的，但实际上也是符合所有小说的价值的，即小说应当具有化愚开聪、移风易俗的作用，能满足民众阅读需求，并在民间持久传诵。

对于小说的形式，作者也有所论述。小说要为市民大众所接受，形式上必须以通俗为主，文言就不如白话。"尚理或病于艰深，修词或伤于藻绘"，都是不适于一般市民阶层的。

该序还专门论述了《醒世恒言》的创作主旨。作者以"醒"与"恒"二字为核心，阐发了寓于其中的创作意图。"醒"与"醉"相对而言，所谓"忠孝为醒，而悖逆为醉；节俭为醒，而淫荡为醉；耳和目章、口顺心贞为醒，而即聋从昧与顽用嚣为醉"。而所谓"恒"，作者说是"心恒心，言恒言，行恒行，入夫妇而不惊，质天地而无怍"，"言恒而人恒，人恒而天亦得其恒。万世太平之福，其可量乎"！这里的"恒"，是人心的恒定，也是社会的长治，这又与小说为"六经国史之辅"的论断相互照应了。

【关键词解读】

醒世说

冯梦龙编选"三言"，以期有益于社会教化，是位有着高度社会责任感的作家，他所谓的"醒世说"，便是针对晚明社会醉人多、醒者少的现实而提出的。他说："自昔浊乱之世，谓之天醉。天不自醉人醉之，则天不自醒人醒之。以醒天之权与人,而以醒人之权与言。言恒而人恒,人恒而天亦得其恒。万世太平之福,其可量乎!"醒天最终要醒人,醒人即醒世,以言醒人,意思是要用文学唤醒沉醉不醒的世人,发挥文学的社会教育作用。

在《醒世恒言序》中,冯梦龙列举了不少世间的"醉态":"下石""食嗟""题石""悖逆""淫荡""即聋从昧与顽用嚣"。虽然这些"醉态"只是抽象地列举,冯梦龙也没有直接说晚明即是"浊乱之世",但结合冯梦龙在很多场合对晚明社会风俗、世态人情等方面的尖锐批判,可以认为冯梦龙所举的"醉态",即是晚明社会的"醉态",冯梦龙所欲"醒"的世人,正是晚明"醉态"百出的"醉人"。

但是,并非所有的通俗小说都能"醒世",晚明时期盛行的淫词秽语,则无益于导愚化俗,所以冯梦龙又补充说:"若夫淫谈亵语,取快一时,贻秽百世。夫先自醉也,而又以狂药饮人,吾不知视此'三言'者得失何如也。"冯梦龙在编纂"三言"时便有所选择,对那些"贻秽百世"的小说,或剔除,或改写,"如《瓮江楼》《双鱼坠记》等类,又皆鄙俚浅薄,齿牙弗馨焉"(《古今小说序》),冯梦龙将《双鱼坠记》予以剔除,对《瓮江楼》作了改写。凌濛初说冯梦龙"所辑《喻世》等诸言,颇存雅道,时著良规,一破今时陋习"(《拍案惊奇序》)。冯梦龙用通俗小说"醒世"的做法得到了时人的肯定。

【相关知识链接】

冯梦龙生活在民歌极为风行的时代,他几乎用尽了毕生精力,从事着民间文学、通俗文学的搜集、整理、研究和编写工作,特别是在编辑明代民歌方面,他评注了《童痴一弄·挂枝儿》(简作《挂枝儿》)和《童痴二弄·山歌》(简作《山歌》)两种民歌,为明代民歌的传播,作出了巨大的贡献。

冯梦龙对民歌的评注形式大约有三种,即眉批、夹批和尾批。《挂枝儿》收录民歌367首(不包括附曲),其中有169条尾批,23条夹批;《山歌》收录民歌334首(不包括附诗),有36条眉批,12条夹批,75条尾批。合计两部民歌集共收录了包括附曲在内的民歌761首,冯梦龙的评注多达315条。从评注的功能上看,有的是为了标明民歌来源,有的是点出民歌主题,有一些是揭示作品艺术风格和美学价值,还有的是对作品主人公和某些社会现象发表看法和观点。从冯梦龙的有关民歌的序跋文字及这些评注中,我们可以看到冯梦龙最为鲜明、最为核心的民歌观念,是"情真"二字。

在具体的评点中,冯梦龙就常用"真"字。如对"我两人要相交,不得不醋"(《挂枝儿》"隙部"五卷《醋》),冯梦龙评曰"真真"。"送情人,直送到门儿外。千叮咛,万嘱咐,早早回来。你晓得我家中并没个亲人在。我身子又有病,腹内又有了胎。就是要吃些咸酸也,那一个与我买。"(《挂枝儿》"别部"四卷《送别》)冯梦龙评曰:"最浅最俚,亦最真。""害相思,害得我伶仃瘦。半夜里爬起来打丫头,丫头为何我瘦你也瘦。我瘦是想情人,你瘦好没来由。莫不是我的情人也,你也和他有。"(《挂枝儿》"想部"三卷《打丫头》冯梦龙评曰:"揉枕,打丫头,描写无聊极思,亦奇亦真。""弗见子情人心里酸,用心模拟一般般。闭子眼睛望空亲个嘴,接连叫句俏心肝。"(《山歌》卷一《模拟》)冯梦龙评曰:"是真境,亦是妙境。""结识个姐儿忒奢遮,听渠咦讨荷包咦讨鞋。姐道郎呀,你五月端午先挂子荷包去,九月重阳来着鞋。"(《山歌》卷二《奢遮》)冯梦龙评曰:"自有真趣。"

冯梦龙之所以极力鼓吹并整理、刊刻民歌,是因为他对民歌有与别人不太一样的认识。一般人推崇民歌,或者将民歌的"真"与文人诗歌的"假"对立,或者以民歌为诗歌的源泉、取法的对象。而冯梦龙则更进一步,认为民歌与文人的创作,本来就没有什么可比性,民歌就是民歌,它有它自身的独立性,从不与诗文一争高下,所以它最本质的特征就是"真",是"不屑假":"今虽季世,而但有假诗文,无假山歌,则以山歌不与诗文争名,故不屑假。苟其不屑假,而吾借以存真,不亦可乎。"(《叙山歌》)

对于民歌发展的历史,冯梦龙有个颇为宏观的勾勒:"书契以来,代有歌谣。太史所陈,并称《风》《雅》,尚矣。自楚骚唐律,争艳竞畅,而民间性情之响,遂不得列于诗坛,于是别之曰'山歌'。言田夫野竖矢口寄兴之所为,荐绅学士家不道也。唯诗坛不列,荐绅学士不道,而歌之权愈轻,歌者之心亦愈浅。今所盛行者,皆私情谱耳。"(《叙山歌》)这一勾勒部分回答了明代民歌为什么以"男女之真情""私情"为根本内容。但是,民歌无论怎么发展,其本质即"真"是不变的:"虽然桑间、濮上,《国风》刺之,尼父录焉。以是为情真而不可废也。山歌虽然甚矣,独非《郑》《卫》之遗欤?"(《叙山歌》)因为民歌"情真",所以它不可废,所以冯梦龙要用它"发名教之伪药"。

将情之"真"与名教之"伪"对立,冯梦龙在《情史》中说得更直接:"自来忠孝节烈之事,从道理上作者必勉强,从至情上出者必真切。夫妇其最近者也,无情之夫,必不能为义夫;无情之妇,必不能为节妇。世儒但知理为情之范,孰知情为理之维乎?""理为情之范",是说"理"是"情"的束缚,所谓忠孝节烈之事,符合"理"却违背"情"。由此可见冯梦龙"情真"说鲜明的反道学色彩。

【延伸阅读】

《古今小说序》从文学发展的观点、从宁今宁俗的观点出发,对小说语言的通俗性做了充分的肯定;《警世通言叙》则对明代小说理论史上争讼已久的艺术真实与生活真的关系问题作了概括性的论述。《石点头叙》则肯定了小说劝惩世事人心的社会功用。三篇序言与《醒世恒言序》合观,可见出冯梦龙较为详备的小说理论系统,以及鲜明的小说文体意识。

古今小说序

史统散而小说兴。始乎周季,盛于唐,而浸淫于宋。韩非、列御寇诸人,小说之祖也。《吴越春秋》等书,虽出炎汉,然秦火之后,著述犹希。迨开元以降,而文人之笔横矣。若通俗演义,不知何昉?按南宋供奉局,有说话人,如今说书之流。其文必通俗,其作者莫可考。泥马倦勤,以太上享天下之养。仁寿清暇,喜阅话本,命内珰日进一帙,当意,则以金钱厚酬。于是内珰辈广求先代奇迹及间里新闻,倩人敷演进御,以怡天颜。然一览辄置,卒多浮沉内庭,其传布民间者,什不一二耳。然如《翫江楼》《双鱼坠记》等类,又皆鄙俚浅薄,齿牙弗馨焉。暨施、罗两公,鼓吹胡元,而《三国志》《水浒》《平妖》诸传,遂成巨观。要以韫玉违时,销熔岁月,非龙见之日所暇也。

皇明文治既郁,靡流不波;即演义一斑,往往有远过宋人者。而或以为恨乏唐人风致,谬矣。食桃者不费杏,绨縠毳锦,惟时所适。以唐说律宋,将有以汉说律唐,以春秋战国说律汉,不至于尽扫羲圣之一画不止。可若何?大抵唐人选言,入于文心;宋人通俗,谐于里耳。天下之文心少而里耳多,则小说之资于选言者少,而资于通俗者多。试令说话人当场描写,可喜可愕,可悲可涕,可歌可舞;再欲捉刀,再欲下拜,再欲决胆,再欲捐金;怯者勇,淫者贞,薄者敦,顽钝者汗下。虽小诵《孝经》《论语》,其感人未必如是之捷且深也。噫!不通俗而能之乎?茂苑野史氏,家藏古今通俗小说甚富,因贾人之请,抽其可以嘉惠里耳者,凡四十种,畀为一刻。余顾而乐之,因索笔而弁其首。绿天馆主人题

——高洪钧编著:《冯梦龙集笺注》卷三,天津古籍出版社2006年版

警世通言叙

野史尽真乎？曰:不必也。尽赝乎？曰:不必也。然则去其赝而存其真乎？曰:不必也。六经、《语》《孟》,谭者纷如,归于令人为忠臣、为孝子、为贤牧、为良友、为义夫、为节妇、为树德之士,为积善之家,如是而已矣。经书著其理,史传述其事,其揆一也。理著而世不皆切磋之彦,事述而世不皆博雅之儒,于是乎村妇稚子、里妇佑儿,以甲是乙非为喜怒,以前因后果为劝惩,以道听途说为学问,而通俗演义一种,遂足以佐经书史传之穷。

而或者曰:村醪市脯不入宾筵,乌用是齐东娓娓者为？呜呼！《大人》《子虚》,曲终奏雅,顾其旨何如耳。人不必有其事,事不必丽其人。其真者可以补金匮古室之遗,而赝者亦必有一番激扬劝诱、悲歌感慨之意。事真而理不赝,即事赝而理亦真;不害于风化,不谬于圣贤,不戾于诗书经史。若此者,其可废乎？

里中儿代庖而创其指,不呼痛,或怪之。曰:"吾顷从玄妙观听说《三国志》来,关云长刮骨疗毒,且谈笑自若,我何痛为？"夫能使里中儿顿有刮骨疗毒之勇,推此说孝而孝,说忠而忠,说节义而节义,触性性通,导情情出。视彼切磋之彦,貌而不清;博雅之儒,文而丧质,所得未知孰赝而孰真也。

陇西君,海内畸士,与余相遇于栖霞山房,倾盖莫逆,各叙旅况。因出其新刻数卷佐酒,且曰:"尚未成书,子盍先为我命名？"余阅之,大抵如僧家因果说法度世之语,譬如村醪市脯,所济者众。遂名之曰《警世通言》,而从臾其成。时天启甲子腊月,豫章无碍居士题。

——高洪钧编著:《冯梦龙集笺注》卷三,天津古籍出版社2006年版

石点头叙

石点头者,生公在虎丘说法故事也。小说家推因及果,劝人

作善，开清净方便法门，能使顽夫倖子积迷顿悟，此与高僧悟石何异？而或谓石者无知之物，言于晋，立于汉，移于宋，是皆有物焉凭之。生公游戏神通，特假此一段灵异，以耸动世人信法之心，岂石真能点头哉？噫，是不然。人有知则用其知，故闻法而疑；石无知，因生公而有知，故闻法而悟。头不点于人而点于石，固其宜矣。且夫天生万物，赋质虽判，受气无别。凝则为石，融则为泉；清则为人，浊则为物。人与石兄弟耳。盲人不知视，聋人不知听，粗人不知文，是人亦无知也。月林有光明石，能照人疾，则石而知医。阳州北峡中有文石，人物、溪桥、山林、楼阁毕具，则石而知画。晋平海边有越王石，郡守清廉则见，否则隐，则石而知吏事。是石亦有知也。望夫江郎，登山而化，人未始不为石。金陵三古石，为三举子，向吴太守仲度乞免煨烬，石亦未始不为人。丈人丈人之云，安在石之不如人乎？浪仙氏撰小说十四种，以此名编。若曰生公不可作，吾代为说法，所不点头会意，翻然皈依清净方便法门者，是石之不如者也。古吴龙子犹撰。

——高洪钧编著：《冯梦龙集笺注》卷三，天津古籍出版社2006年版

【思考题】

1. 《醒世恒言序》是如何肯定小说的价值的？
2. "醒世说"的具体理论内涵是什么？

清 代 卷

清代文学理论批评概述

作为中国封建社会的最后一个王朝,清代的文学创作和理论批评颇有几分繁荣的景象。这一时期的文化、学术以及文艺虽未能走出传统的樊篱,但其封建王朝终结者之身份和境遇,却也成就了它总结者的功绩,具有某种集大成的性质。关于清代文学创作和文学批评的集大成功绩,郭绍虞在《中国文学批评史》中这样总结道:"清代学术有一特殊的现象,即是没有他自己一代的特点,而能兼有以前各代的特点。……即以文学论之,周、秦以子称,楚以骚称,汉人以赋称,魏、晋六朝以骈文称,唐人以诗称,宋人以词称,元人以曲称,明人以小说或制艺称,至于清代的文学则于上述各种中间,没有一种足以代表清代的文学,却也没有一种不成为清代的文学。盖由清代文学而言,也是包罗万象兼有以前各代的特点的。""不仅如此,清代学术再有他特殊的成就,即是不仅各人或各派分擅以前各代之特长,更能融化各代各派各人之特长以归之于一己或一派。……则清代的文学批评,更可称为集大成的时代。"清代文学与批评的此种特征,既有客观的政治时代因素和统治者文化政策的深刻影响,也是文学本身发展演进的结果。由于时代政治的不同,清代的文学批评可以明显分为明清之交和清盛、中期及晚期三个阶段,这三个阶段的成就不一,风貌迥然。

一

作为由明入清的遗民志士,顾炎武、黄宗羲、王夫之等无不经历了山河陵谷、国破家亡的惨痛。面对清廷的血腥镇压,残酷屠杀,他们在以各种方式的反抗斗争失败后,沉痛之余,便开始深思和总结明亡的教训,矛头直指程朱理学甚至是封建君主制制度,并在文学批评中反映出来,从而使这一时期的文学批评有了某种启蒙的色彩。

公元1644年,清人打着为明复仇的旗号入关,取而代之。明朝的灭亡强烈刺激和震撼了明末清初的仁人志士。清初士大夫阶层中的优秀分子，如王夫之、顾炎武、黄宗羲之辈，对明亡的教训以及中国历史文化进行了深刻反思，成为清代学术思想的开山祖师。他们痛感明末士人空谈心性，不求实学，面对国破家亡却束手无策，因而提倡经世致用之学。身处易代之际激烈的时代动荡之中，他们中的大多数人更加关注社会现实，重视时代对文学的影响，因此倡导文学创作和文学批评的经世致用。遗民文人思想家如钱谦益、黄宗羲、王夫之、顾炎武等，通过对明前后七子以及公安派、竟陵派作品得失的深刻反思，反对模拟，提倡独创，重视真性情，要求回归诗教传统。黄宗羲重视时代对作者的影响，他强调说："夫文章，天地之元气也。……逮夫厄运厄时，天地闭塞，元气鼓荡而出，拥勇郁遏，坌愤激讦，而后至文生焉。故文章之盛，莫盛于亡宋之日，而皋羽其尤也。"（《谢皋羽年谱游录注序》）他认为汉之后魏晋、唐天宝后与宋末是中国文学的三个最有成就的时期，原因"无他，时为之也"（《陈苇庵年伯诗序》）。钱谦益感慨于明王朝的灭亡，强调动乱的时代和不幸的文人遭际对于诗歌创作具有重要影响，如称曹植《赠白马王彪》、阮籍《咏怀》等诗乃"千古之兴亡升降，感叹悲愤，皆于诗发之"（《胡致果诗序》）。这与黄宗羲所见相同。顾炎武则强调文章"须有益于天下，有益于将来"（《日知录》卷十九），推崇白居易在《与元九书》中所说的"文章合为时而著，歌诗合为事而作"，认为这是"知立言之旨者"（《日知录》卷二十一）。明清易代变幻的时代风云导致一些士人以名节相标榜，故明末清初文人大多强调人品修养，反映在文论中便是十分注重作者与作品的关系。又由于他们强调创作主体的修养、性情，因此这一时期的文论十分重视"发愤著书""穷而后工"的文学传统。明清之交的文学可以说是一种产生于逆境的文学，因而这一时期的文人大多提倡一种沉挚朴茂、悲壮苍凉的文风。

　　清代诗论有鉴于明代前后七子学唐而产生的流弊，标新立异，转而学宋，形成了宗宋思潮和宋诗派，并贯穿有清一代，势头强盛，影响深远。当时宗宋情势如纳兰性德《原诗》所云："十年前之诗人，皆唐之诗人也，必嗤点夫宋；近年来之诗人，皆宋之诗人也，必嗤点夫唐。"钱谦益和黄宗羲开这股风气之先，前者学苏轼、陆游，后者则极力标榜黄庭坚。其后对宗宋风气的形成起到重要作用的主要有吕留良、吴之振、吴自牧、宋荦、查慎行等。在有清一代宋诗派的演变发展过程中，以浙派诗人和批评家用力最专，人们也往往将浙诗派与宋诗派视为一体。

　　由于清初文人对明前后七子、公安、竟陵之文风的不满，在古文写作上，清初古文家们大多比较肯定唐宋古文，如钱谦益、黄宗羲就都推崇唐宋派之归有光。黄宗羲《明文案序上》云："议者以震川为明文第一，似矣。"在《明文案序下》中，他对前后七子的"文必秦汉"说进行了尖锐的批评。同样，清初散文三大家侯方域、魏禧、汪琬等也都尊唐宋而舍秦汉。这种文学风尚的形成，正如《四库全书总目提要·尧峰文钞》所总结："古文一派，自明代肤滥于七子，纤佻于三袁，至启祯而极弊。国初风气还淳，一时学者，始复讲唐宋以来之矩矱。而琬与宁都魏禧、商丘侯方域称为最工。"三大家论文都重古文篇章之法及其可变性，已然开其后桐城派论文之先河。

与此同时，金圣叹、李渔、叶燮等人的文学批评则更注重文艺理论系统的构建和思考，并都取得了巨大的成就，影响深远。金圣叹、李渔是此时期戏曲小说批评中最为耀眼的双子星。金圣叹把《西厢记》《水浒传》与《庄子》《离骚》《史记》、杜诗相提并论，从而提高了《西厢记》《水浒传》的文学地位。他还从人物塑造、结构布局、文学语言等方面论述了中国古典小说创作的民族特点与艺术规律，代表着中国古代小说理论的较高水平。李渔《闲情偶寄》一书涉及戏曲理论的有词曲部、演习部、声容部等。李渔联系元明以来戏曲创作实践，结合个人的创作体会，并吸取前代理论批评家的真知灼见，主要从结构、词采、音律、宾白、科诨、格局等方面具体阐述戏曲创作与表演的艺术规律，对中国古代戏曲理论作了较系统的总结，从而构造了一套结构完整、内容丰富、具有民族特色的戏曲理论体系。叶燮的《原诗》是继刘勰《文心雕龙》、严羽《沧浪诗话》之后，古代文论史上又一部较有严密理论体系的诗话著作。《原诗》内篇上卷主要针对明代以来诗坛主复古与主创新、宗唐与主宋执一偏、弊端互生迭出的状况而发，旨在探寻诗歌的原理，为诗歌创作寻找一条正确的道路。《原诗》内篇下卷从创作的主客观条件入手，阐述了创作的客观条件和创作的主观因素如何达到主客观交互作用，推动创作的发展。《原诗》外篇以评论为主，主要对历代有代表性的诗人作品进行具体的艺术分析评价，是其理论主张在具体批评活动中的延伸。《原诗》的全部精辟见解都是围绕着"理、事、情"与"才、识、胆、力"及其关系而提出并展开论述的。

总而言之，现实思想内容和文艺理论形式的各有侧重和并行互补，使得这时期的文学理论批评较之明代和清代中期显得尤为深刻和系统。整体说来，明清易代所带来的社会动荡和清廷的血腥镇压，遗民志士惨烈的民族抗争以及深沉的亡国之痛，对这一时期文学理论批评的影响最大，也让这一时期的文学理论批评成就更加卓越和突出。批评家、思想家们在对明亡教训进行总结的同时，也对明代复古与反复古两种文学思潮产生的流弊进行了深刻的反思。因此，这一时期文学理论批评的重要特征是总结历史、批判现实和重视真情实感。

二

清初政局稳定后，清政府采取了一系列有利于社会发展、政权稳固的经济、政治措施，出现了所谓的康乾盛世局面。同时，为了巩固和维护社会安定和政权稳固，统治者相应地制定了一系列文化、文学政策。首先，大力提倡程、朱理学，宣扬忠孝观念。为了巩固清廷的统治，康熙不仅屡下诏书倡导程、朱理学，如重刊《性理大全》，编写《性理精义》，辑印《朱子全书》，重用理学名臣等，还亲自学、讲程、朱理学，使得程、朱理学成为名副其实的御用哲学。此外，还通过祭孔庙、谒明陵以及旌表明室忠臣、谴责贰臣降将等诸多强化忠君的封建伦理观念的方法，以达到消弭传统思想中的"夷夏之防"。这就是康熙所谓的"道统在是，治统亦在是矣"。其次，开设博学鸿词科和编集图书。为了笼络汉族文士，转移他们对于现实政治的注意力，清廷除增加科举的录取名额外，又通过开设博学鸿词科来搜罗山林隐逸，学者名流如朱彝尊、毛奇龄、陈维崧、施闰章、汪琬、尤侗等人纷纷应选。他们大多以官高位显的朝廷重臣身份，对统治者的文艺政策心领神会，竭力奉迎并大肆宣扬，从而左右着文学思潮的基调和走向。与此同时，统治者为了点缀盛世鸿业，笼络汉族缙绅和士人，吸收大批知识分子来编纂各种书籍，陆续组织纂修《明史》《佩文韵府》《古今图书集成》《四库全书》等大型图书，由此影响了一代学风。其中很大一部分文人学者不同程度地投身于学术活动，皓首穷经，潜心著述，形成了乾嘉考据学兴盛的学术文化局面，进而对文学创作和批评都产生了重大影响。反映在文学理论批评上则表现为注重学问，以经史为根柢。当时的一些学人，如施闰章、朱彝尊等，都对此作过突出的强调，这也强化了诗文创作批评中忽略现实生活内容、沉浸于故纸堆和重视考据学问的创作倾向。再次，删削焚毁书籍，大兴文字狱。清统治者在文化上采取恩威并用、软硬兼施的两手政策，不但有上述的怀柔利诱，还有与之相辅相成的血腥镇压。一方面大规模地删削、焚毁一切于他们统治不利的书籍，一方面大兴文字狱以禁锢人们的思想言论。文人往往因疑似影射之词，横受诛戮，从而导致思想文化领域一片恐怖。广大文人士子如临深履薄，动辄触动时忌，株连九族，思想学术和文化文学都被纳入到清廷的预定规范之中，无任何自由可言,这也成为治学方式走向嗜古考据的原因之一。所以这一时期的文学创作和文学批评虽然流派纷呈,颇为热闹,却不折不扣地体现了统治阶级的文学政策。

在这一系列文化政策主导下,清最高统治者也相应地提出了一系列文学主张,主要有提倡文以载道、温柔敦厚以及清真雅正等。关于文以载道,康熙要求文章"务使阐发义理,裨益政治"。雍正云:"文以载道,与政治相通。"乾隆亦云:"文词本属游艺末节,然亦须根柢经训,有裨身心,方为载道之文……朕所好者载道之文,非世俗徒尚虚车之文。"历代皇帝的这类记载不可胜数,无疑对清代中时期的文学创作批评基调产生了决定性的影响。关于温柔敦厚,《四库提要》中论《唐宋诗醇》的编选目的曰:"然《诗三百》尼山删所定。其论诗,一则归于温柔敦厚,一则谓可以兴、观、群、怨,原非以品题泉石、摹绘烟霞。"关于清真雅正,如乾隆三十四年四月癸酉上谕云:"将欲一洗陋习,归于清真雅正。"方苞奉敕编选《钦定四书文》,《四库总目》云:"我皇上复申明清真雅正之训。是编所录,一一仰禀圣裁,大抵皆词达理醇,可以传世行远。"

在统治者这些文化、文学政策的引导下,归雅趋正成为这一时期诗、文、词的总体发展方向,王士禛"神韵"说,方苞"义法""雅洁"说以及朱彝尊等的浙西派词学观都代表了这一方向。从思想意蕴方面来说,坚持雅正需从统治者的立场出发,主要与来自统治阶层的文化政策有关。从艺术角度而言,论者要求文章要简洁、精练、雅驯,诗歌追求典雅含蓄、清幽淡远,词则宗法姜夔、张炎,琢炼而出醇雅,诗、文、词表现出相当一致的审美倾向。同时,诗、文、词三体形式建设的问题也在文学批评中得到加强,声调格律、词体规则、章法结构等构成诗、文、词的艺术因素得到总结,出现了一批专门探讨诗、词声律的著作。古文方面,方苞归纳的"义法"说对写作中遣词造句、剪裁详略、谋篇布局等问题作了深入细致的研究。这些形式建设的代表性成果,既是文学归雅所产生的结果,反过来又进一步推动文学创作朝雅化方向深入扩展。一言概之,清中叶诗文词领域出现诸如"神韵派""格调派""肌理派""桐城派""浙西派"等文学流派,他们的文学观念和文学主张都不同程度地与清廷对文学、学术的规范和倡导保持一致,被纳入到清廷设定的文化、文学政策轨道之中。值此之时,袁枚论诗提倡"性灵说",主张抒写性灵,强调真性情,直抒胸臆,同时要求创新,对当时的拟古和形式主义的风气有极大的冲击力,使诗坛风气为之一新。"性灵说"的提出受到了明代中叶以后产生的要求个性解放的社会思潮的影响,是当时反理学斗争在文学理论上的具体表现,也是对当时文艺复古模拟风气的尖锐批判,因而具有较强的针对性和反道学、反传统的特点,在当时具有一定的进步意义。当时与袁枚诗学观点相似的有郑燮和赵翼。郑燮论诗提倡直抒胸臆、"自树其帜"和"沉着痛快"的美学风范,个性精神与袁枚有相之处。赵翼亦极力推重袁枚,论诗提倡独创。

清盛、中叶的诗歌理论以"神韵说""格调说""肌理说""性灵说"为代表,几大流派同时并起,互相辩难,文学创作批评呈现一派繁荣景象。上述几个诗学流派书信往还,互相辩难,在论争中提出了一些颇有理论价值的诗论,使得清代诗论得以深化。沈德潜的"格调说"曾受到王士祯"神韵说"的影响,但他认为"神韵说"仅论诗之一端,故而以"气骨""风格"的刚健宏放来补救"神韵"委婉徐迂之失。翁方纲的"肌理说"是王士祯的"神韵说"和沈德潜的"格调说"的一种发展和修正。翁方纲所说的"肌理"即"神韵","神韵"即"格调","格调"即"肌理"的态度,道出了"肌理说"融合"格调说""神韵说"于一体的特点。袁枚并不反对王士祯的"神韵说",自称"我奉渔洋如貌执,不相菲薄不相师"(《诗话》卷二),认为他是"一代正宗,而才力自薄"。其诗论的主要锋芒是针对沈德潜、翁方纲而发的。他说:"须知有性情,便有格律,格律不在性情外。而今之谈格调者能出其范围否?格岂有一一定哉?……诗在骨不在格也。"(《诗话》卷一)袁枚认为文学主要是抒发"性灵",故而坚决反对翁方纲的以堆垛学问为能事的"学问诗",指斥翁方纲的"肌理说":"近日有巨公教人作诗,必须穷经读注疏,然后落笔,诗乃可传。"(《诗话补遗》卷一)

在散文创作和理论方面,"桐城派"古文在有清一代流传最久、最具影响。"桐城派"在兴起的当时,就遭到了来自汉学家、骈文家及史学家等各方面的批评和非议。首先,汉学家(经学家)的文论及其对"桐城派"所坚持的道统的批评。其次,史学家和骈文家对"桐城派"文统的批判。一方面,一部经史学家从道与文、史与文的关系对"桐城派"进行了批评。另一方面,是骈文家从体制方面对"桐城派"文统的批评。清中叶,在清代"汉学"影响下,出现了骈体文的所谓"中兴"局面,从而拉开了声势浩大的骈散之争的序幕。以著名学者汪中、李兆洛为代表的骈文家不同程度地对"桐城派"严格区别散、骈界限提出了批评。阮元认为汉学、宋学两家各有所长,不可偏废,因而主张兼采二长,将宋学重视义理和汉学崇尚考据结合起来,即"崇宋学之道,而以汉儒经义宴实之"。阮元严申文笔之辨,他提倡骈体,视骈文为正统,摒斥散文。阮元提倡骈文而趋于极端,针对桐城古文雅洁有余而文采不足的局限,企图用更严格的语言手段去规范当时文体,为骈文争夺地位;李兆洛也写了一系列反对"桐城派"文统的文章,这对于动摇"桐城派"文统都有各自不同的意义和作用。阳湖派代表人物恽敬和张惠言因受桐城派人士影响,故学界多视之为桐城派的一支。实际上,恽敬论文对桐城派文论多有反驳。"义法"为桐城文论之纲领,恽敬一方面对程朱理学不以为然,认为"足以束缚天下之耳目",一方面又认为"古今之文,越天乐成越有法度"。恽敬看到桐城派古文取径狭窄之弊,于是极力提高诸子百家的地位,并视其为正统,由此提出取法百家的主张,"是故百家之敝,当析之以六艺;文集之衰,当起之以百家"(《大云山房文稿二集自序》)。在《上曹俪笙侍郎书》一文中,恽敬还比较充分地阐明了阳湖派与桐城派立论的不同之所在。他承认方苞所说的古文传统,肯定古文"至正"的体格,"古文,文中之一体耳,而其体至正不可余",并举出文的支、敝、体下三病,批评王慎中、归有光,"遵岩之文瞻,瞻则用而多敝;震川之文谨,谨则置辞必近,其失也,少敝而多支;而为容之失,二家缓急不同,同出于体下",究其原因,在于有意为古文,"依附其体而为之",故使其"平生之才与学不能沛然于所为之文之外"。他认为方苞古文"旨近端而有时而歧,辞近醇而有时而窥",所以为了矫正桐城派卑弱狭窄之陋,他主张加强作家自身的才学修养。

　　乾隆末到道光初年,盛极一时的清王朝迅速衰落。经济的严重衰退和统治阶级的极度腐朽,促使阶级矛盾和民族矛盾再度激化,加上农民起义不断,清王朝从此一蹶不振。与此同时,士人的经世意识又逐渐抬头,因此文学批评中也开始出现要求干预现实的思潮。以张惠言、周济为代表的"常州词派"是这股思潮的代表,他们的词论追求比兴寄托和微言大义,曲折地反映了这种时代的心理。自朱彝尊推崇姜夔、张炎以来,词作偏重格律形式,题材狭窄,内容渐趋空虚。张惠言欲挽"浙派"词风之流弊,于是强调词要有比兴寄托,重视词作内容的现实意义,提高了词的地位。"常州词派"至周济初成体系。周济论词亦重视词的重大社会功能,推尊词体,即"诗有史,词亦有史",认为词人要关注社会现实,词作要反映国家盛衰、民众疾苦、政治昏暗等重大题材,才能"自树一帜",才"可为后人论世之资";那些抒发一己之情诸如"离别怀思,感士不遇"的"陈陈相因"之作,以及"应歌""应社"的"无谓之词"都不符合他"托意高,故能自尊其体"的理想。这些主张对当时浙西词派流于空泛、无病呻吟的弊端具有纠偏作用。其持论与浙西词派针锋相对,认为当时学词者让"姜、张二字横亘胸中","过尊白石,但主清空"的举动,是不知道姜、张"在南宋亦非巨擘",故"群聚而和之",同时打出他"北宋之妙"宗法碧山、梦窗的旗帜。

　　由于创作上大批小说、戏剧名著的出现,这一时期的戏曲、小说理论也有许多创获。围绕着《金瓶梅》《聊斋志异》《红楼梦》《儒林外史》等小说的评点之学,以及《花部农谭》等戏曲论著,都提出了不少新的见解。继金圣叹之后,清代小说评点出现一个鼎盛时期,出现了大批小说评点作品,丰富了中国古代小说理论的宝库。其中,毛纶、毛宗岗父子评点《三国演义》、张竹坡评点《金瓶梅》声名最大。毛氏父子以小说家的眼光,分析历史小说的特点以及《三国演义》的结构和人物形象,颇有见地。张竹坡的《金瓶梅》评点则突出地表现了批评家主体意识的加强,以及对世情小说理论的完善。有关《聊斋志异》的评点带动了志怪小说理论的新发展。冯镇峦评点《聊斋志异》,不仅全面分析了其艺术成就,而且还坚决捍卫了这部文言小说集在文学史上应有的地位。《红楼梦》的作者曹雪芹借《红楼梦》部分章回,以"小说"之体表达自己的文学观点。如反对简单地将小说作为泄愤导欲的工具,还批评了以往小说公式化、脸谱化的做法。此外,《红楼梦》评点最著者首推脂砚斋。脂砚斋的小说批评深受金圣叹影响,但其进步小说观又与曹雪芹十分一致。清中叶后,花部兴起,花雅之争遂成为这个阶段戏曲批评的亮点。统治者及正统文人囿于传统观念,认为地方戏野俗不雅,伤风败俗,遂持鄙视态度而横加排抑。在此局面下,焦循著述《花部农谭》、《剧说》,大力提倡地方戏,确实是不同于流俗。李调元也对日趋繁荣的地方戏给予了充分的注意。此时期的小说、戏曲理论批评虽然说没有超过明清之际的金圣叹、李渔等人的成就,但也为中国古代小说戏曲理论的发展作出了很大贡献。

三

从鸦片战争起至辛亥革命爆发为止,这一时期可归为晚清。晚清中国社会的特点是内忧外困、多灾多难、动荡不安,也正因如此,这一时期的社会始终处于急剧的发展变化之中。而从社会思潮的角度看,救亡图存,求新求变,始终是这一时期社会思潮的主题。开眼看世界,洋务运动,变法维新,反清革命,这一社会发展的主潮标志着社会思潮也经历了由重视物质的转变到重视社会制度的转变,再到重视思想文化的转变的急剧转变过程。近代中国社会政治经历了从地主阶级改良、资产阶级改良到旧民主主义革命的一系列斗争。因此,近代文论大致可划分为地主阶级改良派文学、太平天国文学、资产阶级改良派文学、民主革命派文学等几种进步性质的文学思潮。

鸦片战争揭开中国历史的新篇章,出现了动荡邅变的局面。面对外敌入侵、内政腐败、祖国危亡的严酷现实,地主阶级改革派要求变革的思想形成了一股强大的社会思潮,它猛烈地冲击着顽固派。在文艺领域,以龚自珍、魏源等人地主阶级改革派主变敢逆,以求解脱强加给诗文的束缚;提倡经世致用,以使诗文与现实相结合;强调自抒胸臆,以利于诗文表现个性。换而言之,他们以主变敢逆理论冲击文坛网罗的同时,也大力阐发诗文经世致用和自抒胸臆的学说,形成了一股浩大的声势。

太平天国是清朝后期一次利用西方宗教发动起义而创建的农民政权,也是中国历史上最大规模的农民战争。太平天国建立了自己的政权,不仅在理论上,同时也在实践上进行"除邪留正、革故鼎新"地扫荡封建文化的斗争,历来被视为"神圣"的道统、文统全被他们推倒。在当时征战不断的情况下,他们还来不及建立自己的诗文理论体系,但可看出,"文以纪实","言贵从心","朴实明晓","绝乎淫说邪词","切于天教真理,以阐发乎新天,新地之大观",是他们诗文理论的要旨。太平天国对文学发展的贡献主要不在于诗文理论的建设,而在于激烈冲击封建道统、文统的革命精神。正是由于这种冲击,动摇了传统文学观的支柱。当然其中也有片面和局限之处,但这种充满革命精神的冲击,对近代诗文摆脱旧传统束缚的促进作用却是巨大的。

随着外国书籍输入中国日益增多,西方资产阶级思想在社会上的影响不断扩大,一些资产阶级改良派的文论家,有的致力于介绍西方文明(如严复、林纾等),有的到国外进行考察(如康有为、梁启超、黄遵宪等)。他们对外国已有较多的了解,都想以外国为借鉴来改革中国社会,因此也就更多地以西方的思想资料来立论。如达尔文的进化论,卢梭的天赋人权论,亚当·斯密的政治经济学,乃至法、美、日等国的历史经验,全被吸收进来作为论述文艺问题的依据。改良派文学理论的基本精神是要求诗文"开民智,新民德,鼓民力"以服务于社会改革,在艺术表现上做到"情深市文明","以新意境入旧风格"。可以看出,这已体现出一种新的文学观念。他们指出,过去所以鼓吹道统,无非是依托孔子"行其压制之术",提倡文统,就是让人们"章摹句效,终身役于古人",这都不足为训。他们以新的理论阐明:文学的性质是国家、民族"竞存"的手段,不是载封建之道的工具,文学的任务是改革社会、服务人生,不是阐道释教。因此,他们对历来被正统观念所歧视,而却能有效地表现人生,改革社会的小说、戏曲评价很高,并做了大量的普及工作。不过,他们的理论虽有革新精神,但也常常表现出与旧观念的妥协,而且对西方的思想理论不加区别地兼收并蓄,这就使他们的论述显得杂乱,往往自相矛盾。综观资产阶级改良派对近代文学的贡献,就是不懈地做启蒙工作,引进新的文学观念,并将这些新的观念付诸实施,掀起了"诗界革命""文界革命""小说革命"等运动,给守旧的封建文艺以沉重的打击,给以后的文艺运动以深远的影响。

戊戌变法的失败宣告改良主义的破产,知识分子面临的历史任务是进行资产阶级民主革命。资产阶级民主革命派要求诗文为民族民主革命服务。以章太炎、柳亚子等为代表的资产阶级革命派文学家,要求在文学领域也进行一次革命,提出"诗坛清自今日始,大建革命军之旗",而且要自觉地掌握文学革命的领导权,"作海内文学革命之导师"。他们进行文学革命的目的,是要建立一种革命战斗文学来为反清进行种族革命、建立民主共和国服务。因此,他们谈诗论文特别强调民族气节与为人的品格,主张若"拜扬虏廷","虽有雄文,已无当于大雅"。又竭力宣扬汉族文化的光荣传统,希望"振大汉之天声","源导得朝宗之效"。为求诗文激励人心,鼓舞士气,他们在艺术表现上主张"文质相称","叫眺恣言""震以雷霆",使之具有高昂的气势和豪迈的气魄。为了"化里巷"鼓动平民投入这场革命,他们积极提倡通俗文艺,对小说、戏曲的论述很有见解,尤其对戏曲提出了不少宝贵的理论。

上述这些力主改良或革命的文派,他们顺乎时代潮流,不断总结实践经验,提出新的理论,推动着近代文学理论向前发展。而与之对立的文派是守旧阵营里的桐城派、宋诗派等文派,他们顽固保守,反对革新。但在时代潮流的冲击下,他们被迫认识到"文章之事,莫大乎因时",因此不得不在各个时期作些理论的调整,如湘乡派曾国藩等以"经济"充实空疏的"义法",同光体派陈衍等提出论诗不能再像过去那样"温柔敦厚"。虽则如此,但实际上他们都不敢违反老例,对旧的文学宗旨仍是保守不前的。因此在根本理论上都是守师所传,陈陈相因,老调重弹,没有新的发展。这样,与前进的时代总无法相适应,他们的日趋没落注定是历史的必然。

晚清文学理论就是在上述社会文化的背景下吸收着欧美和日本的文艺美学思想,在中国古代文论的基础上发展变化而形成的。这一时期文论观念最明显的变化是小说在文学中的地位得到空前的提升,并成为最重要的一种文学类型;而过去一直是文学正宗的传统诗文,则从此一蹶不振,基本结束了其历史使命。白话文得到提倡,通俗化得到了人们广泛的认同。有西化色彩的新名词、新术语在文论中的广泛出现……凡此种种,表明从总体上看,这是一个中国古代文论向现代文论全面转化的时期。晚清文论名家辈出,在西学东渐的过程中,不同的文论家对欧风美雨所持

的态度、接受的程度、接受的角度都有很大的不同,我们据此略可将此期文论家分为三种类型加以叙述:

一,根据时代的需要,引进西方的文艺思想作为资产阶级改良运动的武器。这种类型以梁启超最具代表性。梁启超在戊戌变法前后提出的"诗界革命""文界革命""小说界革命",明显是以欧美、日本作为思考的参照系的。梁启超正是认识到"欧美东瀛,其开化之初,往往得小说之助",才重视小说的价值,并倡导"小说界革命"的。梁启超积极接受欧风美雨的洗礼,用西方的文艺思想来嫁接、改造传统的文论,具有有重要的历史意义。但梁启超等人的文论思想是为改良主义的政治理想服务的,政治功利色彩浓厚,所以他们对西方学术文化的选择,带有很强的目的性,而且往往有穿凿附会、断章取义等弊病,这为西方文化的传播带来了一定的负面效应。

二,以传统的治学方法为根基,运用西方文艺思想来整理中国文学遗产。这种类型以王国维最有成就。王国维对于德国叔本华和尼采的学说颇有研究,写有《论叔本华之哲学及其教育学说》《叔本华与尼采》等论文。王国维1904年写成的《红楼梦评论》,用叔本华的悲剧意志哲学为理论框架,全面解析了《红楼梦》的悲剧意蕴,指出《红楼梦》是一部"彻头彻尾之悲剧"。在《人间词话》中,他运用叔本华关于人在审美活动中有忘利害之关系与充满利害关系等两种不同精神状态和心理状态的观点,引申出美有"优美"和"壮美"两大类型。王国维毕生以学术为追求,反对将学术作为政治宣传的工具,因此他对西学的理解和接受是系统的,西学对他的影响主要表现在思维方式上,文化视野的拓展给王国维带来的不是急功近利式的寻章摘句、生搬硬套,而是理论思维的活跃与开阔。

三,坚守中国古代文论的理论阵地,试图中兴传统文论。这种类型可以曾国藩为代表。曾国藩对待西学的态度不像梁启超那么热情,也不像王国维那么着迷,曾国藩是主张在维护封建纲常、封建体制的基础与前提下,学习西方先进的科学技术,以达到"自强"的目的。这是曾国藩筹办洋务的基本指导思想,也是他在中国近代向西方学习方面所持的基本态度。既然西方可学的只是科学技术,那么在文艺思想领域曾国藩仍推崇清代影响最大的文派——桐城派。但曾国藩学桐城派而不墨守桐城派,他在《经史百家杂钞》中,于桐城派的"义理""考据""词章"之外增加"经济",使得古文有了致用之道。以曾国藩为首的湘乡派,是对桐城派的继承与革新,湘乡派矫正了桐城末流专在语言形式上下功夫、内容却非常空虚的弊端,这是有进步意义的,而且在一定程度上带来了古文的中兴。

金人瑞

【作者简介】

金人瑞(1608—1661),字圣叹,本名采,字若采,又名喟,江南吴县(今属江苏)人。性谑浪不羁,顺治十八年(1661),卷入"哭庙案"遭杀害。其传世的评点之作《水浒传》《西厢记》完善了我国评点批评的体例,其评点中提出的文学原理和作法理论,直接影响了清代小说、戏曲乃至整个评点之学的发展。其他的评点作品《天下才子必读书》、《唐才子书》、《杜诗解》等多属未竣稿,或存片断或全佚,部分作品收入今传之《唱经堂才子书》中。另有《沉吟楼诗选》和其他杂著多种。生平见《清代七百名人传》第五编。

读第五才子书法(节选)

大凡读书,先要晓得作书之人是何心胸。如《史记》,须是太史公一肚皮宿怨发挥出来,所以他于《游侠》《货殖传》,特地着精神[1],乃至其余诸记传中,凡遇挥金杀人之事,他便啧啧赏叹不置。一部《史记》,只是"缓急人所时有"六个字,是他一生著书旨意。《水浒传》却不然,施耐庵本无一肚皮宿怨要发挥出来,只是饱暖无事,又值心闲,不免伸纸弄笔,寻个题目,写出自家许多锦心绣口[2],故其是非皆不谬于圣人。后来人不知,却于《水浒》上加"忠义"字,遂并比于史公发愤著书一例,正是使不得[3]。

《水浒传》独恶宋江,亦是奸厥渠魁之意[4],其余便饶恕了。

或问:"施耐庵寻题目写出自家锦心绣口,题目尽有,何苦定要写此一事？"答曰："只是贪他三十六个人，便有三十六样出身，三十六样面孔，三十六样性格，中间便结撰得来[5]。"

题目是作书第一件事。只要题目好，便书也作得好。

或问："题目如《西游》《三国》如何？"答曰："这个都不好。《三国》人物事体说话太多了，笔下拖不动，踅不转，分明如官府传话奴才，只是把小人声口替得这句出来，其实何曾自敢添减一字[6]。《西游》又太无脚地了，只是逐段捏捏撮撮，譬如大年夜放烟火，一阵一阵过，中间全没贯串，便使人读之，处处可住[7]。"

《水浒传》方法，都从《史记》出来，却有许多胜似《史记》处。若《史记》妙处，《水浒》已是件件有。

凡人读一部书，须要把眼光放得长。如《水浒传》七十回，只用一目俱下，便知其二千余纸只是一篇文字。中间许多事体，便是文字起承转合之法[8]。若是拖长看去，却都不见。

《水浒传》不是轻易下笔，只看宋江出名，直在第十七回，便知他胸中已算过百十来遍。若使轻易下笔，必要第一回就写宋江，文字便一直帐，无擒放[9]。

某尝道《水浒》胜似《史记》，人都不肯信。殊不知某却不是乱说，其实《史记》是以文运事，《水浒》是因文生事。以文运事，是先有事生成如此如此，却要算计出一篇文字来，虽是史公高才，也毕竟是吃苦事。因文生事即不然，只是顺着笔性去，削高补低都由我。

《水浒传》不说鬼神怪异之事，是他气力过人处。《西游记》每到弄不来时，便是南海观音救了[10]。

《水浒传》并无"之乎者也"等字，一样人，便还他一样说话，真是绝奇本事。

《水浒传》一个人出来，分明便是一篇列传，至于中间事迹，又逐段逐段自成文字，亦有两三卷成一篇者，亦有五六句成一篇者。

别一部书，看过一遍即休。独有《水浒传》，只是看不厌，无非为他把一百八个人性格都写出来。

《水浒传》写一百八个人性格，真是一百八样。若别一部书，任他写一千个人,也只是一样,便只写得两个人,也只是一样。

《宣和遗事》具载三十六人姓名[11],可见三十六人是实有。只是七十回中许多事迹,须知都是作书人凭空造谎出来。如今却因读此七十回,反把三十六个人物都认得了,任凭提起一个,都似旧时熟识,文字有气力如此。

《水浒传》只是写人粗卤处,便有许多写法:如鲁达粗卤是性急,史进粗卤是少年任气,李逵粗卤是蛮,武松粗卤是豪杰不受羁靮,阮小七粗卤是悲愤无说处,焦挺粗卤是气质不好。

李逵是上上人物,写得真是一片天真烂漫到底。看他意思,便是山泊中一百七人,无一个入得他眼。《孟子》"富贵不能淫,贫贱不能移,威武不能屈",正是他好批语。

看来作文,全要胸中先有缘故。若有缘故时,便随手所触,都成妙笔;若无缘故时,直是无动手处,便作得来,也是嚼蜡。

只如写李逵,岂不段段都是妙绝文字,却不知正为段段都在宋江事后,故便妙不可言。盖作者只是痛恨宋江奸诈,故处处紧接出一段李逵朴诚来,做个形击[12]。其意思自在显宋江之恶,却不料反成李逵之妙也。此譬如刺枪,本要杀人,反使出一身家数。

阮小七是上上人物,写得另是一样气色,一百八人中,真要算做第一个快人,心快口快,使人对之,龌龊都销尽。

《水浒传》有许多文法,非他书所曾有,略点几则于后:

有倒插法。谓将后边要紧字,蓦地先插放前边。如五台山下铁匠间壁父子客店,又大相国寺岳庙间壁菜园,又武大娘子要同王干娘去看虎,又李逵去买枣糕,收得汤隆等是也。

有夹叙法。谓急切里两个人一齐说话,须不是一个说完了,又一个说,必要一笔夹写出来。如瓦官寺崔道成说"师兄息怒,听小僧说",鲁智深说"你说你说"等是也。

有草蛇灰线法[13]。如景阳冈勤叙许多"哨棒"字,紫石街连写若干"帘子"字等是也。骤看之,有如无物,及至细寻,其中便有一条线索,拽之通体俱动。

有大落墨法。如吴用说三阮,杨志北京斗武,王婆说风情,武松打虎,还道村捉宋江,二打祝家庄等是也。

有绵针泥刺法。如花荣要宋江开枷,宋江不肯;又晁盖番番要下山,宋江番番劝住,至最后一次便不劝是也。笔墨外,便有利刃直戳进来。

有背面铺粉法[14]。如要衬宋江奸诈,不觉写作李逵真率;要衬石秀尖利,不觉写作杨雄糊涂是也。

有弄引法。谓有一段大文字,不好突然便起,且先作一段小文字在前引之。如索超前,先写周谨;十分光前,先说五事等是也。《庄子》云:"始终青萍之末,盛于土囊之口。"《礼》云:"鲁人有事于泰山,必先有事于配林。"

有獭尾法[15]。谓一段大文字后,不好寂然便住,更作余波演漾之。如梁中书东郭演武归去后,知县时文彬升堂;武松打虎下冈来,遇着两个猎户;血溅鸳鸯楼后,写城壕边月色等是也。

有正犯法[16]。如武松打虎后,又写李逵杀虎,又写二解争虎;潘金莲偷汉后,又写潘巧云偷汉;江州城劫法场后,又写大名府劫法场;何涛捕盗后,又写黄安捕盗;林冲起解后,又写卢俊义起解;朱仝、雷横放晁盖后,又写朱仝、雷横放宋江等。正是要故意把题目犯了,却有本事出落得无一点一尽相借,以为快乐是也。真是浑身都是方法。

有略犯法。如林冲买刀与杨志卖刀,唐牛儿与郓哥,郑屠肉铺与蒋门神快活林,瓦官寺试禅杖与蜈蚣岭试戒刀等是也。

有极不省法。如要写宋江犯罪,却先写招文袋金子,却又先写阎婆惜和张三有事,却又先写宋江讨阎婆借,却又先写宋江舍棺材等。凡有若干文字,都非正文是也。

有极省法。如武松迎入阳谷县,恰遇武大也搬来,正好撞着;又如宋江琵琶亭吃鱼汤后,连日破腹等是也。

有欲合故纵法。如白龙庙前,李俊、二张、二童、二穆等救船已到,却写李逵重要杀入城去;还有村玄女庙中,赵能、赵得都已出去,却有树根绊跌,士兵叫喊等,令人到临了又加倍吃吓是也。

有横云断山法。如两打祝家庄后,忽插出解珍、解宝争虎越狱事;又正打大名城时,忽插出截江鬼、抽襄鳅谋财倾命事等是也。只为文字太长了，便恐累坠，故从半腰间暂时闪出，以间隔之。

有莺胶续弦法[17]。如燕青往梁山泊报信，路遇杨雄、石秀，彼此须互不相识。且由梁山泊到大名府，彼此既同取小径，又岂有止一小径之理？看他将顺手借如意子打鹊求卦，先斗出巧来，然后用一拳打倒石秀，逗出姓名来等是也。都是刻苦算得出来。

旧时《水浒传》，子弟读了，便晓得许多闲事。此本虽是点阅得粗略，子弟读了，便晓得许多文法；不惟晓得《水浒传》中有许多文法，他便将《国策》《史记》等书，中间但有若干文法，也都看得出来。旧时子弟读《国策》《史记》等书，都只看了闲事，煞是好笑。

——《贯华堂第五才子书水浒传》卷首，江苏古籍出版1985年排印《金圣叹全集》本

【题解】

金圣叹将《离骚》《庄子》《史记》、杜诗、《水浒传》《西厢记》合称为六才子书，并予以批点，其中《水浒传》为第五才子书。《水浒传》，传为元施耐庵编，明初罗贯中续。明中叶后《水浒传》刻本甚多，繁简各异。金圣叹批点时删去七十一回以后情节，俗称七十回本（此本加楔子，实为七十一回），流传最广。

【注释】

1.《游侠》《货殖传》：《史记》有《游侠列传》《货殖列传》。《史记·太史公自序》云："救人于厄，振人不赡，仁者有采；不既信，不倍言，义者有取焉。作《游侠列传》第六十四。""布衣匹夫之人，不害于政，不妨百姓，取与以时而息财富，智者有采焉。作《货殖列传》第六十九。"唐司马贞《索隐》引《尚书》伪孔传云："殖，生也，生资货财利。"

2. 锦心绣口：形容优美的文思，华丽的词藻。唐柳宗元《乞巧文》："骈四俪六，锦心绣口。"

3."后来人"等四句：明李贽评点过一百回本和一百二十回本的《水浒传》。一百回本名为《批评忠义水浒传》，一百二十回本名为《批评忠义水浒全书》。在一百二十回本的序言中，李贽指出："水浒传者，发愤之所作也。……前日聚啸水浒之强人也，欲不谓之忠义不可也。"金圣叹则极力反对这种说法。发愤，抒发愤懑。《史记·太史公自序》："《诗》三百篇，大抵贤圣发愤之所为作也。"史公发愤著书指司马迁作《史记》以抒发内心的愤懑之情。

4. 渠魁：大头目，首领。《书·胤征》："歼厥渠魁，胁从罔治。"伪孔传："渠，大。魁，帅也。"唐孔颖达疏："'歼厥渠魁'，谓灭其元首，故以渠为大，魁为帅，史传因此谓贼之首领为渠帅，本原出于此。"

5. 结撰：《楚辞·招魂》："结撰至思，兰芳假些。"宋洪兴祖补注："撰，述也，定也，持也。"本指心思专注，后称构思、布局、组织等为结撰。

6. "《三国》"等六句：指《三国志演义》本于史实，颇不便于发挥。趸，盘旋，绕圈儿。元关汉卿《哭存孝》第三折："想着十八骑长安城内逞豪杰，今日个则落的足律律的旋风趸，我可便伤也波嗟。"

7. "《西游》"等七句：指《西游记》多从虚构，亦不易于贯穿。

8. 起承转合：诗文写作结构章法方面的术语。"起"是开端，"承"是承接上文加以申述；"转"是转折，从正面反面立论；"合"是结束全文。元范梈《诗法》："作诗有四法：起要平直，承要春容，转要变化，合要渊永。"

9. "文字"等二句：指平铺直叙，缺少变化。

10. "《西游记》"等二句：《西游记》写到唐僧师徒有难时，往往向南海观世音菩萨求救，如此处理情节常为后人所诟病。观音，即观世音。佛教菩萨名。慈悲的化身，救苦救难之神。唐时避太宗李世民讳，省称观音。别称观自在或观音大士。

11.《宣和遗事》：全称《大宋宣和遗事》，宋、元之间人作。书分四集，或作前后二集。编集旧籍而成，按年演述，自尧、舜叙至宋高宗定都临安。书中叙述的有关梁山泊的故事，如杨志卖刀、智取生辰纲等，为后来的《水浒传》提供了素材。鲁迅《中国小说史略》说它"近讲史而非口谈，似小说而无捏合"。

12. 形击：此处指对比、反衬。

13. 草蛇灰线：草蛇游进的线路上，其痕迹点点滴滴，隐而不显。比喻文章某些词语描写看似无涉题旨，其实与主题贯通一体。

14. 背面铺粉：原为在画纸正反两面先铺上白粉，从而使画像鲜明地衬托出来的作画方法。此指文学的衬托手法。

15. 獭：水獭，兽名，栖息水边，善游泳。其尾有力，游水时以尾为舵。此用獭尾比喻一大段文字后的结尾处要余波荡漾，自然生采。

16. 犯：触犯，冒犯。此指类似的内容重复写及，一般看来是犯忌而需避免的。

17. 鸾胶续弦：传说中的一种胶。《海内十洲记·凤麟洲》载，西海中有凤麟洲，多仙家，煮凤喙麟角合煎作膏，能续弓弩已断之弦，名续弦胶，亦称"鸾胶"。又《武帝外传》："西海献鸾胶，武帝弦断，以胶续之，弦两头遂相著。终日射，不断。帝大悦。"这里比喻将两部分似不相连的文章巧妙地续接在一起。

【讲疏】

金圣叹继李贽、叶昼之后将小说戏曲评点推进到新的高度。金圣叹以前的明代戏曲和小说的评批本，夹批和眉批一般都只有片言只语，总评也至多只有一小段。金圣叹评点则体例完整，有全书读法（全书总批）、每折(每章)都有总评,有大量的段落评批,兼之大量夹批,一批再批,甚至三批、四批,反复评论,务必畅叙高见。金圣叹自谓其评书"直取其文心","略其形迹,伸其神理"。毛纶、毛宗岗父子的《第七才子书琵琶记》和"第一才子书"《三国演义》评点本(即毛批《三国》),张竹坡《金瓶梅》评点本,《聊斋志异》的诸家评本,脂砚斋、哈斯宝、姚燮等多种《红楼梦》评批本等名家评批无不以金圣叹为楷模,多照金批的体例评批。

金圣叹在本篇中比较集中地讨论了《水浒传》作者是何心胸。在他看来,施耐庵并无一肚皮宿怨要发泄,纯是为文而文,写出自家的锦心绣口。金圣叹此说虽未必正确,却很好地揭示了《水浒传》作为小说区别于历史著作的虚构性。他将《水浒传》称为"因文生事",而将《史记》称为"以文运事",并对二者的特点进行了对比:"以文运事,是先有事生成如此如此,却要算计出一篇文字来……因文生事即不然,只是顺着笔性去,削高补低都由我。"换而言之:《史记》只是从事件出发;《水浒》则以人物性格为中心。历史只能在事实的基础上斟酌损益;而小说可以"结撰",即允许缀合抒写。

金圣叹开创了小说人物性格论。首先他强调文学人物的虚构性,指出:"《宣和遗事》具载三十六人姓名,可见三十六人是实有。只是七十回中许多事迹,须知都是作书人凭空造谎出来。"如此便可以把某类人的特点集中到一个人物形象上,如《水浒》第二十回评语说:"此篇借题描写妇人黑心,无幽不烛,无丑不备。""写淫妇便写尽淫妇,写虔婆便写尽虔婆,妙绝!"所谓"无丑不备""写尽",即是指此。而写出同类人物的不同特点,则更是神乎其技:"前书写鲁达,已极丈夫之致矣,不意其又写出林冲,又极丈夫之致也。写鲁达又写出林冲。斯已大奇矣,不意其又写出杨志,又极丈夫之致也。是三丈夫也者,各自有其胸襟,各自有其心地,各自有其形状,各自有其装束。……写鲁、林、杨三丈夫以来,技至此,技已止,观至此,观已止,乃忽然磐控,忽然纵送,便又腾笔涌墨,凭空撰出一个武都头来。我得而读其文,想见其为人,其胸襟则又非如鲁如林如杨者之胸襟也,其心事则又非如鲁如林如杨者之心事也,其形状结束则又非如鲁如林如杨之形状与如鲁如林如杨者之结束也。"(第二十五回总评)其次,金圣叹重视人物性格的丰富性、复杂性。他称赞武松是"天人",因为武松兼有"鲁达之阔,林冲之毒,杨志之正,柴进之良,阮七之快,李逵之真,吴用之捷,花荣之雅,卢俊义之大,石秀之警"(同上)。而对宋江,金圣叹指出:"一部书中写一百七人最易,写宋江最难。……盖此书写一百七人处,皆直笔也,好即真好,劣即真劣。若写宋江则不然,骤读之而全好,再读之而好劣相半,又再读之而好不胜劣,又卒读之而全劣无好矣。……然吾又谓由全好之宋江而读至于全劣也犹易,由全劣之宋江而写至于全好也实难。乃今读其传,迹其言行,抑何寸寸而求之,莫不宛然忠信笃敬君子也,篇则无累于篇耳,节则无累于节耳,句则无累于句耳,字则无累于字耳。虽然诚如是者,岂将以宋江真遂为仁人孝子之徒哉?……则是褒贬固在笔墨之外也。"(第三十五回总评)揭示出宋江这一人物的复杂性。金圣叹还进一步探讨了作家塑造人物的思维特征,提出了"格物"说:"施耐庵以一心所运,而一百八人各自入妙者,无他,十年格物而一朝物格,斯以一笔而写百千万人,固不以为难也。"(《水浒传序三》)"格物"一语出自《大学》,金圣叹借用此语指深入观察、感受、体悟描写对象的特征。他指出:"格物之法,以忠恕为门。何谓忠?天下因缘生法,故忠不必学而至于忠,天下自然无法不忠。""忠恕,量万物之斗斛也。因缘生法,裁世界之刀尺也。"(《水浒传序三》)"忠恕"一语出自《论语》,金圣叹借用此语指作者从自身体验出发深入到描写对象的内心世界。"因缘生法"是佛教用语,金圣叹借用此语强调作者要刻画出描写对象在具体条件下的独特表现。

建立小说叙事方法论是金圣叹理论的又一贡献。首先他重视作品情节结构的整体性:"《水浒传》七十回,只用一目俱下,便知其二千余纸只是一篇文字。"他腰斩《水浒》、截断《西厢》,一个重要的原因就是《水浒》的后五十回、《西厢》的第五出破坏了全书的整体性。他甚至以"裁"释"才",认为作家的创作才能表现在剪裁上:"才之为言裁也。有全锦在手,无全锦在目,无全衣在目,有全衣在心,见其领知其袖,见其襟知其帔也,夫领则非袖,而襟则非帔,然左右相就,前后相合,离然各异,而宛然共成者,此所谓裁之说也。"(《水浒传序一》)其次,金圣叹归结了许多关于情节结构技巧的文法,如"大段落墨法"指以浓墨重笔写出重要的场面和情节,而前有铺垫为"弄引法",后有余波为"獭尾法";"倒插法"指预下伏笔;"正犯"、"略犯"等法指写出相似情节的不同特点;"横云断山法"指通过对情节的断续切连,以获得一定的叙事节奏;"月度回廊法"指情节的推进有层次;等等。通过对这些文法的归结,金圣叹对小说情节结构的艺术规律作出了精辟的阐发。

【关键词解读】

因文生事　以文运事

因文生事是金圣叹对小说本质论的看法。我国小说脱胎于史,与史有着文化上的血亲渊源,但小说经过演变,渐与史分道扬镳,出现了质的差异。史重事重实,而小说重人重虚。为了塑造人物性格的需要,小说所写的事情可以虚构。在《读第五才子书法》中,金圣叹通过《史记》与《水浒传》的比较,阐述了史与小说的本质不同:"《史记》是以文运事,《水浒》是因文生事。以文运事,是先有事生成如此如此,却要算计出一篇文字来,虽是史公高才,也毕竟是吃苦事。因文生事即不然,只是顺着笔性去,削高补低都由我。"金圣叹所谓"因文生事",是指小说家为了塑造人物形象,通过对素材的选择、加工、创造,从而在小说中构筑一系列波澜起伏、离奇错落的事件的演化过程。

【相关知识链接】

所评《离骚》《南华》《史记》、杜诗、《西厢》《水浒》,以次序定为"六才子书",俱别出手眼。尤喜讲《易》,"乾""坤"两卦,多至十万余言。其余评论尚多,兹行世者,独《西厢》《水浒》《唐诗》、制艺、《唱经堂杂评》诸刻本。

传先生解杜诗时,自言有人从梦中语云:"诸诗皆可说,惟不可说《古诗十九首》。"先生遂以为戒。后因醉纵谈《青青河畔草》一章,未几,遂罹惨祸。临刑叹曰:"砍头最是苦事,不意于无意中得之。"

先生殁,效先生所评书,如长洲毛序始、徐而庵,武进吴见思、许庶庵为最著,至今学者称焉。

曲江廖燕曰:予读先生所评诸书,领异标新,迥出意表,觉千百年来,至此始开生面。呜呼!何其贤哉!虽罹惨祸,而非其罪,君子伤之。而说者谓文章妙秘,即天地妙秘,一旦发泄无余,不无犯鬼神所忌,则先生之祸,其亦有以致之欤!然画龙点睛,金针随度,使天下后学,悉悟作文用笔墨法者,先生力也,又乌可少乎哉!其祸虽冤屈一时,而功实开拓万世,顾不伟耶!予过吴门,访先生故居,而莫知其处,因为诗吊之,并传其略如此云。

——节录自廖燕《二十七松堂集·文集》卷十四《金圣叹先生传》,上海古籍出版社 2005《廖燕全集》本

【延伸阅读】

金圣叹虽提出了"六才子书"的说法,但他仅完成对《水浒传》、《西厢记》的批点。他对《西厢记》、《水浒传》的评改,确立了他在中国文学批评史上的地位,使他成为一个家喻户晓的人物。金圣叹的评点一般有序文、读法、总论、分论、批点组成,其中读法、总评和章(折)总评篇幅繁多,往往

长篇大论,滔滔数千言,高论迭出,满篇精新,蔚为大观。五部分逐步深入,由此而形成了一套比较全面、深刻的小说戏剧写作理论。

水浒传序三(节选)

吾犹自记十一岁读《水浒》后,便有于书无所不窥之势。吾实何曾得见一书,心知其然则有之耳。然就今思之,诚不谬矣。天下之文章,无有出《水浒》右者;天下之格物君子,无有出施耐庵先生右者。学者诚能澄怀格物,发皇文章,岂不一代文物之林? 然但善读《水浒》而已,为其人绰绰有余也。

《水浒》所叙,叙一百八人,人有其性情,人有其气质,人有其形状,人有其声口。夫以一手而画数面,则将有兄弟之形;一口而吹数声,斯不免再映也。施耐庵以一心所运,而一百八人各自入妙者,无他,十年格物而一朝物格,斯以一笔而写百千万人,固不以为难也。格物亦有法,汝应知之。格物之法,以忠恕为门。何谓忠? 天下因缘生法,故忠不必学而至于忠,天下自然无法不忠。火亦忠,眼亦忠,故吾之见忠;钟忠,耳忠,故闻无不忠;吾既忠,则人亦忠,盗贼亦忠,犬鼠亦忠。盗贼犬鼠无不忠者,所谓恕也。夫然后物格,夫然后能尽人之性,而可以赞化育,参天地。今世之人,吾知之,是先不知因缘生法;不知因缘生法,则不知忠;不知忠,乌知恕哉? 是人生二子而不能自解也。谓其妻曰:眉犹眉也,目犹目也,鼻犹鼻,口犹口,而大儿非小儿,小儿非大儿者,何故? 而不自知实与其妻亲造作之也。夫不知子,问之妻,夫妻因缘,是生其子。天下之忠,无有过于夫妻之事者;天下之忠,无有过于其子之面者。审知其理,而睹天下人之面,察天下夫妻之事,彼万面不同,岂不甚宜哉! 忠恕,量万物之斗斛也。因缘生法,裁世界之刀尺也。施耐庵左手握如是斗斛,右手持如是刀尺,而仅乃叙一百八人之性情、气质、形状、声口者,是犹小试其端也。若其文章,字有字法,句有句法,章有章法,部有部法,又何异哉! 吾既喜读《水浒》,十二岁便得贯华堂所藏古本,吾日夜手钞,谬自评释,历四五六七八月,而其事方竣,即今此本是已。如此者,非吾有读《水浒》之法,若《水浒》固自为读一切书之法矣。

吾旧闻有人言:庄生之文放浪,《史记》之文雄奇。始亦以之为然,至是忽哑然其笑,古今之人,以瞽语瞽,真可谓一无所知,徒令小儿肠痛耳!夫庄生之文何尝放浪?《史记》之文何尝雄奇?彼殆不知庄生之所云,而徒见其忽言化鱼,忽言解牛,寻之不得其端,则以为放浪;徒见《史记》所记皆刘、项争斗之事,其它又不出于杀人报仇、捐金重义为多,则以为雄奇也。若诚以吾读《水浒》之法读之,正可谓庄生之文精严,《史记》之文亦精严。不宁惟是而已,盖天下之书,诚欲藏之名山,传之后人,即无有不精严者。何谓之精严?字有字法,句有句法,章有章法,部有部法是也。夫以庄生之文杂之《史记》,不似《史记》,以《史记》之文杂之庄生,不似庄生者,庄生意思欲言圣人之道,《史记》摅其怨愤而已。其志不同,不相为谋,有固然者,毋足怪也。若复置其中之所论而直取其文心,则惟庄生能作《史记》,惟子长能作《庄子》。吾恶乎知之?吾读《水浒》而知之矣。夫文章小道,必有可观,吾党斐然,尚须裁夺。古来至圣大贤,无不以其笔墨为身光耀。只如《论语》一书,岂非仲尼之微言,洁净之篇节?然而善论道者论道,善论文者论文,吾尝观其制作,又何其甚妙也!《学而》一章,三唱"不亦";叹"觚"之篇,有四"觚"字,余者一"不"、两"哉"而已;"质胜文则野,文胜质则史",其文交互而成;"知之者不如好之者,好之者不如乐之者",其法传接而出;"山"、"水"、"动"、"静"、"乐"、"寿",譬禁树之对生;"子路问闻斯行",如晨鼓之频发。其它不可悉数,约略皆佳构也。彼《庄子》、《史记》各以其书独步万年,万年之人莫不叹其何处得来,若自吾观之,彼亦岂能有其多才者乎?皆不过以此数章引而伸之,触类而长之者也。

《水浒》所叙,叙一百八人,其人不出绿林,其事不出劫杀,失教丧心,诚不可训。然而吾独欲略其形迹,伸其神理者,盖此书七十回,数十万言,可谓多矣,而举其神理,正如《论语》之一节两节,浏然以清,湛然以明,轩然以轻,濯然以新。彼岂非《庄子》

《史记》之流哉！不然何以有此？如必欲苛其形迹，则夫十五《国风》，淫污居半；《春秋》所书，弑夺十九，不问恶神奸而弃禹鼎，憎《梼杌》而诛倚相，此理至明，亦易晓矣。

嗟乎！人生十岁，耳目渐吐，如日在东，光明发挥。如此书，吾即欲禁汝不见，亦岂可得？今知不可相禁，而反出其旧所批释，脱然授之于手也。夫固以为《水浒》之文精严，读之即得读一切书之法也。汝真能善得此法，而明年经业既毕，便以之遍读天下之书，其易果如破竹也者，夫而后叹施耐庵《水浒传》真为文章之总持。不然，而犹如常儿之泛览者而已。是不惟负施耐庵，亦殊负吾。汝试思之，吾如之何其不郁郁乎哉！

皇帝崇祯十四年二月十五日。

——《贯华堂第五才子书水浒传》卷首，江苏古籍出版1985年排印《金圣叹全集》本

水浒传评语（节选）

此书笔力大过人处，每每在两篇相接连时，偏要写一样事，而又断断不使其间一笔相犯。如上文方写过何涛一番，入此回又接写黄安一番是也。看他前一番，翻江搅海，后一番，搅海翻江，真是一样才情，一样笔势。然而读者细细寻之，乃至曾无一句一字偶尔相似者。此无他，盖因其经营图度，先有成竹藏之胸中，夫而后随笔迅扫，极妍尽致，只觉干同是干，节同是节，叶同是叶，枝同是枝，而其间偃仰斜正，各自入妙，风痕露迹，变化无穷也。（第十九回总评）

传闻赵松雪好画马，晚更入妙，每欲构思，便于密室解衣踞地，先学为马，然后命笔。一日，管夫人来，见赵宛然马也。今耐庵为此文，想亦复解衣踞地，作一扑、一掀、一剪势耶？东坡《画雁》诗云："野雁见人时，未起意先改，君从何处看，得此无人态？"我真不知耐庵何处有此一副虎食人方法在胸中也。（第二十二回夹评）

夫修史者，国家之事也；下笔者，文人之事也。国家之事，止

于叙事而止，文非其所务也；若文人之事，固当不止叙事而而已，必且心以为经，手以为纬，踌躇变化，务撰而成绝世奇文焉。司马迁之书，其选也。……马迁之书，是马迁之文也，马迁书中所叙之事，则马迁之文之料也。……是故马迁之为文也，吾见其有事之巨者而隳括焉，又见其有事之细者而张惶焉，或见其有事之阙者而附会焉，又见其有事之全者而轶去焉，无非为文计不为事计也。但使吾之文得成绝世奇文，斯无吾之文传而事传矣。如必欲但传其事，又令纤悉不失，是吾之文先已拳曲不通，已不得为绝世奇文，将吾之文既已不传而事又乌乎传耶？（第二十八回总评）

　　文章家有过枝接叶处，每每不得与前后大篇一样出色。然其叙事洁净，用笔明雅，亦殊未可忽也。譬诸游山者，游过一山，又问一山，当斯之时，不无借径于小桥曲岸，浅水平沙。然而前山未远，魂魄方收，后山又来，耳目又费，则虽中间少有不称，然政不致遂败人意，又况其一桥、一岸、一水、一沙，乃殊非七十回后一望荒屯绝徼之比。想复晚凉新浴，荳花棚下，摇蕉扇，说曲折，兴复不浅也。（第三十二回总评）

　　尝观古学剑之家，其师必取弟子先置之断崖绝壁之上，迫之疾驰，经月而后，授以竹枝，追刺猿猱，无不中者，夫而后归之室中，教以剑术，三月技成，称天下妙也。圣叹叹曰：嗟乎！行文亦犹是矣。夫天下险能生妙，非天下妙能生险也。险故妙，险绝故妙绝；不险不能妙，不险绝不能妙绝也。游山亦犹是矣。不梯而上，不绠而下，未见其能穷山川之窈窕、洞壑之隐秘也。梯而上，绠而下，而吾之所至乃在飞鸟徘徊、蛇虎踯躅之处，而吾之力绝，而吾之气尽，而吾之神色索然犹如死人，而吾之耳目乃一变换，而吾之胸襟乃一荡涤，而吾之识略乃得高者愈高，深者愈深，奋而为文笔，亦得愈极高深之变也。行文亦犹是矣。不阁笔，不卷纸，不停墨，未见其有穷奇尽变出妙入神之文也。笔欲下而仍阁，纸欲舒而仍卷，墨欲磨而仍停，而吾之才尽，而吾之鬐断，而吾之目瞠，而吾之腹痛，而鬼神来助，而风云忽通，而后奇则真奇，变则真变，妙则真妙，神则真神也。（第四十一回总评）

若夫耐庵之非淫妇、偷儿,断断然也。今观其写淫妇居然淫妇,写偷儿居然偷儿,则又何也?噫嘻,吾知之矣!……惟耐庵于三寸之笔、一幅之纸之间,实亲动心而为淫妇,亲动心而为偷儿。既已动心则均矣,又安辨泚笔点墨之非入马通奸,泚笔点墨之非飞檐走壁耶?经曰:"因缘和合,无法不有。"自古淫妇无印板偷汉法,偷儿无印板做贼法,才子亦无印板做文字法也。因缘生法,一切具足。(第五十五回总评)

——《贯华堂第五才子书水浒传》,江苏古籍出版1985年排印《金圣叹全集》本

读第六才子书西厢记法(节选)

一、有人来说《西厢记》是淫书,此人后日定堕拔舌地狱。何也?《西厢记》不同小可,乃是天地妙文。自从有此天地,他中间便定然有此妙文,不是何人做得出来,是他天地直会自己劈空结撰而出。若定要说是一个人做出来,圣叹便说,此一个人即是天地现身。

三、人说《西厢记》是淫书,他止为中间有此一事耳。细思此一事,何日无之,何地无之?不成天地中间有此一事,便废却天地耶?细思此身自何而来,便废却此身耶?一部书有如许纚纚洋洋无数文字,便须看其如许纚纚洋洋是何文字,从何处来,到何处去,如何直行,如何打曲,如何放开,如何捏聚,何处公行,何处偷过,何处慢摇,何处飞渡。至于此一事,直须高阁起不复道。

十五、文章最妙,是目注彼处,手写此处;若有时必欲目注此处,则必手写彼处。一部《左传》便十六都用此法。若不解其意,而目亦注此处,手亦写此处,便一览已尽。《西厢记》最是解此意。

十六、文章最妙,是目注此处,却不便写,却去远远处发来,迤逦写到将至时,便且住,却重去远远处更端再发来,再迤逦又写到将至时,便又且住;如是更端数番,皆去远远处发来,迤逦写

到将至时,即便住,更不复写出目所注处,使人自于文外瞥然亲见。《西厢记》纯是此一方法,《左传》、《史记》亦纯是此一方法。最恨是《左传》、《史记》急不得呈教。

十七、文章最妙,是先觑定阿堵一处已,却于阿堵一处之四面将笔来左盘古旋,右盘左旋,再不放脱,却不擒住。分明如狮子滚球相似,本只是一个球,却教狮子放出通身解数,一时满棚人看狮子,眼都看花了,狮子却是并没交涉。人眼自射狮子,狮子眼自射球。盖滚者是狮子,而狮子之所以如此滚,如彼滚,实都为球也。《左传》、《史记》便纯是此一方法,《西厢记》亦纯是此一方法。

二十、仆今言灵眼觑见,灵手捉住,却思人家子弟何曾不觑见,只是不捉住。盖觑见是天赋,捉住须人工也。今《西厢记》实是又会觑见,又会捉住。然子弟读时,不必又学其觑见,一味只学其捉住。圣叹深恨前此万千年,无限妙文已是觑见,却捉不住,遂成泥牛入海,永无消息。今刻此《西厢记》遍行天下,大家一齐学得捉住,仆实遥计一二百年后,世间必得平添无限妙文,真乃一大快事!

二十二、仆之为此言,何也?仆尝思万万年来,天无日无云,然决无今日云与某日云曾同之事。何也?云只是山川所出之气,升到空中,却遭微风,荡作缕缕。既是风无成心,便是云无定规,都是互不相知,便乃偶尔如此。《西厢记》正然,并无成心之与定规,无非此日佳日闲窗,妙腕良笔,忽然无端,如风荡云。若使异时更作,亦不妨另自有其绝妙。然而无奈此番已是绝妙也,不必云异时不能更妙于此,然亦不必云异时尚将更妙于此也。

三十、若是字,便只是字;若是句,便不是字;若是章,便不是句。岂但不是字,一部《西厢记》,真乃并无一字;岂但并无一字,真乃并无一句;一部《西厢记》,只是一章。

三十一、若是章,便应有若干句;若是句,便应有若干字。今《西厢记》不是一章,只是一句,故并无若干句;乃至不是一句,只是一字,故并无若干字;《西厢记》其实只是一字。

四十、最苦是人家子弟，未取笔，胸中先已有了文字。若未取笔胸中先已有了文字，必是不会做文字人。《西厢记》无有此事。

四十一、最苦是人家子弟，提了笔，胸中尚自无有文字。若提了笔胸中尚自无有文字，必是不会做文字人。《西厢记》无有此事。

四十八、譬如文字，则双文是题目，张生是文字，红娘是文字之起承转合。有此许多起承转合，便令题目透出文字，文字透入题目也。其余如夫人等，算只是文字中间所用之乎者也等字。

——《贯华堂第六才子书西厢记》卷二，江苏古籍出版1985年排印《金圣叹全集》本

【思考题】

1. 金圣叹云"《史记》是以文运事，《水浒》是因文生事"，谈谈你对这句话的理解。
2. 试阐述金圣叹小说人物性格塑造理论的内容。

李　渔

【作者简介】

李渔(1611—1680)，初名仙侣，字谪凡，号天徒，中年改名为李渔，字笠鸿，号笠翁别署笠道人、随庵主人、新亭客樵、觉世稗官。祖籍浙江兰溪(今金华市)人，生于江苏如皋。明清易代，绝意仕进，着意戏曲小说创作，刊行后颇得达官名流垂青。后经营芥子园书坊，带领家庭戏班子周游各地，奔走于达官贵人门下。李渔一生著述丰富，戏曲有《笠翁十种曲》，诗文杂著合编为《笠翁一家言全集》，其中《闲情偶寄》的《词曲》《演习》等部是重要的戏曲论著。小说方面，有白话短篇小说《无声戏》和《十二楼》，还有长篇小说《合锦回文传》等。《国朝耆献类征》初编卷四二六有传。

闲情偶寄(节选)

结　构　第　一

填词一道，文人之末技也，然能抑而为此，犹觉愈于驰马试剑，纵酒呼卢[1]。孔子有言："不有博弈者乎？为之，犹贤乎已。"[2]博弈虽戏具，犹贤于"饱食终日，无所用心"；填词虽小道，不又贤于博弈乎？吾谓：技无大小，贵在能精；才乏纤洪，利于善用。能精善用，虽寸长尺短，亦可成名，否则才夸八斗，胸号五车，为文仅称点鬼[3]之谈，著书惟供覆瓿[4]之用，虽多，亦奚以为？填词一道，非特文人工此者足以成名，即前代帝王，亦有以本朝词曲擅长,遂能不泯其国事者。请历言之:高则诚、王实甫诸人,元之名士也,舍填词一无表见。使两人不撰《琵琶》《西厢》,则沿至今日,谁复知其姓字?是则诚、实甫之传,《琵琶》《西厢》传之也。汤若士,明之才人也,诗文尺牍,尽有可观,而其脍炙人口者,不在尺牍诗文,而在《还魂》[5]一剧。使若士不草《还魂》,则当日之若士,已虽有而若无,况后代乎?是若士之传,《还魂》传之也。此人以填词而得名者也。历朝文字之盛,其名各有所归,"汉史""唐诗""宋文""元曲",此世人口头语也。《汉书》《史记》,千古不磨,尚矣。唐则诗人济济,宋有文士跄跄,宜其鼎足文坛,为三代后之"三代"也。元有天下,非特政刑礼乐一无可宗,即语言文字之末,图书翰墨之微,亦少概见。使非崇尚词曲,得《琵琶》《西厢》以及《元人百种》[6]诸书传于后代,则当日之元,亦与五代、金、辽同其泯灭,焉能附三朝骥尾[7]而挂学士文人之齿颊哉?此帝王国事,以填词而得名者也。由是观之,填词非末技,乃与史传诗文同源而异派者也。近日雅慕此道,刻欲追踪元人、配飨若士者尽多,而究竟作者寥寥,未闻绝唱。其故维何?止因词曲一道,但有前书堪读,并无成法可宗,暗室无灯,有眼皆同瞽目,无怪乎觅途不得,问津无人,半途而废者居多,差毫厘而谬千里者亦复不少也。尝怪天地之间,有一种文字,即有一种文字之法脉准绳,载之于书者,不异耳提面命。独于填词制曲之事,非但略而未详,亦且置之不道。揣摩其故,殆有三焉。一则为此理甚难,非可言传,止堪意会。想入云霄之际,作者神魂飞越,如在梦中,不至终篇,不能返神收魂。谈真则易,说梦为难,非不欲传,不能传也。若是,则诚异诚难,诚为不可道矣。吾谓此等至理,皆言最上一乘,非填词之学节节皆如是也。岂可为精者难言,而粗者亦置弗道乎?一则为填词之理,变幻不常,言当如是,又有不当如是者。如填生、旦之词,贵于庄雅,制净、丑之曲,务带诙谐;此理之常也。乃忽遇风流放佚之生、旦,反觉庄雅为非;作迂腐不情之净、丑,转以诙谐为忌;诸如此类者,悉难胶柱[8],恐以一定之陈言,误泥古拘方之作者,是以宁为阙疑,不生蛇足。若是,则此种变幻之理,不独词曲为然,帖括[9]诗文皆若是也。岂有执死法为文,而能见赏于人,相传于后者乎?一则为从来名士以诗赋见重者,十之九;以词曲相传者,犹不及什一,盖千百人一见者也。凡有能此者,悉皆剖腹藏珠,务求自秘,谓此法无人授我,我岂独肯传人!使家家制曲,户户填词,则无论《白雪》盈车,《阳春》遍世[10],淘金选玉者,未必不使后来居上,而觉糠秕在前,且使周郎渐出,顾曲者多攻出瑕疵,令前人无可藏拙,是自为后羿而教出无数逄蒙,环执干戈而害我也[11],不如仍仿前人缄口不提之为是。吾揣摩不传之故,虽三者并列,窃恐此意居多。以我论之:文章者,天下之公器,非我之所能私;是非者,千古之定评,岂人之所能倒?不若出我所有,公之于人,收天下后世之名贤,悉为同调。胜我者,我师之,仍不失为起予之高足;类我者,我友之,亦不愧为攻玉之他山。持此为心,遂不觉以生平底里,和盘托出。并前人已传之书,亦为取长弃短,别出瑕瑜,使人知所从违,而不为诵读所误。知我,罪我,怜我,杀我,悉听世人,不复能顾其后矣。但恐我所言者,自以为是,而未必果是;人所趋者,我以为非,而未必尽非。但矢一字之公,可谢千秋之罚。噫,元人可作,当必贳予。

填词首重音律,而予独先结构者,以音律有书可考,其理彰明较著。自《中原音韵》[12]一出,则阴阳平仄,画有塍区,如舟行水中,车推岸上,稍知率由者虽欲故犯而不能矣。《啸余》《九宫》[13]二谱一出,则葫芦有样,粉本[14]昭然。前人呼制曲为填词。填者,布也,犹棋枰之中,画有定格,见一格,布一子,止有黑白之分,从无出入之弊。彼用韵而我叶之,彼不用韵而我纵横流荡之。至于引商刻羽[15],戛玉敲金[16],虽曰神而明之,匪可言喻,亦由勉强而臻自然,盖遵守成法之化境也。至于结构二字,则在引商刻羽之先,拈韵抽毫之始,如造物之赋形,当其精血初凝,胞胎未就,先为制定全形,使点血而具五官百骸之势。倘先无成局,而由顶及踵,逐段滋生,则人之一身,当有无数断续之痕,而血气为之中阻矣。工师之建宅亦然,基址初平,间架未立,先筹何处建厅,何方开户,栋需何木,梁用何材,必俟成局了然,始可挥斤运斧。倘造成一架,而后而筹一架,则便于前者不便于后,势必改而就之,未成先毁,犹之筑舍道旁,兼数宅之匠资,不足供一厅一堂之用矣。故作传奇者,不宜卒急拈毫。袖手于前,始能疾书于后。有奇事,方有奇文。未有命题不佳,而能出其锦心,扬为绣口者也。尝读时髦所撰,惜其惨淡经营,用心良苦,而不得被管弦、副优孟[17]者,非审音协律之难,而结构全部规模之未善也。

词采似属可缓,而亦置音律之前者,以有才、技之分也。文词稍胜者,即号才人;音律极精者,终为艺士。师旷[18]止能审乐,不能作乐;龟年[19]但能度词,不能制词;使与作乐制词者同堂,吾知必居末席矣。事有极细,而亦不可不严者,此类是也。

立 主 脑

古人作文一篇,定有一篇之主脑。主脑非他,即作者立言之本意也。传奇亦然。一本戏中,有无数人名,究竟俱属陪宾;原其初心,止为一人而设。即此一人之身,自始至终,离合悲欢,中具无限情由,无穷关目[20],究竟俱属衍文;原其初心,又止为一事而设。此一人一事,即作传奇之主脑也。然必此一人一事,果然奇特,实在可传,而后传之,则不愧传奇之目,而其人其事与作者姓名,皆千古矣。如一部《琵琶》,止为蔡伯喈一人;而蔡伯喈一人,又止为重婚牛府一事。其余枝节,皆从此一事而生——二亲之遭凶,五娘之尽孝,拐儿之骗财匿书,张大公之疏财仗义,皆由于此。是"重婚牛府"四字,即作《琵琶记》之主脑也。一部《西厢》止为张君瑞一人;而张君瑞一人,又止为白马解围一事。其余枝节,皆从此一事而生——夫人之许婚,张生之望配,红娘之勇于作合,莺莺之敢于失身,与郑恒之力争原配而不得,皆由于此。是"白马解围"四字,即作《西厢记》之主脑也。余剧皆然,不能悉指。后人作传奇,但知为一人而作,不知为一事而作,尽此一人所行之事,逐节铺陈,有如散金碎玉。以作零出[21]则可,谓之全本,则为断线之珠,无梁之屋,作者茫然无绪,观者寂然无声,无怪乎有识梨园[22]望之而却走也。此语未经提破,故犯者孔多。而今而后,吾知鲜矣。

密 针 线

　　编戏有如缝衣,其初则以完全者剪碎,其后又以剪碎者凑成。剪碎易,凑成难,凑成之工,全在针线紧密。一节偶疏,全篇之破绽出矣。每编一折,必须前顾数折,后顾数折。顾前者,欲其照映;顾后者,便于埋伏。照映埋伏,不止照映一人,埋伏一事,凡是此剧中有名之人,关涉之事,与前此后此所说之话,节节俱要想到。宁使想到而不用,勿使有用而忽之。吾观今日之传奇,事事皆逊元人,独于埋伏照映处,胜彼一筹。非今人之太工,以元人所长,全不在此也。若以针线论,元曲之最疏者,莫过于《琵琶》,无论大关节目,背谬甚多——如子中状元三载,而家人不知;身赘相府,享尽荣华,不能自遣一仆,而附家报于路人;赵五娘千里寻夫,只身无伴,未审果能全节与否,其谁证之;诸如此类,皆背理妨伦之甚者。再取小节论之,如五娘之剪发,乃作者自为之,当日必无其事。以有疏财仗义之张大公在,受人之托,必能忠人之事,未有坐视不顾,而致其剪发者也。然不剪发不足以见五娘之孝,以我作《琵琶》《剪发》一折亦必不能少,但须回护张大公,使之自留地步。吾读《剪发》之曲,并无一字照管大公,且若有心讥刺者。据五娘云:"前日婆婆没了,亏大公周济。如今公公又死,无钱资送,不好再去求他,只得剪发。"云云。若是,则剪发一事,乃自愿为之,非时势迫之使然也;奈何曲中云:"非奴苦要孝名传,只为上山擒虎易,开口告人难。"此二语虽属恒言,人人可道,独不宜出五娘之口。彼自不肯告人,何以言其难也? 观此二语,不似怼怨大公之词乎? 然此犹属背后私言,或可免于照顾;迨其哭倒在地,大公见之,许送钱米相资,以备衣衾棺椁,则感之颂之,当有不胜口出者矣。奈何曲中又云:"只恐奴身死也兀自没人埋,谁还你恩债?"试问:公死而埋者何人? 姑死而埋者何人? 对埋殓公姑之人而自言暴露,将置大公于何地乎? 且大公之相资,尚义也,非图利也,"谁还恩债"一语,不几抹倒大公,将一片热肠付之冷水乎? 此等词曲,幸而出自元人;若出我辈,则群口讪之,不识置身何地矣。予非敢于訾古。既为词曲,立言必使人知取法;若扭于世俗之见,谓事事当法元人,吾恐未得其瑜,先有其瑕。人或非之,即举元人借口,乌知圣人千虑,必有一失;圣人之事犹有不可尽法者,况其他乎?《琵琶》之可法者原多,请举所长以盖短:如《中秋赏月》一折,同一月也,出于牛氏之口者,言言欢悦;出于伯喈之口者,字字凄凉;一座两情,两情一事,此其针线之最密者。瑕不掩瑜,何妨并举其略。然传奇,一事也,其中义理,分为三项:曲也,白也,穿插联络之关目也。元人所长者,止居其一,曲是也;白与关目,皆其所短。吾于元人,但守其词中绳墨而已矣。

减　头　绪

头绪繁多,传奇之大病也。《荆》《刘》《拜》《杀》[23]之得传于后,止为一线到底,并无旁见侧出之情。三尺童子,观演此剧,皆能了了于心,便便[24]于口,以其始终无二事,贯串只一人也。后来作者,不讲根源,单筹枝节,谓多一人可增一人之事。事多则关目亦多,令观场者如入山阴道中,人人应接不暇。殊不知戏场脚色[25],止此数人;使换千百个姓名,也只此数人装扮。止在上场之勤不勤,不在姓名之换不换。与其忽张忽李,令人莫识从来,何如只扮数人,使之频上频下,易其事而不易其人,使观者各畅怀来,如逢故物之为愈乎?作传奇者,能以"头绪忌繁"四字刻刻关心,则思路不分,文情专一。其为词也,如孤桐劲竹,直上无枝,虽难保其必传,然已有《荆》《刘》《拜》《杀》之势矣。

审　虚　实

传奇所用之事,或古或今,有虚有实,随人拈取。古者,书籍所载,古人现成之事也;今者,耳目传闻,当时仅见之事也;实者,就事敷陈,不假造作,有根有据之谓也;虚者,空中楼阁,随意构成,无影无形之谓也。人谓古事多实,近事多虚。予曰:不然。

传奇无实，大半皆寓言耳。欲劝人为孝，则举一孝子出名，但有一行可纪，则不必尽有其事，凡属孝亲所应有者，悉取而加之，亦犹纣之不善，不如是之甚也。一居下流，天下之恶皆归焉。其余表忠表节，与种种劝人为善之剧，率同于此。若谓古事皆实，则《西厢》《琵琶》，推为曲中之祖，莺莺果嫁君瑞乎？蔡邕之饿莩其亲，五娘之干蛊其夫，见于何书？果有实据乎？《孟子》云："尽信书不如无书。"盖指《武成》而言也，经史且然，矧杂剧乎？凡阅传奇而必考其事从何来，人居何地者，皆说梦之痴人，可以不答者也。然作者秉笔，又不宜尽作是观。若纪目前之事，无所考究，则非特事迹可以幻生，并其人之姓名，亦可以凭空捏造，是谓虚则虚到底也。若用往事为题，以一古人出名，则满场脚色，皆用古人，捏一姓名不得；其人所行之事，又必本于载籍，班班可考，创一事实不得。非用古人姓字为难，使与满场脚色同时共事之为难也；非查古人事实为难，使与本等情由贯串合一之为难也。予既谓传奇无实，大半寓言，何以又云姓名事实，必须有本，要知古人填古事易，今人填古事难。古人填古事，犹之今人填今事，非其不虑人，考无可考也；传至于今，则其人其事，观者烂熟于胸中，欺之不得，罔之不能，所以必求可据，是谓实则实到底也。若用一二古人作主，因无陪客，幻设姓名以代之，则虚不似虚，实不成实，词家之丑态也。切忌犯之。

戒　浮　泛

词贵显浅之说，前已道之详矣。然一味显浅，而不知分别，则将日流粗俗，求为文人之笔而不可得矣。元曲多犯此病，乃矫艰深隐晦之弊而过焉者也。极粗极俗之语，未尝不如填词，但宜从脚色起见。如在花面口[26]，则惟恐不粗不俗；一涉生、旦之曲，便宜斟酌其词。无论生为衣冠、仕宦，旦为小姐、夫人，出言吐词，当有隽雅春容之度[27]；即使生为仆从，旦作梅香，亦须择言而发，不与净、丑同声；以生、旦有生、旦之体，净、丑有净、丑之腔故也。元人不察，多混用之。观《幽闺记》[28]之陀满兴福，乃小生脚色,初屈后伸之人也,其《避兵》曲云:"遥观巡捕卒,都是棒和枪。"此花面口吻,非小生曲也。均是常谈俗语,有当用于此者,有当用于彼者。又有极粗极俗之语,止更一二字,或增减一二字,便成绝新绝雅之文者,神而明之,只在一熟。当存其说,以俟其人。

填词义理无穷,说何人肖何人,议某事切某事,文章头绪之最繁者,莫填词若矣。予谓总其大纲,则不出情景二字。景书所睹,情发欲言。情自中生,景有外得。二者难易之分,判如霄壤。以情乃一人之情,说张三要像张三,难通融于李四;景乃众人之景,写春夏尽是春夏,止分别于秋冬。善填词者,当为所难,勿趋其易。批点传奇者,每遇游山、玩水、赏月、观花等曲,见其止书所见不及中情者,有十分佳处,只好算得五分,以风云月露之词,工者尽多,不徒此剧始也。善咏物者,妙在即景生情。如前所云《琵琶·赏月》四曲[29],同一月也,牛氏有牛氏之月,伯喈有伯喈之月。所言者月,所寓者心。牛氏所说之月可移一句于伯喈,伯喈所说之月可挪一字于牛氏乎?夫妻二人之语,犹不可挪移混用,况他人乎?人谓:此等妙曲,工者有几?强人以所不能,是塞填词之路也。予曰:不然。作文之事,贵于专一。专则生巧,散乃入愚。专则易于奏工,散者难于责效。百工居肆,欲其专也。众楚群咻[30],喻其散也。舍情言景,不过图其省力,殊不知眼前景物繁多,当从何处说起?咏花既愁遗鸟,赋月又想兼风。若使逐件铺张,则虑事多曲少;欲以数言包括,又防事短情长。展转推敲,已费心思几许。何如只就本人生发,自有欲为之事,自有待说之情,念不旁分,妙理自出。如发科发甲之人[31],窗下作文,每日止能一篇二篇,场中遂至七篇。窗下之一篇二篇,未必尽好,而场中之七篇,反能尽发所长而夺千人之帜者,以其念不旁分,舍本题之外,并无别题可做,只得走此一条路也。吾欲填词家舍景言情,非责人以难,正欲其舍难就易耳。

——《闲情偶寄》,中国戏剧出版社1959年排印《中国古典戏曲论著集成》本

【题解】

《闲情偶寄》，原名《闲居偶集》，包括戏曲、演习、声容、居室、器玩、饮馔、种植、颐养等八部。《闲情偶寄》中涉及戏曲理论的有"词曲部""演习部""声容部"。"词曲部"从结构、音律、宾白、科诨、格局等六个方面论述了戏曲文学的创作技巧；"演习部"从选剧、变调、授曲、教白、脱套等五个方面论述了戏曲的表演、导演艺术。近人将戏曲理论部分词曲部和演习部单独刊印，称《李笠翁曲话》。本文选录自词曲部。

【注释】

1. 呼卢：明周祈《名义考》卷八"博弈"条："弈，围棋也；博，局戏也。……棋又谓之六，博又谓之五。古者以五木为筹，有枭、卢、雉、犊、塞。五者为胜负之采。……故博者云呼卢。"元陶宗仪《说郛》卷一百二："五子，凡一子悉为两面，其一面涂黑，黑之上画牛犊以为之章。犊者，牛子也。一面涂白，白之上即画雉，雉者，野鸡也。凡投子者，五皆现黑，则其名卢。卢者，黑也。言五子皆黑也。五黑皆现，则五犊随现从可知矣。此为最高之采。按木而掷，往往叱喝使致其极，故亦名呼卢也。"

2. "不有博弈者乎"三句：《论语·阳货》："子曰：饱食终日，无所用心，难矣哉！不有博弈者乎？为之，犹贤乎已。"

3. 点鬼：张鷟《朝野佥载》："杨（炯）之为文，好以古人姓名连用，……号为点鬼簿。"

4. 覆瓿：《汉书·扬雄传》："刘歆亦尝观之（指《太玄经》与《法言》），谓雄曰：'空自苦！今学者有禄利，然尚不能明《易》，又如《玄》何。吾恐后人用覆酱瓿也。'"覆，盖、糊。瓿，瓦器。

5. 《还魂》：汤显祖名作《牡丹亭》的祖本是现存话本《杜丽娘慕色还魂》。其主要人物与基本情节都与该话本相近，有些语言诗句在移用过程中稍有更动。故而《牡丹亭》又称《还魂记》。

6. 《元人百种》：明臧懋循编《元人百种曲》。有博古堂本。

7. 三朝、骥尾：指汉、唐、宋。骥尾，《史记·伯夷列传》："颜渊虽笃学，附骥尾而行益显。"司马贞索隐："苍蝇附骥尾而致千里，以喻颜回因孔子而名彰。"范晔撰、李贤注《后汉书》卷四十三："而苍蝇之飞不过数步，即托骥尾得以绝群。（注）张敞书曰：苍蝇之飞不过十步，自托骐骥之尾，乃腾千里之路。然无损于骐骥，得使苍蝇绝群也。"

8. 胶柱：《史记·廉颇蔺相如列传》卷八十一："蔺相如曰：王以名使（赵）括，若胶柱而鼓瑟耳。括徒能读其父书传，不知合变也。"比喻拘泥固执而不知灵活变通。

9. 帖括：清倪涛《六艺之一录》卷二百六十一："帖经以试，曰试帖；举人总括经文以应帖试曰帖括……后举人乃总括经文类聚之，诵习以应帖试，谓之帖括。今缘以为八股制义之称。"《文献通考·选举二》："凡举司课试之法，帖经者，以所习之经，掩其两端,中间惟开一行,裁纸为帖。"明清人称八股文为帖括。

10.《白雪》《阳春》:古代楚国歌曲名。宋玉《对楚王问》:"客有歌于郢中者,其始曰《下里》《巴人》,国中属而和者数千人;其为《阳阿》《薤露》,国中属而和者数百人;其为《阳春》《白雪》,国中属而和者不过数十人。"后遂以下里巴人和阳春白雪分别作为鄙俗和高雅之曲的代名词。曲高和寡即出于此。

11."自为后羿"二句:《孟子·离娄下》:"逢蒙学射于羿,尽羿之道,思天下惟羿为愈己,于是杀羿。"

12.《中原音韵》:元人周德清著。该书把"平水韵"一百零六韵归并为十九个韵部。北曲最显著的特点是没有入声,遂把原来的入声字归并到平上去三声中;又因为曲韵是平上去三声通押的,所以不另立上去两声的韵目。《中原音韵》反映了当时北方的实际语音系统。

13.《啸余》《九宫》:《啸余谱》十一卷,明程明善编。程明善,新安人,号玉川。全书十一卷,内词谱三卷。万树《词律·自叙》云其"触目瑕瘢,通身罅漏"。《南九宫谱》三十一卷,明沈璟编。沈璟(1553—1610),字伯英,号宁庵,自署"词隐生"。一生改编、创作了十七本昆剧,合称为《属玉堂传奇》。其论戏曲讲究格律,在他的旗帜下集中了吕天成、叶宪祖、冯梦龙、袁于令、范文若、卜世臣、沈自晋等昆曲作家,被称为吴江派作家群。

14.粉本:元夏文彦《图绘宝鉴》卷一:"古人画稿谓之粉本,前辈多宝。"这里指供人临摹借鉴。

15.引商刻羽:宋玉《对楚王问》:"引商刻羽,杂以流徵,国中属而和者,不过数人而已。"商、羽,五音(宫商角徵羽)中的二音。指讲究音律。

16.戛玉敲金:张炎《山中白云词》卷五《蝶恋花》:"戛玉敲金裁锦绣。引得传情,恼得娇娥瘦。"形容声调铿锵悦耳。

17.副优孟:《史记》卷一百二十六三家注:"优孟者,故楚之乐人也。长八尺,多辩,常以谈笑讽谏。……楚相孙叔敖知其贤人也,善待之。病且死,嘱其子曰:'我死,汝必贫困。若往见优孟,言我孙叔敖之子也。'居数年,其子穷困负薪,逢优孟,与言曰:'我孙叔敖之子也。父且死时,嘱我贫困往见优孟。'优孟曰:'若无远有所之。'即为孙叔敖衣冠,抵掌谈语,岁余像孙叔敖,楚王左右不能别也。庄王置酒,优孟前为寿,庄王大惊,以为孙叔敖复生也。欲以为相。……孟曰:'妇言慎无为楚相,不足为也。如孙叔敖之为楚相,尽忠以廉以治楚,楚王得以霸。今死,其子无立锥之地,贫困负薪,以自饮食,必如孙叔敖,不如自杀。'于是庄王谢优孟。乃召孙叔敖子,封之寝丘。"见《史记·滑稽列传》。后世遂以优人、优伶称演员艺人。副优孟,指曲本适于演唱。

18.师旷:《孟子·离娄》:"师旷之聪,不以六律不能正五音。"师,太师。旷,姓。春秋时晋国著名的乐师,能精辨音律。

19.龟年:李龟年,唐玄宗至代宗年代乐师,谙熟音律。尝至岐王宅闻琴,能辨秦声、楚声。安史之乱后流落江南,杜甫有《江南逢李龟年》诗。

20. 关目：戏曲术语，指剧本中关键情节、结构的安排、配置和构思。元刊杂剧剧本往往冠以"新编关目"字样。

21. 零出：出，戏曲名词，指传奇剧本结构上的一个段落。零出，指某些情节集中有时可以单独演出的戏，也称折子戏。

22. 梨园：唐玄宗教练歌舞艺人的地方。一在长安光化门北禁苑中，一在蓬莱宫侧宜春苑。遗址在今西安城西南郊白家口村。当年玄宗曾经挑选乐师三百人和宫女数百人，在梨园亲自教授法曲，参加演习乐舞者称梨园弟子。后人因此称剧场、戏班为梨园，戏曲演员为梨园子弟。

23.《荆》《刘》《拜》《杀》：即《荆钗记》《白兔记》（又叫《刘知远白兔记》）、《拜月记》《杀狗记》等四个南戏，号称"南戏四大传奇"。明凌濛初《谭曲杂札》："荆刘拜杀为四大家。"

24. 便便：《论语·乡党》："孔子于乡党，恂恂如也，似不能言者。其在宗庙朝廷，便便言，惟谨尔。"郑玄注："便便言，辨貌，虽辨而谨敬也。"指言论明晰畅达。

25. 脚色：传统戏曲中根据剧中人不同的性别、年龄、身份、性格等而划分的人物类型。近代各种戏曲剧种大都以"生、旦、净、末、丑"为基本类型，并各有较细密的划分。脚色同行当常常通用，如旦脚也叫旦行。

26. 花面：即花脸，传统戏剧脚色"净"的俗称。扮演性格粗豪或相貌上有特异之点的男性人物，一般认为由宋杂剧的"副净"发展而来。

27. 舂容：即从容。清李光坡《礼记述注》卷十五："善待问者如撞钟，叩之以小者，则小鸣；叩之以大者，则大鸣。待其从容，然后尽其声。不善答者反此。此皆进学之道也。注云：从读为舂者。舂，谓击也，以为声之形容。言钟之为体，必待其击。每一舂而为一容，然后尽其声。善答者亦待其一问然后一答，乃尽说义理也。"

28.《幽闺记》：明代传奇剧本，作者不详。是由元关汉卿的杂剧《拜月亭》和施惠的南戏《拜月记》发展演变而改编的。

29.《琵琶赏月》四曲：指《琵琶记》第二十八折《中秋望月》中的《念奴娇序》四支曲子。其中，贴（牛氏）、生（伯喈）各唱二曲。

30. 众楚群咻：《孟子·滕文公下》："孟子谓戴不胜曰：子欲子之王善与？我明告子。有楚大夫于此，欲其子之齐语也，则使齐人傅诸？使楚人傅诸？曰，使齐人傅之。曰，一齐人傅之，众楚人咻之，虽日挞而求其齐也，不可得矣。"咻，喧哗、打扰。

31. 发科发甲之人：指科考中试者。汉、唐取士有甲乙等科，后世因称科举为科甲。

【讲疏】

李渔的《闲情偶寄》以自己多年的写剧经验和舞台实践，丰富并发展了传统的戏剧理论，尤其是"结构第一"的戏剧创作原则，表现出一种重视戏剧结构的审美趋向，对戏剧叙事理论的发展具有十分重要的意义，标志着戏剧理论史上的重要转捩。这种转捩即是指李渔对戏剧"叙事性"的推重，它使传统戏剧研究开始了从"重曲"到"重戏"的深刻变化，对近代意义上戏曲的产生具有十分重要的先导作用。

"结构第一"章所属七款"戒讽刺""立主脑""脱窠臼""密针线""减头绪""戒荒唐""审虚实"。李渔论"结构"七条中只有"立主脑""密针线""减头绪"与结构布局有关，而"戒讽刺""脱窠臼""审虚实"则不属于传统的结构论范围，主要论述的是戏剧创作的"文德"要求、情节创新、虚构与征实等方面的问题。因此，李渔所言的结构内涵复杂很多，不仅包括结构的整体布局等形式方面的因素，同时还包括人物情节等内容方面的因素，近似于传统说法"构思"的内涵。

李渔戏剧学的"结构"论是以揭示"结构"的整体性特征为前提的。他在《闲情偶寄·词曲部》卷首不仅以"结构第一"标目，而且开宗明义地宣称："填词首重音律，而予独先结构"，以标新立异的鲜明态度标举"结构"这一理论命题。戏剧创作必须从整体的"结构"开始，而不是从局部的音律入手，这是李渔所强调的与众不同的观念和方法。作为中国传统戏剧文化的戏曲，其艺术特征之一是总体性或综合性，即保持着歌、舞、诗三位一体浑然不分的上古总体艺术的特色。传统戏曲由许多组成成分组合起来，以"奇文"写"奇事"的完整的整体，所以戏剧创作一开始就从整体思考入手才有可能认识部分，总揽全局，把握关键。相反，如果从局部的音律入手或从词采出发，则势必颠倒零碎，不成格局。这是李渔强调"结构第一"的真正含义。

李渔之所以能一反前人"首重音律"的做法，是因为他认识到了戏剧"故事"的重要性，并把着手解决戏剧创作中如何根据"场上"特点进行叙事构戏的难题作为他戏剧理论的中心，从而建立了他的戏剧叙事理论。可以说，李渔戏剧结构论的核心是叙事论。在李渔看来，戏剧"故事"是各种戏剧要素的凝结物，是戏剧的根本。"有奇事，方有奇文"，所谓"奇事"就是指作为剧本生命线的故事情节。事实上也是如此，"时髦所撰"，虽惨淡经营而不能"被管弦，副优孟"，就因为"结构全部规模之未善"，也就是没有完整的戏剧故事情节。可见，"结构"的具体所指实际上最终落实到"奇事"上。

那么戏剧的叙事起点何在，过程如何，结果怎样？"结构"章七款正是按照李渔的思维逻辑回答了戏剧叙事的这些疑难问题。首先是"戒讽刺"，即把握戏剧功用，明确写作意图，净化创作动机。既已立心，则可立言而进入叙事阶段，而叙事之本在于"立主脑"。所谓"立主脑"，即确定戏剧故事的发端和叙事构戏的头绪，是叙事角度的定位。归根结底，是决定人物命运和行动方向、推动戏剧故事向纵深发展的原发性事件。"立主脑"之后，李渔话分两头，从不同角度来阐述叙事构戏的原则和方法。一方面，从"一人一事"与由此而衍生的诸人诸事之间的关系来谈叙事过程中的"密针线"与"减头绪"。前者从叙事的纵向谈飞针走线的缜密，后者从叙事的横向谈删枝削蔓的集中，是一个问题两个方面的内容。另一方面，李渔紧承"立主脑"所说"此一人一事果然奇特"的"奇事奇文"观，生发出"脱窠臼"与"戒荒唐"两条重要的叙事原则。"脱窠臼"重在论脱旧求新、即"非奇不传"的"传奇"说；"戒荒唐"旨在谈"戒荒唐怪异"，即"求人情物理"的"言情"论。两者互为补救、递进深求，以顾全叙事的正反两端。至于"审虚实"一款，则既承"戒荒唐"所谓以"家常日用之事"，制"极新极艳之词"；又与"戒讽刺"所言传奇之设，"借优人说法"，劝善惩恶的功能说相呼应。专论戏剧叙事与历史叙事之间的根本区别，强调"传奇无实，大半皆寓言"的文体特征。至此，李渔以戏剧的构思过程揭示了动态的结构规律，又在整体观指导下多角度地辩证地论述了戏剧叙事法。"结构第一"章前后七款，既是戏剧"结构"的构造过程，又是戏剧叙事面面观，谨然有序。

  中国戏曲的演出形式是由中国戏曲的抒情诗本质所决定的，反过来，它又抑制了中国戏剧情节向以时间为主轴的"整一"方向的发展。明清以降，随着叙事文学的进一步发展，人们开始注重戏剧的结构创作原则，但这种审美主张并不是李渔首次提出来的，前人多有言及者，如"戏曲搭架，亦是要事，不妥则全传可憎矣"（凌濛初《谭曲杂札》）、"作南传奇者构局为难，曲目次之"（祁彪佳《远山堂曲品·剧品·玉丸》）。而王骥德的《曲律论章法》则专论结构的重要："作曲，犹造宫室然。工师之作室也，必先定规式，自前门而厅、而堂、而楼……前后、左右、高低、远近，尺寸无不了然胸中，而后可施斤斫。作曲者，亦必先分段数，以何意起，何意接，何意作中段敷演，何意作后段收煞，整整在目，而后可施结撰。"王骥德和其他戏曲理论家虽然提出"结构"这个概念，但并不把它放在十分突出的地位，在他们的曲论中，着眼点是"曲"，是"意"，而李渔则给予结构以突出的地位："填词首重音律，而予独先结构者，以音律有书可考，其理彰明较著。"并且李渔又把传奇与元曲作了比较，得出传奇的结构胜于元曲的论断。李渔的戏剧叙事理论以"事""关目"为中心，是对传统戏剧观念重音律、重词采的反拨与重建，它的出现标志着中国古典戏剧叙事理论的发展与成熟。青木正儿在《中国近世戏曲史》中云"论结构者，笠翁外，未之见也"，确为的论。

【关键词解读】

立主脑　减头绪　密针线　审虚实

李渔关于戏曲结构的理论,包括七个方面的内容:戒讽刺、立主脑、脱窠臼、密针线、减头绪、戒荒唐、审虚实。"立主脑"是核心,就是确立组成结构整体的关键情节和人物,剧中全部人和事,均由"主"派生。与此相关的"减头绪",就是删除枝叶,突出主干,从而保证一部剧作成功。"密针线"是使全剧的各个部分有机地联系起来,人物和人物之间、人物和情节之间前后呼应,使人物的心理情绪符合特定的情节,情与事交融一体。"审虚实"是就真实性而言的,戏曲的人与事是作者的虚构,因而强调虚实统一。李渔的戏曲理论为作家构思人物、情节以及艺术思维的合理性提供了系统的理论基础。

【相关知识链接】

李渔曾组织一个由姬妾子婿为主要成员的戏班子,周游天下,奔走于各地达官贵人的门下,以博取钱财养家糊口。几十年间,他的足迹遍及大半个中国,曾经到过江苏、安徽、江西、福建、广东、湖北、河南、陕西、甘肃、山西、北京等地,"三分天下,几遍其二"。在漫游演出过程中,他亲自编导,有时还粉墨登场参加演出,积累了丰富的创作、导演和舞台演出的实践经验。李渔的喜剧作品善于使用偶然性、意外性,以及冒充、误会、错认、逆转等艺术手法,使关目情节出人意料、变化莫测,常使观众被剧中悬念吸引,同时又被作品无所不在的幽默、滑稽和诙谐所陶醉,真正得到了娱乐的享受。正因为如此,他的作品不仅在当时"天下妇人孺子,无不知有湖上笠翁者"(包璿《李笠翁一家言全集叙》)。

中国古典戏剧的发展有两个高潮:一是元代前期杂剧的鼎盛,一是明末清初百年间传奇的繁荣。第一个高潮并不曾促使戏剧理论有相应发展,戏剧理论的发展是与第二个高潮同步的。明中叶虽有戏曲专论,如徐渭的《南词叙录》、王世贞的《艺苑卮言》、何良俊的《曲论》等,但着眼点主要在声律、词采方面。第一部全面讨论戏曲的结构、内容及唱白等问题的曲论,是明季王骥德的《曲律》。他所提出的"勿落套、勿不经、勿太蔓","传中紧要处,须重著精神,极力发挥使透",都反映了戏剧理论的进步。李渔继承了王骥德的一些观点,并在自己舞台经验的基础上进行了更为深入、广泛的阐述。李渔戏曲理论的最大特色就是它的舞台性。他认为

"词坛之设,专为登场",离开了舞台和观众,戏曲艺术就失去了生命力。因此他要求剧作家不仅应该"通文字之昧",还应该通"优人搬弄之三昧"。在进行剧本创作的时候要"手则握笔,口却登场,全以身代梨园,复以神魂四绕,考其关目,试其声音,好则直书,否则搁笔"。从舞台和观众出发来研究戏曲文学创作,是李渔戏曲理论的一条基本线索,这是在他以前的戏曲理论家所不曾明确提出的。

【延伸阅读】

《窥词管见》计二十二则,写作于《闲情偶寄》刊行之后,是李渔晚年根据自己一生填词经验,并研究了历史上以及当代填词的艺术规律,对词这种文学样式的特点,以及词的创作和欣赏等一系列问题进行的理论阐发。李渔研究问题在方法论上有一个突出的优点,即善于从比较中抓住对象的特殊本质。在论戏曲时,他曾一针见血地指出戏的舞台演出的特点,在考察词时,他同样从词与诗和曲的比较入手着重找出词这种文学样式的独特之处。

窥词管见(节选)

作词之难,难于上不似诗,下不类曲,不淄不磷,立于二者之中。大约空疏者作词,无意肖曲,而不觉仿佛乎曲。有学问人作词,尽力避诗,而究竟不离于诗。一则苦于习久难变,一则迫于舍此实无也。欲为天下词人去此二弊,当令浅者深之,高者下之,一俯一仰,而处于才不才之间,词之三昧得矣。

词之关键,首在有别于诗固已。但有名则为词,而考其体段,按其声律,则又俨然一诗,觅相去之垠而不得者。如《生查子》前后二段,与两首五言绝句何异。《竹枝》第二体、《柳枝》第一体、《小秦王》《清平调》《八拍蛮》《阿那曲》,与一首七言绝句何异。《玉楼春》《采莲子》,与两首七言绝句何异。字字双亦与七言绝同,只有每句叠一字之别。《瑞鹧鸪》即七言律,《鹧鸪天》亦即七言律,惟减第五句之一字。凡作此等词,更难下笔,肖诗既不可,欲不肖诗又不能,则将何自而可?曰:不难,有摹腔练吻之法在。诗有诗之腔调,曲有曲之腔调,诗之腔调宜古雅,曲之腔调宜近俗,词之腔调,则在雅俗相和之间。如畏摹腔练吻之法难,请从字句入手。取曲中常用之字,习见之句,去其甚俗,而存其稍雅,又不数见于诗者,入于诸调之中,则是俨然一词,而非诗矣。是词皆然,不独以上诸调。人问:以上诸调明明是诗,必欲强命为词者何故?予曰,此中根据,未尝深考,然以意逆之,当有不出范围者。昔日诗变为词,定由此数调始,取诗之协律便歌者,被诸管弦,得此数首,因其可词而词之,则今日之词名,仍是昔日之诗题耳。

  词既求别于诗,又务肖曲中腔调,是曲不招我,而我自往就,求为不类,其可得乎。曰:不然.当其摹腔练吻之时,原未尝撇却词字,求其相似,又防其太似,所谓存稍雅,而去甚俗,正谓此也。有同一字义而可词可曲者。有止宜在曲,断断不可混用于词者。试举一二言之,如闺人口中之自呼为妾,呼婿为郎,此可词可曲之称也。若稍异其文,而自呼为奴家,呼婿为夫君,则止宜在曲,断断不可混用于词矣。如称彼此二处为这厢、那厢,此可词可曲之文也;若略换一字,为这里、那里,亦止宜在曲,断断不可混用于词矣。大率如尔我之称者,奴字、你字,不宜多用。呼物之名者,猫儿、狗儿诸"儿"字,不宜多用。用作尾句者,罢了、来了,诸"了"字,不宜多用。诸如此类,实难枚举,仅可举一概百。近见名人词刻中,犯此等微疵者不少,皆以未经提破耳。一字一句之微,即是词曲分歧之界,此就浅者而言。至论神情气度,则纸上之忧乐笑啼,与场上之悲欢离合,亦有似同而实别,可意会而不可言诠者。慧业之人,自能默探其秘。

  词当取法于古是已。然古人佳处宜法,常有瑕瑜并见处,则当取瑜掷瑕。若谓古人在在堪师,语语足法,吾不信也。试举一二言之,唐人《菩萨蛮》云:"牡丹滴露真珠颗。佳人折向筵前过。含笑问檀郎:花强妾貌强?檀郎故相恼,只道花枝好。一面发娇嗔,碎挼花打人。"此词脍炙人口者素矣,予谓此戏场花面之态,非绣阁丽人之容。从来尤物,美不自知,知亦不肯自形于口,未有直夸其美而谓我胜于花者。况揉碎花枝,是何等不韵之事,挼花打人,是何等暴戾之形?幽闲之义何居,温柔二字安在?李后主《一斛珠》之结句云:"绣床斜倚娇无那。烂嚼红绒,笑向檀郎唾。"此词亦为人所竞赏。予曰,此娼妇倚门腔,梨园献丑态也。嚼红绒以唾郎,与倚市门而大嚼,唾枣核瓜子以调路人者,其间不能以寸。优人演剧,每作此状,以发笑端,是深知其丑,而故意为之者也。不料填词之家,竟以此事谤美人,而后之读词者,又止重情趣,不问妍媸,复相传为韵事,谬乎?不谬乎?无论情节难堪,即就字句之浅者论之,"烂嚼""打人"诸腔口,几于俗杀,岂雅人词内所宜?后人作春绣绝句云:"闲情正在停针处,笑嚼红绒唾碧窗。"改烂嚼为笑嚼,易唾郎为唾窗,同一事也,辨在有意无意之间,不啻苏合蜣螂之别矣。古词不尽可读,后人亦能胜前迹,此可概见矣。

　　文字莫不贵新,而词为尤甚。不新可以不作,意新为上,语新次之,字句之新又次之。所谓意新者,非于寻常闻见之外,别有所闻所见,而后谓之新也。即在饮食居处之内,布帛菽粟之间,尽有事之极奇,情之极艳,询诸耳目,则为习见习闻,考诸诗词,实为罕听罕睹,以此为新,方是词内之新,非《齐谐》志怪、《南华》志诞之所谓新也。人皆谓眼前事、口头语,都被前人说尽,焉能复有遗漏者?予独谓遗漏者多,说过者少。唐宋及明初诸贤,既是前人,吾不复道。只据眼前词客论之,如董文友、王西樵、王阮亭、曹顾庵、丁药园、尤悔庵、吴园次、何醒斋、毛稚黄、陈其年、宋荔裳、彭羡门诸君集中,言人所未言,而又不出寻常见闻之外者,不知凡几。由斯以谭,则前人常漏吞舟,造物尽留余地,奈何泥于前人说尽四字,自设藩篱,而委道旁金玉于路人哉。词语字句之新,亦复如是。同是一语,人人如此说,我之说法独异。或人正我反,人直我曲,或隐约其词以出之,或颠倒字句而出之,为法不一。昔人点铁成金之说,我能悟之。不必铁果成金,但有惟铁是用之时,人以金试而不效,我投以铁,铁即金矣。彼持不龟手之药而往觅封侯者,岂非神于点铁者哉?所最忌者,不能于浅近处求新,而于一切古冢秘笈之中,搜其隐事僻句,及人所不经见之冷字,入于词中,以示新艳,高则高,贵则贵矣,其如人之不欲见何?

意新语新，而又字句皆新，是谓诸美皆备，由《武》而进于《韶》矣。然具八斗才者，亦不能在在如是。以鄙见论之，意之极新者，反不妨词语稍旧，尤物衣敝衣，愈觉美好。且新奇未之语，务使一目了然，不烦思绎。若复追琢字句而后出之，恐稍稍不近自然，反使玉宇琼楼堕入云雾，非胜算也。如其意不能新，仍是本等情事，则全以琢句炼字为工。然又须琢得句成，炼得字就。虽然极新极奇，却似词中原有之句，读来不觉生涩，有如数十年后，重遇古人，此词中化境，即诗赋古文之化境也。当吾世而幸有其人，那得不执鞭恐后。

琢句炼字，虽贵新奇，亦须新而妥，奇而确。妥与确，总不越一理字，欲望句之惊人，先求理之服众。时贤勿论，吾论古人。古人多工于此技，有最服予心者，"云破月来花弄影"郎中是也。有蜚声千载上下，而不能服强项之笠翁者，"红杏枝头春意闹"尚书是也。云破月来句，词极尖新，而实为理之所有。若红杏之在枝头，忽然加一"闹"字，此语殊难著解。争斗有声之谓闹，桃李争春则有之，红杏闹春，予实未之见也。闹字可用，则吵字、斗字、打字，皆可用矣。宋子京当日以此噪名，人不呼其姓氏，意以此作"尚书"美号，岂由"尚书"二字起见耶？予谓"闹"字极粗极俗，且听不入耳，非但不可加于此句，并不当见之诗词。近日词中，争尚此字者，子京一人之流毒也。

词之最忌者有道学气，有书本气，有禅和子气。吾观近日之词，禅和子气绝无，道学气亦少，所不能尽除者，惟书本气耳。每见有一首长调中，用古事以百纪，填古人姓名以十纪者，即中调小令，亦未尝肯放过古事，饶过古人。岂算博士、点鬼簿之二说，独非古人古事乎？何记诸书最熟、而独忘此二事，忽此二人也？若谓读书人作词，自然不离本色，然则唐宋明初诸才人，亦尝无书不读，而求其所读之书于词内，则又一字全无也。文贵高洁，诗尚清真，况于词乎？作词之料，不过情景二字，非对眼前写景，即据心上说情，说得情出，写得景明，即是好词。情景都是现在事，舍现在不求，而求诸千里之外，百世之上，是舍易求难，路头先左，安得复有好词。

词虽不出情景二字,然二字亦分主客。情为主,景是客。说景即是说情,非借物遣怀,即将人喻物。有全篇不露秋毫情意,而实句句是情,字字关情者。切勿泥定即景咏物之说,为题字所误,认真做向外面去。

诗词未论美恶,先要使人可解,白香山一言,破尽千古词人魔障,爨婢尚使能解,况稍稍知书识字者乎?尝有意极精深,词涉隐晦,翻绎数过,而不得其意之所在。此等诗词,询之作者,自有妙论,不能日叩玄亭,问此累帙盈篇之奇字也。有束诸高阁,俟再读数年,然后窥其涯涘而已。

意之曲者词贵直,事之顺者语宜逆,此词家一定之理。不折不回,表里如一之法,以之为人不可无,以之作诗作词,则断断不可有也。

"一气如话"四字,前辈以之赞诗,予谓各种之词,无一不当如是。如是即为好文词,不则好到绝顶处,亦是散金碎玉,此为"一气"而言也。"如话"之说,即谓使人易解,是以白香山之妙论,约为二字而出之者。千古好文章,总是说话,只多"者""也""之""乎"数字耳。作词之家,当以一气如话一语,认为四字金丹。一气则少隔绝之痕,如话则无隐晦之弊。大约言情易得贯穿,说景难逃琐碎,小令易丁条达,长调难免凑补。予自总角时学填词,于今老矣,颇得一二简便之方,谓以公诸当世。总是认定开首一句为主,第二句之材料,不用别寻,即在开首一句中想出。如此相因而下,直至结尾,则不求一气,而自成一气,且省却几许淘摸工夫,此求一气之方也。如话则勿作文字做,并勿作填词做,竟作与人面谈。又勿作与文人面谈,而与妻孥臧获辈面谈。有一字难解者,即为易去,恐因此一字模糊,使说话之本意全失,此求如话之方也。前著《闲情偶寄》一书,曾以生平底里,和盘托出,颇于此道有功。但恐海内词人,有未尽寓目者。如谓斯言有当,请自坊间索而读之。

诗词之内,好句原难,如不能字字皆工,语语尽善,须择其菁华所萃处,留备后半幅之用。宁为处女于前,勿作强弩之末。大约选词之家,遇前工后拙者,欲收不能。有前不甚佳而能善其后者,即释手不得。闱中阅卷亦然。盖主司之取舍,全定于终篇之一刻,临去秋波那一转,未有不令人消魂欲绝者也。

词要住得恰好,小令不能续之使长,长调不能缩之使短。调之单者,欲增之使双而不得,调之双者,欲去半调,而使单亦不能,如此方是好词。其不可断续增减处,全在善于煞尾。无论说尽之话,使人不能再赘一词。即有有意蕴藉,不吐而吞,若为歇后语者,亦不能为蛇添足,才是善于煞尾。盖词之段落,与诗不同。诗之结句有定体,如五七言律诗,中四句对,末二句收,读到此处,谁不知其是尾?词则长短无定格,单双无定体,有望其歇而不歇,不知其歇而竟歇者,故较诗体为难。

有以淡语收浓词者,别是一法。内有一片深心,若草草看过,必视为强弩之末。又恐人不得其解,谬谓前人煞尾,原不知尽用全力,亦不必尽顾上文,尽可随拈随得,任我张弛,效而为之,必犯锐始懈终之病。亦为饶舌数语。大约此种结法,用之忧怨处居多,如怀人、送客、写忧、寄慨之词,自首至终,皆诉凄怨。其结句独不言情,而反述眼前所见者,皆自状无可奈何之情,谓思之无益,留之不得,不若且顾目前。而目前无人,止有此物,如"心事竟谁知,月明花满枝""曲中人不见,江上数峰青"之类是也。此等结法最难,非负雄才,具大力者不能,即前人亦偶一为之,学填词者慎勿轻效。

双调虽分二股,前后意思,必须联属,若判然两截,则是两首单调,非一首双调矣。大约前段布景,后半说情者居多,即毛《诗》之兴比二体。若首尾皆述情事,则赋体也。即使判然两事,亦必于头尾相续处,用一二语或一二字作过文,与作帖括中搭题文字,同是一法。

词内人我之分,切宜界得清楚。首尾一气之调易作,或全述己意,或全代人言,此犹戏场上一人独唱之曲,无烦顾此虑彼。常有前半幅言人,后半幅言我,或上数句皆述己意,而收煞一二语,忽作人言。甚至有数句之中,互相问答,彼此较筹,亦至数番者。此犹戏场上生旦净丑数人迭唱之曲,抹去生旦净丑字面,止以曲文示人,谁能辨其孰张孰李?词有难于曲者,此类是也。必使眉清目楚,部位井然。大都每句以开手一二字作过文,过到彼人身上,然后说情说事,此其浅而可言者也。至有不作过文,直讲情事,自然分出是人是我,此则所谓神而明之,存乎其人者矣。因见词中常有人我难分之弊,故亦饶舌至此。

句用"也"字歇脚,在叶韵处则可,若泛作助语词,用在不叶韵之上数句,亦非所宜。盖曲中原有数调,一定用"也"字歇脚之体。既有此体,即宜避之,不避则犯其调矣。如词曲内有用"也啰"二字歇脚者,制曲之人,即奉为金科玉律。有敢于此曲之外,再用"也啰"二字者乎,词与曲接壤,不得不严其畛域。

填词之难,难于拗句。拗句之难,祇为一句之中,或仄多平少,平多仄少,或当平反仄,当仄反平,利于口者叛乎格,虽有警句,无所用之,此词人之厄也。予向有一法,以济其穷,已悉之《闲情偶寄》。恐有未尽阅者,不妨再见于此书。四声之内,平止得一,而仄居其三。人但知上去入三声,皆丽乎仄。而不知上之为声,虽与去入无异,而实可介乎平仄之间。以其另有一种声音,杂之去入之中,大有泾渭,且若平声未远者。古人造字审音,使居平仄之介,明明是一过文,由平至仄,从此始也。譬之四方乡音,随地各别,吴有吴音,越有越语,相去不啻河汉。而一到接壤之处,则吴越之音相半,吴人听之觉其同,越人听之亦不觉其异。九州八极,无一不然,此即声音之过文,犹上声介乎平去入之间也。词家当明是理,凡遇一句之中,当连用数仄者,须以上声字间之,则似可以代平,拗而不觉其拗矣。若连用数平字,虽不可以之代平,亦于此句仄声字内,用一上声字间之,即与纯用去入者有别,亦似可以代平。最忌连用数去声或入声,并去入亦不相间,则是期期艾艾之文,读其词者,与听口吃之人说话无异矣。

不用韵之句,还其不用韵,切勿过于骋才,反得求全之毁。盖不用韵为放,用韵为收,譬之养鹰纵犬,全于放处逞能。常有数句不用韵,却似散漫无归,而忽以一韵收住者,此当日造词人显手段处。彼则以为奇险莫测,在我视之,亦常技耳。不过以不用韵之数句,联其意为一句,一直赶下,赶到用韵处而止。其为气也贵乎长,其为势也利于捷。若不知其意之所在,东奔西驰,直待临崖勒马,韵虽收而意不收,难乎其为调矣。

　　二句合音,词家所忌。何谓合音?如上句之韵为东,下句之韵为冬之类是也。东冬二字,意义虽别,音韵则同,读之既不发调,且有带齿粘喉之病。近人多有犯此者。作诗之法,上二句合音犹曰不可,况下二句之叶韵者乎。何谓上二句合音?如律诗中之第三句与第五句,或第五句与第七句煞尾二字,皆用仄韵。若前后同出一音,如意义、气契、斧抚、直质之类,诗中犯此,是犹无名之指,屈而不伸,谓之病夫不可,谓之无恙全人亦不可也。此为相连相并之二句而言,中有隔句者,不在此列。

　　曲宜耐唱,词宜耐读,耐唱与耐读有相同处,有绝不相同处。盖同一字也,读是此音,而唱入曲中,全与此音不合者,故不得不为歌儿体贴,宁使读时碍口,以图歌时利吻。词则全为吟诵而设,止求便读而已。便读之法,首忌韵杂,次忌音连,三忌字涩。用韵贵纯,如东、江、真、庚、天、萧、歌、麻、尤、侵等韵,本来原纯,不虑其杂。惟支、鱼二韵之字,庞杂不伦,词家定宜选择。支、微、齐、灰之四韵,合而为一是已。以予观之,齐、微、灰可合,而支与齐、微、灰究竟难合。鱼虞二韵,合之诚是。但一韵中先有二韵,鱼中有诸、虞中有夫是也。盍以二韵中各分一半,使互相配合,与鱼虞二字同者为一韵,与诸夫二字同音者为一韵,如是则纯之又纯,无众音嘈杂之患矣。予业有《笠翁诗韵》一书,刊以问世,当再续《词韵》一种,了此一段公案。音连者何?一句之中,连用音同之数字,如先烟、人文、呼胡、高豪之属,使读者粘牙带齿,读不分明,此二忌也。字涩之说,已见前后诸则中,无庸太絮。审韵之后,再能去此二患,则读者如鼓瑟琴,锵然有余韵矣。

　　——中华书局1986年排印《词话丛编》本

【思考题】

1. 试述李渔戏剧理论中的结构理论。
2. 李渔戏曲理论的最大特色是什么?

顾 炎 武

【作者简介】

顾炎武(1613—1682)初名绛,字忠清;明亡后改名为炎武,字宁人,亦自署蒋山佣。江苏昆山亭林镇人,学者尊称为亭林先生。曾参加昆山、嘉定一带人民抗清起义,明亡后仍坚持恢复活动。晚岁卜居华阴,卒于曲沃。晚年治经侧重考证,开清代朴学风气。哲学上赞成张载关于"太虚""气""万物"三者统一之说,承认"气"是宇宙的实体,提倡"经世致用"的实际学问,反对空谈"心、理、性、命"。论文推崇白居易"文章合为时而著,歌诗合为事而作"的主张,反对模拟剽窃,主张"其必古人之所未及就,后世之所不可无,而后为之"。著有《日知录》《天下郡国利病书》《肇域志》《音学五书》《韵补正》《亭林诗文集》等。《清史稿》卷四八一《儒林二》有传。

与人书(节选)

三

孔子之删述六经,即伊尹、太公[1]救民于水火之心,而今之注虫鱼、命草木者[2],皆不足以语此也。故曰:"载之空言,不如见诸行事。"[3]夫《春秋》之作,言焉而已,而谓之行事者,天下后世用以治人之书[4],将欲谓之空言而不可也。愚不揣,有见于此,故凡文之不于关六经之指、当世之务者,一切不为。而既以明道救人,则于当今之所通患,而未尝专指其人者,亦遂不敢以辟也。

十

尝谓今人纂辑之书,正如今人之铸钱。古人采铜于山,今人则买旧钱,名之曰废铜,以充铸而已。所铸之钱,既已粗恶,而又将古人传世之宝,舂到碎散,不存于后,岂不两失之乎?承问《日知录》又成几卷,盖期之以废铜,而某自别来一载,早夜诵读,反复寻究。仅得十余条,然庶几采山之铜也。

十七

君诗之病,在于有杜[5];君文之病,在于有韩、欧[6]。有此蹊径于胸中,便终身不脱依傍二字,断不能登峰造极。

十八

《宋史》言刘忠肃[7]每戒子弟曰:"士当以器识[8]为先,一命为文人,无足观矣。"仆自一读此言,便绝应酬文字,所以养其器识而不堕于文人也。悬牌在室,以拒来请,人所共见,足下尚不知耶?抑将谓随俗为之,而无伤于器识耶?中孚[9]为其先妣求传再三,终已辞之,盖止为一人一家之事,而无关于经术政理[10]之大,则不作也。韩文公文起八代之衰[11],若但作《原道》《原毁》《争臣论》《平淮西碑》《张中丞传后序》诸篇,而一切铭状概为谢绝,则诚近代之泰山北斗矣,今犹未敢许也。此非仆之言,当日刘叉已讥之[12]。

二十五

君子之为学,以明道[13]也,以救世也;徒以诗文而已,所谓"雕虫篆刻"[14],亦何益哉!某自五十以后,笃志经史,其于音学深有所得。今为《五书》以续《三百篇》以来久绝之传,而别著《日知录》上篇《经术》、中篇《治道》、下篇《博闻》共三十余卷。有王者起，将以见诸行事，以跻斯世于治古之隆，而未敢为今人道也。向时所传刻本，乃其绪余耳。

——《亭林诗文集·文集》卷四，《四部丛刊》本

【题解】

《亭林诗文集》保留《与人书》计二十五则，是顾炎武与人谈学论文短信精选。这二十五则主要观点如下：在学术上，提倡经世致用之学，治学以征实为本；在文学上，强调文学的社会教育作用，反对模拟剽窃、依傍古人，要求作家发挥独创性。

【注释】

1. 伊尹、太公：伊尹，商代开国贤相，助汤推翻暴君夏桀。太公，即姜尚，周代开国贤相，辅佐文王、武王推翻殷纣王的残暴统治。所以说有"救民于水火之心"。

2. 注虫鱼、命草木：笺释考订鱼虫草木的名称。《尔雅》中有《释草》《释木》《释虫》《释鱼》，陆机有《毛诗草木鸟兽虫鱼疏》，后人因谓笺释名物的工作为笺注虫鱼草木。韩愈诗："尔雅注虫鱼，定非磊落人"；陆游诗："旧学虫鱼笺尔雅"。

3. "载之空言"二句：《史记·太史公自序》："子曰：'我欲载之空言，不如见诸于行事之深切著明也。'"意谓：孔子之所以作《春秋》，是考虑到如其只是空发议论，不如把自己的政治观点借叙述历史事实表现出来，这样更为深刻切实和容易明白。

4. 治人之书：儒家认为孔子述《春秋》讨大夫、斥诸侯，贤贤贱不肖。伸张正气，使乱臣贼子惧，可用以正人心治朝纲，所以说"治人之书"。

5. 杜：杜甫（712—770），字子美，自号少陵野老。其先世由襄阳（今属湖北）迁居巩县（今属河南）。他身经安史之乱前后的社会动乱，仕途又不断遭受挫折，生活困窘，因而对现实政治的黑暗愈益不满。所作诗篇大胆揭露当时统治集团的腐朽，广泛而又尖锐地反映出人民的苦难和社会矛盾，反对藩镇割据与叛乱，内容深刻。其诗歌反映出唐代由盛转衰的历史过程，因此被称为"诗史"。在艺术形式上，以古体、律诗见长。风格多样，而又以沉郁为主；语言精练，具有高度的表达能力，对后世深有影响。有《杜工部集》。

6. 韩、欧：指韩愈与欧阳修。韩愈（768—824），字退之，河南河阳（今河南孟县西）人。自称郡望为昌黎，世称韩昌黎。贞元进士，曾任国子博士、刑部侍郎等职，因谏阻宪宗迎佛骨，贬为潮州刺史。后官至吏部侍郎。卒谥文。为文力反六朝以来的骈偶文风，提倡散体，与柳宗元同为古文运动的倡导者。其散文继承先秦两汉古文传统，加以创新和发展，气势雄健，被人列为唐宋八大家之首。其诗力求新奇，以文入诗，有时流于险怪，对宋诗影响颇大。其著作有《昌黎先生集》。欧阳修（1007—1072），字永叔，号醉翁，六一居士，吉水（今属江西）人。天圣进士。曾任枢密副使、参知政事。谥文忠。论文主张文章应"明道致用"，对宋初以来追求靡丽形式的文风表

示不满,并积极培养后进,是北宋古文运动的领袖。所作散文说理畅达,抒情委婉,旧时列为"唐宋八大家"之一。诗风与其散文近似,语言流畅自然。其词承袭南唐余风,婉丽清遒。曾与宋祁合修《新唐书》,并独撰《新五代史》。有《欧阳文忠集》。

7. 刘忠肃:刘挚(1030—1098),字莘老,北宋大臣,宋永静东光人。嘉祐进士,累迁尚书右仆射。绍兴初追谥忠肃。

8. 器识:人的器局与识见。《晋书·张华传》:"器识弘旷,时人罕能测之。"

9. 中孚:李颙(1627—1705),字中孚,号二曲,陕西周至人,与孙奇逢、黄宗羲并称三大儒。清廷屡以博学鸿词征召,以绝食坚拒得免。为学主兼采朱(熹)、陆(九渊)两派之所长。重视实学,提倡"明体适用"。同顾炎武反复辩论"体用"问题,提出"明道存心以为体,经世宰物以为用"的见解,将"格物致知"的"物"扩充到"礼乐兵刑、赋役农屯",以至"泰西水法"等实用学问。著有《四书反身录》《二曲集》等。

10. 经术政理:此处指经世之术,为政之道。

11. "韩文公"二句:韩愈,谥文忠公,世称"韩文公"。苏轼《韩文公庙碑》评价韩愈:"文起八代之衰,而道济天下之溺。"下面列举的《原道》等五篇文章,都是韩愈捍卫道统的名篇。

12. 刘叉已讥之:《新唐书》卷一七六:"刘叉者,亦一节士。少放肆为侠行,因酒杀人亡命。会赦,出,更折节读书,能为歌诗。然恃故时所负,不能挽仰贵人,常穿屦,破衣。闻愈接天下士,步归之,作《冰柱》《雪车》二诗,出卢仝、孟郊右。樊宗师见,为独拜。能面道人短长,其服义则又弥缝若亲属然。后以争语不能下宾客,因持愈金数斤去,曰:'此谀墓中人得耳,不若与刘君为寿。'愈不能止,归齐、鲁,不知所终。"

13. 明道:阐明道理。这里所说的道主要指事物发展的规律。

14. 雕虫篆刻:犹雕虫小技,原指辞赋为末技,语出扬雄《法言·吾子》:"或问:吾子少而好赋?曰:然。童子雕虫篆刻。俄而曰:壮夫不为也。"秦书有八体,汉代学童学习书法常以此为范本。虫书、篆书是其中两体,纤巧难工。

【讲疏】

明代学术空疏,文风萎靡,少有人讲究经世致用之学。在文学领域,除了适应市民阶层要求的通俗小说和戏曲文学兴起外,知识分子文人中的诗文之道,一方面是前后七子的复古拟古,发展为形式主义,一方面是标榜纯艺术的吟风弄月,嘲花咏草,夸缛斗艳的唯美主义思潮泛滥。顾炎武抱有坚强的民族气节,面对当时国破家亡、民生凋敝的政治局面,身怀家国之痛,检讨既往,认为学风文风的堕落,造成思想界的空虚,是明代灭亡的原因之一。因此他大力提倡经世致用之学,由此开启了有清一代崭新的学风与文风。

明道救世是顾炎武治学的宗旨,在《日知录》中他明确地宣称自己的撰写目的就是:"意在拨乱涤污,法古用复,启多闻于来学,待一治于后王。"面对当时黑暗的社会现实,顾炎武认为当务之急在于探索"国家治乱之源,生民根本之计"。他在《天下郡国利病书》中首先关注的是土地兼并和赋税繁重不均等社会积弊,在所撰写的《军制论》、《形势论》、《田功论》《钱法论》和《郡县论》中,他探索了造成上述社会积弊的历史根源。

顾炎武文论的根本思想是强调文章必须有益于天下,他的这一进步主张贯穿在他的所有论著当中。顾氏推崇白居易"文章合为时而著,歌诗合为事而作"的说法,提倡"文须有益于天下",以为"凡文不关于六经之指、当世之务者,一切不为"。顾炎武身体力行,自觉地将"明道""救世"主张贯彻于自己的写作和批评实践中。他不仅对"雕虫篆刻"之类无益于世的诗文坚决予以批判,而且谢绝一切"应酬文字",拒绝为李颙为其先妣求传之请。

因为重视文章的社会作用,所以顾氏又提出"重厚"审美主张,他对晚明文学中的"淫辞艳曲"及其产生的"伤风败俗"的社会效果深恶痛绝。他主张崇实黜虚,反对一切游谈不根之说,把"怪力乱神之事""无稽之言"全部视为无益有害之文。甚至对韩愈这样一位被誉为"文起八代之衰"的大人物,顾氏也觉得不能令人满意,因为韩氏写了一些谀墓之类无益于世的"铭状"。顾氏主张文学应该有自己的创造,所谓"其必古人之所未及就,后世之所不可无,而后为之"。从这种见解出发,他极力反对模拟:"诗文之所以代变,有不得不变者。一代之文沿袭已久,不容人皆道此语。今且千数百年矣,而犹取古人之陈言一一而摹仿,以是为诗,可乎?"顾炎武用了一个非常形象的比喻,说明了写文章著书立说的两种方法:一种是采铜铸钱,以社会现实生活为写作源泉,发挥作家的独创性,写作出独具一格的作品;一种是买旧钱充铸,依傍古人,模拟剽窃,不但写不出好作品,而且也损害了古人的"传世之宝"。虽然他对杜甫、韩愈的诗评价很高,却批评一位朋友的诗病在于有杜;文之病在于有韩、欧。这是有感于当时文坛上的复古、模拟之风而发。

另外,顾炎武在文章繁简、修辞、想象、夸张的运用以及诗歌韵律等具体问题上都提出了一些很有价值的意见。

【关键词解读】

文以明道

顾炎武推崇六经,以继续儒家道统自命,他坚持的所谓"道"与汉儒所说的"道"、宋儒所说的"理"都颇有差异,其中虽然也含有封建伦理观念,但主要是指政治人伦日用的原则、原理,与宇宙万物运动变化的总规律。所谓"明道",也主要是正确地阐述一些原则、原理、总规律,以解决当时社会生活中的实际问题,从而达到"救世""救民"的崇高目的。顾氏反对逃避现实斗争而专门从事"雕虫篆刻",或者"注虫鱼,命草木"等只搞名物考证的消极学术行为。他认为孔子的"删述六经"是出自"救民于水火之心",与"今之注虫鱼、命草木"之书是根本不同的。"载之空言"固然"不如见诸行事",但像《春秋》这样的被"天下后世用以治人之书",是不能视为"空言"的。

【相关知识链接】

据《清朝艺苑·顾炎武》载:"亭林先生自少至老手不释书,出门则以一骡二马捆书自随。遇边塞亭障,呼老兵诣道边酒垆,对坐痛饮。咨其风土,考其区域。若与平生所闻不合,发书详正,必无所疑乃已。马上无事,辄据鞍默诵诸经注疏。遇故友,若不相识。或颠坠崖后,亦无悔也。精勤至此,宜所旨渊涵博大,莫与抗衡欤!"顾炎武所倡导的学术话语和学术理念以及他所开创的学术范式和学术方法曾对清代乾嘉学派产生过广泛的震撼,引起了乾嘉学者的普遍共鸣。梁启超在《中国近三百年学术史》中评价顾炎武学术地位时说:"亭林的著述,若论专精完整,自然比不上后人。若论方面之多,气象规模之大,则乾嘉诸老,恐无人能出其右。要而论之,清代许多学术,都由亭林发其端,而后人衍其绪。"

【延伸阅读】

顾炎武对文学问题的论述主要见于《日知录》卷十九、二十一和文集中的书信、序、论诸作,其形式看似零散,实际上自有系统。下列从《日知录》选录的几条主要阐述两个问题:一,文章在种种客观因素的作用下随着时代的变化而发展,推服古人是有必要的,但模拟剽窃从根本上违背了文章的发展规律;二,诗文写作的根本目的是"救世"、"救民",为将来创造一个理想社会、太平盛世提供理论根据和各种有用的知识。此两点与他在《与人书》中阐述的观点相一致。

文须有益于天下

文之不可绝于天地间者,曰明道也,纪政事也,察民隐也,乐道人之善也。若此者有益于天下,有益于将来,多一篇,多一篇之益矣。若夫怪力乱神之事,无稽之言,剿袭之说,谀佞之文,若此者,有损于己,无益于人,多一篇,多一篇之损矣。

——《日知录》卷十九,道光十四年黄氏西溪草庐重刊定本《日知录集释》本。

文人摹仿之病

近代文章之病全在摹仿,即使逼肖古人,已非极诣,况遗其神理而得其皮毛者乎。且古人作文,时有利钝,梁简文《与湘东王书》云:"今人有效谢康乐、裴鸿胪文者,学谢则不届其精华,但得其冗长;师裴则蔑弃其所长,惟得其所短。"宋苏子瞻云:"今人学杜甫诗,得其粗俗而已。"金元裕之诗云:"少陵自有连城璧,争奈微之识赋砆。"文章一道,犹儒者之末事,乃欲如陆士衡所谓"谢朝华于已披,启夕秀于未振"者,今且未见其人,进此而窥著述之林,益难之矣。

效《楚辞》者,必不如《楚辞》;效《七发》者,必不如《七发》。盖其意中先有一人在前,既恐失之,而其笔力复不能自遂,此寿陵馀子学步邯郸之说也。

——《日知录》卷十九,道光十四年黄氏西溪草庐重刊定本《日知录集释》本

文章推服古人

韩退之文起八代之衰,于骈偶声律之文宜不屑为。而其《滕王阁记》推许王勃所为序,且曰:"窃喜载名其上,词列三王之次,有荣耀焉。"李太白《黄鹤楼诗》曰:"眼前有景道不得,崔颢题诗在上头。"所谓自古在昔,先民有作者也。今之好讥诃古人,翻驳旧作者,其人之宅心可知矣。宋洪迈从孙倬丞宣城,自作题名记:"迈告之曰:他文尚可随力工拙下笔,如此记岂宜犯不韪哉?"盖以韩文公有《蓝田县丞厅壁记》故也。夫以题目之同于文公,而以为犯不韪,昔人之谨厚何如哉。

——《日知录》卷二十，录自道光十四年黄氏西溪草庐重刊定本《日知录集释》本

作诗之旨

舜曰："《诗言志》。"此诗之本也。《王制》："命太师陈诗以观民风。"此诗之用也，荀子论《小雅》曰："疾今之政以思往者，其言有文焉，其声有哀焉。"此诗之情也。故诗者王者之迹也。建安以下洎乎齐、梁，所谓辞人之赋丽以淫，而于作诗之旨失之远矣。

唐白居易《与无微之书》曰："年齿渐长，阅事渐多，每与人言，多询时务。每读书史，多求理道。始知文章合为时而著，歌诗合为事而作。"又自叙其诗，关于美刺者谓之讽谕诗，自比于梁鸿《五噫》之作，而谓："好其诗者，邓鲂、唐衢俱死，吾与足下又困踬，岂六义四始之风，天将破坏不可支持邪？又不知大意不欲使下人病苦闻于上邪？"嗟乎，可谓知立言之旨者矣。

晋葛洪《抱朴子》曰："古诗刺过失，故有益而贵；今诗纯虚誉，故有损而贱。"

——《日知录》卷二十一，录自道光十四年黄氏西溪草庐重刊定本《日知录集释》本

诗体代降

三百篇之不能不降而楚辞，楚辞不能不降而汉、魏，汉、魏之不能不降而六朝，六朝之不能不降而唐也，势也。用一代之体则必似一代之文，而后为合格。

诗文之所以代变，有不得不变者。一代之文沿袭已久，不容人皆道此语。今且千数百年矣，而犹取古人之陈言一一而摹仿，以是为诗，可乎？故不似则失其所以为诗，似则失其所以为我。李、杜之诗所以独高于唐人者，以其未尝不似，而未尝似也。知此者，可与言诗也已矣。

——《日知录》卷二十一，道光十四年黄氏西溪草庐重刊定

本《日知录集释》本

【思考题】

1. 试阐述顾炎武文学思想对清代文风的建设意义。
2. 试述顾炎武"经世致用"学术文学的思想传统惯性及其晚明的现实依据。

王 夫 之

【作者简介】

王夫之(1619—1692),字而农,号薑斋,湖南衡阳人。晚年居衡阳之石船山,学者称船山先生。明亡后于衡阳举兵起义,后隐伏深山,刻苦研究,勤奋著述垂四十余年。学问淹博,对天文、历法、数学、地理学都有所研究,尤精于经学、史学、文学。哲学上,他总结和发展了中国传统的朴素唯物论和辩证法,主要有《周易外传》《尚书引义》《读四书大全说》《张子正蒙注》《思问录内外篇》等。他的文学批评著述有《诗绎》《夕堂永日绪论内编》《南窗漫记》等,后人辑为《薑斋诗话》。其他如《诗广传》、《楚辞通释》等著作中也有论诗谈文之语。著述一百余种,收入《船山遗书》的有七十种。《清史稿》卷四八六《儒林一》有传。

夕堂永日绪论内编(节选)

一

兴、观、群、怨[1],诗尽于是矣。经生家析《鹿鸣》、《嘉鱼》为群[2],《柏舟》、《小弁》为怨[3],小人一往之喜怒耳,何足以言诗?"可以"云者,随所"以"而皆"可"也。《诗三百篇》而下,唯《十九首》能然。李、杜亦仿佛遇之,然其能俾人随触而皆可,亦不数数也。又下或一可焉,或无一可者。故许浑[4]允为恶诗,王僧孺[5]、庾肩吾[6]及宋人皆尔。

二

无论诗歌与长行文字俱以意为主,意犹帅也。无帅之兵,谓之乌合。李、杜所以称大家者,无意之诗十不得一二也。烟云泉石,花鸟苔林,金铺锦帐,寓意则灵。若齐、梁绮语,宋人搏合成句之出处(宋人论诗,字字求出处),役心向彼掇索,而不恤己情之所自发,此之谓小家数,总在圈缋中求活计也[7]。

三

把定一题、一人、一事、一物,于其上求形模,求比似,求词采,求故实,如钝斧子劈栎柞,皮屑纷霏,何尝动得一丝纹理?以意为主,势次之。势者,意中之神理也,唯谢康乐为能取势,宛转屈伸以求尽其意;意已尽则止,殆无剩语:夭矫连蜷,烟云缭绕,乃真龙,非画龙也。

四

"池塘生春草"[8],"胡蝶飞南园"[9],"明月照积雪"[10],皆心中目中与相融浃,一出语时,即得珠圆玉润,要亦各视其所怀来[11]而与景相迎者也。"日暮天无云,春风散(扇)微和"[12],想见陶令当时胸次,岂夹杂铅汞人[13]能作此语?程子谓见濂溪一月坐春风中[14],非程子不能知濂溪如此,非陶令不能自知如此也。

五

"僧敲月下门"[15],只是妄想揣摩,如说他人梦,纵令形容酷似,何尝毫发关心?知然者,以其沉吟"推""敲"二字,就他作想也。若即景会心,则或推或敲,必居其一,因景因情,自然灵妙,何劳拟议[16]哉?"长河落日圆"[17],初无定景;"隔水问樵夫"[18],初非想得:则禅家所谓现量[19]也。

六

诗文俱有主宾。无主之宾,谓之乌合。俗论以比为宾,以赋为主;以反为宾,以正为主,皆塾师赚童子死法耳。立一主以待宾,宾无非主之宾者,乃俱有情而相浃洽。若夫"秋风吹渭水,落叶满长安"[20],于贾岛何与?"湘潭云尽暮烟出,巴蜀雪消春水来"[21],于许浑奚涉?皆乌合也。"影静千官里,心苏七校前"[22],得主矣,尚有痕迹。"花迎剑佩星初落"[23],则宾主历然融合一片。

七

身之所历,目之所见,是铁门限[24]。即极写大景,如"阴晴众壑殊"[25]、"乾坤日夜浮"[26],亦必不逾此限。非按舆地图便可云"平野入青徐"[27]也,抑登楼所得见者耳。隔垣听演杂剧,可闻其歌,不见其舞;更远则但闻鼓声,而可云所演何出乎?前有齐、梁,后有晚唐及宋人,皆欺心以炫巧。

十一

以神理相取,在远近之间。才着手便煞,一放手又飘忽去,如"物在人亡无见期"[28],捉煞了也。如宋人咏河鲀云:"春洲生荻芽,春岸飞杨花。"[29]饶他有理,终是于河鲀没交涉。"青青河畔草"与"绵绵思远道"[30],何以相因依,相含吐?神理凑合时,自然恰得。

十三

"海暗三山雨"接"此乡多宝玉"不得,迤逦说到"花明五岭春"[31],然后彼句可来,又岂尝无法哉?非皎然、高棅[32]之法耳。若果足为法,乌容破之?非法之法,则破之不尽,终不得法。诗之有皎然、虞伯生[33],经义之有茅鹿门、汤宾尹、袁了凡[34],皆画地成牢以陷人者,有死法也。死法之立,总缘识量狭小。如演杂剧,在方丈台上,故有花样步位,稍移一步则错乱。若驰骋康庄,取途千里,而用此步法,虽至愚者不为也。

十四

情景名为二,而实不可离。神于诗者,妙合无垠。巧者则有情中景,景中情。景中情者,如"长安一片月"[35],自然是孤栖忆远之情;"影静千官里"[36],自然是喜达行在之情。情中景尤难曲写,如"诗成珠玉在挥毫"[37],写出才人翰墨、淋漓自心欣赏之景。凡此类,知者遇之;非然,亦鹘突[38]看过,作等闲语耳。

十六

"欲投人处宿,隔水问樵夫。"[39]则山之辽廓荒远可知,与上六句初无异致,且得宾主分明,非独头意识[40]悬相描摹也。"亲朋无一字,老病有孤舟。"[41]自然是登岳阳楼诗。尝试设身作杜陵,凭轩远望观,则心目中二语,居然出现,此亦情中景也。孟浩然以"舟楫"、"垂钓"[42]钩锁合题,却自全无干涉。

十七

近体中二联一情一景,一法也。"云霞出海曙,梅柳渡江春。淑气催黄鸟,晴光转绿苹。"[43]、"云飞北阙轻阴散,雨歇南山积翠来。御柳已争梅信发,林花不待晓风开。"[44]皆景也。何者为情?若四句俱情,而无景语者,尤不可胜数。其得谓之非法乎?夫景以情合,情以景生,初不相离,唯意所适。截分两橛,则情不足兴,而景非其景。且如"九月寒砧催木叶"二句[45]之中,情景作对;"片石孤云窥色相"四句[46],情景双收:更从何处分析?陋人标陋格,乃谓"吴楚东南坼"四句[47],上景下情,为律诗宪典,不顾杜陵九原[48]大笑。愚不可瘳,亦孰与疗之?

十八

起承转收,一法也。试取初盛唐律验之,谁必株守此法者?法莫要于成章;立此四法,则不成章矣。且道"卢家少妇"一诗[49]作何解?是何章法?又如"火树银花合"[50],浑然一气;"亦知戍不返"[51],曲折无端;其它或平铺六句,以二语括之;或六七句意已无余,末句用飞白法[52]飚开,义趣超远:起不必起,收不必收,乃使生气灵通,成章而达。至若"故国平居有所思"[53],"有所"二字虚笼喝起,以下曲江、蓬莱、昆明、紫阁,皆所思者,此自《大雅》来;谢客[54]五言长篇,用为章法;杜更藏锋不露,抟合无垠:何起何收?何承何转?陋人之法,乌足展骐骥之足哉!近世唯杨用修[55]辨之甚悉。用修工于用法,唯其能破陋人之法也。

十九

起承转收以论诗,用教幕客作应酬或可。其或可者,八句自为一首尾也。塾师乃以此作经义法,一篇之中,四起四收,非蠡虫相衔成青竹蛇而何?两间万物之生,无有尻下出头,枝末生根之理。不谓之不通其可得乎?

二十

《乐记》云:"凡音之起,从人心生也。"固当以穆耳协心为音律之准。"一三五不论,二四六分明"之说[56],不可恃为典要。"昔闻洞庭水","闻""庭"二字俱平,正尔振起。若"今上岳阳楼"[57]易第三字为平声,云"今上巴陵楼",则语蹇而戾于听矣。"八月湖水平","月""水"二字皆仄,自可;若"涵虚混太清"[58]易作"混虚涵太清",为泥磬土鼓而已。又如"太清上初日"[59],音律自可;若云"太清初上日",以求合于粘,则情文索然,不复能成佳句。又如杨用修警句云:"谁起东山谢安石,为君谈笑净烽烟。"⁶⁰若谓"安"字失粘,更云"谁起东山谢太傅",拖沓便不成响。足见凡言法者,皆非法也。释氏有言:"法尚应舍,何况非法?"⁶¹艺文家知此,思过半矣。

二十一

作诗亦须识字。如"思""应""教""令""吹""烧"之类,有平仄二声⁶²,音别则义亦异。若粘与押韵,于此鹘突,则荒谬止堪嗤笑。唐人不寻出处,不夸字学,而犯此者百无一二。宋人以博核见长,偏于此多误。杜陵以鄩侯"鄩"字作"才何切"⁶³,平声粘,缘《史》、《汉》注自有两说,非不识字也。至廉颇音"婆"⁶⁴,相如音"湘"⁶⁵,则考据精切矣。苏子瞻不知《轩辕弥明诗序》"长颈高结","结"字作"洁"音,稚子之所耻为,而孟浪若此,近见有和人韵者,以"蕲菲"作"芳菲"字押,虽不足道,亦可为不学人永鉴。

二十四

不能作景语,又何能作情语邪?古人绝唱句多景语,如"高台多悲风"⁶⁶,"胡蝶飞南园","池塘生春草","亭皋木叶下"⁶⁷,"芙蓉露下落"⁶⁸皆是也,而情寓其中矣。以写景之心理言情,则身心中独喻之微,轻安拈出。谢太傅于《毛诗》取"钩谟定命,远猷辰告"⁶⁹,以此八字如一串珠,将大臣经营国事之心曲,写出次第;故与"昔我往矣,杨柳依依;今我来思,雨雪霏霏"⁷⁰同一达情之妙。

二十五

有大景,有小景,有大景中小景。"柳叶开时任好风"⁷¹,"花覆千官淑景移"⁷²,及"风正一帆悬"⁷³,"青霭入看无"⁷⁴,皆以小景传大景之神。若"江流天地外,山色有无中"⁷⁵,"江山如有待,花柳更无私"⁷⁶,张皇使大,反令落拓不亲。宋人所喜,偏在此而不在彼。近唯文征仲《斋宿》等诗能解此妙。

二十六

情语能以转折为含蓄者,唯杜陵居胜,"清渭无情极,愁时独向东"[77],"柔橹轻鸥外,含凄觉汝贤"[78]之类是也。此又与"忽闻歌古调,归思欲沾巾"[79]更进一格,益使风力遒上。

二十七

含情而能达,会景而生心,体物而得神,则自有灵通之句,参化工之妙。若但于句求巧,则性情先为外荡,生意索然矣。松陵体[80]永堕小乘者,以无句不巧也。然皮、陆二子[81]差有兴会,犹堪讽咏。若韩退之以险韵、奇字、古句、方言矜其饾饤之巧,巧诚巧矣,而于心情兴会一无所涉,适可为酒令而已。黄鲁直、米元章[82]益堕此障中。近则王谑菴[83]承其下游,不恤才情,别寻蹊径,良可惜也。

二十九

一解奕者,以诲人奕为游资。后遇一高手与对奕,至十数子辄揶揄之曰:"此教师棊耳!"诗文立门庭,使人学己,人一学即似者,自诩为"大家",为"才子",亦艺苑教师而已。高廷礼、李献吉、何大复、李于鳞、王元美、钟伯敬、谭友夏[84],所尚异科,其归一也。才立一门庭,则但有其局格,更无性情,更无兴会,更无思致;自缚缚人,谁为之解者?昭代[85]风雅,自不属此数公。若刘伯温之思理,高季迪之韵度,刘彦昺之高华,贝廷琚之俊逸,汤义仍之灵警,绝壁孤骞,无可攀蹑,人固望洋而返;而后以其亭亭岳岳之风神,与古人相辉映。次则孙仲衍之畅适,周履道之萧清,徐昌谷之密赡,高子业之戍削,李宾之之流丽,徐文长之豪迈,各擅胜场,沉酣自得[86];正以不悬牌开肆,充风雅牙行,要使光焰熊熊,莫能撑抑,岂与碌碌余子争市易之场哉?李文饶[87]有云:"好驴马不逐队行。"立门庭与依傍门庭者,皆逐队者也。

三十

　　建立门庭,自建安始[88]。曹子建[89]铺排整饰,立阶级以赚人升堂,用此致诸趋赴之客,容易成名,伸纸挥毫,雷同一律。子桓[90]精思逸韵,以绝人攀跻,故人不乐从,反为所掩。子建以是压倒阿兄,夺其名誉。实则子桓天才骏发,岂子建所能压倒邪?故嗣是而兴者,如郭景纯、阮嗣宗、谢客、陶公乃至左太冲、张景阳[91],皆不屑染指建安之羹鼎,视子建蔑如矣。降而萧梁宫体[92],降而王、杨、卢、骆[93],降而大历十才子[94],降而温、李、杨、刘[95],降而江西宗派[96],降而北地、信阳、琅邪、历下[97],降而竟陵[98],所翕然从之者,皆一时和哄汉耳。宫体盛时,即有庾子山[99]之歌行,健笔纵横,不屑烟花簇凑。唐初比偶,即有陈子昂、张子寿[100]扢扬大雅,继以李、杜代兴,杯酒论文,雅称同调,而李不袭杜,杜不谋李未尝党同伐异,画疆墨守。沿及宋人,始争疆垒。欧阳永叔亟反杨亿、刘筠之靡丽[101],而矫枉已迫,还入于枉,遂使一代无诗,掇拾夸新,殆同觞令。胡元浮艳,又以矫宋为工,蛮触之争要于兴观群怨丝毫未有当也。伯温、季迪以和缓受之,不与元人竞胜,而自问风雅之津,故洪武间诗教中兴,洗四百年三变之陋。是知立"才子"之目,标一成之法,扇动庸才,旦仿而夕肖者,原不足以羁络骐骥。唯世无伯乐,则驾盐车上太行者,自鸣骏足耳[102]。

三十一

　　所以门庭一立,举世称为"才子"、为"名家"者有故。如欲作李、何、王、李[103]门下厮养,但买得《韵府群玉》《诗学大成》《万姓统宗》《广舆记》[104]四书置案头,遇题查凑,即无不足。若欲吮竟陵之唾液,则更不须尔;但就揸大家所诵时文"之""于""其""以""静""澹""归""怀"熟活字句凑泊将去[105],即已居然词客。如源休[106]一收图籍,即自谓酂侯,何得不向白华殿拥戴朱泚邪?为朱泚者,遂褎然自以为天子矣。举世悠悠,才不敏,学不充,思不精,情不属者,十姓百家而皆是。有此开方便门大功德主,谁能舍之而去?又其下,更有皎然《诗式》一派下游[107],印纸门神待填朱绿者,亦号为诗。庄子曰:"人莫悲于心死。"[108]心死矣,何不可图度予雄邪?

三十四

立门庭者必饾饤,非饾饤不可以立门庭。盖心灵人所自有,而不相贷,无从开方便法门,任陋人支借也。人讥西昆体为獭祭鱼[109],苏子瞻、黄鲁直亦獭耳;彼所祭者肥油江豚,此所祭者吹沙跳浪之鳖鲨也,除却书本子,则更无诗。如刘彦昺诗:"山围晓气蟠龙虎,台枕东风忆凤皇。"[110]贝廷琚诗:"我别语儿溪上宅,月当二十四回新。如何万国尚戎马,只恐四邻无故人。"[111]用事不用事,总以曲写心灵,动人兴观群怨,却使陋人无从支借。唯其不可支借,故无有推建门庭者;而独起四百年之衰。

三十七

《小雅·鹤鸣》之诗,全用比体,不道破一句,《三百篇》中创调也。要以俯仰物理,而咏叹之,用见理随物显,唯人所感,皆可类通;初非有所指斥一人一事,不敢明言,而姑为隐语也。若他诗有所指斥,则皇父、尹氏、暴公,不惮直斥其名,历数其慝,而且自显其为家父,为寺人孟子,无所规避。《诗》教虽云温厚[112],然光昭之志,无畏于天,无恤于人,揭日月而行,岂女子小人半含不吐之态乎?《离骚》虽多引喻,而直言处亦无所讳。宋人骑两头马,欲博忠直之名,又畏祸及,多作影子语,巧相弹射,然以此受祸者不少。既示人以可疑之端,则虽无所诽诮,亦可加以罗织。观苏子瞻乌台诗案[113],其远谪穷荒,诚自取之矣。而抑不能昂首舒吭以一鸣,三木加身,则曰"圣主如天万物春"[114]可耻孰甚焉!近人多效此者,不知轻薄圆头恶习,君子所不屑久矣。

四十一

　　建立门庭,已绝望风雅。然其中有本无才情,以此为安身立命之本者,如高廷礼、何大复、王元美、钟伯敬是也。有才情固自足用,而以立门庭故自桎梏者,李献吉是也。其次则谭友夏亦有牙后慧,使不与钟为徒,几可分文徵仲一席,当于其五、七言绝句验之。

四十四

　　《大雅》中理语造极精微,除是周公道得,汉以下无人能嗣其响。陈正字、张曲江[115]始倡《感遇》之作,虽所诣不深,而本地风光,驵宕人性情,以引名教之乐者,风雅源流,于斯不昧矣。朱子和陈、张之作[116],亦旷世而一遇。此后唯陈白沙[117]为能以风韵写天真,使读之者如脱钩而游杜蘅[118]之沚。王伯安[119]厉声叱喝:"个个人心有仲尼。"乃游食髡徒夜敲木板叫街语,骄横卤莽,以鸣其"蠢动含灵,皆有佛性"[120]之说,志荒而气因之躁,陋矣哉!

四十五

　　门庭之外,更有数种恶诗:有似妇人者,有似衲子者,有似乡塾师者,有似游食客者。妇人、衲子,非无小慧。塾师、游客,亦侈高谈,但其识量不出针线、蔬笋、数米、量盐、抽丰、告贷之中,古今上下,哀乐了不相关;即令揣度言之,亦粤人咏雪,但言白冷而已。然此数者,亦有所自来,以为依据。似妇人者,仿《国风》而失其不淫之度;晋、宋以后,柔曼移于壮夫;近则王辰玉[121]、谭友夏中之。似衲子者,其源自东晋来。钟嵘谓陶令为"隐逸诗人之宗"[122],亦以其量不宏而气不胜,下此者可知已。自是而贾岛固其本色,陈无己[123]刻意冥搜,止堕虀盐窠臼;近则钟伯敬通身陷入;陈仲醇[124]纵饶绮语,亦宋初九僧[125]之流亚耳。似塾师、游客者,《卫风·北门》实为作俑。彼所谓政散民流,诬上行私而不可止者[126],夫子录之,以著卫为狄灭之因耳。陶公"饥来驱我去"[127],误堕其中。杜陵不审,鼓其余波;嗣后啼饥号寒、望门求索之子,奉为羔雉,至陈昂、宋登春[128]而丑秽极矣。学语者一染此数家之习,白练受污,终不可复白,尚戒之哉!

四十六

艳诗有述欢好者,有述怨情者,《三百篇》亦所不废。顾皆浏览而达其定情,非沉迷不反,以身为妖冶之媒也。嗣是作者,如"荷叶罗裙一色裁","昨夜风开露井桃"[129],皆艳极而有所止。至如太白《乌栖曲》诸篇,则又寓意高远,尤为雅奏。其述怨情者,在汉人则有"青青河畔草,郁郁园中柳",唐人则"闺中少妇不知愁"、"西宫夜静百花香"[130],婉娈中自矜风轨。迨元、白起,而后将身化作妖冶女子,备述衾裯中丑态;杜牧之恶其蛊人心,败风俗,欲施以典刑[131],非已甚也。近则汤义仍屡为泚笔,而固不失雅步。唯谭友夏浑作青楼淫咬,须眉尽丧;潘之恒[132]辈又无论已。《青商曲》起自晋、宋,盖里巷淫哇,初非文人所作;犹今之《劈破玉》《银纽丝》耳。操觚者即不惜廉隅,亦何至作《懊侬歌》《子夜》《读曲》?

四十七

前所列诸恶诗,极矣;更有猥贱于此者,则诗佣是也。诗佣者,衰腐广文,应上官之征索,望门幕客,受主人之雇托也。彼皆不得已而为之;而宗子相[133]一流得已不已,闲则翻书以求之,迫则倾腹以出之,攒眉叉手,自苦何为?其法,姓氏、官爵、邑里、山川、寒暄、庆吊,各以类从,移易故实,就其腔壳;千篇一律,代人悲欢;迎头便喝,结煞无余;一起一伏,一虚一实,自诧全体无瑕,不知透心全死;风雅下游,至此而浊秽无加矣。宋以上未尝有也。高廷礼作俑于先,宗子相承其衣钵。凡为佣者,得此以擿埴而行[134],而天下之言诗者,车载斗量矣。此可为风雅痛哭者也。

四十八

咏物诗,齐、梁始多有之。其标格高下,犹画之有匠作,有士气。征故实,写色泽,广比譬,虽极镂绘之工,皆匠气也。又其卑者,饾凑成篇,谜也,非诗也。李峤[135]称"大手笔",咏物尤其属意之作,裁剪整齐,而生意索然,亦匠笔耳。至盛唐以后,始有即物达情之作。"自是寝园春荐后,非关御苑鸟衔残。"[136]贴切樱桃,而句皆有意,所谓"正在阿堵[137]中"也。"黄莺弄不足,含入未央宫"[138],断不可移咏梅、桃、李、杏,而超然玄远,如九转还丹,仙胎自孕矣。宋人于此茫然,愈工愈拙,非但"认桃无绿叶,道杏有青枝"[139]为可姗笑已也。嗣是作者,益趋匠画。里耳喧传,非俗不赏。袁凯[140]以《白燕》得名,而"月明汉水初无影,雪满梁园尚未归",按字求之,总成窒碍。高季迪《梅花》,非无雅韵,世所传诵者,偏在"雪满山中""月明林下"之句。徐文长、袁中郎皆以此炫巧,要之,文心不属,何巧之有哉?杜陵《白小》诸篇,蹎踣[141]自寻别路,虽风韵不足,而如黄大痴[142]写景,苍莽不群。作者去彼取此,不犹善乎?禅家有三量[143],唯现量发光,为依佛性;比量稍有不审,便入非量;况直从非量中施朱而赤,施粉而白,勺水洗之,无盐之色,败露无余,明眼人岂为所欺邪?

——《薑斋诗话》卷二,岳麓书社1988年排印《船山全书》本

【题解】

王夫之《夕堂永日绪论》分内外二编,内编主要品评历代诗人及作品,外编主要讨论文法。论诗多独到见解,在文学创作中的文与质、意与势、真与假、空与实、形与神,以及"兴、观、群、怨"等等诸多重要问题上,对于传统的美学思想都有新的发挥和阐述。本选录部分主要讲情景之间的关系。在我国古代诗歌理论中,关于情与景及其关系的探索由来已久,王夫之从不同角度而深入研寻探讨这一重大问题,无论深度还是广度都远远超过前代,从而建构了自己的情景理论体系。

【注释】

1. 兴、观、群、怨：孔子对诗歌功能的认识。语出《论语·阳货》："子曰：'小子何莫学夫诗？诗，可以兴，可以观，可以群，可以怨。迩之事父，远之事君。多识于鸟兽草木之名。'"孔子所谓兴，指文学作品能感发志意，具有感染作用；观，指读者从文学作品中可以考见得失，观风俗之盛衰；群，是指群居相切磋，互相启发、互相砥砺；怨，指怨刺上政，劝善惩恶。

2. "经生家"句：《嘉鱼》，即《南有嘉鱼》，与《鹿鸣》均为《诗经·小雅》的篇名。经生，指研治经学的人。

3. "《柏舟》"句：《柏舟》，《诗经·邶风》的篇名。《小弁》，《诗经·小雅》的篇名。

4. 许浑：字用晦，睦州丹阳人。唐大中时任监察御史，历郢、睦二州刺史。有《丁卯集》。

5. 王僧孺：字僧孺，东海郯人。仕齐，起家王国左常侍、太学博士。入梁，官至御史中丞。

6. 庾肩吾：字子慎，新野人。初为晋安王国常侍，累官度支尚书。庾肩吾是梁简文帝萧纲的文学侍从之臣，是宫体诗的代表作家。著有《庾度支集》。

7. "宋人搏合成句"五句：用前人的字句组合成诗，毫无自己的真情实感。圈缋，窠臼：框框。活计，生计。

8. "池塘生春草"三句：语出南朝宋谢灵运《登池上楼》。

9. 胡蝶飞南园：语出西晋张协《杂诗十首》之八。

10. 明月照积雪：语出南朝宋谢灵运《岁暮》。

11. 怀来：指作者当时的胸襟。《汉书·司马相如列传》："于是诸大夫茫然丧其所怀来，失厥所以进。"

12. "日暮天无云"二句：语出陶渊明《拟古诗十九首》之七。

13. 铅汞人：指贪生侥得追求非分的人。道家有将铅、汞锻炼成金银与丹药的方术。

14. 程子谓见濂溪一月坐春风中：朱熹《近思录》卷十四："明道（程颢）曰：'周茂叔（周敦颐，号濂溪）胸中洒落，如光风霁月'……侯师圣云：朱公掞（朱光庭）见明道于汝，归谓人曰：'光庭在春风中坐了一个月。'"称赞周敦颐之语出自朱光庭之口而非朱熹或程颢，王夫之此语有误。

15. 僧敲月下门：语出贾岛《题李凝幽居》。

16. 拟议：揣度议论。多指事前的考虑。《易·系辞上》："拟之而后言，议之而后动，拟议以成其变化。"

17. 长河落日圆：语出王维《使至塞上》。

18. 隔水问樵夫：语出王维《终南山》。

19. 现量：古印度因明学和佛教用语。量为度量决定之意，现量指感觉器官对事物的直接反映，犹直觉。明袁中道《心律》："参禅有从现量入者，有从此量入者。从现量入者,其力强,故一得而不失。"此处是说诗歌的创作过程是自然无意识的。

20. "秋风吹渭水"二句:语出贾岛《忆江上吴处士》。

21. "湘潭云尽暮烟出"二句:语出许浑《凌歊台》。

22. "影静千官里"二句:语出杜甫《喜达行在所》之三。

23. 花迎剑佩星初落:语出岑参《奉和中书舍人贾至早朝大明宫》。

24. 铁门限:不可逾越的界限。唐李绰《尚书故实》:"〔智永禅师〕积年学书,秃笔头十瓮。每瓮皆数石。人来觅书,并请题头者如市,所居户限为之穿穴,乃用铁叶裹之,人谓为铁门限。"

25. 阴晴众壑殊:语出王维《终南山》。

26. 乾坤日夜浮:语出杜甫《登岳阳楼》。

27. 平野入青徐:语出杜甫《登兖州城楼》。

28. 物在人亡无见期:语出李欣《题卢五旧居》。

29. "春洲生荻芽"二句:语出梅尧臣《范饶州坐中客语食河豚鱼》。

30. 青青河畔草、绵绵思远道:语出蔡邕《饮马长城窟行》。

31. "'海暗三山雨'、'此乡多宝玉'、'花明五岭春'"三句:岑参《送张子(一作杨缓)尉南海》句。

32. 皎然:唐诗僧,字清画,俗姓谢,湖州人。以诗称于时,与颜真卿、韦应物相酬唱。有《杼山集》、《诗式》。高棅(1350—1423),一名廷礼,字彦恢,号漫士,长乐(今属福建)人。永乐初征为翰林待诏,后升典籍。论诗主唐音,与林鸿、王偁、陈亮、王恭、唐泰、郑定、王褒、周玄、黄玄,号称"闽中十子"。作品多摹写个人日常生活,也有不少应酬之作。选编唐人诗为《唐诗品汇》,引申宋严羽之说,分唐诗为初、盛、中、晚四期,对前、后七子"诗必盛唐"的主张颇有影响。所著有《啸台集》、《木天清气集》。

33. 虞伯生:虞集(1272—1348),元学者。字伯生,人称邵庵先生。祖籍仁寿(今属四川),迁崇仁(今属江西)。成宗大德初年至大都(今北京),任国子助教,累官至奎章阁侍书学士。为文颂扬元室,推尊儒术,并主张进一步倡导理学。亦能诗。诗文在当时号为大家。著有《道园学古录》等。

34. 茅鹿门、汤宾尹、袁了凡:茅鹿门,茅坤(1512—1601),字顺甫,号鹿门,浙江归安(今吴兴)人。嘉靖进士。论文不满前后七子"文必秦汉"的观点,提倡学习唐宋古文。对于作品内容,则主张必须阐发"六经"之旨。曾编选《唐宋八大家文钞》,流传广泛。与王慎中、唐顺之、归有光等,同被称为"唐宋派"。所著行世者有《茅鹿门集》。汤宾尹,字嘉宾,宣城人。万历进士,由编修官至南京国子监祭酒。有《睡庵集》。其评点之著未详。袁了凡,袁黄,字坤仪,一字了凡,吴江人。万历进士,官至兵部主事。有《两行斋集》,曾评注《八代文宗》。

35. 长安一片月:语出李白《子夜吴歌·秋歌》。

36. 影静千官里:语出杜甫《喜达行在所三首》之三。

37. 诗成珠玉在挥毫:语出杜甫《奉和贾至舍人早朝大明宫》。

38. 鹘突:亦作"鹘鹞",不明白事理。如严复《原强》:"以是为学,又何怪制科人十九鹡鸰于人情物理,转不若农工商贾之有时而当也。"

39．"欲投人处宿"二句:语出王维《终南山》。

40．独头意识:佛家语,此喻无真实感觉、强行揣度之意识。

41．"亲朋无一字"二句:语出杜甫《登岳阳楼》。

42．"舟楫"、"垂钓":语出孟浩然《临洞庭湖》:"八月湖水平,涵虚混太清。气蒸云梦泽,波撼岳阳城。欲济无舟楫,端居耻圣明。坐观垂钓者,徒有羡鱼情。"

43．"云霞出海曙"四句:语出杜审言《和晋陵陆丞早春游望》。

44．"云飞北阙轻阴散"四句:语出李憕《奉和圣制从蓬莱向兴庆阁道中留春雨中春望之作应制》。

45．"九月寒砧催木叶"二句:沈佺期《独不见》:"九月寒砧催木叶,十年征戍忆辽阳。"

46．"片石孤云窥色相"四句:李颀《题璿公山池》:"片石孤云窥色相,清池皓月映禅心。指挥如意天花落,坐卧闲房春草深。"

47．"吴楚东南坼"四句:杜甫《登岳阳楼》:"吴楚东南坼,乾坤日夜浮。亲朋无一字,老病有孤舟。"

48．九原:九泉,黄泉。《旧唐书·李嗣业传》:"忠诚未遂,空恨于九原。"

49．"卢家少妇"一诗:沈佺期《古意》:"卢家少妇郁金堂,海燕双栖玳瑁梁。九月寒砧催木叶,十年征戍忆辽阳。白狼河北音书断,丹凤城南秋夜长。谁为含愁独不见,更教明月照流黄。"

50．火树银花合:苏味道《观灯》:"火树银花合,星桥铁锁开。暗尘随马去,明月逐人来。遊妓皆秾李,行歌尽落梅。金吾不禁夜,玉漏莫相催。"

51．亦知戍不返:杜甫《捣衣》:"亦知戍不返,秋至拭清砧。已近苦寒月,况经长别心。宁辞捣衣倦,一寄塞垣深。用尽闺中力,君听空外音。"

52．飞白法:相传东汉蔡邕受匠人用刷白粉的帚写字启示,而独创一种特殊的书写方法,此法笔画中丝丝露白,像枯笔所写。汉魏宫阙题字,曾广泛采用。后用作修辞手法术语,指明知其错而有意仿效的一种修辞方法。

53．故国平居有所思:语出杜甫《秋兴》八首之四。

54．谢客:谢灵运(385—433),陈郡阳夏(今河南太康)人,寄籍会稽。谢玄之孙。幼时寄养于外,族人因名为客儿,世称"谢客"。晋时袭封康乐公,故又称谢康乐。入宋,历任永嘉太守、侍中、临川内史等职。后被杀。其诗大都描写会稽、永嘉、庐山等地的山水名胜,善于刻画自然景物,开文学史上的山水诗一派。其诗又表现主享乐、颓废的生活情趣,并带"玄言"余习。原有集,已散佚,明人辑有《谢康乐集》。

55．杨用修:杨慎(1488—1559),字用修,号升庵,四川新都人。正德间试进士第一,授翰林修撰。世宗时,谪戍云南永昌。曾与何景明等为友,其诗虽不专主学盛唐,仍有拟古倾向。贬谪以后,多感愤之作。又能文、词及散曲,对民间文学也颇重视。学问博洽,论古考证之作,范围颇广,时有疏失。著述有一百余种,后人辑有《升庵集》。散曲有《陶情乐府》。

56. "一三五不论,二四六分明"之说:要求律诗的第一、第三、第五字的平仄可以不拘,第二、第四、第六字的平仄必须分明。此口诀简单明了,但分析问题不全面,易引起误解。《四库总目提要》评明费经虞撰《雅伦》云:"大抵意欲多而昧于持择,如《游艺诗法入门》所载'律诗平仄一三五不论,二四六分明'之类,亦均收入,宜其劳而鲜功矣。"

57. "昔闻洞庭水"、"今上岳阳楼":语出杜甫《登岳阳楼》。

58. "八月湖水平"、"涵虚混太清":语出孟浩然《临洞庭湖》。

59. 太清上初日:语出马周《凌朝浮江旅思》。

60. "谁起东山谢安石"二句:语出杨慎《塞垣鹧鸪词》。

61. "法尚应舍"二句:《金刚经》:"是故不应取法,不应取非法。以是义故,如来常说:汝等比丘,知我说法,如筏喻者,法尚应舍,何况非法?"

62. 思:思念、相思之思为平声支韵;意思、乡思之思为去声置韵。应——应当、只应之应为平声蒸韵;应对、感应之应为去声径韵。悔教、俾教之教为平声肴韵;教训、教育之教为去声效韵。法令、令名之令为去声敬韵;使令、脊令之令为平声庚韵。风吹、吹嘘之吹为平声支韵;鼓吹、歌吹之吹为去声置韵。焚烧、火烧之烧为平声萧韵;野烧、山烧之烧为去声啸韵。

63. "杜陵以鄭侯"句:《史记·萧何相国世家》:"高祖以萧何功最盛,封为鄭侯。"《集解》:"文颖曰:'音赞。'瓒曰:'今南阳鄭县也。'孙检曰'有二县,音字多乱。其属沛郡者音嵯,属南阳者音赞'。按《茂陵书》,萧何国在南阳,宜呼赞。今多呼嵯,嵯旧字作'脸',今皆作'鄭',所由乱也。"今检杜甫律诗,未见鄭作平声用者。《船山唐诗评选》选杨巨源《长安春游》、《元日含元殿下立仗,上门下相公》诗,两诗"鄭"作平声读合粘。疑"杜陵"为"杨巨源"之误。

64. 颇:有平、上两读。杜甫《奉寄高常侍》、《奉和严中臣西城晚眺十韵》等"颇"押平声韵。

65. 相:有平、去两读。杜甫《酬高使君相赠》:"草玄吾岂敢,赋成似相如。""相"字作平声读方合粘。

66. 高台多悲风:语出曹植《杂诗》第一首起句。

67. 亭皋木叶下:语出柳恽《捣衣诗》。

68. 芙蓉露下落:语出萧悫《秋思》。

69. "谢太傅"二句:刘义庆《世说新语》:"谢公因子弟集聚,问毛诗何句最佳?遏称曰:'昔我往矣,杨柳依依;今我来思,雨雪霏霏。'公曰:'訏谟定命,远猷辰告。'谓此句偏有雅人深致。"

70. "昔我往矣"四句:语出《诗经·采薇》。

71. 柳叶开时任好风:语出杜审言《大酺》。

72. 花覆千官淑景移:语出杜甫《紫宸殿退朝口号》。

73. 风正一帆悬:语出王湾《江南意》。

74. 青霭入看无:语出王维《终南山》。

75. "江流天地外"二句:语出王维《汉江临泛》。

76. "江山如有待"二句:语出杜甫《后游》。

77. "青渭无情极"二句:语出杜甫《秦州杂诗》。

78. "柔橹轻鸥外"二句:语出杜甫《夔州郭宿,雨湿不得上岸别王十二判官》。

79. "忽闻歌古调"二句:语出杜审言《和晋陵陆丞早春游望》。

80. 松陵体:松陵,原为平江地名,皮日休、陆龟蒙等人在此地酬唱,诗作后被辑为《松陵集》。全书均依韵制作,互相唱和,讲究字句、典实,多写士大夫的闲适生活,世称"松陵体"。

81. 皮、陆二子:皮日休(约834—883),字逸少,后改袭美,襄阳(今属湖北)人。早年往鹿门山,自号鹿门子、间气布衣等。咸通进士,曾任太常博士。黄巢起义军入长安,任翰林学士。旧史谓其因故为巢所杀,一说巢兵败后为唐室所害。或谓巢败后流落江南病死。著有《皮子文薮》。陆龟蒙(？—约881),字鲁望,姑苏(今江苏苏州)人。曾任苏、湖二郡从事,后隐居甫里,自号江湖散人、甫里先生,又号天随子。与皮日休齐名,人称"皮陆"。著有《甫里集》。

82. 黄鲁直、米元章:黄庭坚(1045—1105),字鲁直,号山谷道人、涪翁,分宁(今江西修水)人。初出苏轼门下,后诗文与苏轼齐名,世称"苏黄"。其诗多写个人日常生活,以为诗歌不当有"讪谤侵凌"内容,但作品中仍表现出倾向旧党的政治态度。在艺术形式方面,讲究修辞造句,追求奇拗硬涩的风格。论诗标榜杜甫,借以提倡"无一字无来处"和"夺胎换骨、点铁成金"之论。其诗在宋代影响颇大,开创江西诗派。著有《山谷集》。米元章,米芾(1051—1107),初名黻,字元章,号襄阳漫士、海岳外史等。世居太原(今属山西),迁襄阳(今属湖北),后定居润州(今江苏镇江)。徽宗时召为书画学博士,曾官礼部员外郎,人称"米南宫"。因举止颠狂,又称"米颠"。能诗文,擅书画,精鉴别。行、草书得力于王献之,用笔俊迈,有"风樯阵马,沉着痛快"之评,与蔡襄、苏轼、黄庭坚合称"宋四家"。所作山水不求工细,多用水墨点染,自谓"信笔作之,多以烟云掩映树石,意似便已"。

83. 王谑菴:王思任(1574—1646),字季重,号谑庵,浙江山阴(今绍兴)人。万历进士,曾任九江佥事。清兵南下,鲁王监国,以思任为礼部右侍郎,进尚书。顺治三年,绍兴城破,绝食而死。诗重自然,文章笔调诙谐,时有讽刺时政之作,隐寓愤激之情。著有《王季重十种》。

84. 李献吉、何大复、李于鳞、王元美、仲伯敬、谭友夏:李献吉,李梦阳,字献吉,自号空同子,庆阳人。弘治七年进士,授户部主事,官至江西提学副使。梦阳倡言文必秦、汉,诗必盛唐,与何景明、徐祯卿、边贡、朱应登、顾璘、陈沂、郑善夫、康海、王九思等号"十才子",又与景明、祯卿、贡、海、九思、王廷相号"七才子"。《明史》卷二八六《文苑二》有传。

何大复,何景明(1488—1521),字仲默,号大复山人,河南信阳人。弘治进士,官至陕西提学副使。与李梦阳齐名,为"前七子"领袖,后虽与梦阳因拟古方法等发生争执,但复古模拟倾向仍一致,对明代诗文风气产生影响。著有《大复集》。

王元美，王世贞(1526—1590)，字元美，号凤洲、弇州山人，太仓(今属江苏)人。嘉靖进士，官至南京刑部尚书。与李攀龙同为"后七子"领袖，主张"文必秦汉，诗必盛唐"。对戏曲也有研究，《艺苑卮言》中论述南北曲产生的原因及其优劣，多有创见。著有《弇州山人四部稿》等。传奇剧本《鸣凤记》，一说也为其所作。

钟伯敬，钟惺(1574—1624)，字伯敬，号退谷，湖广竟陵(今湖北天门)人。万历进士，官至福建提学佥事。与谭元春同为竟陵派创始者，倡导幽深孤峭，追求险僻，因而作品流于冷涩。著有《隐秀轩集》。

谭友夏，谭元春(1586—1637)，字友夏，湖广竟陵(今湖北天门)人。天启间乡试第一。与钟惺同为"竟陵派"创始者，论文强调性灵，反对摹古，提倡幽深孤峭的风格。所作诗文亦流于僻奥冷涩。著有《谭友夏合集》。

85. **昭代**：政治清明的时代。常用以称颂本朝或当今时代。唐崔涂《问卜》诗："不拟逢昭代，悠悠过此生。"

86. **高季迪、刘彦昺、孙仲衍、贝廷琚、周履道、高子业、李宾之**：高季迪，高启(1336—1374)，字季迪，长洲(今江苏苏州)人。元末隐居吴淞青丘，自号青丘子。与杨基、张羽、徐贲齐名，称"吴中四杰"。明洪武初，召修《元史》，为翰林院国史编修。史成，授户部右侍郎，不受。曾赋诗有所讽刺，后被太祖借故腰斩。其诗爽朗清逸，对民生疾苦有所反映，人称明初诗人之冠。又能文。著有诗集《高太史大全集》、文集《凫藻集》附《扣舷集》词。

刘彦昺，刘炳，字彦昺，鄱阳人。至正中，从军于浙。太祖起淮南，献书言事，用为中书典签。洪武初，从事大都督府，出为东阿知县。著有《春雨轩集》。《明史》卷二八五《文苑一》有传。

贝廷琚，贝琼(？—1379)，字廷琚，崇德人。洪武初，聘修《元史》，授国子助教。与美和、铉齐名，时称"成均三助"。有《清江诗集》《文集》。《明史》卷二三七有传。

孙仲衍，孙蕡，字仲衍，广东顺德人。与王佐、赵介、李德、黄哲并受礼遇，称五先生。洪武三年进士，官至苏州经历，坐蓝玉党被杀。著有《通鉴前编纲目》《孝经集善》《理学训蒙》及《西庵集》《和陶集》。番禺赵纯称其究极天人性命之理，为一时儒宗。《明史》卷285《文苑一》有传。

周履道，周砥，字履道，吴人。寓居无锡，往来宜兴。后客会稽，没于兵。《历朝诗集》甲集前编第八选存其诗28首。

高子业，高叔嗣(1501—1537)，字子业，祥符人。嘉靖二年进士，官至湖广按察使。受知邑人李梦阳，其诗清新婉约，宗王、孟一派。著有《苏门集》。《明史》卷287《文苑三》有传。

李宾之，李东阳(1447—1516)，字宾之，号西涯，湖广茶陵(今属湖南)人。天顺进士，官至吏部尚书、华盖殿大学士。宦官刘瑾专权时，依附周旋，颇为时人所不满。其诗多应酬题赠之作，古乐府多咏述历代史事。诗歌形式典雅工丽，因其政治地位显要，在当时很有影响，人称茶陵诗派。著有《怀麓堂集》。

87. **李文饶**：李德裕(789—849)，字文饶，赵郡人，元和宰相吉甫之子。唐穆宗朝,官中书门下平章事;武宗朝,官门下侍郎,同中书门下平章事。宣宗朝,贬崖州司户参军。有《会昌一品集》。新旧《唐书》均有传。下文引语出自孙光宪《北梦琐言》卷六:"李德裕太尉未出学院,盛有词藻,而不乐应举。吉甫相俾亲表勉之。掌武(太尉的别称,指李德裕)曰:'好骡马不入行。'由是以品子叙官。"

88. "建立门庭"二句:建安,后汉献帝年号(196—220),其时曹操专政,父子均爱好文学,网罗文士,在曹操父子三人周围形成了一个文学集团——"建安七子"。

89. 曹子建:曹植(192—232),字子建,沛国谯县(今安徽亳县)人。曹操第三子。封陈王,谥思,世称陈思王。早年以才学为曹操所喜,一度将立为太子。后曹丕、曹叡相继为帝,遭受猜忌,郁郁而死。诗歌以五言为主,词采华茂。前期多描写贵族游乐生活和应酬赠答之作,也有反映汉末军阀割据混战所造成的社会动乱之作;后期诸诗,则表现其受压抑的遭遇和苦闷心情。原有集,已散佚,宋人辑有《曹子建集》。

90. 子桓:曹丕(187—226),即魏文帝,公元220年至226年在位。字子桓,沛国谯县(今安徽亳县)人。曹操次子。操死,袭位为魏王,行九品中正制。不久代汉称帝,都洛阳,国号魏。爱好文学,多与同时文人交往。其诗多反映贵族生活和感情,形式上则颇受民歌影响,语言通俗,描写也较细致;《燕歌行》是现存最早的文人七言诗。所著《典论·论文》是我国较早的文学批评著作。著有《魏文帝集》。

91. 郭景纯、阮嗣宗、陶公、左太冲、张景阳:郭景纯,郭璞(276—324),字景纯,河东闻喜(今属山西)人。博学好古,精研古文字,又喜阴阳卜筮之术。东晋初为著作佐郎,后王敦任为记室参军。敦欲谋反,命其卜筮,璞谓其必败,因而为敦所杀。王敦平,追赠弘农太守。擅长诗赋。所作《游仙诗》通过对神仙境界的追求,表现忧生避祸的心情。《江赋》也较有名。

阮嗣宗,阮籍(210—263),字嗣宗,陈留尉氏(今属河南)人。阮瑀之子。曾为步兵校尉,世称阮步兵。与嵇康齐名,为"竹林七贤"之一。性孤傲,蔑视礼教,尝以"白眼"看待"礼俗之士"。后因与当权的司马氏集团不合,日醉于酒,变为"口不臧否人物",以便在复杂的政治斗争中保全自己。其诗长于五言,《咏怀》八十余首,嗟生忧时,苦闷彷徨,对当时黑暗现实多所讥刺,而辞语隐约。又工文,《大人先生传》、《达庄论》俱有名于世。原有集,已散佚,后人辑有《阮步兵集》。

陶公,陶渊明(365或372或376—427),一名潜,字元亮,私谥靖节,浔阳柴桑(今江西九江)人。曾任江州祭酒、镇军参军、彭泽令等职,因不满士族地主把持政权的现实,去职归隐。长于诗文辞赋,诗多描绘自然景色及其农村生活情景,词句中多隐寓对腐朽统治集团的憎恶和不肯同流合污的精神,也宣扬"人生无常"、"乐天安命"的思想。咏史等题材之诗,如《咏荆轲》《读山海经·精卫衔微木》篇,寄寓抱负,颇多悲愤慷慨之音。其诗风兼有平淡与爽朗之胜;语言质朴自然,而又极为精炼,具有独特风格。有《陶渊明集》。

左太冲,左思(约250—约305),字太冲,齐国临淄(今属山东)人。官秘书郎。齐王(司马冏)命为记室督,不就。出身寒微,不好交游。《晋书》本传谓其构思十年,写成《三都赋》,"豪贵之家,竞相传写,洛阳为之纸贵"。其诗语言醇朴,所作《咏史》诗八首托古讽今,对门阀制度表示不满。原有集,已散佚,后人辑有《左太冲集》。

张景阳:张协,字景阳,安平(今属河北)人。官河间内史。后征为黄门侍郎,托病不赴。其诗擅长五言,注重词藻,与兄载、弟亢齐名,世称"三张",亦能辞赋。原有集,已散佚,明人辑有《张景阳集》。

92. 萧梁宫体:萧纲为梁太子时,常与文人墨客在东宫相互唱和。所作之诗内容多是宫廷生活及男女私情,形式上则追求词藻靡丽,时称"宫体"。"宫体"之名始见于《梁书·简文帝纪》对萧纲的评语:"然伤于轻艳,当时号曰宫体。"

93. 王、杨、卢、骆:初唐王勃、杨炯、卢照邻、骆宾王的合称。《旧唐书·杨炯传》说:"炯与王勃、卢照邻、骆宾王以文诗齐名,海内称为王杨卢骆,亦号为四杰。"四杰的诗文虽未脱齐梁以来绮丽余习,但已初步扭转文学风气。王勃明确反对当时"上官体","思革其弊",得到卢照邻等人的支持(杨炯《王勃集序》)。他们的诗歌,从宫廷走向人生,题材较为广泛,风格也较清俊。卢、骆的七言歌行趋向辞赋化,气势稍壮;王、杨的五言律绝开始规范化,音调铿锵。骈文也在词采赡富中寓有灵活生动之气。陆时雍《诗镜总论》说:"王勃高华,杨炯雄厚,照邻清藻,宾王坦易,子安其最杰乎?调入初唐,时带六朝锦色。"四杰正是初唐文坛上新旧过渡时期的人物。

94. 大历十才子:唐代宗大历年间10位诗人所代表的一个诗歌流派。他们的共同特点是偏重诗歌形式技巧。据姚合《极玄集》和《新唐书》载:十才子为李端、卢纶、吉中孚、韩翃、钱起、司空曙、苗发、崔洞(一作峒)、耿湋、夏侯审。

95. 温、李、杨、刘:温庭筠、李商隐、杨亿、刘筠。

96. 江西宗派:南宋初,吕本中作《江西诗社宗派图》,将黄庭坚、陈师道等二十余人列为江西诗派,这个诗派最主要的特征是在语言技巧方面"以故为新",讲求"点铁成金""夺胎换骨",去摹古、变古,追求奇险硬涩的风格。

97. 北地:指李梦阳,庆阳(今属甘肃)人,其地秦汉属北地郡。信阳:指何景明,信阳人。琅邪:指王世贞,据说是晋丞相王导后代,琅邪为其郡望。历下:指李攀龙,历城人。

98. 竟陵:指以钟惺、谭元春为首的竟陵派,二人都为湖广竟陵(今湖北天门)人。

99. 庾子山:庾信(513—581),字子山,南阳新野(今属河南)人。庾肩吾之子。初仕梁,后出使西魏,值西魏灭梁,遂羁留北方。历仕西魏、北周,官至骠骑大将军、开府仪同三司,世称庾开府。善诗赋骈文。在梁时作品绮艳轻靡,与徐陵皆为宫廷文学代表,时称"徐庾体"。晚年所作内容上起明显变化,如《哀江南赋》《枯树赋》等,自伤遭遇,并对社会动乱有所反映,风格转为萧瑟苍凉,为杜甫等所推崇。明人辑有《庾子山集》。

100. 陈子昂、张子寿:陈子昂(661—702),字伯玉,梓州射洪(今属四川)人。少任侠。举光宅进士,以上书论政,为武则天所赞赏,拜麟台正字,转右拾遗。居官敢于指摘时弊。曾随武攸宜出击契丹。后解职回乡,为县令段简所诬下狱,忧愤而死。于诗标举汉魏风骨,强调兴寄,反对柔靡之风。所作《感遇》等诗,指斥时弊,风格高昂清峻,是唐代诗歌革新的先驱,对唐诗发展颇有影响。又有些表现人生无常和向往神仙隐逸之作。其文反对浮艳,重视散体。著有《陈伯玉集》。

张子寿,张九龄(678—740),字子寿,一名博物,韶州曲江(今属广东)人。长安进士,任右拾遗,迁左补阙。当时吏部考试拔萃选人与应举者,多由其与赵冬曦评定等第,时称平允。其《感遇诗》十二首,作于贬谪之后,抒怀感事,以格调刚健著称。著有《曲江集》。

101. 欧阳永叔亟反杨亿、刘筠之靡丽:欧阳修在《记旧本韩文后》一文中追忆自己学文的经历:"是时天下学者杨、刘之作,号为时文","未尝有道韩文者"。欧阳修立志苟得利禄后当尽力于韩愈之古文。"后七年,举进士及第,官于洛阳,而尹师鲁之徒皆在,遂相与作为古文。"欧阳修在杨亿、刘筠的骈文大盛之时提倡学习古文,当然是认为古文比骈文更优越。但他并没有否定杨亿、刘筠的西昆体,也没有否定骈文,他对杨亿的诗文评价仍然很高,这是欧阳修与一般古文家的不同之处。

杨亿(974—1020),字大年,浦城(今属福建)人。淳化进士,任翰林学士兼史馆修撰。曾与刘筠、钱惟演等诗歌唱和,编为《西昆酬唱集》,号"西昆体"。诗学李商隐,词藻华丽,多描写日常生活及个人情感,与李诗之揭露时政、反映社会矛盾者异趣。也能骈文。著作多佚,现存《武夷新集》。

刘筠,字子仪,大名(今属河北)人。咸平进士,仕真宗、仁宗两朝,官至翰林承旨兼龙图阁直学士。曾参加编撰《图经》及《册府元龟》。诗与杨亿齐名,时称"杨刘"。

102. "唯世无伯乐"三句:《战国策》卷十七:"夫骥之齿至矣,服盐车而上太行。蹄申膝折,尾湛胕溃,漉汁洒地,白汗交流,中阪迁延,负辕不能上。伯乐遭之,下车攀而哭之,解纻衣以幂之。骥于是俯而喷,仰而鸣,声达于天,若出金石声者。"王夫之反其义而用之。

103. 李、何、王、李:即李梦阳、何景明、王世贞、李攀龙,他们分别是前、后七子的领袖。

104.《韵府群玉》、《诗学大成》、《万姓统宗》、《广舆记》:《韵府群玉》,元阴幼遇编,幼遇之兄幼达作注。《诗学大成》,宋末毛直方编。《万姓统宗》,撰者不详。《广舆记》,明陆应阳编。

105. "之""于""其""以""静""澹""归""怀"熟活字句凑泊将去:竟陵派重视自我精神的表现,在词语的运用上多以语助词入诗,王士祯《带经堂诗话》卷二十七:"天启后,竟陵派盛行,后生效之,多用焉、哉、乎、也等虚字成句,往往令人喷饭。"

106. 源休:唐相州临漳,德宗时任京兆少尹兼御史中丞。据《唐书》载:朱泚叛唐,"源休、姚令言等八人导泚自白华殿入宣政殿,僭即伪位"。苏鹗《杜阳杂编》卷上:"(朱泚)始乱长安,源休、姚令言等广陈图谶,以坚泚意。及为伪宰相,日益自负。休乃收图书,贮仓廪,作萧何(即郑侯)事业。或闻王师不利,而喜色出面,谓令言曰:天下将定,吾等之功岂后于萧何矣。"

107. 皎然《诗式》一派下游:皎然《诗式》是唐代一部标举作诗格式,指点作诗要点、法门的著作,这类诗法著作明代很多,如黄省曾《诗法》、梁格《冰川诗式》、叙衍《风骚要式》等,叶燮不满这类著作,故称之为"下游"。

108. 人莫悲于心死：语出《庄子·田子方》。

109. 西昆体：宋初，杨亿、刘筠、钱惟演在编纂《册府元龟》之余相互酬唱，后结集为《西昆酬唱集》。学子纷纷效法，号为"西昆体"。西昆体诗人宗法李商隐，善于在诗作中大量摭拾典故和前人的佳词妙语，以求意旨幽深。

獭祭鱼：《礼记·月令》："鱼上冰，獭祭鱼，鸿雁来。"谓獭常捕鱼陈列水边，如同陈列供品祭祀。比喻罗列故实，堆砌成文。宋吴炯《五总志》："唐李商隐为文，多检阅书史，鳞次堆集左右，时谓为獭祭鱼。"

110. "山围晓气蟠龙虎"二句：语出《早春呈吴侍制》。

111. "我别语儿溪上宅"四句：语出《寄内弟陆熙之》。

112. 《诗》教虽云温厚：《礼记·经解》："孔子曰：入其国，其教可知也。其为人也温柔敦厚，诗教也。"

113. 乌台诗案：宋神宗元丰二年（1079），权臣何正臣等弹劾苏轼，指责其被贬湖州到任后的谢表和诗作"愚弄朝廷"，"讥谤新法"。苏轼因此被逮入京，囚于监御史台狱中。释放后被贬为黄州团练副史。这次事件史称"乌台诗案"。乌台，御史台。

114. 圣主如天万物春：见苏轼《予以事系御史台狱，狱中稍见侵，自度不能堪，死狱中不能一别子由。故作二诗授狱卒梁成，以遗子由》之一。

115. 陈正字、张曲江：即陈子昂与张九龄。

116. 朱子和陈、张之作：朱子和陈、张之作指《斋居感兴二十首》，序云："余读陈子昂《感遇诗》，爱其词旨幽邃，音节豪宕，非当世词人所及。如丹砂空青，金膏水碧，虽近乏世用，而实物外难得自然之奇寶。欲效其体作十数篇。顾以思致平凡，笔力萎弱，竟不能就。然亦恨其不精于理，而自托仙佛之闲以为高也。斋居无事，偶书所见，得二十篇。虽不能探索微渺，追迹前言，然皆切于日用之实，故言亦近而易知，既以自警，且以贻诸同志云。"

117. 陈白沙：陈献章（1428—1500），字公甫。因为新会（今属广东）白沙里人，世称白沙先生。初受学于吴与弼。绝意科举，曾应召，授翰林院检讨而归，自后屡荐不起。为学继承陆九渊"心即理也"观点，认为宇宙只是"理"的表现，而"理"即"心"。于修养主静坐之法，认为"学劳攘则无由见道，故观书博识，不如静坐"。著有《白沙集》。

118. 杜蘅：即杜若，香草名。多年生草本，高一二尺。叶广披针形，味辛香。夏日开白花。果实蓝黑色。文学作品中常用以比喻君子、贤人。《楚辞·离骚》："畦留夷与揭车兮，杂杜蘅与芳芷。"

119. 王伯安：王守仁（1472—1528），字伯安。余姚（今属浙江）人。曾筑室于故乡阳明洞，世称阳明先生。他发展了陆九渊的学说，主张用反求内心的修养方法，以达到"万物一体"的境界。又提倡"知行合一"和"知行并进"说，反对宋儒主张"知先行后"以及各种割裂知行关系的说法。其学说之"反传统"姿态对明中期以后思想界影响很大。其著作由门人辑为《王文成公全书》三十八卷。

120. 蠢动含灵，皆有佛性：《大般涅槃经》卷第七《如来性品第四》之四云："一切众生皆有佛性。"

121. 王辰玉：王衡，字辰玉，太仓人。万历二十九年(1601)进士，官翰林院编修。当时以世家公子而有才子之称。

122. 隐逸诗人之宗：语出钟嵘《诗品》。

123. 陈无己：陈师道(1053—1102)，字履常、无己，号后山居士，彭城(今江苏徐州)人。元祐时因苏轼等推荐，为徐州教授。后任太学博士、秘书省正字等职。家境困窘。爱苦吟，有"闭门觅句陈无己"之称。常与苏轼、黄庭坚等唱和，为江西诗派的代表作家之一。所著有《后山先生集》。

124. 陈仲醇：陈继儒(1558—1639)，字仲醇，号眉公、麋公，华亭(今上海市松江)人。能诗文，好收藏，以隐士自命，卜居小昆山，但又周旋官绅间，时人颇有讥评。身前以善于鉴赏书画名，其鉴定间也有误。所著有《陈眉公全集》。并辑有《宝颜堂秘笈》，保存了若干小说和掌故资料。又曾辑《国朝名公诗选》，起自高启、王冕，下迄李贽、屠隆等，并各附有小传。

125. 宋初九僧：欧阳修《六一诗话》："国朝浮屠以诗名于世者九人，故时有集号'九僧诗'。"司马光《温公续诗话》："九僧者，剑南希昼、金华保暹、南越文兆、天台行肇、沃州简长、贵城惟凤、淮南惠崇、江南宇昭、峨嵋怀古也。"

126. "彼所谓政散民流"二句：《礼记·乐记》："郑卫之音。乱世之音也。比于慢矣。桑间濮上之音。亡国之音也。其政散。其民流。诬上行私而不可止也。"

127. 饥来驱我去：见陶渊明《乞食》。

128. 陈昂、宋登春：陈昂，字云仲，自号白云先生。明莆田人。莆田为倭寇蹂躏遂流寓四方，以佣诗、卖卜、织草履为生。晚年侨居金陵，穷困以死。有《白云集》。宋登春，字应元，号海翁。明赵郡新河人。晚年居金陵天鹅池，更号鹅池生。以诗画为生旅食四方，奔波穷困。著有《宋布衣集》。

129. 荷叶罗裙一色裁：语出王昌龄《采莲曲》。昨夜风开露井桃：语出王昌龄《殿前曲》。

130. 青青河畔草，郁郁园中柳：语出《古诗十九首》之二。闺中少妇不知愁：语出王昌龄《闺怨》。西宫夜静百花香：语出王昌龄《西宫春怨》。

131. "杜牧之恶其蛊人心"三句：语出杜牧《唐故平卢军节度巡官陇西李府君墓志铭》："尝痛自元和已来，有元白诗者，纤艳不逞，非庄士雅人多为其所破坏，流于民间，疏于屏壁，子父女母交口教授，淫言媟语，冬寒夏热入人肌骨，不可除去。吾无位，不得用法以治之。欲使后代知有发愤者，因集国朝已来类于古诗得若干首，编为三卷，目为唐诗，为序以导其志。"

132. 潘之恒：字景升，歙人。太学生，少时以诗名，曾师事王世贞，后论诗改宗公安派。明末重要的曲评家，著有《剧评》《曲中志》《秦淮剧评》等。

133. 宗子相：宗臣，字子相，扬州兴化人。明嘉靖二十九年(1550)进士，授刑部主事，官至福建提学副使。著有《子相集》。《明史》卷二八七《文苑》有传。

134. 擿埴而行：谓盲人以杖点地摸索道路。常喻暗中求索。汉扬雄《法言·修身》："擿埴索涂，冥行而已矣。"李轨注："埴，土也。盲人以杖擿地而求道，虽用白日，无异夜行。夜行之义,面墙之谕也。"

135. 李峤:字巨山,赵州赞皇人。武后时官凤阁舍人,"朝廷每有大手笔,皆特令峤为之"。官至同中书门下三品。存诗五卷,其中二卷全为咏物诗。新旧《唐书》均有传。

136. "自是寝园春荐后"二句:语出王维《敕赐百官樱桃》。

137. 阿堵:六朝人口语。犹这,这个。《晋书·文苑传·顾恺之》:"恺之每画人成,或数年不点目精。人问其故,答曰:'四体妍蚩,本无阙少于妙处,传神写照,正在阿堵中。'"

138. "黄莺弄不足"二句:语出王维《左掖梨花》。

139. "认桃无绿叶"二句:宋人石曼卿诗句,全诗已佚,句见《东坡志林》卷十。

140. 袁凯:字景文,华亭人。明洪武时为御史,因遭明太祖猜疑,佯狂辞归。曾在杨维桢席上作《白燕》诗,令杨维桢大为惊赏,遍示座客。从此有了"袁白燕"这个美称。著有《海叟集》。下文引语出自其名诗《白燕》。

141. 踽踽:独立特行,与众不同。《孟子·尽心下》"如琴张、曾晳、牧皮者,孔子之所谓狂矣"汉赵岐注:"琴张,子张也。子张之为人踽踽谲诡。"

142. 黄大痴:黄公望(1269－1354),本姓陆,名坚,平江常熟(今属江苏)人;出继永嘉(今浙江温州)黄氏为义子,因改姓名,字子久,号一峰、大痴道人等。工书法,通音律,能作散曲。擅画山水,曾得赵孟頫指授,山水宗法董源、巨然,常在虞山、三泖、富春等处领略自然之胜,随笔摩写。水墨、线绛俱作,善以草籀奇字之法入画,笔简而有神韵,气势雄秀,有"峰峦浑厚,草木华滋"之评。著有《写山水诀》。

143. 禅家有三量:《相宗络索》谓三量为现量、比量、非量,皆佛教因明用语。叶燮用禅家三量分别比拟诗歌的三种类型:诗中情味深长,触类而长者为现量;模拟规划者为比量;雕琢征引,勉强攀附者为非量。

【讲疏】

王夫之论诗以吟咏性情为基本功能,因此诗歌必然有其独特的语言存在和文体形式,王夫之说:"陶冶性情,别有风旨,不可以典册、简牍、训诂之学与焉也。"他反复阐述诗歌固有特征,对长期争论不休的问题提出了独到见解,如反对诗史说、反对以议论为诗、反对以理为诗;主张意约辞尽、崇尚柔韧的风格、提倡"神韵"说等等。《夕堂永日绪论内编》节选部分反映了王夫之对情景交融创作论的一些基本看法,主要有五个方面的内容:

一、明确提出"情、景名为二,而实不可离"的论断。王夫之认为情、景虽有主观与客观之分别,但两者是互渗互生的,外在景物可催生出情感,情感更可催化外在景物,两者互为因承。在他的诗论中很少单独提到情或景,他总是在二者的关系中来考察它们。王夫之通过论说近体诗情景构合之法，对机械地分割情与景的诗歌批评不以为然。他认为，诗歌创作对情景的运用并非如有些人所论断的那么界限分明，或前情后景，或前景后情，事实并非如此。很多诗作往往是连续多句写景，或连续多句言情，或将情景表现互相糅合，但都景中有情，情中有景，情景交融，相互间并没有绝然的界限与分野。他又认为："景生情，情生景，哀乐之触，荣悴名迎，互藏其宅。"（《诗绎》）这说明情景间有其客观的一致性。但是由于人的感情十分复杂，人们的审美情感往往受当时由于某种原因造成的特定的心境制约，所以有时通常使人们喜悦的景物反而让人伤怀，而易于引起人们悲哀之情的景物却能使人愉悦。王夫之敏锐地观察到了情与景之间的这种矛盾性。他在评论《诗经·小雅·采薇》篇景物描写时说："以乐景写哀，以哀景写乐，一倍增其哀乐。"（《诗绎》）这种见解无疑是精辟的。

二、情景相提并论不可偏废，但他并不否认二者有主次之分。而在情与景孰主孰次的问题上他有独得之见。他认为从不同角度看，情与景的主次关系是不相同的。在创作过程中，注重客观环境对作者思想感情的影响，他主张"即景会心"、"会景生心"、"景生情"。这时景是第一位的，情是第二位的。所以他说："不能作景语，又何能作情语邪？"他说："身之所历，目之所见，是铁门限。"而从诗歌作品本身看，他继承了中国传统的"诗以道情"的观点，认为"诗文俱有主宾，无主之宾，谓之乌合"。"无论诗歌与长行文字，俱以意为主，意犹帅也。"可见在这里情是第一位的，景是第二位的。认为诗中一切景物的描写都应该是为达情而设的。情景融合的过程中，情是起主导作用的，进入诗人笔下之"景"是被诗人审美情加以观照、取舍的富有艺术生命的"活景"。基于这种观点，他极力反对"把定一题、一人、一事、一物，于其上求形模、求比似、求词采、求故实"，只有因景生情、以情会景，才能写出情景交融的佳作来。

三、情景关系以真实性为基础。王夫之所论之情不是无中生有，无病呻吟的做作之情，而是"言必有意，意必由衷"的真情实感。他所论之景也不是随意心造之景，而是亲眼所见能兴发情感的真实景物，他强调"身之所历，目之所见，是铁门限"。这样就给情与景限定了一个严格的范围，把不真实的东西摒于诗的殿堂之外。他又说："情不虚情，情皆可景，景非滞景，景总含情。神理流于两间，天地供其一目，大无外而细无垠。"（《古诗评选》）就是说只要是真实的情感，就一定能通过景物表现出来，只要不是呆板、僵死地写景，这景就必然含有作者的情感。在此基础上，真情实景相融合，相生发，就可以唯意所适，绝无阻碍。王夫之把情景关系建立在真实性的基础之上，使他的情景论获得了更高价值。同时，他对那些毫无真情实感的奉和应酬之作极度反感,把写此类诗的人统称为"诗佣",并说:"诗佣者,衰腐广文,应上官之征索;望门幕客,受主人之催托也。"

四、情景表现上要尽兴会之意,相互构合自由通脱。王夫之借用佛教语"现量"一词,将情景发生机制视作纯粹的刹那间的直观感受,强调创作灵感的情景交融艺术境界形成的重要作用。由于王夫之认识到创作过程中的审美自觉性,所以王夫之认为情景结合乃至获得语言表现形式全都应在兴会的创作状态中完成。他强调情景交融要以艺术兴会为其内在的依托和动力,唯其如此,情景交融才能天衣无缝;反之,情景构合就呈现出被动性、消极性,难以真正融合。审美直觉性固然重要,但并不意味着只要眼前有景物人们就能获得美感从而写出好诗来。"神理凑合时,自然拾得",审美直觉不仅受到"神""理"主观和客观两方面的限制,而且审美直觉性并不排斥理性,王夫之明确指出:"无名理者不能做景语"(《唐诗评选》)。

五、对诗法与门派都持反对态度。王夫之既不赞成转韵立界之"法"、起承转合之"法",又十分反对情景机械相配的"法"。他认为一切诗法都必须是灵活的、有利于诗情再现的,而不应该是僵化的、有损于诗情再现的东西,因此他主张以情事为主导,以法式为从属。王夫之关于诗法的论述,从根本上解脱了历来诗学家们所谓的"章法""句法""起承开阖"之法给人们的束缚。明代文坛门庭标榜之风非常盛行,王夫之对这种标榜门庭、坛坫自雄、党同伐异的时风深恶痛绝,予以猛烈的抨击。他说立门庭者怀着容易成名的侥幸心理,本无才情以此为安身立命之本,而结果是"才立一门庭,则但有其格局,更无性情,更无兴会,更无思致,自缚缚人",所以他怒斥依傍门庭者为自寻"桎梏"。他还尖锐指出:立门庭者只能"扇动庸才",令其"旦仿而夕肖",而一切"骐骥"皆不依傍门庭,而是另辟蹊径,孤往独到,别树一帜。由于王夫之着眼于情景交融浑然一体为诗的上乘境界,所以对雕琢词句亦持否定态度,反对那些封建士大夫在志得意满之余把诗歌作为一种消遣,关在书斋里寻辞摘句,甚至把诗歌搞成文字游戏。

此外,王夫之还考察到具体写景的方式,主张以"小景"传"大景"。

当然,王夫之的情景论也不可避免地带有某些局限性。首先,他过分强调了诗歌创作过程的审美直觉性,认为只有捕捉一瞬间的目之所见与心之所感,才能写出好诗,这就排斥了借鉴前人创作经验的重要作用,也否定了诗人对素材的整理剪裁过程。其次,他所追求的境界在山水诗中可谓上乘,对于其它题材的诗则不尽适宜。譬如他反对直接抒发愤懑之情,反对毫无掩饰地揭露客观黑暗现实,对白居易、杜甫现实诗篇评价不高。王夫之在政治伦理思想上视儒家为正统,反对"离经叛道"。在美学上受儒家"哀而不伤,乐而不淫"美学原则的影响,要求诗歌不激不励,心平气和。由此在其精深的诗论中难免出现偏颇。

【关键词解读】

情景说

情景论是我国古代文论创作论的核心论题之一,它从审美构成质素的角度探讨文学作品的创造,考察的是文学作品的构成生发问题。"情景说"源头可追溯到《诗经》中的情景交融审美创作实践,以及《礼记·乐记》所领起的"物感"理论。情景论正式出现于魏晋南北朝时期,陆机、刘勰、钟嵘等人对"情以物迁"的论题有所论说,"情景交融"的美学框架已初步建构起来。情景交融在唐宋诗词画等艺术中得到非常成功的印证,"情景"作为诗歌创美的一对范畴被正式提了出来,并成为"意境"说的重要内容。其中王昌龄、皎然、权德舆、司空图、李仲蒙、叶梦得、姜夔、周弼、范晞文等人都对情景论予以阐说。经元代杨载的"景中含意""意中带景"论过渡后,明清时代的诗论家正式将情景交融说定型,将其推向概念前台,并就其内部关系作了深入具体的探索,使古典诗学的"情景交融"命题独具神采,其中清初王夫之的"情景"说最为丰富。王夫之论诗不像宋元明时期诗论家们那样偏狭肤浅地从格律、句法上教人如何一虚一实、上情下景或下情上景,而是始终不离诗歌主客体关系,始终站在美学高度,同时又紧密联系、契合诗歌创作和作品的实际来立论,探讨"情"与"景"如何臻于情景交融的具体创作途径。情与景这对范畴像一条红线贯串于王夫之的整个诗论,他集前人大成之妙,对后人包括王国维深有影响。如王夫之说"不能作景语,又何能作情语",王国维则说"一切景语皆情语";王夫之说"有大景有小景",王国维说"境界有大小";王夫之分"情景"关系为"神""巧者"两个高低层次:"神于诗者,妙合无垠;巧者则有情中景,景中情",王国维则说:文学之事,"上焉者意与境浑,其次或以境胜,以意胜",等等。

【相关知识链接】

词章莫难于诗,而人皆喜为之。诗以养性,且达难言之情,既不讲格讽,则不必作,专讲格讽,又必难作。于是人争避难,多为七绝、七律,以为易成,而又易入格也。不知愈为其难,虽名手无名篇焉。凡为文求工便俳优,诗不求工何如敛手,故诗与诸文不同,必求动人者;动人而何以免佛优之贱,以其处于至尊至贵,而无夭冶之心也。以人求之,唐以前人,何不徇人,宋以后人,知者稀矣。杜子美语必惊人,便有徇人之意,而所谓惊人者,只是如陶、谢,仍是论格律,非炼字句也。陶诗可惊人乎? 惊当是胜。文有朝代,诗有家数。文取通行,故一代成一代之风;诗由心声,故一人有一人之派。论文而分班、马,论诗而区唐、宋,非知言也。陈、隋南北绝而宗派同,王、骆家数殊而音韵近,亦有间相染者,细辨乃能分之。则诗究殊于文,文不易分,诗易分矣。明人拟古,但律诗可乱真,古体则开口便觉。诗亦自有朝代,唐以前诗,不能伪为,宋以后诗,大都易似,此又先辨朝代后论家数也。近人卤莽,谬许明七子为优孟,以杨诚斋、陆务观配苏、黄,不知七子之全不能《文选》,杨、陆之未足成家数也。

诗即乐也,有五言以持其志,即有七言以畅其气,七言之兴,在汉则乐府,在后为歌行,乐府亦可以文法行之,亦可以弹词代之,如卢仝、顾况是骚赋之流,居易、仲初则焦、冯之体,并李、杜分三派,而李东川能兼之。唐初四杰,则五言之增加,古无是格,不能为七言之宗也,要亦从《行路难》《燕歌行》变成耳。七言较五言为易工,以其有痕迹可寻,易于见好,李、杜门径,尤易窥寻;然不先工五言,则章法不密,开合不灵,以体近于俗,先难入古,不知五言用笔法,则歌行全无步武也。既能作五言,乃放而为七言易矣。切记太白四言之说,四言与诗绝不相干,作诗必先学五言,五言必读汉诗,而汉诗甚少,题目种类亦少,无可揣摩处,故必学魏、晋也。诗法备于魏、晋,宋、齐但扩充之,陈、隋则开新派矣。自来推曹子建为大家,无一灵妙句,阮嗣宗稍后之,便高华楚化不可方物,而不为大家者,重意不重词也。诗之旨则以词掩意,如以意为重,便是陶渊明一派,钟嵘以为陶诗出于《百一》不言出《咏怀》者,陶语句更明白易晓也。学阮、陶只可处悲愤乱世,若富贵闲适便无诗,学曹尚可发舒,比老庄、山水、宫体为阔大,可以应用。此外诸家皆其枝流,虽各有妙而不外此。曹以后则大录足继之。唐人极重五律,以为四十贤人,此中、晚名家,专工帖括,化而为四韵之说,与制义名家改作古文,而生义法,其所经营,皆声希味淡,自有甘苦,他人不能喻也。自齐、梁新体兴,而五律自为一种,要斟超逸取致。杜少陵乃有沉着顿挫前后照应之法。

余五律不拘一家,自谓变化。而邓弥之乃云,不过平稳。邓五律专学杜,而看去实胜我,专博之异也。杜所以成家者,所存诗多,而题目平易,咏景物多,恰近人情。故流俗喜传之,易于见好矣。中、晚虽殚精极思,各有其趣,未可为外人道也,故不必致力。而共选声配色之方,诗家之所同,又不待言矣。

——王闿运:《湘绮楼说诗》卷六《论诗示黄镠》,民国23年排印本

【延伸阅读】

《薑斋诗话》系后人所辑,全书凡三卷:卷一《诗绎》系《诗》三百篇之论;卷二《夕堂永日绪论内编》系更广义的诗论;卷三《南窗漫记》主要载录同时诗友们的诗篇断章,从文学理论价值而言,则卷一、二为重要。王夫之除评论《诗经》外,又有《古诗评选》与《唐诗评选》,三部评选之作与《夕堂永日绪论内编》广义的诗论相得益彰,也可以说是《夕堂永日绪论内编》诗论主张在具体作品评价上的表现。

诗绎(节选)

王仲淹氏之续经,见废于先儒,旧矣。续而僭者,《七制》之诏策也。仲淹不任删;《七制》之主臣,尤不足述也。《春秋》者,衰世之事,圣人之刑书也。平、桓之天子,齐、晋之诸侯,荆、吴、徐、越之僭伪,其视六代、十六国相去无几;事不必废也,而诗亦如之。卫宣、陈灵下逮乎《溱洧》之士女,《葛屦》之公子,亦奚必贤于曹、刘、沈、谢乎?仲淹之删,非圣人之删也,而何损于采风之旨邪?故汉、魏以还之比兴,可上通于《风》《雅》;桧、曹而上之条理,可近译以三唐。元韵之机,兆在人心,流连迭宕,一出一入,均此情之哀乐,必永于言者也。故艺苑之士,不原本于《三百篇》之律度,则为刻木之桃李;释经之儒,不证合于汉、魏、唐、宋之正变,抑为株守之兔置。陶冶性情,别有风旨,不可以典册、简牍、训诂之学与焉也。随举两端,可通三隅。

"诗可以兴,可以观,可以群,可以怨。"尽矣。辨汉、魏、唐、宋之雅俗得失以此,读《三百篇》者必此也。"可以"云者,随所"以"而皆"可"也。于所兴而可观,其兴也深;于所观而可兴,其观也审。以其群者而怨,怨愈不忘;以其怨者而群,群乃益挚。出于四情之外,以生起四情;游于四情之中,情无所窒。作者用一致之思,读者各以其情而自得。故《关雎》,兴也;康王晏朝,而即为冰鉴。"讦谟定命,远猷辰告。"观也;谢安欣赏,而增其遐

心。人情之游也无涯,而各以其情遇,斯所贵于有诗。是帮延年不如康乐,而宋、唐之所繇升降也。谢叠山、虞道园之说诗,并画而根掘之,恶足知此?

"采采芣苢",意在言先,亦在言后,从容涵泳,自然生其气象。即五言中,《十九首》犹有得此意者。陶令差能仿佛,下此绝矣。"采菊东篱下,悠然见南山","众鸟欣有托,吾亦爱吾庐",非韦应物"兵卫森画戟,燕寝凝清香"所得而问津也。

"昔我往矣,杨柳依依;今我来思,雨雪霏霏。"以乐景写哀,以哀景写乐,一倍增其哀乐。知此,则"影静千官里,心苏七校前",与"唯有终南山色在,晴明依旧满长安",情之深浅宏隘见矣。况孟郊之乍笑而心迷,香啼而魂丧者乎!

唐人《少年行》云:"白马金鞍从武皇,旌旗十万猎长杨。楼头少妇鸣筝坐,遥见飞尘入建章。"想知少妇遥望之情,以自矜得意,此善于取影者也。"春日迟迟,卉木萋萋;仓庚喈喈,采蘩祁祁。执讯获丑,薄言还归;赫赫南仲,狁于夷。"其妙正在此。训诂家不能领悟,谓妇方采蘩而见归师,旨趣索然矣。建旌旗,举矛戟,车马喧阗,凯乐竞奏之下,仓庚何能不惊飞,而尚闻其喈喈?六师在道,虽曰勿扰,采蘩之妇亦何事暴面于三军之侧耶?征人归矣,度其妇方采蘩,而闻归师之凯旋。故迟迟之日,萋萋之草,鸟鸣之和,皆为助喜。而南仲之功,震于闺阁,家室之欣幸,遥想其然,而征人之意得可知矣。乃以此而称南仲,又影中取影,曲尽人情之极至者也,

"庭燎有辉",乡晨之景,莫妙于此。晨色渐明,赤光杂烟而 ,但以"有辉"二字写之。唐人《除夕》诗"殿庭银烛上熏天"之句,写除夕之景,与此仿佛,而简至不逮远矣。"花迎剑佩"四字,差为晓色朦胧传神;而又云"星初落",则痕迹露尽。益叹《三百篇》之不可及也!

"子之不淑,云如之何","胡然我念之,亦可怀也",皆意藏篇中。杜子美"故国平居有所思",上下七首,于此维系,其源出此。俗笔必于篇终结锁,不然则迎头便喝。

"赐名大国虢与秦",与"美孟姜矣""美孟弋矣""美孟庸矣"

一辙,古有不讳之言也,乃《国风》之怨而诽,直而绞者也。夫子存而弗删,以见卫之政散民离,人讟其上;而子美以得"诗史"之誉。夫诗之不可以史为,若口与目之不相为代也,久矣。《鲁颂》,鲁风也;《商颂》,宋风也:以其用天子之礼乐,故仍其名曰"颂"。其郊禘之升歌也,乃文之无惭,侈心形焉。"鼓咽咽,醉言归,于胥乐兮。"与《铙吹》《白纻》同其管急弦繁之度,杂霸之风也。鲍昭、李白、曹邺以之。

谢灵运一意回旋往复,以尽思理,吟之使人卞躁之意消。《小宛》抑不仅此,情相若,理尤居胜也。王敬美谓:"诗有妙悟,非关理也。"非理抑将何悟?

兴在有意无意之间,比亦不容雕刻;关情者景,自与情相为珀芥也。情景虽有在心在物之分,而景生情,情生景,哀乐之触,荣悴之迎,互藏其宅。天情物理,可哀而可乐,用之无穷,流而不滞,穷且滞者不知尔。"吴楚东南坼,乾坤日夜浮。"乍读之若雄豪,然而适与"亲朋无一字,老病有孤舟"相为融浃。当知"倬彼云汉",颂作人者增其辉光,忧旱甚者益其炎赫,无适而无不适也。唐末人不能及此,为"玉合底盖"之说,孟郊、温庭筠分为二垒。天与物其能为尔阃分乎?

——《薑斋诗话》卷一,岳麓书社1988年排印《船山全书》本

古诗评选(节选)

卷 一

曹丕《燕歌行》评语:所思为何者,终篇求之不得。可性可情,乃《三百篇》之妙用。盖唯抒情在己,弗待于物,发思则虽在淫情,亦如正志,物自分而己自合也。呜呼!哭死而哀,非为生者。圣化之通于凡心,不在斯乎?二首为七言初祖,条达谐和,已自尔尔。始知寒促拘疆如宋人七言,定为魔业。

魏后甄氏《塘上行》评语:诗固自有络脉,但不从文句得耳。意内初终,虽流动而不舍者,即其络也。此诗似复似脱,似叛似

蹇，不知者往往于此求古。乃不知其果复果脱，果叛果蹇，翻令元、白、欧、梅一流人大笑不禁。于无言之表寻其意之起止，固累累若贯珠，何复何脱、何叛何蹇哉？虽然，真作者之于此，亦一映而已。但写情，不傍事，求之此有余，不劳更求之彼矣。借他物以夤缘者，不及情故也，如彼乃不劳作诗。

曹植《当来日大难》评语：于景得景易，于事得景难，于情得景尤难。"游马后来，辕车解轮"，事之景也。"今日同堂，出门异乡"，情之景也。子建而长如此。即许之天才流丽可矣。

陆厥《中山孺子妾歌》评语：可以群者，非狎笑也。可以怨者，非诅咒也。不知此者，直不可以语诗。上下四旁，古今人物，饶有动情之处，鄙躁者非笑不欢、非哭不戚耳。自梁、陈、隋、唐、宋、元以来，所以亡诗者在此。齐以前固未刊落。

张正见《龙头水》评语：急不竞，丽不浮。梁、陈以来，所尚者使事，而拙者不能多读书，虽读亦复不解，迫其愈下，则有纂集类书，以供填入之恶习。故序古则乱汉为秦，移张作李；纪地则燕与秦连，闽与粤混。求如此作以"远人隗嚣营，傍侵酒泉路"记龙头水者，鲜矣。尝谓天下书皆有益而无损，下至酒坊账册，亦可因之以识人姓字。其能令人趋入于不通者，惟类书耳。《事文类聚》《白孔六帖》《天中记》《潜确类书》《世说新语》《月令广义》一流恶书，案头不幸而有此，真如疟鬼缠人，且如传尸劳痓，非铁铸汉，其不死者千无一二也。悲夫！

庾信《杨柳行》评语：七言长篇，此为最初元声矣。一面叙事，一面点染生色，自有次第，而非史传、笺注、论说之次第。逶迤淋漓，合成一色，虽尽力抉出示人，而浅人终不测其所谓，正令读者犹恨其少。若白乐天一流人，才发端三四句，人即见其多，迨后信笔狂披，直如野巫请神，哝哝数百句，犹自以为不足，而云"略请一圣，千圣降临。"然后知六代之所谓"纵横"者，异唐人之"纵横"远矣。齐、梁以降，士习浮淫，诗之可传者既不多得，近者竟陵一选，充取其狎媟猥鄙之作，而齐、梁、陈、隋，几疑无诗。若子山此上三篇，真性情、真风雅、为一代大文笔者，反断然削去。古人心血.为后世无知无行者掩抑至此，虽非壮夫，能不为之按剑哉？钟以宣城门下蚁附之末品，背公死党，既专心竭力与千古忠孝人为仇雠；谭则浪子游客，炙手权门，又不知性情为何物，其视此种诗，如芒刺在眼。猰㺄所噬，穷奇所食；固亡足怪，而生心害政，乃以堕天下之廉耻，坐五十年来文人才士于烟花市井之中，卖国事雠，恬不知忌。呜呼，有心有血者。何忍复食其余耶？

卷　　四

《上山采蘼芜》评语：诗有叙事、叙语者，较史尤不易。史才固以骤括生色，而从实着笔自易。诗则即事生情，即语绘状，一用史法，则相感不在永言和声之中，诗道废矣。此《上山采蘼芜》一诗所以妙夺天工也。杜子美放之作《石壕吏》，亦将酷肖，而每于刻画处以逼写见真，终觉于史有余，于诗不足。论者乃以诗史誉杜，见驼则恨马背之不肿，是则名为可怜悯者。

李陵《与苏武诗》评语：诗以道情，道之为言路也。情之所至，诗无不至；诗之所至，情以之至。一遵路委蛇，一拔木通道也。然适越者至越尔；今汨适越而昔来，古今通哂。东渐闻，西涉蜀，以资越之眷属，则令人日交错于舟车而无已时，无他，不足于情中故也。古人于此，乍一寻之。如蝶无定宿，亦无定飞，乃往复百歧，总为情止。卷舒独立，情依以生。空杳之迹微，大忍之力定，视彼充然者岂不能然？薄天子而不为耳。

刘桢《赠五官中郎将》评语：自然佳致，不欲受才子之名。景语之合，以词相合者下，以意相次者较胜；即目即事，本自为类，正不必蝉联．而吟咏之下，自知一时一事有于此者，斯天然之妙也。"风急鸟声碎，日高花影重"，词相比而事不相属，斯以为恶诗矣。"花迎剑佩星初落，柳拂旌旗露未干"，洵为合符，而犹以有意连合见针线迹。如此云"明灯曜闺中，清风凄已寒"，上下两景几于不续，而自然一时之中，寓目同感。在天合气，在地合理，在人合情，不用意而物无不亲。呜呼，至矣！

阮籍《咏怀》评语：唯此窅窅摇摇之中，有一切真情在内，可兴，可观，可群，可怨，是以有取于诗。然因此而诗，则又往往缘景，缘事，缘已往，缘未来，终年苦吟而不能自道。以追光蹑景之笔；写通天尽人之怀，是诗家正法眼藏。钟嵘"源出《小雅》"之评，真鉴别也。

张载《招隐》评语：议论入诗，自成背戾。盖诗立风旨，以生议论，故说诗者于兴、观、群、怨而皆可，若先为之论，则言未穷而意已先竭；在我已竭，而欲以生人之心，必不任矣。以鼓击鼓，鼓不鸣；以桴击桴，亦槁木之音而已。唐、宋人诗情浅短，反资标说，其下乃有如胡曾《咏史》一派，直堪为塾师放晚学之资。足知议论立而无诗，允矣。必不容已，如孟阳斯篇，和缓不拘迫，为犹贤乎！高处在一结不缴转"人间实多累"去。惟然，则前十二句皆隐者之情事，亦人中景，非议论已。

卷　五

孝武帝《济曲阿后湖》评语：游览诗固有适然未有情者，俗笔必强入以情，无病呻吟，徒令江山短气。写景至处，但令与心目不相暌离，则无穷之情正从此而生。一虚一实、一景一情之说生，而诗遂为窘，为梏，为行尸。噫，可畏也哉！

谢朓《之宣城郡出新林浦向板桥》评语：晋、宋以下诗，能不作两截者鲜矣，然自不虚架冒子，回顾收拾，全用经生径路也。起处直，转处顺；收处平，虽两截，固一致矣。语有全不及情而情自无限者，心目为政，不恃外物故也。"天际议归舟，云间辨江树"，隐然一含情凝眺之人，呼之欲出。从此写景，乃为活景。故人胸中无丘壑，眼底无性情，虽读尽天下书，不能道一句。司马长卿谓读千首赋便能作赋，自是英雄欺人。从"识""辨"二字引入，当人去止处即行，遂参天巧。虽然，作者初不役意为此也。

谢灵运《登上戍石鼓山诗》评语：谢诗有极易入目者而引之益无尽，有极不易寻取者而径遂正自显然，顾非其人，弗与察尔。言情则于往来动止缥缈有无之中得灵蠁，而执之有象；取景则于系目经心丝分缕合之际貌固有，而言之不诬。而且情不虚情，情皆可景，景非滞景，景总含情。神理流于两间，天地供其一目，大无外而细无垠，落笔之先，匠意之始，有不可知者存焉。岂徒兴会标举，如沈约之所云哉？

庾信《咏怀》评语:《咏怀》二十七首,此作最为完美。余篇非无好思理,要皆汗漫,不可以诗论也。子山性正情深,在齐、梁以降,为经天之星,将与日月争光,以之发为长歌,雅称至极。乃于五言一宗,余虽不敏,不能曲护贤者,而谓非破坏诗体之咎府也。子山五言有两种:早年在梁,所得仅与徐陵方驾,亦为宫体所染,其才不伸;入关以后,则杜子美所称"暮年诗赋动江关",又云"庾信文章老更成"者是已。杜以为功之首。余以为咎之魁,非相河汉,源流固不可诬也。五言之敝,始于沈约。约偶得声韵之小数,图度予雄,奉为拱璧,而牵附比偶,以成偷弱、汗漫之两病,皆所不恤。简文以其偷弱者为宫体,非强砌古事,全无伦脊,则猥媟亡度之淫词而已。顾其为失,有心目者稍知非之,卑俗故也。子山则情较深,才较大,晚岁经历变故,感激发越,遂弃偷弱之习,变为汗漫之章,偶尔狂吟,抒其悲愤,初不自立一宗,以开凉法。乃无端为子美所推,题曰"清新",曰"健笔纵横",拥戴宗盟,乐相仿效。凡杜之所为趋新而僻、尚健而野、过清而寒、务纵横而莽者,皆在此出;至于"只是走踆踆""朱门酒肉臭""老大清晨梳白头""贤者是兄愚者弟"。一切枯菅败荻之音,公然为政于骚坛,而诗亡尽矣。清新已甚之敝,必伤古雅,犹其轻者也。健之为病,"壮于頄",作色于父,无所不至。故闻温柔之为诗教,未闻其以健也。健笔者,酷吏以之成爰书而杀人。艺苑有健讼之言,不足为人心忧乎?况乎纵横云者,小人之技,初非雅士之所问津。古人以如江如海之才,岂不能然?顾知其不可而自闲耳。如可穷六合,亘万汇,而一之于诗,则言天不必《易》,言王不必《书》,权衡王道不必《春秋》,通不必《尔雅》,断狱不必律,敷陈不必笺奏,传经不必注疏,弹劾不必章案,问罪不必符檄,称述不必记序,但一诗而已足。既已有彼数者,则又何用夫诗?又况其离经破轨,率尔之谈,调笑之说,咒咀之恶口,率以供其纵横之用哉!于是而为杜,为苏,为陆务观、辛幼安、为徐文长、袁六休,泛滥杂沓,屈诗以供其玩弄,但小有才,即堪与"四始""六义"之宗。其尤下者,则有杜默之《古风》、杜荀鹤之近体、胡曾之小诗,举里妪野巫之言,酸鼻螫舌者,一皆诗,一皆所谓"健笔纵横"者也。

呜呼，凡今之人，其不中此毒者鲜矣！故五言之亡，倡于沈成于庾，而剧于杜。自杜以降，澌灭尽矣。读子山游《咏怀》诸篇，哀其志意，矜其诗则固未有当也。

——岳麓书社1988年排印《船山全书》本

唐诗评选（节选）

卷　一

宋之问《至端州驿见杜五审言沈三佺期阎五朝隐王二无竞题壁慨然成咏》评语："亦似人人能之，神骏自为贫道所赏。乐府之作既被管弦，歌行之流必资唱叹。管弦唱叹之余，而以感悲愉于天下"，是声音之动杂而文言之用微矣。若复纳之辀橛，则言不宣于其声；抑或授之准绳，乃法必互异于其律。而况枯木朽壤、单丝肥脔之猝发无情者哉！苟非宛转生心，则必韵流神骏。起出无端，则当槁心而益动；止藏有待，则在滥志而知归；调达无隔宿之言，则欣戚乘于俄顷；机警投无心之会，则扑跃其终篇。以此四端，区其得失，岂复在或文或质、一经一纬之间哉？广博易良而不奢，非知乐者无从语此。此与沈佺期遥同杜审言过岭诗，神迹有何不相肖？初唐人于七言不昧宗旨，无复以歌行近体为别。大历以降，画地为牢，有近体而无七言，鷖威凤使司晨，亦可哀已。

孟浩然《鹦鹉洲送王九之江左》评语：以言起意，则言在而意无穷。以意求言，斯意长而言乃短。言已短矣，不如无言。故曰"诗言志．歌永言"，非志即为诗，言即为歌也。或可以兴，或不可以兴，其枢机在此。唐人刻画立意，不恤其言之不逮，是以竭意求工，而去古人愈远。欧阳永叔、梅圣俞乃推以为至极，如食稻种，适以得饥，亦为不善学矣。襄阳于盛唐中尤为褊露。此作寓意于言，风味探永，可歌可言，亦晨星之仅见。

李白《乌夜啼》评语：只于乌啼上生情，更不复于情上布景，兴、赋乃以不乱。直叙中自生色有余，不资炉冶，宝光烂然。

柳宗元《杨白花》评语：顾华玉称此诗更不浅露,反极悲哀。其能尔者,当由即景含情。

卷　二

李白《春思》评语：字字欲飞,不以情,不以景；《华严》有两镜相入义,唯供奉不离不堕。五、六一即一切,可群可怨也。

杜甫《新婚别》评语：《出塞》《三别》以今事为乐府,以乐府传时事,胎骨从曹子桓来。意韵婉切,其或伤于烦缛,而至竟与白香山有雅俗之别,当于其开合生活求之。凡俗物人,大约死中无活理,拈着即不能开。古今通病,必有病根,奈医病之药不易得尔。若此种诗,于己无病,要不能为人作药。取材李、杜者,终以李为三年之艾。

卷　三

张子容《泛永嘉江日暮迴舟》评语：只于心目相取处得景得句,乃为朝气,乃为神笔。景尽意止。意尽言息,必不强括狂搜,舍有而寻无。在章成章,在句成句。文章之道,音乐之理,尽于斯矣。"轻鹢大江清",舟清耶？江清耶？中唐人作此含糊语,便得不通。落韵之难,非其才孰望哉？一直结竟是《十九首》,竟是《二南》。

杜甫《野望》评语："迢递起层阴",绝奇景语,知音者少。有"迴"字,则"初"字妙。诗有必有影射而作者,如供奉《远别离》,使无所为,则成呓语。其源自左徒《天问》、平子《四愁》来。亦有无为而作者,如右丞《终南山》作,非有所为,岂可不以此咏《终南》也？宋人不知比赋,句句为之牵合,乃章惇一派舞文陷人机智。谢客"池塘生春草"是何等语,亦坐以讥刺(刺),瞎尽古今人眼孔,除真有眼人迎眸不乱耳。如此作自是野望绝佳写景诗,只泳得现量分明,则以之怡神,以之寄怨,无所不可,方是摄兴观攀怨于一炉锤,为《风雅》之合调。俗目不知,见其有叶落、日沉、独鹤、昏鸦之语,辄妄臆其有国削君危,贤人隐、奸邪盛之意；审尔,则何处更有杜陵耶？六义中唯比体不可妄,自非古体长篇及七言绝句而滥用之,则必凑泊迂室。即间一为此,亦必借题而不借句,如《婕妤怨》《明妃曲》之类是也。既已显自命题,则但有讥非,正当直指,何至埋头畏影,效小人之弹射乎?必不获已,如投身异类之滨,寄思孤孽之祸,犹之可也。立不讳之廷,操风人之柄,屑屑然憎影而畏日,以匿于阴,亦艺苑之羞已。以茅塞而为诗,其不固者几何哉!

钱起《早下江宁》评语:奕奕自胜。钱、刘诗如已上诸篇,犹得浑成。然此作一结虽情致宛切,乃移作起句,亦未见其不可。中唐之病,在谋句而不谋篇,琢字而不琢句,以故神情离脱者往往有之。如两皇甫、郎、庐、严、耿诸人,乍可讽咏,旋同蒭苴。五言一体,自有源流,如可别营造极,古人已久问津,奚更各留用俟来者?惟以比偶谐音,差为近体,至其成章遣句,则非苏、李、陶、谢,又何以哉?大历诸子拔本塞源、自矜独得,夸俊于一句之安,取新于一字之别,得已自雄,不思其反,或掇拾以成章,抑乖离之不恤。故五言之体丧于大历:惟知有律而不知有古,既叛古以成律,还持律以窜古,逸失元声,为嗣者之捷径。有志艺林者,自不容已于三叹也。

杜审言《春日江津游望》评语:一句起,第二句即转,乃以假对不觉。平序中忽起一波,赖不重缴,则两折亦合一矣。排律之制,后人为之名尔,其始则亦五言古之相为对仗者也。晋、宋以降,大有斯体,其差异者唯以音节,初终条理,固不容乖异也。阴铿、何逊思理不逮昔人,故五言长篇动有折合,乃要其泛滥,不过一再而止;既已命意成章,则求尽一物一景一情一事之旨。得尽而毕。若倏此旋彼,生起无根、拾掇不以其伦,流漾不赴其曲,则形者愈充,神者久丧。盛唐以后,失其宗旨,以排为律,引律使排,于是日非当日,人非当人,物非当物,意非当意,杂俎新陈,伦纪莫辨,徒以首尾络束,强合令成。其凉法之始,自杜陵《夔府》诸作以相沿染,而人间乃有此脆蛇寸断、万蚁群攒之诗,谓之排律。来者不知,变俑而殉,杳无其极。得所是正,赖此先哲而已。

卷 四

高适《同陈留崔司户早春讌蓬池》评语:起结不局促,可侵乐府。达夫七言近体凑泊以合体式,情景分叛,唯此首稍匀;然翰墨酷酊,终如箭之不离于筈。达夫固不可与嘉州分镳,差贤于李颀耳。盛唐之有李颀,犹制艺之有袁黄,古文词之有李觏,朽木败鼓,区区以死律缚人。

刘禹锡《松滋渡望峡中》评语:自然感慨,尽从景得,斯谓景中藏情。七言以句长得败者,率用单字双字,堆砌如累卵。字字有意,则蹇吃不了;有无意之字,则是五言而故续凫项也。不知者偏于此着力,谓之句眼,如蚓已断而粘以胶,两头自活,着力处即死。故七言之圣证,唯有字欲长行,意欲一色。钱、刘以下,以此律之,都不入耳。唯杜襄阳能用四字,亦解一意。要唯笔力高秀,卓绝古今,故能尔尔。梦得多用三字;韩信之余,定推曹参野战。余子碌碌,何足道哉!

——岳麓书社1988年排印《船山全书》本

【思考题】

1. 王夫之是如何看待情与景的主次关系的?
2. 自古文论家爱讲诗法,作家爱讲门派,王夫之对诗法与门派采取什么样的态度?

叶　燮

【作者简介】

叶燮(1627—1703),字星期,号已畦,吴江(今属江苏)人,晚年寓居横山,世称横山先生。康熙九年(1670)进士,十四年(1675)任江苏宝应知县,为人耿直,不趋奉上官,以忤长官被参落职。后纵游名胜,寓佛寺中,诵经撰述。著有《已畦诗文集》、《原诗》等。叶燮在和当时盛行的唯心主义、教条主义、复古主义文学思想的斗争中,在总结历史经验的基础上,深入地研究了文艺本源、艺术的发展和创新、艺术真实、艺术特征、作家修养等问题,写出了有完整体系的诗论专著《原诗》。《清史稿》卷四八四《文苑传》有传。

原诗内篇(上)

一

诗始于《三百篇》,而规模体具于汉。自是而魏、而六朝、三唐[1],历宋、元、明,以至昭代[2],上下三千余年间,诗之质文体裁格律声调辞句,递升降不同。而要之,诗有源必有流,有本必达末;又有因流而溯源,循末以返本。其学无穷,其理日出。乃知诗之为道,未有一日不相续相禅而或息者也。但就一时而论,有盛必有衰;综千古而论,则盛而必至于衰,又必自衰而复盛。非在前者之必居于盛,后者之必居于衰也。乃近代论诗者,则曰:《三百篇》尚矣;五言必建安、黄初[3],其余诸体,必唐之初、盛而后可。非是者,必斥焉。如明李梦阳不读唐以后书[4];李攀龙谓"唐无古诗",又谓"陈子昂以其古诗为古诗,弗取也"[5]。自若辈之论出,天下从而和之,推为诗家正宗,家弦而户习。习之既久,乃有起而拾之,矫而反之者,诚是也;然又往往溺于偏畸之私说[6]。其说胜,则出乎陈腐而入乎颇僻;不胜,则两敝。而诗道遂沦而不可救。由称诗之人,才短力弱,识又矇焉而不知所衷。既不能知诗之源流本末正变盛衰,互为循环;并不能辨古今作者之心思才力深浅高下长短,孰为沿为革,孰为创为因,孰为流弊而衰,孰为救衰而盛,一一剖析而缕分之,兼综而条贯之。徒自诩矜张,为郛廓隔膜之谈,以欺人而自欺也。于是百喙争鸣,互自标榜,胶固一偏,剿猎成说。后生小子,耳食者多,是非淆而性情汨。不能不三叹于风雅之日衰也!

三

原夫作诗者之肇端而有事乎此也,必先有所触以兴起其意,而后措诸辞、属为句、敷之而成章。当其有所触而兴起也,其意、其辞、其句,劈空而起,皆自无而有,随在取之于心。出而为情、为景、为事,人未尝言之,而自我始言之,故言者与闻其言者,诚可悦而永也。使即此意、此辞、此句虽有小异,再见焉,讽咏者已不击节;数见,则益不鲜,陈陈踵见,齿牙余唾,有掩鼻而过耳。譬之上古之世,饭土簋,啜土铏[7],当饮食未具时,进一胾,必为惊喜;逮后世臐膷臐胘之法兴,罗珍搜错,无所不至,而犹以土簋、土铏之庖进,可乎?上古之音乐,击土鼓而歌《康衢》[8];其后乃有丝、竹、匏、革之制;流至于今,极于九宫南谱[9]。声律之妙,日异月新,若必返古而听《击壤之歌》[10],斯为乐乎?古者穴居而巢处,乃制为宫室,不过卫风雨耳;后世遂有璇题瑶室,土文绣而木绨锦[11]。古者俪皮为礼[12],后世易之以玉帛,遂有千纯百璧[13]之侈。使今日告人居以巢穴、行礼以俪皮,孰不嗤之者乎?大凡物之踵事增华,以渐而进,以至于极。故人之智慧心思,在古人始用之,又渐出之;而未穷未尽者,得后人精求之,而益用之出之。乾坤一日不息,则人之智慧心思,必无尽与穷之日。虽叛于道、戾于经、乖于事理,则为反古之愚贱耳。苟于此数者无尤焉;此如治器然,切磋琢磨,屡治而益精,不可谓后此者不有加乎其前也。

彼虞廷《喜》《起》之歌[14],诗之土簋、击壤、穴居、俪皮耳。一增华于《三百篇》;再增华于汉;又增华于魏。自后尽态极妍,争新竞异,千状万态,差别井然。苟于情、于事、于景,于理随在有得,而不戾乎风人"永言"之旨[15],则就其诗论工拙可耳,何得以一定之程格之,而抗言风雅哉?如人适千里者,唐虞之诗,如第一步,三代之诗,如第二步;彼汉魏之诗,以渐而及,如第三、第四步耳。作诗者知此数步为道途发始之所必经,而不可谓行路者之必于此数步焉为归宿,遂弃前途而弗迈也。且今之称诗者,祧唐虞而禘商周,宗祀汉魏于明堂[16]是也;何以汉魏以后之诗,遂皆为不得入庙之主?此大不可解也。譬之井田封建,未尝非治天下之大经;今时必欲复古而行之,不亦天下之大愚也哉!且苏、李五言与亡名氏之《十九首》,至建安、黄初,作者既已增华矣;如必取法乎初,当以苏、李与《十九首》为宗,则亦吐弃建安、黄初之诗可也。诗盛于邺下,然苏、李、《十九首》之意,则寖衰矣。使邺中诸子欲其义摹仿苏、李,尚且不能,且亦不欲;乃于数千载之后,胥天下而尽仿曹刘[17]之口吻,得乎哉?

或曰:"'温柔敦厚,诗教也'。汉魏去古未远,此意犹存,后此者不及也。"不知"温柔敦厚",其意也,所以为体也,措之于用,则不同;辞者,其文也,所以为用也,返之于体,则不异。汉魏之辞,有汉魏之"温柔敦厚",唐、宋、元之辞,有唐、宋、元之"温柔敦厚"。譬之一草一木,无不得天地之阳春以发生。草木以亿万计,其发生之情状,亦以亿万计,而未尝有相同一定之形,无不盎然皆具阳春之意。岂得曰若者得天地之阳春,而若者为不得者哉!且"温柔敦厚"之旨,亦在作者神而明之,如必执而泥之,则《巷伯》"投畀"之章[18],亦难合于斯言矣。从来豪杰之士,未尝不随风会而出,而其力则尝能转风会。人见其随乎风会也,则曰：其所作者，真古人也！见能转风会者以其不袭古人也，则曰：今人不及古人也！无论居古人千年之后；即如左思去魏未远，其才岂不犯为建安诗耶？观其纵横踯躅、睥睨千古，绝无丝毫曹刘余习。鲍照之才，迥出侪偶，而杜甫称其"俊逸"[19]。夫"俊逸"则非建安本色矣，千载后无不击节此两人之诗者，正以其不袭建安也。奈何去古益远，翻以此绳人耶？

且夫《风》《雅》之有正有变[20]，其正变系乎时，谓政治、风俗之由得而失、由隆而污。此以时言诗，时有变而诗因之。时变而失正，诗变而仍不失其正，故有盛无衰，诗之源也。吾言后代之诗，有正有变，其正变系乎诗，谓体格、声调、命意、措辞、新故升降之不同。此以诗言时，诗递变而时随之。故有汉、魏、六朝、唐、宋、元、明之互为盛衰，惟变以救正之衰，故递衰递盛，诗之流也。从其源而论，如百川之发源，各异其所从出，虽万派而皆朝宗于海，无弗同也。从其流而论，如河流之经行天下，而忽播为九河[21]；河分九而俱朝宗于海，则亦无弗同也。

历考汉魏以来之诗，循其源流升降，不得谓正为源而长盛，变为流而始衰。唯正有渐衰，故变能启盛。如建安之诗，正矣，盛矣，相沿久而流于衰，后之人力大者大变，力小者小变。六朝诸诗人，间能小变，而不能独开生面。唐初沿其卑靡浮艳之习，句栉字比，非古非律，诗之极衰也。而陋者必曰：此诗之相沿至正也。不知实正之积弊而衰也。迨开宝诸诗人，始一大变。彼陋者亦曰：此诗之至正也。不知实因正之至衰变而为至盛也。盛唐诸诗人，唯能不为建安之古诗，吾乃谓唐有古诗。若必摹汉魏之声调字句，此汉魏有诗，而唐无古诗矣。且彼所谓陈子昂"以其古诗为古诗"；正惟子昂能自为古诗，所以为子昂之诗耳。然吾犹为子昂古诗，尚蹈袭汉魏蹊径，竟有全似阮籍《咏怀》之作者，失自家体段；犹訾子昂不能以其古诗为古诗，乃翻勿取其自为古诗，不亦异乎！杜甫之诗，包源流，综正变。自甫以前，如汉魏之浑朴古雅，六朝之藻丽秾纤，澹远韶秀，杜诗无一不备。然出于甫，皆甫之诗，无一字句为前人之诗也。自甫以后，在唐如韩愈、李贺之奇赬，刘禹锡、杜牧之雄杰，刘长卿之流利，温庭筠、李商隐之轻艳,以至宋、金、元、明之诗家,称巨擘者,无虑数十百人,各自炫奇翻异;而甫无一不为之开先。此其巧无不到、力无不举,长盛于千古,不能衰,不可衰者也。今之人固群然宗杜矣,亦知杜之为杜,乃合汉、魏、六朝并后代千百年之诗人而陶铸之者乎!唐诗为八代以来一大变。韩愈为唐诗之一大变,其力大,其思雄,崛起特为鼻祖。宋之苏、梅、欧、苏、王、黄,皆愈为之发其端,可谓极盛。而俗儒且谓愈诗大变汉魏,大变盛唐,格格而不许[22]。何异居蚯蚓之穴,习闻其长鸣,听洪钟之响而怪之,窃窃然议之也!

　　且愈岂不能拥其鼻、肖其吻,而效俗儒为建安、开、宝之诗乎哉?开、宝之诗,一时非不盛;递至大历、贞元、元和之间,沿其影响字句者且百年,此百余年之诗,其传者已少殊尤出类之作,不传者更可知矣。必待有人焉起而拨正之,则不得不改弦而更张之。愈尝自谓"陈言之务去"[23],想其时陈言之为祸,必有出于目不忍见、耳不堪闻者。使天下人之心思智慧,日腐烂埋没于陈言中,排之者比于救焚拯溺,可不力乎?而俗儒且栩栩然俎豆愈所斥之陈言,以为秘异而相授受,可不哀耶!故晚唐诗人,亦以陈言为病;但无愈之才力,故日趋于尖新纤巧。俗儒即以此为晚唐垢厉,呜呼,亦可谓愚矣!

　　至于宋人之心手日益以启,纵横钩致,发挥无余蕴。非故好为穿凿也,譬之石中有宝,不穿之凿之,则宝不出。且未穿未凿以前,人人皆作模棱皮相之语,何如穿之凿之之实有得也。如苏轼之诗,其境界皆开辟古今之所未有,天地万物,嬉笑怒骂,无不鼓舞于笔端,而适如其意之所欲出。此韩愈后之一大变也,而盛极矣。自后或数十年而一变;或百余年而一变;或一人独自为变;或数人而共为变:皆变之小者也。其间或有因变而得盛者;然亦不能无因变而益衰者。

　　大抵古今作者,卓然自命,必以其才智与古人相衡,不肯稍为依傍,寄人篱下,以窃其余唾。窃之而似,则"优孟衣冠";窃之而不似,则"画虎不成"矣。故宁甘作偏裨,自领一队,如皮、陆[24]诸人是也。乃才不及健儿,假他人余焰,妄自僭王称霸,实则一土偶耳。生机既无，面目涂饰，洪潦一至，皮骨不存。而犹佹口而谈，亦何谓耶？

唯有明末造，诸称诗者专以依傍临摹为事，不能得古人之兴会神理，句剽字窃，依样葫芦。如小儿学语，徒有喔咿，声音虽似，都无成说，令人哕而却走耳。乃妄自称许曰："此得古人某某之法"。尊盛唐者，盛唐以后，俱不挂齿。近或有以钱、刘[25]为标榜者，举世从风，以刘长卿为正派。究其实不过以钱、刘浅利轻圆，易于摹仿，遂呵宋斥元。又推崇宋诗者，窃陆游、范成大与元之元好问诸人婉秀便丽之句，以为秘本[26]。昔李攀龙袭汉魏古诗乐府，易一二字，便居为己作；今有用陆范及元诗句，或颠倒一二字，或全窃其面目，以盛夸于世，俨主骚坛，傲睨今古，岂唯风雅道衰，抑可窥其术智矣[27]！

原诗内篇（下）

一

大凡人无才，则心思不出；无胆，则笔墨畏缩；无识，则不能取舍；无力，则不能自成一家。而且谓古人可周，世人可欺，称格称律，推求字句，动以法度紧严，扳驳铢两。内既无具，援一古人为门户，借以压倒众口；究之何尝见古人之真面目，而辨其诗之源流本末正变盛衰之相因哉！更有窃其腐余，高自论说，互相祖述，此真诗运之厄！故窃不揣，谨以数千年诗之正变盛衰之所以然，略为发明，以俟古人之复起。更列数端于左：

二

或曰："今之称诗者，高言法矣。作诗者果有法乎哉？且无法乎哉？"

余曰：法者，虚名也，非所论于有也；又法者，定位也，非所论于无也。子无以余言为惝恍河汉[28],当细为子晰之:自开辟以来,天地之大,古今之变,万汇之赜,日星河岳,赋物象形,兵刑礼乐,饮食男女,于以发为文章,形为诗赋,其道万千。余得以三语蔽之:曰理、曰事、曰情,不出乎此而已。然则,诗文一道,岂有定法哉!先揆乎其理;揆之于理而不谬,则理得。次征诸事,征之于事而不悖,则事得。终絜诸情,絜之于情而可通,则情得。三者得而不可易,则自然之法立。故法者,当乎理,确乎事,酌乎情,为三者之平准,而无所自为法也。故谓之曰"虚名"。又法者,国家之所谓律也。自古之五刑宅就[29]以至于今,法亦密矣。然岂无所凭而为法哉!不过揆度于事、理、情三者之轻重大小上下,以为五服五章[30]、刑赏生杀之等威、差别,于是事理情当于法之中。人见法而适惬其事理情之用,故又谓之曰"定位"。

乃称诗者,不能言法所以然之故,而晓晓曰:"法。"吾不知其离一切以为法乎?将有所缘以为法乎?离一切以为法,则法不能凭虚而立。有所缘以为法,则法仍托他物以见矣。吾不知统提法者之于何属也?彼曰:"凡事凡物皆有法,何独于诗而不然?"是也。然法有死法,有活法[31]。若以死法论,今誉一人之美,当问之曰:"若固眉在眼上乎?鼻口居中乎?若固手操作而足循履乎?"夫妍媸万态,而此数者必不渝,此死法也。彼美之绝世独立,不在是也。又朝庙享燕以及士庶宴会,揖让升降,叙坐献酬,无不然者,此亦死法也。而格鬼神、通爱敬,不在是也。然则,彼美之绝世独立,果有法乎?不过即耳目口鼻之常,而神明之。而神明之法,果可言乎!彼享宴之格鬼神、合爱敬,果有法乎?不过即揖让献酬而感通之。而感通之法,又可言乎!死法,则执涂之人能言之。若曰活法,法既活而不可执矣,又焉得泥于法!而所谓诗之法,得毋平平仄仄之拈乎?村塾中曾读《千家诗》[32]者,亦下屑言之。若更有进,必将曰:律诗必首句如何起,三四如何承,五六如何接,末句如何结;古诗要照应,要起伏。析之为句法,总之为章法。此三家村词伯相传久矣,不可谓称诗者独得之秘也。若舍此两端,而谓作诗另有法,法在神明之中,功力之外,是谓变化生心。变化生心之法,又何若乎?则死法为

"定位",活法为"虚名"。"虚名"不可以为有,"定位"不可以为无。不可为无者,初学能言之;不可为有者,作者之匠心变化,不可言也。

夫识辨不精,挥霍无具,徒倚法之一语,以牢笼一切。譬之国家有法,所以儆愚夫愚妇之不肖而使之不犯;未闻与道德仁义之人讲论习肄,而时以五刑五罚[33]之法恐惧之而迫胁之者也。唯理、事、情三语,无处不然。三者得,则胸中通达无阻,出而敷为辞,则夫子所云"辞达"。"达"者,通也。通乎理、通乎事、通乎情之谓。而必泥乎法,则反有所不通矣。辞且不通,法更于何有乎?

曰理、曰事、曰情三语,大而乾坤以之定位、日月以之运行,以至一草一木一飞一走,三者缺一,则不成物。文章者,所以表天地万物之情状也。然具是三者,又有总而持之,条而贯之者,曰气。事、理、情之所为用,气为之用也。譬之一木一草,其能发生者,理也。其既发生,则事也。既发生之后,夭矫滋植,情状万千,咸有自得之趣,则情也。苟无气以行之,能若是乎?又如合抱之木,百尺干霄,纤叶微柯以万计,同时而发,无有丝毫异同,是气之为也。苟断其根,则气尽而立萎。此时理、事、情俱无从施矣。吾故曰:三者借气而行者也。得是三者,而气鼓行于其间,氤氲磅礴,随其自然,所至即为法,此天地下象之至文也。岂先有法以驭是气者哉?不然,天地之生万物,舍其自然流行之气,一切以法绳之,夭矫飞走,纷纷于形体之万殊,不敢过于法,不敢不及于法,将不胜其劳,乾坤亦几乎息矣。

草木气断则立萎,理、事、情俱随之而尽,固也。虽然,气断则气无矣,而理、事、情依然在也。何也?草木气断,则立萎,是理也;萎则成枯木,其事也;枯木岂无形状?向背、高低、上下,则其情也。由是言之:气有时而或离,理、事、情无之而不在。向枯木而言法,法于何施?必将曰:法将析之以为薪,法将斫之以为器。若果将以为薪、为器,吾恐仍属之事理情矣;而法又将遁而之他矣。

天地之大文,风云雨雷是也。风云雨雷,变化不测,不可端倪,天地之至神也,即至文也。试以一端论:泰山之云,起于肤寸,不崇朝而遍天下[34]。吾尝居泰山之下者半载,熟悉云之情状:或起于肤寸,弥沦六合;或诸峰竞出,升顶即灭;或连阴数月、或食时即散、或黑如漆、或白如雪、或大如鹏翼、或乱如散髦、或块然垂天,后无继者;或联绵纤微,相续不绝;又忽而黑云兴。土人以法占之,曰:"将雨",竟不雨;又晴云出,法占者曰:"将晴",乃竟雨。云之态以万计,无一同也。以至云之色相,云之性情,无一同也。云或有时归,或有时竟一去不归;或有时全归,或有时半归,无一同也。此天地自然之文,至工也。若以法绳大地之文,则泰山之将出云也,必先聚云族而谋曰:吾将出云而为天地之文矣。先之以某云,继之以某云;以某云为起,以某云为伏;以某云为照应、为波澜;以某云为逆入,以某云为空翻;以某云为开,以某云为阖;以某云为掉尾。如是以出之,如是以归之,一一使无爽,而天地之文成焉。无乃天地之劳于有泰山,泰山且劳于有是云,而出云且无日矣!苏轼有言:"我文如万斛源泉,随地而出。"[35]亦可与此相发明也。

四

或曰:"先生言作诗,法非所先,言固辩矣。然古帝王治天下,必曰'大经大法'。然则,法且后乎哉?"

余曰:帝王之法,即政也。夫子言"文武之政,布在方策"[36],此一定章程,后人守之;苟有毫发出入,则失之矣。修德贵日新[37];而法者旧章,断不可使有毫发之新。法一新,此王安石之所以亡宋也。若夫诗,古人作之,我亦作之。自我作诗,而非述诗也。故凡有诗,谓之新诗。若有法,如教条政令而遵之,必如李攀龙之拟古乐府然后可。诗,末技耳,必言前人所未言,发前人所未发,而后为我之诗。若徒以效颦效步为能事,曰:"此法也。"不但诗亡,而法亦且亡矣。余之后法,非废法也,正所以存法也。夫古今时会不同,即政令尚有因时而变通之;若胶固不变,则新莽之行周礼[38]矣。奈何风雅一道,而踵其谬戾哉!

曰理、曰事、曰情，此三言者足以穷尽万有之变态。凡形形色色，音声状貌，举不能越乎此。此举在物者而为言，而无一物之或能去此者也。曰才、曰胆、曰识、曰力，此四言者所以穷尽此心之神明。凡形形色色，音声状貌，无不待于此而为之发宣昭著。此举在我者而为言，而无一不如此心以出之者也。以在我之四，衡在物之三，合而为作者之文章。大之经纬天地，细而一动一植，咏叹讴吟，俱不能离是而为言者矣。

在物者前已论悉之。在我者虽有天分之不齐，要无不可以人力充之。其优于天者，四者具足，而才独外见，则群称其才，而不知其才之不能无所凭而独见也。其欠乎天者，才见不足，人皆曰才之欠也，不可勉强也；不知有识以居乎才之先，识为体而才为用，若不足于才，当先研精推求乎其识。人唯中藏无识，则理事情错陈于前，而浑然茫然，是非可否，妍媸黑白，悉眩惑而不能辨，安望其敷而出之为才乎！文章之能事，实始乎此。今夫诗，彼无识者，既不能知古来作者之意，并不自知其何所兴感、触发而为诗。或亦闻古今诗家之诗，所谓体裁、格力、声调、兴会等语，不过影响于耳，含糊于心，附会于口；而眼光从无着处，腕力从无措处。即历代之诗陈于前，何所抉择？何所适从？人言是，则是之；人言非，则非之。夫非必谓人言之不可凭也，而彼先不能得我心之是非而是非之，又安能知人言之是非而是非之也！有人曰：“诗必学汉魏，学盛唐。”彼亦曰：“学汉魏，学盛唐。”从而然之。而学汉魏与盛唐所以然之故，彼不能知，不能言也。即能效而言之，而终不能知也。又有人曰：“诗当学晚唐、学宋、学元。”彼亦曰：“学晚唐、学宋、学元。”又从而然之。而置学汉魏与盛唐所以然之故，彼又终不能知也。或闻诗家有宗刘长卿者矣，于是群然而称刘随州[39]矣。又或闻有崇尚陆游者矣，于是人人案头无不有《剑南集》，以为秘本，而遂不敢他及矣。如此等类，不可枚举一概。人云亦云，人否亦否，何为者耶？

夫人以著作自命，将进退古人，次第前哲，必具有只眼而后泰然有自居之地。倘议论是非，聋瞆于中心，而随世人之影响而附会之，终日以其言语笔墨为人使令驱役，不亦愚乎！且有不自以为愚,旋愚成妄,妄以生骄,而愚益甚焉!原其患始于无识,不能取舍之故也。是即吟咏不辍,累牍连章,任其涂抹,全无生气。其为才耶?为不才耶?

唯有识,则是非明;是非明,则取舍定。不但不随世人脚跟,并亦不随古人脚跟。非薄古人为不足学也,盖天地有自然之文章,随我之所触而发宣之,必有克肖其自然者,为至文以立极。我之命意发言,自当求其至极者。昔人有言:"不恨我不见古人,恨古人不见我。"又云"不恨臣无二王法,但恨二王无臣法。"[40]斯言特论书法耳,而其人自命如此。等而上之,可以推矣。譬之学射者,尽其目力臂力,审而后发,苟能百发百中,即不必学古人,而古有后羿、养由基[41]其人者,自然来合我矣。我能是,古人先我而能是,未知我合古人欤?古人合我欤?高适有云:"乃知古时人,亦有如我者。"[42]岂不然哉!故我之著作与古人同,所谓其揆之一[43];即有与古人异,乃补古人之所未足,亦可言古人补我之所未足。而后我与古人交为知己也。唯如是,我之命意发言,一一皆从识见中流布。识明则胆张,任其发宣而无所于怯,横说竖说,左宜而右有[44],直造化在手,无有一之不肖乎物也。

且夫胸中无识之人,即终日勤于学,而亦无益,俗谚谓为"两脚书橱"。记诵日多,多益为累。及伸纸落笔时,胸如乱丝,头绪既纷,无从割择,中且馁而胆愈怯,欲言而不能言。或能言而不敢言,矜持于铢两尺䥶之中,既恐不合于古人,又恐贻讥于今人。如三日新妇,动恐失礼。又如跛者登临,举恐失足。文章一道,本摅写挥洒乐事,反若有物焉以桎梏之,无处非碍矣。于是,强者必曰:"古人某某之作如是,非我则不能得其法也。"弱者亦曰:"古人某某之作如是,今之闻人某某传其法如是,而我亦如是也。"其黠者心则然而秘而不言;愚者心不能知其然,徒夸而张于人,以为我自有所本也。更或谋篇时,有言已尽,本无可赘矣,恐方幅不足,而不合于格,于是多方拖杳以扩之:是蛇添足也。又有言尚未尽,正堪抒写,恐逾于格而失矩度,亟阖而已焉:是生割活剥也。之数者,因无识,故无胆,使笔墨不能自由,是为操觚家之苦趣,不可不察也。

昔贤有言:"成事在胆"[45]"文章千古事"[46],苟无胆,何以能千古乎?吾故曰:无胆则笔墨畏缩。胆既诎矣,才何由而得伸乎?唯胆能生才,但知才受于天,而抑知必待扩充于胆邪!吾见世有称人之才,而归美之曰:"能敛才就法。"斯言也,非能知才之所由然者也。夫才者,诸法之蕴隆发现处也。若有所敛而为就,则未敛未就以前之才,尚未有法也。其所为才,皆不从理、事、情而得,为拂道悖德之言,与才之义相背而驰者,尚得谓之才乎?夫于人之所不能知,而唯我有才能知之;于人之所不能言,而唯我有才能言之,纵其心思之氤氲磅礴,上下纵横,凡六合以内外,皆不得而囿之;以是措而为文辞,而至理存焉,万事准焉,深情托焉,是之谓有才。若欲其敛以就法,彼固掉臂游行[47]于法中久矣。不知其所就者,又何物也?必将曰:"所就者,乃一定不迁之规矩。"此千万庸众人皆可共趋之而由之,又何待于才之敛耶?故文章家止有以才御法而驱使之,决无就法而为法之所役,而犹欲诩其才者也。吾故曰:无才则心思不出。亦可曰:无心思则才不出。而所谓规矩者,即心思之肆应各当之所为也。盖言心思,则主乎内以言才;言法,则主乎外以言才。主乎内,心思无处不可通,吐而为辞,无物不可通也。夫孰得而范围其心,又孰得而范围其言乎!主乎外,则囿于物而反有所不得于我心,心思不灵,而才销铄矣。

吾尝观古之才人,合诗与文而论之,如左丘明、司马迁、贾谊、李白、杜甫、韩愈、苏轼之徒,天地万物皆递开辟于其笔端,无有不可举,无有不能胜,前不必有所承,后不必有所继,而各有其愉快。如是之才,必有其力以载之。唯力大而才能坚,故至坚而不可摧也。历千百代而不朽者以此。昔人有云:"掷地须作金石声。"[48]六朝人非能知此义者,而言金石,喻其坚也。此可以见文家之力。力之分量,即一句一言,如植之则不可仆,横之则不可断;行则不可遏,住则不可迁。《易》曰:"独立不惧。"[49]此言其人;而其人之文当亦如是也。譬之两人焉,共适于途而值羊肠蚕丛、峻栈危梁之险。其一弱者,精疲于中,形战于外,将裹足而不前,又必不可已而进焉。于是步步有所凭借,以为依傍:或借人之推之挽之；或手有所持而扣，或足有所缘而践。即能前达，皆非其人自有之力，仅愈于木偶，为人昇之而行耳。其一为有力者，神旺而气足，径往直前，不待有所攀援假借，奋然投足，反趋弱者扶掖之前。此直以神行而形随之，岂待外求而能者！故有境必能造，有造必能成。吾故曰：立言者，无力则不能自成一家。夫家者，吾固有之家也。人各自有家，在己力而成之耳；岂有依傍想象他人之家以为我之家乎！是犹不能自求家珍，穿窬邻人之物以为己有，即使尽窃其连城之璧，终是邻人之宝，不可为我家珍。而识者窥见其里，适供其哑然一笑而已。故本其所自有者而益充而广大之以成家，非其力之所自致乎！

然力有大小，家有巨细。吾又观古之才人，力足以盖一乡，则为一乡之才；力足以盖一国，则为一国之才；力足以盖天下，则为天下之才。更进乎此，其力足以十世，足以百世，足以终古，则其立言不朽之业，亦垂十世，垂百一世，垂终古，悉如其力以报之。试合古今之才，一一较其所就，视其力之大小远近，如分寸铢两之悉称焉。又观近代著作之家，其诗文初出，一时非不纸贵，后生小子，以耳为目，互相传诵，取为模楷，及身没之后，声问即泯，渐有起而议之者。或间能及其身后，而一世再世，渐远而无闻焉。甚且诋毁丛生，是非竞起，昔日所称其人之长，即为今日所指之短。可胜叹哉！即如明三百年间，王世贞、李攀龙辈盛鸣于嘉隆时，终不如明初之高、杨、张、徐，犹得无毁于今日人之口也；钟惺、谭元春之矫异于末季，又不如王李之犹可及于再世之余也。是皆其力所至远近之分量也。统百代而论诗，自《三百篇》而后，唯杜甫之诗，其力能与天地相终始，与《三百篇》等。自此以外，后世不能无入者主之，出者奴之，诸说之异同，操戈之不一矣。其间又有力可以百世，而百世之内，互有兴衰者：或中湮而复兴，或昔非而今是；又似世会使之然。生前或未有推重之，而后世忽崇尚之。如韩愈之文，当愈之时，举世未有深知而尚之者，二百余年后，欧阳修方大表彰之，天下遂翕然宗韩愈之文，以至于今不衰。信乎，文章之力有大小远近，而又盛衰乘时之不同如是！欲成一家言，断宜奋其力矣。夫内得之于识而出之而为才;唯胆以张其才;唯力以克荷之。得全者其才见全;得半者其才见半,而又非可矫揉蹴至之者也,盖有自然之候焉。千古才力之大者,莫有及于神禹。神禹平成天地之功,此何等事!而孟子以为行所无事[50],不过顺水流行坎止自然之理[51],而行疏瀹、排决之事。岂别有治本之法,有所矫揉以行之者乎!不然者,是行其所有事矣。大禹之神力,远及万万世;以文辞立言者,虽不敢几此,然异道同归,勿以篇章为细务自逊,处于没世无闻已也。

大约才、识、胆、力,四者交相为济。苟一有所欠,则不可登作者之坛。四者无缓急,而要在先之以识;使无识,则三者俱无所托。无识而有胆,则为妄、为卤莽、为无知,其言背理、叛道,蔑如也。无识而有才,虽议论纵横,思致挥霍,而是非淆乱,黑白颠倒,才反为累矣。无识而有力,则坚僻、妄诞之辞,足以误人而惑世,为害甚烈。若在骚坛,均为风雅之罪人。唯有识,则能知所从、知所奋、知所决,而后才与胆力,皆确然有以自信;举世非之,举世誉之,而不为其所摇。安有随人之是非以为是非者哉!其胸中之愉快自足,宁独在诗文一道已也!然人安能尽生而具绝人之姿,何得易言有识!其道宜如大学之始于"格物"[52]。诵读古人诗书,一一以理事情格之,则前后、中边、左右、向背,形形色色、殊类万态,无不可得;不使有毫发之罅,而物得以乘我焉。如以文为战,而进无坚城,退无横阵矣。若舍其在我者,而徒日劳于章句诵读,不过剿袭、依傍、模拟、窥伺之术,以自跻于作者之林,则吾不得而知之矣!

六

或曰:"先生之论诗,深源于正变盛衰之所以然,不定指在前者为盛,在后者为衰。而谓明二李之论为非,是又以时人之模棱汉魏、貌似盛唐者,熟调陈言,千首一律,为之反复以开其锢习、发其愦蒙。乍闻之,似乎矫枉而过正;徐思之,真膏肓之针砭也。然则,学诗者,且置魏初盛唐诗勿即寓目,恐从是入手,未免熟调陈言,相因而至,我之心思终于不出也;不若即于唐以后之诗而从事焉,可以发其心思,启其神明,庶不堕蹈袭相似之故辙,可乎?"

余曰:吁!是何言也?余之论诗,谓近代之习,大概斥近而宗远,排变而崇正,为失其中而过其实,故言非在前者之必盛,在后者之必衰。若子之言,将谓后者之居于盛,而前者反居于衰乎?吾见历来之论诗者,必曰:苏李不如《三百篇》,建安、黄初不如苏李,六朝不如建安、黄初,唐不如六朝。而斥宋者,至谓不仅不如唐;而元又不如宋。唯有明二三作者,高自位置,唯不敢自居于《三百篇》,而汉、魏、初盛唐居然兼总而有之,而不少让[53]。平心而论,斯人也,实汉、魏、唐人之优孟耳。窃以为相似而伪,无宁相异而真,故不必泥前盛后衰为论也。

夫自《三百篇》而下,三千余年之作者,其间节节相生,如环之不断,如四时之序,衰旺相循而生物、而成物,息息不停,无可或间也。吾前言踵事增华,因时递变,此之谓也。故不读"明""良"[54]《击壤之歌》,不知《三百篇》之工也,不读《三百篇》,不知汉魏诗之工也;不读汉魏诗,不知六朝诗之工也;不读六朝诗,不知唐诗之工也;不读唐诗,不知宋与元诗之工也。夫唯前者启之,而后者承之而益之,前者创之,而后者因之而广大之。使前者未有是言,则后者亦能如前者之初有是言,前者已有是言,则后者乃能因前者之言而另为他言。总之,后人无前人,何以有其端绪;前人无后人,何以竟其引申乎!譬诸地之生木然:《三百篇》,则其根;苏李诗,则其萌芽由蘖;建安诗,则生长至于拱把;六朝诗,则有枝叶;唐诗,则枝叶垂荫;宋诗,则能开花,而木之能事方毕;自宋以后之诗,不过花开而谢,花谢而复开。其节次虽层层积累,变换而出,而必不能不从根柢而生者也。故无根,则由蘖何由生?无由蘖,则拱把何由长?不由拱把,则何自而有枝叶垂荫、而花开花谢乎?若曰:审如是,则有其根斯足矣,凡根之所发,不必问也。且又有由蘖及拱把,成其为木,斯足矣,其枝叶与花,不必问也。则根特蟠于地而具其体耳,由蘖萌芽仅见其形质耳,拱把仅生长而上达耳;而枝叶垂荫,花开花谢,可遂以已乎?故止知有根芽者,不知木之全用者也;止知有枝叶与花者,不知木之大本者也。由是言之：诗自《三百篇》以至于今，此中终始相承相成之故，乃豁然明矣。岂可以臆划而妄断者哉！

　　大抵近时诗人，其过有二：其一奉老生之常谈，袭古来所云忠厚和平、浑朴典雅、陈陈皮肤之语，以为正始[55]在是，元音[56]复振，动以道性情、托比兴为言。其诗也，非庸则腐，非腐则俚。其人且复鼻孔撩天，摇唇振履，面目与心胸，殆无处可以位置。此真虎豹之鞟耳！其一好为大言，遗弃一切，掇采字句，抄集韵脚。睹其成篇，句句可划；讽其一句，字字可断。其怪戾则自以为李贺，其浓抹则自以为李商隐，其涩险则自以为皮陆，其拗拙则自以为韩孟。土苴建安，弁髦初盛。后生小子，诧为新奇，竞趋而效之。所云牛鬼蛇神，虁蚿魍魉；揆之风雅之义，风者真不可以风，雅者则已丧其雅，尚可言耶！吾愿学诗者，必从先型以察其源流，识其升降。读《三百篇》而知其尽美矣，尽善矣，然非今之人所能为；即今之人能为之，而亦无为之之理，终亦不必为之矣。继之而读汉魏之诗，美矣，善矣，今之人庶能为之，而无不可为之，然不必为之；或偶一为之，而不必似之。又继之而读六朝之诗，亦可谓美矣，亦可谓善矣，我可以择而间为之，亦可以恝而置之。又继之而读唐人之诗，尽美尽善矣，我可尽其心以为之，又将变化神明而达之。又继之而读宋之诗、元之诗，美之变而仍美，善之变而仍善；吾纵其所如，而无不可为之，可以进退出入而为之。此古今之诗相承之极致，而学诗者循序反复之极致也。

　　原夫创始作者之人，其兴会所至，每无意而出之，即为可法可则。如《三百篇》中，里巷歌谣、思妇劳人之吟咏居其半。彼其人非素所诵读讲肄推求而为此也，又非有所研精极思、腐毫辍翰[57]而始得也；情偶至而感，有所感而鸣，斯以为风人之旨，遂适合于圣人之旨而删之为经以垂教。非必谓后之君子，虽诵读讲习，研精极思，求一言之几于此而不能也。乃后之人，颂美、训释《三百篇》者，每有附会。而于汉、魏、初盛唐亦然，以为后人必不能及。乃其弊之流，且有逆而反之：推崇宋元者，菲薄唐人；节取中、晚者，遗置汉魏。则执其源而遗其流者，固已非矣，得其流而弃其源者，又非之非者乎！然则，学诗者，使竟从事于宋、元、近代,而置汉、魏、唐人之诗而不问,不亦大乖于诗之旨哉!

——人民文学出版社 1979 年排印本

【题解】

《原诗》内篇分上下两卷。内篇上卷针对明代以来诗坛主复古与主创新、宗唐与主宋各执一偏、弊端互生迭出的状况而发,旨在探寻诗歌的原理,为诗歌创作寻找一条正确的道路。内篇下卷是创作论,从创作的主客观条件入手,阐述了创作的客观条件与创作的主观因素交互作用,推动着创作的发展。叶燮将以往诗话单纯从"诗教""诗法"角度研究诗歌的模式提升到审美的层次,因而《原诗》既是一部诗学论著,又是一部美学论著。

【注释】

1. 三唐:旧时对唐诗的分期。宋代严羽《沧浪诗话》有"初、盛、晚"三唐之分;元杨士宏《唐音》有"盛、中、晚"三唐之分;明高棅《唐诗品汇》又有"初、盛、中、晚"四唐之分。

2. 昭代:政治清明的时代。常用以称颂本朝或当今时代。陆游《朝饥示子聿》诗:"生逢昭代虽虚过,死见先亲幸有辞。"

3. 建安、黄初:建安,东汉献帝年号(196—220)。黄初,魏文帝年号(220—226)。

4. 李梦阳(1473—1530):字天赐,又字献吉,号空同子,庆阳(今属甘肃)人,徙河南扶沟。弘治进士,曾任户部郎中,因反对宦官刘瑾下狱。瑾败,迁江西提学副使。著有《空同集》。其倡言"文必秦汉,诗必盛唐",反对"台阁体",与何景明等互相呼应,同为"前七子"领袖。王世贞《艺苑卮言》卷一:"李献吉劝人勿读唐以后文。"

5. 李攀龙(1514—1570):字于鳞,号沧溟,山东历城人。嘉靖进士,官至河南按察使。著有《沧溟集》。明代后七子之一,倡导诗文复古,其《沧溟集》卷十五《选唐诗序》:"唐无五言古诗,而有其古诗;陈子昂以其古诗为古诗,弗取也。"

6. 偏畸之私说:指反对前后七子而走向极端的公安派和竟陵派的主张。公安派提倡"独抒性灵,不拘格套"而其末流流于俚俗;竟陵派提倡"幽情单绪",陷入偏狭冷僻。

7. 饭土簋,啜土铏:《韩非子·十过》:"臣闻昔者尧有天下,饭于土簋,饮于土铏。"唐甄《潜书·抑尊》:"是以尧舜之为君,茅茨不剪,饭以土簋,饮以土杯。"土簋、土铏,皆指土制的简陋食器。

8. 土鼓、康衢:土鼓,古乐器名,鼓的一种。《周礼·春官·籥章》:"掌土鼓豳籥。"郑玄注引杜子春云:"土鼓以瓦为匡,以革为两面,可击也。"《康衢》,传说中尧时之童谣。《列子·仲尼》:"尧乃微服游于康衢,闻儿童谣曰:'立我蒸民,莫非尔极。不识不知,顺帝之则。'尧喜问曰:'谁教尔为此言?'童儿曰:'我闻之大夫。'问大夫,大夫曰:'古诗也。'"

9. 九宫南谱：宫即宫调，乐曲音调之称。黄钟宫、仙吕宫、正宫、中吕宫、南吕宫的"五宫"与双调、大石调、越调、商调的"四调"，合称"九宫"。王世贞《弇州山人稿》引元人何朗云："北人之曲，以九宫统之；南人之歌，亦有南九宫。"

10.《击壤之歌》：《论衡·须颂》："击壤者曰：'吾日出而作，日入而息，凿井而饮，耕田而食，尧何等力？'"相传是帝尧时的诗歌。

11. 土文绣而木绨锦：古时豪华建筑，楹柱外包以绨锦，壁上垩以花纹。张衡《西京赋》云："木绨锦，土被朱紫。"

12. 俪皮为礼：俪皮，两张鹿皮。《仪礼·士冠礼》："主人酬宾束帛俪皮。"

13. 千纯百璧：《战国策·赵策》："白璧百双，锦绣千纯。"

14.《喜》《起》之歌：《尚书·益稷》："帝乃歌曰：股肱喜哉！元首起哉！百工熙哉！"

15. 风人"永言"之旨：《尚书·舜典》："帝曰：夔，命汝典乐……诗言志，歌永言。"永言，长言，即拖长声音歌唱。《毛诗·大序》："诗者，志之所之也，在心为志，发言为诗。情动于中，而形于言。言之不足，故嗟叹之，嗟叹之不足，故咏歌之；咏歌之不足，不知手之舞之，足之蹈之也。"

16. 祧唐虞而禘商周，宗祀汉魏于明堂：古天子诸侯祭远祖曰祧，祭始祖曰禘，祭祀较远的祖先曰宗祀，祭祀祖先的地方曰明堂。

17. "邺中诸子"五句：邺中诸子，指曹氏父子和围绕在他们周围的所谓"建安七子"。邺，东汉县名，后来封给曹操，魏时置邺都。曹刘，指曹操与刘桢。

18.《巷伯》"投畀"之章：《巷伯》，是《诗经·小雅》中的篇名，全诗诅咒谗人，"投畀"一章尤为激烈："取彼谗人，投畀豺虎。豺虎不食，投畀有北。有北不受，投畀有昊。"出言激烈，似乎不合于温柔敦厚之旨。

19. 杜甫称其"俊逸"：杜甫《春夜忆李白》："清新庾开府，俊逸鲍参军。"

20. 且夫《风》《雅》之有正有变：东汉郑玄《诗谱序》将《国风》中的《周南》、《召南》和《小雅》《大雅》中的《鹿鸣》《文王》等篇，称作"诗之正经"，因其旨在歌颂周王先室及西周盛世，而将《国风》的《邶》以下，以及《小雅》的《六月》以下，《大雅》的《民劳》以下各篇，谓之"变风变雅"。因其产生于后代帝王的衰乱之世，内容都是"刺怨"和"淫乱"。《毛诗序》云："至于王道衰，礼义废，政教失，国异政，家殊俗，而变风变雅作矣。"

21. 九河：古代黄河自孟津而北，分为九道，故名。《尚书·禹贡》："又北播（分）为九河。"

22. "而俗儒且谓愈诗大变汉魏"三句：张戒《岁寒堂诗话》："韩退之诗，爱憎相半。爱者以为虽杜子美亦不及，不爱者以为退之于诗本无所得，自陈无己辈皆有此论。然二家之论俱过矣。以为子美亦不及者固非，以为退之于诗本无所得者，谈何容易耶？退之诗，大抵才气有余，故能擒能纵，颠倒崛奇，无施不可。放之则如长江大河，澜翻汹涌，滚滚不穷；收之则藏形匿影，乍出乍没，姿态横生，变怪百出，可喜可愕，可畏可服也。苏黄门子由有云：'唐人诗当推韩杜，韩诗豪，杜诗雄，然杜之雄亦可以兼韩之豪也。'此论得之。"明代复古派尊唐诗，如王世贞《艺苑卮言》："韩退之于诗，本无所解,宋人呼为大家,直是势利他语。"叶燮所谓"俗儒"主要指的是明代复古派。

23. "陈言之务去":韩愈《答李翊书》:"当其取于心而注于手也,惟陈言之务去。"

24. 皮、陆:指晚唐诗人皮日休、陆龟蒙。

25. 钱、刘:指中唐代诗人钱起、刘长卿。

26. "又推崇宋诗者"三句:清初学习陆游、范成大诗的风气非常盛行。沈德潜《清诗别裁集》:"先生(叶燮)初寓吴,时吴中称诗者多宗范陆,究所猎者范陆之毛皮,几于千手雷同矣。先生著《原诗》内外篇四卷,力破其非。吴人士始多訾謷之;先生殁后,人转多从其言者。"

27. "今有用陆范及元诗句"八句:《清史列传·汪琬叶燮传》说叶燮诗"兼范成大、陆游、元好问之胜",又说叶燮论文与汪琬不合,"往复诋諆"。叶燮这句主要是针对吴中诗人领袖汪琬而发。

28. 河汉:《庄子·逍遥游》:"肩吾问于连叔曰:'吾闻言于接舆,大而无当,往而不返,吾惊怖其言,犹河汉而无极也。'"成玄英疏:"犹如上天河汉,迢递清高,寻其源流,略无穷极也。"后因以"河汉"比喻言论夸诞迂阔、不切实际。转指不相信或忽视(某人的话)。刘义庆《世说新语·言语》:"谢公云:'贤圣去人,其间亦迩。'子侄未之许。公欣曰:'若郗超闻此语,必不至河汉。'"

29. 五刑宅就:《尚书·尧典》:"五刑有服,五服三就,五流有宅。"伪孔安国传:"五刑:墨、劓、剕、宫、大辟。服,从也。""既从五刑,谓服罪也。行刑当就三处,大罪于原野,大夫于朝,士于市。""谓不忍加刑,则流放之,若四凶者。五刑之流,各有所居。"

30. 五服五章:《尚书·皋陶谟》:"天命有德,五服五章哉。"孔安国传:"五服,天子、诸侯、卿、大夫、士之服也。尊卑彩章各异,所以命有德。"

31. 法有死法,有活法:吕本中《夏均父集序》:"学诗当识活法。所谓活法者,规矩备具而能出于规矩之外,变化不测而亦不背于规矩也。"

32. 《千家诗》:崔颢《通俗编》:"宋刘后村克庄,有《分门纂类唐宋千家诗选》,所录近体而趣尚颇易,本为初学者设也。今村塾所谓《千家诗》者,上集,七言绝八十余首;下集,七言律四十余首,大半在后村选集中,盖据其本增删之耳,故诗仅数十家,而以千家为名。"

33. 五罚:对罪不当五刑者处以相应的五种赎金,称为五罚。凡不足墨刑者罚百锾;依次鼻,二百锾;剕,五百锾;宫,六百锾;大辟,千锾。《尚书·吕刑》:"五辞简孚,正于五刑。五刑不简,正于五罚。"孔传:"不简核,谓不应五刑,当正五罚,出金赎罪。"

34. "泰山之云"三句:《公羊传》僖公三十一年:"触石而出,肤寸而合,不崇朝而偏雨乎天下者,唯奉山尔。"何休《解诂》:"侧手为肤,案指为寸。""泰,重也。不崇朝,言一朝也。"

35. "我文如万斛源泉"二句:《经进东坡文集事略》卷五十七《文说》:"吾文如万斛源泉,不择地而出,在平地,滔滔汩汩,虽一日千里无难。"

36. 文武之政,布在方策:《礼记·中庸》:"子曰:文武之政,布在方策。"孔颖达《正义》:"言文王武王为政之道,皆布列在于方牍简策。"

37. 修德贵日新:语出《易·大畜》:"修德贵日新。"

38. 新莽之行周礼:王莽代汉,国号新。《汉书·王莽传》:"摄皇帝,遂开秘府,会群儒,制礼作乐,……发得《周礼》,以明因监,则天稽古而损益焉。"此处用以指文学上的复古主义。

39. 刘随州:刘长卿(709—780),字子房,曾作随州刺史,故称刘随州。

40. "不恨我不见古人"四句:《南史·张融传》:"融善草书,常自美其能。帝曰:'卿书殊有骨力,但恨无二王法。'答曰:'非恨臣无二王法,亦恨二王无臣法。'……常叹云:'不恨我不见古人,所恨古人又不见我。'"

41. 后羿、养由基:后羿,传为夏时有穷国之君,夺夏相位,恃其善射,不修民事,后为寒浞所杀。《山海经》有记载后羿射九日的传说。养由基,春秋时楚国大夫,善射。《战国策·西周策》:"楚有养由基者,善射,去杨叶百步而射之,百发百中。"

42. 乃知古时人,亦有如我者:语出高适《苦雪》之四。

43. 其揆之一:语出《孟子·离娄下》:"若合符节,先圣后圣,其揆之一。"揆,此处之度量的标准,亦即道理而言。

44. 左宜而右有:语出《诗经·裳裳者华》:"左之左之,君子宜之;右之右之,君子有之。"朱熹《诗集传》:"言其德才兼备,以左之,则无所不宜;以右之,则无所不有。"此处有左右逢源的意思。

45. 成事在胆:《韩忠献遗事》:"公(韩琦)平日谓'成事在大胆'。未尝以胆许人,往往自许也。"

46. 文章千古事:语出杜甫《偶题》:"文章千古事,得失寸心知。"

47. 掉臂游行:自在行游貌。唐吕岩《七言》诗:"闲来掉臂入天门,拂袂徐徐撮彩云。"

48. 掷地须作金石声:形容遣词造句精炼响亮。刘义庆《世说新语·文学》:"孙兴公作《天台赋》成,以示范荣期云:'卿试掷地,当作金石声。'"

49. 《易》曰:"独立不惧。"《易·大过》:"君子以独立不惧,遯世无闷。"

50. 孟子以为行所无事:《孟子·离娄下》:"禹之行水也,行其所无事也。"行所无事,指顺其自然,因势利导。

51. 坎止:《汉书·贾谊传》:"寥廓忽荒,与道翱翔。乘流则逝,得坎则止。"颜师古注:"孟康曰:'《易》坎为险,遇险难而止也。'张晏曰:'谓夷易则仕,险难则隐也。'"坎,地面凹陷处。

52. 大学之始于"格物":《礼记·大学》:"古之欲明明德于天下者,先治其国;欲治其国者,先齐其家;欲齐其家者,先修其身;欲修其身者,先正其心;欲正其心者,先诚其意;欲诚其意者,先致其知;致知在格物。"朱熹注:"格,至也。物,犹事也。穷至事物之理,欲其极处无不到也。"

53. "有明二三作者"五句:有明二三作者,指明代复古派领袖前、后七子。被王世贞列为"末五子"之一的胡应麟在《诗薮续编》中称:"自《三百篇》以迄于今,诗歌之道,无虑三变:一盛于汉,再盛于唐又再盛于明。典午创变至于梁陈极矣,唐人出而声律大宏。大历积衰,至于宋元极矣,明风起而制作大备。"

54. "明""良":《尚书·益稷》:"乃赓载歌曰。元首明哉。股肱良哉。庶事康哉。"

55. 正始:合乎礼仪、法则之始。明王世贞《艺苑卮言》卷四:"卢、骆、王、杨,号称四杰。词旨华靡,同沿陈隋之遗;骨气翩翩,意象老境,超然胜之。五言遂为律家正始。"

56. 元音:纯正而完美的声音。常用以指诗歌。清吴伟业《送杜大于皇兼简曹司农》:"一气元音接混茫,想落千峰入飞鸟。"

57. 腐毫辍翰:语出刘勰《文心雕龙·神思》:"相如含笔而腐毫,扬雄辍翰而惊梦。"腐毫,《西京杂记》卷二:司马相如作赋"控引天地,错综古今,忽然如睡,焕然而兴,几百日而后成"。后遂以为行文迟巧、笔毫为枯之典实。辍翰,停笔;搁笔。

【讲疏】

我国古典诗论多着眼于鉴赏之感受,方式也多为随笔、品评,鲜有正面的系统论述,《原诗》则不同。《原诗》分内、外篇,所讨论的问题虽然各有重点,但却相互发明,共为一体,旨在廓清古今论诗者的种种妄言谬说,论述诗歌的一些根本性问题。《原诗》全部精辟见解都是围系着"理、事、情"与"才、识、胆、力"及其关系而提出并展开论述的。这里所选的是《原诗》内篇,内篇主要涉及文学本原论、正变论、创作论等三个方面的内容。

"本原论"集中讨论了诗歌艺术与现实生活的关系。"诗言志"是古人对诗歌本体的高度概括,叶燮对这一结论是肯定的,但他又认为这一结论忽视了艺术本源的共性。叶燮继承南宋唯物主义哲学家叶适关于"情"与"理"规定"物"的思想,提出了著名的"理、事、情"说。他认为,宇宙间的一切事物都是由理、事、情三个相互联系的因素构成的。理、事、情构成一切事物,亦即一切事物都是现象与本质,形式与内容,个性与共性的统一。叶燮认为诗歌是诗人的主观情志与客观事物的理、事、情相互渗透、融合的艺术表现,不仅反映人的内心情感,还需反映事物的本质、内容与共性:"横说竖说……直造化在手,无有一之不肖乎物也。""盖天地有自然之文章,随我之所触而发宣之。"叶燮这样认识诗歌的本源,就彻底纠正了谈诗只言"性情"的偏颇,这无疑是一大进步。

"正变论"是关于文学发展变化的方法论。叶燮的文学发展观是通过对明代"前后七子"的批判表现出来的。明代"前后七子"的复古理论风靡文坛,明后期的"公安派"与"竟陵派"虽对这股文风进行了斗争,但是在理论与实践上都有错误倾向。叶燮在继承前人的成果基础上,具体、系统地阐述了自己的文学发展观。叶燮认为文学是随时代而变化的,"风雅之有正变,正变系乎时","时有变而诗因之",强调文学的发展变化是不可阻挡的历史潮流。更为可贵的是,叶燮不仅承认"变"的绝对性,而且进一步指出,文学之"变"不是简单的直线运动,而是"递赓递进"。就一时言,"其间或有因变而得盛者,然亦不能无因变而益衰者",而综千古而论,"则盛而必自至于衰。又必自衰而复盛。非在前者之必居于盛,后者之必居于衰也。"文学之正变,是一个辩证发展过程。继扬雄、刘勰之后,叶燮正确地阐述了文学的继承与创新的关系。通过大量的文学史实,叶燮认为文学的发展不能只有"沿"而无"革",只有"因"而无"创":"今就《三百篇》言之:《风》有《正风》,有《变风》;《雅》有《正雅》,有《变雅》,《风》《雅》已不能不由正而变,吾夫子亦不能存正而删变一也;则后此为风雅之流者,其不能伸正而诎变也明矣。""此数子者,各不相师,咸矫然自成一家。不肯沿袭前人以为依傍,盖自六朝而已然矣。"同样,叶燮也反对只主张"革"、"创"而不要"沿"、"因"的偏激文学发展观:"后人无前人,何以有其端绪,前人无后人,何以竟其引申乎!……由是言之:诗自《三百篇》以至于今,此中终始相承相成之故,乃豁然明矣。岂可以臆划而妄断者哉!"

"创作论"是《原诗》的中心。叶燮将创作分成"在物者"(创作客体)与"在我者"(创作主体)两个方面。创作客体包括理、事、情三个要素,本于理、事、情论诗,叶燮主张"活法"反对"死法":"作诗另有法,法在神明之中,巧力之外,是谓变化生心。""若徒以效颦效步为能事,曰:'此法也。'不但诗亡,而法亦且亡矣。"创作主体则包括才、胆、识、力四个要素,本于才、胆、识、力以论诗,叶燮强调指出诗之工"非就诗以求诗",根本问题在于诗人的胸襟。他把胸襟比作建造屋宇的基础,而学习古人、加强艺术修养则是材料的累积。"有胸襟,然后能载其性情智慧聪明才辨以出,随遇发生,随生即盛。"由于着眼在于诗人的胸襟,所以叶燮反对模拟,反对因袭,主张在继承传统之中不断创新。

叶燮的《原诗》以朴素的唯物主义作指导,批判了当时盛行的唯心主义、教条主义和复古主义的理论,在当时产生了积极影响,"吴人士始而訾警,久乃更从其说"(《清史稿·叶燮传》)。《原诗》不少观点被后来的沈德潜、袁枚和薛雪等人所继承,并加以发挥。当然,叶燮的《原诗》不可避免地带有其时代的局限性。诸如提倡"温柔敦厚"的诗教,攻击王安石的变法革新;恪守儒家经籍,以离经叛道为异端邪说,等等,这些都体现叶燮保守的一面。

【关键词解读】

理 事 情

叶燮认为创作客体包括理、事、情三个要素。理,指事物得以发生、发展的内在规律;事,指事物发生、发展的过程;情,指事物发生、发展过程中呈现的各种具体情状和形象。理、事、情三者又由气通而贯之,气是事物发生、发展的动力所在。叶燮本于理、事、情论诗,以为诗文之道,"先揆乎其理;揆之于理而不谬,则理得。次征诸事,征之于事而不悖,则事得。终絜诸情,絜之于情而可通,则情得。三者得而不可易,则自然之法立"。"自然之法"既然本于理、事、情,而理、事、情变化万殊,就不可能预设一定的程式作为表现的方法,因此叶燮主张"活法"反对"死法"。

才 胆 识 力

叶燮认为创作主体包括才、识、胆、力四种要素。"才",就是能真实反映理、事、情的创造性才能。"识",就是"诵读古人诗书"和对客观事物及其规律的认识能力。"胆",就是敢于创新,敢于摆脱"如三日新妇,动恐失体"的精神枷锁。"力",就是"自成一家的功力"。叶燮认为对于一个创作者来说,才、识、胆、力四者是缺一不可的:"大凡人无才则心思不出,无胆则笔墨畏缩,无识则不能取舍,无力则不能自成一家。"四者交相为济,才会相辅相成。在具体论述四者关系时,叶燮又突出"识"的作用。"识"是根本,它支配与制约着才、胆、力的发挥:"四者无缓急,而要在先之以识,使无识,则三者俱无所托。""惟有识,则能知所从,知所奋,知所决,而后才与胆、力,皆确然有以自信。"

【相关知识链接】

叶燮的父亲叶绍袁是晚明文坛重要作家,母亲沈宜修则是明末最杰出的女诗人。叶燮的五个兄长、四个姐姐个个都富于文思才情,特别是三姐叶小鸾名气尤甚。叶燮出生于这样一个深厚家学渊源的家庭里,培养了他对文学的兴趣和热爱。叶燮曾设馆授徒,系统教授自己的诗学观点,讲解诗歌理论,指导诗歌创作。当时从叶燮学诗的人很多,其中沈德潜、叶长扬、张锡祚、薛雪等后来都成为一时名士。

叶燮是清初一位著名的作家与诗评家。作为一位作家,他的作品或抒情,或写景,无不沉深、劲健、清新,充满着昂扬进取的精神。但总的说来,他的文学成就一般,在清代诗坛文苑中,他只不过是一位普通作家而已。但作为一位诗评家,他的《原诗》则是继刘勰《文心雕龙》、严羽《沧浪诗话》之后,我国古代文论史上又一部较有严密理论体系的诗话著作。

由于叶燮的社会地位低微,论诗主张,与当时名流王士祯等观点不同,因此他的论著由他自已在二弃草堂刊行后,未能得到广泛的传扬。历史经过近三个世纪的埋没后,才确立了他在我国古代文论史及美学史上应有的位置。叶燮的《原诗》虽然问世后并未形成全国范围的影响,但是在江南特别是苏州一带反响颇大。这可从王士祯、沈德潜、孔尚任等人的评价中看出。另外,根据一些现今发现的资料可以推断,曹雪芹也曾受叶燮的影响。康熙二十九年(1690),33岁的曹寅出任苏州织造。是年秋,曹寅过访叶燮,互有赠答。此时,叶燮63岁,《原诗》已完成。叶燮侄儿叶藩曾长期充当曹寅幕僚,深得曹寅器重。另外,《红楼梦》第七十六回林黛玉的诗句"冷月葬花魂"的"葬花魂"三字系从叶小鸾的诗句"戏捐粉盒葬花魂"中采来。《红楼梦》中一些对诗歌的分析与叶燮的某些文学理论观点几乎一致。由上可以推断,曹雪芹确有可能读到过叶燮的《原诗》,从而受到叶燮文学理论、美学思想的深刻的影响。

【延伸阅读】

《原诗》有内篇与外篇之分。外篇亦分上、下二卷,以评论为主,主要对历代有代表性的作家作品进行了具体的艺术分析与评价,是其理论原则在具体批评活动中的延伸。《与友人论文书》虽是论文,但其观点与《原诗》论诗并无不同,可以相互阐发。

原诗外篇(上)(节选)

三

诗家之规则不一端,而曰体格,曰声调,恒为先务,论诗者所谓总持门也。诗家之能事不一端,而曰苍老、曰波澜,目为到家,评诗者所谓造诣境也。以愚论之,体格、声调与苍老、波澜,何尝非诗家要言妙义!然而此数者,其实皆诗之文也,非诗之质也,所以相诗之皮也,非所以相诗之骨也。试一一论之。

言乎体格:譬之于造器,体是其制,格是其形也。将造是器,得般、倕运斤、公输挥削,器成而肖形合制,无毫发遗憾,体格则至美矣,乃按其质,则枯木朽株也,可以为美乎?此必不然者矣。夫枯木朽株之质,般输必且束手,而器亦乌能成!然则,欲般输之得展其技,必先具有木兰、文杏之材也,而器之体格,方有所托以见也。

言乎声调:声则宫商叶韵,调则高下得宜,而中乎律吕,铿锵乎听闻也。请以今时俗乐之度曲者譬之。度曲者之声调,先研精于平仄阴阳。其吐音也,分唇鼻齿腭开闭撮抵诸法,而曼以笙箫,严以鼙鼓,节以头腰截板,所争在渺忽之间。其于声调,可谓至矣。然必须其人之发于喉、吐于口之音以为之质,然后其声绕梁,其调遏云,乃为美也。使其发于喉者哑然,出于口者飒然,高之则如蝉,抑之则如蚓,吞吐如振车之铎,收纳如鸣窬之牛;而接其律吕,则于平仄阴阳唇鼻齿腭开闭撮抵诸法,毫无一爽,曲终而无几微愧色。其声调是也,而声调之所丽焉以为传者,则非也.则徒恃声调以为美,可乎?

以言乎苍老:凡物必由稚而壮,渐至于苍且老。各有其候,非一于苍老也。且苍老必因乎其质,非凡物可以苍老概也。即如植物,必松柏而后可言苍老。松柏之为物,不必尽干霄百尺、即寻丈楹槛间,其鳞鬣夭矫,具有凌云磐石之姿。此苍老所由然也。苟无松柏之劲质,而百卉凡材,彼苍老何所凭借以见乎?必不然矣。

又如波澜之义,风与水相遭成文而见者也。大之则江湖,小之则池沼,微风鼓动而为波为澜,此天地间自然之文也。然必水之质,空虚明净,坎止流行,而后波澜生焉,方美观耳。若汙莱之潴,溷厕之沟渎,遇风而动,其波澜亦犹是也,但扬其秽,曾是云美乎?然则,波澜非能自为美也;有江湖池沼之水以为之地,而后波澜为美也。

由是言之,之数者皆必有质焉以为之先者也。彼诗家之体格、声调、苍老、波澜,为规则、为能事,固然矣;然必其人具有诗之性情、诗之才调、诗之胸怀、诗之见解以为其质。如赋形之有骨焉,而以诸法传而出之,犹素之受绘,有所受之地,而后可一一增加焉。故体格、声调、苍老、波澜,不可谓为文也,有待于质焉,则不得不谓之文也;不可谓为皮之相也,有待于骨焉,则不得不谓之皮相也。吾故告善学诗者,必先从事于"格物",而以识充其才,则质具而骨立,而以诸家之论优游以文之,则无不得,而免于皮相之讥矣。

六

"作诗者在抒写性情。"此语夫人能知之,夫人能言之,而未尽夫人能然之者矣。作诗有性情必有面目,此不但未尽夫人能然之,并未尽夫人能知之而言之者也。如杜甫之诗,随举其一篇,篇举其一句,无处不可见其忧国爱君,悯时伤乱,遭颠沛而不苟,处穷约而不滥,崎岖兵戈盗贼之地,而以山川景物,友朋杯酒,抒愤陶情,此杜甫之面目也。我一读之,甫之面目,跃然于前,读其诗一日,一日与之对,读其诗终身,日日与之对也,故可慕可乐而可敬也。举韩愈之一篇一句,无处不可见其骨相稜嶒,俯视一切,进则不能容于朝,退又不肯独善于野,疾恶甚严,爱才若渴,此韩愈之面目也。举苏轼之一篇一句,无处不可见其凌空如天马,游戏如飞仙,风流儒雅,无入不得,好善而乐兴,嬉笑怒骂,四时之气皆备,此苏轼之面目也。此外诸大家,虽所就各有差别,而面目无不于诗见之,其中有全见者,有半见者,如陶潜、李白之诗,皆全见面目;王维五言则面目见,七言则面目不见;此外面目可见不可见,分数多寡,各各不同,然未有全不可见者。读古人诗,以此推之,无不得也。余尝于近代一二闻人,展其诗卷,自始至终,亦未尝不工,乃读之数过,卒未能睹其面目何若,窃不敢谓作者如是也。

八

诗是心声,不可违心而出,亦不能违心而出。功名之士,决不能为泉石淡泊之音;轻浮之子,必不能为敦庞大雅之响。故陶潜多素心之语,李白有遗世之句,杜甫兴"广厦万间"之愿,苏轼师"四海弟昆"之言。凡如此类,皆应声而出。其心如日月,其诗如日月之光。随其光之所至,即日月见焉。故每诗以人见,人又以诗见。使其人其心不然,勉强造作,而为欺人欺世之语;能欺一人一时,决不能欺天下后世。究之阅其全帙,其陋必呈。其人既陋,其气必茶,安能振其辞乎!故不取诸中心而浮慕著作,必无是理也。

——人民文学出版社1979年排印本

原诗外篇(下)(节选)

十七

作诗文有意逞博,便非佳处。犹主人勉强遍处请生客,客虽满坐,主人无自在受用处。多读古人书,多见古人,犹主人启户,客自到门,自然宾主水乳,究不知谁主谁宾。此是真读书人,真作手。若有意逞博,搁管时翻书抽帙,搜求新事、新字句,以此炫长,此贫儿称贷营生,终非己物,徒见蹴踏耳。

二十

何景明与李梦阳书,纵论历代之诗而上下是非之。其规梦阳也,则曰:"近诗以盛唐为尚。宋人似苍老而实疏卤;元人似秀俊而实浅俗。今仆诗不免元习,而空同近作,间入于宋。"夫尊初、盛唐而严斥宋元者,何李之坛坫也,自当无一字一句入宋元界分上;乃景明之言如此,岂阳斥之而阴窃之,阳尊之而阴离之邪?且李不读唐以后书,何得有宋诗入其目中而似之邪?将未尝寓目,自为遥契吻合,则此心此理之同,其又可尽非邪?既已似宋,则自知之明且不有,何妄进退前人邪?其故不可解也。窃以为李之斥唐以后之作者,非能深入其人之心,而洞伐其髓也;亦仅仿佛皮毛形似之间,但欲高自位置,以立门户,压倒唐以后作者。而不知已饮食之,而役隶于其家矣!李与何彼唱予和,互相标榜,而其言如此,亦见诚之不可揜也!由是言之,则凡好为高论大言,故作欺人之语,而终不可以自欺也夫!

二十一

从来论诗者,大约伸唐而绌宋。有谓"唐人以诗为诗,主性情,于《三百篇》为近;宋人以文为诗,主议论,于《三百篇》为远"。何言之谬也!唐人诗有议论者,杜甫是也,杜五言古,议论尤多。长篇如《赴奉先县咏怀》、《北征》及《八哀》等作,何首无议论!而以议论归宋人,何欤?彼先不知何者是议论,何者为非议论,而妄分时代邪!且《三百篇》中,二雅为议论者,正自不少。彼先不知《三百篇》,安能知后人之诗也!如言宋人以文为诗,则李白乐府长短句,何尝非文!杜甫前后《出塞》及《潼关吏》等篇,其中岂无似文之句!为此言者,不但未见宋诗,并未见唐诗。村学究道听耳食,窃一言以诧新奇,此等之论是也。

三十二

学诗者,不可忽略古人,亦不可附会古人。忽略古人,粗心浮气,仅猎古人皮毛。要知古人之意,有不在言者;古人之言,有藏于不见者;古人之字句,有侧见者,有反见者。此可以忽略涉之者乎?不可附会古人:如古人用字句,亦有不可学者,亦有不妨自我为之者。不可学者:即《三百篇》中极奥僻字,与《尚书》、《殷盘》、《周诰》中字义,岂必尽可入后人之诗!古人或偶用一字,未必尽有精义,而吠声之徒,遂有无穷训诂以附会之,反非古人之心矣。不妨自我为之者:如汉魏诗之字句,未必一一尽出于《三百篇》,六朝诗之字句,未必尽出于汉魏,而唐及宋元,等而下之,又可知矣。今人偶用一字,必曰本之昔人。昔人又推而上之,必有作始之人;彼作始之人,复何所本乎?不过揆之理、事、情,切而可,通而无碍,斯用之矣。昔人可创之于前,我独不可创于后乎?古之人有行之者,文则司马迁,诗则韩愈是也。苟乖于理、事、情,是谓不通。不通则杜撰。杜撰,则断然不可。苟不然者,自我作古,何不可之有!若腐儒区区之见,句束而字缚之,援引以附会古人,反失古人之真矣。

——人民文学出版社 1979 年排印本

与友人论文书

　　昨面奉谆教，仆退而三复。大约以仆论文过严，少可而多否，谓文章一道，不可以一律论，要各成一家之言而止，无以彼此之见相轧，若必绳以一律，则似乎偏，恐非大中至正之则。足下之言，可谓平而恕，虚而明，仆未始不敢谓非然也。然仆窃尝于此反复思之，少有所窥，敢因明论而具献之，可乎？

　　夫文之为用，实以载道。要先辨其源流本末，而徐以察其异轨殊途；固不可执一而论，然又不可以二三其旨也。是在正其源，而反求其本已矣。

　　今有文于此，必先征其美与不美。其美者，则人共誉之曰：美。彼文而美，固可誉也，夫固有其文之美者矣，然而未可即谓之曰通也；固有其文之通者矣，然而未可即谓之曰是也；固有其文之是者矣，然而未可即谓之曰适于道也。今试举其大者言之，以例其余。

　　彼美而未尝通者，六朝之文类是也；通而未尝是者，庄周、列御寇之文类是也；是而未尝适于道者，司马迁等之文类是也。夫由文之美而层累进之。以至适于道而止。道者何也？六经之道也。为文必本于六经，人人能言必矣。人能言之，而实未有能知之；能知之，而实未能变而通之者也。夫能知之，更能进而变通之，要能识夫道之所由来，与推夫道之所由极。非能明天下之理，达古今之事，穷万物之情者，未易语乎此也。

　　仆尝有《原诗》一编，以为盈天地间，万有不齐之物、之数，总不出乎理、事、情三者。故圣人之道自格物始，盖格夫凡物之无不有理、事、情也。为文者，亦格之文之为物而已矣。夫备物者莫大于天地，而天地备于六经。六经者，理、事、情之权舆也。合而言之，则凡经之一句一义，皆各备此三者，而互相发明；分而言之，则《易》似专言乎理，《书》《春秋》《礼》似专言乎事，《诗》似专言乎情。此经之原本也。而推其流之所至，因《易》之流而为言，则议论、辨说等作是也；因《书》《春秋》《礼》之流而为言，则史传、纪述、典制等作是也；因《诗》之流而为言，则辞赋、诗歌等作是也。数者条理各不同，分见于经，虽各有专属，其适乎道则一也。而理者与道为体，事与情总贯乎其中，惟明其理，乃能出之而成文。六经之后，其得此意者，则庶乎唐、宋以来诸大家之文，为不悖乎道矣。

夫文之本乎经者，袭其道，非袭其辞。如以其辞，则周、秦以来三千余年间，其辞递变，日异而月不同，然能递变其辞，而必不能递变其道。盖天下古今止有此一道，千差万别，总不可越。非可于此外别事旁求，用其私智而能成一家之言，以自鸣于古今者也；即其人之言，幸而当时称之，后世述之，而总不可谓之为文。即天下有自成一家之文，断无有自成一家之道，若有自成一家之道。天下古今岂有二道乎？而本乎道者，原非执一法以泥之，一律以格之者也。当其神明在心，变化于法，左宜右有，无所不可，而用意所根柢处，必一定而有在。譬之古帝王相传，惟一执中，至于所尚，则有忠与质文之各不同。然岂以所尚不同，而执中之传亦各有不同者哉？又岂以执中之传同，而所尚亦遂必出于同者哉？故文之为道，一本而万殊，亦万殊而一本者也。

夫所谓成一家之言者，其独辟此一家者乎？抑祖述彼一家者乎？若其独辟，则古今以来数千百年必无至今日而忽有独辟之道。且何所据而谓之成？若其祖述，则所述之彼一家，是又一家矣，彼是道非道不可知，漫然而袭之，安得谓为成家乎？既以袭之矣，安得称为一家之言乎？譬之天地间，其籁有万，总谓为声。如鸾凤之和鸣，箫韶之雅奏，声也；寒蛩之啾嘈，蚯蚓之鸣窍，亦声也。彼蛩与蚓，何尝不自成其一家之声，然与鸾凤、箫韶同类而称其声之成也可乎？故一家之言，乃其人之言，非天下古今之言也，不可谓为成也。

然仆所引六朝、庄、列、司马迁之徒，则更自有说。六朝不足论，庄、列岂非自成一家之言者？司马迁尝自谓"成一家之言"矣，安得尽非之乎？然庄、列之人与文，其力能自为一道，而与六经之道为角，才与辨皆足以济之，如庄之外篇，叛道尤极，而其书卒不废；盖与道相反而能中分以自成者，不可徒以一家称也，但不可谓为是而已。司马迁之文，固知尊向六经，然徒能貌其郭廓耳，于道虽未能适，其志则道也，故其自谓成家可也。窃怪后之人，尚不能知道与非道之辨，其所为文，又在扬雄所诎"雕虫小技"之下，不识所成者何家乎？且庄、列、司马诸人之文，为之于周、秦、汉以前，以创辟之人为创辟之文，称作者可也。若后人踵而为之，于今日则何异于刍狗？何况等而下之者乎？

仆尝论：古今作者，其作一文，必为古今不可不作之文。其言有关于天下古今者，虽欲不作，而不得不作；或前人未曾言之，而我始言之；后人不知言之，而我能开发言之，故贵乎其有是言也。若前人已言之，而我摹仿言之；今人皆能言之，而我随声附和言之，则不如不言之为愈也。所以古来作者，有言谓之立言，以此言自我而立，且非我不能立。傍无倚附之谓立，独行其是之谓立，故与功、与德共立而不朽也。

然其为言，有端焉，有绪焉，或以质胜，或以文胜，或借援引以明，或摅才辨以见，其措诸辞有不同，总不能外乎夫子"辞达"之一言。要以辞达意，不以辞饰意。以辞饰意，必至剽字窃句，求异标新，不则陈陈相因，附会希合。究其初，彼原无意，即以辞为意，问其所旨，彼且茫然不自知。世人见其斐然庞然，亦或群然称之。仆所谓文虽美而无如其不通何矣，可胜道哉！且夫辞达与不达，亦有浅深之不同。本无意而辞不达，无可达也；有其意而辞不达，不能达也；能造意而辞不达，不达乎道也；自以为达乎道，而辞仍不达，非道之辞难达也；进乎此而辞能达者，其辞皆道也。如是以抒其志虑，发为议论，征诸见闻，考诸往古，平奇正侧，多寡繁简，不袭不臆，屏隐怪，黜庸腐，归于辞达其意，意达其道而已。斯为天地古今之言，而岂一家之言哉！于此而或有未尽善，则徐以辨其工拙，察其巧力，所争在毫末之间，但根本既定，则无适而不可矣。此论文之极则，作文之本原。

因足下之诏我，故敢竭其区区，而不自知其言之罔且诞也。幸足下更有以教之。

——《已畦集》卷十三，1917年长沙叶氏梦篆楼刊本

【思考题】

1. 叶燮《原诗》在体例上有何特点？
2. 试阐述叶燮《原诗》创作论的内容。

朱 彝 尊

【作者简介】

朱彝尊(1629—1709),字锡鬯,号竹垞,晚号小长芦钓鱼师、金风亭长。浙江秀水(今嘉兴市)人。康熙十八年(1679),以布衣被征召,举博学宏词科,官翰林院检讨,曾参加纂修《明史》。后历任日讲起居注官、江南乡试主考、值南书房等职。朱氏早年以诗名著称,与王士禛并称"南朱北王"。词名尤著,开浙西一派,与陈维崧阳羡词派和纳兰性德一派鼎足而三。著有《日下旧闻》《经义考》《曝书亭集》,词集有《眉匠词》《静志居琴趣》《江湖载酒集》《茶烟阁体物集》《蕃锦集》等,并编有《明诗综》《词综》等。《清史稿》卷四八四《文苑一》有传。

词综发凡(节选)

唐宋以来作者,长短句每别为一编,不入集中,以是散佚最易。……藏书家目录,词集多不见收。惟莆田陈氏《书录解题》论其大略[1],鄱阳马氏采入《通考》[2]。

世人言词,必称北宋。然词至南宋始极其工,至宋季而始极其变。姜尧章氏[3]最为杰出。

古词选本,若《家宴集》《谪仙集》《兰畹集》《复雅歌词》[4]……皆佚不传。独《草堂诗余》[5]所收最下、最传。三百年来,学者采为《兔园册》[6],无惑乎词之不振也。

宣、政[7]而后,士大夫争为献寿之词,联篇累牍,殊无意味。至魏华父[8]则非此不作矣。是集于千百之中,止存一二,虽华甫亦置不录也。

元人小曲如《干荷叶》《天净沙》《凭栏人》《平湖乐》(一名《小桃红》)等调,平上去三声并用,往往编入词集[9]。然按之宋词,如《戚氏》《西江月》《换巢鸾凤》《少年心》《惜分钗》《渔家傲》(杜安世集中体)诸阕,已为曲韵滥觞矣。是集间有采录,盖仿杨氏《词林万选》[10]之例。览者幸勿以词曲混一为讪。

言情之作易流于秽,此宋人选词,多以雅为目[11]。法秀道人语涪翁曰:"作艳词,当堕犁舌地狱。"[12]正指涪翁一等体制而言耳。填词最雅,无过石帚[13]。《草堂诗余》不登其只字。见胡浩[14]《立春》《吉席》之作,《蜜殊》《咏桂》之章,亟收卷中,可谓无目者也。甚而易静《兵要》寓声于《望江南》[15],张用成《悟真篇》按调为《西江月》[16],词至此,亦不幸极矣。是集于黄九[17]之作,去取特严,不敢曲徇后山之说[18]。

《花间》体制,调即是题。如《女冠子》则咏女道士,《河渎神》则为送迎神曲,《虞美人》则咏虞姬是也。宋人词集,大约无题[19]。自《花庵》《草堂》[20],增入闺情、闺思、四时景等题,深为可憎。今俱准集本删去。

明初作手若杨孟载、高季迪、刘伯温辈[21],皆温雅芊丽,咀宫含商。李昌祺、王达善、瞿宗吉[22]之流,亦能接武。至钱唐(塘)马浩澜[23]以词名东南,陈言秽语,俗气薰入骨髓,殆不可医。周白川、夏公谨[24]诸老,间有硬语,杨用修、王元美[25]则强作解事,均与乐章未谐。

——《词综》卷首,上海古籍出版社1978年排印本

【题解】

为了在理论上配合宣传张扬浙西词派,朱彝尊、汪森以自己的论词观点为标准选编了唐、五代、宋、金、元五百余家词为《词综》。《词综》是一部重要词选,流传广泛,影响深远。此书一出,浙派宗风愈炽。朱彝尊在《词综发凡》中推姜夔为词家正宗,崇尚淳雅,是浙西词派重要词论之一。

【注释】

1. "莆田陈氏"句:陈振孙(1183—?),字伯玉,浙江安吉人。曾在江西南城、福建

莆田和浙江等地做过二十多年地方官，官至国子监司业、宝章阁待制。晚年用近二十年的时间，仿《郡斋读书志》撰成《直斋书录解题》这一目录学著作。其著录多详今书，尤其在卷二十一辟"歌词类"论述词之大略，开他书所未先。除《花间集》、《南唐二主词》、《阳春录》及《家宴集》为唐五代作品外，其余一一五种皆宋人词集。

2. "鄱阳马氏"句：马端临(1254—?)，字贵与，饶州乐平（今属江西）人。宰相马廷鸾之子，宋末元初著名史学家。入元决心不仕，父亲死后，做过慈湖、柯山二书院山长、教授台州路。著述颇丰，现存《文献通考》三四八卷。

3. 姜尧章：姜夔，字尧章。

4. "古词选本"句：《家宴集》原书五卷，今佚。据陈振孙《直斋书录解题》卷二一云："所集皆唐末五代人乐府，视《花间》不及也。末有《清和乐》十八章，为其可以侑觞，故名'家宴'也。"

《谪仙集》十卷，南宋勾龙震编。今佚。《宋史·艺文志八》："勾龙震集古今人词，以李白为首。"

《兰畹集》，至少有五卷，自宋以来不见著录，原书早佚。北宋孔夷编。王灼《碧鸡漫志》卷二："《兰畹曲会》，孔宁极先生之子方平所集。"又作《兰畹曲集》。

《复雅歌词》五十卷，今佚。陈振孙《直斋书录解题》卷二一云："《复雅歌词》五十卷。题鲖阳居士序，不著姓名。末卷言宫词音律颇详，然多有调而无曲。"是北宋末年的大型词选本。

5. 《草堂诗余》：《草堂诗余》四卷，南宋何士信编。书中选辑唐五代宋词三百六十七首，其中唐五代词较少，宋代以柳永、苏轼、秦观、周邦彦四家为最多。选本不以调分，按内容分为四季、节序、天文、地理、人物、器皿等十一类。后世向与《花间集》并称，成为研究宋词的一部重要参考书籍。

6. 《兔园册》：《宋史·艺文志》子部类书类有杜嗣先《兔园册府》三十卷，是一部通俗性的类书。后以"兔园册子"作为通俗的类书以及教授童蒙和科举应试指南的代名词。北宋初孙光宪《北梦琐言》卷十九云："宰相冯道形神庸陋。北中村墅，多以《兔园册》教蒙童，以是讥之。然《兔园册》乃徐、庾文体，非鄙朴之谈。但家藏一本，人多贱之也。"

7. 宣、政：指宋徽宗政和(1111—1118)、宣和(1119—1126)年间。

8. 魏华父：魏了翁(1178—1237)，字华父，号鹤山，邛州蒲江（今属四川）人。宋宁宗庆元五年(1199)进士，历任剑南西川节度判官、秘书省正字、校书郎、知嘉定府、潼川路安抚使、权礼部尚书兼学士院等职。曾筑室白鹤山下，授徒讲学。《宋史》有传。著有《鹤山全集》一百零九卷，内有长短句三卷，十九为寿词，为宋人词集所罕有。黄昇《中兴以来绝妙词选》卷七以为"皆寿词之得体者"。

9. "元人小曲"三句：曲韵和词韵不同。词韵大致依照诗韵。曲韵是平上去三声通押的，即以平仄通押为常规；曲韵都是一韵到底，中间不换韵；诗和词都忌重韵，曲不忌重韵；曲可以有赘韵。所以词韵和曲韵不可混一。

10. 杨氏《词林万选》：《词林万选》四卷，明杨慎编。杨慎(1488—1559)，字用修，号升庵。是书乃其谪居云南时所编,所选词人自唐温庭筠至明高启。卷首任良干序云:"升庵太史公家藏唐宋五百家词,颇为全备。暇日取其尤绮练者四卷,名曰《词林万选》,皆《草堂诗余》之未收者也。"此书体例杂乱,词曲混收,尚有评注与词作失考之处。

11. 此宋人选词,多以雅为目:如鲖阳居士序《复雅歌词》,曾慥编《乐府雅词》等。

12. "法秀道人"句:黄庭坚《山谷词》本序云:"余少时间作乐府,以使酒玩世。道人法秀独罪余以笔墨劝淫,于我法中当下犁舌之狱,特未见叔原之作耶?"

13. 石帚:姜夔(1155—1221?)尧章,号石帚、白石道人。饶州鄱阳(今江西鄱阳)人。

14. 胡浩:即胡浩然。《草堂诗余》选其《满庭芳吉席》(潇洒佳人)、《喜迁莺立春》(谯门残月听画角)等六首词。《全宋词》存词六首。

15. "易静《兵要》"句:晁公武《郡斋读书志》后志卷二:"《兵要·望江南》一卷。右题云黄石公以授张良者。按其书杂占行军吉凶,寓声于《望江南》词,取其易记忆。《总目》云:'武安军左押衙易静撰。'盖唐人也。"

16. 张用成《悟真篇》:陈振孙《直斋书录解题》:"张伯端,一名用成,字平叔,天台人。(宋神宗)熙宁中游蜀,遇异人传金丹火候之秘,元丰中成道于荆湖。是书(《悟真篇》)专明金丹之要,与《参同契》并道家所推为正宗。"道家称其为紫阳真人。《悟真篇》共成《西江月》词二十五首。见《全宋词》(增订注释)第一卷一五四页。

17. 黄九:黄庭坚(1045—1105),字鲁直,号涪翁,又号山谷道人。洪州分宁(今江西修水)人。治平四年(1067)登进士第,历任叶县尉、北京国子监教授、知吉州太和县、秘书郎。元祐元年(1086)为检讨官,编修《神宗实录》。后迁著作郎,加集贤校理。与张耒、秦观、晁补之同游苏轼之门,有"苏门四学士"之称。著有《豫章先生文集》三十卷、《山谷琴趣外编》三卷。其词以江西诗法入词,上承东坡,下启白石,有清刚峭拔之长。

18. 不敢曲徇后山之说:是指陈师道《后山诗话》所云:"今代词手,惟秦七(观)、黄九(庭坚),唐诸人不迨也。"陈师道(1052—1102),字履常,一字无己,号后山居士,徐州彭城(今江苏徐州)人。早年从曾巩学文,后见知于苏轼,名列"苏门六君子"。诗宗杜甫,为江西诗派"三宗"之一。著有《后山集》《后山词》。其《书旧词后》云:"余他文未能及人,独于词自谓不减秦七、黄九。"《宋史》有传。

19. "《花间》体制"六句:黄昇《唐宋诸贤绝妙词选》卷一李珣《巫山一段云》注云:"唐词多缘题,所赋《临江仙》则言仙事,《女冠子》则述道情,《河渎神》则咏祠庙,大概不失本题之意。尔后渐变,去题远矣。"唐五代词中调名与词意无涉者已多,宋人用旧调谱写新声,则离题更远。

20. "《花庵》、《草堂》"句:《花庵词选》,宋黄昇编。是书前后共有二十卷,收词一千多首。前十卷为《唐宋诸贤绝妙词选》,收唐五代北宋词共一百三十四家;后十卷是《中兴以来绝妙词选》,收南宋词人八十九家。是书选录宋词以苏轼、辛弃疾词派为主,颇具卓识。

21. "明初作手若"句:杨孟载,杨基(1332—1378后),与高启、张羽、徐贲号称明初"四绝"。元末曾为张士诚记室,洪武初(1368)起为荥阳知县,历山西按察副使。善文章,兼工书画,有《眉庵集》十二卷。词存集中,曰《眉庵词》,以小令胜,《乐府纪闻》称其"饶有新致"。《明史》卷二八五有传。

高季迪,高启(1336—1374),字季迪,号槎轩,又自号青丘子,长洲(今江苏苏州)人。博学能诗,明初有"十才子""四绝""北郭十友"之目。洪武初与修《元史》,累官户部侍郎。其诗雄浑雅健,自成一家。有《大全集》《凫藻集》。存词《扣舷词》一卷。《明史》卷二八五有传。

刘伯温,刘基(1311—1375),字伯温,号犁眉,处州青田(今属浙江)人。元统元年(1333)进士。入明授太史令,累迁御史中丞。明初重要典章制度多由其与宋濂等计定。封诚意伯。刘基博通经史,精工诗词古文。有《诚意伯文集》《诚意伯词》等。《明史》卷一二八有传。

22. "李昌祺"句:李昌祺,李祯(1376—1452),字昌祺,庐陵(今江西吉安)人。永乐二年(1404)进士。选庶吉士,预修《永乐大典》。工诗词曲。清新华赡,音节自然。著有《运甓漫稿》《侨庵诗余》《侨庵小令》《运甓词》。

王达善,《山西通志》卷九十三:"江南无锡人。洪武间任大同府训导,学问渊博,气度和雅。驭诸生,恩义兼至,称经人两师。尝著《天游小藁》《梅花百咏》。后累官翰林学士。"明释宗泐《跋王达善梅花诗》云:"其天姿英迈,出人意表。一夕之间百篇具就,既敏且美,虽七步之才不足多也。"

瞿宗吉,瞿佑(1341—1427),字宗吉,号存斋,钱塘(今浙江杭州)人。曾官宜阳训导、临安教谕、周王府长史等。著述丰富,有《存斋诗集》《归田诗话》《剪灯新话》《春秋贯珠》《阅史管见》及词集《乐府遗音》《余清词》等。少时,以和凌云翰"梅柳争春"词知名。《历代诗话》卷一〇称其"乐府歌词,多假红倚翠之语,为时传诵"。

23. 马浩澜:马洪,字浩澜,号鹤窗。武宗正德前后在世。浙江仁和(今杭州)人。《词苑萃编》卷七云:"钱塘马浩澜,号鹤窗,善咏诗,尤工词调。虽皓首布韦,而含吐珠玉,锦秀胸肠,褒然若贵介王孙也。其词名《花影集》。"洪以词名东南,王世贞誉为"烨烨胜泰"。

24. "周白川"句:周白川,周用(?—1547),字行之,号白川,吴江(今属江苏)人。弘治十五年(1502)进士。历官工部尚书、太子少保、吏部尚书等职,卒谥恭肃。著有《白川集》(附词)、《周恭肃公词》。《明史》卷二〇二有传。

夏公瑾,夏言(1482—1548),字公瑾,号桂洲,贵溪(今属江西)人。正德十二年(1517)进士。历翰林学士、少师兼太子太师。嘉靖十五年(1536),入华盖殿大学士,参机务,居首辅。追谥文愍。钱谦益《列朝诗集小传》丁集云:"少师得君专政,声势烜赫,诗余小令,草稿未削,已流布都下,互相传唱。殁后未百年,黯然无闻,《花间》、《草堂》之集,无有及贵溪氏名者,求如前代所谓曲子相公,亦不可得,可一慨也。"王世贞《艺苑卮言》云:"夏文愍公瑾最号雄爽,比之辛稼轩,觉少精思。"王国维《人间词话》云:"有明一代,乐府道衰。……独文愍(夏言)以魁硕之才,起而振之。豪壮典丽,与于湖、剑南为近。"著有《桂洲集》《赐闲堂词》等。《明史》卷一九六有传。

25."杨用修"句：杨用修，杨慎(1488—1559)，字用修，号升庵，新都(今属四川)人。正德六年(1511)殿试第一，授翰林院修撰，预修《武宗实录》。幼聪颖能诗，其诗向以渊雅博丽著称，堪与"七子"抗衡。乐府首倡《花间》："好人六朝丽事，似近而远。"(王世贞《艺苑卮言》)王昶《明词综序》云："至杨用修、王元美诸公，小令中调颇有可取，而长调则均杂于俚俗矣。"杨慎著作宏富，词有《升庵长短句》《词品》《百琲明珠》《词林万选》等。《明史》卷一九二有传。

王元美，王世贞(1526—1590)，字元美，号凤洲，又号弇州山人，太仓(今属江苏)人。嘉靖二十六年(1547)进士，官至南京刑部尚书。以诗古文鸣世，与李攀龙俱为"后七子"领袖。其词"以生动见长"(沈雄《古今词话》)，"有唐二主风韵"(清胡薇元《岁寒居词话》)。著述颇丰，有《弇州山人四部稿》《艺苑卮言》等。《明史》卷二八七有传。

【讲疏】

随着清朝统一全国走向鼎盛，阳羡派悲慨健举、萧骚凄怨之声渐成难合形势要求的别调异响，以朱彝尊等为代表的浙西词派顺应太平，以醇正高雅的盛世之音播扬上下，绵亘康、雍、乾三朝。朱彝尊不仅开浙西词派之宗风，在词论方面也最有建树。朱彝尊《词综发凡》词论要点主要有：

一、兼融南北宋之长，小令、慢词分而习之。《词综发凡》云："世人言词，必称北宋。然词至南宋始极其工，至宋季而始极其变。""窃谓南唐、北宋惟小令为工，若慢词至南宋始极其变。"(《书东田词卷后》)因此"谓小令宜师北宋，慢词宜师南宋。"(《鱼计庄词序》)

二、反思明词创作之弊。《词综发凡》云："至钱唐马浩澜以词名东南，陈言秽语，俗气薰入骨髓，殆不可医。周白川、夏公谨诸老间有硬语，杨用修、王元美则强作解事，均与乐章未谐。"又称："夫词自宋元以后，明三百年无擅场者。排之以硬语，每与调乖，窜之以新腔，难与谱合。"(《水村琴趣序》)，对明词的硬语新腔，率意而作，深为不满。阳羡派的流弊也失之粗率，所谓"陈仄其率"即指此。

三、标榜南宋，尊崇姜夔、张炎。《词综发凡》云："世人言词，必称北宋，然词至南宋始极其工，始极其变，姜尧章氏最为杰出。"又称"不师秦七，不师黄九，倚新声玉田差近"(《解佩令·自题词集》)。以姜、张的清雅丽密的词风以正明词率意、阳羡派粗率狂悍之弊，形成了"数十年来，浙西填词者家白石而户玉田"(《静志居诗话》)的创作风气。同时"视辛、刘若仇雠"(文廷式《云起轩词钞序》)，对苏辛一派作品及其历史地位采取完全否定的态度。

四、提出醇雅、清空创作标准。朱彝认为填词应做到醇厚、雅正、清隽、空灵,字句工丽,声韵和谐,格律严正,技巧完美,这些都是偏重于对形式的要求。《诗综发凡》云:"言情之作易流于秽,此宋人选词,多以雅为目。""填词最雅,无过石帚。"朱氏论诗文都以醇雅、和雅、醇正为高境,反对"颂德上寿之言"和"鄙俚诙笑嬉亵之习",故而论词尚雅也是他整个文学思想中的一个有机组成部分。

浙西词派企图匡正明代词坛俚俗粗陋之流弊,以醇雅清空来洗除纤靡淫哇之颓风。这一出发点有积极性,也收到一定的客观效果;不但在当时有号召力,而且对于整个清代词坛影响甚大。但他们标榜醇雅清空,仅在词的格律、技巧上下功夫,而没有将目光投向活生生的丰富复杂的社会生活,对作品的内容方面重视不够,题材不广,开掘不深,寄兴不高,走的仍是一条格律词派的老路,这是浙西词派的局限所在,也是该派最终未能够取得巨大成就的根本原因。

【关键词解读】

醇雅

"醇雅"是朱彝尊词论的核心。醇雅表现有三:反对内容的媚俗、淫俗;反对表达方式的浅俗直露;反对俗词俚语与过分的堆砌辞藻。"尚雅"与宗姜、张是二而一的问题,故朱彝尊屡言"填词最雅无过石帚"。"盖词以雅为尚""必崇尔雅、斥淫哇""盖昔贤论词,必出于雅正"等等。词发展到清代,词人们不满于明词的颓靡,"雅正"的文学传统再一次被提了出来。从清初朱彝尊到清末的张惠言,从朱彝尊的"醇雅"到张惠言的"比兴寄托",一部清词史就是不断地反俗求雅的历史。

【相关知识链接】

词盛于两宋,衰于元明。元明以后以曲闻名,词人大多以作曲方式作词,词作虽然不少,但词曲合流,失去词的特色。嘉兴本是文化之邦,有悠久的吴楚民歌的历史。吴山越水的旖旎风光和甜美柔软的吴音乡语与词体十分相宜,宋以后,词就在嘉兴土地上良好地生长着。清初,一批在词坛上有影响的文人大力提倡,互相倡和,切磋观摩研讨,形成一种良好的氛围,浙西词派因得势而生。

为了在理论上配合宣传张扬浙西词派,朱彝尊、汪森等人编纂《词综》。《词综》清康熙十七年(1691)由朱氏编选成书为三十卷,后经汪森等增补六卷，于清康熙三十年（1691）刊印。全书收录唐词二十家，五代词二十四家，宋词三百七十六家，金词二十七家，元词八十四家，加上增补词人共有六百五十多家（不包括无名氏），所录词作二千二百五十多首，是一部规模较大的词总集。所选词家下有词人姓氏、籍贯和重要著作，间附前人评述资料，书前有汪森序，有朱氏所撰《词综发凡》，详细地介绍作者所披览的词集一百六十余家，所参考的资料数十种之多。是编所录，网罗散失，别开生面，然校勘尚欠精审。陈匪石《声执》称"朱氏搜求佚书，不遗余力，凡明人未见之本，多经朱氏发见，例如专集之《山中白云》，总集之《绝妙好词》、元《草堂诗余》皆是"。嘉庆七年（1802），王昶以《词综》不及明词为憾，又辑补明三百八十家，十二卷，附《词综》之后。

【延伸阅读】

以康熙十八年（1679）举博学宏词为界，朱彝尊的词学观可分前后两期，前后两期朱氏对词的功能认知有很大的不同。前期羁愁落魄、人生失意，故"老去填词，一半是空中传恨"（《解佩令·自题词集》），故认为词的功能是"寄情传恨"，继承了"香草美人"、比兴寄托的传统。后期则云"词则宜于宴嬉逸乐，以歌咏太平"，"极其能事则亦是以宣昭六义，鼓吹元音"。持论前后判若两人，反映了其由于仕宦通达，遂为皇朝"歌咏太平"的词学观的倒退。

陈纬云红盐词序

宜兴陈其年，诗余妙绝天下，今之作者虽多，莫有过焉者也。其弟纬云继之，撰《红盐词》三卷，含宫咀商，骎骎乎小弦大弦迭奏而不失其伦。噫，盛矣！其年与予别二十年，往来梁、宋间，尝再至京师，一过长水，谓当相见矣，竟不值。而纬云留滞京师久，予至，辄相见，极谭燕赠酬之乐，因得询其年近时情状，三人者坎坷略相似也。方予与其年定交日，予未解作词，其年亦未以词鸣，不数年而《乌丝词》出，迟之又久，予所作亦渐多，然世无好之者，独其年兄弟称善。人情爱其所近，大抵然矣。

词虽小技，昔之通儒巨公往往为之。盖有诗所难言者，委曲倚之于声，其辞愈微，而其旨益远。善言词者，假闺房儿女子之言，通之于《离骚》、变雅之义，此尤不得志于时者所宜寄情焉耳。

纬云之词,原本《花间》,一洗《草堂》之习,其于京师风土人物之胜,咸载集中。而予糊口四方,多与筝人酒徒相狎,情见乎词,后之览者,且以为快意之作,而孰知短衣尘垢,栖栖北风雨雪之间,其羁愁潦倒,未有甚于今日者邪。

——《曝书亭集》卷四十,《四部丛刊》本

紫云词序

词者,诗之余,然其流既分,不可复合。有以乐章语入诗者,人交讪之矣。虽然,良医之主药藏金石草木,燥湿寒热之宜,采营各别,而后处方合散,不乱其部,要其术则一而已。自唐以后,工诗者每兼工于词,宋之元老若韩、范、司马,理学若朱仲晦、真希元亦皆为之,由是乐章卷帙几与诗争富。昌黎子曰:"欢愉之言难工,愁苦之言易好。"斯亦善言诗矣。至于词或不然,大都欢愉之辞工者十九,而言愁苦者十一焉耳。故诗际兵戈俶扰流离琐尾,而作者愈工;词则宜于宴嬉逸乐,以歌咏太平,此学士大夫并存焉而不废也。

晋江丁君雁水以按察司佥事分巡赣南道,构甓园于官廨,且于层波之阁,八景之台,携宾客,倚声酬和,所成《紫云词》,流播南北,盖兼宋、元人之长,将与诗并传无疑已。赣州控百粤、三楚、七闽之隘,曩时兵戈未息,士之栖于山泽者见之吟卷,每多幽忧凄戾之音,海内言诗者称焉。今则兵戈尽偃,又得君抚循而煦育之,诵其乐章,有歌咏太平之乐,孰谓词之可偏废欤?于是其友朱彝尊审定焉,而书其言以为序。

——《曝书亭集》卷四十,《四部丛刊》本

静惕堂词序

吾乡倦圃曹先生,著述之富在牧斋、梅村伯仲间。乃钱、吴专集行世已久,近且墨渝纸敝,独静惕堂诗文未之雕刻,岂著述之传否固有数存焉耶?抑其出也愈后则其传之者弥永耶?从孙恺仲昆季取所填词先付梨枣。彝尊忆壮日从先生南游岭表,西北至云中,酒阑灯灺,往往以小令慢词更迭倡和,有井水处辄为银筝檀板所歌。念倚声虽小道,当其为之,必崇尔雅斥淫哇,极其能事,则亦足以宣昭六义,鼓吹元音。往者明三百祀,词学失传,先生搜辑南宋遗集,尊曾表而出之。数十年来,浙西填词者家白石而户玉田,春容大雅。风气之变实由先生。当世君子得先生词诵之,必有思雕先生之诗文者。先生之著作虽出之也晚,庶几传之弥永焉。同郡年家子朱彝尊序。

——曹溶撰《静惕堂词》卷首,陈乃乾辑《清名家词》本

【思考题】

1. 如何理解朱彝尊论词推崇醇雅?
2. 朱彝尊对词功能的认识前后期有何不同?

王 士 禛

【作者简介】

王士禛(1634—1711),原名王士禛,又避清世宗(胤禛)讳,改为士正,字子真,又字贻上,号阮亭,别号渔洋山人。山东新城(今桓台)人。顺治十五年(1658)进士,历官扬州推官、翰林院侍讲、刑部尚书等。王士禛论诗标榜"神韵说",强调"兴会神到",被时人尊为圭臬。他的诗歌尤其是描写山水景色和个人情怀的七言绝句清新蕴藉,刻画景物很工致,富有诗情画意,颇能体现其"神韵"主张。著有《带经堂集》《渔洋山人精华录》《居易录》《池北偶谈》《香祖笔记》等,并选编有《古诗选》《十种唐诗选》《唐贤三昧集》等。

鬲津草堂诗集[1]序

三十年前,予初出[2],交当世名辈,见夫称诗者,无一人不为《乐府》,《乐府》必汉《铙歌》[3],非是者,弗屑也;无一人不为《古选》[4],《古选》必《十九首》、"公宴"[5],非是者,弗屑也。予窃惑之,是何能为汉、魏者之多也? 历六朝而唐、宋,千有余岁,以诗名其家者甚众,岂其才尽不今若耶? 是必不然。故尝著论,以为唐有诗,不必建安、黄初也;元和以后[6]有诗,不必神龙、开元也[7];北宋有诗,不必李、杜、高、岑也。二十年来,海内贤知之流,矫枉过正,或乃欲祖宋而祧唐[8],至于汉、魏《乐府》《古选》之遗音,荡然无复存者,江河日下,滔滔不返。有识者惧焉。

田子子益,邹、鲁之文学,而漪亭司寇之介弟也[9]。一旦,怀其近诗一编[10]质予,予极赏之。昔司空表圣作《诗品》,凡二十四。有谓冲淡者曰"遇之匪深,即之愈稀"[11];有谓自然者曰"俯拾即是,不取诸邻"[12];有谓清奇者曰"神出古异,淡不可收"[13],是三者,品之最上。而子益之诗有之[14],视世之滔滔不返者,不可同日而语矣。使子益称诗于三十年之前,其不为雷同挦扯[15],又可知也。故喜而书之。
——《带经堂集》卷六十五,乾隆间七略书堂校刊本

【题解】

这篇序言不仅赞称田霢作诗不随同流俗有独特风格,而且概括了自己诗论的全貌及其思想转变过程,是了解王士禛诗学思想的重要文献。

【注释】

1. 鬲津草堂诗集:田霢著。田霢,字子益,号乐园,又号香城居士,山东德州人,田雯之弟。生卒年均不详。与兄雯、需并能诗,尝从王士禛游。康熙二十五年(1686)拔贡生。授堂邑县教谕,以病未赴。
2. 予初出:指王士禛顺治十五年(1658)中进士。
3. 《铙歌》:武帝时吸收北方民族音乐所制的军乐。宋朝人郭茂倩所编《乐府诗集》收入《鼓吹曲辞》中,鼓吹曲是汉初传入的"北狄乐",以鼓、钲、箫、笳等乐器合奏,用于朝会、道路、田猎、游行等场合。今存古辞《铙歌》十八篇,其中有叙战阵,有表武功,也有关涉男女私情的;有文人制作,也有民间歌谣。如《战城南》、《巫山高》、《上邪》都是历代传诵的乐府名作。
4. 《古选》:指《文选》中的古体诗。
5. "公宴":《文选》录"公燕"诗共十四家十四首。
6. 元和:唐宪宗李纯年号(806—820)。元和以后,指中晚唐。
7. 神龙、开元:神龙,唐中宗李显年号(705—707)。开元,唐玄宗李隆基年号(712—741)。这里以神龙、开元代指初盛唐诗歌。
8. 祖宋而祧唐:言废唐而学宋。
9. 漪亭司寇之介弟:漪亭,田霢之兄田雯的别号。司寇,刑部长官的代称,刑部尚书称司寇,刑部侍郎称少司寇,田雯于康熙三十三年(1694)至三十八(1699)年官刑部左侍郎。介弟,对别人兄弟的敬称。
10. 近诗一编:指《鬲津草堂诗集》。
11. "遇之匪深"二句:两句皆形容恬淡自足的心境。司空图《诗品》中的"冲淡"一品是通过对静默无言的人的描绘,说明诗应表现闲适的思想,而且写得情味超逸,不着迹象。

12. "俯拾即是"二句：俯拾即是，言只要俯下身子去拾取，到处都是那些东西。形容为数很多而且容易得到。所引两句大意是，诗人抒情达意都要自然，不可强求，不可做作。"自然"一品是通过对"自然"意境的描绘，说明诗意应具有脱口而出，自饶情味的特色。

13. "神出右异"二句：神出，表现出来的神情。所引两句大意是，他的神情多么像上古时代的人呵，谁也没有他那样孤寂清冷。"清奇"一品是通过对"可人"（使人满意的人）的描绘，说明诗要立意新奇，词语清秀，而又透露出一股冷清的气息。

14. 子益之诗有之：言田子益之诗具有唐人冲淡、自然、清奇的神韵。

15. 挦扯：撦拾，摘取。刘攽《中山诗话》："祥符天禧中，杨大年、钱文僖、晏元献、刘子仪以文章立朝，为诗皆宗尚李义山，号西昆体。后进多窃义山语句。赐宴，优人有为义山者，衣服败敝，告人曰：'吾为诸馆职挦扯至此。'闻者欢笑。"后以挦扯喻割裂文义、剽窃字句。

【讲疏】

王士禛早年宗唐，标举神韵之说，由于诗坛片面宗奉汉魏盛唐，于是他转而号召人们挣脱束缚，学习中唐和宋诗，意在扩大神韵的范围。人们望风而靡，由一个极端走到了另一个极端，出现了更为严重的局面，故王士禛再次由主宋归于宗唐，意在纠正宋诗流弊，标举平淡之旨。所以王士禛晚年对司空图《二十四诗品》中的"冲淡""自然""清奇"风格尤为赞赏，所谓"冲淡"，就是不着迹象而自然表现闲适恬淡的思想感情；所谓"自然"，就是不事雕琢而吐露真情；所谓"清奇"，就是立意新颖，词语清秀，给人以新鲜奇异之感。由此可见，王士禛提倡神韵之旨有一个转变历程，即以清奇救宗唐之弊，复以雅调救学宋之弊。

"神韵"一词最早出现于南齐谢赫的《古画品录》中，他说："神韵气力，不逮前贤，精微谨细，有过往哲。"这里仅将"神韵""气力"并举，而未说明"神韵"的意蕴，并且是评画而非评诗文。在王士禛之前已有许多涉及神韵问题的论述，但一直没有明确的神韵概念，只是大体上用来指与形似相对的内容。王士禛曾说："余于古人论诗，最喜钟嵘《诗品》、严羽《诗话》、徐祯卿《谈艺录》。"钟嵘在《诗品序》中提出"滋味"之说；严羽以禅喻诗，在《沧浪诗话》提出"诗之极致有一，曰入神"，"空中之音，相中之色，水中之月，镜中之像"和"羚羊挂角，无迹可求"；徐祯卿在《谈艺录》中亦谈到的"神韵"。这些可以说是王士禛"神韵说"的理论来源。司空图的诗论对王士禛亦产生较大影响，王士禛说："于二家（司空图、严羽）之言，别有会心"，"表圣（司空图）论诗，有二十四品。予最喜'不著一字，尽得风流'八字"，并按照二家论诗的原则选编了《唐贤三昧集》。当然，画论对王士禛诗论的影响也值得我们注意。如他在《芝廛集序》中论述了诗与南宗画的关系,在《香祖笔记》中以南宗画家荆浩之言谈诗家三昧等。

针对学唐诗而流于形式的模仿,学宋诗而流于浅率质直的情况,王士禛提倡"神韵说"以补救诗歌创作之弊。但是,由于王士禛过分追求典雅和神韵,从而造成"神韵说"丧失了诗歌的真情实感,缺乏真正的现实生活感受和充实的思想内容的缺陷。此外,在理论上王士禛把严羽诗论归为神韵一派的看法实是一种误解。严羽《沧浪诗话》强调兴趣,又主张诗歌笔力雄壮、气象浑厚、音节响亮,最推崇李白、杜甫两家。《沧浪诗话》于李杜屡屡赞扬,于王维却无一处提及。严羽诗集存诗一百多首,其中大部分学李杜,风格雄壮豪放,风格近王维、韦应物一流仅约五首。严羽提倡兴趣受殷璠、司空图影响,但并不提倡王孟一派田园山水诗。王士禛赞美严羽,实际只汲取严羽提倡兴趣一面来为自己的神韵说作理论根据,而没有注意到严羽要求壮美风格的意见。总而言之,严羽重视诗歌艺术标准有两个:兴趣深远、风格雄浑,而王士禛只发展其前一面而有神韵说。

【关键词解读】

神韵说

所谓的"神韵"就是以清淡闲远的风神韵致为诗歌的最高境界,要求在艺术表现上追求一种空寂超逸、镜花水月、不着形迹的境界,强调冲淡、超逸和含蓄、蕴藉的艺术风格。王士禛"神韵"说的实质是力图摆脱政治等社会因素对诗歌艺术的干扰,注重诗歌本身淡远清新的境界和含蓄蕴藉的语言,从而加强诗歌消遣娱乐功能。清代入仕诗人从"南施北宋"开始,民族意识所造成的沉重心态已经逐渐淡化,他们的诗歌已经开始以新的面貌来与现政权取得和谐的相处。王士禛的神韵说则是这种转变的根本完成。

【相关知识链接】

王士禛的"神韵说"理论渊源主要宗法司空图、严羽,创作渊源则取自唐代诗人王维、孟浩然。王士禛以神韵为宗的三个唐诗选本有《神韵集》《唐贤三昧集》《唐人万首绝句选》,其中《神韵集》已失传,而《唐贤三昧集》尤受青睐。《唐贤三昧集》由王士禛晚年选定,该选集确立了"神韵说"尊崇王、孟、韦、柳的创作传统,其中最具争议的是不收李、杜作品,而这正是其诗论的独特之处。

"神韵说"将文学从清初浓重的政治阴影下分离出来,而赋予它独立的艺术价值。"神韵说"力图摆脱政治等社会性因素对诗歌艺术的干扰,而更多地注重诗歌本身淡远清新的境界和含蓄蕴藉的语言,从而更加强调诗歌排闲解愁的消遣娱乐功能。为此,他竭力提倡唐代王、孟、韦、柳一派的诗风,作品也以描写山水景色和个人情怀为主,其中多为七言绝句。如《真州绝句》其四:"江干多是钓人居,柳陌菱塘一带疏。好是日斜风定后,半江红树卖鲈鱼。"这类诗都写得古淡自然,清新蕴藉,在如画的风景之外,能够给人以淡淡的遐思和缈想。不过他既不像明代三杨那样去舞弄台阁之体,也不像明末文人那样将感情完全外露,而是从司空图和严羽的"妙悟"说和"不著一字,尽得风流"等说法中找到诗歌的真谛所在。清政权日益巩固,社会承平,这种神韵妙语、清远平淡的诗歌情调与前四十年的沉郁抑塞、哀婉沉痛的血泪诗风形成反差强烈的审美效果,易于为安定平稳的社会环境所接受。

"神韵说"的社会影响很大,时人竞相效之,王士禛饮誉之隆一时无与伦比。《四库总目》编者说:"当康熙中,其声望奔走天下。凡刊刻诗集,无不称渔洋山人评点者,无不冠以渔洋山人序者;下至委巷小说如《聊斋志异》之类,士禛偶批数语于行间,亦大书'王阮亭先生鉴定'一行弁于卷首,刊诸梨枣以为荣。"此虽为夸张之词,但当时所刊诗集借王士禛姓名以号召者确也为数不少,他亦获得"清代第一诗人"(谭献《复堂日记》)之称。

【延伸阅读】

《带经堂诗话》是清乾隆间张宗柟分类辑录王士禛论诗言论而成的一部诗话著作。该书辑录的范围,不仅涉及王士禛手著诸书,也涵盖了士禛门人郎廷槐所记的《师友诗传录》与刘大勤所记的《师友诗传续录》二书。分为卷首及综论、悬解、总集、众妙、考证、记载、丛谈、外纪八门,每门下再分若干类。虽然其门类的区分"或嫌琐杂",但王士禛诗论于书中大体可见,便于学者集中地探索士禛的论诗宗旨。

带经堂诗话(节选)

益都孙文定公(廷铨)咏息夫人云:"无言空有恨,儿女粲成行。"谐语令人颐解。杜牧之"至竟息亡缘底事,可怜金谷坠楼人",则正言以大义责之。王摩诘"看花满眼泪,不共楚王言",更不著判断一语,此盛唐所以为高。

余于古人论诗,爱喜钟嵘《诗品》、严羽《诗话》、徐祯卿《谈艺录》,而不喜皇甫汸《解颐新语》、谢榛《诗说》。又云:弇州《艺苑卮言》,品骘极当,独嫌其党同类,稍乖公允耳。

严沧浪《诗话》借禅喻诗,归于妙悟。如谓盛唐诸家诗,如镜中之花,水中之月,镜中之象,如羚羊挂角,无迹可求,乃不易之论。而钱牧斋驳之,冯班《钝吟杂录》因极排诋,皆非也。

萧子显云:"登高极目,临水送归;蚤雁初莺,花开叶落。有来斯应,每不能已;须其自来,不以力构。"王士源序孟浩然诗云:"每有制作,伫兴而就。"余生平服膺此言,故未尝为人强作,亦不耐为和韵诗也。

世谓王右丞画雪中芭蕉,其诗亦然。如"九江枫树几回青,一片扬州五湖白",下连用兰陵镇、富春郭、石头城诸地名,皆寥远不相属。大抵古人诗画,只取兴会神到,若刻舟缘木求之,失其指矣。

香炉峰在东林寺东南,下即白乐天故址,峰不甚高,而江文通《从冠军建平王登香炉峰》诗云:"日落长沙渚,层阴万里生。"长沙去庐山二千余里,香炉何缘见之? 孟浩然《下赣石》诗:"冥帆何处泊? 遥指落星湾。"落星在南康府,去赣亦千余里,顺流乘风,即非一日可达。古人诗只取兴会超妙,不似后人章句,但作记里鼓也。

司空表圣作《诗品》凡二十四。有谓"冲淡"者曰"遇之匪深,即之愈稀",有谓"自然"者曰"俯拾即是,不取诸邻",有谓"清奇"者曰"神出古异,淡不可收",是品之最上者。

表圣论诗,有二十四品。予最喜"不著一字,尽得风流"八字。又云"采采流水,蓬蓬远春",二语形容诗境亦绝妙,正与戴容州"蓝田日暖,良玉生烟"八字同旨。

汾阳孔文谷(天允)云:"诗以达性,然须清远为尚。薛西原论诗,独取谢康乐、王摩诘、孟浩然、韦应物,言'白云抱幽石,绿筱媚清涟',清也;'表灵物莫赏,蕴真谁为传',远也;'何必丝与竹,山水有清音','景昃鸣禽集,水木湛清华',清远兼之也。总其妙在神韵矣。""神韵"二字,予向论诗,首为学人拈出,不知先见于此。

三十年前,予初出交当世名辈,见夫称诸者无一人不为乐府,乐府必汉《铙歌》,非是者弗屑也,无一人不为古选,古选必《十九首》、公宴,非是者弗屑也。予窃惑之:是何能为汉魏者之多也?历六朝、唐、宋,以诗名其家者甚众,岂其才尽不今若耶?是必不然。故尝著论,以为唐有诗,不必建安、黄初也,元和以后有诗,不必神龙、开元也;北宋有诗,不必李、杜、高、岑也。二十年来,海内贤知之流,矫枉过正,或乃欲祖宋而祧唐,至于汉魏乐府古选之遗音,荡然无复存者。江河日下,滔滔不返,有识者惧焉。

夫诗之道,命根柢焉,有兴会焉,二者率不可得兼。镜中之象,水中之月,相中之色,羚羊挂角,无迹可求,此兴会也。本之风雅以导其源,溯之楚骚、汉魏乐府诗以达其流,博之九经、二史、诸子以穷其变,此柢也。根柢原于学问,兴会发于性情。于斯二者兼之,义斡以风骨,润以丹青,谐以金石,故能衔华佩实,大放厥词,自名一家。

洪升昉思问诗法于施愚山,先述余凤昔言诗大指。愚山曰:子师言诗,如华严楼阁,弹指即现,又如仙人五城十二楼,缥渺俱在天际。余即不然,譬作室者,瓴甓木石,一一须就平地筑起。洪曰:此禅宗顿、惭二义也。

严沧浪以禅喻诗,余深契其说,而五言尤为近之。如王、裴辋川绝句,字字入禅。他如"雨中山果落,灯下草虫鸣","明月松间照,清泉石上流",以及太白"却下水精帘,玲珑望秋月",常建"松际露微月,情光犹为君",浩然"樵子暗相失,草虫寒不闻",刘慎虚"时有落花至,远随流水香",妙谛微言,与世尊拈花迦叶微笑,等无差别。通其解者,可语上乘。

自昔称诗者,尚雄浑则鲜风调,擅神韵则乏豪健,二者交讥。唯今太宰说岩先生之诗,能去其二短,而兼其两长。吾推先生诗三十余年,世之谈士皆以为定论而无异辞者以此。

咏物之作,须如禅家所谓不粘不脱、不即不离,乃为上乘。

古今咏梅花者多矣,林和靖"暗香、疏影"之句,独有千古,山谷谓不如"雪后园林才半树,水边篱落忽横枝";而坡公"竹外一枝斜更好",识者以为文外独绝,此其故可为解人道耳。

司空表圣云"不著一字,尽得风流",此性情之说也;扬子云云"读千赋则能赋",此学问之说也。二者相辅而行,不可偏废。若无性情而侈言学问,则昔人有讥点鬼簿、獭祭鱼者矣,"学力深始能见性情",此一语是造微破的之论。

严仪卿所谓如镜中花,如水中月,如水中盐味,如羚羊挂角,无迹可求,皆以禅喻诗,内典所云"不即不离,不粘不脱",曹洞宗所云"参活句"是也。熟看拙选《唐贤三昧集》自知之矣。至于议论、叙事,自别是一体。故仆尝云:五七言诗有二体,田园丘壑当学陶韦,铺叙感慨当学杜子美《北征》等篇也。

——《带经堂诗话》,人民文学出版社1981年版

【思考题】

1. 试阐述王士禛"神韵说"的理论来源。
2. 谈谈王士禛"神韵说"的诗论宗旨、现实意义及流弊。

方　苞

【作者简介】

方苞(1668—1749),字凤九,又字灵皋,晚号望溪。安徽桐城人,寄籍上元(今南京)。康熙三十八年(1699)乡试中举,四十五年(1706),会试中式,因母病未预殿试。五十年(1711),受戴名世《南山集》案牵连入狱;赦后隶汉军旗籍,以白衣入值南书房。雍正、乾隆两朝殊蒙礼遇,官至礼部侍郎、经史馆总裁等职。少时博览六经子史,以善制时文而知名海内;后则以治经和古文名重一时。治经以宋儒为宗,尤深于三《礼》《春秋》;所作古文,上规《左》《史》,下宗唐宋八家,文风醇厚雅洁。著有《方望溪文集》《左传义法举要》《集外文》等。

古文约选序例

太史公《自序》"年十岁,诵古文",周以前书皆是也。自魏、晋以后,藻绘之文兴。至唐韩氏起八代之衰[1],然后学者以先秦盛汉辨理论事质而不芜者为古文,盖《六经》及孔子、孟子之书之支流余肆也。我国家稽古典礼,建首善自京师始,博选八旗子弟秀异者,并入于成均[2]。圣上爱育人材,辟学舍,给资粮,俾得专力致勤于所学;而余以非材,实承宠命,以监临而教督焉。窃惟承学之士必治古文,而近世坊刻,绝无善本。圣祖仁皇帝所定《渊鉴古文》[3],闳博深远,非始学者所能遍观而切究也。乃约选两汉书、疏及唐、宋八家之文,刊而布之,以为群士楷。

盖古文所从来远矣,六经、《语》《孟》,其根源也。得其枝流而义法最精者，莫如《左传》《史记》，然各自成书，具有首尾，不可以分剟。其次《公羊》《谷梁传》《国语》《国策》，虽有篇法可求，而皆通纪数百年之言与事，学者必览其全，而后可取精焉。惟两汉书、疏及唐、宋八家之文，篇各一事，可择其尤，而所取必至约，然后义法之精可见。故于韩取者十二，于欧十一，余六家，或二十三十而取一焉。两汉书、疏，则百之二三耳。学者能切究于此，而以求《左》《史》《公》《谷》《语》《策》之义法，则触类而通，用为制举之文[4]，敷陈论、策，绰有余裕矣。

虽然，此其末也。先儒谓韩子因文以见道[5]，而其自称则曰："学古道，故欲兼通其辞[6]。"群士果能因是以求六经、《语》《孟》之旨，而得其所归，躬蹈仁义，自勉于忠孝；则立德立功，以仰答我皇上爱育人材之至意者，皆始基于此。是则余为是编以助流政教之本志也夫！

雍正十一年春三月，和硕果亲王序[7]。

凡　　例

一、三《传》《国语》《国策》《史记》为古文正宗[8]，然皆自成一体；学者必熟复全书，而后能辨其门径，入其奥窔[9]。故是编所录，惟汉人散文，及唐、宋八家专集。俾承学治古文者，先得其津梁，然后可溯流穷源，尽诸家之精蕴耳。

一、周末诸子精深闳博，汉、唐、宋文家皆取精焉。但其著书，主于指事类情，汪洋自恣[10]，不可绳以篇法。其篇法完具者，间亦有之，而体制亦别，故概弗采录，览者当自得之。

一、在昔议论者，皆谓古文之衰，自东汉始，非也。西汉惟武帝以前之文[11]，生气奋动，倜傥排宕，不可方物，而法度自具。昭、宣以后[12]，则渐觉繁重滞涩，惟刘子政杰出不群[13]，然亦绳趋尺步，盛汉之风邈无存矣。是编自武帝以后至蜀汉，所录仅三之一；然尚有以事宜讲问，过而存之者。

一、韩退之云："汉朝人无不能为文。"[14]今观其书、疏、吏牍，类皆雅饬可诵。兹所录仅五十余篇，盖以辨古文气体，必至严乃不杂也。既得门径,必纵横百家,而后能成一家之言。退之自言,"贪多务得,细大不捐"是也[15]。

一、古文气体,所贵清澄无滓。澄清之极,自然而发其光精,则《左传》《史记》之瑰丽浓郁是也。始学而求古求典,必流为明七子之伪体[16]。故于《客难》《解嘲》《答宾戏》《典引》之类皆不录[17],虽相如《封禅书》亦姑置焉[18]。盖相如天骨超俊,不从人间来[19]。恐学者无从窥寻,而妄摹其字句,则徒敝精神于蹇法耳。

一、子长《世表》《年表》《月表序》,义法精深变化[20],退之、子厚读经、子[21],永叔史志论[22],其源并出于此;孟坚《艺文志》《七略序》[23],淳实渊懿,子固序群书目录[24],介甫序《诗》《书》《周礼》《义》[25],其源并出于此。概弗编辑,以《史记》、《汉书》治古文者必观其全也。独录《史记·自序》,以其文虽载家传后,而别为一篇,非《史记》本文耳。

一、退之、永叔、介甫俱以志铭擅长。但序事之文,义法备于《左》《史》;退之变《左》《史》之格调,而阴用其义法;永叔摹《史记》之格调,而曲得其风神;介甫变退之之壁垒,而阴用其步伐。学者果能探《左》《史》之精蕴,则于三家志铭,无事规橅,而自与之并矣。故于退之诸志,奇崛高古清深者,皆不录。录《马少监》《柳柳州》二志[26],皆变调,颇肤近。盖志铭宜实征事迹,或事迹无可征,乃叙述久故交亲,而出之以感慨,马志是也。或别生议论,可兴可观,柳志是也。于永叔独录其叙述亲故者,于介甫独录其别生议论者,各三数篇。其体制皆师退之,俾学者知所从入也。

一、退之自言:"所学在辨古书之真伪,与虽正而不至焉者。"[27]盖黑之不分,则所见为白者,非真白也。子厚文笔古隽,而义法多疵。欧、苏、曾、王亦间有不合。故略指其瑕,俾瑜者不为掩耳。

一、《易》《诗》《书》《春秋》及四书[28],一字不可增减,文之极则也。降而《左传》、《史记》、韩文,虽长篇,句字可薙芟者甚少。其余诸家,虽举世传诵之文,义枝辞冗者或不免矣,未便削去,姑钩划于旁,俾观者别择焉。

——《方苞集》集外文卷四，上海古籍出版社1983年排印本

【题解】

《古文约选》是方苞奉和硕果亲王允礼之命，为国子监的八旗子弟编选的一部古文读本，于雍正十一年(1733)三月选定，共录两汉及唐宋八家古文三百六十二篇。刊布后便成为八旗官学的教材。乾隆时，又下诏全国各学官，将此书列为官方的古文教科书。方苞论文以"义法"为核心，此编也是秉"义法"为标准以裁量选文和评骘高下的。他指出诸生通过诵习其所选两汉及唐宋八家之古文，若能领悟其中"义法"，由此触类而旁通，则对于科举时文亦能应付裕如。

【注释】

1. 唐韩氏起八代之衰：宋苏轼《潮州韩文公庙碑》："文起八代之衰，而道济天下之溺。"八代指东汉、魏、晋、宋、齐、梁、陈、隋。

2. 成均：周代的大学，《周礼·春官·大司乐》："大司乐掌成均之法，以治建国之学政，而合国之子弟焉。"后泛称官设的最高学府，国子监为清代最高学府，故亦称"成均"。

3. 《渊鉴古文》：即《古文渊鉴》，六十四卷，康熙御选，徐乾学等奉敕编注；选文始于《左传》迄于宋代，有评点及注释。

4. 制举：始于唐代的一种科举制度。除地方贡举外，由皇帝亲自诏试于殿廷称为"制举科"，简称"制举"或"制科"。《新唐书·选举志上》："唐制，取士之科，多因隋旧，然其大要有三。由学馆者曰生徒，由州县者曰乡贡，皆升于有司而进退之……其天子自诏者曰制举，所以待非常之才焉。"此处泛指科举。

5. 先儒谓韩子因文以见道：《二程遗书》："学本是修德，有德然后有言，退之却倒学了，因学文日求所未至，遂有所得。"故后世多谓韩愈因文见道。

6. "而其自称"等三句：韩愈《题欧阳生哀辞后》："愈之为古文，岂独取其句读不类于今者耶！思古人而不得见，学古道则欲兼通其辞。通其辞者，本志于古道者也。"

7. 和硕果亲王：爱新觉罗允礼，清圣祖玄烨第十七子。雍正元年封果郡王，六年进亲王。《清史稿》卷二二六有传。和硕，满语，部落之意。清代亲王、公主等名上常冠以和硕之号。

8. 三《传》：即《春秋左氏传》《春秋公羊传》与《春秋谷梁传》。

9. 窔突：二字同，指室中东南隅，因用以喻幽深处。

10. "但其著书"等二句：《史记·老子韩非列传》："然(庄周)善属书离辞，指事类情，用剽剥儒、墨，虽当世宿学不能自解免也。其言洸洋自恣以适己。"

11. 武帝：西汉武帝刘彻，公元前140年至公元前87年在位。

12. 昭、宣：西汉昭帝刘弗陵，公元前86年至公元前74年在位。宣帝刘询，公元

前73年至公元前49年在位。

13. 刘子政:刘向(前77？—前6),原名更生,字子政,高祖弟楚元王(刘交)四世孙。宣帝时任散骑谏大夫。元帝时因反对宦官弘恭、石显,被捕下狱。成帝时,更名向,任光禄大夫,校阅经传诸子诗赋等书籍,写成《别录》一书,为我国最早的分类目录。另著有《新序》《说苑》《列女传》《洪范五行传论》等书。

14. "韩退之云"等三句:唐韩愈《答刘正夫书》:"汉朝人莫不能为文,独司马相如、太史公、刘向、扬雄为之最。"韩愈,字退之。

15. "退之自言"等二句:唐韩愈《进学解》:"口不绝吟于六艺之文,手不停披于百家之编。记事者必提其要,纂言者必钩其玄。贪多务得,细大不捐。焚膏油以继晷,恒兀兀以穷年。"

16. 明七子:明代弘治、正德年间李梦阳、何景明、徐祯卿、边贡、康海、王九思、王廷相七人,并以文章名世,称"前七子"。见《明史·李梦阳传》。又嘉靖、隆庆时期李攀龙、谢榛、梁有誉、宗臣、王世贞、徐中行、吴国伦七人,亦以文章名世,称"后七子"。见《明史·李攀龙传》。

17. 《客难》《解嘲》《宾戏》《典引》:《客难》为东方朔作,《解嘲》为扬雄作,《答宾戏》《典引》为班固作。

18. 相如《封禅书》:司马相如所作为《封禅文》,《封禅书》是《史记》篇名。封禅:古代帝王祭祀天地的大典,一般在泰山举行,筑坛祭天称封,辟场祭地称禅。

19. 相如天骨超俊,不从人间来:南朝梁刘勰《文心雕龙·风骨》:"潘勖锡魏,思摹经典,群才韬笔,乃其骨髓峻也;相如赋仙,气号凌云,蔚为辞宗,乃其风力遒也。"晋葛洪《西京杂记》:"扬子云曰:'长卿赋不从人间来。'"司马相如,字长卿。

20. 子长《世表》《年表》《月表》序:《史记》有三代世表、十二诸侯年表、秦楚之际月表等凡十表,表各有序。司马迁,字子长。

21. 退之、子厚读经、子:韩愈有《读墨子》《读荀子》《读鹖冠子》《读仪礼》,柳宗元有《辩列子》《辩文子》《辩鬼谷子》《辩晏子春秋》《辩亢仓子》《辩鹖冠子》《论语辩》等。韩愈,字退之。柳宗元,字子厚。

22. 永叔史志论:欧阳修有《新唐书·艺文志》《五代史记·职方考》《一行传》《宦者传》《伶官传》序论等。欧阳修,字永叔。

23. 孟坚《艺文志》《七略序》:《七略》,汉刘歆撰。我国最早的图书目录分类著作,分《辑略》《六艺略》《诸子略》《诗赋略》《兵书略》《术数略》和《方技略》。班固作《汉书·艺文志》,即据《七略》为蓝本,有序。班固,字孟坚。

24. 子固序群书目录:曾巩有《战国策目录序》《新序目录序》《列女传目录序》《徐干中论目录序》《南齐书目录序》等。曾巩,字子固。

25. 介甫序《诗》《书》《周礼》《义》:王安石有《周礼义序》《书义序》《诗义序》等。王安石,字介甫。

26. 《马少监》、《柳柳州》二志:唐韩愈有《殿中少监马君墓志》《柳子厚墓志铭》。

27. 古书之真伪,与虽正而不至焉者:韩愈《答李翊书》:"愈之所为不自知其至犹未也,虽然,学之二十余年矣。始者,非三代两汉之书不敢观,非圣人之志不敢存,……如是者亦有年,犹不改,然后识古书之正伪与虽正而不至焉者,昭昭然白黑分矣。"韩氏以古书内容是否合乎儒道为正伪的标准。

28. 四书:《论语》《大学》《中庸》《孟子》的合称。南宋朱熹注《论语》,又从《礼记》中摘出《中庸》、《大学》,分章断句,加以注释,配以《孟子》,题称《四书章句集注》,"四书"之名始立,后用作学习儒学的入门书。元皇庆二年定考试课目,必须在"四书"内出题,发挥题意必须以朱熹的《集注》为根据。明、清相沿不改。元方回《古斋箴》序:"近世朱氏'四书',吾服膺焉。"

【讲疏】

桐城派是有清一代历时最久、影响最大的散文流派,方苞作为桐城派之初祖,其古文"义法"理论是桐城派文论发展的基石。

方苞所谓的"义法"包括"言有物"与"言有序"两个方面的内涵。为配合"义法"说,方苞又相应提出"雅洁"说以规范散文风格。他将"质而不芜"作为古文区别于骈文"藻绘"之体的重要特征,又肯定汉代书、疏等"雅饬可诵",就是强调古文语言的醇雅简洁。相反,他指摘西汉昭、宣以后文渐趋"繁重滞涩",对举世传诵之文中"义枝辞冗者"亦意含贬责,因为这类文章都偏离了"雅洁"的方向。所谓"雅洁",就是要求文辞去繁芜,戒凡猥,不轻佻鄙俚,说理叙事简明得体,无冗杂芜累之嫌,无"重复抵牾之病"。总之,是要淘汰一切杂质,把文章锤炼成入澄无滓之境。雅和洁,类似于"法"和"义"的关系,方苞论"雅"侧重于"法",论"洁"侧重于"义",然不雅伤洁,不洁伤雅,仍是一个共生的整体。方苞所标举的"雅洁",由于立了众多清规戒律,限制了散文与发展着的复杂生活和发展着的民间口语及其与其他文体的多维横向联系,实际上使散文在文学世界里处于自我孤立的地位,自命清高,孤芳自赏,遏制了散文表现新生活的艺术能力,也磨钝了散文应有的思想和锋芒,客观上配合了朝廷的教化策略,直接帮助了清政府最高统治者反复申明的"清真雅正"的文学标准的实施,实际上成为官方文学思想、文学政策在散文领域里的具体形式。按照这样的标准来写作,所以桐城派散文大都貌似雅洁,而内容空虚,气力羸弱,偏于阴柔,难有气势宏伟、锋芒锐利之作。

方苞还指出了学习古文的门径。方苞将古文分为源和流两部分,六经、《论语》《孟子》等儒家经典为古文之根源,得其流而"义法"精纯者为《左传》《史记》,降而为《公羊传》《谷梁传》《国语》《战国策》、两汉及唐宋八家之文。由于六经、《论语》《孟子》等皆为成部之书,虽"义法"纯备而不便裁割以就选,故其选录以两汉作者及唐宋八家的单篇散文为主。他主张以溯流穷源的方式，使习文者逐步掌握作文"义法"，即从揣摩两汉及唐宋八家文入手，然后上"求《左》《史》《公》《谷》《语》《策》之义法"，进而"求六经、《论语》《孟子》之旨"，最终获得古文正宗之传。

方苞认为两汉以后道统和文统被分离。道统一方由董仲舒及程朱等理学家继承下来，文统一方则由《史记》、唐宋八家及归有光等继承下来，二者各自分离，互不相关。他提出"义法"理论的核心意图，就是要道统和文统再次融为一体。这种观点代表了清代封建政权对散文的要求，与清代质实尚朴的社会思潮较为吻合，所以不仅得到官方的大力支持，而且也为广大心态内敛的文人规定了一种十分明确的文章操作程序，因而在整个清代都产生了极大的影响。

【关键词解读】

义法

方苞对"义法"有明确界说："义即《易》之所谓'言有物'也，法即《易》之所谓'言有序'也。义以为经而法纬之，然后为成体之文。"（《又书货殖传后》）他将"义法"看作文章写作的普遍规律。

所谓"言有物"，是指内容充实，诚于中而形于外。《杨千木文稿序》指出："古之圣贤，德修于身，功被于万物；故史臣记其事，学者传其言，而奉以为经，与天地同流。其下如左丘明、司马迁、班固，志欲通古今之变，存一王之法，故纪事之文传。荀卿、董傅，守孤学以待来者，故道古之文传。管夷吾、贾谊，达于世务，故论事之文传。凡此皆言有物者也。"其所称道的"有物"之文包括经传、"纪事""道古""论事"等文，这些作品都是在儒家政治、道德思想的指引下完成的，可见其所论"言有物"者仍不出儒家思想的范围。如何能做到"言有物"呢？方苞指出要"本经术而依于事物之理"（《答申谦居书》），"本经术"即以经义学问为本，主要指把儒家义理作为行文的思想准则；"依于事物之理"，则是要求文章所表现的内容需符合事理物理之本真。

所谓"言有序"，主要指文章写作中的谋篇布局、剪裁次序、虚实详略等行文法度。他认为司马迁《货殖传》"两举天下地域之凡，而详略异焉"；"两举庶民经业之凡，而中别之"。又说"是篇大义，与《平准》相表里，而前后措注，又各有所当如此，是之谓'言有序'"（《又书货殖传后》）。可知"言有序"是为表现相应的文章内容所采取的详略、虚实、照应、收束等表达方式。

"义"与"法"虽各有指涉,但又是二而一的关系,所谓"义以为经而法纬之"。即依"义"以制"法",由"法"而见"义",使文章的思想内容与艺术形式并重,犹如经纬交织,相辅相成。所谓"夫法之变,盖其义有不得不然者"(《书五代史安重诲传后》)、"古人叙事,或顺或逆,或前或后,皆义之所不得不然"(《左传义法举要》),均谓文章的体例、条理等行文之"法"是依"义"的隐现变化而变化,但并不是说"义"对"法"具有决定性的统摄作用。事实上,离开了"法","义"是无从显现的。"义""法"二者是相互依存、彼此一体,无法截然分割的。

【相关知识链接】

清王朝在政局基本稳定之后,便开始着手思想文化方面的建设和控制,而编选诗文是清廷实行的重要的文治措施之一。康乾时期,由皇帝御选或钦定词臣编选的各类诗文总集达数十种之多,如《御选古文渊鉴》《御定历代赋汇》《御定佩文斋咏物诗选》《御选唐宋文醇》《御选唐宋诗醇》等等。方苞《古文约选》也是在这种背景下编选的带有官方色彩的古文选本,并于乾隆初诏颁各学官,广为刷印,成为普遍使用的教材。

当时清廷在文学方面正致力于雅正文风的建设,要求文章内容以表现儒家义理为主,风格则以醇正典雅为归。这也影响到诗文选本批评,如沈德潜于康熙五十六年(1717)编定《唐诗别裁集》,在谈及选诗取舍时说:"大约去淫滥以归雅正,于古人所云微而婉、和而庄者,庶几一合焉。"(《唐诗别裁集序》)蔡世远于雍正三年(1725)完成《古文雅正》一编,张廷玉《序》亦指出:"收文二百有奇,醇正典则,悉合《六经》之旨,而傲诡幻怪、风云月露之词不与焉,所谓合辞命、议论、论事而一贯于理者也。"可知他们选录诗文都以义理醇正为极则。后清廷更以官方谕令的形式倡导"清真雅正"文风,梁章钜《制艺丛话》载:"雍正十年,始奉特旨晓谕考官,所拔之文务令清真雅正,理法兼备。"《古文约选》的编选正是在此谕颁发的次年,其选录自然要体现执政者规范和整肃文风的意图,故方苞主张后学要了悟因文见道之意,通过习文而掌握儒家义理。同时他崇雅黜浮,强调雅洁文风,也与当时文坛的趋"雅"思潮密切相关。乾隆元年(1736),他还奉敕编选《钦定四书文》,其《进四书文选表》称:"故凡所录取,皆以发明义理,清真古雅,言必有物为宗。"同样体现着统治者推广雅风的趣尚。

【延伸阅读】

虽然方苞称赞的先秦、盛汉、唐宋八家的古文中,包括"道古""辨理"

"纪事""论事"之文,但他论"义法"却偏重于"纪事"之作。他一再说,义法莫精于《左传》《史记》,义法莫备于《左传》《史记》,记事之文惟《左传》《史记》各有义法,他对"义法"问题的见解主要是在评析《史记》时揭示出来的。

史记评语(节选)

……因伯夷饿死,而叹为善者有时得祸,为恶者有时得福。天道无知,此人情所以不能无惑也。言圣贤所重在行成名立,不以一时之丰瘁荣辱而乱其德也。言人事无常,天道难知,即没世之名亦有不可强者,或有所附而彰显,或无所附而湮灭。其穷于当时而又无称于没世者,尤足悲也。本纪、世家、列传后皆有论,惟《伯夷》、《孟荀》合传与论而为一,故无后论。(《伯夷列传》)

管仲之功,焜耀史籍,于本传叙列则赘矣。其微时事,则以称鲍叔者见之,此虚实详略之准也。其书不可多载,故揭其指要;其事人所共知,故著其权略。晏子之事亦人所共见,故本传不复叙列,与管仲同。而总论其为人,即与叙次其显名于诸侯见之,与管仲异;此章法之变化也。于《管仲传》举鲍叔,能知其贤。于《晏子传》举其能知越石父及御者。"三归反坫"正与"食不重肉,妾不衣帛"反对。观此,可知文之义法无微而不具也。管、晏事迹见于其书及他载籍者,不可胜纪,故独论其轶事。(《管晏列传》)

孙武、吴起论兵,具有书。阖闾破楚入郢,北威齐、晋,武与有力。楚悼王南平百越,北并陈、蔡,却三晋,西伐秦,以相起。则武与起之战功,不必言矣。故以虚语总括,而所载皆别事。孙膑在齐,田忌之客耳。其再破魏,主兵者皆田忌。故详著其兵谋,此虚实之义法也。武与起之书,世多有,于论见之。膑之书则无传焉,故于《传》曰:"世传其兵法。"楚之战功,吴起实专之。吴则申胥、华登之谋居多,故曰:"武与有力焉。"盖古人之不苟于言如此。(《孙子吴起列传》)

毛遂定从,虽不见《国策》,而辞颇近。《信陵君传》则全然太

史公意趣，岂游大梁得诸故老所传，而自焉叙次者与？（《信陵君列传》）

李牧显功赵边久矣，至此始书，以相如病笃，赵奢死，廉颇奔，所恃惟牧也。书赵奢破秦后，即具奢始末。书李牧攻燕后，乃详颇居魏、楚事者，牧诛而赵灭矣。更缀颇事于其后，则文气懒惰，故颇事既终，而后著牧之始迹焉。颇奔牧将，事已前见，而复举之以为前后之关键，兼著颇既亡而牧又不能自安，赵之所以速亡无救也。赵奢、李牧将略及赵括之败，具详始末。假而牧再破秦，颇破齐、燕，复一一叙列，则语芜而气漫矣。变化无方，各有义法，此史之所以能洁也。（《廉颇蔺相如列传》）

夏太后、华阳太后薨、葬，不应载《不韦传》，以夏太后有"后百年旁当有万家邑"语。史公好奇欲传之，而以入《秦本纪》，则无关体要，故因庄襄王之葬，牵连书之。而庄襄王之葬所以见《不韦传》，又以后与庄襄王合葬芷阳者，乃不韦姬也。但此等止为文章波澜而设，据史法则不宜书。（《吕不韦列传》）

此篇乃太史公所自作，编《国策》者取焉，而芟其首尾。盖以轲居闾巷间事不可入《国策》，高渐离扑秦皇，在秦并六年国后故也。《后论》自言得之公孙季功、董生所口道，则非战国之旧闻明矣。且先秦人叙事皆廉峭；纡徐曲畅，自史公作乃有此。好学深思者，当能辨之。田光之死，不载太子往哭，恐与樊于期事复也。（《刺客列传》荆轲事）

汉初文臣，御史大夫与丞相并重。张苍、申屠嘉兼两职，故合传。其余为御史大夫者五人，具有声绩，故列叙之。为丞相者六人，皆无所发明，故总记其名，以为娓娓备员者戒焉。汉兴，为御史大夫者五人，皆在张苍之前。张苍既相，而申屠嘉代之。故于苍相淮南，预书"十四年迁为御史大夫"，然后五人之为御史大夫，脉络相贯，而主客之分判然。苍以前为丞相者，名迹显著，故不复言。嘉以后为丞相者六人，别无所表见，故撮其名氏，而以娓娓备员蔽之。别有见者，不列，皆义法不得不然者。（《张丞相列传》）

《礼书》痛汉用秦仪，三代圣制由是沉湮，而成之者实通。然时主之所用也,不敢斥言其非,故于《后论》隐约其辞,若褒若讽,而希世之污,则假鲁两生以发之。篇首载秦二世之善其对,以为面谀之征也。末载原庙之立,果献之兴,著其凭臆无稽,以示所言汉仪法,皆此类也。(《刘敬叔孙通列传》)

此篇侧入逆叙处,酷似《左传》。盖以吴及六国之败亡必牵连以书,设篇终更举周丘之师及汉制诏,则为附赘悬疣。故因叙吴兵之起,而及周丘之别出,因周邱之胜,而侧入吴王之败走,因吴王之败走,而及天子之制诏。然后追叙吴、楚之攻梁及亚夫之守战,吴王之走死,六国之灭亡,而弓高侯出诏书以示胶西王,亦自然而合节矣。凡此皆义法所当然,非有意侧入逆叙以为奇也。(《吴王濞列传》)

魏其、灌夫生平事跡并正叙于前,故武安事迹皆与魏其夹叙。其初起也,著魏其方盛,而卑事之。其益贵用事而下宾客,进名士也,以欲倾魏其诸将相。让魏其为魏丞相也,以天下士素归之而用以钓让贤士之名。其好儒术与礼度也,与魏其俱。其益横益骄也,以言事多效,天下吏士皆去魏其而归之。吏士去魏其归武安,则魏其与灌夫相欢相倚之由也。武安益横益骄,则怒魏其激灌夫之由也。中间魏其夫妇治具,旦及日中,与武安"往来侍酒,跪起如子侄"相对。灌夫尤敬诸士贫贱者,与武安折诎诸侯王,坐其兄南乡相对。好陵贵戚有势在己之右者,为后争酒骂坐张本,而魏其初致名誉及后锐身救灌夫,则以"沾沾自喜多易"蔽之。章法蔽遏,俾览者心怡目眩,而不知其所以然,所谓工俥旋而盖规矩也。(《魏其武安侯列传》)

以"恢奇多诈",蔽宏之为人。惟恢奇,故多诈,而天子以为敦厚也。惟天子以为敦厚,故不惟汲黯之诘不能动,即左右佞幸之毁亦不能入也。其称"人主病不广大",及阳屈于买臣之议,阴祸主父,徙董相,诈也;而使匈奴,还报不合上意;数谏通西南夷,筑朔方置沧海郡;汲黯廷诘,反称其忠;使天子察其行而以为敦厚,所谓恢奇也。黯诘以背约不忠,则曰:"知臣者以臣为忠,不知臣者以臣为不忠。"黯诘其俭以饰诈,则曰:"管仲侈拟于君,而桓公以霸;晏婴下比于民,而齐国亦治。"所谓"辩论有余"也。淮南、衡山之反，泛引传记，使览者莫识其意向；而究其隐私，则自引咎，以释人主之惭。所谓习文法，而又缘饰以儒术也。凡此类，皆以恢奇行其诈也。天子报书，一则曰君宜知之，再则曰君宜知之，而其曲学逢君，饰诈不忠之实，不可掩矣。(《平津侯主父列传》)

《史记》所载赋、颂、书、疏甚略，恐气体为所滞壅也。长卿事迹无可称，故独编其文以为传，而各标著文之由，兼发明其指意以为脉络。匪是，则散漫而无统纪矣。(《司马相如列传》)

备著淮南二王逆节，见汉法非过也。厉王反迹，皆于狱辞具之。故安之事既毕叙，乃曰："伍被自诣吏，告与淮南王谋反踪迹如此"，而狱辞则甚略。观此《传》，益信淮阴之枉。始则诈而擒之，而告反者无闻也。既则诈而斩之宫中，而上变者无征也。使果有踪迹，何难具狱而明征其辞哉？著以传著，疑以传疑，俾百世以下，可寻迹推理而得其情，此之谓实录也。(《淮南衡山列传》)

循吏独举五人，伤汉事也。孙叔顺民所欲，不教而从化，以视猾贼任威，使吏民重足一跡，而益轻犯法者，何如？子产既死，而有遗爱，以视张汤死而民不思，王温舒同时五族，而众以为宜者，何如？公仪子使食禄者不得与民争利，以视治平准，笼盐铁，纵告缗以巧夺于民者何如？石奢、李离以死守法，以视用爱憎挠法，视上意为轻重者何如？史公盖欲传酷吏，而先列古循吏以为标准。故序曰："奉职循理，亦足以为治，何必威严哉？"然酷吏恣睢，实由帝侈心不能自克，而倚以集事。故曰："身修者，官未曾乱也。"子产事具《左传》，故略举其成功。(《循吏列传》)

黯治东海，为九卿，徙内史，居淮阳，不填实一事，止虚言其性情气象，略举其语言及君臣上下之严惮，遂使千载下可闻风而兴起。必如此，乃与黯之为人相称。"黯学黄、老之言"，"好清净"，正与武帝及诸臣好兴事病民相反。"治务在无为而已"，语近复，然前郡守之治，后九卿之治也，其体各异，故分言之。且与张汤"文深小苛"，武帝"分别文法"反对。"面折犯颜"云云，亦与公孙宏"怀诈饰智"、阿谀取容反对。此《传》伤武帝有社稷臣，克知灼见而终不能用也。篇首称黯"以数直谏,不得久留内",则进言多矣。为右内史,守东海、淮阳,列九卿,事迹众矣。而见于《传》者止此,盖非关社稷之计,则不著也。其直攻武帝之多欲,社稷臣所以格君也。矫节发粟以振贫民,奉使东越不至而返,谏征匈奴,迎浑邪,罪民匿马及贾人与市者,社稷臣所以安民也。面诘宏、汤,责李息,社稷臣所以体国也。始仕为太子洗马,即以庄见惮,及列九卿,与丞相大将军抗礼,致天子敬礼,不冠不敢见,社稷臣所以持身也。史公于萧相国,非万世之功不著,于黯,非关社稷之计不著,所谓"辞尚体要"也。黯之为社稷臣,不独庄助知之,淮南逆谋者惮之,武帝实自发之而终不能用,则内多欲之故也。黯之为人,不独卫人惮之,大将军贤之,即武安侯亦不闻含怒,而宏、汤独深心嫉之,欲挤之死。则宏、汤为人,又出武安侯下矣。"人果不可以无学",篇首称黯好学,正与此语反对。以黯为无学,故以儒术任宏也。(《汲黯列传》)

  宁成、周阳由之前,不过吏之治酷而已。赵禹、张汤而后,则朝廷之用法益刻,由上以为能而丞相宏数称其美也。因汤与禹共定律令而及其交欢,因交欢而及其为人,以其后汤败,天子使禹责之,因以为章法也。故不与禹事连书,而入《汤传》。"汤为御史大夫七岁败",汤所以败,事绪多端,非用此为关键,则散漫无纪。"三长史皆害汤欲陷之",句法与先揭"汤为御史大夫七岁败"同。禹与汤同起而死在汤后,故牵连以书。纵守南阳,宁成奔亡,而其迹终焉,故叙列于此。"后一岁,张汤亦死。"汤诛在纵后,以天下事皆决于汤,故连书其败露诛死之由,不暇书其年,至是始补记年岁也。尹齐与温舒相代为中尉,而死又相次,故牵连以书。减宣出前早而系于篇,终其死后也。禹、汤尚能贫而周则家訾累巨万矣,郅都尚能死节,官下不顾妻子,而周且为子孙营窟,故以是终篇。(《酷吏列传》)

  "大宛之迹,见之张骞。"汉伐大宛,在张骞死后,而此篇前幅乃通西北诸国事,非此二语,首尾不能相应。诸国地势道里,皆以大宛四面言之,列序诸国皆牵连大宛,以为征宛立传也。"骞因分遣副使"云云,大宛之迹见自骞使月氏,其兵端起于使西北国者称宛多善马,故用此以为关键。此篇前半记通使西北国,后半记以通使起兵端而终于伐宛,故因乌孙献马,预入后得宛马以为中间之关键。而通乌孙乃骞本谋,故特书"自博望侯死后"与篇首相应,然后首尾脉络,并相贯注。"乌孙多马,其富人至有四五千匹马。"二语非多骈,见乌孙富人有马至数千匹,则其王以马千匹聘汉女,未为重币,而汉君臣廷议,要以必先纳聘始遣女,大辱国也。"使端无穷",每遣赍金币直数千万,而所得仅此。与后"天下骚动,传相奉伐宛",而仅得"善马数十匹,中马以下三千余匹"相应。(《大宛列传》)

  嗜欲既开,势不能闭民欲利之心,而反于至治之极。故善者亦不过因之利导之而已,其次教诲整齐,犹能导利而上下布之,最下者与争。以心计取之,所谓不加赋而国用自足也。古者,国有分土,民安其居,无远商大贾,故略举各地所出,此善者之所因也。"农而食之"云云,此因之利导之之事,虞、夏以来之政术也。太公、管子教诲整齐之事,王道之始变也。太公、管仲,富国之巧者也。计然以富家之术施于国,则少贬矣,故别之于太公、管仲。陶朱公、子贡、白圭,富家之巧者也,故并以能试所长许之。倚顿而下,则商贾之诚一者耳。时富商大贾得与王者同乐,而封君低首仰给,所谓得势益彰也。不敢显言,故阴以子贡之事当之。谓子贡之所以显闻,乃不以其学而以其财也。秦皇帝客巴清,与尊卜式略同。汉兴,海内为一,舟车无所不通,故详载行贾之地,道里疆界所凑,并及其民性质习俗。(《货殖列传》)

  ——《方苞集》集外文补遗卷二,上海古籍出版社1983年排印本

【思考题】

1. 试述方苞"义法"说的内涵。
2. 如何理解方苞"以古文为时文"的主张?

沈 德 潜

【作者简介】

沈德潜(1673—1769),字确士,号归愚。江苏长洲(今苏州)人。乾隆元年(1736)荐举博学鸿词科,不遇。四年(1739)成进士,改庶吉士。授编修,迁内阁学士,官至礼部侍郎,以年老乞归,加尚书衔。卒赠太子太师,谥文悫。沈德潜以论诗、选诗闻名。他曾师从叶燮,论诗崇尚格调,以平和敦厚为宗。所选评的《古诗源》《唐诗别裁集》《明诗别裁集》《国朝诗别裁集》等书风行海内。沈德潜诗古体宗汉魏,近体宗盛唐,内容多为歌功颂德与说教之作。著有《说诗晬语》《沈归愚诗文全集》等。

说诗晬语(节选)

一

诗之为道,可以理性情、善伦物、感鬼神、设教邦国、应对诸侯,用如此其重也。秦、汉以来,乐府代兴;六代继之,流衍靡曼。至有唐而声律日工,托兴渐失,徒视为嘲风雪、弄花草、游历燕衎[1]之具,而"诗教"远矣。学者但知尊唐而不上穷其源,犹望海者指鱼背为海岸,而不自悟其见之小也。今虽不能竟越三唐之格,然必优柔渐渍[2],仰溯风雅,诗道始尊。

二

事难显陈,理难言罄,每托物连类以形之。郁情欲舒,天机随触,每借物引怀以抒之。比兴互陈,反复唱叹,而中藏之欢愉惨戚,隐跃欲传,其言浅,其情深也。倘质直敷陈,绝无蕴蓄,以无情之语而欲动人之情,难矣。

四

诗以声为用者也,其微妙在抑扬抗坠之间。读者静气按节,密咏恬吟,深前人声中难写、响外别传之妙,一齐俱出。朱子云:"讽咏以昌之,涵濡以体之。"[3]真得读诗趣味。

六

有第一等襟抱,第一等学识,斯有第一等真诗。如太空之中,不着一点。如星宿之海,万源涌出。如土膏既厚,春雷一动,万物发生。古来可语此者,屈大夫[4]以下数人而已。

八

诗贵性情,亦须论法。乱杂而无章,非诗也。然所谓法者,行所不得不行,止所不得不止,而起伏照应,承接转换,自神明变化其中。若泥定此处应如何,彼处应如何(如碛沙僧解《三体唐诗》之类[5]),不以意运法,转以意从法,则死法矣。试看天地间水流云在,月到风来,何处著得死法!

一一

诗不学古,谓之野体。然泥古而不能通变,犹学书者但讲临摹,分寸不失,而已之神理不存也。作者积久用力,不求助长,充养既久,变化自生,可以换却凡骨矣。

三九

骚体有少歌,有倡,有乱。歌词未申发其意为倡,独暨在和总篇于为乱。盖言之不足,故长言之;长言之不足,故反复咏叹之也。汉人五言兴而音节渐亡;至唐人律体兴,第用意于对偶平仄间,而意言同尽矣。求其余情动人,何有哉?

四四

《诗》三百篇,可以被诸管弦,皆古乐章也。汉时诗乐始分,乃立乐府,《安世房中歌》,系唐山夫人所制,而清调、平调、瑟调,皆其遗音,此"南"与"风"之变也。朝会道路所用,谓之鼓吹曲;军中马上所用,谓之横吹曲,此"雅"之变也。武帝以李延年为协律都尉,与司马相如诸人略定律吕,作十九章之歌,以正月上辛用事,此"颂"之变也。汉以后因之,而节奏渐失。

四五

乐府之妙,全在繁音促节,其来于于,其云徐徐,往往于回翔屈折处感人,是即依永和声之遗意也[6]。齐、梁以来,多以对偶行之,而又限以八句,岂复有咏歌嗟叹之意耶?——卷上

一一

宋诗中如"卷帘通燕子,织竹护鸡孙""为护猫头笋,因编麂眼篱""风来嫩柳摇官绿,云起奇峰涌帝青""远近笋争滕薛长,东西鸥背晋秦盟",皆卑卑者。至"若见江鱼应恸哭,此中曾有屈原坟",则怪矣。"脚跟头上丽两青天""月子湾湾照九州岛",则俚矣。学宋人者,并无宋人学问,而但求工对偶之间(如"木上座""竹夫人""赵盾日""展禽风"之类),曲摹里巷之语,舍大声而爱

《折杨》《皇荂》[7]，宜识者之不欲观也。扩清俗谛，以求大方，斯真宋诗出矣。"春水渡旁渡，夕阳山外山。"何工于着景也！"客游儿废学，身拙妇持家。"何工于言情也！此种何尝不是宋诗？

三七

援引典故，诗家所尚。然亦有羌无故实而自高，胪陈卷轴而转卑者。假如作田家诗，只宜称情而言；乞灵古人，便乖本色。

三八

严仪卿有"诗有别才，非关学也"之说。谓神明妙悟，不专学问，非教人废学也。误用其说者，固有原伯鲁之讥；而当今谈艺家，又专主渔猎，若家有类书，便成作者，究其流极，厥弊维钧。吾恐楚则失矣，齐亦未为得也。

六一

人谓诗主性情，不主议论，似也，而亦不尽然。试思二《雅》中何处无议论？杜老古诗中，《奉先咏怀》《北征》《八哀》诸作，近体中《蜀相》《咏怀》《诸葛》诸作[8]，纯乎议论。但议论须带情韵以行，勿近伧父面目耳。戎昱[9]《和蕃》云："社稷依明主，安危托妇人。"亦议论之佳者。

六四

《诗》本六籍之一，王者以之观民风，考得失，非为艳情发也。虽四始[10]以后，《离骚》兴美人之思，平子有定情之咏[11]；然词则托之男女，义实关乎君父友朋。自梁、陈篇什，半属艳情，而唐末香奁，益近亵嫚，失"好色不淫"[12]之旨矣。此旨一差，日远名教。

六九

杜诗"江山如有待,花柳自无私"、"水深鱼极乐,林茂鸟知归"、"水流心不竞,云在意俱迟",俱入理趣。邵子则云:"一阳初动处,万物未生时。"以理语成诗矣。王右丞诗不用禅语,时得禅理。东坡则云:"两手欲遮瓶里雀,四条深怕井中蛇。"言外有余味耶。

八一

司空表圣云:"不著一字,尽得风流。""采采流水,蓬蓬远春。"严沧浪云:"羚羊挂角,无迹可求。"苏东坡云:"空山无人,水流花开。"王阮亭本此数语,定《唐贤三昧集》[13]。木玄虚云"浮天无岸"[14],杜少陵云"鲸鱼碧海"[15],韩昌黎云"巨刃摩天"[16],惜无人本此定诗。

八三

《记》曰:"宽而静,柔而正者,宜歌《颂》。广大而静,疏达而信者,宜歌《大雅》。恭险而好礼者,宜歌《小雅》。正直而静,廉而谦者,宜歌《风》。"凡习于声歌之道者,鲜有不和平其心也。今人忌才扬己,揎拳露臂,观其意气,可觇所养矣。

——卷下《沈德潜诗文集》第四册,人民文学出版社2011年版

【题解】

《说诗晬语》成于沈德潜五十九岁时。该书以"晬语"命名,意在表明该书随感即录,不求完整的散述性质。在撰《说诗晬语》之前,沈德潜已编成《唐诗别裁集》和《古诗源》,《明诗别裁集》也将告竣,故多有取三书之评语或融其意入诗话者。《说诗晬语》按照时间线索梳理诗歌发展的历史,并注意清理历代诗歌间的承继关系,梳理各体诗歌的发展脉络,是叶燮诗

学理论的实践和具体应用。《说诗晬语》将叶燮精英化的理论与大众所需要的价值标准结合起来，构建了宏阔融通、能为普通文人所接受的诗史框架。

【注释】

1. 燕衎：宴饮行乐。燕，通"宴"。衎，音 kàn，作乐。
2. 优柔、渐渍：优柔，谓从容探索、品味。渐渍，浸润，引申为感化。
3. "朱子云"句：语出朱熹《诗集传序》。
4. 屈大夫：屈原。
5. 碛沙僧解《三体唐诗》：《三体唐诗》四卷，宋周弼选。据都穆《南濠诗话》云："长洲陈湖碛沙寺，元初有僧魁天纪者居之。魁与高安僧圆至友善，至尝注周伯弼所选《唐三体诗》，魁割其资，刻置寺中，方万里特为作序，由是《三体诗》盛传人间，今吴人称《碛沙唐诗》是也。"
6. 依永和声之遗意：《尚书·尧典》："诗言志，歌永言，声依永，律和声。"
7. 舍大声而爱《折杨》《皇荂》：《庄子·天地》："大声不入于里耳，《折杨》、《皇荂》等，则嗑然而笑。"据成玄英疏：《折杨》、《皇荂》都是古代民间小曲。
8. 《奉先咏怀》《咏怀》《诸葛》：《奉先咏怀》：即《自京赴奉先咏怀五百字》。《咏怀》：指《咏怀古迹五首》。《诸葛》：指五言排律《诸葛庙》。《咏怀》《诸葛》，或指《咏怀古迹五首》之五（"诸葛大名垂宇宙"）。
9. 戎昱(744? —800?)：唐代诗人。荆南(今湖北江陵)人。少举进士不第，德宗时仕至虔州刺史。《全唐诗》存其诗一卷。
10. 四始：《史记·孔子世家》云："《关雎》篇为国风之始，《鹿鸣》篇为小雅之始，《文王篇》为大雅之始，《清庙》篇为颂之始。这里的"四始"即指《诗经》。
11. 平子有定情之咏：平子指东汉张衡。张衡传有四言《怨篇》、五言《同声歌》和七言《四愁诗》各一首，定情诗当指《繁钦辞》。
12. 好色不淫：《史记·屈原贾生列传》云："《国风》好色而不淫，《小雅》怨诽而不乱。若《离骚》者，可谓兼之矣。"
13. 王阮亭本此数语，定《唐贤三昧集》：王士禛《唐贤三昧集序》："严沧浪论诗云：'盛唐诸人，惟在兴趣，羚羊挂角，无迹可求，透彻玲珑，不可凑泊。如空中之音，相中之色，水中之月，镜中之像，言有尽而意无穷。'司空表圣论诗亦云：'味在酸咸之外。'康熙戊辰春抄……日取开元、天宝诸公篇什读之，于二家之言，别有会心。录其尤隽永超诣者，自王右丞而下四十二人，为《唐贤三昧集》，厘为三卷。"《唐贤三昧集》是一部代表"神韵说"的唐诗选本。
14. 木玄虚：木华，西晋文学家。字玄虚，广川(今河北枣强东)人。引语出自他的《海赋》。
15. 鲸鱼碧海：杜甫《戏为六绝句》之四："才力应难夸数公，凡今谁是出群雄？或看翡翠兰苕上，未掣鲸鱼碧海中。"

16. 巨刃摩天：韩愈《调张籍》："李杜文章在，光焰万丈长。……想当施手时，巨刃摩天扬。垠崖划崩豁，乾坤摆雷硠。"

【讲疏】

沈德潜论诗原本叶燮、王士祯，经其推演，以儒家诗教为本，倡导格调说，尊唐抑宋，使诗歌"去淫滥以归于雅正"，起到"和性情、厚人伦、匡政治"的教化作用。为使诗歌"格高""调响"，他以唐人为楷式，以古诗为源头，选辑《古诗源》、《唐诗别裁集》、《明诗别裁集》、《清诗别裁集》等树立学习的范本。其诗论著作《说诗晬语》主要观点如下：

一、主张"诗贵性情"。性情是指诗歌的思想内容，沈德潜要求言之有物，诗作要选择"关乎人伦日用及古今成败兴亡之古者"，这样的重大题材"方为可存"，这样的诗作才能产生"诗之为道，可以理性情、善伦物、感鬼神、设教邦国、应对诸侯"的巨大的社会反响。反对诗歌"嘲风雪，弄花草""动作温柔乡语"。他主张诗人"立言"在态度上必须"一归于温柔敦厚"，"怨而不怒"。他要求诗歌有充实的社会内容，反对诗作以嘲风弄雪，弄花草为能事，是正确的。不足的是，他把诗歌的生活内容强调在圣道伦常和封建道德方面，使其不错的理论主张向反面转化。

二、主张诗"亦须论法"。法即是指诗歌的艺术表现手法，沈德潜强调诗的表现手法贵在含蓄、委婉、忌悬直露，"直诘易尽，婉道无穷"、"事难显陈，理难言罄，托物连类以形之，郁情欲舒，天机随触，每借物引怀以抒之"，通过这种委婉含蓄，"比兴互陈，反复唱叹"的表达方式就能"其言浅其情深"，特别是反映民生疾苦的怨刺之诗，更应借含蓄委婉以隐藏其直露的批判锋芒。如果"质直敷陈，绝无蕴藉"，则是"以无情之语而欲动人之情"，自然十分困难。沈德潜还特别重视诗歌的音乐特性，认为"诗以声为用者也，其微妙在抑扬抗坠之间"。沈德潜虽然论诗讲法，但不赞同模拟，对拘泥定法持反对态度。

三、主张尊法盛唐、贬斥两宋。沈德潜认为"唐诗蕴藉，宋诗发露"，含蓄蕴藉正是他孜孜以求的艺术表现方式，故此他推崇唐诗。沈德潜对"诗必盛唐"的前后七子十分欣赏，而对明清以来的公安、竟陵、钱谦益乃至王士祯学王、孟、韦、柳俱表不满，从而使其"格调说"带有明显的复古倾向。

与王士祯相比，二人就学唐的主要倾向而言相互接近，但是沈德潜从格调立论，向往"鲸鱼碧海""巨刃摩天"雄壮宏大一路诗歌，与"神韵说""不著一字""无迹可求"的祈尚表现出明显的审美异趣。他认为王士祯的"神韵说"仅论诗之一端，故而提出了"风格""气骨""风骨"等范畴，其目的在于以"气骨""风格"的刚健宏放来补救"神韵"委婉徐迂之失。与此相关,沈德潜崇尚以杜甫为代表的雄放刚健诗风,追求高格,承明七子派之余绪提倡"格调"说。沈德潜论诗认为"不能竟越三唐之格"(《说诗晬语》),"诗至有唐,菁华极盛,体制大备",而"宋元流于卑靡"(《唐诗别裁集·凡例》),与明代前后七子扬唐抑宋一脉相承。他虽然对宋诗作了多方面批评,却并不否定宋诗,提出有条件的尊宋论,即具有"宋人学问","扩清俗谛,以求大方,斯真宋诗出矣",实际上表达了融宋于唐的诗学构想,这显然与前后七子有显著的区别。清代的文化学术氛围容易造就大批学者化诗人,这从清中期以后尤见明显,在诗歌创作中炫耀诗人学问渐成风气。沈德潜认为废学与专尚学问皆失诗歌创作的真谛,指出"当今谈艺家","专主渔猎",以抄撮类书作为通往诗人的捷径,是一种有害的倾向,他用"有羌无故实而自高,胪陈卷轴而转卑"的创作事实来引导诗人归朴守本。虽然当时诗歌学问化倾向尚在初始阶段,而事实上他也并没有能够阻止学问的进一步发展,但是他对这种诗弊的担忧是有充分理由的,预见性的批评本身也足以表现一位批评家的眼力。在这个方面沈德潜与袁枚的认识有相通之处。在诗歌能否允许议论的问题上,沈德潜肯定议论,同时要求"议论须带情韵以行",也是通达而契合诗理的观点。

　　沈德潜论诗讲究源流正变,先后有《唐诗别裁集》《古诗源》《明诗别裁集》《清诗别裁集》四部诗歌选集,辨析源流、指陈得失,宣扬温柔敦厚、怨而不怒、中正平和的美学要求,扩大了"格调说"理论的影响,形成了一个颇有势力的诗歌派别。这个诗派是康、乾"盛世"的产物,它为当时脱离现实的诗风找到了比"神韵派"更为有利于封建统治的理论。沈德潜的"格调说"在康乾之世的盛行是有其历史原因的。因为这种以复古为中心的诗论主张,宗尚雄浑宏壮诗风的好尚,都宜于表现所谓的"盛世之音",因而深得统治者的赏识。沈氏的理论与清高宗亲定的《唐宋诗醇》中的诗论观点和代表官方文艺思想的《四库提要》都很相近。但是自"格调说"盛行之日起,就受到不少人的异议。如袁枚站在提倡性灵的立场上批评格调论者的缺乏风趣,只讲格调而不知性情。同时的翁方纲则不满沈氏独标唐诗,泥于一格。总之,"格调说"从一开始起就表现出不少弱点。然而因沈氏以诗教号召一代,影响深广,而且在诗歌发展及作法技巧上确有不少精审的见解,因而他的诗论主张在清代不失为一大家,也为后世研究中国批评史的人所普遍重视。

【关键词解读】

格调说

沈德潜所提倡的诗论主张,是清代四大诗论之一。格调,即体格声调,最早的解释包括思想内容和声律形式两方面,如《文镜秘府论·论文意》所说"意是格,声是律,意高则格高,声辨则律清",就是从这两方面着眼的。唐代以后的诗歌理论中常常谈及诗的"格"与"调"。如唐代皎然《诗式》提到"格高""体贞""调逸""声谐";宋代姜夔《白石道人诗说》提到"意格欲高""句调欲清、欲古、欲和";严羽《沧浪诗话》认为"诗之法有五:曰体制,曰格力,曰气象,曰兴趣,曰音节";明代李东阳《怀麓堂诗话》认为"诗必有具眼,亦必有具耳,眼主格,耳主声",等等。这些诗论家都很重视诗的格调,但还没有把它作为论诗的决定性环节。至明代前后七子才把格调作为一个决定性环节来构成他们的诗歌理论。李梦阳就说过:"高古者格,宛亮者调。"(《驳何氏论文书》)又说,"诗有七难:格古、调逸……情以发之,七者备而后诗昌也"(《潜虬山人记》),把格高调响、格古调逸作为诗歌批评的重要标准。王世贞则更提出了"才生思,思生调,调生格,思即才之用,调即思之境,格即调之界"(《艺苑卮言》)的著名论断,指出了格调与才思的相互依存关系。严格地说,格调派之名实起于明代的前后七子。沈德潜是格调说的总结者,其格调说的要义不在于提倡模拟古人,也不在于提倡声雄调畅一种格调,而是在于加强正统封建文学的规范化,振兴正统封建文学。

【相关知识链接】

郑方坤《国朝名家诗钞小传》:"其(沈德潜)于诗学尤邃。是时江南盛诗社,又宗尚苏、陆之学,硬语粗词,荆榛塞路。归愚独斥斥然,古体必宗汉魏,近体必宗盛唐,元和以下视为别派。所选有《古诗源》、唐明诗别裁行世,横截众流,独标心印,诚谈艺家之金丹大药也。"

钱泳《履园诗话》批评道:"沈宗伯与袁简斋太史论诗,判若水火。宗伯专讲格律,太史专讲性灵。自宗伯三种别裁集出,诗人日渐日少;自太史《随园诗话》出,诗人日渐日多。然格律太严固不可,性灵太露亦是病也。"

张维屏《国朝诗人征略》:"沈文悫公论诗及所选《别裁》诸集,自好高爱奇者观之,或有嫌其近平熟者。抑知好高爱奇或出于独嗜而失之偏,或暂足惊人而不能久。平心而论,究不若文愍所见为出于中正和平,使学者有轨辙可循,而流弊尚少也。"

朱庭珍《筱园诗话》云:"沈归愚先生持论极正,持法极严,便于初学。所为诗,平正而乏精警,有规格法度而少真气,袭盛唐面目,绝无出奇生新,略加变化处,殊无谓也……归愚自命起衰复古,未免力小任重,举鼎折腥。然宗旨、规格、法律一出于正,未可深贬,持才气短,不能副其志耳……所选诸集,今并盛行,惟《古诗源》一集,矜慎平允,可云公当。盖平生得力所自,用心良苦。他如唐、明诗及国朝诗之选,徒夸别裁之鉴,未脱门户之私。"

【延伸阅读】

沈德潜接受明代前后七子的启示,推尊盛唐,所以先选《唐诗别裁》。他又由盛唐而上溯汉魏,于是选《古诗源》。然后下瞰其流,以明诗为"复古",于是选《明诗别裁》。从他的诗学观点来说,诗道源流已经大备,宋、元都是"伪体",概在"别裁"之外。他认为只有按他这种"别裁"去学诗才能"亲风雅"。沈德潜通过对古代诗歌正变源流的清理,认为关乎美刺,言志永言,温柔敦厚,这就是"诗教之本原",诗之"指归"。其大肆强调并积极从事的溯本穷源,目的就在于重新"发现"自认为最正统的儒家诗论。

古 诗 源 序

诗至有唐为极盛,然诗之盛,非诗之源也。今夫观水者,至观海止矣,然由海而溯之,近于海为九河,其上为泽水,为孟津,又其上由积石以至昆仑之源。《记》曰:"祭川者先河后海。"重其源也。唐以前之诗,昆仑以降之水也。汉京、魏氏,去风雅未远,无异辞矣。即齐、梁之绮缛,陈、隋之轻艳,风标品格,未必不逊于唐,然缘此遂谓非唐诗所由出,将四海之水,非孟津以下所由注,有是理哉?有明之初,承宋、元遗习,自李献吉以唐诗振天下,靡然从风,前后七子互相羽翼,彬彬称盛。然其敝也,株守太过,冠裳土偶,学者咎之。由守乎唐而不能上穷其源,故分门立户者,得从而为之辞。则唐诗者,宋、元之上流;而古诗,又唐人之发源也。

予前与树滋陈子辑唐诗成帙,窥其盛矣。兹复溯隋、陈而上,极乎黄轩,凡《三百篇》、楚骚而外,自郊庙乐章,讫童谣里谚,无不备采。书成,得一十四卷。不敢谓已尽古诗,而古诗之雅者,略尽于此,凡为学诗者导之源也。

昔河汾王氏删汉、魏以下诗,继孔子《三百篇》后,谓之续经。天下后世群起攻之曰"僭"。夫王氏之僭,以其儗圣人之经,非谓其录删后诗也。使误用其说,谓汉魏以下,学者不当搜辑,是惩热羹而吹齑,见人噎而废食,其亦蔺蔺拘拘之见尔矣。予之成是编也,于古逸存其概,于汉京得其详,于魏、晋猎其华,而亦不废夫宋、齐后之作者。既以编诗,亦以论世,使览者穷本知变,以渐窥《风》、《雅》之遗意,犹观海者由逆河上之,以溯昆仑之源,于诗教未必无少助也夫!

康熙己亥夏五,长洲沈德潜书于南徐之见山楼。

——《沈德潜诗文集·归愚文钞》卷十一,人民文学出版社2011年版

唐诗别裁自序

有唐一代诗,凡流传至今者,自大家、名家而外,即旁蹊曲径,亦各有精神面目流行其间,不得谓正变盛衰不同,而变者衰者可尽废也。然备一代之诗,取其宏博,而学诗者沿流讨源,则必寻究其指归。何者?人之作诗,将求诗教之本原也。

唐人之诗,有备啴谐廉直、顺成和动之音,亦有志微噍杀、流僻邪散之响。由志微噍杀、流僻邪散而欲上溯乎诗教之本原,犹指南而之幽、蓟,溯北而之闽、粤,不可得也。即或从事于声之正者,而仍泛泛焉嘈囋丛杂之纷逐,犹笙镛琴瑟与秦筝羌笛之类并奏竞陈,而谓《韶》《英》之可闻,亦不得也。然则分别去取,使后人心目有所准则而不惑者,唯编诗者责矣。顾自有明以来,选古人之诗者,意见各殊。嘉、隆而后,主复古者拘于方隅,主标新者偭而先矩,入主出奴,二百年间,迄无定论。而时贤之竞尚华辞者,复取前人所编秾纤艳冶之习,扬其余烬,以易斯人之耳目,此又与于歧趋之甚。而诗教之衰,未必不自编诗者遗之也。夫编

诗者之责，能去郑存雅，而误用之者，转使人去雅而群趋乎郑，则分别去取之间，顾不重乎！尚安用意见自私，求新好异于一时为也。

德潜于束发后，即喜抄唐人诗集，时竞尚宋、元，适相笑也。迄今几三十年，风气骎上，人知唐为正轨矣；第简编纷杂，无可据依，故有志复古而未得其宗。因偕树滋陈子，取向时所录五十余卷，删而存之，复于唐诗全帙中网罗佳什，补所未备，日月既久，卷帙遂定。既审其宗旨，复观其体裁，徐讽其音节。未尝立异，不求苟同，大约去淫滥以归雅正，于古人所云"微而婉，和而庄"者，庶几一合焉。此微意所存也。同志者往复是编，而因之以递亲乎风雅，如适远道者陆行之有车马，水行之有舟楫。呜呼！其或可至也哉。

——《沈德潜诗文集·归愚文钞》卷十一，人民文学出版社2011年版

明诗别裁集序

宋诗近腐，元诗近纤，明诗其复古也。而二百七十余年中，又有升降盛衰之别。尝取有明一代诗论之：洪武之初，刘伯温之高格，并以高季迪、袁景文诸人，各逞才情，连镳并轸，然犹存元纪之余风，未极隆时之正轨。永乐以还，体崇台阁，骫骳不振。弘、正之间，献吉、仲默，力追雅音；庭实、昌榖，左右骖靳，古风未坠。余如杨用修之才华，薛君采之雅正，高子业之冲淡，俱称斐然。于鳞、元美，益以茂秦，接踵曩哲。虽其间规格有余，未能变化，识者咎其鲜自得之趣焉；然取其菁英，彬彬乎大雅之章也。自是而后，正声渐远，繁响竞作，公安袁氏，竟陵锺氏、谭氏，比之自郐无讥，盖诗教衰而国祚亦为之移矣。此升降盛衰之大略也。

编明诗者，陈卧子《皇明诗选》，正德以前，殊能持择；嘉靖以下，形体徒存。钱受之《列朝诗选》，于青丘、茶陵外，若北地、信阳、济南、娄东，概为指斥；且藏其所长，且录其所短，以资排击，而于二百七十余年中，独推程孟阳一人。而孟阳之诗，纤词浮

语,只堪争胜于陈仲醇诸家。此犹舍丹砂而珍溲勃,贵筝琶而贱清琴,不必大匠国工,始知其诬妄也。国朝朱锡鬯《明诗综》,所收三千四百余家,泯门户之见,存是非之公,比之受之,用心判别。然备一代之掌故,匪示六义之指归,良楛正闰,杂出错陈,学者将问道以亲风雅,其何道之由?

余与周子钦莱,夙有同心,慨焉决择,合群公选本,暨前贤名稿,别而裁之:于洪、永之诗,删其轻靡;于弘、正、嘉、隆之诗,汰其形似;万历、天启以下,遂寥寥焉。而胜国遗老,广为搜罗,比宋逸民《谷音》之选。得诗十卷,凡一千二百余篇,皆深造浑厚,和平渊雅,合于言志永言之旨;而雷同沿袭,浮艳淫靡,凡无当于美刺者屏焉。有明之诗,诚见其陵宋跞元而上追前古也。至杨廉夫、倪元镇诸公,归诸元人;钱受之、吴骏公辈,归诸国朝人。编诗之中,微具国史之义。其他前、后七子,或存或删;理学诸子,古文名家,与夫党锢殉国诸贤,有及有不及。因诗存人,不因人存诗也。寡闻单见,挂漏良多,尚期博雅君子,窾启末逮。

——《沈德潜诗文集·归愚文钞》卷十一,人民文学出版社2011年版

【思考题】

1. 如何理解沈德潜"格调论"的内涵?
2. 试述沈德潜与王士祯诗论的异同。

刘 大 櫆

【作者简介】

刘大櫆(1698—1779),字才甫,一字耕南,号海峰,安徽桐城人。雍正七年(1729)、十年(1732),两中乡试副榜。乾隆六年(1741)、十五年(1750)应博学鸿词科和经学科的荐举,均落选,以诸生终。平生以授徒为业,曾入江苏、湖北、山西学幕,晚为黟县教谕。刘氏初至京师,即以文章受知于方苞,被推为"国士"。刘氏之文得力于庄子、韩文,故为文笔势峭健,波澜开阔,注重文章的声音藻采。论文强调"义理、书卷、经济",要求作品能阐发程朱理学,同时在艺术形式上模仿古人之"神气""音节""字句"。著有《海峰先生文集》《诗集》。《清史稿》卷四八五《文苑二》有传。

论文偶记(节选)

三

行文之道,神为主,气辅之。曹子桓、苏子由论文,以气为主[1],是矣。然气随神转,神浑则气灏,神远则气逸,神伟则气高,神变则气奇,神深则气静,故神为气之主。至专以理为主者,则犹未尽其妙也。盖人不穷理读书,则出词鄙倍空疏[2],人无经济[3],则言虽累牍,不适于用。故义理[4]、书卷[5]、经济者,行文之实;若行文自另是一事,譬如大匠操斤,无土木材料,纵有成风尽垩手段[6],何处设施?然即土木材料,而不善设施者甚多,终不可为大匠。故文人者,大匠也;神气音节者,匠人之能事也;义理、书卷、经济者,匠人之材料也。

四

作文本以明义理,适世用。而明义理,适世用,必有待于文人之能事:朱子谓"无子厚笔力发不出"[7]。

七

神者,文家之宝。文章最要气盛[8],然无神以主之,则气无所附,荡乎不知其所归也。神者气之主,气者神之用。神只是气之精处。

古人文章可告人者惟法耳。然不得其神而徒守其法,则死法而已。要在自家于读时微会之。李翰云:"文章如千军万马;风恬雨霁,寂无人声。"[9]此语最形容得气好。

论气不论势,文法总不备。

一二

文章最要节奏;譬之管弦繁奏中,必有希声窈眇处[10]。

神气者,文之最精处也;音节者,文之稍粗处也;字句者,文之最粗处也。然论文而至于字句,则文之能事尽矣。盖音节者,神气之迹也;字句者,音节之矩也。神气不可见,于音节见之;音节无可准,以字句准之[11]。

一四

音节高则神气必高,音节下则神气必下,故音节为神气之迹。一句之中,或多一字,或少一字;一字之中,或用平声,或用仄声;同一平字仄字,或用阴平、阳平、上声、去声、入声,则音节迥异,故字句为音节之矩。积字成句,积句成章,积章成篇,合而读之,音节见矣;歌而咏之,神气出矣。

一五

近人论文,不知有所谓音节者:至语以字句,则必笑以为末事,此论似高实谬。作文若字句安顿不妙,岂复有文字乎?但所谓字句音节,须从古人文字中实实讲贯[12]过始得,非如世俗所云也。

一六

文贵奇,所谓"珍爱者必非常物"[13]。然有奇在字句者,有奇在意思者,有奇在笔者;有奇在丘壑[14]者,有奇在气者,有奇在神者。字句之奇不足为奇,气奇则真奇矣,神奇则古来亦不多见。次第虽如此,然字句亦不可不奇,自是文家能事。扬子《太玄》、《法言》,昌黎甚好之,故昌黎文奇。

奇气最难识;大约忽起忽落,其来无端,其去无迹。读古人文,于起灭转接之间,觉有不可测识,便是奇气。奇,正与平相对。气虽盛大,一片行去,不可为奇。奇者,于一气行走之中,时时提起[15]。太史公《伯夷传》可谓神奇。

一七

文贵高。穷理则识高,立志则骨高,好古则调高。

文到高处,只是朴淡意多;譬如不事纷华,翛然[16]世味之外,谓之高人。昔谓子长文字峻,震川谓此言难晓[17],要当于极真极朴极淡处求之。

一九

文贵远,远必含蓄。或句上有句,或句下有句,或句中有句,或句外有句,说出者少,不说出者多,乃可谓之远。昔人论画曰:

"远山无皴,远水无波,远树无枝,远人无目。"[18]此之谓也。远则味永。文至味永,则无以加。

昔人谓子长文字,微情妙旨,寄之笔墨蹊径之外,又谓如郭忠恕[19]画天外数峰,略有笔墨,而无笔墨之迹。故太史公文,并非孟坚所知。意尽而言止者,天下之至言也,然言止而意不尽者尤佳。意到处言不到,言尽处意不尽,自太史公后,惟韩、欧得其二一。

二二

文贵变。《易》曰:"虎变文炳,豹变文蔚。"[20]又曰:"物相杂,故曰文。"[21]故文者,变之谓也。一集之中篇篇变,一篇之中段段变,一段之中句句变;神变,气变,境变,音节变,字句变,惟昌黎能之。

文法有平有奇,须是兼备,乃尽文人之能事。上古文字初开,实字多,虚字少。典谟训诰[22],何等简奥,然文法要是未备。至孔子之时,虚字详备,作者神态毕出。《左氏》情韵并美,文采照耀。至先秦战国,更加疏纵[23]。汉人敛之,稍归劲质,惟子长集其大成。唐人宗汉多峭硬。宋人宗秦,得其疏纵,而失其厚懋,气味亦少薄矣。文必虚字备而后神态出,何可节损?然枝蔓软弱,少古人厚重之气,自是后人文渐薄处。

史迁句法似赘拙,而实古厚可爱。

二四

文贵华;华正与朴相表里,以其华美,故可贵重。所恶于华者,恐其近俗耳;所取于朴者,谓其不著脂粉耳。昔人谓:"不著脂粉而清真刻峭者,梅圣俞[24]之诗也;不著脂粉而精彩浓丽,自《左传》《庄子》《史记》而外,其妙不传。"此知文之言。

天下之势,日趋于文,而不能自已。上古文字简质。周尚文,而周公、孔子之文最盛。其后传为左氏,为屈原、宋玉,为司马相如,盛极矣。盛极则孼衰,流弊遂为六朝;六朝之靡弱,屈、宋之盛肇之也。昌黎氏矫之以质,本六经为文。后人因之,为清疏爽直,而古人华美之风亦略尽矣。平奇华朴,流激使然。末流比比,不可与处。

唐人之体,校之汉人,微露圭角[25],少浑噩[26]之象;然陆离璀璨,犹似夏商鼎彝。宋人文虽佳,而奇怪惶惑处少矣。荆川云:"唐之韩,犹汉之班、马,宋之欧、曾,犹唐之韩。"[27]此自其同者言之耳。然气味有厚薄,力量有大小,时代使然,不可强也。但学者宜先求其同,而后别其异,不宜伐其异而不知其同耳。

二六

文贵去陈言。昌黎论文,以去陈言为第一义[28]。后人见为昌黎好奇故云尔,不知作古文无不去陈言者,试观欧、苏诸公;曾直用前人一言否?昌黎既以去陈言,又极言去之之难。盖经史诸子百家之文,虽读之甚熟,却不许用他一句,另作一番语,岂不甚难?《樊宗师墓志》云:"必出于己,不蹈袭前人一言一句,又何其难也。"[29]正与"戛戛乎难哉"互相发明。

李习之亲炙昌黎之门[30],故其论文,以创意造言为宗[31]。所谓创意者,如《春秋》之意,不同于《诗》;《诗》之意,不同于《易》;《易》之意,不同于《书》是也。所谓造言者,如述笑哂之状,《论语》曰"莞尔",《易》曰"哑哑",《谷梁》曰"粲然",班固曰"攸然",左思曰"辗然"[32],后人作文,凡言笑者,皆不宜复用其语。习之此言,虽觉太过,然彼亲聆师长之训,故发明之如此,亦可窥见昌黎学文之大旨矣。

《樊志铭》[33]云:"惟古于词必己出,降而不能乃剽贼,后皆指前公相袭,自汉迄今用一律。"今人行文,翻以用古人成语,自谓有出处,自矜其典雅,不知其为袭也,剽贼也。

昔人谓"杜诗韩文无一字无来历"[34]。来历者,凡用一字二字,必有所本也,非直用其语也。况诗与古文不同,诗可用成语,古文则必不可用。故杜诗多用古人句,而韩于经史诸子之文,只用一字,或用两字而止。若直用四字,知为后人之文矣。

大约文字是日新之物;若陈陈相因,安得不目为臭腐?原本古人意义,到行文时却须重加铸造,一样言语,不可便直用古人,此谓去陈言。未尝不换字,却不是换字法。

人谓"经对经,子对子"者35,诗赋偶俪八比之时文耳。若散体古文,则《六经》皆陈言也。

文贵品藻,无品藻便不成文字。如曰浑、曰浩、曰雄、曰奇、曰顿挫、曰跌宏之类,不可胜数。然有神上事,有气上事,有体上事,有色上事,有声上事,有味上事,须辨之甚明。品藻之最贵者,曰雄、曰逸。欧阳子逸而未雄;昌黎雄处多,逸处少;太史公雄过昌黎,而逸处更多于雄处,所以为至。

二九

凡行文多寡短长,抑扬高下。无一定之律。而有一定之妙,可以意会,而不可以言传。学者求神气而得之于音节,求音节而得之于字句,则思过半矣36。其要只在读古人文字时,便设以此身代古人说话,一吞一吐,皆由彼而不由我。烂熟后,我之神气即古人之神气,古人之音节都在我喉吻间,合我喉吻者便是与古人神气音节相似处,久之自然铿锵发金石声。

——《论文偶记》,人民文学出版社1959年排印本

【题解】

《论文偶记》共一卷,载于刘大櫆《海峰先生文集》卷端,该文在方苞"义法"论的基础上进一步探求散文的艺术问题,在桐城派文论中占有重要地位。

【注释】

1."曹子桓"二句:曹丕《典论·论文》:"文以气为主,气之清浊有体,不可力强而致。"苏辙《上枢密韩太尉书》:"以为文者,气之所形。然文不可以学而能,气可以养而致。孟子曰:'我善养浩然之气。'今观其文章,宽宏厚博,充乎天地之间,称其气之小大。太史公行天下,周览四海名山大川,与燕赵间豪俊交游,故其文疏荡,颇有奇气。

此二子者,岂尝执笔学为如此之文哉?其气充乎其中而溢乎其貌,动乎其言而见乎其文而不自知也。"

2. 鄙倍空疏:《论语·泰伯》:"辞气,斯远鄙倍。"朱熹注:"鄙,凡陋也。倍与背同,谓背理也。"空,空泛。疏,粗疏,贫乏。

3. 经济:经世济民的才能。

4. 义理:旧时指讲求儒家经义的学问,宋以来称为理学或义理之学。

5. 书卷:原指书籍,古代书本多作卷轴,故称为"书卷",此处指书本知识。

6. 成风尽垩手段:《庄子·徐无鬼》:"郢人垩墁其鼻端若蝇翼,使匠石斫之。匠石运斤成风,听而斫之,尽垩而鼻不伤,郢人立不失容。"《释文》:"墁,本亦作漫。"垩,石灰。漫,涂污。斤,斧头。

7. 朱子谓"无子厚笔力发不出":朱子,即朱熹。《朱子语类》卷一三八:"子厚叙事文字多少笔力!"

8. "气盛"句:韩愈《答李翊书》:"气盛则言之短长与声之高下皆宜。"盛,文中有"旺""足"之意。

9. "李翰"四句:李翰,字子羽,唐代赵州赞皇(今属河北)人,唐肃宗、代宗时进士。李德裕《文章论》:"从兄翰常言:文章如千兵万马,风恬雨霁,寂无人声。"恬,安静。霁,雨后天晴。

10. 希声窈眇:希声,《老子》:"大音希声。"王弼注:"听之不闻名曰希,不可得闻之音也。"此处指停顿。窈眇,美妙。南朝梁刘孝标《辩命论》:"观窈眇之奇舞,听云和之琴瑟。"

11. "盖音节者"八句:姚鼐曾对刘大櫆的这种观点有过阐述,《与陈硕甫书》:"诗古文各要从声音证入;不知声音,总为门外汉耳。"又《与姚石甫书》:"文章之精妙,不出字句声色之间,舍此便无可窥寻矣。"

12. 讲贯:讲习。《国语·鲁语下》:"昼而讲贯,夕而习复。"韦昭注:"贯,习也。"

13. 珍爱者必非常物:韩愈《答刘正夫书》:"足下家中百物,皆赖而用也。然其所珍爱者,必非常物。夫君子之于文,岂异于是乎?"

14. 丘壑:喻深远的意境。宋黄庭坚《题子瞻枯木》诗:"胸中元自有丘壑,故作老木蟠风霜。"

15. 时时提起:指文章不时有波澜迭起之处。

16. 脩然:无拘无束貌,超脱貌。《庄子·大宗师》:"脩然而往,脩然而来而已矣。"成玄英疏:"脩然,无系貌也。"

17. "昔谓子长文字峻"二句:归有光《与沈敬甫》:"班孟坚云太史公质而不俚,人亦易晓。柳子厚称马迁之峻,峻字不易知。"

18. "远山无皴"四句:语出五代梁荆浩《山水诀》。

19. 郭忠恕(?——977),五代宋初画家、文字学家。后周时召为宗正丞兼国子学博士,入宋官国子监主簿,后获罪流配,旋卒。擅山水,尤精界画。

20. "虎变"二句:语出《易·革》:"象曰:大人虎变,其文炳也。"又"象曰:君子豹变,其文蔚也。"

21. "物相杂"二句:语出《易·系辞下》。原意为刚爻与柔爻位置交错,犹如万物错综复杂的文采,所以称作"文"。此处用指文章的纷杂变化。

22. 典谟训诰:《尚书》中的文章体裁。典,记载制度、法则的文章;谟,传授计谋、谋略的文章;训,公文之类;诰,一种讲诫勉励的文体。

23. 疏纵:纵横奔放。疏,疏荡;纵,恣纵。

24. 梅圣俞:宋代文学家梅尧臣(字圣俞)。

25. 圭角:泛指棱角,比喻锋芒。《礼记·儒行》"毁方而瓦合"汉郑玄注:"去己之大圭角,下与众人小合也。"孔颖达疏:"圭角谓圭之锋芒有楞角,言儒者身恒方正,若物有圭角。"

26. 浑噩:淳朴。元袁桷《善之金事兄南归述怀百韵》:"约制如竟宁,浑噩回正始。"

27. "荆川云"五句:语出茅坤《复唐荆川司谏书》:"尝闻先生谓唐之韩愈,即汉之马迁;宋之欧、曾,即唐之韩愈。"荆川,明代文学家唐顺之,人称荆川先生。韩,韩愈;班,班固;马,司马迁;欧,欧阳修;曾,曾巩。

28. "昌黎论文"二句:见韩愈《答李翊书》:"惟陈言之务去,戛戛乎其难哉!"

29. "《樊宗师墓志》云"四句:韩愈文,原题为《南阳樊绍述墓志铭》。

30. 李习之:即李翱(字习之)。李翱为韩愈侄婿,从韩愈学古文。亲炙,谓亲受教育熏陶。《孟子·尽心下》:"非圣人而能若是乎?而况于亲炙之者乎?"朱熹集注:"亲近而熏炙之也。"

31. "故其论文"二句:李翱《答朱载言书》:"创意造言,皆不相师。"

32. "所谓造言者"七句:莞尔,微笑的样子。《论语·阳货》:"夫子莞尔而笑曰:'割鸡焉用牛刀'。"哑哑,笑声。《易·震》:"笑言哑哑。"粲然,露齿而笑。《谷梁传》昭公四年:"军人粲然皆笑。"攸然,应作"逌尔",指笑时宽舒容颜的样子。班固《答宾戏》:"主人逌尔而笑"。䜣然,大笑的样子。左思《吴都赋》:"东吴王孙䜣然而咍"。

33. 《樊志铭》:指《南阳樊绍述墓志铭》。

34. "昔人谓"句:黄庭坚《答洪驹父书》:"自作语最难,老杜作诗,退之作文,无一字无来处,盖后人读书少,故谓韩、杜自作此语耳。"

35. "人谓"句:《艇斋诗话》:"汤进之丞相尝云:'经对经,史对史,释氏事对释氏事,道家事对道家事。'此说甚然。"谢伋《四六谈麈》:"四六经语对经语,史语对史语,诗语对诗语,方为妥贴。"

36. 思过半矣:已领悟大半。《易·系辞下》:"知者观其象辞,则思过半矣。"孔颖达疏:"思虑有益,以过半矣。"

【讲疏】

刘大櫆是桐城派的"三祖"之一,他对桐城文派的义法理论颇有新的开拓。刘大櫆认为文学创作有其特殊规律:"故文人者,大匠也;神气音节者,匠人之能事也;义理、书卷、经济者,匠人之材料也。"在他看来,散文的思想内容和艺术形式固然不能分割,但艺术形式毕竟有其相对的独立性,应当加以严格的区分。他以为"作文本以明义理,适世用。而明义理,适世用,必有待于文人之能事",他感兴趣的正是"文人之能事",他的《论文偶记》就是一本相当系统探讨散文"行文之道"的专著。本《论文偶记》节录部分集中论证了作者所提出的"神气"说。

刘大櫆从艺术方面着眼,拈出"神气"作为论文的极致。他认为,"行文之道,神为主,气辅之","神者,文家之宝","神者气之主,气者神之用。神只是气之精处。"他认为"神""气"是"文家之宝""行文之道",也就是说"神""气"是文章的灵魂或生命,它决定着散文的成败得失。他说文贵奇、贵高、贵大、贵远、贵简、贵变、贵瘦、贵华、贵参差,都是从艺术方面着眼,在以神气为极致的前提下立论的。前人早有论及神气之说,但都视之为可以意会而不能言传。刘大櫆与古人的不同之处在于提出了求得神气的方法,他认为神气虽然神秘,但可以从字句、音节中获求。基于这种理解,对于如何求得神气的具体的途径,他又提出:"读古人文字"也要通过"音节""字句"以求得"古人之神气",并且在"烂熟后"达到"我之神气即古人之神气"的境界。后来姚鼐以"神、理、气、味、格、律、声、色"八字论文,以及桐城文家奉为圭臬的"因声求气"之说无不导源于刘氏的理论。

"神气"的寻求既然赖以对"音节""字句"的揣摩,因而刘大櫆很重视文章的音调和辞藻,崇尚雄奇阔大的艺术风格。他认为"品藻"的门类是"不可胜数",其中"最可贵者,曰雄,曰逸"。正是在注重散文的特殊规律和"雄""逸"等多种艺术风格的基础上,他提出了"文贵奇""文贵高""文贵大""文贵远""文贵简""文贵疏""文贵变""文贵瘦""文贵华""文贵参差"等一系列审美要求。

刘大櫆不仅是文章家,而且是诗人。他的诗论与其文论相通。如《左仲郛诗序》重视诗歌的声音,以为声音可直接反映作者的志趣与时代的盛衰。《张秋浯诗序》主张诗歌"得于天地自然之气",并盛赞"气之大者,其声常充塞于天地之问",可见其重气与对刚健雄奇之美的尚好。刘大櫆的"神气说"有一定新意,散文注意音节美,注意炼字造句,确实非常重要,但离开了文章内容,不从大处落笔,过分强调音节字句,是有片面性的。

【关键词解读】

神气

神气是刘大櫆文论的重要术语,"气",大体上是指文章的气势;"神",大体上是指能够统摄文章气势的一种内在精神。刘大櫆的神气论大大深化了前人的文气说:首先,刘大櫆认为文章应该以神主气,以气辅神,丰富了神气说的内容。其次,阐述了神气与音节、字句三者的关系。他指出:"神气"是"文之最精处","音节"是"文之稍粗处","字句"是"文之最粗处",三者的关系是:"音节者,神气之迹也;字句者,音节之矩也。神气不可见,于音节见之;音节不可准,以字句准之。"他以音节和字句为中介,将难以捉摸虚化的神气具体化和形式化。第三,对于如何求得神气的具体途径,他又提出"读古人文字"也要通过"音节""字句"以求得"古人之神气",并且在"烂熟后"达到"我之神气即古人之神气"的境界。总之,刘大櫆提出的因声求气说将难以把握的"神气"与具体可感的音节、字句联系起来,揭示了探寻义法奥妙的门径,也使得其理论具有较强的实践性和可操作性。

【相关知识链接】

刘大櫆虽与方苞、姚鼐并称桐城一派,而其思想则与方、姚有所不同。思想既非官方儒学之正统,文章也非桐城派之正宗。刘大櫆论学主张"包容"。他有《息争》一文,说"天下之理亦不可以一端尽",这等于说不可排斥异端。因此后人论及刘大櫆虽多称赞其文章,却很少称许其思想。只有刘师培《论文杂记》说:"凡桐城古文家,无不治宋儒之学以欺世盗名,惟海峰稍有思想。"刘大櫆因终生仕途失意,故为文多叹穷言愁,寄愤骂世,充溢着一股比较特异的雄肆奇诡之气,在艺术上以辞采绚烂、音节铿锵称胜,也不太符合桐城的清真雅正风格要求。故桐城后学之言文者,或以方、姚并称,而对刘大櫆不甚推重。他之所以成为桐城三祖之一完全是其弟子姚鼐的推崇,以及建立文统的需要。

【延伸阅读】

韩愈、苏辙论文主"气",杜甫、严羽论诗主"神",所以郭绍虞说在古代文学批评中"诗人倾向于神的一边,文人倾向于气的一边"。这种现象说明古人对诗与文的审美特征有不同的认识和要求,"文以载道",所以重理性内涵;"诗以言志",所以重情感意绪。而刘大櫆论文是"神""气"并举的,这说明他在理论上要求融合诗与文的审美特征。刘大櫆诗文兼长,他的诗论与文论有相通之处。

左仲郛诗序

诗也者,所以为乐也。去先王之世既远,《乐》亡而《诗》独存。夫诗存则音存,音存则乐虽亡而不亡。吾以为今之学者不得如古之人安弦舞勺,而其业莫要于为诗。

昔者圣人制为诗以教天下。田野之农夫,闺房之女妇,乡曲之孺子,类皆能为歌谣以颂其上之美,而讥其失。刑罚之烦、赋敛之苛,皆有以自达其隐。抑塞之情舒,而忿憾无聊不平之气寖以微矣。诗亡则上下之意指瘖聋痞结,而陈胜、吴广始得以纵横于阡陌之间。

夫诗成于音,音成于声,声成于言,言成于志。志平则音和,志哀则音促,志敬则音凝,志佚则音荡,故圣人乐观焉。夫然后奏之以金石,吹之以管笙,宫以宫倡,徵以徵和,高下疾徐,莫不中节,屈伸俯仰,杂而成文。有诗而君臣之志通也,有诗而父子兄弟之恩浃也,有诗而夫妇之好永也。夫诗何负于人哉?盖孔子尝弦歌三百以求合于韶、武、雅、颂之音,故曰:"小子何莫学夫诗!""不学诗,无以言。"诗成而礼乐之化行矣。

左君仲郛,温然长者,敦行于其家,而以其剩余施及朋友。爱慕古人之文章,而于诗好之尤笃。远取魏、晋以来之作者,含咀而得其自然之响,抒人情之幽渺,绘物态之繁多,宣两间之秘奥,信乎其诗之几于乐也。虽然,余之于君,可谓知之矣;若其于君之诗,憪然遂以为知音,不知君其许我邪?抑犹未邪?

——《海峰先生文集》卷三,同治十三年刊本

张秋浯诗序

天地之气默运于空虚莽渺之中,蕴积之久。不能自抑遏,而发之为声,雷乃出地而奋;至于风雨之拂草木,水之激石,其次焉

者也。气之精者托于人以为言,而言有清浊、刚柔、短长、高下、进退、疾徐之节,于是诗成而乐作焉。诗也者,又言之至精者也。若夫鸟兽之噪音,候虫蝇蚓之鸣,又其微焉者矣。且夫人之为诗,其间不能无小大之殊,大之为雷霆之震,小之为虫鸟之吟。是其小大虽殊,要皆有得于天地自然之气。而气之大者,其声常充塞于天地之间,嵩、衡、岱、华之巍峨,非培塿之可及也。

张子秋浯生长贵显之家,累世簪缨之胄,而乃萦情于歌咏,寄志乎风骚。比拟辞华,雕镂物象,蹑巉岩,凌浩淼,驰骋乎江山之壮,而研摩于月露之微,鲸吞虬横,穷极奇变,信乎能为雷霆之震,而不屑为虫鸟之吟者也。秋浯之兄纳堂以诗鸣一世,而秋浯放恣纵横,欲跨纳堂而上之。昔韩洎尝轻其兄之文,以为绳枢草舍。纳堂之文不可轻也,秋浯亦未必敢轻之。平其心以相衡量,使之并辔而争焉,其可也。

——《海峰先生文集》卷三,同治十三年刊本

【思考题】

1. 刘大櫆是如何处理神气、音节、字句三者间的关系的?
2. 刘大櫆的神气论对姚鼐有何重要启示?

袁　枚

【作者简介】

袁枚（1716—1797），字子才，号简斋，晚年自号仓山居士、随园老人、仓山叟等。浙江钱塘（今浙江杭州）人。乾隆四年（1739）进士，选庶吉士。历任溧水、江浦、沭阳、江宁等地知县，颇有政绩。袁枚所作诗歌，天才横溢，与蒋士铨、赵翼并称乾隆三大家。文章以骈体最为擅长，颇得六朝体格，享文章之盛名数十年。袁枚论诗提倡"性灵说"，主张抒写性灵，强调真性情，直抒胸臆，同时要求创新，对当时的拟古和形式主义的风气有极大的冲击力，使诗坛风气为之一新，时人多效其体。有《小仓山房诗文集》《随园诗话》《子不语》等。《清史稿·文苑二》有传。

答沈大宗伯[1]论诗书

先生诮浙诗，谓沿宋习败唐风者，自樊榭为厉阶[2]。枚浙人也，亦雅憎浙诗。樊榭短于七古，凡集中此体，数典[3]而已，索索然寡真气[4]，先生非之甚当。然其近体清妙，于近今少偶。先生诗论粹然，尚复何说。然鄙意有未尽同者，敢质之左右。

尝谓诗有工拙而无古今。自葛天氏之歌[5]至今日，皆有工有拙，未必古人皆工，今人皆拙。即《三百篇》中，颇有未工不必学者，不徒汉、晋、唐、宋也；今人诗有极工极宜学者，亦不徒汉、晋、唐、宋也。然格律莫备于古，学者宗师，自有渊源。至于性情遭际，人人有我在焉，不可貌古人而袭之，畏古人而拘之也。今之莺花，岂古之莺花乎？然而不得谓今无莺花也。今之丝竹，岂古之丝竹乎？然而不得谓今无丝竹也。天籁一日不断，则人籁一日不绝[6]。孟子曰："今之乐犹古之乐。"[7]乐即诗也。唐人学汉、魏变汉、魏；宋学唐变唐，其变也，非有心于变也，乃不得不变也。使不变，则不足以为唐，不足以为宋也。子孙之貌，莫不本于祖父，然变而美者有之，变而丑者有之，若必禁其不变，则虽造物有所不能。先生许唐人之变汉、魏，而独不许宋人之变唐，惑也。且先生亦知唐人之自变其诗，与宋人无与乎？初、盛一变，中、晚再变，至皮、陆[8]二家已浸淫乎宋氏矣。风会所趋，聪明所极，有不期其然而然者。故枚尝谓变尧、舜者，汤、武也；然学尧、舜者，莫善于汤、武，莫不善于燕哙[9]。变唐诗者，宋、元也；然学唐诗者，莫善于宋、元，莫不善于明七子[10]。何也？当变而变，其相传者心也；当变而不变，其拘守者迹也。鹦鹉能言而不能得其所以言，夫非以迹乎哉！

　　大抵古之人先读书而后作诗，后之人先立门户而后作诗。唐、宋分界之说，宋、元无有，明初亦无有，成、弘后始有之[11]。其时议礼讲学皆立门户，以为名高。七子狃于此习，遂皮傅[12]盛唐，搤擘自矜[13]，殊为寡识。然而牧斋[14]之排之，则又已甚。何也？七子未尝无佳诗，即公安、竟陵[15]亦然。使掩姓氏，偶举其词，未必牧斋不嘉与。又或使七子湮沉无名，则牧斋必搜访而存之无疑也。惟其有意于摩垒夺帜[16]，乃不暇平心公论，此亦门户之见。先生不喜樊榭诗，而选则存之[17]，所见过牧斋远矣。

　　至所云诗贵温柔，不可说尽，又必关系人伦日用。此数语有褒衣大袑[18]气象，仆口不敢非先生，而心不敢是先生。何也？孔子之言，戴经不足据也，惟《论语》为足据[19]。子曰："可以兴"，"可以群"，此指含蓄者言之，如《柏舟》《中谷》[20]是也。曰："可以观"，"可以怨"，此指说尽者言之，如"艳妻煽方处"、"投畀豺虎"[21]之类是也。曰："迩之事父，远之事君"，此诗之有关系者也。曰："多识于鸟兽草木之名"，此诗之无关系者也。仆读诗，常折衷于孔子，故持论不得不小异于先生，计必不以为僭。

——《小仓山房诗文集》卷十七，上海古籍出版社1988年排印本

【题解】

王士禛"神韵说"、沈德潜"格调说"、袁枚"性灵说"、翁方纲"肌理说"并称为清代四大诗歌理论派别。本篇是袁枚与沈德潜之间的通信,是在野派性灵说与在朝派格调说的一次重要碰撞。

【注释】

1. 沈大宗伯:沈德潜(1673—1763),字确士,号归愚,江苏长洲(今吴县)人。乾隆四年(1739)进士,曾任内阁学士、礼部侍郎。论诗主格调,提倡"温柔敦厚"之诗教。著有《沈归愚诗文全集》。又选有《古诗源》《唐诗别裁》《明诗别裁》《清诗别裁》等。大宗伯,周代六卿之一。掌宗庙祭祀、典礼等事,即后世礼部之职。因亦称礼部尚书为大宗伯或宗伯,礼部侍郎为少宗伯。

2. "先生诮浙诗"三句:您讥诮浙派诗,说它沿袭了宋诗的习气,败坏了唐诗的风格,是厉鹗开启的祸端。樊榭,厉鹗(1692—1752),字太鸿,号樊榭,钱塘(今浙江杭州)人。康熙五十九年(1720)举人,屡试进士不第。家贫,性孤峭,以授吟咏终老。其诗宗宋,多山水之作,风格妍秀淡雅,为"浙派"重要作家。有《樊榭山房集》。《清史稿·文苑二》有传。厉阶,祸端。《诗经·大雅·瞻卬》:"妇有长舌,维厉之阶。"

3. 数典:《左传·昭公十五年》:"籍父其无后乎!数典而忘其祖。"此指排列典故。

4. 索索然寡真气:索索然,毫无兴味;真气,指真情实感。

5. 葛天氏之歌:《吕氏春秋·古乐篇》载:"昔葛天氏之乐,三人操牛尾,投足以歌八阕:一曰载民,二曰玄鸟,三曰遂草木,四曰奋五谷,五曰敬天常,六曰达帝功,七曰依地德,八曰总禽兽之极。"

6. "天籁一日不绝"二句:《庄子·齐物论》:"汝闻人籁而未闻地籁,汝闻地籁而未闻天籁夫。"人籁是人演奏乐器发出的声音;天籁是天(主要是指风)作用于万物发出的声音。

7. 今之乐犹古之乐:语出《孟子·梁惠王下》。

8. 皮、陆:唐代文学家皮日休、陆龟蒙。皮日休,字袭美,一字逸少,自号鹿门子,又号间气布衣、醉吟先生。襄阳(今属湖北)人。懿宗咸通八年(867)进士。历任苏州刺史从事、太常博士、毗陵副使等职。著有《皮子文薮》。陆龟蒙,字鲁望,自称江湖散人,天随子、甫里先生。吴郡(今江苏苏州)人。不喜与流俗交,与皮日休为吟友,世称"皮陆"。

9. 燕哙:战国时燕王哙。燕哙曾让国于子之,造成燕国大乱。事见《史记·燕召公世家》及《战国策·燕一》。

10. 明七子:前七子是明弘治、正德年间的文学流派,成员包括李梦阳、何景明、徐祯卿、边贡、康海、王九思和王廷相。后七子指嘉靖年间的文学派别,成员包括李攀龙、王世贞、谢榛、徐中行、梁有誉、宗臣、吴国伦。前后七子提倡诗必盛唐、文必秦汉的复古主张。

11. "唐、宋分界之说"四句:袁枚认为唐、宋诗之分始于明成化、弘治。此说有误,宋代实已有唐宋诗之分,如严羽《沧浪诗话》云:"本朝人尚理,唐人尚意兴"等。成、弘:成化,明宪宗(1465—1487)年号;弘治,明孝宗(1488—1505)年号。

12. 皮傅:凭着一知半解浅薄的认识附会。

13. 搤擥:搤(è)同"扼"。擥(wàn):古同"腕"。搤擥即扼腕,握住手腕。表示激动、振奋、悲愤、惋惜等的动作。

14. 牧斋:钱谦益(1582—1664),字受之,号牧斋,晚号蒙叟、东涧老人,江苏常熟人。万历三十八年(1610)进士,授编修,参加过东林党的活动。崇祯元年(1628)任礼部侍郎,翰林侍读学士,后被革职。南明弘光朝,为礼部尚书。仕清以后为礼部侍郎管秘书院事,充《明史》馆副总裁。

15. 公安、竟陵:即明代文学流派公安派和竟陵派。两个流派都主张抒写"性灵",反对拟古之风,这在明后期反复古拟古文风中有一定的进步作用。但是,由于他们的创作成就不高,所以其文学主张的理论意义要超过其创作实践。

16. 摩垒夺帜:意指与人争胜。摩垒,迫近敌垒,谓挑战。

17. 选则存之:指沈德潜《清诗别裁集》中选录厉鹗诗八首。

18. 褒衣大袑:褒衣,宽大衣服。大袑(shào),裤裆。《汉书·朱博传》:"敕功曹官属多褒衣大袑,不中节度。"此指沈德潜所言乃冠冕堂皇的大话。

19. "戴经不足据也"二句:《礼记》是不足为据的,唯有《论语》是可信的。戴经,指《礼记》。汉代戴圣(小戴)删戴德(大戴)之书八十五篇为四十六篇,称小戴记,即《礼记》,与《周礼》、《仪礼》并称三礼。清人对三礼多有怀疑。故袁枚谓其不足据。

20. 《柏舟》《中谷》:分别为《诗经·邶风》《诗经·王风》之篇名。二诗皆含蓄委婉之辞,不直接指斥。

21. "艳妻煽方处"二句:"艳妻煽方处"句出于《诗经·小雅·十月之交》,谓周幽王宠信褒姒之时,其党之人也都居于高位。"投畀豺虎"句出于《诗经·小雅·巷伯》,意谓将搬弄是非者丢出去喂豺虎。二诗皆直接指斥之作。

【讲疏】

袁枚论诗标举性灵说,由于与清代其他诗人对诗歌特征认识的本质差异,所以他对清代以来的各种诗歌理论观点予以全面排斥:他讥讽神韵派是"贫贱骄人",宗宋派是"乞儿搬家",格调派是"木偶演戏",肌理派是"开古董店"。本文是针对沈德潜的"格调说"而发,主要探讨了以下几个问题:

一、提出"诗有工拙而无古今",就是说,衡量诗歌的标准只有工拙之分,而不应该有时代上的古今之别。袁枚论诗贵变,"责虽造物有所不能","唐人学汉、魏变汉、魏;宋学唐变唐"就在于时代使然,"不得不变也"。诗贵变,故不能以古今定诗之优劣。不能盲目颂扬古人,"未必古人皆公,今人皆拙"。故论诗标准只有工拙,"而无古今","自葛天氏之歌至今,皆有工有拙",凡工者皆抒发性情,独写性灵,一脉相传。而自有其变,"学唐诗者,莫善于宋、元,莫不善于明七子"就在于宋元人师唐人之心而变,自有其貌,"其相传者心也";明七子徒师其貌,据守其迹,"变而不变",自然为人非议。

二、主张抒写个人的"性情遭际",不仅人伦日用的内容可以入诗,一切的性情遭际都应该在诗歌中有所反映。袁枚"性灵说"的核心是强调诗歌要抒发诗人的真性情,真实自然地反映诗人的感受。性灵说发轫于南朝梁朝的刘勰,他在《文心雕龙·原道》中提出了本乎"性灵"而归于"自然"的文学观,这里的性灵是指人的心灵,所谓"心生而言立,言立而文明",就是说文章是心灵的外在物质表现。其后钟嵘在《诗品》中突出诗歌"吟咏情性"的特点,与后来性灵说的主张是接近的。至明代,李贽在《童心说》中针对复古主义文艺思想,提出文学要抒写"童心",即"真心",其实质就是要表现"真情",反对描写受儒家礼义束缚的"伪情"。公安派进一步发挥了李贽的这一思想,提倡"独抒性灵,不拘格套"的诗歌理论。袁枚在此基础上又有所发展,在理论论述上比公安派更为具体、系统。袁枚认为性情为诗人创作之本:"惟我诗人,众妙扶智,但见性情,不著文字。"而才能、天分是表现性情的必需条件:"才者,情之发;才盛,则情深","诗文自须学力,然用笔构思,全凭天分",同时他又认识到学识的重要性:"诗难其雅也,有学问而后雅,否则俚鄙率意也。"并认为:"诗文之作意用笔,如美人之发肤巧笑,先天也;诗文之征文用典,如美人之衣裳首饰,后天也",把性灵即性情天分视为先天条件,把学识看作后天努力。因此,袁枚将"性灵"和"学识"结合起来,视二者为创作基本。总体而言,"性灵说"从自由地表现个性,率真地表达感情的要求出发,在诗歌艺术上提倡自然清新、平易流畅,因而反对雕章琢句、堆砌典故,反对以学问为诗。但由于袁枚有重视学识的一面,所以他也并非一概否定对声律藻饰、骈丽用典等的讲究,只是要求从属于表现性灵而已。

三、风格应该多样化。诗既直抒性情表现性灵,故其手法不必定于一尊,应灵活多样。既可含蓄委婉,得温柔敦厚、怨而不怒之旨,亦可锋芒尽露,求直言勿会讳,直斥时弊之功,其引经据典曰:"子曰:可以兴,可以群,此指含蓄者言之。如《柏舟》,《中谷》是也。曰:可以观,可以怨,此指说尽者言之。如'艳妻煽方处','投畀豺狼'直类也",只要于表现性灵有利即可。他认为"诗之道大而远,如地之有八音,天之有万窍,择其善鸣者而赏其鸣足矣,不必尊宫商而贱角羽,进金石而弃弦匏也"(《再与沈大宗伯书》),这也就是说,只要是出自"自得之性情"的诗,无论其"性情"如何,都不应加以轩轾,关键只在于其是否"善鸣"——诗人的"性情"表现得好不好。

"性灵说"的提出受明代中叶以后产生的要求个性解放的社会思潮的影响,是当时反理学斗争在文学理论上的具体表现,也是对当时文艺复古模拟风气的尖锐批判,因而具有较强的针对性和反道学、反传统的特点,在清代则又赋予了反对以学问为诗倾向的特点。但"性灵说"以心灵为文学创作的源泉,过于强调文学对性灵的表现而忽视表现内容,对文学创作也产生了不良影响。

【关键词解读】

性灵说

中国古代诗论的一种诗歌创作和评论的主张,以清代袁枚倡导最力。性灵的本意是指人的心灵,性灵说的核心是强调诗歌创作要直接抒发诗人的心灵,表现真情实感,认为诗歌的本质即是表达感情的,是人的感情的自然流露。就直接来源来说,性灵诗论主要上承宋代杨万里与明代公安派而来。宋代杨万里反对江西诗派模拟剽袭、"掉书袋"的恶习,主张"风趣专写性灵";明代公安派反对前后七子的摹拟复古,标举"独抒性灵,不拘格套"。袁枚性灵诗论是对二者诗歌理论的继承和发展。从文学本质上来说,性灵诗论是一种市民诗论。

【相关知识链接】

《随园诗话》(《诗话》正文十六卷,《补遗》十卷),袁枚乾隆年间自己刻版印行,随编随刻,随刻随补,共二十六卷。较早的通行本子有乾隆庚戌(1790)和乾隆壬子(1792)的"随园自刻本"。由于袁枚当时在诗坛的地位与影响,此书一问世便不胫而走,一时洛阳纸贵,诗坛上下人人称说。钱钟书《谈艺录》称"此书家喻户晓,深入人心,已非一日。自来诗话,无可比伦"。郭沫若《读随园诗话札记》的序中也说:"《随园诗话》一书曾风靡一世。"袁枚自己在《随园诗话补遗》卷三中自诩:"余刻《诗话》……被人翻版,以一时风行,卖者得价故也。"他因此有"左思悔作《三都赋》,枉是便宜卖纸人"的感叹。性灵派的诗人们大多怀才不遇,狂放不羁,或浮沉于下僚之群,或退隐于山湖书院,辛苦辗转,虽有经世之志,然终潦倒一生。他们与市民阶层有着千丝万缕的联系,有的是这一阶层中的人物。他们的吟唱所以能深得挣扎在底层的大批学子、寒士甚至市民的共鸣不是偶然的。

袁枚的性灵说对近代文学颇有影响。清代钱泳《履园谭诗》:"宗伯专讲格律,太史专取性灵。太史自宗伯三种《别裁》出,诗人日渐日少;自太史《随园诗话》出,诗人日渐日多。"袁枚在当时不仅强烈肯定了普罗大众创作诗歌的意义,还与当时所提倡的贵族文学的审美趣味相抗衡。①内容上:袁枚不仅肯定了缘情之作,还肯定了艳情诗的地位。在这一观点上,郁达夫、徐志摩等人在其文学作品中对情爱的描写,可以说在袁枚的创作思想里找到了"前车之鉴"。②风格上:袁枚倡导浅显易懂的平民色彩,摆脱"褒衣大袑"的贵族习气。陈独秀在《文学革命论》中提到与此相类似的观点:"推倒雕琢的阿谀的贵族文学,建设平易的抒情的国民文学;推倒陈腐的铺张的古典文文学,建设新鲜的立诚的写实文学;推倒迂晦的艰涩的山林文学,建设明了的直通俗社会文学。"袁枚的"性灵说"是提早了一百多年推崇文学的平民化,但只是缺少了反封建的思想。③语言上:袁枚反对运用晦涩难懂的典故,提倡明白晓畅的白话语。袁枚认"用生典如请生客入座,必须问名探姓,令人生厌",同时他还主张:"用意要精深,下语要平淡……非精深不能超超独先,非平淡不能人人理解。"作为中国现代文学史上第一个尝试新诗的胡适,他的《改良刍议》里的"八事"中延续了这样的看法:不用典,不避俗字俚语。

【延伸阅读】

袁枚与沈德潜的直接交锋,除《答沈大宗伯论诗书》外,其现存的文集中还有《再与沈大宗伯书》,应合而观之。袁枚性灵诗论主要见于《随园诗话》与《续诗品》,此外,要全面认识、理解、把握袁枚的诗论,还得参考比照他的其他诗文、尺牍、序跋等大量著作。

再与沈大宗伯书

闻《别裁》中独不选王次回诗,以为艳体不足垂教,仆又疑焉。夫《关雎》即艳诗也,以求淑女之故,至于"展转反侧"。使文王生于今,遇先生,危矣哉!《易》曰:"一阴一阳之谓道。"又曰:"有夫妇然后有父子。"阴阳夫妇,艳诗之祖也。傅鹑觚善言儿女之情，而台阁生风，其人，君子也。沈约事两朝，佞佛，有绮语之忏；其人，小人也。次回才藻艳绝，阮亭集中时时窃之。先生最尊阮亭，不容都不考也。选诗之道，与作史同。一代人才，其应传者，皆宜列传，无庸拘见而狭取之。宋人谓蔡琰失节，范史不当置《列女》中，此陋说也。夫《列女》者，犹云女之列传云尔，非必贞烈之谓。或贤或才，或关系国家，皆可列传，犹之传公卿不必尽死难也。诗之奇平艳朴，皆可采取，亦不必尽庄语也。杜少陵，圣于诗者也，岂屑为王、杨、卢、骆哉？然尊四子以为万古江河矣。黄山谷，奥于诗者也，岂屑为杨、刘哉？然尊西昆以为一朝郛郭矣。宣尼至圣，而亦取沧浪童子之诗。所以然者，非古人心虚，往往舍己从人；亦非古人爱博，故意滥收之。盖实见夫诗之道大而远，如地之有八音，天之有万窍，择其善鸣者而赏其鸣足矣，不必尊宫商而贱角羽，进金石而弃弦瓠也。

且夫古人成名，各就其诣之所极，原不必兼众体。而论诗者则不可不兼收之，以相题之所宜。即以唐论，庙堂典重，沈、宋所宜也，使郊、岛为之，则陋矣。山水闲适，王、孟所宜也，使温、李为之，则靡矣。边风塞云，名山古迹，李、杜所宜也，使王、孟为之，则薄矣。撞万石之钟，斗百韵之险，韩、孟所宜也，使韦、柳为之，则弱矣。伤往悼来，感时记事，张、王、元、白所宜也，使钱、刘为之，则厌矣。题香襟，当舞所，弦工吹师，低徊容与，温、李、冬郎所宜也，使韩、孟为之，则亢矣。天地间不能一日无诸题，则古今来不可一日无诸诗。人学焉，而各得其性之所近，要在用其所长而藏己之所短则可，护其所短而毁人之所长则不可。艳诗宫体，自是诗家一格。孔子不删郑、卫之诗，而先生独删次回之诗，不已过乎？至于卢仝、李贺险怪一流，似亦不必摈斥。两家所祖，从《大招》《天问》来，与《易》之"龙战"，《诗》之"天妹"，同波异澜，非臆撰也。一集中不特艳体宜收，即险体亦宜收。然后诗之体备而选之道全。谨以鄙意私于先生，愿与门下诸贤共详之也。

——《小仓山房诗文集》卷十七，上海古籍出版社1988年排印本

续诗品三十二首

余爱司空表圣《诗品》,而惜其只标妙境,未写苦心;为若干首续之。陆士龙云:"虽随手之妙,良难以词谕。"要所能言者,尽于是耳。

崇　意

虞舜教夔,曰"诗言志"。何今之人,多辞寡意?意似主人,辞如奴婢。主弱奴强,呼之不至。穿贯无绳,散钱委地。开千枝花,一本所系。

精　思

疾行善步,两不能全。暴长之物,其亡忽焉。文不加点,与到语耳。孔明天才,思十反矣。惟思之精,屈曲超迈。人居屋中,我来天外。

博　习

万卷山积,一篇吟成。诗之与书,有情无情。钟鼓并乐,舍之何鸣?易牙善烹,先羞百牲。不从糟粕,安得精英?曰"不关学",终非正声。

相　题

古人诗易,门户独开。今人诗难,群题纷来。专习一家,愁愁小哉!宜善相之,多师为佳。地殊景光,人各身分。天女量衣,不差尺寸。

选　材

用一僻典,如请生客。如何选材,而可不择?古香时艳,各有攸宜。所宜之中,且争毫厘。锦非不佳,不可为帽。金貂满堂,狗来必笑。

用　笔

思苦而晦,丝不成绳。书多而壅,膏乃灭灯。焚香再拜,拜笔一枝。星月驱使,华岳奔驰。能刚能柔,忽敛忽纵。笔岂能然?惟悟所用。

理　气

吹气不同,油然浩然。要其盘旋,总在笔先。汤汤来潮,缕缕腾烟。有余物於,物自浮焉。如其客气,冉猛必颠。无万里风,莫乘海船。

布　格

造屋先画,点兵先派。诗虽百家,各有疆界。我用何格?如盘走丸。横斜操纵,不出于盘。消息机关,按之甚细。一律未调,八风扫地。

择　韵

酱百二瓮,帝岂尽甘?韵八千字,人何乱探。次韵自系,叠韵无味,斗险贪多,偶然游戏。勿玉瓦缶撞,而铜山鸣。食鸡取跖,烹鱼去丁。

尚　识

学如弓弩,才中箭镞。识以领之,方能中鹄。善学邯郸,莫失故步。善求仙方,不为药误。我有禅灯,独照独知。不取亦取,虽师勿师。

振　采

明珠非白,精金非黄。美人当前,烂如朝阳。虽抱仙骨,亦由严妆。匪沐何洁?非熏何香?西施蓬发,终竟不藏。若非华羽,曷别凤凰。

结　响

金先于石,余响较多。竹不如肉,为其音和。诗本乐章,按即当歌。将断必绩,如往复过。萧来天霜,琴生海波。三百绕梁,我思韩娥。

取　径

揉直使曲,叠单使复。山爱武夷,为游不足。扰扰阛阓,纷纷人行。一览而竟,倦心齐生。幽径蚕丛,是谁开创?千秋过者,犹祀其像。

知　难

赵括小儿,兵乃易用。充国晚年,愈加持重。问所由然,知与不知。知味难食,知脉难医。如此千秋,万手齐抗。谈何容易?著墨纸上。

葆　真

貌有不足,敷粉施硃。才有不足,征典求书。古人文章,俱非得已。伪笑伴哀,吾其忧矣。画美无宠,绘兰无香。揆厥所由,君形者亡。

安　雅

虽真不雅,庸奴叱咤。悖矣会规,野哉孔骂。君子不然,芳花当齿。言必先王,左图右史。沈夸征栗,刘怯题糕。想见古人,射古为招。

空　行

钟厚必哑,耳塞必聋。万古不坏,其惟虚空。诗人之笔,列子之风。离之愈远,即之弥工。仪神黜貌,借西摇东。不阶尺水,斯名应龙。

固　存

酒薄易酸,栋挠易动。固而存之,骨欲其重。视民不佻,沉沉为王。八十万人,九鼎始扛。重而能行,乘百斛舟。重而不行,猴骑土牛。

辨　微

是新非纤，是淡非枯。是朴非拙，是健非粗。急宜判分，毫厘千里。勿混淄渑，勿眩硃紫。戒之戒之！贤智之过。老手颓唐，才人胆大。

澄　滓

描诗者多，作诗者少。其故云何？渣滓不少。糟去酒清，肉去洎馈。宁可不吟，不可附会。大官筵馔，何必横陈？老生常谈，嚼蜡难闻。

齐　心

诗如鼓琴，声声见心。心为人籁，诚中形外。我心清妥，语无烟火。我心缠绵，读者泫然。禅偈非佛，理障非儒。心之孔嘉，其言蔼如。

矜　严

贵人举止，咳唾生风。优昙花开，半刻而终。我饮仙露，何必千钟？寸铁杀人，宁非英雄？博极而约，淡蕴于浓。若徒荣獇，非浮邱翁。

藏　拙

书赢宵缩，天不两隆。如何弱手，好弯强弓。因謇徐言，因跛缓步。善藏其拙，巧乃益露。右师取败，敌必当王。霍王无短，是以无长。

神　悟

鸟啼花落，皆与神通。人不能悟，付之飘风。惟我诗人，众妙扶智。但见性情，不著文字。宣尼偶过，童歌沧浪。闻之欣然，示我周行。

即　景

混元运物，流而不注。迎之未来，揽之已去。诗如化工，即景成趣。逝者如斯,有新无故。因物赋形,随景换步。彼胶柱者,将朝认暮。

勇　改

千招不来,仓猝忽至。十年矜宠,一朝捐弃。人贵知足,惟学不然。人功不竭,天巧不传。知一重非,进一重境。亦有生金,一铸而定。

著　我

不学古人,法无一可。竟似古人,何处著我?字字古有,言言古无。吐故吸新,其庶几乎?孟学孔子,孔学周公。三人文章,颇不相同。

戒　偏

抱杜尊韩,托足权门。苦守陶韦,贫贱骄人。偏则成魔,分唐界宋。霹历一声,邹鲁不开。江海虽大,岂无潇湘?突夏自幽,亦须庙堂。

割　忍

叶多花蔽,词多语费,割之为佳,非忍不济。骊龙选珠,颗颗明丽。深夜九渊,一取万弃。知熟必避,知生必避。人人意中,出人头地。

求　友

游山先问,参禅贵印。闭门自高,吾斯未信。圣求童蒙,而况于我?低棋偶然,一着颇可。临池正领,倚镜装花。笑倩傍人,是耶非耶?

拔　萃

同锵玉佩,独姣宋朝。同歌苕花,独美孟姚。拔乎其萃,神理超超。布帛菽粟,终逊琼瑶。折杨皇荂,敢望钧韶。请披采衣,飞入丹霄。

灭　　迹

织锦有迹，岂曰惠娘？修月无闻，乃号无刚。白传改诗，不留一字。今读其诗，平平无异。意深词浅，思苦言甘。寥寥千年，此妙谁探？

——《小仓山房诗文集》卷二十，上海古籍出版社1988年排印本

随园诗话（节选）

杨诚斋曰："从来天分低拙之人，好谈格调，而不解风趣。何也？格调是空架子，有腔口易描；风趣专写性灵，非天才不办。"余深爱其言。须知有性情，便有格律，格律不在性情外。《三百篇》半是劳人思妇率意言情之事，谁为之格？谁为之律？而今之谈格调者，能出其范围否？况皋、禹之歌，不同乎《三百篇》；《国风》之格，不同乎《雅》《颂》：格岂有一定哉？许浑云："吟诗好似成仙骨，骨里无诗莫浪吟。"诗在骨不在格也。

诗境最宽，有学士大夫读破万卷，穷老尽气，而不能得其闻奥者。有妇人女子、村氓浅学，偶有一二句，虽李、杜复生，必为低首者。此诗之所以为大也。作诗者必知此二义，而后能求诗于书中，得诗于书外。

人有满腔书卷，无处张皇，当为考据之学，自成一家。其次则骈体文，尽可铺排。何必借诗为卖弄？自《三百篇》至今日，凡诗之传者，都是性灵，不关堆垛。惟李义山诗，稍多典故，然皆用才情驱使，不专砌填也。余续司空表圣《诗品》，第三首便曰《博习》，言诗之必根于学，所谓"不从糟粕，安得精英"是也。近见作诗者，全仗糟粕，琐碎零星，如剃僧发，如拆袜线，句句加注，是将诗当考据作矣。虑吾说之害之也，故《续元遗山论诗》末一首云："天涯有客号玲痴，误把抄书当作诗。抄到钟嵘《诗品》日，该他知道性灵时。"

凡作诗，写景易，言情难。何也？景从外来，目之所触，留心

便得；情从心出，非有一种芬芳悱恻之怀，便不能哀感顽艳。然亦各人性之所近：杜甫长于言情，太白不能也；永叔长于言情，子瞻不能也。王介甫、曾子固偶作小歌词，读者笑倒，亦天性少情之故。

为人不可以有我，有我则自恃很用之病多。孔子所以"无固"、"无我"也。作诗，不可以无我，无我则剿袭敷衍之弊大。韩昌黎所以"惟古于词必己出"也。北魏祖莹云："文章当自出机杼，成一家风骨，不可寄人篱下。"

诗有干无华，是枯木也。有肉无骨，是夏虫也。有人无我，是傀儡也。有声无韵，是瓦缶也。有直无曲，是漏卮也。有格无趣，是土牛也。

选诗如用人才，门户须宽，采取须严。能知派别之所由，则自然宽矣。能知精彩之所在，则自然严矣。余论诗似宽实严，尝《口号》云："声凭宫徵都须脆，味尽酸咸只要鲜。"

文尊韩，诗尊杜，犹登山者必上泰山，泛水者必朝东海也。然使空抱东海、泰山，而此外不知有天台、武夷之奇，潇湘、镜湖之胜，则亦泰山上之樵夫，海船上之舵工而已矣。学者当以博览为工。

诗难其真也，有性情而后真，否则敷衍成文矣。诗其雅也，有学问而后雅，否则俚鄙率意矣。太白斗酒诗百篇，东坡嘻笑怒骂皆成文章，不过一时兴到语，不可以词害意。或以为真，则两家之集，宜塞破屋子，而何以仅存若干？且可精选者，亦不过十之五六。

——人民文学出版社1982年排印本

【思考题】

1. 袁枚"性灵说"的内涵是什么？
2. 试阐述袁枚性灵说的理论来源与社会时代基础。

姚　鼐

【作者简介】

姚鼐(1732—1815),字姬传,一字梦谷。安徽桐城人。乾隆二十八年(1763)进士,后授礼部主事,累迁至刑部郎中,记名御史。历任山东、湖南乡试考官,会试同考官。四库馆开,一度荐为纂修官,后乞病归。先后主讲江南歙县紫阳书院、江宁钟山书院、扬州梅花书院、安庆敬敷书院等四十余年。鼐工为古文,所为文高简深古,韵味深长,风格近欧阳修、曾巩。其诗作清真雄放,往往于古雅中求盘折。著有《惜抱轩文集》二十卷、《惜抱轩诗集》二十卷,选有《古文辞类纂》四十八卷,等等。《清史稿》卷四八五有传。

述庵文钞序[1]

余尝论学问之事,有三端焉,曰:"义理也,考证也,文章也。"是三者,苟善用之,则皆足以相济;苟不善用之,则或至于相害。今夫博学强识而善言德行者,固文之贵也;寡闻而浅识者,固文之陋也。然而世有言义理之过者,其辞芜杂俚近,如语录而不文[2];为考证之过者,至繁碎缴绕,而语不可了[3]。当以为文之至美而反以为病者,何哉?其故由于自喜之太过,而智昧于所当择也。夫天之生才,虽美不能无偏,故以能兼长者为贵。而兼之中又有害焉,岂非能尽其天之所与之量,而不以才自蔽者之难得与?

青浦王兰泉先生,其才天与之,三者皆具之才也[4]。先生为文,有唐、宋大家之高韵逸气,而议论考核,甚辨而不烦,极博而不芜,精到而意不至于竭尽,此善用其天与以能兼之才,而不以自喜之过而害其美者矣。先生历官多从戎旅,驰驱梁、益,周觅万里,助成国家定绝域之奇功[5]。因取异见骇闻之事与境,以发其瑰伟之辞为古文,人所未有。世以此谓天之助成先生之文章者,若独异于人;吾谓此不足为先生异,而先生能自尽其才,以善承天与者之为异也。

鼐少于京师识先生,时先生亦年才三十[6],而鼐心独贵其才。及先生仕至正卿,老归海上[7],自定其文曰《述庵文钞》四十卷,见寄于金陵[8]。发而读之,自谓粗能知先生用意之深。恐天下学者读先生集,第叹服其美而或不明其所以美,是不可自隐其愚陋之识,而不为天下明告之也。若夫先生之诗集及他著述,其体虽不必尽同于古文,而一以余此言求之,亦皆可得其美之大者云。

——《惜抱轩文集》卷四,《四部丛刊》本

【题解】

乾嘉时期是义理、考据、辞章三科分裂的时代,而以考据科最为突出。王昶极为推重桐城古文,如《与门人张远览书》云:"乾隆初,言古文者,推临川李巨来,桐城方灵皋两公。……今之有志乎是者,惟桐城教谕大櫆、钱唐杭编修世骏、大兴朱中允筠、桐城姚仪部鼐、嘉定钱中允大昕、族兄鸣盛数人。"姚鼐借为王昶集写序之机阐述了他对文章内容与形式相统一的要求,是古文论中"文与道"问题在乾嘉汉学兴盛时期的延续,三者相统一的要求彰显了姚鼐对古文高品味的追求。

【注释】

1.《述庵文钞》:王昶著。王昶(1725—1806),字德甫,号述庵,又号兰泉先生,江苏青浦(今上海市)人。乾隆十九年进士,官至刑部右侍郎。辑选《青浦诗传》《湖海诗传》《湖海文传》《明词综》《国朝词综》等书。著有《春融堂诗文集》六十八卷。《清史稿》卷三百五有传。

2."然而世有言理之过者"三句:以"语录"评古文,最早由刘克庄批评宋代理学家之文为"押韵语录"开始,到了清代,四库馆臣及桐城派古文家则蔚成风气。方苞以为"古文中不可入语录中语"。姚鼐《复曹云路书》:"当唐之世,僧徒不通于文,乃书其师语,以俚俗谓之语录,宋世儒者弟子,盖过而效之。然以弟子记先师,惧失其真,犹有取也尔。明世自著者,乃亦效其辞,此何取哉?愿先生凡辞之近俗如语录者,尽易之使成文,则善矣。"吕璜所纂吴德旋《初月楼古文绪论》:"古文之体……忌语录。"其演进师承之迹很明显。

3. "为考证之过者"三句:文中考证过多,难免繁琐冗长,缠绕难懂,有害文之大体。正如桐城派后期古文家吴汝纶《与姚仲实书》所云:"说道说经,不易成佳文,道贵正而文者必以奇胜。经则义疏之流畅,训诂之繁琐,考证之该博,皆于文体有妨,故善为文者,尤慎于此。"缴绕,《史记·太史公自序》:"名家苛察缴绕。"裴骃集解引如淳曰:"缴绕犹缠绕,不通大体也。"

4. 三者皆具之才也:王昶通朱熹之书,兼及薛瑄、王守仁诸家之学;又长于金石考证,曾辑《金石萃编》;复工诗词古文。

5. "先生历官"四句:乾隆中叶,云贵总督阿桂帅师攻缅甸,王昶曾自请发军前自效。理藩院尚书温福代阿桂,以昶佐幕府。温福移师讨金川,昶亦从行。后复随阿桂定两金川。梁,梁州,古九州之一,辖境在今陕西省南部及四川省全部。益,益州,《汉书·地理志》:"至武帝改梁曰益,凡十三部(郡),置刺史。"

6. "鼐少于京师识先生"二句:时王昶甫中进士,姚鼐二十三岁。

7. 及先生仕至正卿,老归海上:王昶以刑部右侍郎致仕,归老吴淞(今上海)。

8. 见寄于金陵:时姚鼐主讲于南京钟山书院。

【讲疏】

作为"桐城派"创作和理论的集大成者,姚鼐在恪守"方、刘"以来桐城家法的同时,结合乾嘉时代学术风气,将"桐城派"文论发扬光大。"其论文根植于道德,而探源于经训。至其浅深之际,有古人所未尝言。鼐独抉其微,发其蕴,论者以为辞近于方,理深于刘。"从而形成了比较完整而独特的文学理论体系。本文主要阐述的是义理、考据、辞章三者相统一的理论主张。

论者通常以为姚鼐仅重视义理、辞章二点,至于考据,仅迫于当时学术风气才增入。事实并非如此。姚鼐少时,其伯父姚范尝问其志,答曰:"义理、考证、文章殆阙一不可。"(郑福照《惜抱先生年谱》)后来姚鼐在《复秦小岘书》中也说得十分明白:"天下学问之事,有义理、文章、考证三者之分,异趋而同为不可废。凡执其所能为,而呰其所不为者,皆陋也,必并收之乃足为善。"可见姚鼐并非不要考据学,《惜抱轩全集》中属于考证性质的文章很多,《文集》卷二完全是专门性的考据文章,如《郡县考》、《汉庐江九江二郡沿革考》、《项羽王九郡考》等。其他非专门性的考据文章还有很多,如《老子章义序》《庄子章义序》之类比比皆是。而全集中的《笔记》八卷、《法帖题跋》三卷、《三传补注》等几乎全都是考据文章。

虽然姚鼐不废考据,但他对义理、文章、考据三者的位置还是有主次之分的。姚鼐始终是把义理之学放在首位,他曾反复告诫学子:"程朱之所以可贵者,谓其言粗且大,而得圣人之意多也,非吾狗之也。"在《复蒋松如书》中又说:"然今世学者,乃思一切矫之,以专宗汉学为至,以攻程朱为能,倡于一二专己好名之人,而相率而效者,因大为学术之害。"姚鼐之所以要吸收考据之学,意图与惠东、戴震等并不相同。他是想以"考据"的"实事求是"的精神来为宣扬"义理"服务。他在《尚书辨伪序》中说:"学问之事有三,义理、考证、文章是也。夫以考证断者,利以应敌,使护之者不能出一辞,然使学者意会神得,觉犁然当乎人心者,反更在义理文章之事也。"他对考据采取的态度近乎实用主义,所以他的学生陈用光说:"吾师之所谓考据,岂世之所谓考据乎!"(《太乙舟文集》卷五《复鲁宾之书》)。

【关键词解读】

义理　考据　辞章

姚鼐在方苞"义法"论和刘大櫆"义理、书卷、经济"的基础上,提倡"义理、考据、词章"三者相济为用。他以"守宋儒之学,以达圣人之精"的"义理"为主干,既重视文章"明道义、维风俗"的作用,又要求"以考证助文之境",认为"是三者,苟善用之,则皆足以相济;苟不善用之,则或至于相害。……故以能兼长者为贵"。这与其"文与质备、道与艺合"的观点是一致的。可见,姚鼐理论乃顺应时代学术潮流,折衷于宋学、汉学和古文家三者之间。义理、考证、文章三者的提出,实不始于姚鼐,宋儒早已言之。《近思录》卷二:"伊川曰:古之学者一;今之学者三,异端不与焉。一曰文章之学,二曰训诂之学,三曰儒者之学。欲趋道,舍儒者之学不可。"程颐所言训诂属于考证,儒者之学即指义理。

【相关知识链接】

曾国藩早年即心仪桐城三祖之一的姚鼐,称"国藩之粗解文章,由姚先生启之也"(《圣哲画像记》),自认姚鼐私淑弟子。咸丰十年(1960),曾氏开始编撰《经史百家杂钞》,在《古文辞类纂》之外另立取径范型。在这一系列造势的同时,曾国藩对桐城派主张进行了改造,其中最重要一点就是在桐城三要素之外加上"经济"一项。添加"经济"思想实是道光时期经世致用思潮风靡士林的必然结果。士人们的危机意识、批判意识空前强烈,抉发弊端、讥切时政,行空前广泛的社会批判,并倡言变法革新,提出种种补偏救弊之策,兴学人、士人议政之风。他们纷纷著书立说,探讨漕运、盐法、河工、货币、农政等绝迹社会现实问题,熟习朝章国故,撰写当代史,研究西北、东北、蒙古、西藏等边疆史地之学。当时士人皆不屑于为词章之士,积极仕进,不售则或为幕僚,或自为撰著,出谋划策,交结重臣大吏,不以位卑而自轻,意气昂扬思有作为。一代士人以一种新的面貌进入了历史的转折时期。由于曾国藩非常重视经济——治民理事的统治能力,所以把儒家的德行、政事、言语、文学四科纳入"义理,考据、词章"这一纲领时,将德行、政事二科都归入"义理"之内,这样义理就有了具体、实际的内容。既然政事也属义理,所以他对诸葛亮、陆贽、范仲淹,司马光这样四个具有政事能力的人评价很高,说"至若葛、陆、范、马,在圣门则以德行而兼政事也;周,程,张,朱,在圣门则德行之科也,皆义理也"(《圣哲画象记》)。他认为周敦颐、程颢、程颐、张载、朱熹等人,只知空谈理学,仅得理义之偏,而葛、陆、范、马已得义理之全。将"经济"——治理政事的能力作为义理的主要内容来看待,这是对桐城"义理"概念的重要修正。

【延伸阅读】

姚鼐文论内容较为丰富,除义理、考据、辞章合而为一论外,又有阴阳风格论、文体理论与诗论。《敦拙堂诗集序》体现了他古文本位的诗论主张。在《复鲁絜非书》中他化繁为简,将纷繁复杂的风格样式划分为阴阳二种。《古文辞类纂》是姚鼐编写的一部有较大影响的文学选本,其序目部分价值有三:文体分类简当、文体体认精审、古文美学评价细则化。

敦拙堂诗集序

言而成节,合乎天地自然之节,则言贵矣。其贵也,有全乎天者焉,有因人而造乎天者焉。今夫六经之文,圣贤述作之文也。独至于诗,则成于田野闺闼无足称述之人,而语言微妙,后世能文之士有莫能逮,非天为之乎?然是言诗之一端也。文王、周公之圣,大小《雅》之贤,扬乎朝廷,达乎神鬼,反复乎训诫,光昭乎政事,道德修明而学术该备,非如列国《风》诗,采于里巷者可并论也。

夫文者,艺也。道与艺合,天与人一,则为文之至。世之文士固不敢于文王、周公比,然所求以几乎文之至者,则有道矣。

苟且率意以觊天之或与之，无是理也。自秦、汉以降，文士得三百之义者莫如杜子美，子美之诗，其才天纵，而致学精思与之并至，故为古今诗人之冠。今九江陈东浦先生为文章，皆得古人用意之深，而作诗一以子美为法，其才识沉毅，而发也骞以闳；其功力刻深，而出也慎以肆。世之学子美者蔑有及焉。

且古诗人有兼《雅》《颂》，备正变，一人之作，屡出而愈美者，必儒者之盛也。野人女子，偶然而言中，虽见录于圣人，然使更益为之，则无可观已。后世小才鬼士，天机间发，片言一章之工亦有之。而裒然成集，连牍殊体，累见诡出，闳丽璀变，则非巨才而深于其法者不能。何也？艺与道合，天与人一故也。如先生殆其是欤？先生为国大臣，有希周、召、吉甫之烈，鼐不具论。论其与《三百篇》相通之理，以明其诗所由盛，且与海内言诗者共商榷焉。

——《惜抱轩文集》卷四，《四部丛刊》本

复鲁絜非书（节选）

鼐闻天地之道，阴阳刚柔而已。文者，天地之精英，而阴阳刚柔之发也。惟圣人之言，统二气之会而弗偏。然而《易》《诗》《书》《论语》所载，亦间有可以刚柔分矣。值其时其人，告语之体各有宜也。自诸子而降，其为文无弗有偏者。其得于阳与刚之美者，则其文如霆，如电，如长风之出谷，如崇山峻崖，如决大川，如奔骐骥；其光也，如杲日，如火，如金镠铁；其于人也，如凭高视远，如君而朝万众，如鼓万勇士而战之。其得于阴与柔之美者，则其文如升初日，如清风，如云，如霞，如烟，如幽林曲涧，如沦，如漾，如珠玉之辉，如鸿鹄之鸣而入寥廓；其于人也，漻乎其如叹，邈乎其如有思，暖乎其如喜，愀乎其如悲。观其文，讽其音，则为文者之性情形状，举以殊焉。

且夫阴阳刚柔，其本二端，造物者糅而气有多寡进绌，则品次亿万，以至于不可穷，万物生焉。故曰："一阴一阳之为道。"夫文之多变，亦若是已。糅而偏胜可也，偏胜之极，一有一绝无，与夫刚不足为刚，柔不足为柔者，皆不可以言文。今夫野人孺子闻乐，以为声歌弦管之会尔；苟善乐者闻之，则五音十二律，必有一当接于耳而分矣。夫论文者，岂异于是乎？宋朝欧阳、曾公之文，其才皆偏于柔之美者也。欧公能取异己者之长而时济之；曾公能避所短而不犯。观先生之文，殆近于二公焉。抑人之学文，其功力所能至者，陈理义必明当，布置取舍、繁简廉肉不失法，吐辞雅驯不芜而已。古今至此者，盖不数数得，然尚非文之至；文之至者，通乎神明，人力不及施也。先生以为然乎？

——《惜抱轩文集》卷六，《四部丛刊》本

古文辞类纂序目

鼐少闻古文法于伯父薑坞先生及同乡刘耕南先生，少究其义，未之深学也。其后游宦数十年，益不得暇，独以幼所闻者，置之胸臆而已。乾隆四十年，以疾请归，伯父前卒，不得见矣。刘先生年八十，犹喜谈说，见则必论古文。后又二年，余来扬州，少年或从问古文法。夫文无所谓古今也，惟其当而已。得其当，则六经至于今日，其为道也一。知其所以当，则于古虽远，而于今取法如衣食之不可释；不知其所以当而敝弃于时，则存一家之言以资来者，容有俟焉。于是以所闻习者，编次论说为《古文辞类纂》。其类十三，曰：论辨类，序跋类，奏议类，书说类，赠序类，诏令类，传状类，碑志类，杂记类，箴铭类，颂赞类，辞赋类，哀祭类。一类内而为用不同者，别之为上下编云。

论辨类者，盖原于古之诸子，各以所学著书诏后世。孔、孟之道与文，至矣。自老、庄以降，道有是非，文有工拙。今悉以子家不录，录自贾生始。盖退之著论，取于六经、《孟子》，子厚取于韩非、贾生，明允杂以苏、张之流，子瞻兼及于《庄子》。学之至善者，神合焉；善而不至者，貌存焉。惜乎子厚之才，可以为其至，而不及至者，年为之也。

序跋类者，昔前圣作《易》，孔子为作《系辞》《说卦》《文言》《序卦》《杂卦》之传，以推论本原，广大其义。《诗》《书》皆有序，而《仪礼》篇后有记。皆儒者所为。其余诸子，或自序其意，或弟子作之，《庄子·天下》篇、《荀子》末篇，皆是也。余撰次古文辞，不载史传，以不可胜录也。惟载太史公、欧阳永叔表志序论数首，序之最工者也。向、歆奏校书各有序，世不尽传，传者或伪；今存子政《战国策序》一篇，著其概。其后目录之序，子固独优已。

奏议类者，盖唐、虞、三代圣贤陈说其君之辞，《尚书》具之矣。周衰，列国臣子为国谋者，谊忠而辞美，皆本谟、诰之遗，学者多诵之。其载《春秋》内、外传者不录，录自战国以下。汉以来有表、奏、疏、议、上书、封事之异名，其实一类。惟对策虽亦臣下告君之辞，而其体少别，故置之下编。两苏应制举时所进时务策，又以附对策之后。

书说类者，昔周公之告诏公，有《君奭》之篇。春秋之世，列国士大夫或面相告语，或为书相遗，其义一也。战国说士，说其时主，当委质为臣，则入之奏议；其已去国，或说异国之君，则入此编。

赠序类者，老子曰："君子赠人以言。"颜渊、子路之相违，则以言相赠处。梁王觞诸侯于范台，鲁君择言而进，所以致敬爱，陈忠告之谊也。唐初赠人，始以序名，作者亦众。至于昌黎，乃得古人之意，其文冠绝前后作者。苏明允之考名序，故苏氏讳序，或曰引，或曰说。今悉依其体，编之于此。

诏令类者，原于《尚书》之誓、诰。周之衰也，文诰犹存。昭王制，肃强侯，所以悦人心而胜于三军之众，犹有赖焉。秦最无道，而辞则伟。汉至文、景，意与辞俱美矣，后世无以逮之。光武以降，人主虽有善意，而辞气何其衰薄也！檄令皆谕下之辞，韩退之《鳄鱼文》，檄令类也，故悉附之。

传状类者，虽原于史氏，而义不同。刘先生云："古之为达官名人传者，史官职之。文士作传，凡为圬者、种树之流而已。其人既稍显，即不当为之传，为之行状，上史氏而已。"余谓先生之言是也。虽然，古之国史立传，不甚拘品位，所纪事尤详；又实录书人臣卒，必撮序其平生贤否。今实录不纪臣下之事，史馆凡仕非赐谥及死事者不得为传。乾隆四十年,定一品官乃赐谥。然则史之传者,亦无几矣。余录古传状之文,并纪兹义,使后之文士得择之。昌黎《毛颖传》,嬉戏之文,其体传也,故亦附焉。

碑志类者,其体本于《诗》,歌功颂德,其用施于金石。周之时有石鼓刻文,秦刻石于巡狩所经过,汉人做碑文又加以序。序之体,盖秦刻琅邪具之矣。茅顺甫讥韩文公碑序异史迁,此非知言。金石之文,自与史家异体,如文公作文,岂必以效司马氏为工耶?志者,识也。或立石墓上,或埋之圹中,古人皆曰志。为之铭者,所以识之之辞也。然恐人观之不详,故又为序。世或以石立墓上,曰碑曰表;埋,乃曰志。及分志、铭二之,独呼前序曰志者,皆失其义。盖自欧阳公不能辨矣。墓志文,录者尤多,今别为下编。

杂记类者,亦碑文之属。碑主于称颂功德,记则所纪大小事殊,取义各异,故有作序与铭诗全用碑文体者,又有为纪事而不以刻石者。柳子厚纪事小文,或谓之序,然实记之类也。

箴铭类者,三代以来有其体矣。圣贤所以自戒警之义,其辞尤质而意尤深。若张子作《西铭》,岂独其意之美耶?其文固未易几。

赞颂类者,亦《诗·颂》之流,而不必施之金石者也。

辞赋类者,《风》《雅》之变体也。楚人最工为之,盖非独屈子而已。余尝谓《渔父》及《楚人以弋说襄王》、宋玉《对王问遗行》,皆设辞无事实,皆辞赋类耳。太史公、刘子政不辨,而以事载之,盖非是。辞赋固当有韵,然古人亦有无韵者,以义在托讽,亦谓之赋耳。汉世校书有《辞赋略》,其所列者甚当。昭明太子《文选》,分体碎杂,其立名多可笑者。后之编集者,或不知其陋而仍之。余今编辞赋,一以汉《略》为法。古文不取六朝人,恶其靡也。独辞赋则晋、宋人犹有古人韵格存焉。惟齐梁以下,则辞益俳而气益卑,故不录耳。

哀祭类者,《诗》有《颂》,《风》有《黄鸟》《二子乘舟》,皆其原也。楚人之辞至工,后世惟退之、介甫而已。

凡文之体类十三,而所以为文者八:曰神、理、气、味、格、律、声、色。神、理、气、味者,文之精也;格、律、声、色者,文之粗也。然苟舍其粗,则精者亦胡以寓焉?学者之于古人,必始而遇其粗,中而遇其精,终则御其精者而遗其粗者。文士之效法古人,莫善于退之,尽变古人之形貌,虽有模拟,不可得而寻其迹也。其他虽工于学古,而迹不能忘,扬子云、柳子厚,于斯盖尤甚焉,以其形貌之过于似古人也。而遽摈之,谓不足与于文章之事,则过矣。然遂谓非学者之一病,则不可也。乾隆四十四年秋七月。桐城姚鼐纂集序目。

——《古文辞类纂》卷首,《四部备要》本

【思考题】

1. 姚鼐是如何处理义理、考据、辞章三者间的关系的?
2. 姚鼐将文章风格分为阳刚、阴柔两类的哲学依据是什么?

翁 方 纲

【作者简介】

翁方纲(1733—1818),字正三,号覃溪,晚号苏斋。直隶大兴(今属北京)人。乾隆十七年(1752)进士,选庶吉士,授编修,曾主持江西、湖北、江南、顺天乡试,又曾督广东、江西、山东学政,官至内阁学士。翁方纲研读群经,精于考据、金石、书法之学。论诗主"肌理"说。其诗作主要分两大类:一类是把经史、金石的考据写进诗中,往往佶屈聱牙,诗前有序或题注,这种序、注本身也是经史或金石的考据勘研文字;另一类是记述作者的生活见闻或写景之诗,这类作品同样大都缺乏生活气息和真情实感。著有《复初斋文集》《复初斋诗集》《石州诗话》《小石帆亭著录》等。

诗 法 论

欧阳子援扬子制器有法以喻书法[1],则诗文之赖法以定也审矣。忘筌忘蹄[2],非无筌蹄也。律之还宫,必起于审度[3],度即法也。顾其用之也无定方,而其所以用之,实有立乎法之先而运乎法之中者。故法非徒法也,法非板法也。且以诗言之,诗之作作于谁哉,则法之用用于谁哉?诗中有我在也,法中有我以运之也。即其同一诗也,同一法也,我与若俱用此法,而用之之理、用之之趣各有不同者,不能使子面如吾面也。同一时、同一境、同一事之作,而其用法之所以然,父不能得之于子,师不能传之于弟;即同一在我之作,而今岁不能仿昨岁语,今日不能用昨日之语,况其隔时地、分古今,而强我以就古人之法,强执古人以定我之法，此则蔑古之尤者也，而可谓之效古哉？

故曰，文成而法立。法之立也，有立乎其先、立乎其中者，此法之正本探原也；有立乎其节目、立乎其肌理界缝者，此法之穷形尽变也。杜云"法自儒家有"[4]，此法之立本者也；又曰"佳句法如何"[5]，此法之尽变者也。夫惟法之立本者，不自我始之，则先河后海，或原或委[6]，必求诸古人也。夫惟法之尽变者，大而始终条理[7]，细而一字之虚实单双，一音之低昂尺黍[8]，其前后接榫，乘承转换、开合正变，必求诸古人也。乃知其悉准诸绳墨规矩，悉校诸六律五声，而我不得丝毫以已意与焉。故曰：禹之治水，行其所无事也[9]。行乎所不得不行，止乎所不得不止[10]。应有者尽有之，应无者尽无之，夫然后可以谓之诗，夫然后可以谓之法矣。

——《复初斋文集》卷八，光绪年刊本

【题解】

翁方纲在本文中着重说明法是筌蹄，用无定方，"法非徒法"，"法非板法"。诗法论是翁方纲"肌理说"的重要组成部分。

【注释】

1. 欧阳子援扬子制器有法以喻书法：欧阳修《试笔·用笔之法》："因知万事皆有法，扬子云：断木为棋，刓草为鞠，亦皆有法。岂正得此也。"

2. 忘筌忘蹄：《庄子·外物》："筌者所以在鱼，得鱼而忘筌；蹄者所以在兔，得兔而忘蹄；言者所以在意，得意而忘言。吾安得忘言之人而与之言哉。"唐成玄英疏："筌，鱼笱也，以竹为之，故字从竹，亦有从草者。……蹄，兔罝也，亦兔彊也，以系系兔脚，故谓蹄。"

3. 律之还宫，必起于审度：《旧唐书·祖孝孙传》："武德七年始命孝孙及秘书监窦璡修定雅乐。孝孙又以陈、梁旧乐杂用吴、楚之音，周、齐旧乐多涉胡戎之伎，于是斟酌南北，考以古音，作大唐雅乐。以十二月各顺其律，旋相为宫，制十二乐，合三十二曲、八十四调。事具《乐志》。旋宫之义，亡绝已久，世莫能知，一朝复古，自孝孙始也。"旋宫即还宫，指的是宫音在十二律上的位置有所移动，这时，商、角、徵、羽各阶在十二律上的位置当然也随之相应移动。

4. 法自儒家有：杜甫《偶题》诗句。

5. 佳句法如何：杜甫《寄高三十五书记》诗句。

6. "先河后海"二句：《礼记·学记》："三王之祭川也，皆先河而后海，或源也，或委也，此之谓务本。"比喻治学要弄清源流。

7. 始终条理：《孟子·万章下》："集大成也者，金声而玉振之也。金声也者，始条理也；玉振之也者，终条理者。始条理者，智之事；终条理者，圣之事。"

8. 尺黍：《宋史·律历志》："自前世以来，累黍为尺以制律。"

9. "禹之治水"二句：《孟子·离娄下》："如智者若禹之行水也，则无恶于智矣，禹之行水也，行其所无事也。如智者亦行其所无事，则智亦大矣。"

10. "行乎所不得不行"二句：苏轼《文说》："吾文如万斛泉源，不择地而出，在平地滔滔汩汩，虽一日千里无难。及其与山石曲折，随物赋形，而不可知也。所可知者，常行于所当行，常止于不可不止，如是而已矣。"

【讲疏】

诗法是古代诗论家长期争论的一个问题，大致有死法说、定法说、活法说、无法说。翁方纲的活法说强调了内容对形式的决定作用，"诗中有我在也，法中有我以运之也"。若忽视"我"的存在，忽视内容的表现，而一味强调形式，则会陷于死法。所以法虽同，而用之者因人因时因境因事而异；可以传者规矩，不可以传者"用之之理""用之之趣"。他还提出"正本探原"和"穷形尽变"。"正本探原"就是要以学问为底子，以考证为准，或原或委，求诸古人。"穷形尽变"就是"大而始终条理，细而一字之虚实单双，一音之低昂尺黍，其前后接榫，秉承转换、开合正变"，讲求诗之音律、结构、章句。这就构成以学为本、通法于变的诗法论体系。

翁方纲论诗标举"肌理说"，明确将作者的真才实学即读书通经学古等学问功力作为诗歌创作的基本要求和评价诗歌的重要标准。肌理说代表了乾嘉时期朴学家的诗学观，是对中国诗学中"以学为诗"理论的总结和发展。这种重视学问的价值观念和审美理想的提出，首先是为补救"神韵说"之空寂。他认为王士禛神韵说以偏概全，弊在空寂，故以实补虚，"今人误执神韵，似涉空言，是以鄙人之见，欲以肌理之说实之"。翁方纲认为神韵是诗歌固有的内容，故称"其实肌理亦即神韵也"，但他认为王氏"神韵说"偏而不全，因此他以无所不包的肌理说加以充实。其次，翁方纲对沈德潜主张的"格调说"不满而加以修正。翁方纲认为格调是诗歌作品的外在表现形式，主要就是指诗之章法音节。而"格调说"多拘泥古法而不知"法之穷形尽变"，即所谓诗坏于格调，"诗之坏于格调也，自明李、何辈误之也。李、何、王、李之徒，泥于格调而伪体出焉。非格调之病也，泥格调者病之也"。所以说翁方纲并不否定格调，他反对的是拘泥于一家一代诗歌的格调而机械模拟。同时，翁方纲也不排斥学古，但主张"师其意"以达到"历久生新"的目的。翁方纲的"肌理说"在补救"神韵说""格调说"及强调学识对诗歌创作有重要意义等方面有其合理的因素，但过分强调以学术考据、深厚学养为诗，又是"肌理说"的局限性。

翁方纲改造神韵说和格调说，"以实救虚"，目的是对抗当时在野的袁枚"性灵说"。翁方纲重视诗歌中的学问，但学问又不是那种纯粹的以求真为目标的知识，学问的根本是在于求得一个"理"字。这个"理"字的最高级表现形式就是合乎官方正统的程朱理学，所以撰《理说驳戴震作》批驳之，对著名学者戴震《孟子字义疏证》一书中"言'理'力诋宋儒"，从学理的角度推论"理"的释义乃"密察条析之谓"的做法大为不满，他以为"夫理者彻上彻下之谓，性道统挈之理即密察条析之理，无二义也；义理之理即文理、肌理、腠理之理，无二义也"。因此他所谓的肌理包括义理与文理。义理为"言有物"，指以六经为代表的合乎儒家道德规范的思想与学问；文理为"言有序"，指诗律、结构、章句等作诗之法。义理为本，通变于法，以考据、训诂增强诗歌的内容，融词章、义理、考据为一。他认为"士生今日，宜博精经史考订，而后其诗大醇"（《粤东三子诗序》）。其肌理说也就是要求以学问作为作诗的根柢，以考证来充实诗歌内容，使义理和文理统一，思想和文辞谐和，做到外表空灵内容质实。因此他特别欣赏江西诗派"出入山谷、诚斋"。这样，翁氏的诗歌"肌理说"与清前期桐城派的"义理说"和稍早的沈德潜温柔敦厚"诗教说"如出一辙，从根本上说跟当时袁枚提倡的"性灵说"完全异趣。

【关键词解读】

肌理说

肌理本来是指肌肉的纹理。翁方纲借用肌理论诗，理是指义理和文理，肌理是指儒家的经术和学问，有时也兼指文理。翁方纲把儒家经籍和学问看作诗歌的根本，他的肌理说实际上是王士禛神韵说和沈德潜格调说的调和与修正。他用肌理给神韵、格调以新的解释，目的在于使复古诗论重振旗鼓，与袁枚的性灵说相抗衡。

【相关知识链接】

翁方纲本是著名的学者，"精研经术"，对金石之学研究尤著，其《两汉金石记》"剖析锋芒，考证至精"；其诗歌理论也受到考据学风的影响，"所为诗，自诸经注疏以及史传之考订、金石文字之爬梳，皆贯彻洋溢其中"（《清史稿》本传）。如《汉石经残字歌》《汉建昭雁足灯歌为王述庵臬使赋》等。在实际创作中，翁氏以学问为诗，用韵语作考据，曾首创以诗体作金石题跋。洪亮吉挽诗曰:"最喜客谈金石例,略嫌公少性情诗。"朱庭珍《筱园诗话》卷二亦云:"翁以考据为诗,恒叮书卷,死气满纸,了无性情,最为可厌。"确实是盖棺之论。这是当时文坛以诗入学(学术)以学为诗的表现,反映了乾嘉考据之学对文学创作的影响,另一方面也反映了所谓承平盛世士大夫怡情于金石书画的雅趣。

翁方纲的"肌理"诗说之所以在当时产生很大影响,是与他门下弟子多、交游广分不开的。刘台拱、凌廷堪、孔广森、钱塘、冯敏昌、辛绍业、吴嵩梁等都是翁氏弟子。与翁方纲关系密切的还有朱筠、朱珪、纪昀、卢文昭、王念孙、王引之、钱大昕、钱大昭、阮元、桂馥、邵晋涵、孔继涵、丁杰、程晋芳、张燕昌、黄易、张廷济等学者和名流,因他的政治地位显赫,嘉庆中成为诗坛的领袖人物,其"肌理说"则为近代宋诗运动开了先河。翁方纲的本意在于以学问考证的质实补救神韵、格调之失,有可取之处,但实际上却引导诗人脱离现实,从故纸堆中寻找诗材。从与他同时的钱载,到道、咸年间的程恩泽、郑珍、何绍基和清末沈曾植等,所产生的学人之诗和宋诗运动都由肌理说推动而来。

【延伸阅读】

翁方纲肌理说并不是反对神韵说和格调说,而只是将其加以改造,"以实救虚",肌理说是翁方纲在朝的诗学理论用来对抗并打垮在野的袁枚性灵说的。但是通观翁氏的诗文集,只看到《格调论》《神韵论》以及对高密诗派的申斥,却未找到正面批判性灵说的文字。袁枚在诗与诗话中嘲笑过他,翁方纲批戴震、批汪中,骂钱载和蒋士铨,何以对袁枚的讥嘲视若无睹?这正反映了翁的卫道本质:他认为袁是放僻邪侈的小人,"不可与言而与之言,失言",他是"智者",决不"失言"。

格调论上

诗之坏于格调也,自明李、何辈误之也。李、何、王、李之徒,泥于格调而伪体出焉。非格调之病也,泥格调者病之也。夫诗岂有不具格调者哉?《记》曰:"变成方,谓之音。"方者,音之应节也,其节即格调也。又曰:"声成文,谓之音。"文者,音之成章也,其章即格调也。是故噍杀、啴缓、直廉、和柔之别,由此出焉。是则格调云者,非一家所能概,非一时一代所能专也。

古之为诗者，皆具格调，皆不讲格调。格调非可口讲而笔授也。唐人之诗，未有执汉、魏、六朝之诗以目为格调者；宋之诗，未有执唐诗为格调；即至金、元诗，亦未有执唐、宋为格调者。独至明李、何辈，乃泥执《文选》体以为汉、魏、六朝之格调焉；泥执盛唐诸家以为唐格调焉。于是不求其端，不讯其末，惟格调之是泥。于是上下古今，只有一格调，而无递变递承之格调矣。至于渔洋变格调曰神韵，其实即格调耳。而不欲复言格调者，渔洋不敢议李、何之失，又惟恐后人以李、何之名归之，是以变而言神韵，则不比讲格调者之滋弊矣。然而又虑后人执神韵为是，格调为非，则又不知格调本非误，而全坏于李、何辈之泥格调者误之，故不得以不论。

——《复初斋文集》卷八，光绪年刊本

格 调 论 中

"熟精《文选》理"，非谓效其体也，渔洋先生乃谓理字不必深求其解。故李沧溟之纯用《选》体者，直指唐无五言古诗矣。所谓唐无五言古诗者，正谓其无《选》体之五言古诗也。先生乃谓讥沧溟者不合其下句观之，而但执唐无五古一句以归咎于沧溟，沧溟不受也。岂知沧溟之咎，正专在此唐无五言古诗一句乎？彼谓唐之古诗，皆不仿效《选》体耳，岂知唐古诗正以不仿《选》体为正，唐人尚以不仿《选》体为正，而后之为诗者转欲《选》体之仿耶？此所谓舛也。且即以《选》体言之，《文选》自汉、魏迄齐奔梁，非一体也，而概目曰《选》体可乎？如谓《文选》诸家之诗共合而目为《选》体，则只一体，非众体矣，中间何以复有拟古之作乎？即观《选》诗中有拟古之篇，则知古之上复有古焉，何可泥执而混为一乎？泥而一之，则是蔑古而已。此则正受古人之憾，正受古人之笑而已矣。然则学之汲古师古何为也哉？曰：圣言"好古敏求"，而夏、殷之礼不能于杞、宋征之。凡所以求古者，师其意也，师其意，则其迹不必求肖之也。孔子于《三百篇》皆弦而歌之，以合于《韶》《武》之音，岂《三百篇》篇篇皆具《韶》《武》节奏乎？抑且勿远稽《三百篇》，即以唐音最盛之际，若杜，若李，若右丞、高、岑之属，有一效建安之作，有一效谢、颜之作者乎？宋诗盛于熙、丰之际，苏、黄集中，有一效盛唐之作者乎？直至明朝，而李、何在前，王、李踵后，乃有文必西汉、诗必盛唐之说，因而遂有五言必效《选》体之说，五言不效《选》体，则谓之唐无五言古诗。然则七古亦将必以盛唐为正矣，则何不云宋无七言古诗？而彼不敢也。是以渔洋代为下转，语曰："苏诗七律不可学。"是则直曰苏无七律而有其七律，夫然后可以继李沧溟之论耳。渔洋岂但谓苏七律不可学，又谓白诗不可学。夫谓七律宜宗盛唐，则杜固居其正无疑也。然又谓五古宜宗《选》体，《选》体之说不能旁通也，故又变格调为神韵，而以王、孟、韦、柳当其正，则杜之五古又居其变。同一杜诗，而七言居其正，五言居其变，然则仰窥弦歌《韶》《武》之音，其将必以《清庙》《思文》之什为正，而《东山》《鸱鸮》之音为变乎？其将何以为后学者之准式？吾故曰：作诗勿泥《选》体。

——《复初斋文集》卷八，光绪年刊本

格 调 论 下

化格调之见而后词必己出也，化格调之见而后教人自为也，化格调之见而后可以言诗，化格调之见而后可以言格调也。今且勿以意匠之独运者言之，且勿以苦心孤诣戛戛独造者言之，今且以效古之作若规仿格调者言之。古之拟乐府者，若《行路难》，其初本以行旅阅历言也，其后渐扩写情事矣；若《巫山高》，其初以云雨十二峰言也，其后渐以旷望之怀言矣。如原题所指某事，而后来拟作变而推广者，不可胜原也。惟其如此，所以赖有《乐府解题》也。若使其后来拟作，悉依原本为之，则何为而有解题之作乎？又如《邺中集》之有拟作，江文通之有拟作，丹素甘辛之喻，亦特就其体制而申析之，以为此某家之格制如此，则其后来学者之引伸类长，不皆如此，又可知也。若使人人篇篇悉依仿此式而为思之，则曷为拈此以拟出之哉？又若阮、陈以后《咏怀》、

《感遇》诸篇，皆名曰效古也，后人诗集亦多效之，亦正可见其全集诸作，皆不执此体式，而特假此题样以见端，此亦正是古调不尽可概施之征验而已矣。然吾举此，如江文通《拟古》之作，如陈伯玉《感遇》之作，特其偶一为之可耳。苏子美之四言，非复韦、孟之四言也。四言古制也，尚且如此，况五、七言乎？东坡之和陶，非复柴桑之五言，非复左司之五言也。五言近古，尚且如此，况七言乎？

今如镌类帖于石者，其首卷必《黄庭》、《乐毅》、《洛神》、《东方赞》诸古诗楷也，或其所据之本出于某代某家，中间实有订正舛误者则可耳。不则陈陈相因，谁其赏之乎？今编刻一集，其卷端必冠以拟古、感兴诸题，而又徒貌其句势，其中无所自主，其外无以自见者，谁复从而诵之？夫其题内有拟古仿古者，尚且宜自为格制，自为机杼也，而况其题本出自为，其境其事属我自写者，非古人之面而假古人之面，非古人之貌而袭古人之貌，此其为顽钝不灵，泥滞弗化也。可鄙可耻，莫甚于斯矣。吾自日接亲戚宾友，有必应言之言，有必应答述之语，而顾妄作戏场优伶之声音色笑，以为中节，虽奴隶之愚贱，村野之牧竖，皆将起而非笑之，而操觚者顾自蹈之，岂理也哉。

——《复初斋文集》卷八，光绪年刊本

神 韵 论 上

《诗》三百篇，圣人皆弦歌之以求合于《韶》《武》之音。《韶》《武》，古乐也，盛德之所同也。谓《清庙》《猗那》合之可也，谓《节南山》《雨无正》合之可乎？谓《关雎》《鹊巢》合之可也？谓《株林》《匪风》合之可乎？是必有摽乎音之本者矣。以其义言之，则圣人一言以蔽之，曰"思无邪"；以其音言之，则曰"乐不淫，哀不伤"，曰"各得其所"，曰"洋洋盈耳"，而未有一言该其所以然者。音之理通于微，而音之发非一绪，在善读者领会之而已。况乎汉、魏、六朝以后，正变愈出愈棼，而岂能撮举其所以然。

盛唐之杜甫，诗教之绳矩也，而未尝言及神韵。至司空图、严羽之徒,乃标举其概,而今新城王氏畅之。非后人之所诣,能言前古所未言也。天地之精华,人之性情,经籍之膏腴,日久而不得不一宣泄之也。自新城王氏一唱神韵之说,学者则目此为新城言诗之秘,而不知诗之所固有者,非自新城始言之也。且杜云"读书破万卷,下笔如有神",此神字即神韵也。杜云"精熟《文选》理";韩云"周诗三百篇,雅丽理驯诰",杜牧谓李贺诗"使加之以理,奴仆命骚可矣",此理字即神韵也。神韵者,彻上彻下,无所不该。其谓"羚羊挂角,无迹可求",其谓"镜花水月","空中之象",亦皆即此神韵之正旨也,非堕入空寂之谓也。其谓"雅人深致",指出"讦谟定命,远猷辰告"二句以质之,即此神韵之正旨也,非所云理字不必深求之谓也。然则神韵者,是乃所以君形者也。昔之言格调者,吾谓新城变格调之说而衷以神韵,其实格调即神韵也。今人误执神韵,似涉空言,是以鄙人之见,欲以肌理之说实之。其实肌理亦即神韵也。昔之人未有专举神韵以言诗者,故今时学者若欲目神韵为新城王氏之学,此正坐在不晓神韵为何事耳。知神韵之所以然,则知是诗中所自具,非至新城王氏始也。其新城之专举空音镜象一边,特专以针灸李、何一辈之痴肥貌袭者言之,非神韵之全也。且其误谓"理字不必深求其解",则彼新城一叟,实尚有未喻神韵之全者,而岂得以神韵属之新城也哉?

——《复初斋文集》卷八,光绪年刊本

神 韵 论 中

君子引而不发,跃如也。中道而立,能者从之。中道而立,非界在难易之间之谓也。朱子《集注》盖偶用某家之说,以中为难易远近之中间,此中字一误会,则而立二字,亦不得明白矣。道无边际之可指,道无四隅之可竟,道无难易远近之可言也。然而其中其外,则人皆见之。中道而立者,言教者之机绪,引跃不发,只在此道内,不能出道外一步,以援引学者,助之使入也。只看汝能从我否耳,其能从者,自能入来也。道是一个大圈,我只立在此大圈之内,看汝能入来与否耳。此即诗家神韵之说也。

今以艺事言之,写字欲运腕空灵,即神韵之谓也。其不知古人之实得,而欲学其运腕空灵,必致手不能握笔矣。知其所以然,则吾两手写字,其沉郁积力,全用于不执笔之左手,然后其执笔之右手,自然轻灵运转如意矣。以为文之理喻之,则即据上游之谓也。然则何以能得神韵乎？曰:置身题上,则黄鹄一举见山川之纡曲,再举见天地之圆方。文之心也,文之骨也,法外之意也,夫然后可以针对痴肥貌袭之弊也。彼痴肥貌袭,正患坐在题中,举眼不见四周之轮光,"不识庐山真面目,只缘身在此山中。"痴肥既不可,削枯又不可;似既非也,不似又非也。是以李、何固谬,王、李又谬;抑汤若士、徐天池辈之矫变李、何,亦又非也。抑且公安、竟陵之矫变李、何,又无谬不出也。然而新城以三昧标举盛唐诸家,盛唐诸家其体盛大,貌其似者,固不能伤之,徒自敝而已矣。矫其说者,一以澄复淡远味之,亦不堕一偏也。何者？盛唐元是其诗,横看成岭,侧看成峰,随其人自得之而已矣。至于举明朝徐昌穀、高又业之一得,遂欲于五言截去杜、韩、苏、黄以下,直以此接汉、魏、盛唐作者,则又非正论矣。夫陈伯玉之在初唐,以上接汉、魏可也。韦左司在中唐,以接陶亦可也。高、徐、皇甫诸家在明,以遥接汉、魏、盛唐则不可也。此则言神韵者之偏辞也。

综而计之,所谓置身题上者,必先身入题中也。射者必入彀而后能心手相忘也。筌蹄者,必得筌蹄而后筌蹄两忘也。诗必能切己切时切事,一一具有实地,而后渐能几于化也。未有不有诸己,不充实诸己,而遽议神化者也。是故善教者必以规矩焉,必以彀率焉。神韵者以心声言之也。心声也者,谁之心声哉？吾故曰先于肌理求之也。知于肌理求之,则刻刻惟规矩彀率之弗若是惧,又奚必其言神韵哉？

——《复初斋文集》卷八,光绪年刊本

神 韵 论 下

诗以神韵为心得之秘,此义非自渔洋始言之也,是乃自古诗家之要眇处,古人不言而渔洋始明著之也。神韵者,非风致情韵之谓也。吾谓神韵即格调者,特专就渔洋之承接李、何、天、李而言之耳。其实神韵无所不该,有于格调见神韵者,有于音节见神韵者,亦有于字句见神韵者,非可执一端以名之也。有于实际见神韵者,亦有于虚处见神韵者,有于高古浑朴见神韵者,亦有于情致见神韵者,非可执一端以名之也。此其所以然,在善学者自领之,本不必讲也。

吾既为渔洋之承李、何,而不得不析言之;乃今又为近人之误会者,更不得不析言之。世之不知而误会者,吾安能一一析之。今姑就吾所近见其最不通者,莫如河间边连宝之论诗,目渔洋为神韵家。是先不知神韵乃自古诗家所共具,渔洋偶拈出之,而别指之曰神韵家,有是理乎?彼既不知神韵是诗中所固有矣,乃反归咎于严仪卿之言镜花水月,涉于虚无,为贻害于后学,此非骂严仪卿也,特举以骂渔洋耳。渔洋诗专取神韵而不能深切,则诚有之。然近日之讥渔洋者,持论皆不得其平也。

请申析之。诗自宋、金、元接唐人之脉,而稍变其音,此后接宋、金、元者,全恃真才实学以济之。乃有明一代,徒以貌袭格调为事,无一人具真才实学以副之者。至我国朝,文治之光,乃全归于经术。是则造物精微之秘,衷诸实际,于斯时发泄之。然当其发泄之初,必有人焉,先出而为之伐毛洗髓,使斯文元气复还于冲淡渊粹之本然,而后徐徐以经术实之也,所以赖有渔洋首倡神韵以涤荡有明诸家之尘滓也。其援严仪卿所云"镜中之花,水中之月"者,正为涤除明人尘滓之滞习言之,即所谓"诗有别才,非关学"之一语,亦是专为骛博滞迹者偶下砭药之词,而非谓诗可废学也。须知此正是为善学者言,非为不学者言也。司空表圣《诗品》亦云"不著一字,尽得风流",夫谓不著一字,正是谓函盖万有也,岂以空寂言耶?渔洋之诗,虽非李、何之滞习,而尚有未尽化滞习者,如咏焦山鼎,只知铺陈钟鼎款识之料;如咏汉碑,只知叙说汉末事,此皆习作套语,所以事境偶有未能深切者,则未知铺陈排比之即连城玉璞也。盖渔洋未能喻"熟精《文选》理"理字之所以然,则必致后人误会"诗有别才"之语,致堕于空寂,则亦当使人知神韵初不如此,而岂可反误以神韵为渔洋咎乎?若赵秋谷之议渔洋,谓其不切事境,则亦何尝不中其弊乎?学者惟以读书切己为务,日从事于探讨古人,考析古人,则正惟恐其不能彻悟于神韵矣。

神韵者,视其人能领会,非人人皆得以问津也。其不能悟及此者,奚为而必强之?其不知而强附空阒以为神韵,与其不知而妄驳神韵者,皆坐一不知之咎而已。不知何害,不知为妄议,则为害滋甚耳。

——《复初斋文集》卷八,光绪年刊本

【思考题】

1. 翁方纲"肌理"说的内涵包括哪些?
2. 试阐述"肌理说"与"神韵说""格调说""性灵说"三者之间的关系。

章 学 诚

【作者简介】

章学诚(1738—1801),字实斋,号少岩,浙江会稽(今绍兴市)人。乾隆四十三年(1778)进士,官国子监典籍。早年依附朱筠,晚年入幕毕沅,先后主讲于定州定武、肥乡清漳、永平敬胜、保定莲池、归德文正诸书院,主编过和州、永清、亳州、常德、荆州诸方志。一生精力多用于讲学、著述和编修方志,提倡学术著作必须"切于人事"。哲学上提出"道寓于器"的命题;主"六经皆史"说;论文注重内容,反对拟古和形式主义倾向,对桐城派流弊有所批评。吴兴刘氏嘉业堂合刊其著述为《章氏遗书》,又有《章氏遗书外编》。《清史稿》卷四八五《文苑二》有传。

文 德

凡言义理,有前人疏而后人加密者,不可不致其恩也。古人论文,惟论文辞而已矣[1]。刘勰氏出,本陆机氏说而昌论文心[2];苏辙氏出,本韩愈氏说而昌论文气[3];可谓愈推而愈精矣。未见有论文德者,学者所宜深省也。夫子尝言"有德必有言"[4],又言"修辞立其诚"[5];孟子尝论"知言""养气",本乎集义[6];韩子亦言"仁义之途","《诗》《书》之源"[7],皆言德也,今云未见论文德者。以古人所言,皆兼本末,包内外,犹合道德文章而一之,未尝就文辞之中言其有才、有学、有识[8],又有文之德也。凡为古文辞者,必敬以恕。临文必敬,非修德之谓也[9]。论古必恕[10],非宽容之谓也。敬非修德之谓者,气摄而不纵[11],纵必不能中节也。恕非宽仁之谓者,能为古人设身而处地也。嗟乎！知德者鲜,知临文之不可无敬恕,则知文德矣。

昔者陈寿《三国志》纪魏而传吴、蜀[12],习凿齿为《汉晋春秋》,正其统矣[13]。司马《通鉴》仍陈氏之说,朱子《纲目》又起而正之[14]。"是非之心,人皆有之。"[15]不应陈氏误于先,而司马再误于其后,而习氏与朱子之识力偏居于优也。而古今之讥《国志》与《通鉴》者,殆于肆口而骂詈,则不知起古人于九原[16],肯吾心服否邪？陈氏生于西晋,司马生于北宋,苟黜曹魏之禅让,将置君父于何地？而习与朱子,则固江东南渡之人也,惟恐中原之争天统也(此说前人已言。)[17]。诸贤易地则皆然,未必识逊今之学究[18]也。是则不知古人之世,不可妄论古人文辞也；知其世矣,不知古人之身处,亦不可以遽论其文也[19]。身之所处,固有荣辱隐显、屈伸忧乐之不齐,而言之有所为而言者,虽有子不知夫子之所谓[20],况生千古以后乎？圣门之论恕也,"己所不欲,勿施于人"[21],其道大矣。今则第为文人,论古必先设身,以是为文德之恕而已尔。

韩氏论文,"迎而拒之,平心察之"。喻气于水,言为浮物[22]。柳氏之论文也,"不敢轻心掉之","怠心易之","矜气作之","昏气出之"[23]。夫诸贤论心论气,未即孔、孟之旨,及乎天人性命之微[24]也。然文繁而不可杀[25],语变而各有当。要其大旨,则临文主敬,一言以蔽之矣。主敬则心平,而气有所摄,自能变化从容以合度也。夫史有三长,才、学、识也；古文辞而不由史出,是饮食不本于稼穑也[26]。夫识生于心也,才出于气也；学也者,凝心以养气,炼识而成其才者也。心虚难恃,气浮易弛。主敬者,随时检摄于心气之间,而谨防其一往不收之流弊也。夫缉熙敬止[27],圣人所以成始而成终也,其为义也广矣。今为临文,检其心气,以是为文德之敬而已尔。

——《文史通义》内编二,文物出版社1985年《章学诚遗书》本

【题解】

本文作于嘉庆元年(1796),与四年前所写的《史德》相为表里。《史

德》乃论著史,此篇则论一切著述文字。

【注释】

1. "古人论文"二句:《左传》襄公二十五年引孔子语"非文辞不为功",又二十七年引孔子语"以为多文辞";《史记·孔子世家》称《春秋》"约其文辞而指博"。

2. "刘勰氏出"二句:陆机《文赋·序》:"余每观才士之所作,称有以得其用心。"刘勰《文心雕龙·序志》:"夫文心者,言为文之用心也。昔涓子《琴心》,王孙《巧心》,心哉笑矣,故用之焉。"

3. "苏辙氏出"二句:韩愈文气论见于韩愈《答李翊书》;苏辙文气论见于《上枢密韩太尉书》。

4. 有德必有言:《论语·宪问》:"子曰:有德者必有言,有言者不必有德。"张伯行《近思录集解》:"伊川曰:文者,道之华也,道乃文之实也。有其实而华自见,故美而可传,如六经是也。人但见六经皆圣人所定,便以为圣人亦作文。不知圣人全体皆道,其见之文者,亦描写发挥其胸中所蕴蓄之理,而性情流露,自然有条理次第而成文章耳。孔子有云,有德者必有言。盖和顺积中,英华发外,理固然也。"

5. 修辞立其诚:语出《易·乾文言》。《文言》旧以为孔子所作,所以本文说是"夫子尝言"。《近思录》:"明道曰:修辞立其诚,不可不仔细理会。言能修省言辞,便是要立诚。若只是修饰言辞为心,只是为伪也。若修其言辞,正为立己之诚意,乃是体当自家敬以直内、义以方外之实事。"

6. "孟子尝论"二句:语出《孟子·公孙丑上》:"曰:'我知言,我善养吾浩然之气。''敢问何谓浩然之气?'曰:'难言也。其为气也,至大至刚,以直养而无害,则塞于天地之间。其为气也,配义与道;无是,馁也。是集义所生者,非义袭而取之也。行有不慊于心,则馁矣。我故曰,告子未尝知义,以其外之也。'"

7. "韩子亦言'仁义之途'"二句:语出韩愈《答李翊书》:"虽然,不可以不养也,行之乎仁义之途,游之乎《诗》《书》之源,无迷其途,无绝其源,终吾身而已矣。"

8. 有才、有学、有识:《新唐书·刘知几传》:"礼部尚书郑惟忠尝问:'自古文士多,史才少,何耶?'对曰:'史有三长:才、学、识,世罕兼之,故史者少。夫有学无才,犹愚贾操金不能殖货;有才无学,犹巧匠无楩柟斧斤,弗能成室。善恶必书,使骄君贼臣知惧,此为无可加者。'时以为笃论。"刘知几《史通》论史家必兼才、学、识,此即为章学诚论文章主体之所本。

9. 非修德之谓也:程千帆《文论要诠》:"《论语·宪问篇》:'修己以敬。'《孟子·离娄篇》:'陈善闭邪谓之敬。'是敬之古义在修德也。"

10. "论古必恕"二句:程千帆《文论要诠》:"《论语·里仁篇》:'夫子之道,忠恕而已矣。'邢疏:'恕谓忖己度物也。'又《卫灵公篇》:'子贡问曰:有一言而可以终身行之者乎?子曰:其恕乎!己所不欲,勿施于人。'《字典》于此文下引朱注云:'恕非宽假之谓。'疑实斋所本也。然覆检朱注无此说,存之以俟更考。"

11. "气摄而不纵"二句:程千帆《文论要诠》:"《礼记·中庸》:'喜怒哀乐之未发

谓之中,发而皆中节谓之和。'《乐记》:'大乐与天地同和,大礼与天地同节。'所谓和节者,随其时,如其分也。为文者,检束心气,审慎情理,庶几随物赋形,当机树义,而无过不及之病。"

12. 陈寿《三国志》纪魏而传吴、蜀:赵翼《廿二史札记》卷六:"《《三国志》》曹魏则立本纪,蜀、吴二主则但立传,以魏为正统,二国皆僭窃也。"陈寿于晋时修《三国志》,晋承魏统,所以陈寿修《三国志》不得不以魏为正统。

13. "习凿齿为《汉晋春秋》"二句:《晋书·习凿齿传》:"凿齿在郡,著《汉晋春秋》以裁正之。起汉光武,终于晋愍帝。于三国之时,蜀以宗室为正,魏武虽受汉禅晋,尚为篡逆,至文帝平蜀,乃为汉亡而晋始兴焉。"

14. "司马《通鉴》仍陈氏之说"二句:王应麟《困学纪闻》:"三国鼎峙,司马公(光)《通鉴》以魏为正统,本陈寿。朱子《纲目》以蜀汉为正统,本习凿齿。"

15. "是非之心"二句:语出《孟子·告子上》。

16. 起古人于九原:《礼记·檀弓》:"赵文子与叔誉观乎九原。文子曰:死者如可作也。吾谁与归。"九原,春秋时晋国卿大夫的墓地。

17. "陈氏生于西晋"七句:程千帆《文论要诠》:"按朱彝尊《陈寿论》云:'《纲目》纪年,以章武接建安,而后得统之正,然百世之下可尔,其在当时,蜀入于魏,魏禅于晋,寿既仕晋,安能显尊蜀以干大戮乎?'……原注云'前人已言',疑指朱氏说。"

18. 学究:唐代取士,明经一科有"学究一经"的科目;宋代称为"学究",为礼部贡举十科之一。后用于指迂腐浅陋的读书人。

19. "是则不知古人之世"五句:程千帆《文论要诠》:"《孟子·万章篇》:'以友天下之善士为未足,又尚论古之人。诵其诗,读其书,不知其人,可乎?是以论其世也,是尚友也。'设身处地之说,盖即本《孟子》此义而推之也。"

20. 虽有子不知夫子之所谓:《礼记·檀弓上》:"有子问于曾子曰:问丧于夫子乎?曰:闻之,丧欲速贫,死欲速朽。有子曰:是非君子之言也。曾子曰:参也闻诸夫子也。有子又曰:是非君子之言也。曾子曰:参也与子游闻之。有子曰:然,然则夫子有为言之也。曾子以斯言告于子游。子游曰:甚哉!有子之言似夫子也。昔者夫子居于宋,见桓司马自为石椁,三年而不成。夫子曰:若是其靡也。死不如速朽之愈也。死之欲速朽,为桓司马言之也。南宫敬叔反,必载宝而朝。夫子曰:若是其货也。丧不如速贫之愈也。丧之欲速贫,为敬叔言之也。曾子以子游之言告于有子。有子曰:然,吾固曰非夫子之言也。曾子曰:子何以知之?有子曰:夫子制于中都,四寸之棺,五寸之椁,以斯知不欲速朽也。"

21. 己所不欲,勿施于人:语出《论语·颜渊》。

22. "迎而拒之"四句:语出韩愈《答李翊书》:"吾又惧其杂也,迎而拒之,平心而察之,其皆醇也,然后肆焉。虽然,不可以不养也,行之乎仁义之途,游之乎《诗》、《书》之源,无迷其途,无绝其源,终吾身而已矣。气,水也;言,浮物也。水大而物之浮者大小毕浮。气之与言犹是也。气盛,则言之短长与声之高下皆宜。"

23. "不敢轻心掉之"四句:语出柳宗元《答覃中立论师道书》。

24. 天人性命之微：程千帆《文论要诠》："《易·说卦》：'昔者圣人之作《易》也，将以顺性命之理。是以立天之道，曰阴与阳；立地之道，曰柔与刚；立人之道，曰仁与义。'《汉书·董仲舒传》：'臣谨案《春秋》之中，视前世已行之事，以观天人相与之际，甚可畏也。'儒者之旨，在乎以人法天，故自来皆以天人性命为道之所存。《中庸》云：'天命之谓性，率性之谓道，可为证也。'"

25. 文繁而不可杀：《公羊传·僖公二十二年》："《春秋》辞繁而不杀者，正也。"何休注："杀，省也。"

26. "古文辞而不由史出"二句：程千帆《文论要诠》："前人论文，皆言本经。而《文史通义·易教篇》云：'六经皆史也。古人不著书，古人未书离事而言理，六经皆先王之政典也。'是此云文辞出史，史已包经，与古亦不悖也。"

27. 缉熙敬止：语出《诗经·大雅·文王》："穆穆文王，缉熙敬止。"《毛传》："穆穆，美也。缉熙，光明也。"

【讲疏】

章学诚所著之《文史通义》与唐刘知几之《史通》被今人誉为史学双璧。实际上，章学诚不仅是一位史学家，而且还是一位文评家，他的《文史通义》文史兼论，在中国文学批评史上具有重要的价值。

《文德》篇提倡的"文德"观在我国文论史上是一种创见。章太炎在《国故论衡·文学总略》中曾指责章学诚《文德》篇乃窃杨彦遵《文德论》而成，这实是一种误解，后遭刘咸炘的反驳。以"德"论文，最早为东汉王充《论衡·佚文》中提出的"文德之操为文""繁文丽辞，无文德之操"。后来刘勰在《文心雕龙·原道》中又提出"文之为德也大矣"。据《魏书·文苑传》记载，北魏杨彦遵曾作有《文德论》一文，提出"古今辞人，皆负才遗行，浇薄险恶，惟邢子、王元景、温子升，彬彬有德素"。但三者"文德"所指不一：王充言"文德"，强调的是文章内容的重要性，反对追求繁文丽辞的形式主义文风；刘勰言"文德"，指的是文学所起到的道德教化功用；杨彦遵言"文德"，指的是作者的道德行为素养；章学诚所言之"文德"，指的是主体临文时的态度，包括文学创作上的"临文必敬"和文学评论上的"论古必恕"两个方面。

但是，章学诚终究未能摆脱时代和阶级的局限，他所谓的"德"是以封建伦理道德为内涵的。章氏品评人物、议论时政往往折衷于名教，比如他消解司马迁"发愤著书"说的批判传统，认为"史迁未敢谤主，读者之心自不平耳"；对袁枚"性灵"说以及袁枚招邀女弟子的做法，更是站在封建卫道士的立场上直斥其伤风败俗，"非圣无法"，等等。

【关键词解读】

文德

文德论包括文学创作上的"临文必敬"和文学评论上的"论古必恕"两个方面：一、"临文主敬"，指作者写作时应持有一种严肃的态度，也就是要通过"修德"与"养气"，最终达到"心平气和"，在"心平气和"的情态下从事创作，才能合于"法度"。"修德"就是"修辞立诚"；"养气"就是通过读书博识，做到胸中自有主意。章学诚在《徐尚之古文跋》中又说："读书广识，乃使义理充积于中，久之又久，使其胸次自有伦类，则心有主。心有主，则笔之于书，乃如火燃泉达之不可已，此古人之所以为养气也。"《跋香泉读书记》也说："文者气之所形，故之能文者，必先养气，养气之功，在于集义。读书服古，时有会心，方臆测而未及为文，即札记所见，以存于录，日有积焉，月有汇焉，久之又久，充满流动，然后发为文辞，浩乎沛然，将有不自识其所以者矣。此则文章家之所谓集义而养气也。"二、"论古必恕"，指文学评论者进行在评论时应持一种"了解之同情"的态度。"恕"不是无原则的"宽容"，而是设身处地的"知古人之世"、"知古人之身处"，深切体会古人"身之所处，固有荣辱、隐显、屈伸、忧乐之不齐"，然后对作家作品作出中肯的论断。章氏"论古必恕"的评价原则，实际上是对孟子"知人论世"说的进一步发挥。

【相关知识链接】

自王充发文德之论，一再传后，而有章氏此篇，后出转精，可谓无余蕴矣。今细绎之，则诸家之说，各有所重：若《论衡》所言，盖以文之外形内情，要当符会。世风日漓，则言多过实；夸诞日甚，而文转无功。其义似取之《论语》及《法言》。《论语·雍也篇》云："质胜文则野，文胜质则史。文质彬彬，然后君子。"《法言·吾子篇》云："或问：'君子尚辞乎？'曰：'君子事之为尚。事胜辞则伉，辞胜事则赋，事辞称则经。足言足容，德之藻矣。'"文质之说，盖以三代异尚，而玄圣折中，其义非专论文学，若事辞之说，则扬子本孔氏而推衍之，当汉赋大行，劝百风一之际，以箴砭时尚者也。其云"称则经"，即"彬彬"之谓也；其言"足言足容"，即《左传》引孔子"言以足志，文以足言"之谓也。夫惟如是，乃能文义密附，内外一致，得其本然，而无诬妄。实斋所谓"尽其天而不益以人"之说，亦从此而生，其义深矣。然《论语》主文质彬彬；《法言》虽主事辞相称，复谓事之为尚；逮《论衡》乃专斥繁文丽辞为无文德之操,而不复有病质之言者,则以自战代以还,文胜已久,反于淳朴,实为要图,故二贤皆以此为说耳。至杨遵彦、颜之推之所论,则以古今才士,虽有高文,罕见至德,故缀翰之徒,当以道德文章并重。《论语·学而篇》云:"弟子人则孝,出则悌,谨而信,泛爱众,而亲仁,行有余力,则以学文。"此道德为先文章为末之说。顾炎武《与友人书》云:"《宋史》言,刘忠肃每戒子弟曰:'士当以器识为先,一命为文人,无足观矣。'仆自读此一言,便绝应酬文字,所以养其器识,而不堕于文人也。"(案刘挚,字莘老,谥忠肃。)又《日知录》云:"《诗》云:'巧言如簧,颜之厚矣。'而孔子亦曰:'巧言令色,鲜矣仁。'又曰:'巧言乱德。'夫巧言不但言语,凡今人所作诗、赋、碑、状,足以悦人之文,皆巧言之类也。不能不足以为通人。夫惟能之而不为,乃天之大勇也,故夫子以刚、毅、木、讷为近仁。学者所用力之途,在此不在彼矣。"此为文章必折衷于道德之说,又可补杨、颜之所未及者也。

前乎章氏之论,略如上述,持较本篇,则其异同可得言焉。盖王充之所谓文德,则形文情文之宜称也;杨遵彦之所谓文德,则作者道德文章之当并重也;实斋之所谓文德,则临文态度之必敬以恕也。而其要归,则"修辞立其诚"一语足以括之。《中庸》曰:"诚者,天之道;诚之者,人之道也。诚者不勉而中,不思而得,从容中道,圣人也。诚之者,择善而固执之者也。"又曰:"唯天下至诚为能尽其性;尽其性,则能尽人之性;能尽人之性,则能尽物之性。"又曰:"诚者,物之终始,不诚无物,是故君子诚之为贵。诚者,非自成己而已,所以成物也。"凡此皆言哲理,而其道通乎艺事。夫从容中道,则文质彬彬,而无过与不及之病矣。诚而有物,则言行如一,而无巧言乱德之失矣。尽人成物,则临文必恕矣;择善固执,则临文必敬矣。此余杭章君论文,所以标斯语为宗也。魏文帝尝叹文人类多不护细行,鲜能以名节自立。扬子《法言》以言为心声,书为心画,盖盎面现背,有不可掩者。其影响小者及乎个人,大者及乎国族。有志斯文者,恶可不立诚慎始,以聿修厥德哉!

——程千帆《文论十笺》,武汉大学出版社2008年排印本

【延伸阅读】

章学诚把阐发史意作为最高宗旨,他把自己的著作命名为《文史通义》,表明他希望通过对史书和史文的研究达到通晓史义的目的。《诗教》上、下从文辞义例方面来梳理诗教在文辞流变中的基础性作用。《文理》与《古文十弊》则是针对桐城派与袁枚性灵说而发。《文理》认为"是以学

文之事,可授受者规矩方圆,其不可授受者心营意造",着重批评了舍本逐末的"文法论";《古文十弊》反对"不达时势"、"画蛇添足"、"优伶演剧"、"削足适履"等等不良文风。上述四篇选文充分体现了章学诚以史学为本位的不同于文学家论文的特点。

诗　教　上

　　周衰文弊,六艺道息,而诸子争鸣。盖至战国而文章之变尽,至战国而著述之事专,至战国而后世之文体备;故论文于战国,而升降盛衰之故可知也。战国之文,奇邪错出,而裂于道,人知之;其源皆出于六艺,人不知也。后世之文,其体皆备于战国,人不知;其源多出于《诗》教,人愈不知也。知文体备于战国,而始可与论后世之文;知诸家本于六艺,而后可与论战国之文;知战国多出于《诗》教,而后可与论六艺之文;可与论六艺之文,而后可与离文而见道;可与离文而见道,而后可与奉道而折诸家之文也。

　　战国之文,其源皆出于六艺。何谓也?曰:道体无所不该,六艺足以尽之。诸子之为书,其持之有故而言之成理者,必有得于道体之一端,而后乃能恣肆其说,以成一家之言也。所谓一端者,无非六艺之所该,故推之而皆得其所本,非谓诸子果能服六艺之教,而出辞必衷于是也。《老子》说本阴阳,《庄》《列》寓言假象,《易》教也。邹衍侈言天地,关尹推衍五行,《书》教也。管、商法制,义存政典,《礼》教也。申、韩刑名,旨归赏罚,《春秋》教也。其他杨、墨、尹文之言,苏、张、孙、吴之术,辨其源委,挹其旨趣,九流之所分部,《七录》之所叙论,皆于物曲人官,得其一致,而不自知为六典之遗也。

　　战国之文,既源于六艺。又谓多出于《诗》教,何谓也?曰:战国者,纵横之世也。纵横之学,本于古者行人之官。观春秋之辞命,列国大夫,聘问诸侯,出使专对,盖欲文其言以达旨而已。至战国而抵掌揣摩,腾说以取富贵,其辞敷张而扬厉,变其本而加恢奇焉,不可谓非行人辞命之极也。孔子曰:"诵诗三百,授之以政,不达;使于四方,不能专对,虽多奚为?"是则比兴之旨,讽喻之义,固行人之所肄也。纵横者流,推而衍之,是以能委折而入情,微婉而善讽也。九流之学,承官曲于六典,虽或原于《书》《易》《春秋》,其质多本于礼教,为其体之有所该也。及其出而用世,必兼纵横,所以文其质也。古之文质合于一,至战国而各具之,质当其用也,必兼纵横之辞以文之,周衰文弊之效也。故曰:战国者,纵横之世也。

后世之文,其体皆备于战国。何谓也?曰:子史衰而文集之体盛,著作衰而辞章之学兴。文集者,辞章不专家,而萃聚文墨,以为蛇龙之菹也(详见《文集》篇)。后贤承而不废者,江河导而其势不容复遏也。经学不专家,而文集有经义;史学不专家,而文集有传记;立言不专家,(即诸子书也。)而文集有论辨。后世之文集,舍经义与传记、论辨之三体,其余莫非辞章之属也,而辞章实备于战国,承其流而代变其体制焉。学者不知,而溯挚虞所裒之《流别》,(挚虞有《文章流别论》)甚且以萧梁《文选》,举为辞章之祖也,其亦不知古今流别之义矣。

今即《文选》诸体,以征战国之赅备。(挚虞《流别》,孔逭《文苑》,今俱不传,故据《文选》。)京都诸赋,苏、张纵横六国,侈陈形势之遗也。《上林》《羽猎》,安陵之从田,龙阳之同钓也。《客难》《解嘲》,屈原之《渔父》《卜居》,庄周之惠施问难也。韩非《储说》,比事征偶,《连珠》之所肇也。(前人已有言及之者。)而或以为始于傅毅之徒,非其质矣。孟子问齐王之大欲,历举轻暖肥甘,声音彩色,《七林》之所启也。而或以为刨之枚乘,忘其祖矣。邹阳辨谤于梁王,江淹陈辞于建平,苏秦之自解忠信而获罪也。《过秦》《王命》《六代》《辨亡》诸论,抑扬往复,诗人讽谕之旨,孟、荀所以称述先王,儆时君也。(屈原上称帝喾,中述汤、武,下道齐桓,亦是。)淮南宾客,梁苑辞人,原、尝、申、陵之盛举也。东方、司马,侍从于西京,徐、陈、应、刘,征逐于邺下,谈天雕龙之奇观也。遇有升沉,时有得失,畸才汇于末世,利禄萃其性灵,廊庙山林,江湖魏阙,旷世而相感,不知悲喜之何从,文人情深于《诗》、《骚》,古今一也。

至战国而文章之变尽，至战国而后世之文体备，其言信而有征矣。至战国而著述之事专。何谓也？曰：古未尝有著述之事也，官师守其典章，史臣录其职载。文字之道，百官以之治，而万民以之察，而其用已备矣。是故圣王书同文以平天下，未有不用之于政教典章，而以文字为一人之著述者也。（详见外篇《较雠略·著录先明大道论》）道不行而师儒立其教，我夫子之所以功贤尧舜也。然而予欲无言，无行不与，六艺存周公之旧典，夫子未尝著述也。《论语》记夫子之微言，而曾子、子思，俱有述作以垂训，至孟子而其文然后闳肆焉，著述至战国而始专之明验也。（《论语》记曾子之没，吴起尝师《曾子》，则《曾子》没于战国初年而《论语》成于战国之时明矣。）春秋之时，管子尝有书矣；（《鹖冠子》《晏子》，后人所托。）然载一时之典章政教，则犹周公之有《官礼》也。记管子之言行，则习管氏法者所缀缉，而非管仲所著述也。（或谓管仲之书，不当称桓公之谥，阎氏若璩又谓后人所加，非《管子》之本文。皆不知古人并无私自著书之事，皆是后人缀辑，详《诸子》篇。）兵家之有《太公阴符》，医家之有《黄帝素问》，农家之《神农》、《野老》，先儒以谓后人伪撰，而依托乎古人。其言似是，而推究其旨，则亦有所未尽也。盖末数小技，造端皆始于圣人，苟无微言要旨之授受，则不能以利用千古也。三代盛时，各守人官物曲之世氏，是以相传以口耳，而孔、孟以前，未尝得见其书也。至战国而官守师传之道废，通其学者，述旧闻而著于竹帛焉，中或不能无得失，要其所自，不容遽昧也。以战国之人，而述黄、农之说，是以先儒辨之文辞，而断其伪托也，不知古初无著述。而战国始以竹帛代口耳。（外史掌三皇五帝之书，及四方之志，与孔子所术六艺旧典，皆非著述一类，其说已见于前。）实非有所伪托也。然则著述始专于战国，盖亦出于势之不得不然矣。著述不能不衍为文辞，而文辞不能不生其好尚。后人无前人之不得已，而惟以好尚逐于文辞焉，然犹自命为著述。是以战国为文章之盛，而衰端亦已兆于战国也。

　　——《文史通义》内编一，文物出版社1985年《章学诚遗书》本

诗 教 下

或曰：若是乎三代以后，六艺惟《诗》教为至广也。敢问文章之用，莫盛于《诗》乎？曰：岂特三代以后为然哉？三代以前，《诗》教未尝不广也。夫子曰："不学《诗》，无以言。"古无私门之著述，未尝无达衷之言语也。惟托于声音，而不著于文字，故秦人禁《诗》《书》，《书》阙有间，而《诗》篇无有散失也。后世竹帛之功，胜于口耳；而古人声音之传，胜于文字；则古今时异，而理势亦殊也。自古圣王以礼乐治天下，三代文质，出于一也。世之盛也，典章存于官守，《礼》之质也；情志和于声诗，乐之文也。迨其衰也，典章散而诸子以术鸣。故专门治术，皆为《官礼》之变也。情志荡，而处士以横议，故百家驰说，皆为声《诗》之变也。（名、法、兵、农、阴阳之类，主实用者，谓之专门治术，其初各有职掌，故归于官，而为礼之变也。谈天、雕龙、坚白、异同之类，主虚理者，谓之百家驰说。其言不过达其情志，故归于诗，而为乐之变也。）战国之文章，先王礼乐之变也。（六艺为《官礼》之遗，其说亦详外篇《校雠略》中《著录先明大道论》。）然而独谓《诗》教广于战国者，专门之业少，而纵横腾说之言多。后世专门子术之书绝伪体子书，不足言也，而文集繁，虽有醇驳高下之不同，其究不过自抒其情志。故曰：后世之文体，皆备于战国，而《诗》教于斯可谓极广也。学者诚能博览后世之文集，而想见先王礼乐之初焉，庶几有立而能言，（学问有主即是立，不尽如朱子所云肌肤筋骸之束而已也。）可以与闻学《诗》学《礼》之训矣。

学者惟拘声韵为之诗，而不知言情达志，敷陈讽谕，抑扬涵泳之文，皆本于《诗》教。是以后世文集繁，而纷纭承用之文，相与沿其体，而莫由知其统要也。至于声韵之文，古人不尽通于《诗》，而后世承用诗赋之属，亦不尽出六义之教也，其故亦备于战国。是故明于战国升降之体势，而后礼乐之分可以明，六艺之教可以别；《七略》九流诸子百家之言，可以导源而浚流；两汉、六朝、唐、宋、元、明之文，可以畦分而塍别；官曲术业，声诗辞说，口耳竹帛之迁变，可坐而定矣。

演畴皇极，训、诰之韵者也，所以便讽诵，志不忘也；六象赞言，《爻》《系》之韵者也，所以通卜筮，阐幽玄也。六艺非可皆通于《诗》也，而韵言不废，则谐音协律，不得专为《诗》教也。传记如《左》《国》，著说如《老》《庄》，文逐声而遂谐，语应节而遂协，岂必合《诗》教之比兴哉？焦贡之《易林》，史游之《急就》，经部韵言之不涉于《诗》也。《黄庭经》之七言，《参同契》之断字，子术韵言之不涉于《诗》也。后世杂艺百家，诵拾名数，率用五言七字，演为歌诀，咸以取便记诵，皆无当于诗人之义也。而文指存乎咏叹，取义近于比兴，多或滔滔万言，少或寥寥片语，不必谐韵和声，而识者雅赏其为《风》、《骚》遗范也。故善论文者，贵求作者之意旨，而不可拘于形貌也。

传曰："不歌而诵谓之赋。"班氏固曰："赋者古诗之流。"刘氏勰曰："六艺附庸，蔚为大国。"盖长言咏叹之一变，丽无韵之文可通于诗者，亦于是而益广也。屈氏二十五篇，刘、班著录，以为《屈原赋》也。《渔父》之辞，未尝谐韵，而入于赋，则文体承用之流别，不可不知其渐也，文之敷张而扬厉者，皆赋之变体，不特附庸之为大国，抑亦陈完之后，离去宛丘故都，而大启疆宇于东海之滨也。后世百家杂艺，亦用赋体为拾诵，（窦氏《述书赋》，吴氏《事类赋》，医家药性赋，星卜命相术业赋之类。）盖与歌诀同出六艺之外矣。然而赋家者流，犹有诸子之遗意，居然自命一家之言者，其中又各有其宗旨焉，殊非后世诗赋之流，拘于文而无其质，茫然不可辨其流别也。是以刘、班《诗赋》一略，区分五类；而屈原、陆贾、荀卿，定为三家之学也，（说详外篇《校雠略》中《汉志诗赋论》。）马、班二史，于相如、扬雄诸家之著赋，俱详载于列传，自刘知几以还，从而抵排非笑者，盖不胜其纷纷矣，要皆不为知言也。盖为后世文苑之权舆，而文苑必致文来之实迹，以视范史而下，标文苑而止叙文人行略者，为远胜也。然而汉廷之赋，实非苟作，长篇录入于全传，足见其人之极思，殆与贾疏董策，为用不同，而同主于以文传人也。是则赋家者流，纵横之派别，而兼诸子之余风，此其所以异于后世辞章之士也。故论文于战国而下，贵求作者之意旨，而不可拘于形貌也。

　　论文拘形貌之弊，至后世文集而极矣。盖编次者之无识，亦缘不知古人之流别，作者之意旨，不得不拘貌而论文也。集文虽始于建安，（魏文撰徐、陈、应、刘文为一集，此文集之始。挚虞《流别集》，犹其后也。）而实盛于齐、梁之际，古学之不可复，盖至齐梁而后荡然矣。（挚虞《流别集》乃是后人集前人。人自为集，自齐之《王文宪集》始，而昭明《文选》又为总集之盛矣。）范、陈、晋、宋诸史所载文人列传，总其撰著，必云诗、赋、碑、箴、颂、诔若干篇，而未尝云文集若干卷，则古人文字散著篇籍，而不强以类分可知也。孙武之书，盖有八十二篇矣，（说详外篇《校雠略》中《汉志兵书论》。）而阖闾以谓"子之十三篇，吾既得而见"，是始《计》以下十三篇，当日别出独行，而后世始合之明征也。韩非之书，今存五十五篇矣。而秦王见其《五蠹》《孤愤》，恨不得与同时。是《五蠹》《孤愤》当日别出独行，而后世始合之明征也。《吕氏春秋》自序，以为良人间十二纪，是八览六论，未尝入序次也。董氏《清明》《玉杯》《竹林》之篇，班固与《繁露》并纪其篇名，是当日诸篇未入《繁露》之书也。夫诸子专家之书，指无旁及，而篇次犹不可强绳以类例，况文集所衷，体制非一，命意各殊，不深求其意措之所出，而欲强以篇题形貌相拘哉！

　　赋先于诗，骚别于赋。赋有问答发端，误为赋序，前人之议《文选》，犹其显然者也。若夫《封禅》《美新》《典引》，皆颂也。称符命以颂功德，而别类其体为"符命"，则王子渊以圣主得贤臣而颂嘉会，亦当别类其体为"主臣"矣。班固次韵，乃《汉书》之自序也。其云"述《高帝纪》第一"、"述《陈项传》第一"者，所以自序撰书之本意，史迁有作于先，故己退居于述尔。今于史论之外，别出一体为史述赞，则迁书自序，所谓作《五帝纪》第一，作《伯夷传》第一者，又当别出一体为史作赞矣。汉武诏策贤良，即策问也。今以出于帝制，遂于策问之外，别名曰诏。然则制策之对，当离诸策而别名为表矣。贾谊《过秦》，盖《贾子》之篇目也。（今传《贾氏新书》首列《过秦》上下二篇，此为后人辑定，不足为据。

《汉志》,《贾谊》五十八篇,又赋七篇,此外别无论著,则《过秦》乃《贾子》篇目明矣。)因陆机《辨亡》之论,规仿《过秦》,遂援左思"著论准《过秦》"之说,而标体为论矣。(左思著论之说,须活看,不可泥。)魏文《典论》,盖犹桓子《新论》、王充《论衡》之以论名书耳。《论文》,其篇目也。今与《六代》《辨亡》诸篇,同次于论,然则昭明《自序》,所谓"老、庄之作,管、孟之流,立意为宗,不以能文为本",其例不收诸子篇次者,岂以有取斯文即可裁篇题论,而改子为集乎?《七林》之文,皆设问也。今以枚生发问有七,而遂标为七,则《九歌》《九章》《九辨》亦可标为九乎?《难蜀父老》,亦设问也。今以篇题为难,而别为难体,则《客难》当与同编,而《解嘲》当别为嘲体,《宾戏》当别为戏体矣。《文选》者,辞章之圭臬,集部之准绳,而淆乱芜秽不可弹诘;则古人流别,作者意旨,流览诸集,孰是深窥而有得者乎?集人之文,尚未得其意指,而自衷所著为文集者,何纷纷耶?若夫总集别集之类例,编辑撰次之得失,今古详略之攸宜,录选评钞之当否,别有专篇讨论,不尽述也。

——《文史通义》内编一,文物出版社 1985 年《章学诚遗书》本

文　理

偶于良宇案间见《史记》录本,取观之,乃用五色圈点,各为段落。反复审之,不解所谓;询之良宇,哑然失笑,以谓己亦厌观之矣。其书云出前明归震川氏,五色标识,各为义例,不相混乱。若者为全篇结构,若者为逐段精彩,若者为意度波澜,若者为精神气魄,以例分类,便于拳服揣摩,号为古文秘传。前辈言古文者,所为珍重授受,而不轻以示人者也。又云:"此如五祖传灯,灵素受箓,由此出者,乃是正宗;不由此出,纵有非常著作,释子所讥为野狐禅也。余幼学于是,及游京师,闻见稍广,乃知文章一道,初不由此。然意其中或有一二之得,故不遽弃,非珍之也。"

余曰：文章一道，自元以前，衰而且病，尚未亡也。明人初承宋、元之遗，粗存规矩。至嘉靖、隆庆之间，晦蒙否塞，而文几绝矣。归震川氏生于是时，力不能抗王、李之徒，而心知其非，故斥凤洲以为庸妄，谓其创为秦、汉伪体，至并官名地名而改用古称，使人不辨作何许语，故直斥之曰文理不通，非妄言也。然归氏之文，气体清矣，而按其中之所碍，则亦不可强索。故余尝书识其后，以为先生所以砥柱中流者，特以文从字顺，不汩没于流俗；而于古人所谓闳中肆外，言以声其心之所得，则未之闻尔。然亦不得不称为彼时之豪杰矣。但归氏之于制艺，则犹汉之子长、唐之退之，百世不祧之大宗也。故近代时文家之言古文者，多宗归氏。唐、宋八家之选，人几等于《五经》四子所由来矣。惟归、唐之集，其论说文字皆以《史记》为宗，而其所以得力于《史记》者，乃颇怪其不类。盖《史记》体本苍质，而司马才大，故运之以轻灵。今归、唐之所谓疏宕顿挫，其中无物，遂不免于浮滑，而开后人以描摹浅陋之习。故疑归、唐诸子得力于《史记》者，特其皮毛，而于古人深际未之有见。今观诸君所传五色订本，然后知归氏之所以不能至古人者，正坐此也。

夫立言之要，在于有物。古人著为文章，皆本于中之所见，初非好为炳炳烺烺，如锦工绣女之矜夸彩色已也。富贵公子，虽醉梦中，不能作寒酸求乞语；疾痛患难之人，虽置之丝竹华宴之场，不能易其呻吟而作欢笑。此声之所以肖其心，而文之所以不能彼此相易，各自成家者也。今舍己之所求，而摩古人之形似，是杞梁之妻善哭其夫，而西家偕老之妇亦学其悲号；屈子自沉汨罗，而同心一德之朝，其臣亦宜作楚怨也。不亦乐乎？至于文字，古人未尝不欲其工。孟子曰："持其志，无暴其气。"学问为立言之主，犹之志也；文章为明道之具，犹之气也。求自得于学问，固为文之根本；求无病于文章，亦为学之发挥。故宋儒尊道德而薄文辞，伊川先生谓工文则害道，明道先主谓记诵为玩物丧志。虽为忘本而逐末者言之，然推二先生之立意，则持其志者，不必无暴其气，而出辞气之远于鄙倍，辞之欲求其达，孔、曾皆为不闻道矣。但文字之佳胜，正贵读者之自得。如饮食甘旨，衣服轻暖，衣且食者之领受，各自知之，而难以告人。如欲告人衣食之道，当指脍炙而令其自尝，可得旨甘；指狐貉而令其自被，可得轻暖，则有是道矣。必吐己之所尝而哺人以授之甘，搂人之身而置怀以授之暖，则无是理也。

韩退之曰："记事者必提其要，纂言者必钩其玄。"其所谓钩玄提要之书，不特后世不可得而闻，虽当世籍、湜之徒，亦未闻其有所见，果何物哉？盖亦不过寻章摘句以为撰文之资助耳。此等识记，古人当必有之。如左思十稔而赋《三都》，门庭藩溷，皆著纸笔，得即书之。今观其赋，并无奇思妙想，动心骇魄，当借十年苦思力索而成。其所谓得即书者，亦必标书志义，先掇古人菁英，而后足以供驱遣尔。然观书有得，存乎其人，各不相涉也。故古人论文，多言读书养气之功，博古通经之要，亲师近友之益，取材求助之方，则其道矣。至于论及文辞工拙，则举隅反三，称情比类。如陆机《文赋》，刘勰《文心雕龙》，钟嵘《诗品》，或偶举精字善句，或品评全篇得失，今观之者得意文中，会心言外，其于文辞思过半矣。至于不得已而摘记为书，标识为类，是乃一时心之所会，未必出于其书之本然。比如怀人见月而思，月岂必主远怀？久客听雨而悲，雨岂必有愁况？然而月下之怀，雨中之感，岂非天地至文？而欲以此感此怀，藏为秘密，或欲嘉惠后学，以谓凡对明月与听霖雨，必须用此悲感方可领略，则适当良友乍逢，及新婚宴尔之人，必不信矣。是以学文之事，可授受者规矩方圆，其不可授受者心营意造。至于纂类摘比之书，标识评点之册，本为文之末务，不可揭以告人，只可用以自志，父不得而与子，师不得以传弟。盖恐以古人无穷之书，而拘于一时有限之心手也。

律诗当知平仄，古诗宜知音节。顾平仄显而易知，音节隐而难察，能熟千古诗，当自得之。执古诗而定人之音节，则音节变化，殊非一成之诗所能限也。赵伸符氏取古人诗为《声调谱》，通人讥之，余不能为赵氏解矣。然为不知音节之人言，未尝不可生其启悟，特不当举为天下之式法尔。时文当知法度，古文亦当知有法度。时文法度显而易言，古文法度隐而难喻，能熟于古文，当自得之。执古文而示人以法度,则文章变化,非一成之文所能限也。归震川氏取《史记》之文,五色标识,以示义法;今之通人,如闻其事必窃笑之,余不能为归氏解也。然为不知法度之人言,未尝不可资其领会,特不足据为传授之秘尔。据为传授之秘,则是郢人宝燕石矣。夫书之难以一端尽也,仁者见仁,智者见智。诗之音节,文之法度,君子以谓可不学而能,如啼笑之有收纵,歌哭之有抑扬,必欲揭以示人,人反拘而不得歌哭啼笑之至情矣。然使一己之见,不事穿凿过求,而偶然浏览,有会于心,笔而志之,以自省识,未尝不可资修辞之助也。乃因一己所见,而谓天下之人,皆当范我之心手焉,后人或我从矣,起古人而问之,乃曰:"余之所命,不在是矣!"毋乃冤欤?

——《文史通义》内编二,文物出版社1985年《章学诚遗书》

古文十弊

余论古文辞义例,自与知好诸君书,凡数十通;笔为论著,又有《文德》《文理》《质性》《黠陋》《俗嫌》《俗忌》诸篇,亦详哉其言之矣。然多论古人,鲜及近世。兹见近日作者,所有言论与其撰著,颇有不安于心,因取最浅近者,条为十通,思与同志诸君相为讲明,若他篇所已及者不复述,览者可互见焉。此不足以尽文之隐,然一隅三反,亦庶几其近之矣。

一曰,凡为古文辞者,必先识古人大体,而文辞工拙,又其次焉。不知大体,则胸中是非,不可以凭,其所论次,未必俱当事理。而事理本无病者,彼反见为不然而补救之,则率天下之人而祸仁义矣。有名士投其母氏行述,请大兴朱先生作志。叙其母之节孝,则谓乃祖衰年病废卧床,溲便无时,家无次丁,乃母不避秽亵,躬亲薰濯。其事既已美矣。又述乃祖于时戚然不安,乃母肃然对曰:"妇年五十,今事八十老翁,何嫌何疑?"呜呼!母行可嘉,而子女不肖甚矣。本无芥蒂,何有嫌疑?节母既明大义,定知无是言也。此公无故自生嫌疑,特添注以斡旋其事,方自以谓得体,而不知适如冰雪肌肤,剚成疮痏,不免愈濯愈痕瘢矣。人苟不解文辞，如遇此等，但须据事直书，不可无故妄加雕饰；妄加雕饰，谓之剜肉为疮，此文人之通弊也。

二曰，《春秋》书内不讳小恶。岁寒知松柏之后凋，然则欲表松柏之贞，必明霜雪之厉，理势之必然也。自世多嫌忌，将表松柏，而又恐霜雪怀惭，则触手皆荆棘矣。但大恶讳，小恶不讳，《春秋》之书内事，自有其权衡也。江南旧家，辑有宗谱。有群从先世为子聘某氏女，后以道远家贫，力不能婚，恐失婚时，伪报子殇，俾女别聘。其女遂不食死，不知其子故在。是于守贞殉烈，两无所处。而女之行事，实不愧于贞烈，不忍泯也。据事直书，于翁诚不能无歉然矣。第《周官》媒氏禁嫁殇，是女本无死法也。《曾子问》，娶女有日，而婿父母死，使人致命女氏。注谓恐失人嘉会之时，是古有辞昏之礼也。今制，婿远游，三年无闻，听妇告官别嫁，是律有远绝离昏之条也。是则某翁诡托子殇，比例原情，尚不足为大恶而必须讳也。而其族人动色相戒，必不容于直书，则匿其辞曰："书报幼子之殇，而女家误闻以为婿也。"夫千万里外，无故报幼子殇，而又不道及男女昏期，明者知其无是理也。则文章病矣。人非圣人，安能无失？古人叙一人之行事，尚不嫌于得失互见也；今叙一人之事，而欲顾其上下左右前后之人，皆无小疵，难矣。是之谓八面求圆，又文人之通弊也。

三曰，文欲如其事，未闻事欲如其人者也。尝见名士为人撰志，其人盖有朋友气谊，志文乃仿韩昌黎之志柳州也，亦步亦趣，惟恐其或失也。中间感叹世情反复，已觉无病费呻吟矣。末叙丧费出于贵人，及内亲竭劳其事。询之其家，则贵人赠赙稍厚，非能任丧费也。而内亲则仅一临穴而已，亦并未任其事也。且其子俱长成，非若柳州之幼子孤陋，必待人为经理者也。诘其何为失实至此，则曰：仿韩志柳墓。终篇有云："归葬费出观察使裴君行立，又舅弟卢遵，既葬子厚，又将经纪其家。"附纪二人，文情深厚，今志欲似之耳。余尝举以语人，人多笑之。不知临文摹古，迁就重轻，又往往似之矣。是之谓削趾适屦，又文人之通弊也。

四曰，仁智为圣，夫子不敢自居。瑚琏名器，子贡安能自定。

称人之善，尚恐不得其实；自作品题，岂宜夸耀成风耶？尝见名士为人作传，自云吾乡学者，鲜知根本，惟余与某甲，为功于经术耳。所谓某甲，固有时名，亦未见必长经术也。作者乃欲援附为名，高自标榜，恧矣！又有江湖游士，以诗著名，实亦未足副也。然有名实远出其人下者，为人作诗集序，述人请序之言曰："君与某甲齐名，某甲既已弃言，君乌得无题品？"夫齐名本无其说，则请者必无是言，而自诩齐名，借人炫己，颜频不复知忸怩矣！且经援服、郑，诗攀李、杜，犹曰高山景仰；若某甲之经，某甲之诗，本非可恃，而犹借为名，是之谓私署头衔，又文人之通弊也。

五曰，物以少为贵，人亦宜然也。天下皆圣贤，孔、孟亦弗尊尚矣。清言自可破俗，然在典午，则滔滔皆是也。前人讥《晋书》列传同于小说，正以采掇清言，多而少择也。立朝风节，强项敢言，前史侈为美谈。明中叶后，门户朋党，声气相激，谁非敢言之士？观人于此，君子必有辨矣。不得因其强项申威，便标风烈，理固然也。我宪皇帝澄清吏治，裁革陋规，整饬官方，惩治贪墨，实为千载一时。彼时居官，大法小廉，殆成风俗，贪冒之徒，莫不望风革面，时势然也。今观传志碑状之文，叙雍正年府州县官，盛称杜绝馈遗，搜除积弊，清苦自守，革除例外供支，其文洵不愧于循吏传矣。不知彼时逼于功令，不得不然，千万人之所同，不足以为盛节。岂可见阉寺而颂其不好色哉？山居而贵薪木，涉水而宝鱼虾，人知无是理也；而称人者乃独不然，是之谓不达时势，又文人之通弊也。

六曰，史既成家，文存互见，有如《管晏列传》，而勋详于《齐世家》，张耳分题，而事总于《陈余传》；非惟命意有殊，抑亦详略之体所宜然也。若夫文集之中，单行传记，凡遇牵联所及，更无互著之篇，势必加详，亦其理也。但必权其事理，足以副乎其人，乃不病其繁重尔。如唐平淮西，《韩碑》归功裴度，可谓当矣。后中谗毁，改命于段文昌，千古为之叹惜。但文昌徇于李愬，愬功本不可没，其失犹未甚也。假令当日无名偏裨，不关得失之人，身后表阡，侈陈淮西功绩，则无是理矣。朱先生尝为故编修蒋君撰志，中叙国家前后平定准回要略，则以蒋君总修方略，独立勤劳，书成身死，而不得叙功故也。然志文雅健，学者慕之。后见某中书舍人死，有为作家传者，全袭《蒋志》原文，盖其人尝任分纂数月，于例得列衔名者耳，其实于书未寓目也。是与无名偏裨居淮西功，又何以异？而文人喜于摭事，几等军吏攘功，何可训也？是之谓同里铭旌。昔有夸夫，终身未膺一命，好袭头衔，将死，遍召所知，筹计铭旌题字。或徇其意，假借例封，待赠，修职，登仕诸阶，彼皆掉头不悦。最后有善谐者，取其乡之贵显，大书勋阶师保殿阁部院某国某封某公同里某人之柩，人传为笑。故凡无端而影附者，谓之同里铭旌，不谓文人亦效之也，是又文人之通弊也。

七曰，陈平佐汉，志见社肉，李斯亡秦，兆端厕鼠。推微知著，固相士之玄机；搜间传神，亦文家之妙用也。但必得其神志所在，则如图画名家，颊上妙于增毫；苟徒慕前人文辞之佳，强寻猥琐，以求其似，则如见桃花而有悟，遂取桃花作饭，其中岂复有神妙哉？又近来学者，喜求征实，每见残碑断石，余文剩字，不关于正义者，往往借以考古制度，补史缺遗，斯固善矣。因是行文，贪多务得，明知赘余非要，却为有益后世，推求不惮辞费。是不特文无体要，抑思居今世而欲备后世考征，正如董泽矢材，可胜暨乎？夫传人者文如其人，述事者文如其事，足矣。其或有关考征，要必本质所具；即或闲情逸出，正为阿堵传神。不此之务，但知市菜求增，是之谓画蛇添足，又文人之通弊也。

八曰，文人固能文矣，文人所书之人，不必尽能文也。叙事之文，作者之言也，为文为质，惟其所欲，斯如其事而已矣。记言之文，则非作者之言也。为文为质，期于适如其人之言，非作者所能自主也。贞烈妇女，明诗习礼，固有之矣。其有未尝学问，或出乡曲委巷，甚至佣妪䰀婢，贞节孝义，皆出天性之优；是其质虽不愧古人，文则难期于儒雅也。每见此等传记，述其言辞，原本《论语》《孝经》，出入《毛诗》《内则》，刘向之《传》，曹昭之《诫》，不啻自其口出，可谓文矣。抑思善相夫者，何必尽识鹿车鸿案；善教子者，岂皆熟记画荻丸熊；自文人胸有成竹，遂致闺修，皆如板印。与其文而失实，何如质以传真也？由是推之，名将起于卒伍,义侠或奋闾阎;言辞不必经生,记述贵于宛肖。而世有作者,于斯多不致思,是之谓优伶演剧。盖优伶歌曲,虽耕氓役隶,矢口皆叶宫商,是以谓之戏也。而记传之笔,从而效之,又文人之通弊也。

九曰,古人文成法立,未尝有定格也。传人适如其人,述事适如其事,无定之中,有一定焉。知其意者,旦暮遇之;不知其意,袭其形貌,神弗肖也。往余撰和州故给事《成性志传》,性以建言著称,故采录其奏议。然性少遭乱离,全家被害,追悼先世,每见文辞。而《猛省》之篇尤沉痛,可以教孝,故于终篇全录其文。其乡有知名士赏余文曰:"前载如许奏章,若无《猛省》之篇,譬如行船,鹢首重而舵楼轻矣。今此婪尾,可谓善谋篇也。"余戏诘云:设成君本无此篇,此船终不行耶?盖塾师讲授《四书》文义,谓之时文,必有法度以合程式;而法度难以空言,则往往取譬以示蒙学。拟于房室,则有所谓间架结构;拟于身体,则有所谓眉目筋节;拟于绘画,则有所谓点睛添毫;拟于形家,则有所谓来龙结穴。随时取譬,习陋成风。然为初学示法,亦自不得不然,无庸责也。惟时文结习,深锢肠腑,进窥一切古书古文,皆此时文见解,动操塾师启蒙议论,则如用象棋枰布围棋子,必不合矣。是之谓井底天文,又文人之通弊也。

十曰,时文可以评选,古文经世之业,不可以评选也。前人业评选之,则亦就文论文可耳。但评选之人,多非深知古文之人。夫古人之书,今不尽传,其文见于史传;评选之家多从史传采录。而史传之例,往往删节原文,以就隐括,故于文体所具,不尽全也。评选之家不察其故,误谓原文如是,又从而为之辞焉。于引端不具,而截中径起者,诩谓发轫之离奇;于刊削余文,而遽入正传者,诧为篇终之崭峭。于是好奇而寡识者,转相叹赏,刻意追摹,殆如左氏所云:"非子之求,而蒲之觅矣。"有明中叶以来,一种不情不理自命为古文者,起不知所自来,收不知所自往,专以此等出人思议,夸为奇特,于是坦荡之涂生荆棘矣。夫文章变化,侔于鬼神,斗然而来、戛然而止,何尝无此景象?何尝不为奇特?但如山之岩峭,水之波澜,气积势盛,发于自然,必欲作而致之,无是理矣。文人好奇,易于受惑,是之谓误学邯郸,又文人之通弊也。

——《文史通义》内编五,文物出版社1985年《章学诚遗书》本

【思考题】

1. 试阐述章学诚文德概念的内涵。

阮　元

【作者简介】

阮元(1754—1849),字伯元,号芸台,别号雷塘庵主,晚号怡性老人。江苏仪征人。乾隆五十四年(1789)进士,选庶吉士,授翰林院编修,擢少詹士,历官山东、浙江学政,兵部、礼部、户部侍郎,湖广、两广、云贵总督。道光朝为体仁阁大学士,加太傅。谥文达。其学由经籍训诂,求证于金石,扩大到天文、历算、舆地等,尤以治经名世。其诗多记游题咏之作,工整清丽。所作碑铭记传、论说考据等散体文,以及骈文都写得渊懿闲雅,呈现出一种学者兼达官的华贵气派。著有《研经室集》,编有《经籍纂诂》《十三经注疏》《皇清经解》《两浙金石志》等。

文　言　说

古人无笔砚纸墨之便,往往铸金刻石,始传久远。其著之简策者,亦有漆书[1]刀削之劳,非如今人下笔千言,言事甚易也。许氏《说文》:"直言曰言,论难曰语。"[2]《左传》曰:"言之无文,行之不远。"[3]此何也? 古人以简策传事者少,以口舌传事者多;以目治事者少,以口耳治事者多。故同为一言,转相告语,必有愆误。是必寡其词,协其音以文其言,使人易于记诵,无能增改,且无方言俗语杂于其间,始能达意,始能行远。此孔子于《易》所以著《文言》之篇也。古人歌、诗、箴、铭、谚语,凡有韵之文,皆此道也。《尔雅·释训》主于训蒙,"子子孙孙"以下,用韵者二十条[4],亦此道也。

孔子于乾、坤之言，自名曰"文"，此千古文章之祖也。为文章者，不务协音以成韵，修词以达远，使人易诵易记。而惟以单行之语，纵横恣肆，动辄千言万字，不知此乃古人所谓直言之言，论难之语，非言之有文者也，非孔子之所谓文也。《文言》数百字，几于句句用韵。孔子于此发明乾坤之蕴，诠释四德之名[5]，几费修词之意，冀达意外之言。要使远近易诵，古今易传，公卿学士皆能记诵，以通天地万物，以警国家身心。

不但多用韵，抑且多用偶。即如"乐行忧违"[6]，偶也；"长人合礼"[7]，偶也；"和义干事"[8]，偶也；"庸言庸行"[9]，偶也；"闲邪善世"[10]，偶也；"进德修业"[11]，偶也；"知至知终"[12]，偶也；"上位下位"[13]，偶也；"同声同气"[14]，偶也；"水湿火燥"[15]，偶也；"云龙风虎"[16]，偶也；"本天本地"[17]，偶也；"无位无民"[18]，偶也；"勿用在田"[19]，偶也；"潜藏文明"[20]，偶也；"道革位德"[21]，偶也；"偕极天则"[22]，偶也；"隐见行成"[23]，偶也；"学聚问辨"[24]，偶也；"宽居仁行"[25]，偶也；"合德合明，合序合吉凶"[26]，偶也；"先天后天"[27]，偶也；"存亡得丧"[28]，偶也；"余庆余殃"[29]，偶也；"直内方外"[30]，偶也；"通理居体"[31]，偶也；凡偶皆文也。于物两色相偶而交错之，乃得名曰文，文即象其形也。

然则千古之文，莫大于孔子之言《易》。孔子以用韵比偶之法，错综其言而自名曰"文"。何后人之必欲反孔子之道，而自命曰"文"，且尊之曰"古"也？

——《研经室集三集》卷二，《四部丛刊》本

【题解】

《文言说》作于嘉庆十八年(1813)，是阮元从推尊骈文到独尊骈文的分水岭，标志着其独特文学观念的形成。针对桐城古文雅洁有余而文采不足的局限，阮元严申文笔之辨，企图用更严格的语言手段去规范当时文体，旨在为骈文争夺地位。

【注释】

1. 漆书：即用漆写的字。春秋、战国时期，写在竹木简牍上。
2. "许氏《说文》"三句：东汉许慎《说文解字》是古代第一部系统分析字形和考证

字源的字书。段玉裁《说文解字注》第三篇上,许慎云:"言,直言曰言,论难曰语。"段注:"《大雅》毛《传》曰:'直言曰言,论难曰语'。论,《正义》作答。郑注《大司乐》曰:'发端曰言,答难曰语'。注《杂记》曰:'言,言己事,为人说为语'。按,三注大略相同。下文语,论也,论,议也,议,论也,则诗传当从定本集注矣。《尔雅》、《毛传》:'言,我也。'"

3. "《左传》曰"三句:《左传·襄公二十五年》语。

4. "《尔雅·释训》"三句:《释训》为《尔雅》第三篇。"子子孙孙"以下,连续用韵者凡十七条。

5. 诠释四德之名:《乾·文言》:"元者善之长也,亨者嘉之会也,利者义之和也,贞者事之干也。君子体仁足以长人,嘉会足以合礼,利物足以和义,贞固足以干事。君子行此四德者,故曰:乾,元亨利贞。"

6. 乐行忧违:《乾·文言》:"乐则行之,忧则违之。"

7. 长人合礼:《乾·文言》:"君子体仁足以长人,嘉会足以合礼。"

8. 和义干事:《乾·文言》:"利物足以和义,贞固足以干事。"

9. 庸言庸行:《乾·文言》:"庸言之信,庸行之谨。"

10. 闲邪善世:《乾·文言》:"闲邪存其诚,善世而不伐。"

11. 进德修业:《乾·文言》:"君子进德修业。"

12. 知至知终:《乾·文言》:"知至至之,可与几也;知终终之,可与存义也。"

13. 上位下位:《乾·文言》:"是故居上位而不骄,在下位而不忧。"

14. 同声同气:《乾·文言》:"同声相应,同气相求。"

15. 水湿火燥:《乾·文言》:"水流湿,火就燥。"

16. 云龙风虎:《乾·文言》:"云从龙,风从虎。"

17. 本天本地:《乾·文言》:"本乎天者亲上,本乎地者亲下。"

18. 无位无民:《乾·文言》:"贵而无位,高而无民。"

19. 勿用在田:《乾·文言》:"潜龙勿用,下也;见龙在田,时舍也。"

20. 潜藏文明:《乾·文言》:"潜龙勿用,阳气潜藏;见龙在田,天下文明。"

21. 道革位德:《乾·文言》:"或跃在渊,乾道乃革;飞龙在天,乃位乎天德。"

22. 偕极天则:《乾·文言》:"亢龙有悔,与时偕极;乾元用九,乃见天则。"

23. 隐见行成:《乾·文言》:"隐而未见,行而未成。"

24. 学聚问辨:《乾·文言》:"君子学以聚之,问以辨之。"

25. 宽居仁行:《乾·文言》:"宽以居之,仁以行之。"

26. "合德合明"二句:《乾·文言》:"夫大人者,与天地合其德,与日月合其明,与四时合其序,与鬼神合其吉凶。"

27. 先天后天:《乾·文言》:"先天而天弗违,后天而奉天时。"

28. 存亡得丧:《乾·文言》:"知存而不知亡,知得而不知丧。"

29. 余庆余殃:《乾·文言》:"积善之家,必有余庆;积不善之家,必有余殃。"

30. 直内方外:《乾·文言》:"君子敬以直内,义以方外。"

31. 通理居体：《乾·文言》："君子黄中通理，正位居体。"

【讲疏】

骈文自宋末后菁华衰竭，入清后回光返照，蔚为大观。在清代骈文复兴的背景下，骈散之争成为清代散文理论的核心议题之一，有的以为骈散并尊，不宜歧视；有的以为骈文才可以叫做文；有的以为骈散合体，不应分家。阮元则大张旗鼓地主张骈文为文之正统，在他的《揅经室集》里有《四六丛话序》、《与友人论古文书》、《文言说》、《书梁昭明太子文选序后》、《学海堂文笔策对》诸文，都是清代重要的骈文理论篇章。其中《文言说》是各篇的核心。

骈文经过唐宋古文运动昭"罪"于世后，文坛弥漫着一股浓烈鄙薄骈文的风气，骈文俨然为"淫靡害俗"的代名词。因此，为骈体正名、争取生存空间是清代骈文理论第一要务。陆继辂《与赵青州书》云："治古文者往往薄四六为不屑为，甚者斥为俳优侏儒之技。入主出奴之见，亦犹考据、辞章两家隐然如敌国，甚可笑也。"骈文爱好者宣泄"甚可笑"之类的不满情绪外，也提出具有一定理论深度的学理性依据来维护骈文的地位，不外乎以下四种：

方式之一：以天地万物作比附，从骈体符合宇宙自然之理角度对骈文作了肯定。袁枚《胡稚威骈体文序》云："文之骈，即数之偶也，而独不近取诸身乎？头，奇数也，而眉目，而手足，则偶矣。而独不远取诸物乎？草木，奇数也，而由叶而瓣萼，则偶矣。山峙而双峰，水分而交流，禽飞而并翼，星缀而连珠，此岂人为之哉！"

方式之二：利用人们尊古的心理，宣扬骈文导源于六经。丁泰《与张海门论骈文书》："圣人法天人之文而为文者，其言莫古于《易》，而乾坤、父母与坎离、震艮、巽兑，画卦无非对者。推而论之《诗》，《诗》也，而有'角枕锦衾'、'三百九十'之文；《书》、《史》也，而有'旸谷幽都'、'孤桐浮磬'之文，至左氏之传，戴氏之记，往往杂排比于散行之中，特其气朴茂，不形其为对偶耳。"

方式之三：展现骈文独特的魅力，提倡文学功能的多元化，消解骈文无用论。齐召南《绿罗山庄全集序》云："所憾乎骈体者，谓其华而鲜实，似而非真，未究本原，徒工藻饰。用之谈理则未足以释圣经；纪事则未足以操史笔云耳。若夫词赋、制、诰、表、章、序、记、书、启、哀、诔诸文，只取达意，亦堪立诚。引古证今，取物连类，则音如铿金戛玉，吹竹弹丝，其不胜于鸡豚之游村落也哉？"

方式之四：强调骈散两种文体具有共同的表述功能，骈体也可以用来谈艺论史，吴鼒《八家四六文钞序》云："敷陈士行，蔚宗以论史；钩择文心，彦和以谈艺。而必左祖秦汉，右居韩欧，排齐梁为江河之下，指王扬为刀圭之误，不其过欤！"

上述四种方式中，前两种在论证思维上大致未出刘勰《文心雕龙·丽辞》篇之窠臼，后两种是清人在当时文学发展格局下的新阐发，有力地充实了我国传统的文论宝库。骈文维护者多能举上述之一二，或略有变通。阮元以其特有敏锐洞察力与汉学家的学术理路，提供了另一种方式。在《文言说》里，阮氏以"言之无文，行之不远"为前提，为骈文地位树立了两个根据：第一，文必有韵说；第二，文必尚偶说。阮元正名明义的文言说，在对抗力度上，较之以前任何为骈文呐喊的言论更为强烈；在策略上，通过六朝文学观念的回溯以佐成其说，对于古文是一次釜底抽薪式的打击。

《文言说》综合运用了社会学以及乾嘉汉学家擅长的文字、音韵之学及人们崇经尊圣的心理，从源头上理清"文"概念的含义。"文"概念一旦明晰，骈文为文学之正宗也就成了逻辑的必然。阮氏虽挟孔子《文言》作证以为重，但因意有偏主，立说就难于圆融，后来章炳麟于《文学总略》里反复推勘予以驳正。随着骈散之争的进一步发展，骈散之争走向了以李兆洛、蒋湘南、包世臣等为代表的骈、散合一的道路，逐渐超越门派的界限，成为汉、宋双方普遍接受的观点。光绪间之谭献《复日堂日记》云："吾辈文字不分骈散，不能就当世古文家范围，亦未必有决此藩篱也，不谓三十年来几成风气。"这是一种更为公允的选择，也是骈散之争的必然结局。

【关键词解读】

文必有韵

"文必有韵"是从六朝人"有韵为文，无韵为笔"说推演而来。清代重提六朝"文笔"论并不始于阮元，如王鸣盛、赵翼、钱大昕通过材料的排列指责陆游、顾炎武等人"文"即"笔"说有误，认为六朝"文笔"说当以刘勰所言为准。同样是采取汉学的方法，阮元却有为"骈文"争正统的现世诉求，其中阮元对文韵的重新阐释有突破意义。刘勰以韵分文、笔；萧统《文选》重在翰藻，两人各有侧重，故阮福向阮元提出"《文心雕龙》云：'今之常言，有文有笔，以为无韵者笔也，有韵者文也。'据此，则梁时恒言，有韵者乃可谓之文，而《昭明文选》所选之文，不押韵脚者甚多，何也"的疑问。为协调两者间之差异，阮元在《文韵说》篇将"文韵"界定为："固指押韵脚，亦兼谓章句中之音韵,即古人所言之宫羽,今人所言之平仄。"也就是说,他将押韵从脚韵扩大到了文章内部音节的顿挫和谐。

文必尚偶

"文必尚偶"实本于刘勰《文心雕龙·丽辞》所谓"造化赋形,支体必双,神理为用,事不孤立。夫心生文辞,运载百虑,高下相须,自然成对"之论。基于对对偶理论的新认识,阮元又一突出贡献是将八股文归并入骈文。阮元认为:"时文以八比为式,比者偶也,甚至一比多至一二百言,对比偶之,一字不敢多少,虚实皆须巧对,是时文为偶之最。甚至日在偶中而人不觉也。"由于跳出局限字句的狭隘视角,而放眼于段与段间的形式关系,八股文的对偶特征之秘便轩露出来,由是阮元视八股文为骈文之一种。他在《书梁昭明太子文选序后》中甚至倡言"《四书》排偶之文,真乃上接唐宋四六为一脉,为文之正统"。在广州创办学海堂后,阮元又因"唐宋诗话多,文话少,而明以来四书文话更少,无纂之者",曾组织人员对八股文进行了考察。

【相关知识链接】

阮氏《揅经室集》列《文言说》,以俪词韵语为文言,又征引六朝文笔之分以成其说。今考《说文》云:"文,遣画也,象交文。"又云:"彣,彰也。"《广雅·释诂》二云:"文,饰也。"《释名·释言语》云:"文者,会集众采以成锦绣,会集众字以成词谊,如文绣也。"是文以藻绩成章为本训。《说文》彣字下,云:"有彣彰也。"盖彣彰即文章别体,犹而与耏同,丹与彤同也。厥后始区二字,彣训为彰,与文训错画,其义互明。观"青与赤谓之文","经纬天地"亦曰文,则训饰训错,义实相兼。故三代之时,凡可观可象,秩然有章者,咸谓之文。就事物言,则典籍为文,礼法为文,文字亦为文。就物象言,则光融者为文,华丽者亦为文。就应对言,则直言为言,论难为语,修辞者始为文。文也者,别乎鄙词俚语者也。《左传》曰:"言之无文,行之不远。"又曰:"非文辞不为功。"言语既然,则笔之于书,亦必象取错交,功施藻饰,始克被以文称。故魏、晋、六朝悉以有韵偶行者为文,而昭明《文选》亦以沉思翰藻为文也。两汉之世,虽或以笔为文,然均指典册及文字言,非言文体,如《史记·太史公自序》:"《春秋》文成数万","论次其文",《论衡·超奇篇》:"文以万计"是也。不得据是以非阮说。惟阮于许、张、刘诸故训,推阐弗详,故略伸其说,以证文章之必以彣彰为主焉。

——刘师培:《刘申叔先生遗书·左盦集》卷八《广阮氏文言说》,宁武

南氏校印本

……近世阮元，以为孔子赞《易》，始著《文言》，故文以偶俪为主；又牵引文笔之说以成之。夫有韵为文，无韵为笔，是则骈散诸体，一切是笔非文。借此证成，适足自陷。既以《文言》为文，《序卦》《说卦》又何说焉？且文辞之用，各有体要。《彖》《象》为占繇，占繇故为韵语。《文言》《系辞》为述赞，述赞故为俪辞。《序卦》《说卦》为目录笺疏，目录笺疏故为散录。必以俪辞为文，何缘《十翼》不能一致？岂波澜既尽，有所谢短乎？盖人有陪贰，物有匹偶。爱恶相攻，刚柔相易，人情不能无然，故辞语应以为俪。诸事有综会，待条牒然后明者，《周官》所陈，其数一二三四是也。反是或引端竟末，若《礼经》《春秋经》《九章算术》者，虽欲为俪无由。犹耳目不可只，而胸腹不可双，各任其事。舍是二者，单复固恣意矣。未有一用单者，亦未有一用复者（案宋代以来，言文章者皆谓俪语为俳，阮氏之论亦发愤而作也。不悟宋人俪语，亦自不少。苏轼《上皇帝书》，其著者也，曾巩《战国策序》《移沧州疏》，其间俪语与齐、梁人不殊，下者直如当时四六矣，其他类此者众。盖非简策之书而纯为单语者，世所鲜有。）顾张弛有殊耳。文之名实未在是也，所以为古今者，亦未在是也。或举《论语》言辞达者，以为文之与辞，较然异职。然则《文言》称文，《系辞》称辞，体格未殊，而题号有异，此又何也。董仲舒云："《春秋》文成数万。"兼彼经传，总称为文，犹曰今文家曲说然也。太史公《自序》亦云"论次其文。"此固以史为文矣。又曰："汉兴，萧何次律令，韩信申军法，张苍为章程，叔孙通定礼仪，则文学彬彬稍进。"《艺文志》言："秦燔灭文章，以愚黔首。"文章者，谓经、传、诸子。迁、固所称，半非偶俪之文也。屈、宋、唐、景所作，既是韵文，亦多俪语。而《汉书·王褒传》已有《楚辞》之目，王逸仍其旧题，不曰楚文。斯则韵语偶语，亦既谓之辞矣。《汉书·贾谊传》云："以属文称于郡中。"其文云何？以为赋邪，《惜誓》载于《楚辞》，文辞不别；以为奏记条议，适彼之所谓辞也。《司马相如传》云："景帝不好辞赋。"《法言·吾子》云："诗人之赋丽以则，辞人之赋丽以淫。"或问："君子尚辞乎？曰：君子事之为尚，事胜辞则伉，辞胜事则赋，事辞称则经。"以是见韵文偶语，并得称辞，无文辞之别也。且文辞之称，若从其本以为部署，则辞为口说，文为文字。古者简帛重烦，多取记臆。故或用韵文，或用偶语。为其音节谐适，易于口记，不烦纪载也。战国纵横之士，抵掌摇唇，亦多积句。是则偶丽之体，适可称职。乃如史官方策，有《春秋》《史记》《汉书》之属，适当称为文耳。由是言之，文辞之分，反复自陷，可谓大惑不解者矣。

——节选自章太炎《国故论衡》之《文学总略》,浙江图书馆刊本《章氏丛书》本

【延伸阅读】

"文必有韵说"与"文必尚偶说"是阮元为骈文争取正统地位的两条重要理论依据,《文韵说》阐述了阮元的新韵文观,《书梁昭明太子文选序后》则阐述了阮元的新对偶观,两篇选文是对《文言说》观点的进一步阐发。

文 韵 说

福问曰:"《文心雕龙》云:'今之常言,有文有笔。以为无韵者笔也,有韵者文也。'据此,则梁时恒言有韵者乃可谓之文,而昭明《文选》所之文,不押韵脚甚多,何也?"

曰:"梁时恒言所谓韵者,固指押韵脚,兼谓章句中之音韵,即古人所言之宫羽,今人所言之平仄也。"

福曰:"唐人四六之平仄,似非所论于梁以前。"

曰:"此不然。八代不押韵之文,其中奇偶相生,顿挫抑扬,咏叹声情,皆有合乎音韵宫羽者;《诗》、《骚》而后,莫不皆然。而沈约矜为耕获,故于《谢灵运传论》曰:'夫五色相宜,八音协畅,由乎玄黄律吕,各适物宜。欲使宫羽相变,低昂舛节;若前有浮声,则后须切响;一简之内,音韵尽殊;两句之中,轻重悉异。妙达此旨,始可言文。'又曰:'自灵均以来,此秘未睹,至于高言妙句,音韵天成,皆暗于理合,匪由思至。'又沈约《答陆厥书》云:'韵与不韵,复有精粗,轮扁不能言之,老夫亦不尽辨。'休文此说,乃指各文章句之内,有音韵宫羽而言,非谓句末之押脚韵也。(即如"雌霓连蜷"霓字必读仄声是也。)是以声韵流变,而成四六,亦只论章句中之平仄,不复有押脚韵也。四六乃有韵文之极致,不得谓之为无韵之文也。昭明所选不押韵脚之文,本皆奇偶相生有声音者,所谓韵也。休文所矜为耕获者,谓汉、魏之音韵,乃暗合于无心;休文之音韵,乃多出于意匠也。岂知汉、魏以来之音韵,溯其本原,亦久出于经哉?

孔子自名其言《易》者曰'文',此千古文章之祖。《文言》固

有韵矣,而亦有平仄声音焉。即如'湿燥龙虎睹'上下八句,何等声音,无论'龙虎'二字不可颠倒,若改为'龙虎燥湿睹',即无声音矣。无论'其德'、'其明'、'其序'、'其吉凶'四句不可错乱,若倒'不知退'于'不知亡、不知丧'之后,即无声音矣。此岂圣人天成暗合,全不由于思至哉？由此推之,知自古圣贤属文时,亦皆有意匠矣。然则此法肇开于孔子,而文人沿之,休文谓'灵均以来,此秘未睹',正所谓文人相轻者矣。

不特《文言》也;《文言》之后,以时代相次,则及于子夏之《诗大序》。序曰:'情发于声,声成文谓之音。'又曰:'主文而谲谏。'又曰:'长言之不足,则嗟叹之。'郑康成曰:'声谓宫、商、角、徵、羽也。声成文者,宫商上下相应;主文,主与乐之宫商相应也。'此子夏直指《诗》之声音而谓之文也,不指翰藻也。然则孔子《文言》之义益明矣。盖孔子《文言》、《系辞》,亦皆奇偶相生,有声音嗟叹以成文者也。声音即韵也。《诗·关雎》,鸠、洲、逑押脚有韵,而女字不韵,得、服、侧押脚有韵,而哉字不韵,此正子夏所谓'声成文'之宫羽也。此岂诗人暗于韵合,匪由思至哉？（王怀祖先生云:"三百篇用韵,有字字相对极密,非后人所有者,如有弥、有鹭、济盈、雉鸣、不、求、濡、其、轨、牡;凤凰、梧桐、鸣矣、生矣,于彼、于彼,高冈、朝阳;萋萋、雍雍、萋萋、喈喈,无一字不相韵,此岂诗人天成暗合,全无意匠于其间？此即子夏所谓'声成文'之显然可见者。"）子夏此序,《文选》选之,亦因其中有抑扬咏叹之声音,且多偶句也。（乡人、邦国,偶一;风、教,偶二;为志、为诗,偶三;手之、足之,偶四;治世、乱世、亡国,偶五;天地、鬼神,偶六;声教、人伦、教化、风俗,偶七八;化下、刺上,偶九;言之、闻之,偶十;礼义、政教,偶十一;国异、家殊,偶十二;伤人伦、哀刑政,偶十三;发乎情,止乎礼义,偶十四;谓之风、谓之雅,偶十五;系之周、系之召,偶十六;正始、王化,偶十七;哀窈窕,思贤才,偶十八。偶之长者,如周公、召公即比也,后世四书文之比基于此。）

综而论之,凡文者在声为宫商,在色为翰藻。即如孔子《文言》"云龙风虎"一节,乃千古宫商、翰藻、奇偶之祖,非一朝一夕之故一节,乃千古嗟叹成文之祖,子夏《诗序》情文声音一节,乃千古声韵、性情、排偶之祖。吾固曰:韵者即声音也。声音即文也。(韵字不见于《说文》,而王复斋《楚公钟》篆文内实有韵字,从音从匀,许氏所未收之古文也。)然则今人所使单行之文,极其奥折奔放者,乃古之笔,非古之文也。沈约之说,或可横指为八代之衰体,孔子、子夏之文体岂亦衰乎!

是故唐人四六之音韵,虽愚者能效之,上溯齐梁,中材已有所限;若汉魏以上,至于孔、卜,非上哲不能拟也。"

乙酉三月,阅兵香山,阻风,舟中笔以训福。

——《研经室续集》卷三,《四部丛刊》本

书梁昭明太子文选序后

昭明所选,名之曰文,盖必文而后选也,非文则不选也。经也,子也,史也,皆不可专名之为文也。故昭明《文选序》后三段特明其不选之故,必沉思、翰藻,始名之为文,始以入选也。

或曰:昭明必以沉思、翰藻为文,于古有征乎?

曰:事当求其始。凡以言语著之简策,不必以文为本者,皆经也,子也,史也。言必有文,专名之曰文者,自孔子《易文言》始。《传》曰:"言之无文,行之不远。"故古人言贵有文。孔子《文言》实为万世文章之祖,此篇奇偶相生,音韵相和,如青白之成文,如咸韶之合节,非清言质说者比也,非振笔纵书者比也,非佶屈涩语者比也。是故昭明以为经也,子也,史也,非可专名之为文也。专名为文,必沉思、翰藻而后可也。

自齐、梁以后,溺于声律,彦和《雕龙》渐开四六之体,至唐而四六更卑,然文体不可谓之不卑,而文统不得谓之不正。自唐、宋韩、苏诸大家以奇偶相生之文,为八代之衰而矫之,于是昭明所不选者,反皆为诸家所取,故其所著者,非经即子,非子即史,求其合于昭明《序》所谓文者鲜矣,合于班孟坚《两都赋序》所谓文章者更鲜矣。其不合之处,盖分于奇偶之间。

经子史多奇而少偶,故唐宋八家不尚偶。《文选》多偶而少奇,故昭明不尚奇。如必以比偶非文之古者而卑之,则孔子自名其言曰文者,一篇之中,偶句凡四十有八,韵语凡三十有五,岂可以为非文之正体而卑之乎?况班孟坚《两都赋序》及诸汉文其体皆奇偶相生者乎。

《两都赋序》白麟神雀二比、言语公卿二比,即开明人八比之先路。明人号唐、宋八家为古文者,为其别于四书文也,为其别于骈偶文也。然四书文之体,皆以比偶成文,不比不行,是明人终日在偶中而不自觉也。且洪武、永乐时四书文甚短,两比四句即宋四六之流派,弘治、正德以后,气机始畅,篇幅始长,笔近八家,便于摹取,是以茅坤等知其后而昧于前也。是四书排偶之文,真乃上接唐、宋四六为一脉,为文之正统也。

然则今人所作之古文当名之为何?

曰:凡说经讲学皆经派也,传志记事皆史派也,立意为宗皆子派也,惟沉思、翰藻乃可名之为文也。非文者尚不可名为文,况名之曰古文乎。

或问曰:子之所言偏执己见,谬托古籍,此篇书后自居何等?

曰:言之无文,子派杂家而已。

——《研经室三集》卷二,《四部丛刊》本

【思考题】

1. 阮元为骈文争正统地位的重要依据是什么?
2. 相比于其他为骈文正名方式,阮元维护方式有何独特之处?

张 惠 言

【作者简介】

张惠言(1761—1802),字皋文,号茗柯,初名一鸣,江苏武进(今常州市)人。乾隆五十一年(1786)举人,嘉庆四年(1799)第八次赴京试中进士,六年(1801),授翰林院编修,次年病殁。与恽敬同为"阳湖派"领袖,又为"常州词派"开山宗师。张惠言词作典雅疏朗,情韵绵长,无隐晦艰涩之弊。其仕途坎坷,故发而为词多托物言情,抒发漂泊不偶之思。著有《茗柯文编》《茗柯词》《七十家赋钞》等。《清史稿》卷四八二《儒林三》有传。

词 选 序

词者,盖出于唐之诗人,采乐府之音,以制新律,因系其词,故曰词。《传》曰:"意内而言外者谓之词。"[1]其缘情造耑,兴于微言,以相感动,极命风谣里巷,男女哀乐[2],以道贤人君子幽约怨悱[3]不能自言之情,低徊要眇[4]以喻其致,盖《诗》之比兴,变风之义,骚人之歌,则近之矣。然以其文小,其声哀,放者为之,或淫荡靡曼,杂以昌狂俳优[5];然要其至者,罔不恻隐盱愉[6],感物而发,触类条鬯[7],各有所归,不徒雕琢曼饰而已。

自唐之词人,李白为首[8],其后韦应物、王建、白居易、刘禹锡之徒[9],各有述造;而温庭筠[10]最高,其言深丽闳美;五代之际,孟氏、李氏[11],君臣为谑,竞变新调,词之杂流由是作矣。至其工者,往往绝伦,亦如齐、梁五言,依托魏、晋,近古然也。宋之词家,号为极盛,然张先[12]、苏轼、秦观、周邦彦、辛弃疾、姜夔、王沂孙、张炎,渊渊乎[13]文有其质焉;其荡而不反,傲而不理,枝而不物,柳永、黄庭坚、刘过、吴文英之伦[14],亦各引一端,以取重于当世;而前数子者,又不免有一时通脱放浪之言出于其间;后进弥以驰逐,不务原其指意,破碎奔析,坏乱而不可纪。故自宋之亡而正声绝,元之末而规矩隳,五百年来,作者十数,谅其所是,互有繁变,皆可谓安蔽乖方,迷不知门户者也[15]。

今第录此篇,都为二卷,义有幽隐,并为指发[16],庶几塞其下流,导其渊源,无使风雅之士惩乎鄙俗之音,不敢与诗赋之流同类而讽诵之也。

嘉庆二年八月武进张惠言。

——《茗柯文编》二编卷上,上海古籍出版社本1984年排印本

【题解】

《词选》,原名《宛邻词选》,是张惠言嘉庆二年(1797)于金榜家坐馆授徒时选编,初意是为供金家子弟学词时作读本之用。是书入选唐宋人词四十四家,一百十六首。其中唐词三家,二十首;五代词八家,二十六首;宋词三十三家,七十首。选词偏且严,柳永、吴文英词均未入选。关于此选本,陈匪石《声执》称其"指发幽隐,在所加之注,虽有时不免穿凿,然较诸明人清初人之评点,陈义为高"。其后,外孙董毅又编纂《续词选》二卷,附录一卷。续选五十二家,一百二十二首。其中姜夔七首,张炎二十三首,不符合张氏原意。

【注释】

1. "《传》曰"句:许慎《说文解字》卷九:"词,意内而言外也,从司从言。"段玉裁注:"有是意于内,因有是言于外,谓之词。意即意内,词即言外,言意而词见,言词而意见。意者,文字之义也;言者,文字之声也;词者,文字形声之合也。"这里的"词"仅是广义上的字词、词汇、语词,与作为一种文体的诗词之"词"并没关系。不过,张惠言重视词的思想内容,并欲通过倚重经传解词来推尊词体的良苦用心还是可以理解的。

2. "极命"句:极,尽。命,名。枚乘《七发》云:"原本山川,极命草木。"李周翰注:"陈说山川之原本,尽名草木之所出。"就是说完全凭借抒发"风谣里巷男女哀乐"之情的名义,"以道贤人君子幽约怨悱不能自言之情",这正是张氏所谓"意内言外"、比兴寄托之主张。

3. 幽约怨悱:汉王逸《楚辞章句》卷三:"国风好色而不淫,小雅怨悱而不乱。若

离骚者,可谓兼之矣。"宋晁公武《郡斋读书志》评元结诗:"其辞义幽约,譬古钟磬不谐于俚耳。"

4. 低徊要眇:指词中曲调上低徊往复、一唱三叹和内容上的深微美好。要眇:朱子《楚辞集注》卷二"湘君":"要眇兮宜修。要眇,好貌,修饰也。"

5. "放者"三句:指放荡不拘者,如下文所说"荡而不反"的柳永,词作多"烟花巷陌"中的"浅斟低唱",不免有"或淫荡靡曼,杂以昌狂俳优"之嫌。

6. 恻隐盱愉:忧愁快乐。《汉书·艺文志》:"咸有恻隐古诗之义。"恻隐,忧伤悲痛。盱,忧愁;愉,喜悦。

7. 触类条鬯:《东坡易传》卷七:"引而伸之,触类而长之。注:此生生之极也。"条鬯,明白通畅。

8. 李白为首:李白向来被认为是最早的词人。相传为李白所作词共十八首。《尊前集》著录十二首。《全唐诗》录存十四首。宋黄昇《唐宋诸贤绝妙词选》卷一谓其"《菩萨蛮》《忆秦娥》二词,为百代词曲之祖"。其词真伪问题历来颇受争议。此两词明胡应麟、胡震亨等疑为后人伪托。清刘熙载及近人杨宪益等认为它是李白所作。近人俞平伯、施蛰存等在其词真伪问题上都有研究。

9. "韦应物"句:韦应物(737—792后),京兆长安(今陕西西安)人。现存词四首,《调笑》二首、《三台词》二首。前者《韦苏州集》卷八所载与《尊前集》不同。

王建(约767—约831后),字仲初,颖川(今河南许昌)人。《全唐诗》《尊前集》均录其词十首,《三台》六首、《调笑令》四首。以《调笑令》(团扇)最为有名。陈廷焯《白雨斋词话》卷五:"王仲初《调笑令》云:'弦管、弦管,春草昭阳路断。'结语凄怨,胜似宫词百首。"

白居易(772—846),字乐天,号香山居士,祖籍太原。其词《尊前集》收二十六首,《全唐诗》录九首。以《长相思》《汴水流》最为著名。并向民间新声学习,作《杨柳枝》新词。

刘禹锡(772—842),字梦得,洛阳人。在贬谪朗州、巴蜀期间,学习民间新声,写了《竹枝词》《浪淘沙》等词。以依曲拍填词的两首《忆江南》最为著名。《尊前集》收词三十八首,《全唐诗》录八首。

10. 温庭筠:温庭筠(812？—866),原名岐,字飞卿,太原祁(今山西祁县)人。唐大中初试进士不第,官至隋县尉、国子助教。为"花间派"领袖,他是文人中第一个大量写词的人。《花间集》收其词六十六首,《全唐诗》收录五十九首。王国维辑为《金荃词》七十首。陈廷焯、吴梅和张惠言一样都是主张温词有寄托者,认为其词"全祖风骚"。

11. 孟氏、李氏:孟氏,即五代时蜀主孟昶;李氏,即南唐中主李璟、后主李煜。

12. 张先(990—1078):字子野,乌程(今浙江湖州)人。"能诗及乐府,至老不衰。"(《石林诗话》卷下)张先"以歌词闻于天下"(苏轼),"俚俗多喜传咏先乐府"(《石林诗话》)。初以《行香子》词有"心中事,眼中泪,意中人"之句,人称为"张三中"。后又以"云破月来花弄影""娇柔懒起,帘压卷花影""柔柳摇摇,堕轻絮无影"世称诵之,号"张三影"(《苕溪渔隐丛话前集》卷三七引《后山诗话》)。有《张子野词》两卷。今人夏承焘撰有《张子野年谱》。

13. 渊渊乎：渊渊，深邃貌。指张先等人的词文质彬彬，既有内容又不乏文采。

14. "荡而不反"四句：黄庭坚词游戏笔墨，"亵浑不可名状"(《四库总目提要》)；法秀道人认为涪翁"作艳词当堕犁舌地狱"。柳永"纵游倡馆酒楼间，无复检约"(胡仔《苕溪渔隐丛话》)。"好为淫冶讴歌之曲，传播四方"(吴曾《能改斋漫录》卷一)。故二者放荡而无所检束，即荡而不反。刘过"词多壮语"(黄昇《花庵词选》)，学稼轩豪放而"失之太过"(况周颐《蕙风词话》)。如其所陈恢复之言"中原可一占而取"，确为"大言以幸功名"(《四库总目提要》)，狂傲无道理可言。吴文英词语言枝蔓繁琐，内容"言之不物"。其质实密丽，正如张炎所说"如七宝楼台，眩人眼目，碎拆下来，不成片段"。张惠言对吴文英的贬低与周济之推重形成鲜明对照。

15. "谅其所是"四句：谅，料想。料想他们(指作者十数)所遵奉的作家和文学主张虽然各有不同，但都可以说是安于上述所举词家弊端，违背正确的学词方法，找不到真正的词坛宗主来作为榜样。

16. 义有幽隐，并为指发：《词选》中张氏对其中四十一首词作了"显微阐幽"的分析评论，认为是有寄托之作。多有主观随意之嫌，而对温庭筠的评价尤甚。

【讲疏】

自朱彝尊推崇姜夔、张炎以来，词作偏重格律形式，题材狭窄，内容渐趋空虚。张惠言欲挽"浙派"词风之流弊，于是强调重视词作内容的现实意义，词要有比兴寄托。《词选序》主要申述如下几点主张：

一、探寻词的起源、定义及本质特征。张惠言认为"意内而言外者谓之词"，作词是"缘情造端""感物而发"，而"不徒雕琢曼饰而已"。词的内容则是"兴于微言"，以道"幽约怨悱不能自言之情"。

二、品评唐宋众多词人之优劣，并以温庭筠之"深丽宏美"为最高。

三、阐明选词宗旨是为"塞其下流，寻其渊源"，"无使风雅之士惩乎鄙俗之音"，并提倡复古，推尊词体，认为"(词)至其工者，近古然也"，故而可"与诗赋之流同类而讽诵也"。

四、与论词主张词要"低徊要眇""比兴寄托"的表现内容相关，张惠言在解词上也要求做到"原其指意""义有幽隐，并为指发"。故而"其于古人之词，必锤幽凿险"(宋翔凤《香草词自序》)，这明显是受"常州学派"以及张惠言的学术思想影响。

清代作词的士大夫一直很多，清初就有浙西词派，又出现纳兰性德、陈维崧这样的大词人。但是词的地位却一直远不如诗，直到常州经学家张惠言用深文罗织的方法把政治内涵硬填到词里，这才着实提高了词的地位。张惠言的词论在当时并没有什么影响,直至道光十年(1830)以后其影响才得到扩大。严迪昌《清代词学》指出:"张惠言的被推崇,是后来(周济主盟时)推源溯渊时的追尊。"属于常州词派的作家还有张琦、董士锡、周之琦、周济等人,晚清词人如郑廷焯、王鹏运、朱祖谋、况周颐等可视常州词派的余波后劲。张惠言独特的读者接受理论直接启发了周济、宋翔凤、谭献的"仁者见仁,智者见智""有寄托入,无寄托出""作者之用心未必然,而读者之用心何必不然"等论调的形成。

作为今古文兼治的经学大师,张惠言借治《周易》的方法以穿凿附会的方法论词解词,用"阴阳消息""窥微言奥义,以究本原"(《文稿自序》)。在《词选》中,他对其中四十一首词作了"微显阐幽"的分析评论,并全部认为是有寄托之作。而对温庭筠的评价更显主观随意。尽管其论词重思想内容,"以有怀抱、有寄托为归",对当时浙西词派流于形式之弊确有纠偏作用,但过于牵强附会,难以服人,因而受到后人的指责批评,如王国维《人间词话删稿》驳张惠言阐词之法云:"固哉,皋文之为词也!飞卿《菩萨蛮》、永叔《蝶恋花》、子瞻《卜算子》,皆兴到之作,有何命意?皆被皋文深文罗织。阮亭《花草蒙拾》谓:'坡公命宫磨蝎,生前为王珪、舒亶辈所苦,身后又硬受此差排。'由今观之,受差排者,独一坡公已耶?"

【关键词解读】

比兴寄托

张惠言将词的特性归结为借缘情之辞发"贤人君子"欲道的微言大义。即强调词在内容上当有所"寄托",在表现手法上当用比兴之法,无论里巷男女之哀乐,还是"贤人君子幽约怨悱",均应"恻隐盱愉,感物而发","低回要眇以喻其致"。他以寄托、比兴的标准解释前人词作,推崇温庭筠,认为温词之美人香草无一不有微言大义的比兴,可上比屈赋,韦庄、欧阳修之作也都有政治寄托,故为忠爱之言。至于柳永、黄庭坚、刘过、吴文英诸人,或秾艳,或粗鄙,或豪狂,或华丽,光灿夺目,实则空无一物。

【相关知识链接】

张惠言与其弟张琦合辑《词选》,录唐宋词116首,共44家。温词独选18首,为全书之冠,以体现论词主张。他们从尊体与寄托两方面的主旨出发,对文学史上一些著名的词作进行了完全以他们的词学理念为基础的新的阐释。如一般认为是欧阳修所作的《蝶恋花》("庭院深深深几许"),在张氏看来充满了政治性的寓言:上片中:"庭院深深",指宫廷;"楼高不见章台路",前四字被释为"哲王不寤",后三字则被注为"游冶小人之径";而下片"雨横风狂三月暮""乱红飞过秋千去"两句,又分别被说成是"政令暴急"和"斥逐者非一人"。"泪眼问花",嗟叹谗言不用,奸说竞进。温庭筠的《菩萨蛮》:"小山重叠金明灭,鬓云欲度香腮雪。懒起画蛾眉,弄妆梳洗迟。照花前后镜,花面交相映。新帖绣罗襦,双双金鹧鸪。"本来是写一个贵妇人的慵懒生活,而张惠言的《词选》却偏偏把它附会为感士不遇之作,说"照花前后镜"就是《离骚》"进不入以离尤兮,退将复修吾初服",独善其身之意,十分迂腐可笑,王国维因此批评张惠言是深文罗织。透过这类具体的解说,联系上引张氏论词主张,可见"常州词派"初起时就已背理文学的本位。

张惠言本人在创作上比较严谨,其词作仅46首。他的词朴实自然,尽洗铅华,由于有感而发,感情真实,并有所寄托,耐人寻味。人称"精密纯正""胸襟学问,酝酿喷薄而出,赋乎文心,开倚声家未有之境"(《箧中词》卷三评)。如《木兰花慢·杨花》一调借杨花之飘零寄托身世之感。借"尽飘零尽了,何人解,当花看"抒写不为世所用,空负一世才华的感叹;尤其"未忍无声委地,将低重又飞还"描摹杨花情态形神毕现;又深含自己不愿就此沉沦而思奋发,终望有补于世、有所作为的襟怀,寓意深远,切合"意内言外"之旨,句为咏杨花之名篇。

【延伸阅读】

张惠言编写有《词选》与《七十家赋钞》两部文学选本。《词选》从尊体与寄托两方面的主旨出发,对文学史上一些著名的词作进行了完全以他的词学理念为基础的新的阐释。《七十家赋钞》自序中以屈原为辞赋之祖和最高标准,概述辞赋源流正变,兼评入选的作家作品,其阐述的文学理念与《词选》有相同之处。

七十家赋钞目录序

右赋七十家,一百八十篇,通人硕士,先代所传;奇词奥旨,备于此矣。其离章断句,阙佚不属者,与其文不称词者,皆不与是。

论曰:赋乌乎统?曰:统乎志。志乌乎归?曰:归乎正。夫民有感于心，有慨于事，有达于性，有郁于情，故有不得已者，而假于言。言，象也。象必有所寓。其在物之变化：天之漻漻，地之嚣嚣；日出月入，一幽一昭；山川之崔蜀杳伏，畏佳林木，振硙溪谷；风云雾霭，霆震寒暑；雨则为雪，霜则为露；生杀之代，新而嬗故；鸟兽与鱼，草木之华，虫走蜡趋；陵变谷易，震动薄蚀；人事老少，生死倾植；礼乐战斗，号令之纪；悲愁劳苦，忠臣孝子；羁士寡妇，愉佚愕骇。有动于中，久而不去，然后形而为言。于是错综其词，回互其理，铿锵其音，以求理其志。其在《六经》则为《诗》。《诗》之义六，曰风、曰赋、曰比、曰兴、曰雅、曰颂。六者之体，主于一而用其五。故《风》有《雅》《颂》焉，《七月》是也。《雅》有《颂》焉，有《风》焉，《烝民》《崧高》是也。周泽衰，礼乐缺，诗终三百，文学之统熄。古圣人之美言、规矩之奥趣，郁而不发，则有赵人荀卿、楚人屈原，引词表恉，譬物连类，述三王之道，以讥切当世；振尘滓之泽，发芳香之邕；不谋同偶，并名为赋。故知赋者，诗之体也。其后藻丽之士，祖述宪章，厥制益繁。然其能者之为之，愉畅输写，尽其物，和其志，变而不失其宗。其淫宕佚放者为之，则流遁忘反，坏乱而不可纪。

　　谲而不觚，尽而不觳，肆而不衍，比物而不丑；其志洁，其物芳，其道杳冥而无常，此屈平之为也。与《风》《雅》为节，涣乎若翔风之运轻霞，洒乎若元泉之出乎蓬莱而注渤澥。及其徒宋玉、景差为之，其质也华；然其文也，纵而后反。虽然，其与物椎拍，宛转洽汰，其义毂輠于物，荋荋乎古之徒也。刚志决理，輓断以为纪，内而不汙，表而不著，则荀卿之为也。其原出于《礼经》，朴而饰，不断而节。及孔臧、司马迁为之，章约句制，累不可理。其辞深而旨文，确乎其不颇者也。其趣不两，其于物无劈，若枝叶之坿其根本，则贾谊之为也。其原出于屈平。断以正谊，不由其曼。其气则引费而不可执。循有枢，执有庐，頡滑而不可居。开决宦突而与万物都，其终也芴莫，而神明为之橐，则司马相如之为也。其原出于宋玉，扬雄恢之。胁入竅出，缘督以及节。其超轶绝尘，而莫之控也；其波骇石咢，而没乎其无垠也。张衡盱盱，块若有余；上与造物为友，而下不遗埃墟。虽然，其神也充，其精也荼。及王延寿、张融为之,杰格拮掇,钩子戢悟,而俶傥可睹。其于宗也,无蜕也。平敞通洞,博厚而中;大而无瓠,孙而无弧;指事类情,必偶其徒,则班固之为也。其原出于相如,而要使之夷,昌之使明。及左思为之,博而不沉,赡而不华,连犿焉而不可止。言无端崖,傲倪以为质,以天下为郭廓,入其中者,眩震而謬悠之,则阮籍之为也。其原出于庄周。虽然,其辞也悲,其韵也迫,忧患之词也。涂泽律切,荂敷纷悦,则曹植之为也。其端自宋玉,而拚其角,摧其牙,离其本而抑其末。浮华之学者相与尸之,率以变古。曹植则才子矣,揩揩乎改绳墨,易规矩,则佞之徒也。不揩于同,不独于异;其来也首首,其往也曳曳;动静与适,而不为固植,则陆机、潘岳之为也。其原出于张衡、曹植,矫矫乎振时之俊也。以情为里,以物为襮;镵雕云风,琢刻支鄂;其怀永而不可忘也。垒乎其气,煊乎其华,则谢庄、鲍昭之为也。江淹为最贤。其原出于屈平九歌。其掩抑沉怨,泠泠轻轻;其纵脱浮宕,而归大常。鲍昭、江淹,其体则非也,其意则是也。逐物而不反,驰荡而驳奔;俗者之囿而古是抗;其言滑滑,而不背于塗奥,则庾信之为也。其规步矆矆,则扬雄、班固之所引衔而控辔,惜乎拘于时而不能骋。然而其志达,其思哀,其体之变则穷矣。后之作者,慨乎其未之或闻也。

——《茗柯文编》初编,上海古籍出版社本 1984 年排印本

张惠言论词(节选)

○温飞卿庭筠

菩萨蛮(小山重叠金明灭)

此感士不遇也。篇法仿佛《长门赋》,而用节节逆叙。此章从梦晓后,领起"懒起"二字,含后文情事,"照花"四句,《离骚》初服之意。

○韦端己庄

菩萨蛮（红楼别夜堪惆怅）

此词盖留蜀后寄意之作。一章言奉使之志，本欲速归。

菩萨蛮（如今却忆江南乐）

上云"未老莫还乡"，犹冀老而还乡也。其后朱温篡成，中原愈乱，遂决劝进之志。故曰"如今却忆江南乐"，又曰"白头誓不归"，则此词之作，其在相蜀时乎。

○欧阳永叔修

蝶恋花（庭院深深深几许）

"庭院深深"，闺中既以邃远也。"楼高不见"，哲王又不寤也。"章台"、"游冶"，小人之径。"雨横风狂"，政令暴急也。"乱红飞去"，斥逐者非一人而已，殆为韩、范作乎。此词亦见冯延巳集中。李易安词序云："欧阳公作蝶恋花，有'庭院深深深几许'之句，余酷爱之，用其语作庭院深深数阕，其声即旧《临江仙》也。"易安去欧公未远，其言必非无据。

○苏子瞻轼

卜算子（缺月挂疏桐）

此东坡在黄州作。鲖阳居士云："缺月"，刺明微也。"漏断"，暗时也。"幽人"，不得志也。"独往来"，无助也。惊鸿，贤人不安也。回头，爱君不忘也。"无人省"，君不察也。"拣尽寒枝不肯栖"，不偷安于高位也。"寂寞沙洲冷"，非所安也。此词与考槃诗极相似。

○辛幼安弃疾

祝英台（近宝钗分）

此与德祐大学生二词用意相似。"点点飞红"，伤君子之弃。"流莺"，恶小人得志也。"春带愁来"，其刺赵、张乎。

○姜尧章夔

暗香(旧时月色)

题曰石湖咏梅,此为石湖作也。时石湖盖有隐遁之志,故作此二词以沮之。白石《石湖仙》云:"须信石湖仙,似鸱夷、翩然引去。"末云:"闻好语,明年定在槐府。"此与同意。首章言己尝有用世之志,今老无能,但望之石湖也。

○王圣与沂孙

眉妩(渐新痕悬柳)

碧山咏物诸篇,并有君国之忧。此喜君有恢复之志,而惜无贤臣也。

高阳台残雪庭除

此伤君臣晏安,不思国耻,天下将亡也。

庆清朝玉局歌残

此言乱世尚有人才,惜世不用也。不知其何所指。

○无名氏

绿意(碧园自洁)

此伤君子负柱而死,盖似李纲、赵鼎之流。"回首当年汉舞"云者,言其自结主知,不肯远引。结语,喜其已死而心得白也。

——中华书局1986排印《词话丛编》本

【思考题】

1. 张惠言强调词重寄托对词的地位有何重要影响?
2. 试阐述张惠言解释词作的方法与常州学派治学方式之间的关系。

龚 自 珍

【作者简介】

龚自珍(1792—1841),字璱人,号定庵。浙江仁和(今杭州)人。道光进士,官礼部主事。他学识渊博,思想先进,敏锐地看到了清王朝的腐朽和危机,竭力把学术研究与现实政治联系起来,进行社会批判,宣传社会改革。其诗文富于创造性,既具有爱国主义精神,又带有突出的对封建思想的叛逆色彩,深刻反映了中国封建社会的解体和时代巨变的来临。著有《定庵文集》留存文章三百余篇,诗词近八百首,今人辑为《龚自珍全集》。

书汤海秋[1]诗集后

人以诗名,诗尤以人名。唐大家若李、杜、韩及昌谷、玉溪[2];及宋、元,眉山、涪陵、遗山[3],当代吴娄东[4],皆诗与人为一,人外无诗,诗外无人,其面目也完。益阳汤鹏,海秋其字,有诗三千余篇,芟而存之二千余篇,评者无虑数十家,最后属龚巩祚一言,巩祚亦一言而已,曰:完。何以谓之完也?海秋心迹尽在是,所欲言者在是,所不欲言而卒不能不言在是,所不欲言而竟不言,于所不言求其言,亦在是。要不肯挦撦[5]他人之言以为己言。任举一篇,无论识与不识,曰:此汤益阳之诗。

——《龚自珍全集》第三辑,上海人民出版社 1975 年排印本

【题解】

这篇文章是龚自珍为朋友汤海秋的诗集写的后记。文章通过论汤鹏

的诗集中反映了作者的文学观点,即主张"诗与人为一,人外无诗,诗外无人"。

【注释】

1. 汤海秋:汤鹏(1801—1844),湖南益阳人。道光进士,官户部主事。三十岁补御史,因勇于言事,旋即罢回户部原官。有经世思想,不为章句之学,对鸦片战争时期的民族矛盾甚为关心。与龚自珍、魏源、张际亮、姚莹等适从甚密,友谊深厚,诗文多慷慨激励之作。

2. 昌谷、玉溪:昌谷,指李贺(789—816)。贺字长吉,河南福昌昌谷人。玉溪,指李商隐(813—858)。商隐字义山,号玉溪生,怀州河内人。

3. 眉山、涪陵、遗山:眉山,指苏轼(1037—1101)。轼字子瞻,号东坡,四川眉山人。涪陵,指黄庭坚(1045—1105),自号山谷老人,江西分宁人。曾贬官于四川涪陵,又号涪翁。遗山,元好问(1190—1257),字裕之,号遗山,太原秀容人。

4. 吴娄东:即吴伟业(1609—1671),字骏公,号梅村,太仓娄东人。

5. 挦撦:撫拾,摘取,剥取。宋刘攽《中山诗话》:"祥符、天禧中,杨大年、钱文僖、晏元献、刘子仪以文章立朝,为诗皆崇尚李义山,号'西昆体'。后进多窃义山语句。赐宴,优人有为义山者,衣服败敝,告人曰:'吾为诸馆职挦扯至此。'闻者欢笑。"后以此讽刺作诗剪裁故纸,剽窃陈言。

【讲疏】

从鸦片战争到太平天国这段时期,旧文坛主要有桐城中坚姚门四弟子支撑的桐城文派与程恩泽、祁寯藻为代表的宋诗派。鸦片战争揭开了中国历史的新篇章,出现了动荡遽变的局面。面对外敌入侵、内政腐败、祖国危亡的严酷现实,地主阶级改革派要求变革的思想形成了一股强大的社会思潮,它猛烈地冲击着顽固派。在文艺领域,以龚自珍、魏源等人为代表的地主阶级改革派诗文理论主张:一,主变敢逆,以求解脱加给诗文的束缚;二,提倡经世致用,以使诗文与现实相结合;三,强调自抒胸臆,以利于诗文表现个性。换而言之,他们以主变敢逆理论冲击文坛网罗的同时,大力阐发诗文经世致用和自抒胸臆的学说,形成了浩大的声势。

龚自珍的文学思想是作为他的社会改革思想的有机部分而存在的,又特别同他的社会批判论有着密切的关系。龚自珍在政治上反对封建专制主义和腐朽的官僚制度,主张变法,改革政治,在思想上具有叛逆精神,反对程朱理学,反对因循守旧,主张个性解放。因此,他是我国近代史上的民主主义启蒙思想家、改良主义的先驱者。梁启超曾在《清代学术概论》中说:"晚清思想解放,自珍有功焉。光绪间所谓新学家者,大率人人皆经过崇拜龚氏一时期。初读《定庵文集》,若受电然。"龚自珍在政治上反对封建专制主义,思想上主张个性解放,在文学上也反对一切既成法规,反对说言不由衷的话,主张文学应表达真实的思想,充分自由地表现个性。《书汤海秋诗集后》可以说就是这种观点的代表。

  龚自珍在本文倡"诗与人为一"说,提出了一个崭新的论诗标准——"完"。龚自珍非常明确地指出,诗歌应该鲜明地烙下作者自己性格的标记,做到诗如其人。作者在《识某大令集尾》中又说:"文章虽小道,达可矣,立其诚可矣。""完"也就是"达",是要求作家把自己在封建压抑下"所欲言"的东西和"所不欲言而卒不能不言"的东西统统表现出来,并且让读者能够"于所不言求其言",只有这样才能说得上是"完"。而要做到"达"与"完",就必须"立其诚",专心抒发真情实感,"要不肯捋撦他人之言以为己言"。

  龚自珍强调诗歌应当完整地表现个性,在当时是一种相当进步的理论。由于程朱理学的长期统治,封建社会的泯灭个性已经造成了"万马齐喑"的局面。龚自珍如此强调个性,这正是萌芽的民主主义思想在文艺理论上的表现。而龚自珍却提出要完整地表现个性,无疑是对社会的一个巨大的冲击,具有近代民族主义色彩。不仅如此,龚自珍这一主张对整个文艺思想史来说也具有重要意义,它与传统的诗教说"发乎情止乎礼义"大相径庭。

  在龚自珍自己的作品里有对统治者及其帮凶指为"豺狼、狗蝇、蚊虻"的叫骂声,对社会黑暗"牢盆狎客操全算,团扇人才踞上游"的谴责声,对腐败官吏"碧纱窗护阿芙蓉"的揭露声,对人民苦难"富户变贫户,贫户变饿者"的呼喊声,对国家前途"九州生气恃风雷"的期望声表现了他强烈的思想感情,体现了他要求无拘无束地表现思想感情的文学主张。所以他的朋友魏源在《定盦文录叙》中指出龚自珍"其道常主于逆",肯定他对封建思想的叛逆精神。

【关键词解读】

完

  完是龚自珍提出的论诗的新标准,作者认为,像李白、杜甫、韩愈、李贺、李商隐、吴梅村等著名诗人,"皆诗与人为一,人外无诗,诗外无人,其面目也完"。龚自珍在《病梅馆记》中作了形象的说明。他说江、浙之人种梅,往往喜欢斫直、删密、锄正,以欹、疏、曲为美,实际上,这些经过人力加工的梅花,"皆病者,无一完者"。他"誓疗之","必复之全之",而治疗的方法则是"纵之,顺之,毁其盆,悉埋于地,解其棕缚"。由此可见,龚自珍所谓"完",实际上就是保全梅花的天然生机,让它顺着自己的本性自由生长。而他要求诗的"完"则是要求摆脱束缚,充分表现诗人的个性。

【相关知识链接】

昨承枉示诗文各一册,读之,见地卓绝,扫空凡猥,笔复超迈,信未易才也。然自古异才,皆不求异而自异,非有心立异者也。即如尊文名为《伫泣亭文》,愚始不晓"伫泣"所出,及观自记,不过取义于《诗》之"伫立以泣"。此"泣"字碍目,宁不知之。足下年甚少,才甚高,方当在侍具庆之年,行且排金门,上玉堂,和其声以鸣国家之盛,天下之字多矣,又奚取于至不祥者而以名之哉!至于诗中伤诗之语,骂坐之言,涉目皆是,此大不可也。足下文中,以今人误指中行为狂狷,又欲自治其性情,以达于文,其说尤矣。循是说也,不宜立异自高。凡立异未有能异,自高未有能高于人者,甚至上关朝廷,下及冠盖,口不择言,劝与世迕,足下将持是安归乎?足下病一世人乐为乡愿,夫乡愿不可为,怪魁亦不可为也。乡愿犹足以自存,怪魁将何所自处?宋贤有论,儒者一身之外,皆非所重。太史公有戒于言不雅驯。试问雅者何说,驯又何说也?窃谓士亦修身慎言,速罪寡过而已,文之佳恶,何关得失,无足深论,此即足下自治性情之说也。唯愿足下循循为庸言之谨,抑其志于东方尚同之学,则养德养身养福之源,皆在乎此。虽马或蹄啮而千里,士或跅弛而济用,然今足下有父兄在职,家门鼎盛,任重道远,岂宜以跅弛自命者乎?况读书力行,原不在乎高谈。海内高谈之士,如仲瞿、子居,曹颠沛以死。仆素卑近,未至如仲瞿、子居之惊世骇俗,已不为一世所取,坐老荒江老屋中,足下不可不鉴戒,而又纵其心以驾于仲瞿、子居之上乎?仆衰迟拿陋,无可以进足下者,既远蒙下问,不敢不以直道相处,谨此手复,而还其本小云处。书不尽言,诸希亮詧,不具。

——节录自张祖廉《定盦先生年谱外纪》,《龚自珍全集》第十一辑,上海人民出版社1975年排印本

【延伸阅读】

龚自珍的文学观念是一种杂文学观念,其文学理论主要内容可概括为尊史、尊情、贵真、尚奇四个方面。龚自珍发挥六经皆史的观念,要求诗歌反映广阔的社会现实;他所尊之"情"不是男女之私,也不完全是个人升

沉荣辱之感，而主要是有关军国政事之情；龚自珍贵"真"，是试图把文学引向广阔的社会现实中去。严酷的现实迫使龚自珍在艺术风格和表现方法上，不得不崇尚"奇"，龚自珍特别注意学习庄周、屈原、李白三家的艺术经验。

送徐铁孙序

龚自珍曰：平原旷野，无诗也；沮洳，无诗也；硗确狭隘，无诗也；适市者，其声嚣；适鼠壤者，其声嘶；适女闾者，其声不诚。天下之山川，莫尊于辽东。辽俯中原，逶迤万余里，蛇行象奔，而稍稍泻之，乃卒恣意横溢，以达乎岭外。大海际南斗，竖亥不可复步，气脉所届，怒若未毕，要之山川首尾可言者则尽此矣。诗有肖是者乎哉？诗人之所产，有禀是者乎哉？自珍又曰：有之。

夫诗必有原焉，《易》《书》《诗》《春秋》之肃若沈若，周、秦间数子之缜若峍若，而莽荡，而噌吰，若敛之惟恐其坻，揪之惟恐其隘，孕之惟恐其昌洋而敷腴，则夫辽之长白、兴安大岭也有然。审是，则诗人将毋拱手欲饩，肃拜植立，拚乎其不敢议，愿乎其不敢言乎哉！于是乃放之乎三千年青史氏之言，放之乎八儒、三墨、兵、刑、星气、五行，以及古人不欲明言，不忍卒言，而姑猖狂恢诡以言之之言，乃亦撅证之以并世见闻，当代故实，官牍地志，计簿客籍之言，合而以昌其诗，而诗之境乃极。则如岭之表，海之浒，磅礴浩汹，以受天下之瑰丽而泄天下之拗怒也亦有然。

徐铁孙者，家辽东，先世扈王师入关，为正黄旗汉军人。康熙中，徙广东，隶广东将军，为广州驻防人。金戈铁马，其世胄也，而徐君用经术起家，登甲科，为剧邑令，以诗睥睨东南。友其人者，淳闷如适辽，雄奇如适岭、海，本末具如吾言；东南知徐君者，本末毕如吾言，乃书是言以弁君之诗之端。抑又有异者，自珍生北方，一窥临榆，未得溯山川所原本。年四纪，居江介。不乐愁思，益思游以振奋之。忽然丐徐君磨墨，为荐士书，贷屝屦，将粤行。且曰：自粤归，则闭户不复游。徐君诺。奓矣哉！天下山川首尾，徐君既扼之，怒未已，其又将扼予之游事之首尾乎哉？

——《龚自珍全集》第二辑,上海人民出版社1975年排印本

最录李白集

　　龚自珍曰:《李白集》,十之五六伪也:有唐人伪者,有五代十国人伪者,有宋人伪者。李阳冰曰:"当时著述,十丧其九,今所存者,得之他人焉。"阳冰已为此言矣。韩愈曰:"惜哉传于今,泰山一毫芒。"愈已为此言矣。刘全白云:"李君文集家有之,而无定卷。"全白贞元时人,又为此言矣。苏轼、黄庭坚、萧士赟皆非无目之士,苏、黄皆尝指某篇为伪作,萧所指有七篇,善乎三君子之发之端也。宋人各出其家藏,愈出愈多,补缀成今本。宋人皆自言之。委巷童子,不窥见白之真,以白诗为易效。是故效杜甫,韩愈者少,效白者多。予以道光戊子夏,费再旬日之力,用朱墨别真伪,定李白真诗百二十二篇。于是最录其指意曰:庄、屈实二,不可以并,并之以为心,自白始。儒、仙、侠实三,不可以合,合之以为气,又自白始也。其斯以为白之真原也已。次第依明许自昌本。

——《龚自珍全集》第三辑,上海人民出版社1975年排印本

长短言自序

　　情之为物也,亦尝有意乎锄之矣;锄之不能,而反宥之;宥之不已,而反尊之。龚子之为《长短言》何为者耶? 其殆尊情者耶? 情孰为尊? 无住为尊,无寄为尊,无境而有境为尊,无指而有指为尊,无哀乐而有哀乐为尊。情孰为畅? 畅于声音。声音如何? 消瘖以终之。如之何其消瘖以终之? 曰:先小咽之,乃小飞之,又大挫之,乃大飞之,始孤盘之,冈冈以柔之,空阔以纵游之,而极于哀,哀而极于瘖,则散矣毕矣。人之闲居也,泊然以和,顽然以无恩仇;闻是声也,忽然而起,非乐非怨,上九天,下九渊,将使巫求之,而卒不自喻其所以然。畴昔之年,凡予求为声音之妙盖如是。是非欲尊情者耶? 且惟其尊之,是以为《宥情》之书一通;

且惟其宥之,是以十五年锄之而卒不克。请问之,是声音之所引如何? 则曰:悲哉! 予岂不自知? 凡声音之性,引而上者为道,引而下者为非道;引而之于旦阳者为道,引而之于暮夜者为非道;道则有出离之乐,非道则有沉沦陷溺之患。虽曰无住,予之住也大矣;虽曰无寄,予之寄也将不出矣。然则昔之年,为此长短言也何为? 今之年,序之又何为? 曰:爱书而已矣。

——《龚自珍全集》第三辑,上海人民出版社1975年排印本

戒诗五首(节选)

早年撄心疾,诗境无人知。幽想杂奇语,灵香何郁伊? 忽然适康庄,吟此天日光。五岳走骄鬼,万马朝龙王。不遇善知识,安知因地孽? 戒诗当有诗,如偈亦如喝。

——《龚自珍全集》第九辑,上海人民出版社1975年排印本

【思考题】

1. 试阐述龚自珍论诗标准——"完"的含义。
2. 龚自珍提倡个性解放的诗论在当时有何进步性?

黄遵宪

【作者简介】

黄遵宪(1848—1905),字公度,别号人境庐主人。广东嘉应人。光绪二年(1876)顺天乡试举人,由道员历官使日参赞、美国旧金山总领事,驻英参赞、新加坡总领事。光绪二十年(1894),中、日战事起,由新加坡被调回国,主持江宁洋务局,参加强学会。二十三年(1897),补湖南长宝盐法道,署按察使,与巡抚陈宝箴协力举办新政。戊戌变法失败,罢职放归。黄遵宪始终坚持变革、创新的精神,把诗歌作为宣传新思想,改造旧世界的利器,发挥文学"鼓吹文明""左右世界"的功用。著有《人境庐诗草》十一卷、《日本杂事诗》一卷、《日本国志》四十卷。《清史稿》卷四七〇有传。

人境庐诗草自序

余年十五六,即为学诗[1]。后以奔走四方,东西南北,驰驱少暇,几几束之高阁。然以笃好深嗜之故,亦每以余事及之。虽一行作吏,未遽废也。士生古人之后,古人之诗,号专门名家者,无虑百数十家。欲弃去古人之糟粕,而不为古人所束缚,诚戛戛乎其难。虽然,仆尝以为诗之外有事,诗之中有人,今之世异于古,今之人亦何必与古人同。尝于胸中设一诗境:一曰复古人比兴之体;一曰以单行之神,运排偶之体;一曰取《离骚》乐府之神理而不袭其貌;一曰用古文家伸缩离合之法以入诗。其取材也:自群经三史,逮于周、秦诸子之书,许、郑诸家之注[2],凡事名物名切于今者,皆采取而假借之。其述事也:举今日之官书会典方言俗谚,以及古人未有之物,未辟之境,耳目所历,皆笔而书之。其炼格也,自曹、鲍、陶、谢、李、杜、韩、苏讫于晚近小家,不名一格,不专一体,要不失乎为我之诗。诚如是,未必遽跻古人,其亦足以自立矣。然余固有志焉而未能逮也。《诗》有之曰:"虽不能至,心向往之。"[3]聊书于此,以俟他日。光绪十七年六月在伦敦使署,公度自序。

——《黄遵宪全集》第一编《人境庐诗草》卷首,中华书局2005年排印本

【题解】

《人境庐诗草自序》是黄遵宪在1891年四十四岁任驻英使馆参赞时所写的,在自序中黄遵宪对"别创新界"的创作经验进行了总结,对继承和创造、内容和形式等问题作了深入的探讨,对于近代新诗创作具有重要的指导意义。

【注释】

1. 余年十五六,即学为诗:据黄遵宪《己亥杂诗》自注:"十龄学为诗。塾师以梅州神童蔡蒙吉'一路春鸠啼落花'句命题,余有'春从何处去,鸠亦尽情啼'语。师大惊,次日令赋'一览众山小',余破题:'天下犹为小,何论眼底山。'因是乡里甚推异之。"至于《人境庐诗草》存诗,则自十七岁始。

2. 许、郑诸家之注:许慎有《说文解字》,现存,又有《淮南子解诂》,已佚。郑玄有《周易注》,已佚;《尚书注》,已佚;《诗笺》,现存;《周礼注》,现存;《仪礼注》,现存;《礼记注》,现存;《孝经注》,现存;《论语注》,已佚;《孟子注》,已佚。

3. "《诗》有之曰"三句:《史记·孔子世家》:"太史公曰:《诗》有之:'高山仰止,景行行止,'虽不能至,然心向往之。"案:"高山"二句是《诗经·小雅·车辖》句。"虽不能至"二句则是司马迁语,黄遵宪误以为是《诗经》语。

【讲疏】

晚清资产阶级改良派为配合政治改良,在文学界掀起"文界革命""诗界革命""小说界革命",其中黄遵宪是这场"诗界革命"的旗手,与同时提倡"诗界革命"的梁启超、谭嗣同、夏曾佑、丘逢甲、蒋观云等人相比,无论在理论上还是诗歌创作的实践上,都没有谁能跨越他的高度。

在这篇《自序》里,作者总结了我国古典诗歌遗产方面可以继承的写作经验,系统地提出了"后贤兼旧制",而又"历代各清规"的理论纲领。他

开宗明义明确地指出:"诗之外有事,诗之中有人,今之世异于古,今之人亦何必与古人同。"这是作者诗论的核心。全新的内容需通过新形式来表达,为此,作者在这里揭示了如下五项写作原则:

一、复古人比兴之体。就是要继承和发扬《诗经》以来的风雅比兴传统,运用形象思维的艺术方法。改良派以文学开启民智改革社会,但他们也知道诗歌创作不能"直说"而主张承用比兴之法。

二、以单行之神运排偶之体和用古文家伸缩离合之法以入诗。这是以文为诗的办法,从唐代韩愈开始,到宋代欧阳修、王安石、苏轼,都在朝着这方向走。近代是个复杂多变的历史时期,生活和思想要比过去丰富得多,改良派要借助于中外历史经验、西方的社会学说和自然科学知识宣传他们的改良思想,这就必须扩大诗歌的表现能力以适应表现复杂的思想和生活的需要。以文为诗之法吸收了散文不受格律约束,舒畅表达之长,扩大了诗歌表现力,可以更自如地表达思想内容,正符合他们的新需要。

三、取《离骚》乐府之神理,就是学习真实反映社会生活的现实主义原则和富于革新创造,追求理想的浪漫主义精神。近代改良派作家充满着革新的热情,他们厌恶陈腐、向往新生,因此一方面主张诗文继承乐府民歌的现实主义传统,对黑暗重重的社会现实作有力地揭露和批判,另一方面为了表现他们强烈要求摆脱束缚,崇尚自由解放,追求新的理想,故倾向于《离骚》积极浪漫主义精神。

四、取材于经史古籍的词汇,借以表现新事物;用官书会典方言俗谚以入诗。凡是历代历史古籍所涉及的词汇,只要能表达新事物、新思想,都可以化腐朽为神奇。同时,只从书本上取材是不够的,凡是当时的政治文献、典章制度、方言俗语以及在古人诗中从未出现过的新事物新意境,尽可以纳诸笔端。

五、诗要炼格,也就是说写诗应有自己的独特风格。历代著名诗人,如三曹、鲍照、谢灵运、李白、杜甫、韩愈、苏轼以至晚近诸小家都可以学,但要"不名一格,不专一体,要不失乎为我之诗"。他强调在艺术上力求摆脱旧传统的桎梏,创造自己独特的面貌。这又是作者和同时代那些学宋的同光体、学八代的湖湘派等复古主义者的分歧之点。

通过这些,总的目标是要做到写自己"耳目所历"的"古人未有之物,未辟之境"。虽然黄遵宪正式打出"新派诗"的旗帜,是在1897年(见《人境庐诗草》卷八《酬曾重伯编修》),但事实上,在1891年《人境庐诗草自序》问世时,"新派诗"在理论上和实践上都已成熟,这篇自序可以说是黄遵宪诗歌理论的总纲。

当然,作者的诗论还只是一种"旧瓶装新酒"的改良。他在与严复的信中曾经说过文界"无革命而有维新",因而他的诗歌理论和创作,只能在旧体诗的范畴内求变,结三千年旧诗之局。至于如丘逢甲在《人境庐诗草跋》中所赞扬的"茫茫诗海,手辟新洲","变旧诗国为新诗国",则作者还是力有所不逮的。

【关键词解读】

诗中有人,诗外有事

黄遵宪"诗界革命"的核心主张是强调一个"今"字,即突出诗歌创作的当代性,诗歌要反映时代现实,要表现作者的精神面貌。作者所处的时代,西方资本主义早已打开了中国封建主义的大门,社会在向半封建半殖民地转化,跟鸦片战争以前有了显著的不同。诗歌也应该反映那样新的现实,而不同于汉、魏、六朝、唐、宋、明、清作家的作品。正如作者晚年与梁启超信中所说:"意欲扫去词章家一切陈陈相因之语,用今人所见之理,所用之器,所遭之时势,一寓之于诗。务使诗中有人,诗外有事,不能施之于他日,移之于他人。"

【相关知识链接】

《人境庐诗草》,分十一卷,收黄遵宪从清同治四年至光绪二十八年间(1865—1902)写的诗648首。书名取自陶渊明的诗句"结庐在人境"。《人境庐诗草》包罗了古今中外的诗歌题材,对重大时事、社会斗争、外国风光、个人感怀等等,都作了真实动人的诗的描写,刻画了各种人物,别创新的意境,并且融入了当代科学,不避俗言俚语,实现了他"未必遽跻古人,其亦足以自立"的诗歌主张。梁启超《嘉应黄先生墓志铭》评价其诗歌曰:"自其少年稽古学道,以及中年阅历世事,暨国内外名山水,与其风俗政治形势土物,止于放废而后,忧时感事,悲愤抑郁之情,悉托之于诗。故先生之诗,阳开阴阖,千变万化,不可端倪;于古人诗中,独具境界。"又《饮冰室诗话》曰:"吾尝推公度、穗卿、观云为近世诗家三杰,此言其理想之深邃闳也。"

【延伸阅读】

早在1861年,黄遵宪即已意识到诗体改革的根本问题是诗与口语的关系。1877年后出使国外,他又从国外文学中找到了语言与文字的印证。黄遵宪对诗歌的作用问题也有正确的理解。他在晚年与梁启超信中说:"吾论诗以言志为体,以感人为用。孔子所谓'兴于诗',伯牙所谓移情,即吸力之说也。"与丘炜萲信中说:"诗虽小道,然欧洲诗人出其鼓吹文明之笔,竟有左右世界之力。"这些说法补充了《人境庐诗草自序》所未及。

杂感(节选)

大块凿混沌,浑浑旋大圜,隶首不能算,知有几万年?羲、轩造书契,今始岁五千。以我视后人,若居三代先。俗儒好尊古,日日故纸研,六经字所无,不敢入诗篇。古人弃糟粕,见之口流涎。沿习甘剽盗,妄造丛罪愆。黄土同抟人,今古何愚贤?即今忽已古,断自何代前?明窗敞流离,高炉熏香烟;左陈端溪砚,右列薛涛笺,我手写吾口,古岂能拘牵?即今流俗语,我若登简编,五千年后人,惊为古斓斑。

造字鬼夜哭,所以示悲悯。众生殉文字,蛮蛮一何蠢!可怜古文人,日夕雕肝肾,俪语配华叶,单词画蚯蚓,古近辨诗体,长短成曲引。洎乎制义兴,卷轴车连轸,常恐后人体,变态犹未尽。吁嗟东京后,世苶文益振。文胜失则弱,体竭势已窘。后有王者兴,张网罗贤俊,决不以文章,此语吾敢信。但念废弃后,巧拙同泯泯,欲求覆酱瓿,已难拾灰烬。我今展卷吟,徒使后人哂。

——《黄遵宪全集》第一编《人境庐诗草》卷一,中华书局2005年排印本

致丘菽园函(节选)

……弟之以著述自娱,亦无聊之极。思少日喜为诗,谬有别创诗界之论,然才力薄弱,终不克自践其言,譬之西半球新国,弟不过独立风雪中清教徒之一人耳,若华盛顿、哲非逊、富兰克林,不能不属望于诸君子也。诗虽小道,然欧洲诗人,出其鼓吹文明之笔,竟有左右世界之力。仆老且病,无能为役矣。执事其有意乎?……

——《黄遵宪全集》第三编，中华书局2005年排印本

致梁任公函（节选）

……诗可言志，其体宜于文，其音通于乐，其感人也深。晋宋以后，词人浅薄狭隘，失比兴之义，无兴观群怨之旨，均不足学。意欲扫去词章家一切陈陈相因之语，用今人所见之理，所用之器，所遭之时势，一一寓之于诗。务使诗中有人，诗外有事，不能施之于他日、移之于他人，而其用以感人为主。……

——《黄遵宪全集》第三编，中华书局2005年排印本

学术志二·文学（节选）

外史氏曰：文字者，语言之所从出也。虽然，语言有随地而异者焉，有随时而异者焉，而文字不能因时而增益，画地而施行。言有万变而文止一种，则语言与文字离矣。居今之日，读古人书，徒以父兄师长，递相授受，童而习焉，不知其艰。苟迹其异同之故，其与异国之人进象胥舌人而后通其言辞者，相去能几何哉？……余闻罗马古时，仅用腊丁语，各国以语言殊异，病其难用。自法国易以法音，英国易以英音，而英、法诸国文学始盛。耶稣教之盛，亦在举《旧约》《新约》就各国文辞普译其书，故行之弥广。盖语言与文字离，则通文者少，语言与文字合，则通文者多，其势然也。……泰西论者，谓五部洲中以中国文字为最古，学中国文字为最难，亦谓语言文字之不相合也。然中国自虫鱼云鸟屡变其体，而后为隶书为草书，余乌知夫他日者不又变一字体为愈趋于简，愈趋于便者乎？自《凡将》《训纂》逮夫《广韵》《集韵》，增益之字，积世愈多，则文字出于后人创造者多矣。余又乌知夫他日者不有孳生之字，为古所未见，今所未闻者乎？周、秦以下，文体屡变，逮夫近世，章疏移檄，告谕批判，明白晓畅，务期达意，其文体绝为古人所无。若小说家言，更有直用方言以笔之于书者，则语言文字几几乎复合矣。余又乌知夫他日者不更变

一文体为适用于今、通行于俗者乎？嗟乎！欲令天下之农工商贾妇女幼稚皆能通文字之用，其不得不于此求一简易之法哉！

——《日本国志》卷三十三，《黄遵宪全集》第六编，中华书局2005年排印本

【思考题】

1. 资产阶级改良派"诗界革命"理论的核心是什么？
2. 黄遵宪主张如何处理诗歌继承与创新之间关系？

梁　启　超

【作者简介】

梁启超(1873—1929)，字卓如，号任公，别署饮冰室主人，广东新会人。早年师从康有为学"陆王心学，而并及史学、西学梗概"。1895 年 3 月随康有为发动"公车上书"。甲午(1894)以后，组织承办大学堂、译书局，参与新政。百日维新失败后，亡命日本。1898 年 10 月在横滨创办《清议报》，1902 年先后主办《新民丛报》与《新小说杂志》，介绍西方文化，抨击传统旧学，鼓吹"新民之道"，左右舆论。在文学领域，他发起并领导了"诗界革命""文界革命""小说界革命"和戏剧改良运动。入民国，历官司法部总长、财政部总长。著有《饮冰室合集》。

论小说与群治之关系

欲新一国之民，不可不先新一国之小说。故欲新道德，必新小说；欲新宗教，必新小说；欲新政治，必新小说；欲新风俗，必新小说；欲新学艺，必新小说；乃至欲新人心，欲新人格，必新小说。何以故？小说有不可思议之力支配人道故。

吾今且发一问：人类之普通性，何以嗜他书不如其嗜小说？答者必曰：以其浅而易解故，以其乐而多趣故。是固然；虽然，未足以尽其情也。文之浅而易解者，不必小说；寻常妇孺之函札，官样之文牍，亦非有艰深难读者存也，顾谁则嗜之？不宁惟是，彼高才赡学之士，能读《坟》《典》《索》《丘》[1]，能注虫鱼草木[2]，彼其视渊古之文，与平易之文，应无所择，而何以独嗜小说？是第一说有所未尽也。小说之以赏心乐事[3]为目的者固多,然此等顾不甚为世所重;其最受欢迎者,则必其可惊可愕可悲可感,读之而生出无量噩梦,抹出无量眼泪者也。夫使以欲乐故而嗜此也,而何为偏取此反比例之物而自苦也?是第二说有所未尽也。吾冥思之,穷鞠[4]之,殆有两因:凡人之性,常非能以现境界[5]而自满足者也;而此蠢蠢躯壳,其所能触能受之境界[6],又顽狭短局而至有限也。故常欲于其直接以触以受之外,而间接有所触有所受,所谓身外之身,世界外之世界也。此等识想[7],不独利根[8]众生有之,即钝根[9]众生亦有焉。而导其根器[10],使日趋于钝,日趋于利者,其力量无大于小说。小说者,常导人游于他境界,而变换其常触常受之空气者也。此其一。人之恒情,于其所怀抱之想象,所经阅之境界,往往有行之不知,习矣不察者;无论为哀为乐,为怨为怒,为恋为骇,为忧为惭,常若知其然而不知其所以然。欲摹写其情状,而心不能自喻,口不能自宣,笔不能自传。有人焉,和盘托出,彻底而发露之,则拍案叫绝曰:"善哉善哉,如是如是[11]。"所谓"夫子言之,于我心有戚戚焉"[12],感人之深,莫此为甚。此其二。此二者,实文章之真谛[13],笔舌之能事。苟能批此窾,导此窍[14],则无论为何等之文,皆足以移人;而诸文之中能极其妙而神其技者,莫小说若。故曰,小说为文学之最上乘也。由前之说,则理想派小说尚焉;由后之说,则写实派小说尚焉。小说种目虽多,未有能出此两派范围外者也。

抑小说之支配人道也,复有四种力:一曰熏[15]。熏也者,如入云烟中而为其所烘,如近墨朱处而为其所染;《楞伽经》所谓"迷智为识,转识成智"者[16],皆恃此力。人之读一小说也,不知不觉之间,而眼识[17]为之迷漾,而脑筋为之摇飏,而神经为之营注;今日变一二焉,明日变一二焉;刹那刹那[18],相断相续;久之而此小说之境界,遂入其灵台[19]而据之,成为一特别之原质之种子[20]。有此种子故,他日又更有所触所受者,旦旦而熏之,种子愈盛,而又以之熏他人。故此种子遂可以遍世界。一切器世间有情世间之所以成所以住[21],皆此为因缘[22]也。而小说则巍巍焉具此威德以操纵众生者也。二曰浸,熏以空间言,故其力之大小,存其界之广狭;浸以时间言,故其力之大小,存其界之长短。浸也者,入而与之俱化者也。人之读一小说也,往往既终卷后数日或数旬而终不能释然。读《红楼》竟者,必有余恋有余悲;读《水浒》竟者,必有余快有余怒,何也？浸之力使然也。等是佳作也,而其卷帙愈繁事实愈多者,则其浸人也亦愈甚;如酒焉,作十日饮,则作百日醉。我佛从菩提树[23]下起,便说偌大一部《华严》[24],正以此也。三曰刺。刺也者,刺激之义也。熏浸之力利用渐[25],刺之力利用顿[26]。熏浸之力,在使感受者不觉;刺之力,在使感受者骤觉。刺也者,能入于一刹那顷,忽起异感而不能自制者也。我本蔼然和也,乃读林冲雪天三限[27],武松飞云浦一厄[28],何以忽然发指？我本愉然乐也,乃读晴雯出大观园[29],黛玉死潇湘馆[30],何以忽然泪流？我本肃然庄也,乃读实甫之《琴心》、《酬简》[31],东塘之《眠香》《访翠》[32],何以忽然情动？若是者,皆所谓刺激也。大抵脑筋愈敏之人,则其受刺激力也愈速且剧。而要之必以其书所含刺激力之大小为比例。禅宗之一棒一喝[33],皆利用此刺激力以度人者也。此力之为用也,文字不如语言。然语言力所披不能广不能久也,于是不得不乞灵于文字。在文字中,则文言不如其俗语,庄论不如其寓言。故具此力最大者,非小说末由。四曰提。前三者之力,自外而灌之使入;提之力,自内而脱之使出,实佛法之最上乘也。凡读小说者,必常若自化其身焉,入于书中,而为其书之主人翁。读《野叟曝言》[34]者,必自拟文素臣。读《石头记》者,必自拟贾宝玉。读《花月痕》[35]者,必自拟韩荷生若韦痴珠。读《梁山泊》者,必自拟黑旋风若花和尚。虽读者自辩其无是心焉,吾不信也。夫既化其身以入书中矣,则当其读此书时,此身已非我有,截然去此界以入于彼界,所谓华严楼阁[36],帝网重重[37],一毛孔中[38],万亿莲花[39],一弹指顷[40],百千浩劫[41],文字移人,至此而极。然则吾书中主人翁而华盛顿,则读者将化身为华盛顿,主人翁而拿破仑,则读者将化身为拿破仑,主人翁而释迦、孔子,则读者将化身为释迦、孔子,有断然也。度世之不二法门[42],岂有过此？此四力者,可以卢牟[43]一世,亭毒[44]群伦,教主之所以能立教门,政治家所能组织政党，莫不赖是。文家能得其一，则为文豪；能兼其四，则为文圣。有此四力而用之于善，则可以福亿兆人；有此四力而用之于恶，则可以毒万千载。而此四力所最易寄者，惟小说。可爱哉小说！可畏哉小说！

小说之为体，其易入人也既如彼，其为用之易感人也又如此，故人类之普通性，嗜他文不如其嗜小说，此殆心理学自然之作用，非人力之所得而易也。此又天下万国凡有血气者[45]莫不皆然，非直吾赤县神州[46]之民也。夫既已嗜之矣，且遍嗜之矣，则小说之在一群也，既已如空气如菽粟，欲避不得避，欲屏不得屏，而日日相与呼吸之餐嚼之矣。于此其空气而苟含有秽质也，其菽粟而苟含有毒性也，则其人之食息于此间者，必憔悴，必萎病，必惨死，必堕落，此不待蓍龟[47]而决也。于此而不洁净其空气，不别择其菽粟，则虽日饵以参苓[48]，日施以刀圭[49]，而此群中人之老病死苦[50]，终不可得救。知此义，则吾中国群治腐败之总根源，可以识矣。吾中国人状元宰相之思想何自来乎？小说也，吾中国人佳人才子之思想何自来乎？小说也。吾中国人江湖盗贼之思想何自来乎？小说也；吾中国人妖巫狐鬼之思想何自来乎？小说也。若是者，岂尝有人焉提其耳而诲之，传诸钵而授之也？而下自屠爨贩卒、妪娃童稚，上至大人先生、高才硕学，凡此诸思想，必居一于是，莫或使之，若或使之，盖百数十种小说之力直接间接以毒人，如此其甚也。（即有不好读小说者，而此等小说既已渐渍社会，成为风气。其未出胎也，固已承此遗传焉。其既入世也，又复受此感染焉。虽有贤智，亦不以自拔。故谓之间接。）今我国民惑堪舆[51]，惑相命，惑卜筮，惑祈禳，因风水[52]而阻止铁路，阻止开矿，争坟墓而阖族械斗，杀人如草，因迎神赛会，而岁耗百万金钱，废时生事，消耗国力者，曰：惟小说之故。今我国民慕科第若膻[53]，趋爵禄若鹜，奴颜婢膝，寡廉鲜耻，惟思以十年萤雪[54]，暮夜苞苴[55]，易其归骄妻妾、武断乡曲一日之快，遂至名节大防，扫地以尽者，曰：惟小说之故。今我国民轻弃信义，权谋诡诈，云翻雨覆，苛刻凉薄，驯至尽人皆机心，举国皆荆棘者，曰：惟小说之故。今我国民轻薄无行，沉溺声色，缱恋床笫，缠绵歌泣于春花秋月,消磨其少壮活泼之气,青年子弟,自十五岁至三十岁,惟以多情多感多愁多病为一大事业,儿女情多,风云气少[56],甚者为伤风败俗之行,毒遍社会,曰:惟小说之故。今我国民,绿林[57]豪杰,遍地皆是,日日有桃园之拜,处处为梁山之盟,所谓"大碗酒,大块肉,分秤称金银,论套穿衣服"[58]等思想,充塞于下等社会之脑中,遂成为哥老、大刀[59]等会,卒至有如义和拳者起,沦陷京国,启召外戎[60],曰:惟小说之故。呜呼,小说之陷溺人群,乃至如是!乃至如是!大圣鸿哲数万言谆诲之而不足者,华士坊贾一二书败坏之而有余。斯事既愈为大雅君子所不屑道,则愈不得不专归于华士[61]坊贾之手。而其性质其位置,又如空气焉,如菽粟焉,为一社会中不可得避不可得屏之物,于是华士坊贾,遂至握一国之主权而操纵之矣。呜呼!使长此而终古也,则吾国前途尚可问耶,尚可问耶!故今日欲改良群治,必自小说界革命始;欲新民,必自新小说始。

——《梁启超全集》第四卷,北京出版社1999年排印本

【题解】

晚清的"小说"概念包含甚广,戏曲、弹词亦在其内,内涵大体与叙事类文学相等。梁启超等人作《小说丛话》,即起因于梁氏撰写的十余条读《桃花扇》笔记;李伯元编《庚子国变弹词》,也自称所用为"小说体裁"(《庚子国变弹词·例言》)。梁启超的这篇《论小说与群治之关系》作于1902年,作者逃亡日本期间,原刊载于《新小说》第一号。作为"小说界革命"领袖的梁启超在这篇文章中系统地论述了小说与政治、小说与新民的关系,强调了小说的社会地位和作用,探索了小说的艺术特征,提出了革新小说的主张。他的这一理论实际上是"小说界革命"的纲领。

【注释】

1.《坟》、《典》、《索》、《丘》:即《左传》所云三坟、五典、八索、九丘。这里泛指先秦古籍。

2. 能注虫鱼草木:《尔雅》第十三《释草》、第十四《释木》、第十五《释虫》、第十六《释鱼》,三国吴陆机有《毛诗草木鸟兽虫鱼疏》两卷,后人称从事于笺释名物的工作为笺注虫鱼草木。韩愈《读皇甫湜公安园池诗书其后》说:"《尔雅》注虫、鱼,定非磊落人。"

3. 赏心乐事：谢灵运《拟魏太子邺中集诗序》："天下良辰、美景、赏心、乐事，四者难并。"赏心，心情欢畅。

4. 穷鞠：鞠，通"究"，尽头。穷鞠即穷究事理之意。

5. 境界：《无量寿经》："斯义弘深，非我境界。"

6. 其所能触能受之境界：《入阿毗达摩论》："触，谓根境识和合生，令生触境，以能养活心所为相。"《品类足论》："受云何？谓领纳性，此有三种，谓乐受、苦受、不苦不乐受。"《大毗婆沙论》："如眼根等诸有境法，各于自境界，有所拘碍。"

7. 识想：《瑜伽师地论》："识，谓现前了别所缘境界。"《俱舍论》："想，谓于境取差别相。"

8. 利根：佛家语，谓极性明利。《法华经·叶草喻品》："正见邪见，利根钝根。"

9. 钝根：佛家语，谓根机愚钝。

10. 根器：佛家语，指修道者的能力。《大日经》疏："略说法有四种，谓三乘及秘密乘，虽不应悋惜，然应观众生量其根器，而后与之。"

11. "善哉善哉"二句：佛经中常用语。

12. "夫子言之"二句：《孟子·梁惠王》："夫子言之，于我心有戚戚焉。"戚戚，心情激动貌。

13. 真谛：佛家语，又名第一义谛，指佛教认为的最真实的道理。

14. 批此郤，导此窾：批，击；窾，空。这句的意思是说打动人的心灵、启发人的情性。语本《庄子·养生主》："批大郤，道大窾。"

15. 熏：《成唯识论》："依何等义，立熏习名？所熏、能熏，各具四义。令种生长，故名熏习。"又灭："令所熏中，种子生长，如熏苣藤，故名熏习。"

16. "《楞伽经》"二句：《楞伽经》，佛经名。有四译，今存三本：一、宋求那跋陀罗译，名《楞伽阿跋多罗宝经》，凡四卷；二、元魏菩提流支译，名《入楞伽经》，凡十卷；三、唐实叉难陀译，名《大乘入楞伽经》，凡七卷。"迷智为识，转识成智"，《佛地经论》："转识蕴依，得四无漏智相应心。谓大圆镜心，广说乃至成所作心。转第八识，得大圆镜智相应心。能持一切功德种子，能现能生一切身土智影像故。转第七识，得平等性智相应心。远离二执自他差别，证得一切平等性故。转第六识，得妙观察智相应心。能观一切，皆无碍故。转第五识，得成所作智相应心。能现成办外所作故。"

17. 眼识：《品类足论》："眼识云何？谓依眼根各了别色。"

18. 刹那刹那：《大唐西域记》："时极短者，谓刹那也。"《楞严经》："刹那刹那，念念之间，不得停住。"

19. 灵台：心。《庄子·庚桑楚》："不可内于灵台。"

20. 原质：谭嗣同《仁学》："质点不出乎七十三种之原质。某原质与某原质化合，则成一某物之性；析而与他原质化合，或增某原质，减某原质，则又成一某物之性；即同数原质化合，而多寡主佐之少殊，又别成一某物之性。纷纭蕃变，不可纪极。"种子：佛家语。佛家谓眼识、耳识、鼻识、舌识、身识、意识、末那识、阿赖耶识为八识。阿赖耶识有生一切染净诸法之功能，与草木之种子相似，故即谓此种功能为种子。《成唯识论》:"此第八识,或名种子识。能遍任持世出世间诸种子故。"

21."一切器世间"句:佛家语,亦云器世界。谓一切众生住居之国土世界。有情世间:佛家语,亦云众生世间,指一切有生者而言。因一切有生者,皆坠于世中,故称有情世间。成住:佛家语,四劫之二。四劫谓成、住、坏、空四劫也。成劫为由初禅天下至地狱界次第成立之期;住劫为此世间安隐成住之期。坏劫为世间起火、水、风三大灾,荡尽色界初禅天、二禅天及三禅天以下之期;空劫为坏后空无一物之期。经此四期为一大劫,而一大劫由八十中劫而成,即成、住、坏、空四期,每期有二十中劫也,每一中劫由一增一减之两小劫而成。详见《俱舍论》。

22.因缘:《大乘入楞伽经》:"一切法因缘生。"

23.菩提树:植物名,梵语为毕钵罗。此植物系东印度原产。佛坐此树下,证菩提果,故亦名菩提树。菩提亦梵语,其意义为觉为道,故又称觉树或道树。《大悲经》:"如是我闻一一时佛在摩伽陀国菩提树下,初成正觉。"

24.《华严》:佛经名,详称《大方广佛华严经》。本经为佛成道后第一次说法,相传由文殊菩萨与阿难结集,有上、中、下三本,中国所译凡三种,皆其下本之抄略。东晋佛驮跋陀罗译本六十卷,名《六十华严》;唐实叉难陀译本八十卷,名《八十华严》;又唐般若续译四十卷,名《四十华严》。

25.渐:佛教名词,指渐悟。《摩诃止观》:"渐名次第,借浅由深。"

26.顿:《大乘义章》:"自有众生借浅阶远,佛为渐说;或有众生一越解大,佛为顿说。"

27.林冲雪天三限:见《水浒传》第十回。

28.武松飞云浦一厄:见《水浒传》第三十回。

29.晴雯出大观园:见《红楼梦》第七十七回。

30.黛玉死潇湘馆:见《红楼梦》第九十八回。

31.实甫之《琴心》《酬简》:实甫即王实甫;《琴心》见《西厢记》第二本第四折,《酬简》见第三本第四折。

32.东塘之《眠香》《访翠》:孔尚任号东塘;《眠香》见《桃花扇》第六出,《访翠》见第五出。

33.神宗之一棒一喝:禅宗,佛教宗派名,以达摩入华为初祖,至慧能、神秀二大师,禅分南北。主张修习禅定,故名禅宗,又因以参究的方法彻见心性的本源为主旨,亦称佛心宗。一棒一喝:禅家宗匠接人,或用棒,或用喝,借此以促人觉悟。《景德传灯录》:"临济义玄禅师问乐普曰:从上来,一人行棒,一人行喝,阿那箇亲?对曰:总不亲。师曰:亲处作麼生?普便喝,师便打。"

34.《野叟曝言》:长篇小说。清代夏敬渠作。共一百五十四回。叙述文素臣是文武全才,稍经患难后,得到宠遇。反映了作者热衷功名富贵妻财子禄的庸俗思想。

35.《花月痕》:长篇小说。题"眠鹤主人编次",实为清代魏秀仁作。秀仁字子仁,福建侯官人。全书十六卷五十二回。书中的韦痴珠、韩荷生实际上体现了作者角逐官场,流连妓院的理想。韦潦倒终身,韩则飞黄腾达,表现了封建文人追求功名富贵的幻想，又流露出失意没落者的感伤。

36. 华严楼阁：《大方广佛华严经》："尔时善财童子恭敬右达菩萨摩诃萨已，而白之言：唯愿大圣，开楼阁门，令我得入。时弥勒菩萨前诣楼阁，弹指出声，其门即开，令善财入。善财心喜，入已还闭。见其楼阁，广博无量，同于虚空。"

37. 帝网重重：《大方广佛华严经》："普现如来所有境界，如天帝网，于中布列。"

38. 一毛孔中：《维摩诘所说经》："以四大海水入一毛孔。"

39. 万亿莲花：《梵网经卢舍那佛说菩萨心地戒品第十》："是时释迦即擎取此世界大众，至莲华台藏世界百万亿紫金刚光明宫中，见卢舍那佛，坐百万莲华赫赫光明座上。……尔时卢舍那佛，即大欢喜，现虚空光体性本原成佛常住法身三昧，示诸大众：……我已百阿僧祇劫修行心地，……住莲花台藏世界海。其台周遍有千叶，一叶一世界，为千世界。我化为千释迦，据千世界。复就一叶世界，复有百亿须弥山，百亿日月，百亿四天下，百亿南阎浮提，百亿菩萨。释迦坐百亿菩提树下，各说汝所问菩提萨埵心地。其余九百九十九释迦，各各现千百亿释迦，亦复如是。千花上佛，是吾化身；千百亿释迦，是千释迦化身。"

40. 一弹指顷：《法苑珠林》："《憎祇律》云：'二十念为一瞬，二十瞬名一弹指。'"

41. 百千浩劫：佛教用语，指通常年月日不能计算之远大时节。

42. 度世之不二法门：度世，出世。不二法门，佛家语。不二即所谓一实之理，菩萨悟入此不二之理，谓之入不二法门。《维摩诘所说经》："乃至无有文字语言，是真入不二法门。"

43. 卢牟：《淮南子·要略》："卢牟六合，混沌万物。"高诱注："卢牟，犹规模也。"

44. 亭毒：亭，定。毒，安。语出《老子》："亭之毒之。""亭之毒之"，犹言定之安之。

45. 凡有血气者：《礼记·中庸》："凡有血气者莫不尊亲。"

46. 赤县神州：《史记·孟子荀卿列传》："中国名曰赤县神州。"

47. 蓍龟：蓍，蓍草。龟，龟甲。二者皆为占卜所用器材。古人以蓍草、龟甲占卜吉凶，因此合称"蓍龟"来指代占卜。

48. 参苓：参，人参。苓，通薏，药草名。

49. 刀圭：量药之具。《重修政和证类本草》："凡散药有云刀圭者，十分方寸匕之一，准如梧桐子也。方寸匕者，作匕正方一寸，抄散取不落为度。"

50. 老病死苦：佛典称生、老、病、死为四苦。

51. 堪舆：相地术，俗称看风水。

52. 风水：旧中国相宅、相墓的迷信数术，根据住宅基地或坟地形势来推断这一人家的祸福。郭璞《葬书》载："葬者乘生气也。《经曰》，气乘风则散，界水则止，古人聚之使不散，行之使有止，故谓之风水。"

53. 慕科若膻：膻，羊臭。这句用蚁慕羊臭比喻人们慕科第。《庄子·徐无鬼》："羊肉不慕蚁，蚁慕羊肉，羊肉膻也。"

54. 萤雪：《晋书·车胤传》："胤博学多通，家贫不常得油，夏月则练囊盛数十萤火以照书。"

55. 暮夜苞苴：苞苴，赂贿。《荀子·大略》："苞苴行与？谗夫兴与？"杨倞注："货贿必以物苞裹，故总谓之苞苴。"暮夜苞苴即私下送贿之意。

56. "儿女情多"二句：钟嵘《诗品》："犹恨其儿女情多，风云气少。"

57. 绿林：西汉末年，王匡、王凤等聚众起义，占据绿林山（今湖北当阳县北），号称绿林兵。见《后汉书·刘玄传》。

58. "大碗酒"四句：《水浒传》："论秤分金银，异样穿绸锦；成瓮吃酒，大块吃肉。"

59. 哥老、大刀：哥老，会党名，起于太平天国革命以前。太平天国革命失败后，其势始盛，有红帮、青帮之分。大刀，袁昶《乱中日记》："义和团兵器有刀枪而无火炮，初起名曰大刀会。"

60. "卒至有如义和学者起"四句：罗惇曧《拳变余闻》："义和拳称神拳，以降神召众。……其神则唐僧、悟空、八戒、沙僧、黄飞虎、黄三太。"案义和拳激于民族义愤，不能与哥老、大刀等会相提并论，至其受《西游记》《封神传》《三国演义》《绿牡丹》《七侠五义》诸小说影响，则是时代局限所致。

61. 华士：刘昼《新论·遇不遇》："齐之华士，栖志丘壑，而太公诛之。"

【讲疏】

梁启超从为政治维新制造舆论、动员民众的立场出发倡导"小说界革命"，为此全面地论述了小说的社会作用、艺术特点和文学地位，鲜明地提出革新小说以适应于政治变革的主张，在整个文坛上产生了巨大的影响。

梁启超首先较为深入地探讨小说巨大的艺术感染力之所在。他强调大众之所以嗜好小说，并非因为小说文字浅显、内容有趣，而是基于以下两个原因：一、"小说者，常导人游于他境界，而变换其常触常受之空气者也"，小说能够引导读者从"顽狭短局而至有限"的实际生活境界中超脱出来而进入"身外之身，世界外之世"的艺术的理想的境界；二、小说能将大众心之所想、身之所历，"和盘托出，彻底而发露之"，使人们对"行之不知，习矣不察"的思想行为，不仅知其然，而且能知其所以然。这两点正符合人类希望广阔地了解世界和深切地认识自己的本性恒情。梁启超指出前者是"理想派小说"，后者是"写实派小说"。梁启超受西方小说理论的启迪，第一次在我国将小说分成理想派和写实派两种，并指出各自的特征，初步接触到创作方法的问题。梁启超从认识论角度对小说特性的分析在当时影响很大，很多文章中重复他的这种分析，有的人还对梁启超的分析作了发挥，补充或修正，如狄平子《论文学上小说之位置》（1903年）提出："小说者，社会之 X 光线也。"又如苏曼殊在《小说丛话》（1903年）提出："欲觇一国之风俗，及国民之程度，与夫社会风潮之所趋，莫雄于小说。盖小说者,乃民族最精确,最公平之调查录也。"

梁启超在他的论文中还考察了一个问题:小说影响人的精神是通过什么途径的?从而提出"熏、浸、刺、提"四力说。四力说是从心理学的角度对于小说特性的一种分析。四种力的前三种基本上是对于读小说者的心理状态的一种描绘,是比较外在的。第四种力则比较要深入一些,实际上是对前三种力的一种解释。由此可见,四种力并不属于同一个层次,梁启超把它们并列起来,就逻辑上说是不够严密的。

梁启超在对小说特性的认识论和心理学分析的基础上,提出了他对于小说在社会生活中的地位和作用的看法。梁启超猛烈抨击我国古代小说的内容,认为其陷溺人心,败坏国民道德。古代小说宣扬升官发财的状元宰相思想、迷信落后的妖巫狐鬼思想,以及淫靡无聊的佳人才子思想等等。关于产生落后思想的社会根源,以及"中国群治腐败的总根源",梁启超认为都是受了小说的影响,这种本末倒置的看法当然是错误的。但是在此基础上他进一步提出"今日欲改良群治,必自小说界革命始;欲新民,必自新小说始",通过革新小说来革新道德、宗教、政治、风俗、学艺,乃至人心人格,最终达到革新"一国之民"的目的,企图把小说的内容从封建传统思想的束缚中解脱出来,则有其进步意义。从另一个方面来看,当时清朝腐朽的统治摇摇欲坠,革命的浪潮已经汹涌澎湃地掀起,各地的会党和零星的起义人民已汇合为这个时代的巨流,文中却恶毒地诅咒,"今我国民,绿林豪杰,遍地皆是,日日有桃园之拜,处处为梁山之盟";把"充塞于下等社会中"的"江湖盗贼"思想看作毒蛇猛兽,这正反映了改良主义者对待革命的态度,暴露了他们的阶级本质。

总之,梁启超是从服务于政治维新运动的立场来倡导其"小说界革命"的。他强调小说的社会作用,把小说提到前所未有的高度,号召小说通过自身的革新而改良国民、制造舆论,为当前的政治服务;并对小说的艺术特征和感染力量有了深入的认识。这些观点为维新派的小说理论定下了基调,在整个文坛产生了巨大的影响。但是,他颠倒文学和现实的关系,由过去轻视小说走向重视小说另一个极端,以及对传统小说一概否定,给晚清的小说理论和创作带来了不良的影响。

【关键词解读】

熏 浸 刺 提

由于强调小说和政治的关系,梁启超有意大大提高小说的地位,认为

"小说为文学之最上乘"。梁启超总结小说"支配人道"的四种艺术感染力:熏、浸、刺、提,颇能道出小说艺术的一些特点。大体而言,熏,即指小说具有陶冶情操的作用,使读者在"不知不觉之间"受到感染,久而久之改变了性情。浸,指小说使读者身入其境,其思想感情受到渗透而不断地变化。浸和熏都是指一种潜移默化的力量。刺,是小说通过触目惊心的艺术形象强烈地震撼读者的心灵,使读者情不自禁地受到感动,接受教育。提,则是指小说的艺术形象切合读者的心理,产生一种"移人"的力量,使读者感情完全融入小说之中,与主人翁合而为一。他结合具体作品细致分析小说的艺术感染力,为中国古代小说批评史增添了新内容。但是说小说具有这"四力"就可以规模一世,化育万众,"教主之所以能立教门,政治家之所以能组织政党,莫不赖是。文家能得其一,则为文豪;能兼其四,则为文圣。有此四力而用之于善,则可以福亿兆人;有此四力而用之于恶,则可以毒万千载",显然高估了小说的社会作用和影响力,赋予了小说很多根本不可能完成的任务,并没有为小说找到准确的社会定位。

【相关知识链接】

梁启超在文学方面提倡"诗界革命"和"小说界革命"。比较起来,"诗界革命"的声势和影响不如"小说界革命"。在"小说界革命"的口号下,创作的小说和翻译的小说大量涌现出来,还创办了不少小说杂志,据记载有三十多种。其中比较有名的如《新小说》《绣像小说》《月月小说》《小说林》等,当时号称四大小说杂志。同时,以梁启超为首的一批人,连续发表鼓吹"小说界革命"和探讨小说理论的论文,数量也相当多。除梁启超外,当时在报刊上发表小说理论文章的,主要有严复、夏曾佑(别士)、王钟麒(王无生、天僇生)、狄平子、陶曾佑、黄摩西(黄人)、徐念慈(东海觉我)、林纾、王国维等人。在这些人当中多数是梁启超的拥护者,但是也有的人(如南社成员黄摩西)无论是政治倾向或是美学观点都和梁启超很不相同。小说界革命作为一种文学思潮,它的背景有一个最大的特点就是当时已经有相当数量的西方小说被翻译和介绍过来,西方的哲学、美学理论也开始有所介绍。这样就扩大了人们的眼界,启发人们在小说美学的研究中注意新的领域,采用新的角度,提出新的观点。

"小说界革命"中出现的论文比较集中地探讨了以下两个问题:一,小说艺术的特性。二,小说在社会生活中的地位和作用。探讨这两个问题总的目的是要为资产阶级改良派"今日欲改良群治,必自小说界革命始"的命题提供理论论证。至于小说其他方面的问题,例如小说在创作方面应遵循什么规律,小说如何塑造典型人物等等,他们很少触及。因为他们讨论问题更多的是从政治着眼,所以他们的理论往往显得比较空泛,同艺术创造的实践离得比较远。与此相对应,在"小说界革命"的口号下产生出来的小说,包括它们中间最优秀的小说在内,艺术性都比较差。此外,从文本形式上来说,以梁启超为代表的晚清小说评论家主要是采用论文的形式。这种形式的长处是论点集中、突出,论证比较有逻辑性;其短处则是距离具体作品比较远,容易陷入一般化的空洞议论。

【延伸阅读】

梁启超在文学方面提倡"诗界革命"和"小说界革命",作为文学运动,"诗界革命"与"小说界革命"是当时资产阶级改良主义运动的一翼,从属于资产阶级改良主义的政治路线,其立论都有着政治化的同一底色。此外,他的视野引入了外国文学与文学理论作为参照系,立论自然与传统有别。在下列选文中,《新大陆游记》《诗话》属于梁启超"诗界革命"的观点;《译印政治小说序》《告小说家》属于"小说界革命"的观点,合而观之,有利于全面了解梁启超作为近代资产阶级改良派代表的文论特点。

译印政治小说序

政治小说之体,自泰西人始也。凡人之情,莫不惮庄严而喜谐谑,故听古乐,则惟恐卧,听郑卫之音,则靡靡而忘倦焉。此实有生之大例,虽圣人无可如何者也。善为教者,则因人之情而利导之,故或出之以滑稽,或托之于寓言。孟子有好货好色之喻,屈平有美人芳草之辞,寓讽谏于诙谐,发忠爱于馨艳,其移人之深,视庄言危论,往往有过,殆未可以劝百讽一而轻薄之也。

中土小说,虽列之于九流,然自虞初以来,佳制盖鲜,述英雄则规画《水浒》,道男女则步武《红楼》,综其大较,不出诲盗诲淫两端。陈陈相因,涂涂递附,故大方之家,每不屑道焉。

虽然,人情厌庄喜谐之大例,既已如彼矣。彼夫缀学之子,黉塾之暇,其手《红楼》而口《水浒》,终不可禁;且从而禁之,孰若从而导之。善夫南海先生之言也,曰:"仅识字之人,有不读经,无有不读小说者。"故六经不能教,当以小说教之;正史不能入,当以小说入之;语录不能谕,当以小说谕之;律例不能治,当以小说治之。天下通人少而愚人多，深于文学之人少，而粗识文学之人多。六经虽美，不通其义，不识其字，则如明珠夜投，按剑而怒矣。孔子失马，子贡求之而不得，圉人求之而得，岂子贡之智不若圉人哉？物各有群，人各有等，以龙伯大人舆僬侥语，则不闻也。今中国识字人寡，深通文学人尤寡，然则小说学之在中国，殆可增七略而为八，蔚四部而为五者矣。

昔欧洲各国变革之始，其魁儒硕学，仁人志士，往往以其身之所经历，及胸中所怀政治之议论，一寄之于小说，于是彼中缀学之子，黉塾之暇，手之口之，下而兵丁、而市侩、而农氓、而工匠、而车夫马卒、而妇女、而童孺，靡不手之口之。往往每一书出，而全国之议论为之一变。彼美、英、德、法、奥、意、日本各国政界之日进，则政治小说，为功最高焉。英名士某君曰："小说为国民之魂。"岂不然哉！岂不然哉！今特采外国名儒所撰述，而有关切于今日，中国之时局者，次第译之，附于报末，爱国之士，或庶览焉。

——《梁启超全集》第一卷，北京出版社1999年排印本

新大陆游记（节选）

余虽不能诗，然尝好论诗。以为诗之境界，被千余年来鹦鹉名士（余尝戏名词章家为鹦鹉名士，自觉过于尖刻）占尽矣。虽有佳章佳句，一读之，似在某集中曾相见者，是最可恨也。故今日不作诗则已，若作诗，必为诗界之哥仑布、玛赛郎然后可。犹欧洲之地力已尽，生产过度，不能不求新地于阿米利加及太平洋沿岸也。欲为诗界之哥仑布、玛赛郎，不可不备三长：第一要新意境，第二要新语句，而又须以古人之风格入之，然后成其为诗。不然，如移木星、金星之动物以实美洲，瑰伟则瑰伟矣，其如不类何。若三者具备，则可以为二十世纪支那之诗王矣。宋、明人善以印度之意境、语句入诗，有三长具备者。如东坡之"溪声便是广长舌，山色岂非清静身。夜来八万四千偈，他日如何举似人"之类，真觉可爱。然此境至今日，又已成旧世界，今欲易之，不可

不求之于欧洲。欧洲之意境、语句，甚繁富而玮异，得之可以陵轹千古，涵盖一切，今尚未有其人也。时彦中能为诗人之诗而锐意欲造新国者，莫如黄公度，其集中有《今别离》四首。又《吴太夫人寿诗》等，皆纯以欧洲意境行之，然新语句尚少，盖由新语句与古风格常相背驰，公度重风格者，故勉避之也。夏穗卿、谭复生，皆善选新语句，其语句则经子生涩语、佛典语、欧洲语杂用，颇错落可喜，然已不备诗家之资格。试举其一二。穗卿诗有"帝杀黑龙才士隐，书飞赤鸟太平迟。民皇备矣三重信，人鬼同谋百姓知"等句，每一句皆含一经义，可谓新绝。又有"有人雄起瑠璃海，兽魄蛙魂龙所徙"等句，苦不知其出典，虽十日思不能索其解。复生赠余诗云："大成大关大雄氏，据乱升平及太平。五始当王讫获麟，三言不识乃鸡鸣。人天帝网光中现，来去云孙脚下行。莫共龙蛙争寸土，从知教主亚洲生。"又有"眼帘绘影影非实，耳鼓有声声已过"等句，又"虚空以太显诸仁"等句，其意语皆非寻常诗家所有。复生本甚能诗者，然三十以后，鄙其前所作为旧学，晚年屡有所为，皆用此新体，甚自喜之，然已渐成七字句之语录，不甚肖诗矣。吾既不能为诗，前年见穗卿、复生之作，辄欲效之，更为成字句。记有一首云："尘尘万法吾谁适，生也无涯知有涯。大地混元兆螺蛤，千年道战起龙蛇。秦新杀黳应阳厄，彼保兴亡识轨差。我梦天门受天语，玄黄血海见三蛙。"尝有乞为写之且注之，注至二百余字乃能解，今日观之，可笑实甚也，真有以金星动物入地球之观矣。其不以此体为主，而偶一点缀者，常见佳胜。文芸阁有句云："遥夜苦难明，它洲日方午。"盖夜坐之作也，余甚赏之。邱仓海《题无惧居士独立图》云："黄人尚昧合群义，诗界差争自主权。"对句可谓三长兼备。邱星洲有"以太同胞关痛痒，自由万物竞生存"之句，其界境大略与夏、谭相等，而遥优于余。郑西乡自言生平未尝作一诗，今见其近作一首云："太息神州不陆浮，浪从星海狎盟鸥。共和风月推君主，代表琴樽唱自由。物我平权皆偶国，天人团体一孤舟。此身归纳知何处，出世无机与化游。"读之不觉拍案叫绝。全首皆用日本译西书之语句，如共和、代表、自由、平权、团体、归纳、无机诸语皆是也。吾近好以日本语句入文,见者已诧赞其新异,而西乡乃更以入诗,如天衣无缝,"天人团体一孤舟"亦几于诗人之诗矣,吾于是乃知西乡之有诗才也。吾论诗宗旨大略如此。然以上所举诸家,皆片鳞只甲,未能确然成一家言,且其所谓欧洲意境、语句,多物质上琐碎粗疏者,于精思想上未有之也。虽然,即以学界论之,欧洲之真精神、真思想,尚且未输入中国,况于诗界?此固不足怪也。吾虽不能诗,惟将竭力输入欧洲之精神思想,以供来者之诗料可乎?要之,支那非有诗界革命,则诗运殆将绝。虽然,诗运无绝之时也,今日者革命之机渐熟,而哥仑布、玛赛郎之出世必不远矣。上所举者,皆其革命军月晕础润之征也,夫诗又其小焉者也。

——《梁启超全集》第四卷,北京出版社 1999 年排印本

告小说家

小说家者流,自昔未尝为重于国也。《汉志》论之曰:"小道可观,致远恐泥。"扬子云有言:"雕虫小技,壮夫不为。"凡文皆小技矣,矧于文之支与流裔如小说者?然自元明以降,小说势力入人之深,渐为识者所共认。盖全国大多数人之思想业识,强半出自小说,言英雄则《三国》《水浒》《说唐》《征西》,言誓理则《封神》《西游》,言情绪则《红楼》《西厢》,自余无量数之长章短帙,樊然杂陈,而各皆分占势力之一部分。此种势力,蟠结于人人之脑识中,而因发为言论行事,虽具有过人之智慧、过人之才力者,欲其思想尽脱离小说之束缚,殆为绝对不可能之事。夫小说之力,曷为能雄长他力?此无异故,盖人之脑海如熏笼然,其所感受外界之业识如烟,每烟之过,则熏笼必留其痕,虽拂拭洗涤之,而终有不能去者存。其烟之霏袭也愈数,则其熏痕愈深固;其烟质愈浓,则其熏痕愈明显。夫熏笼则一孤立之死物耳,与他物不相联属也;人之脑海,则能以所受之熏还以熏人,且自熏其前此所受者而扩大之,而继演于无穷。虽其人已死,而薪尽火传,犹蜕其一部分以遗其子孙,且集合焉以成为未来之群众心理。盖业之

熏习，其可畏如是也。而小说也者，恒浅易而为尽人所能解，虽富于学力者，亦常贪其不费脑力也而借以消遣。故其霏袭之数，既有以加于他书矣。而其所叙述，恒必予人以一种特殊之刺激，譬之则最浓之烟也。故其熏染感化力之伟大，举凡一切圣经贤传诗古文辞皆莫能拟之。然则小说在社会教育界所占之位置，略可识矣。畴昔贤士大夫，不甚知措意于是，故听其迁流波靡，而影响于人心风俗者则既若彼，质言之，则十年前之旧社会，大半由旧小说之势力所铸成也。忧世之士，睹其险状，乃思执柯伐柯为补救之计，于是提倡小说之译著以跻诸文学之林，岂不曰移风易俗之手段莫捷于是耶？今也其效不虚。所谓小说文学者，亦既蔚为大观，自余凡百述作之业，殆为所侵蚀以尽。试一流览书肆，其出版物，除教科书外，什九皆小说也。手报纸而读之，除芜杂猥屑之记事外，皆小说及游戏文也。举国士大夫不悦学之结果，《三传》束阁，《论语》当薪，欧美新学，仅浅尝为口耳之具，其偶有执卷，舍小说外殆无良伴。故今日小说之势力，视十年前增加倍蓰什百，此事实之无能为讳者也。然则今后社会之命脉，操于小说家之手者泰半，抑章章明甚也。而还观今之所谓小说文学者何如？呜呼！吾安忍言！吾安忍言！其什九则诲盗与诲淫而已，或则尖酸轻薄毫无取义之游戏文也，于以煽诱举国青子弟，使其桀黠者濡染于险诐钩距作奸犯科，而模拟某种侦探小说中之一节目。其柔靡者浸淫于目成魂与踰墙钻穴，而自比于某种艳情小说之主人者。于是其思想习于污贱龌龊，其行谊习于邪曲放荡，其言论习于诡随尖刻。近十年来，社会风习，一落千丈，何一非所谓新小说者阶之厉？循此横流，更阅数年，中国殆不陆沉焉不止也。呜呼！世之自命小说家者乎？吾无以语公等，惟公等须知因果报应，为万古不磨之真理，吾侪操笔弄舌者，造福殊艰，造孽乃至易。公等若犹是好作为妖言以迎合社会，直接坑陷全青年子弟，使堕无间地狱，而间接戕贼吾国性，使万劫不复，则天地无私，其必将有以报公等，不报诸其身，必报诸其子孙；不报诸今世，必报诸来世。呜呼！吾多言何益？吾惟愿公等各还诉诸其天良而已。若有闻吾言而惕然戒惧者，则吾将更有所言也。

——《梁启超全集》第九卷,北京出版社1999年排印本

诗话(节选)

八

希腊诗人荷马(旧译作和美耳),古代第一文豪也。其诗篇为今日考据希腊史者独一无二之秘本,每篇率万数千言。近世诗家,如莎士比亚、弥儿敦、田尼逊等,其诗动亦数万言。伟哉!勿论文藻,即其气魄固已夺人矣。中国事事落他人后,惟文学似差可颉颃西域。然长篇之诗,最传诵者,惟杜之《北征》,韩之《南山》,宋人至称为日月争光,然其精深盘郁雄伟博丽之气,尚未足也。古诗《孔雀东南飞》一篇,千七百余,号称古今第一长篇诗,诗虽奇绝,亦只儿女子语,于世运无影响也。中国结习,薄今爱古,无论学问、文章、事业,皆以古为不可几及。余生平最恶闻此言。窃谓自今以往,其进步之远轶前代,固不待蓍龟,即并世人物亦何遽让于古所云哉?生平论诗,最倾倒黄公度,恨未能写其全集。顷南洋某报录其旧作一章,乃煌煌二千余言,真可谓空前之奇构矣。荷、莎、弥、田诸家之作,余未能读,不敢妄下比儗,若在震旦,吾敢谓有诗以来所来有也。以文名名之,吾欲题为《印度近史》,欲题为《佛教小史》,欲题为《地球宗教论》,欲题为《宗教政治关系说》,然是固诗也,非文也。有诗如此,中国文学界足以豪矣。因亟录之,以饷诗界革命军之青年。……

五十四

中国人无尚武精神,其原因甚多,而音乐靡曼亦其一端,此近世识者所同道也。昔斯巴达人被围,乞援于雅典,雅典人以一眇目跛足之学校教师应之,斯巴达人惑焉。及临阵,此教师为作军歌,斯巴达人诵之,勇气百倍,遂以获胜。甚矣,声音之道感人深矣。吾中国向无军歌,其有一二,若杜工部之前、后《出塞》,盖

不多见,然于发扬蹈厉之气尤缺。此非徒祖国文学之缺点,抑亦国运升沉所关也。往见黄公度《出军歌》四章,读之狂喜,大有"含笑看吴钩"之乐,尝以录入《小说报》第一号。顷复见其全文,乃知共二十四首,凡出军、军中、还军备八章。其章末一字,义取相属,以"鼓勇同行,敢战必胜,死战向前,纵横莫抗,旋师定约,张我国权"二十四字殿焉。其精神之雄壮活泼沉浑深远不必论,即文藻亦二千年所未有也,诗界革命之能事至斯而极矣。吾为一言以蔽之曰:读此诗而不起舞者必非男子。……

六十三

　　过渡时代,必有革命。然革命者,当革其精神,非革其形式。吾党近好言诗界革命,虽然,若以堆积满纸新名词为革命,是又满洲政府变法维新之类也。能以旧风格含新意境,斯可以举革命之实矣。苟能尔尔,则虽间杂一二新名词,亦不为病,不尔,则徒示人以俭而已。侪辈中利用新名词者,麦孺博为最,其近作有句云:"圣军未决蔷薇战,党祸惊闻瓜蔓抄。"又云:"微闻黄祸锄非种,欲为苍生赋《大招》。"皆工绝语也。吾自题所著《新中国未来纪》二诗,有云:"青年心死秋梧悴,老国魂归蜀道难。"亦颇为平生得意之句。

　　去年,闻学生某君入东京音乐学校,专研究乐学,余喜无量。盖欲改造国民之品质,则诗歌、音乐为精神教育之一要件,此稍有识者所能知也。中国乐学,发达尚早。自明以前,虽进步稍缓,而其统犹绵绵不绝。前此凡有韵之文,半皆可以入乐者也。《诗》三百篇,皆为乐章,尚矣。(原注:孔子称诵诗三百,歌诗三百,弦诗三百,舞诗三百。)如《楚辞》之《招魂》《九歌》,汉之《大风》《柏梁》,皆应弦赴节,不徒乐府之名如其实而已。下至唐代绝句,如"云想衣裳"、"黄河远上",莫不被诸弦管。宋之词,元之曲,又其显而易见者也。盖自明以前,文学家多通音律,而无论雅乐、剧曲,大率皆由士大夫主持之,虽或衰靡,而俚俗犹不至太甚。本朝以来,则音律之学,士大夫无复过问,而先王乐教,乃全委诸教坊优伎之手矣。读泰西文明史,无论何代,无论何国,无不食文学家之赐,其国民于诸文豪,亦顶礼而尸祝之。若中国之词章家,则于国民岂有丝毫之影响耶?推原其故,不得不谓诗与乐分之所致也。郑夹漈有言:"古之诗曰歌行,后之诗曰古、近二体。歌行主声,二体主文。诗为声也,不为文也。浩歌长啸,古人之深趣。今人既不尚啸,而又失其歌诗之旨,所以无乐事也。凡律其辞则谓之诗,声其诗则谓之歌,诗未有不歌者也。(……)呜呼!诗在于声不在于义。孔子曰:'《关雎》乐而不淫,哀而不伤。'亦为《关雎》之声和平,能令闻者感发而不失其度耳。若诵其文,习其理,能有哀乐之事乎?二体之作,失其诗矣。"(原注:《通志·乐略》)其言可谓特识。夹漈时已然,挽近乃益甚。至于今日,而诗、词、曲三者皆成为陈设之古玩,词章家真社会之蠹矣。顷读杂志《江苏》,屡陈中国音乐改良之义,其第七号已谱出军歌,学校歌数阕,读之拍案叫绝,此中国文学复兴之先河也。惜余亦一门外汉,仅如夹漈所谓"诵其文,习其理"而已。寄语某君,自今以往,更委身于祖国文学,据今所学,而调和之以渊懿之风格,微妙之辞藻,苟能为索士比亚、弥儿顿,其报国民之恩者,不已多乎!

——《梁启超全集》第十八卷,北京出版社1999年排印本

【思考题】

1. 试述梁启超"小说界革命"与其政治观之间的关系。
2. 梁启超对小说的艺术特征有何新的认识?

王 国 维

【作者简介】

王国维(1877—1927),字静安,号观堂,浙江海宁人。早年秉承家学,打下深厚国学功底。戊戌变法后,先后任《时务报》文书校对、东文学社庶务、《教育世界》主编。1900年秋留学日本,归国后任教于南洋公学、江苏师范学校等。1906年后,任学部图书馆编译、名词馆协修等职。1927年自沉颐和园昆明湖。王国维善于贯通"外来之观念"与传统的思想,探求中国古代文学的民族特征、发展规律和创作经验,具有很深的造诣。晚年主要埋头于古文字、古器物、古史地的研究。著有《观堂集林》二十四卷、《观堂别集》四卷、《苕华词》一卷、《静安文集》一卷、《续集》一卷、《人间词话》二卷。《清史稿》卷五百一有传。

人间词话(节选)

词以境界[1]为最上。有境界则自成高格,自有名句。五代、北宋之词所以独绝者在此。

有造境,有写境,此理想与写实二派之所由分。然二者颇难分别,因大诗人所造之境必合乎自然,所写之境亦必邻于理想故也。

有有我之境,有无我之境。"泪眼问花花不语,乱红飞过秋千去"[2]。"可堪孤馆闭春寒,杜鹃声里斜阳暮"[3]。有我之境也。"采菊东篱下,悠然见南山"[4]。"寒波澹澹起,白鸟悠悠下"[5]。无我之境也。有我之境,以我观物,故物皆著我之色彩;无我之境,以物观物,故不知何者为我,何者为物[6]。古人为词,写有我之境者为多,然未始不能写无我之境,此在豪杰之士能自树立耳。

自然中之物,互相关系,互相限制。然其写之于文学及美术中也,必遗其关系、限制之处。故虽写实家,亦理想家也。又虽如何虚构之境,其材料必求之于自然,而其构造,亦必从自然之法则。故虽理想家,亦写实家也。

境非独谓景物也。喜怒哀乐,亦人心中之一境界。故能写真景物、真感情者,谓之有境界。否则谓之无境界。

"红杏枝头春意闹"[7],著一"闹"字,而境界全出。"云破月来花弄影"[8],著一"弄"字而境界全出矣。

境界有大小,不以是而分优劣。"细雨鱼儿出,微风燕子斜"[9],何遽不若[10]"落日照大旗,马鸣风萧萧"[11],"宝帘闲挂小银钩"[12],何遽不若"雾失楼台,月迷津渡"[13]也。

词至李后主而眼界始大,感慨遂深;遂变伶工之词而为士大夫之词。周介存置诸温、韦之下[14],可谓颠倒黑白矣。"自是人生长恨水长东"[15],"流水落花春去也,天上人间"[16]。《金荃》、《浣花》[17],能有此气象耶?

客观之诗人,不可不多阅世。阅世愈深,则材料愈丰富,愈变化,《水浒传》《红楼梦》之作者是也。主观之诗人,不必多阅世。阅世愈浅,则性情愈真,李后主是也。

古今之成大事业、大学问者,必经过三种之境界[18]:"昨夜西风凋碧树。独上高楼,望尽天涯路[19]"。此第一境也。"衣带渐宽终不悔,为伊消得人憔悴"[20]。此第二境也。"众里寻他千百度,回头蓦见,那人正在,灯火阑珊处"[21]。此第三境也。此等语皆非大词人不能道。然遽以此意解释诸词,恐为晏、欧诸公所不许也。

问"隔"与"不隔"之别,曰:陶、谢之诗不隔,延年则稍隔矣[22]。东坡之诗不隔,山谷则稍隔矣。"池塘生春草","空梁落燕泥"等二句[23],妙处唯在不隔。词亦如是。即以一人一词论,如欧阳公《少年游》咏春草上半阕云:"阑干十二独凭春,晴碧远连云。千里万里,二月三月,行色苦愁人。"语语都在目前,便是不隔。至云:"谢家池上,江淹浦畔。"则隔矣。白石《翠楼吟》:"此地,宜有词仙,拥素云黄鹤,与君游戏。玉梯凝望久,叹芳草、萋萋千里。"便是不隔。至"酒祓清愁,花消英气"则隔矣。然南宋词虽不隔处,比之前人,自有浅深厚薄之别。

"生年不满百,常怀千岁忧。昼短苦夜长,何不秉烛游?"[24]"服食求神仙,多为药所误。不如饮美酒,被服纨与素。"[25]写情如此,方为不隔。"采菊东篱下,悠然见南山。山气日夕佳,飞鸟相与还。""天似穹庐,笼盖四野。天苍苍,野茫茫。风吹草低见牛羊。"[26]写景如此,方为不隔。

四言敝而有《楚辞》,《楚辞》敝而有五言,五言敝而有七言,古诗敝而有律绝,律绝敝而有词。盖文体通行既久,染指遂多,自成习套。豪杰之士,亦难于其中自出新意,故遁而作他体,以自解脱。一切文体所以始盛终衰者,皆由于此。故谓文学后不如前,余未敢信。但就一体论,则此说固无以易也。

大家之作,其言情也必沁人心脾,其写景也必豁人耳目。其辞脱口而出,无矫揉妆束之态。以其所见者真,所知者深也。诗词皆然。持此以衡古今之作者,可无大误也。

诗人对宇宙人生,须入乎其内,又须出乎其外。入乎其内,故能写之;出乎其外,故能观之。入乎其内,故有生气;出乎其外,故有高致。美成能入而不出。白石以降,于此二事皆未梦见。

——《人间词话》

昔人论诗词,有景语、情语之别。不知一切景语,皆情语也。

词之为体,要眇宜修[27],能言诗之所不能言,而不能尽言诗之所能言。诗之境阔,词之言长。

——《人间词话删稿》

——《人间词话》,人民文学出版社1982排印本

【题解】

《人间词话》最早发表在1908年的《国粹学报》上,共六四则,分三期登完。1927年,赵万里从《人间词话》的原稿中辑录他没有刊布的四四

则,称《人间词话删稿》。1939年,徐调孚从他的著作中辑录论词的话得二九则,称为《人间词话附录》;把三者合称《人间词话》,由上海开明书店刊行,人民出版社1960年版即用此本。1981年齐鲁书社本又从王国维原稿中录出五则,为赵辑所未收,即《删稿》增加五则,成四九则。滕咸惠得到《人间词话》原稿,发现原稿中又有十三则为人民文学本所未收,因据原稿排刊加注,成《人间词话新注》。综上所述,《人间词话》原稿共一二六则,王国维选取其中的六四则重新排列,在《国粹学报》上发表,这六四则代表了他的主要文学观点。

【注释】

1. 境界:"境界"原为佛学上的术语,文论家借以论文学。境界不仅是指真实地反映客观现实的图景,也包括了作家主观的情感。
2. "泪眼问花花不语"二句:欧阳修《蝶恋花》词句。
3. "可堪孤馆闭春寒"二句:秦观《踏莎行》词句。
4. "采菊东篱下"二句:陶渊明《饮酒》诗第五首句。
5. "寒波澹澹起"二句:元好问《颖亭留别》诗句。
6. "有我之境以我观物"七句:王国维《文学小言》:"文学中有二原质焉:曰景,曰情。前者以描写自然及人生之事实为主,后者则吾人对此种事实之精神的态度也。故前者客观的,后者主观的也;前者知识的,后者感情的也。自一方面言之,则必吾人之胸中洞然无物,而后其观物也深,而其体物也切;即客观的知识,实与主观的情感为反比例。自他方面言之,则激烈之情感,亦得为直观之对象、文学之材料;而观物与其描写之也,亦有无限之快乐伴之。要之,文学者,不外知识与感情交代之结果而已。苟无锐敏之知识与深邃之感情者,不足与于文学之事。"又王氏《红楼梦评论》:"夫自然界之物,无不与吾人有利害之关系;纵非直接,亦必间接相关系者也。苟吾人而能忘物与我之关系而观物,贝夫自然界之山明水媚,鸟飞花落,固无往而非华胥之国,极乐之土也。岂独自然界而已,人类之言语动作,悲欢啼笑,孰非美之对象乎!然此物既与吾人有利害之关系,而吾人欲强离其关系而观之,自非天才,岂易及此。""美之为物有二种.一曰优美,一曰壮美,苟一物焉,与吾人无利害之关系,而吾人之观之也,不观其关系,而但观其物;或吾人之心中,无丝毫生活之欲存,而其观物也,不视为与我有关系之物,而但视为外物,则今之所观者,非昔之所观者也。此时吾心宁静之状态,名之曰优美之情,而谓此物曰优美。若此物大不利于吾人,而吾人生活之意志为之破裂,因之意志遁去,而知力得独立之作用,以深观其物,吾人谓此物曰壮美,而谓其感情曰壮美之情。"都可与本条的论点相发。
7. 红杏枝头春意闹:宋祁《玉楼春》(春景)词句。
8. 云破月来花弄影:张先《天仙子》词句。
9. "细雨鱼儿出"二句:杜甫诗《水槛遣心》二首之一句。

10. 何遽不若:难道不及的意思。

11. "落日照大旗"二句:杜甫诗《后出塞》五首之二句。

12. 宝帘闲挂小银钩:秦观《浣溪沙》词句。

13. 雾失楼台,月迷津渡:秦观《踏莎行》词句。

14. 周介存置诸温、韦之下:周济《介存斋论词杂著》:"毛嫱、西施,天下美妇人也。严妆佳,淡妆亦佳,粗服乱头,不掩国色。飞卿,严妆也;端己,淡妆也;后主则粗服乱头矣。"

15. 自是人生长恨水长东:李煜《乌夜啼》词句。

16. "流水落花春去也"二句:李煜《浪淘沙》词句。

17. 《金荃》、《浣花》:温庭筠有《金荃集》,或谓温词集名《金奁》,非《金荃》。韦庄有《浣花集》。

18. 古今之成大事业、大学问者,必经过三种之境界:案:王国维《文学小言》:"古今之成大事业、大学问者,不可不历三种之阶级。……未有未阅第一、第二阶级,而能遽跻第三阶级者。文学亦然。此有文学上之天才者,所以又需莫大之修养也。"

19. "昨夜西风凋碧树"三句:晏殊《蝶恋花》词句。

20. "衣带渐宽终不悔"二句:柳永《凤栖梧》词句。

21. "众里寻他千百度"四句:辛弃疾《青玉案》(元夕)词句。原词作"众里寻他千百度,蓦然回首,那人却在,灯火阑珊处。"

22. "陶谢之诗"二句:陶指渊明;谢指灵运。延年指颜延之字。

23. "池塘"二句:池塘生春草,谢灵运《登池上楼》句。空梁落燕泥,唐代薛道衡《昔昔盐》诗句。

24. "生年不满百"四句:《古诗十九首》第十五首中句。

25. "服食求神仙"四句:《古诗十九首》第十三首中句。

26. "天似穹庐"五句:北齐《敕勒歌》中句。

27. 要眇宜修:《楚辞·九歌·湘君》:"美要眇兮宜修。"要眇,精微美妙。宜修,恰到好处的美。

【讲疏】

王国维早年嗜读西洋哲学、文学著作,尤爱好尼采和叔本华的学说,《人间词话》是作者接受了西洋美学思想之洗礼后,以崭新的眼光对中国旧文学所作的评论。表面上,《人间词话》与中国相袭已久之诗话词话一类作品之体例格式并无显著的差别,实际上,它已初具理论体系,在旧日诗词论著中称得上一部屈指可数的作品。朱光潜在《诗的隐与显——关于王静安的〈人间词话〉的几点意见》一文中说:"近二三十年来,就我个人所读过的来说,似以王静安先生的《人间词话》为最精到。"

"境界"说是《人间词话》的核心,统领其他论点,又是全书的脉络,沟通全部主张。王国维不仅把它视为创作原则,也把它当作批评标准,论断诗词的演变,评价词人的得失,作品的优劣,词品的高低,均从"境界"出发。因此"境界"说既是王国维文艺批评的出发点,又是其文艺思想的总归宿。唐代的王昌龄、宋代的王洋、明代的陆时雍、清代的袁枚都提过境界,但王国维在总结前人论述的基础上充实了新的见解。王国维的"意境"说具体包含以下几个方面的内涵:

首先,从主客二元论出发,王国维将创作分为"理想"和"写实"两派。理想派偏重于从主观理想、想象出发虚构、创造意境,这就是"造境";写实派按照客观现实的自然面目进行描绘、摹写,这便是"写境"。造境和"写境"并不互相排斥,二者虽有偏虚偏实之别,仍须兼融相和。

其次,作品中呈现出的境界根据物我关系,可分为"有我之境"和"无我之境"。

第三,境界最主要的特征是"真"。"能写真景物、真感情者,谓之有境界,否则谓之无境界。""真"是不受功利的干扰,不受利禄的诱惑,彻底通脱地表现生命的真性真情、描写世界的本然、揭示人生的真谛。李后主"生于深宫之中,长于妇人之手",没有受到习世俗的熏染,故其文学能真,表现真情真景。纳兰性德在受汉文化影响之前,"能以自然之眼观物,以自然之舌言情",为词也是一片纯真境界。王国维认为,只有"真文学"才能超越自然和现实社会关系的限制,使读者忘记物我的冲突而安憩心灵,于人生才有释迦、基督那样的伟大意义。

第四,王国维既重视诗人性情的本然纯真,也重视后天修养。他指出古今之成大事业、大学问者的三种境界,正是一种由学而工、由工而悟,通过艰苦锻炼而臻于运化自如的历程。王国维还主张,诗人对于宇宙人生既要"能入",又要"能出",既深入其中细致体察把玩,又要超脱出来静观默审。

最后,王国维从艺术表达方面立论,提出"隔"和"不隔"。所谓"不隔"就是作者用真切生动的语言把作品的境界表现得形象鲜明逼真感人,使读者产生真切丰富的审美感受;反之,故意用一些"代语"典故遮障了作品的形象,使作品意境朦胧不清,读者察之如隔雾看花,不甚了了,便是"隔"。

王国维的《人间词话》突破浙派、常州派的樊篱,克服了两者之弊。浙派词主清空柔婉,结果导致浮薄纤巧,不真切。王国维的境界说强调写真景物,真感情,要写得真切不隔,这确实击中了浙派词的要害。常州派强调寄托,王国维反对所有词都必须有寄托的说法,认为写情语写景物,只要真切不隔、有境界，便是好词，这种观点有利于纠正常州派词偏于追求寄托的狭隘见解。又当时谭嗣同、梁启超诸人提倡"诗界革命"，也说写"新意境"，但是他们作品里所写的"新意境"，大都是一些新事物的表面；王氏所说的境界则深于谭、梁诸人。

总之，王国维从创作、作品、鉴赏等不同角度度阐述了他的"境界"理论，奉之为论词、论诗的最高审美标准。的确如其所说，"境界"说为中国古代词学和诗学理论的探本之论。而王国维能借鉴西方美学理论给予系统性的阐述，对传统词论作理论的提升，既贴切传统诗词特征，又富有理论新见，故而被誉为二十世纪文论之经典。

【关键词解读】

有我之境　无我之境

它是近代王国维在《人间词话》中对诗歌意境类型的一种划分。在他看来，所谓"有我之境"，是指作者主观色彩较为鲜明、感情外溢的诗歌境界，多表现为宏大、壮美；所谓"无我之境"，是指作者主观色彩较为隐晦、物我统一的境界，多表现为秀婉、优美。"有我之境"和"无我之境"之说得力于王国维哲学与心理学的修养，有着哲学家康德、叔本华美学思想以及心理学家霍夫丁心理学说的印记。王国维的这一划分较为准确地把握住了中国古典诗歌不同境界类型的特征，因而具有较高的价值。

【相关知识链接】

去岁夏，王君静安集其所为词，得六十余阕，名曰《人间词甲稿》，余既叙而行之矣。今冬，复汇所作词为《乙稿》，丐余为之叙。余岂敢辞。乃称曰：

文学之事，其内足以摅己，而外足以感人者，意与境二者而已。上焉者意与境浑，其次或以境胜，或以意胜。苟缺其一，不足以言文学。原夫文学之所以有意境者，以其能观也，出于观我者，意余于境。而出于观物者，境多于意。然非物无以见我，而观我之时，又自有我在。故二者常互相错综，能有所偏重，而不能有所偏废也。文学之工不工，亦视其意境之有无，与其深浅而已。

自夫人不能观古之人之所观，而徒学古人之所作，于是始有伪文学。学者便之，相尚以辞，相习以模拟，遂不复知意境为何物，岂不悲哉。苟持此以观古人之词，则其得失，可得而言焉。温、韦之精艳，所以不如正中者,意境有深浅也。《珠玉》所逊《六一》,《小山》所以愧《淮海》者,意境异也。美成晚出,始以辞采擅长,然终不失为北宋人之词者,有意境也。南宋词人之有意境者,唯一稼轩,然亦若不欲以意境胜。白石之词,气体雅健耳,至于意境,则去北宋人远甚。及梦窗、玉田出,并不求诸气体,而惟文字之是务,于是词之道熄矣。自元迄明,益以不振。至于国朝,而纳兰侍卫以天赋之才,崛起於方兴之族,其所为词,悲凉顽艳,独有得于意境之深,可谓豪杰之士,奋乎百世之下者矣。同时朱、陈,既非劲敌;后世项、蒋,尤难鼎足。至乾、嘉以降,审乎体格韵律之间者愈微,而意味之溢于字句之表者愈浅,岂非拘泥文字,而不求诸意境之失欤? 抑观我观物之事自有天在,故难期诸流俗欤?

余与静安,均夙持此论。静安之为词,真能以意境胜。夫古人词之以意胜者,莫若欧阳公。以境胜者,莫若秦少游。至意境两浑,则唯太白、后主、正中数人足以当之。静安之词,大抵意深於欧,而境次于秦。至其合作,如《甲稿》《浣溪沙》之"天末同云"、《蝶恋花》之"昨夜梦中",《乙稿》《蝶恋花》之"百尺朱楼"等阕,皆意境两忘,物我一体,高蹈乎八荒之表,而抗心乎千秋之间,骎骎乎两汉之疆域广於三代,贞观之政治隆于武德矣。方之侍卫,岂徒伯仲。此固君所得于天者独深,抑岂非致力于意境之效也。至君词之体裁,亦与五代、北宋为近。然君词所以为五代、北宋之词者,以其有意境在。若以其体裁故,而至遽指为五代、北宋,此又君之不任受,固当与梦窗、玉田之徒,专事模拟者,同类而笑之也。光绪三十三年十月,山阴樊志厚叙。

——樊志厚《人间词乙稿序》,人民文学出版社1982年排印本《人间词话》附录

【延伸阅读】

王国维认为输入外来思想可以刺激已僵固的传统思想,因此他积极自觉地运用西方资产阶级思想观点来研究学术和文艺。同时,王国维也非常自觉地借鉴西洋人的研究方法。由于他能运用新的理论观点和研究方法,又重视文学本身的价值,所以对文学多有精辟见解,如《红楼梦评论》提出了悲剧论,《元剧之文章》核心概念是"意境",《文学小言》阐述了"游戏"说、"天才"说。在清季资产阶级旧民主主义革命的时代里,王氏缺乏从事革新的政治热情和丰富的现实生活,又深受西方资产阶级唯心主义哲学思想的影响,因之他的文学观有许多唯心主义色彩。

《红楼梦》评论(节选)

第二章 《红楼梦》之精神

哀伽尔之问题,人人所有之问题,而人人未解决之大问题也。人有恒言曰:"饮食男女,人之大欲存焉。"然人七日不食即死,一日不再食则饥。若男女之欲,则于一人之生活上宁有害无利者也,而吾人之欲之也如此,何哉?吾人自少壮以后,其过半之光阴,过半之事业,所计划所勤动者为何事?汉之成、哀,曷为而丧其生?殷辛、周幽,曷为而亡其国?励精如唐玄宗,英武如后唐庄宗,曷为而不善其终?且人生苟为数十年之生活计,则其维持此生活,亦易易耳,曷为而其忧劳之度,倍蓰而未有已?

《记》曰:"人不婚宦,情欲失半。"人苟能解此问题,则于人生之知识,思过半矣。

而茧茧者乃日用而不知,岂不可哀也欤!其自哲学上解此问题者,则二千年间仅有叔本华之《男女之爱之形而上学》耳。诗歌小说之描写此事者,通古今东西,殆不能悉数,然能解决之者鲜矣。《红楼梦》一书非徒提出此问题,又解决之者也。彼于开卷即下男女之爱之神话的解释。其叙此书之主人公贾宝玉之来历曰:

却说女娲氏炼石补天之时,于大荒山无稽崖,炼成高十二丈、见方二十四丈大的顽石三万六千五百零一块。那娲皇只用了三万六千五百块,单单剩下一块未用,弃在青埂峰下。谁知此石自经锻炼之后,灵性已通,自去自来,可大可小。因见众石俱得补天,独自己无材,不得入选,遂自怨自艾,日夜悲哀。(第一回)

此可知生活之欲之先人生而存在,而人生不过此欲之发现也。此可知吾人之堕落,由吾人之所欲,而意志自由之罪恶也。夫顽钝者既不幸而为此石矣,又幸而不见用,则何不游于广漠之野,无何有之乡,以自适其适,而必欲入此忧患劳苦之世界?不可谓非此石之大误也。由此一念之误,而遂造出十九年之历史与百二十回之事实,与茫茫大士、渺渺真人何与?又于第百十七回中述宝玉与和尚之谈论曰:

"弟子请问师父可是从太虚幻境而来?"那和尚道:"什么幻境,不过是来处来,去处去罢了。我是送还你的玉来的。我且问你那玉是从哪里来的?"宝玉一时对答不来。那和尚笑道:"你的来路还不知,便来问我。"宝玉本来颖悟,又经点化,早把红尘看破,只是自己的底里未知,一闻那僧问起玉来,好像当头一棒,便说:"你也不用银子了,我把那玉还你罢。"那僧笑道:"早该还我了。"

所谓自己的底里未知者,未知其生活乃自己之一念之误,而此念之所自造也。及一闻和尚之言,始知此不幸之生活,由自己之所欲,而其拒绝之也,亦不得由自己,是以有还玉之言。所谓玉者,不过生活之欲之代表而已矣。故携入红尘者,非彼二人之所为,顽石自己而已;引登彼岸者,亦非二人之力,顽石自己而已。此岂独宝玉一人然哉?人类之堕落与解脱,亦视其意志而已。而此生活之意志,其于永远之生活,比个人之生活为尤切。易言以明之,则男女之欲尤强于饮食之欲。何则?前者无尽的,后者有限的也;前者形而上的,后者形而下的也。又如上章所说,生活之于痛苦,二者一而非二,而苦痛之度,与主张生活之欲之度为比例。是故前者之苦痛,尤倍蓰于后者之痛。而《红楼梦》一书,实示此生活、此苦痛之由自造,又示其解脱之道不可不由自己求之者也。

而解脱之道存于出世,而不存于自杀。出世者拒绝一切生活之欲者也。彼知生活之无所逃于苦痛,而求入于无生之域。当其终也,垣干虽存,固已形如槁木而心如死灰矣。若生活之欲如故,但不满于现在之生活而求主张之于异日,则死于此者固不得不复生于彼,而苦海之流又将与生活之欲而无穷。故金钏之堕井也,司棋之触墙也,尤三姐、潘又安之自刎也,非解脱也,求偿其欲而不得者也。彼等之所不欲者,其特别之生活,而对生活之为物,则固欲之而不疑也。故此书中真正之解脱,仅贾宝玉、惜春、紫鹃三人耳。而柳湘莲之入道，有似潘又安，芳官之出家，略同于金钏。

故苟有生活之欲存乎，则虽出世而无与于解脱；苟无此欲，则自杀亦未始非解脱之一者也。如鸳鸯之死，彼故有不得已之境遇在，不然则惜春、紫鹃之事，固亦其所优为者也。

而解脱之中，又自有二种之别：一存于观他人之苦痛，一存于觉自己之苦痛。然前者之解脱，唯非常之人为能，其高百倍于后者，而其难亦百倍。但由其成功观之，则二者一也。通常之人，其解脱由于苦痛之阅历，而不由于苦痛之知识。唯非常之人，由非常之智力，而洞观宇宙人生之本质，始知生活与苦痛之不能相离，由是求绝其生活之欲，而得解脱之道。然于解脱之途中，彼之生活之欲犹时时起而与之相抗，而生种种之幻影，所谓恶魔者，不过此等幻影之人物化而已矣。故通常之解脱，存于自己之苦痛，彼之生活之欲，因不得其满足而愈烈，又因愈烈而愈不得其满足，如此循环而陷于失望之境遇，遂悟宇宙人生之真相，遽而求其息肩之所。彼全变其气质而超出乎苦乐之外，举昔之所执著者一旦而舍之。彼以生活为炉，苦痛为炭，而铸其解脱之鼎。彼以疲于生活之欲故，故其生活之欲不能复起而为之幻影。此通常之人解脱之状态也。前者之解脱，如惜春、紫鹃，后者之解脱如宝玉。前者之解脱，超自然的也，神明的也；后者之解脱，自然的也，人类的也；前者之解脱宗教的也，后者美术的也；前者平和的也，后者悲感的也，壮美的也，故文学的也，诗歌的也，小说的也。此《红楼梦》之主人公所以非惜春、紫鹃而为贾宝玉者也。

呜呼！宇宙一生活之欲而已，而此生活之欲之罪过，即以生活之苦痛罚之，此即宇宙之永远的正义也。自犯罪，自加罚，自忏悔，自解脱。美术之务，在描写人生之苦痛于其解脱之道，而使吾侪冯生之徒于此桎梏之世界中，离此生活之欲之争斗，而得其暂时之平和。此一切美术之目的也。夫欧洲近世之文学中，所以推格代之《法斯德》为第一者，以其描写博士法斯德之苦痛及其解脱之途径，最为精切故也。

若《红楼梦》之写宝玉,又岂有以异于彼乎!彼于缠陷最深之中,而已伏解脱之种子,故听《寄生草》之曲而悟立足之境,读《(月去)(筐中王换为夹)》之篇而作焚花散麝之想。所以未能者,则以黛玉尚在耳。至黛玉死而其志渐决。然尚屡失于宝钗,几败于五儿,屡蹶屡振,而终获最后之胜利。读者观自九十八回以至百二十回之事实,其解脱之行程,精进之历史,明了精切何如哉!且法斯德之苦痛,天才之苦痛;宝玉之苦痛,人人所有之苦痛也。其存于人之根柢者为独深,而其希救济也为尤切。作者一一掇拾而发挥之,我辈之读此书者,宜如何表满足感谢之意哉!而吾人于作者之姓名,尚有未确实之知识,岂徒吾(侪)寡学之羞,亦足以见二百余年来,吾人之祖先对此宇宙之大著述,如何冷淡遇之也。谁使此大著述之作者不敢自署其名?此可知此书之精神,大背于吾国人之性质,及吾人之沉溺于生活之欲,而乏美术之知识有如此也。然则予之为此论,亦自知有罪也矣。

第三章 《红楼梦》之美学上之精神

如上章之说,吾国人之精神,世间的也,乐天的也,故代表其精神之戏曲小说,无往而不著此乐天之色彩。始于悲者终于欢,始于离者终于合,始于困者终于亨,非是而欲餍阅者之心,难矣。若《牡丹亭》之返魂,《长生殿》之重圆,其最著之一例也。《西厢记》之以惊梦终也,未成之作也,此书若成,吾乌知其不为《续西厢》之浅陋也?有《水浒传》矣,曷为而又有《荡寇志》?有《桃花扇》矣,曷为而又有《南桃花扇》?有《红楼梦》矣,彼《红楼复梦》《补红楼梦》《续红楼梦》者曷为而作也?又曷为而有反对《红楼梦》之《儿女英雄传》?故吾国之文学中,其具厌世解脱之精神者仅有《桃花扇》与《红楼梦》耳。而《桃花扇》之解脱,非真解脱也。沧桑之变,目击之而身历之,不能自悟而悟于张道士之一言,且以历数千里,冒不测之险,投缧绁之中,所索女子,才得一面,而以道士之言,一朝而舍之,自非三尺童子,其谁信之哉?故《桃花扇》之解脱,他律的也;而《红楼梦》之解脱,自律的也。且《桃花扇》之作者,但借侯李之事以写故国之戚,而非以描写人生为事,故《桃花扇》，政治的也，国民的也，历史的也；《红楼梦》，哲学的也，宇宙的也，文学的也。此《红楼梦》之所以大背于吾国人之精神，而其价值亦即存乎此。彼《南桃花扇》《红楼复梦》等，正代表吾国人乐天之精神者也。

《红楼梦》一书，与一切喜剧相反，彻头彻尾之悲剧也。其大宗旨如上章所述，读者既知之矣。除主人公不计外，凡此书中之人，有与生活之欲相关系者，无不与苦痛相终始。以视宝琴、岫烟、李纹、李绮等，若藐姑射神人，夐乎不可及矣，夫此数人者，曷尝无生活之欲，曷尝无苦痛，而书中既不及写其生活之欲，则其苦痛自不得而写之，足以见二者如骖之靳，而永远的正义无往不逞其权力也。又吾国之文学，以挟乐天的精神故，故往往说诗歌的正义，善人必令其终，而恶人必离其罚，此亦吾国戏剧小说之特质也。《红楼梦》则不然。赵姨、凤姊之死，非鬼神之罚彼良心，自己之苦痛也。若李纨之受封，彼于《红楼梦》十四曲中固已明说之曰：

［晚韶华］镜里恩情，更那堪梦里功名！那美韶华去之何迅，再休提绣帐鸳衾。只这戴珠冠，披凤袄也抵不了无常性命。虽说是人生莫受老来贫，也须要阴骘积儿孙。气昂昂头戴簪缨，光灿灿胸悬金印，威赫赫爵禄高登，昏惨惨黄泉路近。问古来将相可还存？也只是虚名儿与后人钦敬。（第五回）

此足以知其非诗歌的正义，而既有世界人生以上，无非永远的正义之所统辖也，故曰《红楼梦》一书，彻头彻尾的悲剧也。由叔本华之说，悲剧之中又有三种之别：

第一种之悲剧，由极恶之人极其所有之能力以交构之者。第二种由于盲目的运命者。

第三种之悲剧，由于剧中之人物之位置及关系而不得不然者，非必有蛇蝎之性质与意外之变故也，但由普通之人物、普通之境遇逼之，不得不如是。彼等明知其害，交施之而交受之，各加以力而各不任其咎。此种悲剧，其感人贤于前二者远甚。何则？彼示人生最大之不幸非例外之事，而人生之所固有故也。若前二种之悲剧，吾人对蛇蝎之人物与盲目之命运，未尝不悚然战慄然，以其罕见之故，犹幸吾生之可以免，而不必求息肩之地也。但在第三种，则见此非常之势力足以破坏人生之福祉者，无时而不可坠于吾前。且此等惨酷之行，不但时时可受诸己，而或可以加诸人，躬丁其酷，而无不平之可鸣，此可谓天下之至惨也。若《红楼梦》，则正第三种之悲剧也。兹就宝玉、黛玉之事言之，贾母爱宝钗之婉（左女，右上为医，右下为心）而惩黛玉之孤僻，又信金玉之邪说，而思压宝玉之病。王夫人固亲于薛氏，凤姐以持家之故，忌黛玉之才，而虞其不便于己也。袭人惩尤二姐、香菱之事，闻黛玉"不是东风压西风，就是西风压东风"之语，（第八十一回）惧祸之及而自同于凤姐，亦自然之势也。宝玉之于黛玉，信誓旦旦，而不能言之于最爱之之祖母，则普通之道德使然，况黛玉一女子哉！由此种种原因，而金玉以之合，木石以之离，又岂有蛇蝎之人物、非常之变故行于其间哉？不过通常之道德、通常之人情、通常之境遇为之而已。由此观之，《红楼梦》者，可谓悲剧中之悲剧也。

由此之故，此书中壮美之部分，较多于优美之部分，而眩惑之原质殆绝焉。作者于开卷即申明之曰：

更有一种风月笔墨，其淫秽污臭，最易坏人子弟。至于才子佳人等书，则又开口文君，满篇子建，千部一腔，千人一面，且终不能不涉淫滥。在作者不过欲写出自己两首情诗艳赋来，故假捏出男女二人名姓，又必旁添一小人拨乱其间，如戏中小丑一般。（此又上节所言之一证。）

兹举其最壮美者之一例，即宝玉与黛玉最后之相见一节曰：

那黛玉听着傻大姐说宝玉娶宝钗的话，此时心里竟是油儿酱儿糖儿醋儿倒在一处的一般甜苦酸咸，竟说不上什么味儿来了……自己转身要回潇湘馆去，那身子竟有千百斤重的，两只脚却像踏着棉花一般，早已软了。只得一步一步，慢慢的走将下来。走了半天，还没到沁芳桥畔，脚下愈加软了。走的慢，且又迷迷痴痴，信着脚从那边绕过来，更添了两箭地路。这时刚到沁芳桥畔，却又不知不觉的顺着堤往回里走起来。紫鹃取了绢子来，却不见黛玉，正在那里看时，只见黛玉颜色雪白，身子恍恍荡荡的,眼睛也直直的,在那里东转西转……只得赶过来轻轻的问道:"姑娘怎么又回去?是要往哪里去?"黛玉也只模糊听见,随口答道:"我问问宝玉去。"……紫鹃只得搀他进去。那黛玉却又奇怪了,这时不似先前那样软了,也不用紫鹃打帘子,自己掀起帘子进来。……见宝玉在那里坐着,也不起来让坐,只瞧着嘻嘻的呆笑,黛玉自己坐下,却也瞧着宝玉笑。两个也不问好,也不说话,也不推让,只管对着脸呆笑起来。忽然听着黛玉说道:"宝玉,你为什么病了?"宝玉笑道:"我为林姑娘病了。"袭人、紫鹃两个吓得面目改色,连忙用言语来岔,两个却又不答言,仍旧呆笑起来。……紫鹃搀起黛玉,那黛玉也就站起来,瞧着宝玉只管笑,只管点头儿。紫鹃又催道:"姑娘回家去歇歇罢。"黛玉道:"可不是,我这就是回去的时候儿了。"说着便回身笑着出来了,仍旧不用丫头们搀扶,自己却走得比往常飞快。(第九十六回)

如此之文,此书中随处有之,其动吾人之感情何如!凡稍有审美的嗜好者,无人不经验之也。

《红楼梦》之为悲剧也如此。昔雅里大德勒于《诗论》中谓:悲剧者,所以感发人之情绪而高上之,殊如恐惧与悲悯之二者,为悲剧中固有之物,由此感发,而人之精神于焉洗涤,故其目的,伦理学上之目的也。叔本华置诗歌于美术之顶点,又置悲剧于诗歌之顶点,而于悲剧之中,又特重第三种,以其示人生之真相,又示解脱之不可已故。故美学上最终之目的,与伦理学上最终之目的合。由是《红楼梦》之美学上之价值,亦与其伦理学上之价值相联络也。

第四章 《红楼梦》之伦理学上之价值

自上章观之,《红楼梦》者,悲剧中之悲剧也。其美学上之价值,即存乎此。然使无伦理学上之价值以继之,则其于美术上之价值,尚未可知也。今使为宝玉者,于黛玉既死之后,或感愤而自杀,或放废以终其身,则虽谓此书一无价值可也。何则?

欲达解脱之域者,固不可不尝人世之忧患,然所贵乎忧患者,以其为解脱之手段故,非重忧患自身之价值也。今使人日日居忧患,言忧患,而无希求解脱之勇气,则天国与地狱,彼两失之,其所领之境界,除阴云蔽天,沮洳弥望外,固无所获焉。黄仲则《绮怀》诗曰:

如此星辰非昨夜,为谁风露立中宵?

又其卒章曰:

结束铅华归少作,屏除丝竹入中年。茫茫来日愁如海,寄语羲和快着鞭。

其一例也。《红楼梦》则不然,其精神之存于解脱,如前二章所说,兹固不俟喋喋也。

然则解脱者,果足为伦理学上最高之理想否乎?自通常之道德观之,夫人知其不可也。夫宝玉者,固世俗所谓绝父子弃人伦不忠不孝之罪人也。然自太虚中有今日之世界,自世界中有今日之人类,乃不得不有普通之道德以为人类之法则,顺之者安,逆之者危,顺之者存,逆之者亡。于今日之人类中,吾固不能不认普通之道德之价值也,然所以有世界人生者,果有合理的根据欤?抑出于盲目的动作,而别无意义存乎其间欤?使世界人生之存在而有合理的根据,则人生中所有普通之道德,谓之绝对的道德可也。然吾人从各方面观之,则世界人生之所以存在,实由吾人类之祖先一时之误谬。诗人之所悲歌,哲学者之所瞑想,与夫古代诸国民之传说,若出一揆。若第二章所引《红楼梦》第一回之神话的解释,亦于无意识中暗示此理,较之《创世纪》所述人类犯罪之历史,尤为有味者也。夫人之有生,既为鼻祖之误谬矣,则夫吾人之同胞,凡为此鼻祖之子孙者,苟有一人焉,未入解脱之域,则鼻祖之罪终无时而赎,而一时之误谬,反复至数千万年而未有已也。则夫绝弃人伦如宝玉其人者,自普通之道德言之,固无所辞其不忠不孝之罪,若开天眼而观入,则彼固可谓干父之蛊者也。知祖父之误谬,而不忍反复之以重其罪,顾得谓之不孝哉?然则宝玉"一子出家,七祖升天"之说,诚有见乎!所谓孝者在此不在彼,非徒自辩护而已。

然则举世界之人类,而尽入于解脱之域,则所谓宇宙者不诚无物也欤？然有无之说,盖难言之矣,夫以人生之无常,而知识之不可恃,安知吾人之所谓"有",非所谓真有者乎？则自其反而言之,又安知吾人之所谓"无",非所谓真无者乎？即真无矣,而使吾人自空乏与满足、希望与恐怖之中出,而获永远息肩之所,不犹愈于世之所谓有者乎！然则吾人之畏无也,与小儿之畏暗黑何以异？自已解脱者观之,安知解脱之后,山川之美、日月之华,不有过于今日之世界者乎？读《飞鸟各投林》之曲,所谓"一片白茫茫大地真干净"者,有欤？无欤？吾人且勿问,但立乎今日之人生而观之,彼诚有味乎其言之也。

难者又曰,人苟无生,则宇宙间最可宝贵之美术不亦废欤？曰:美术之价值,对现在之世界人生而起者,非有绝对的价值也。其材料取诸人生,其理想亦视人生之缺陷逼仄,而趋于其反对之方面。如此之美术,唯于如此之世界、如此之人生中,始有价值耳。今设有人焉,自无始以来,无生死,无苦乐,无人世之挂碍,而唯有永远之知识,则吾人所宝为无上之美术,自彼视之,不过蛮鸣蝉噪而已。何则？美术上之理想,固彼之所自有,而其材料,又彼之所未尝经验故也。又设有人焉,备尝人世之苦痛,而已入于解脱之域,则美术之于彼也,亦无价值。何则？美术之价值,存于使人离生活之欲,而入于纯粹之知识,彼既无生活之欲矣,而复进之以美术,是犹馈壮夫以药石。多见其不知量而已矣。然而超今日之世界人生以外者,于美术之存亡,固自可不必问也。

夫然,故世界之大宗教,如印度之婆罗门教及佛教、希伯来之基督教,皆以解脱为唯一之宗旨。哲学家如古代希腊之拍拉图,近世德意志之叔本华,其最高之理想,亦存于解脱。殊如叔本华之说,由其深邃之知识论,伟大之形而上学出,一扫宗教之神话的面具,而易以名学之论法,其真挚之感情与巧妙之文字,又足以济之,故其说精密确实,非如古代之宗教及哲学说,徒属想象而已。然事不厌其求详,姑以生平所疑者商榷焉。夫由叔氏之哲学说,则一切人类及万物之根本,一也,故充叔氏拒绝意志之说,非一切人类及万物,各拒绝其生活之意志,则一人之意志,亦不可得而拒绝。何则?生活之意志之存于我者,不过其一最小部分,而其大部分之存于一切人类及万物者,皆与我之意志同,而此物我之差别,仅由于吾人知力之形式,故离此知力之形式,而反其根本而观之,则一切人类及万物之意志,皆我之意志也。然则拒绝吾一人之意志,而姝姝自悦曰解脱,是何异决蹄(足岑)之水而注之沟壑,而曰天下皆得平土而居之者哉!佛之言曰:若不尽度众生,誓不成佛。其言犹若有能之而不欲之意。然自吾人观之,此岂徒能之而不欲哉?将毋欲之而不能也。故如叔本华之言一人之解脱,而未言世界之解脱,实与其意志同一之说,不能两立者也。叔氏于无意识中亦触此疑问,故于其《意志及观念之世界》之第四编之末,力护其说,曰:

人之意志于男女之欲,其发现也为最著,故完全之贞操,乃拒绝意志即解脱之第一步也。大自然中之法则,固自最确实者。使人人而行此格言,则人类之灭绝,自可立而待。至人类以降之动物,其解脱与坠落,亦当视人类以为准,《吠陀》之经典曰:"一切众生之待圣人,如饥儿之望慈父母也。"基督教中亦有此思想,珊列休斯于其《人持一切物归于上帝》之小诗中曰:"嗟汝万物灵,有生皆爱汝。总总环汝旁,如儿索母乳。携之适天国,惟汝力是怙。"德意志之神秘学者马斯太哀克赫德亦云:"《约翰福音》云:余之离世界也,将引万物而与我俱,基督岂欺我哉?夫善人固将持万物而归之于上帝,即其所从出之本者也。今夫一切生物皆为人而造,又各富相为用,牛羊之于水草,鱼之于水,鸟之于空气,野兽之于林莽,皆是也。一切生物皆上帝所造,以供善人之用,而善人携之以归上帝。"彼意盖谓人之所以有用动物之权利者,实以能救济之之故也。

于佛教之经典中,亦说明此真理。方佛之尚为菩提萨埵也,自玉宫逸出而入深林时,其策其马而歌曰:"汝久疲于生死兮,今将息此任。载负余躬以遐举兮,继今日而无再。苟彼岸其余达兮,余将徘徊以汝待。"(《佛国记》)此之谓也。(英译《意志及观念之世界》第一册第四百九十二页。)

然叔氏之说,徒引据经典,非有理论的根据也。试问释迦示寂以后，基督尸十字架以来，人类及万物之欲生，奚若其痛苦，又奚若吾知其不异于昔也？（人类及万物之欲生奚若？其痛苦又奚若？吾知其不异于昔也。）然则所谓持万物而归之上帝者，其尚有所待欤？抑徒沾沾自喜之说而不能见诸实事者欤？果如后说，则释迦、基督自身之解脱与否，亦尚在不可知之数也。往者作一律曰：

生平颇忆挈卢敖，东过蓬莱浴海涛。何处云中闻犬吠，至今湖畔尚乌号。

人间地狱真无间，死后泥洹枉自豪。终古众生无度日，世尊只合老尘嚣。

何则？小宇宙之解脱，视大宇宙之解脱以为准故也。赫尔德曼人类涅槃之说所以起而补叔氏之缺点者以此。要之，解脱之足以为伦理学上最高之理想与否，实存于解脱之可能与否。若夫普通之论难，则固如楚楚蜉蝣不足以撼十围之大树也。

今使解脱之事终不可能，然一切伦理学上之理想果皆可能也欤？今夫与此无生主义相反者，生生主义也。夫世界有限，而生人无穷。以无穷之人，生有限之世界，必有不得遂其生者矣。世界之内，有一人不得遂其生者，固生生主义之理想之所不许也。

故由生生主义之理想，则欲使世界生活之量，达于极大限，则人人生活之度，不得不达于极小限。盖度与量二者，实为一精密之反比例，所谓最大多数之最大福祉者，亦仅归于伦理学者之梦想而已。夫以极大之生活量，而居于极小之生活度，则生活之意志之拒绝也，奚若？此生生主义与无生主义相同之点也。苟无此理想，则世界之内，弱之肉强之食，一任诸天然之法则耳，奚以伦理为哉？然世人日言生生主义，而此理想之达于何时，则尚在不可知之数。要之，理想者可近而不可即，亦终古不过一理想而已矣。人知无生主义之理想之不可能，而自忘其主义之理想之何若，此则大不可解脱者也。

夫如是，则《红楼梦》之以解脱为理想者，果可菲薄也欤！夫以人生忧患之如彼，而劳苦之如此，苟有血气者，未有不渴慕救济者也。不求之于实行,犹将求之于美术,独《红楼梦》者同时与吾人以二者之救济。人而自绝于救济则已耳,不然,则对此宇宙之大著述,宜如何企踵而欢迎之也。

——《王国维文集》卷一,中国文史出版社 1997 年排印本

元剧之文章(节选)

元杂剧之为一代之绝作,元人未之知也。明之文人始激赏之,至有以关汉卿比司马子长者(韩文靖邦奇)。三百年来,学者文人,大抵屏元剧不观。其见元剧者,无不加以倾倒。如焦里堂《易余籥录》之说,可谓具眼矣。焦氏谓一代有一代之所胜,欲自楚骚以下,撰为一集,汉则专取其赋,魏、晋、六朝至隋,则专录其五言诗,唐则专录其律诗,宋专录其词,元专录其曲。余谓律诗与词,固莫盛于唐、宋,然此二者果为二代文学中最佳之作否,尚属疑问。若元之文学,则固未有尚于其曲者也。元曲之佳处何在?一言以蔽之,曰:自然而已矣。古今之大文学,无不以自然胜,而莫著于元曲。盖元剧之作者,其人均非有名位学问也;其作剧也,非有藏之名山,传之其人之意也。彼以意兴之所至为之,以自娱娱人。关目之拙劣,所不问也;思想之卑陋,所不讳也;人物之矛盾,所不顾也;彼但摹写其胸之感想,与时代之情状,而真挚之理,与秀杰之气,时流露于其间。故谓元曲为中国最自然之文学,无不可也。若其文字之自然,则又为其必然之结果,抑其次也。

明以后,传奇无非喜剧,而元则有悲剧在其中。就其存者言之:如《汉宫秋》《梧桐雨》《西蜀梦》《火烧介子推》《张千替杀妻》等,初无所谓先离后合,始困终亨之事也。其最有悲剧之性质者,则如关汉卿之《窦娥冤》,纪君祥之《赵氏孤儿》。剧中虽有恶人交构其间,而其蹈汤赴火者,仍出于其主人翁之意志,即列之于世界大悲剧中,亦无愧色也。

元剧关目之拙,固不待言。此由当日未尝重视此事,故往往互相蹈袭,或草草为之。然如武汉臣之《老生儿》,关汉卿之《救

风尘》,其布置结构,亦极意匠惨淡之致,宁较后世之传奇,有优无劣也。

然元剧最佳之处,不在其思想结构,而在其文章。其文章之妙,亦一言以蔽之,曰:有意境而已矣。何以谓之有意境?曰:写情则沁人心脾,写景则在人耳目,述事则如其口出是也。古诗词之佳者,无不如是。元曲亦然。明以后其思想结构,尽有胜于前人者,唯意境则为元人所独擅。……由是观之,则元剧实于新文体中自由使用新言语,在我国文学中,于《楚词》《内典》外,得此而三。然其源远在宋、金二代,不过至元而大成。其写景抒情述事之美,所负于此者,实不少也。

……

元代曲家,自明以来,称关、马、郑、白。然以其年代及造诣论之,宁称关、白、马、郑为妥也。关汉卿一空倚傍,自铸伟词,而其言曲尽人情,字字本色,故当为元人第一。白仁甫、马东篱,高华雄浑,情深文明。郑德辉清丽芊绵,自成馨逸。均不失为第一流。其余曲家,均在四家范围内。唯宫大用瘦硬通神,独树一帜。以唐诗喻之:则汉卿似白乐天,仁甫似刘梦得,东篱似李义山,德辉似温飞卿,而大用则似韩昌黎。以宋词喻之:则汉卿似柳耆卿,仁甫似苏东坡,东篱似欧阳永叔,德辉似秦少游,大用似张子野。虽地位不必同,而品格则略相似也。明宁献王《曲品》,跻马致远于第一,而抑汉卿于第十。盖元中叶以后,曲家多祖马、郑,而祧汉卿,故宁王之评如是。其实非笃论也。

元剧自文章上言之,优足以当一代之文学。又以其自然故,故能写当时政治及社会之情状,足以供史家论世之资者不少。又曲中多用俗语,故宋、金、元三朝遗语,所存甚多。辑而存之,理而董之,自足为一专书。此又言语学上之事,而非此书之所有事也。

——《王国维文集》卷一《宋元戏曲考》,中国文史出版社1997年排印本

文学小言(节选)

一

　　昔司马迁推本汉武时学术之盛,以为利禄之途使然。余谓一切学问皆能以利禄劝,独哲学与文学不然。何则?科学之事业皆直接间接以厚生利用为恉,古未有与政治及社会上之兴味相刺谬者也。至一新世界观与一新人生观出,则往往与政治及社会上之兴味不能相容。若哲学家而以政治及社会之兴味为兴味,而不顾真理之如何,则又决然非真正之哲学。以欧洲中世哲学之以辩护宗教为务者,所以蒙极大之耻辱,而叔本华所以痛斥德意志大学之哲学者也。文学亦然;餔餟的文学,决非文学也。

二

　　文学者,游戏的事业也。人之势力,用于生存竞争而有余,于是发而为游戏。婉娈之儿,有父母以衣食之,以卵翼之,无所谓争存之事也。其势力无所发泄,于是作种种之游戏。逮争存之事亟,而游戏之道息矣。唯精神上之势力独优,而又不必以生事为急者,然后终身得保其游戏之性质。而成人以后,又不能以小儿之游戏为满足,于是对其自己之感情及所观察之事物而摹写之,咏叹之,以发泄所储蓄之势力。故民族文化之发达,非达一定之程度,则不能有文学;而个人之汲汲于争存者,决无文学家之资格也。

四

　　文学中有二原质焉:曰景,曰情。前者以描写自然及人生之事实为主,后者则吾人对此种事实之精神的态度也。故前者客观的,后者主观的也;前者知识的,后者感情的也。自一方面言之,则必吾人之胸中洞然无物,而后其观物也深,而其体物也切;即客观的知识,实与主观的感情为反比例。自他方面言之,则激烈之感情,亦得为直观之对象、文学之材料;而观物与其描写之也,亦有无限之快乐伴之。要之,文学者,不外知识与感情交代之结果而已。苟无锐敏之知识与深邃之感情者,不足与于文学之事。此其所以但为天才游戏之事业,而不能以他道劝者也。

五

古今之成大事业大学问者,不可不历三种之阶级:"昨夜西风凋碧树,独上高楼望尽天涯路。"晏同叔《蝶恋花》此第一阶级也。"衣带渐宽终不悔,为伊消得人憔悴。"欧阳永叔《蝶恋花》此第二阶级也。"众里寻他千百度,回头蓦见,那人正在灯火阑珊处。"辛幼安《青玉案》此第三阶级也。未有未阅第一第二阶级,而能遽跻第三阶级者。文学亦然。此有文学上之天才者,所以又需莫大之修养也。

六

三代以下之诗人,无过于屈子、渊明、子美、子瞻者。此四子者苟无文学之天才,其人格亦自足千古。故无高尚伟大之人格,而有高尚伟大文章者,殆未之有也。

七

天才者,或数十年而一出,或数百年而一出,而又须济之以学问,助之以德性,始能产真正之大文学。此屈子、渊明、子美、子瞻等所以旷世而不一遇也。

十三

诗至唐中叶以后,殆为羔雁之具矣。故五季、北宋之诗,除一二大家外。无可观者,而词则独为其全盛时代。其诗词兼擅如永叔、少游者,皆诗不如词远甚。以其写之于诗者,不若写之于词者之真也。至南宋以后,词亦为羔雁之具,而词亦替矣。除稼轩一人外。观此足以知文学盛衰之故矣。

十六

《三国演义》无纯文学之资格,然其叙关壮缪之释曹操,则非大文学家不办。《水浒传》之写鲁智深,《桃花扇》之写柳敬亭、苏昆生,彼其所为,固毫无意义。然以其不顾一己之利害,故犹使吾人生无限之兴味,发无限之尊敬,况于观壮缪之矫矫者乎?若此者,岂真如汗德所云,实践理性为宇宙人生之根本欤?抑与现在利己之世界相比较,而益使吾人兴无涯之感也?则选择戏曲小说之题目者,亦可以知所去取矣。

十七

吾人谓戏曲小说家为专门之诗人,非谓其以文学为职业也。以文学为职业,餔餟的文学也。职业的文学家,以文学为生活;专门之文学家,为文学而生活。今餔餟的文学之途,盖已开矣。吾宁闻征夫思妇之声,而不屑使此等文学嚣然污吾耳也。

——《王国维文集》卷一,中国文史出版社1997年排印本

【思考题】

1. 试阐述王国维"境界"说与西方学说之间的关系。